D1753603

PHILIPPIKA
Altertumswissenschaftliche Abhandlungen
Contributions to the Study
of Ancient World Cultures

Herausgegeben von / Edited by
Joachim Hengstl, Elizabeth Irwin,
Andrea Jördens, Torsten Mattern,
Robert Rollinger, Kai Ruffing, Orell Witthuhn

104

2017
Harrassowitz Verlag · Wiesbaden

Lajos Berkes

Dorfverwaltung und Dorfgemeinschaft in Ägypten von Diokletian zu den Abbasiden

2017

Harrassowitz Verlag · Wiesbaden

Bis Band 60: Philippika. Marburger altertumskundliche Abhandlungen.

Der Band wurde mit dem „Philippika-Preis" des Jahres 2014 ausgezeichnet.

Bibliografische Information der Deutschen Nationalbibliothek
Die Deutsche Nationalbibliothek verzeichnet diese Publikation in der Deutschen
Nationalbibliografie; detaillierte bibliografische Daten sind im Internet
über http://dnb.dnb.de abrufbar.

Bibliographic information published by the Deutsche Nationalbibliothek
The Deutsche Nationalbibliothek lists this publication in the Deutsche
Nationalbibliografie; detailed bibliographic data are available on the internet
at http://dnb.dnb.de.

Informationen zum Verlagsprogramm finden Sie unter
http://www.harrassowitz-verlag.de

© Otto Harrassowitz GmbH & Co. KG, Wiesbaden 2017
Das Werk einschließlich aller seiner Teile ist urheberrechtlich geschützt.
Jede Verwertung außerhalb der engen Grenzen des Urheberrechtsgesetzes ist ohne
Zustimmung des Verlages unzulässig und strafbar. Das gilt insbesondere
für Vervielfältigungen jeder Art, Übersetzungen, Mikroverfilmungen und
für die Einspeicherung in elektronische Systeme.
Gedruckt auf alterungsbeständigem Papier.
Satz und Layout: Elke Fuchs
Druck und Verarbeitung: Hubert & Co., Göttingen
Printed in Germany
ISSN 1613-5628
ISBN 978-3-447-10734-1

Inhalt

Vorwort	IX
Vorbemerkungen	XI
Abbildungsverzeichnis	XIII
1. Dörfer und Dorfverwaltung in der Spätantike: Einführung	1
1.1 Einleitung und Problemstellung	1
1.2 Dörfer im spätantiken Ägypten	6
1.3 Die Dorfgemeinschaft (κοινόν/κοινότης)	16
2. Dorfvorsteher	29
2.1 Komarchen in der Spätantike	29
2.2 Protokometen	35
2.2.1 Protokometen in Ägypten	35
2.2.2 Das Idealbild des ägyptischen Protokometen: Eine Geschichte aus der *Historia monachorum*	47
2.2.3 Protokometen außerhalb Ägyptens	51
2.2.4 Zusammenfassung	52
2.3 μείζονες	53
2.3.1 Terminologie	53
2.3.1.1 Dorfvorstände: μείζονες und μειζότεροι?	53
2.3.1.2 Die Bedeutungen des Wortes μειζότερος	57
2.3.2 μείζονες	63
2.3.2.1 μείζονες im 4. Jh.	63
2.3.2.2 μείζονες im 5.–7. Jh.	66
2.3.2.3 μείζονες in der früharabischen Zeit	75
2.3.2.4 Zusammenfassung	82
2.4 Die koptischen Titel	82
2.4.1 Der ⲗⲁϣⲁⲛⲉ	83
2.4.2 Der ⲁⲡⲉ	84
3. Exkurs: μειζότεροι	88
3.1 μειζότεροι im spätantiken Ägypten	88
3.1.1 Ehren- und Rangprädikate bzw. Titel und Anreden der ägyptischen μειζότεροι	101
3.2 μειζότεροι im byzantinischen Reich	102
3.3 μειζότερος und *maior domus*	113
3.4 μειζότεροι in Nubien	115
3.5 Zusammenfassung	120

4. Weitere Termini für Dorfvorsteher;
   Dorfschreiber und βοηθὸς κώμης 122
   4.1 ἱερεῖς 122
   4.2 κεφαλαιωταί 125
   4.3 Der διοικητής 129
   4.4 Informelle Bezeichnungen für Dorfvorsteher 135
   4.5 Dorfschreiber 136
      4.5.1 Terminologische Probleme:
            γραμματεὺς κώμης κωμογραμματεύς und ⲥⲁϩ ⲛ̄ϯⲙⲉ 136
      4.5.2 Aufgabenbereiche der Dorfschreiber 141
      4.5.3 γνωστῆρες 149
      4.5.4 Zusammenfassung 156
   4.6 Der βοηθὸς κώμης 157

5. Verwaltung und Dorfgemeinschaft in Djeme 168
   5.1 Das Dorf und seine Forschungsgeschichte 168
   5.2 Das κοινόν und die Beamten von Djeme 170
   5.3 Der Alltag der Dorfverwaltung in Djeme 190

6. Zusammenfassung 201
   6.1 Regionale und zeitliche Tendenzen und Entwicklungen
       in der Verwendung der Beamtentitel 201
   6.2 Dorfverwaltung und Dorfgemeinschaft 212
   6.3 Ausblick: Dorfverwaltung im frühen byzantinischen Reich ... 222

Appendices 232
   I.   Philadelphia und ἱερεῖς in der Spätantike:
        Bemerkungen zu P.Alex. 40 232
   II. Bemerkungen zu ἱερεῖς und Pagarchen
        im frühharabischen Hermopolites 234
   III. Die Datierung des Patermuthios-Dossiers 237
   IV. Korrekturvorschläge und sonstige Bemerkungen
        zu Dokumenten 240

Literaturverzeichnis 259
   Wörterbücher, Lexika, Datenbanken 259
   Nichtpapyrologische Texteditionen, Übersetzungen 260
   Monographien, Artikel 265

Indices 289
   Quellenindices 289
      1. Papyrologische Texte 289
      2. Inschriften und Siegel 303
      3. Byzantinische Urkunden des Mittelalters 303
      4. Literarische und juristische Texte 303

Sachindices 305
  1. Geographischer Index (Ägypten) 305
  2. Geographischer Index (außerhalb Ägyptens) 307
  3. Ausgewählte Personen 308
  4. Beamte, Berufe, Ehrenepitheta, diverse Personenbezeichnungen 309
  5. Sonstiges 313

Vorwort

Das vorliegende Buch ist eine überarbeitete Fassung meiner Dissertation, die ich am 8. Mai 2014 an der Ruprecht-Karls-Universität Heidelberg im Fach Klassische Philologie mit dem Ergebnis *summa cum laude* verteidigt habe. Die Dissertation wurde mit dem Philippika-Preis des Harrassowitz Verlags, dem Ruprecht-Karls-Preis der Stiftung Universität Heidelberg und dem Dr. Gerhardt Ott-Preis der Universität Heidelberg ausgezeichnet. Für diese Auszeichnungen, die auch die kostenfreie Publikation dieser Arbeit in der Philippika-Reihe beinhalten, bin ich den jeweiligen Gutachtern besonders dankbar. Meine Promotion wurde 2010–2013 von einem Promotionsstipendium des DAAD gefördert, für das ich an dieser Stelle meinen aufrichtigen Dank bekunden möchte.

Diese Arbeit hätte nicht ohne die Hilfe und Unterstützung meiner Lehrer, Kollegen, Freunde und Familie vorgelegt werden können. An erster Stelle danke ich Prof. Dr. Andrea Jördens für die dreijährige Betreuung meines Forschungvorhabens. Meinem Zweitgutachter, Prof. Dr. Gerrit Kloss, und der Vorsitzenden meiner Disputatio, Prof. Dr. Eftychia Stavrianopoulou, gilt ebenfalls mein Dank. Zu besonderem Dank fühle ich mich aus verschiedenen Gründen Dr. Nikolaos Gonis und Prof. Dr. Hermann Harrauer verpflichtet. Ebenso danke ich meinem ehemaligen Mentor im József-Eötvös Collegium, Dr. László Horváth sehr, der mich das erste Mal auf die Papyrologie aufmerksam gemacht hat. Den jetzigen und ehemaligen Mitarbeitern des Instituts für Papyrologie der Universität Heidelberg gilt mein Dank für Hilfe jeglicher Art; erwähnt seien besonders Dr. James Cowey, Dr. Georg Schmelz und Dr. des. Laura Willer. Elke Fuchs hat das Manuskript gesetzt und Marina Hanas hat mich bei der Zusammenstellung der Indices unterstützt. Beide haben mich vor zahlreichen Fehlern bewahrt, wofür ich ihnen herzlich danke.

Für fachliche Diskussionen, Einsicht in unpublizierte Manuskripte, Beisteuerung schwer erreichbarer Fachliteratur bzw. Abbildungen von Papyri, hilfreiche inhaltliche und sprachliche Korrekturen gilt mein Dank zahlreichen Personen. Eine einfache Auflistung könnte die sehr unterschiedlichen Arten von Hilfeleistungen kaum ausreichend würdigen, aber der Leser kann den Danksagungen in den Fußnoten entnehmen, wie viel ich meinen Kollegen schulde. Es ist jedoch selbstverständlich, dass für die Fehler und Irrtümer dieser Arbeit ich selbst die Verantwortung trage. An dieser Stelle sei auch bemerkt, dass Literatur, die nach September 2015 erschienen ist, nicht mehr systematisch bei der Überarbeitung berücksichtigt werden konnte.

Last but not least danke ich herzlich meiner Familie. Meine Eltern unterstützten mich ununterbrochen während meines Studiums und erinnerten mich immer daran, dass man auf dem Weg am weitesten kommen kann, der einem wirklich am Herzen liegt. Deswegen möchte ich dieses Buch ihnen widmen.

Berlin, April 2017

Lajos Berkes

Vorbemerkungen

Griechische und koptische papyrologische Editionen werden gemäß der *Checklist of Editions of Greek, Latin, Demotic and Coptic Papyri, Ostraca and Tablets* zitiert; arabische gemäß *The Checklist of Arabic Documents*.[1] Die Angabe der Provenienz und die Datierung der Texte folgt grundsätzlich den relevanten Datenbanken (HGV, DDbDP, *Brussels Coptic Database*). Bei der Angabe der Provenienz werden in der Regel nur die Gaue berücksichtigt, da die Dorfnamen oft nur willkürlich erschlossen werden und manche Herausgeber nur Gaue angeben, wo andere Dörfer anführen würden. Für diese Untersuchung ist in den meisten Fällen eine Zuordnung zu einem Gau ausreichend. Tagesangaben, Korrekturen bzw. Diskussionen der einzelnen Dokumente werden nur dann berücksichtigt, wenn sie für das Verständnis des Textes oder des behandelten Themas relevant sind. Die im Appendix gemachten, alphabetisch angeordneten Berichtigungen, Bemerkungen und Korrekturvorschläge zu Papyri, Ostraka und Inschriften werden mit der Angabe „vgl./s./mit Bemerkungen" angedeutet. Für Papyri und Ostraka aus der thebanischen Region wird die breite Provenienz Theben-West angegeben. Alle Übersetzungen – falls nicht anders vermerkt – stammen von mir. Alle Datumsangaben sind – falls nicht anders angegeben – n.Chr. Bei der Angabe der Provenienz und der Datierung papyrologischer Texte und Inschriften wurden die folgenden Abkürzungen verwendet:

Antaiop.	Antaiopolis bzw. Antaiopolites
Antin.	Antinoopolis bzw. Antinoopolites
Aphrod.	Aphrodites Kome bzw. Aphrodito
Ars.	Arsinoe, Arsinoiton Polis bzw. Arsinoites
Herakl.	Herakleopolis bzw. Herakleopolites
Herm.	Hermupolis bzw. Hermopolites
Hk.unbek.	Herkunft unbekannt
Karan.	Karanis [Ars.]
Kynop.	Kynopolis bzw. Kynopolites
Memph.	Memphis bzw. Memphites
Mend.	Mendesios
o.D.	ohne Datierung
Oxy.	Oxyrhynchos bzw. Oxyrhynchites
Theb.-W.	Theben-West

---

[1] Http://papyri.info/docs/checklist; http://www.naher-osten.uni-muenchen.de/isap/isap_checklist/index.html.

Abbildungsverzeichnis

Ägypten in der Spätantike XV
Schematische Darstellung der Verwaltungsstruktur
    von Djeme (7.–8. Jh.) 189
Die Struktur der Dorfgemeinschaft im Hermopolites 205
Die Struktur der Dorfgemeinschaft im Oxyrhynchites
    im Jahr 550 nach P.Oxy. I 133 206

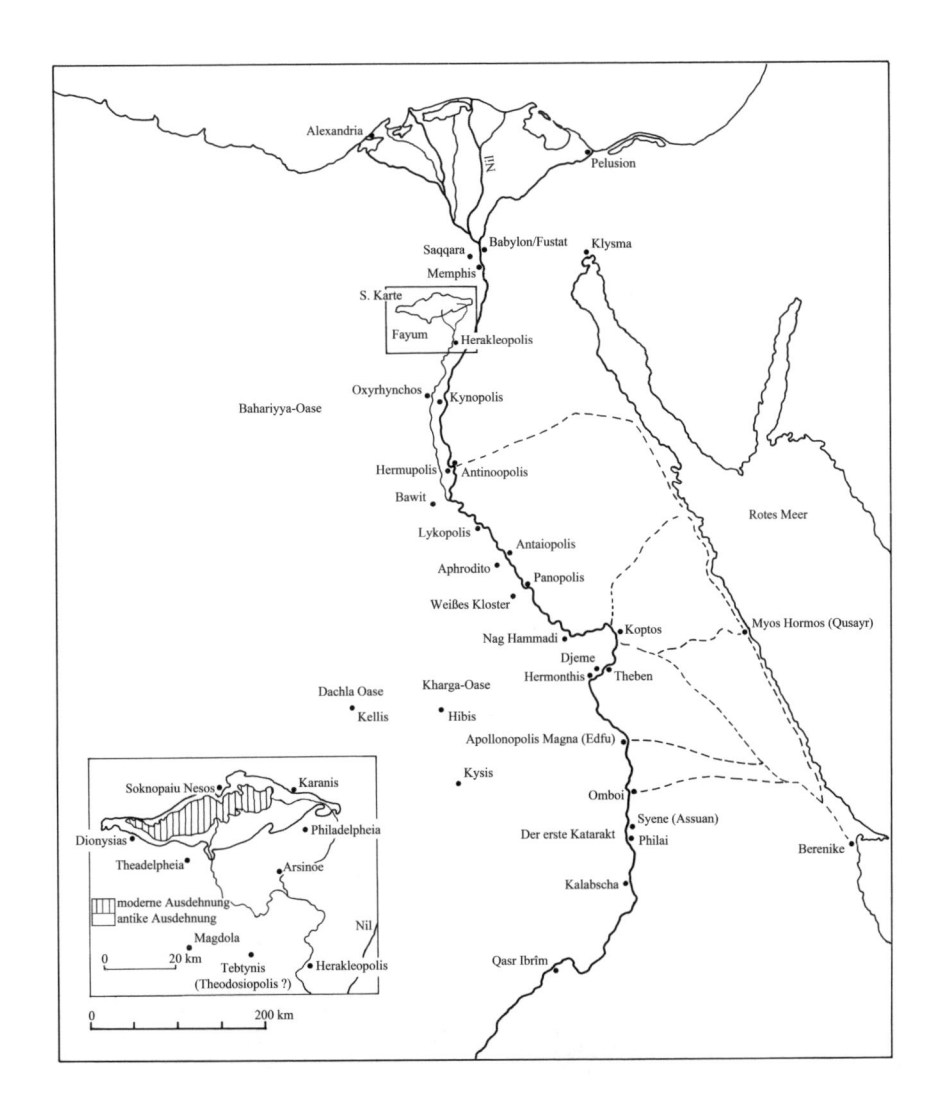

Ägypten in der Spätantike (ca. 300–800 n.Chr.)

1. Dörfer und Dorfverwaltung in der Spätantike: Einführung

1.1 Einleitung und Problemstellung

> „Für die Entwicklung der Dorfverwaltung in byzantinischer Zeit liegt ein reiches Material vor, das der Verarbeitung harrt." (Ulrich Wilcken, 1912)[1]

Diese Worte einer der größten Persönlichkeiten der Papyrologie, Ulrich Wilckens, haben mehr als 100 Jahre nach ihrer Niederschrift kaum an Aktualität verloren. Ein großer Teil der Papyrusdokumentation der Spätantike – und überhaupt Ägyptens – stammt aus Dörfern verschiedener Regionen des Landes. Diese tausende bzw. zehntausende Dokumente erlauben tiefe Einblicke in das Dorfleben der Antike und des frühen Mittelalters, wie sie kaum anderswo im Mittelmeerraum möglich sind. So geben uns die Papyri neben vielen anderen Aspekten des Alltagslebens auch im Bereich der lokalen Verwaltung außergewöhnlich reiche Informationen. Das Verhältnis der Dorfbewohner zu ihren Steuern bzw. die Organisation der Steuereintreibung auf lokaler Ebene verrät jedoch nicht nur über die Verwaltung viel, sondern auch über die Mechanismen und Strukturen der Dorfgesellschaft.

Nur wenige Gelehrte widmeten sich der Bearbeitung dieses Materials. Fragen der Dorfverwaltung wurden nur selten systematisch bearbeitet. Artur Steinwenter untersuchte 1920 in seinen *Studien zu den koptischen Rechtsurkunden aus Oberägypten* das erste Mal die Dorfverwaltung der byzantinischen und frühärabischen Zeit, da dies für das Verständnis der thebanischen Dokumente notwendig war.[2] Obwohl Steinwenter viel Material aus anderen Regionen heranzog, werden die Ergebnisse seiner – immer noch oft zitierten – Arbeit dadurch beeinträchtigt, dass er die regionale und zeitliche Streuung der Belege kaum berücksichtigte. Seine Studien sind nichtsdestoweniger in vielerlei Hinsicht immer noch Ausgangspunkt der Diskussion über die Dorfverwaltung des spätantiken Ägypten. Da jedoch viele seiner Aussagen überholt sind, wird auf seine Argumente und Resultate nur dann verwiesen, wenn sie von besonderer Relevanz sind.

Außer Steinwenters kurzen Untersuchungen – und zahlreichen Studien des kaum typischen Dorfes Aphrodito – wurden viele Detailfragen in Kommentaren von Editionen, kurzen Artikeln und Exkursen behandelt.[3] Solche Arbeiten sind zu

---

1 Wilcken 1912, 84.
2 Steinwenter 1920.
3 Zu Aphrodito vgl. unten S. 11–13. Lallemand 1964, 134–137 gibt in ihrer Untersuchung zum 4. Jh. nur einen kurzgefassten Überblick mit der Auflistung der bekannten Beamtentitel. Der Abschnitt in Bagnall 1993/A, 133–138 über „government and community" in Dörfern ist

zahlreich, um sie hier einzeln aufzuzählen, ihre Ergebnisse werden jedoch stets bei der Besprechung der relevanten Probleme angeführt. Die bisherigen Resultate der Forschung wurden mit besonderer Berücksichtigung der kirchlichen Amtsträger größtenteils von Georg Schmelz 2002 zusammengefasst.[4] Seine Darstellung stellt bewusst nur einen Überblick ohne Anspruch auf Vollständigkeit dar, liefert aber trotzdem erstmals eine Skizze, die die starke Regionalität und auch die zeitlichen Tendenzen der Entwicklung einigermaßen berücksichtigt. Seine Übersicht untersucht in erster Linie die verschiedenen Dorfbeamten, die auch im Fokus dieser Arbeit stehen. Demgemäß bildet die Zusammenstellung von Schmelz in vielerlei Hinsicht das Fundament dieser Untersuchung.

Wie schon der Schwerpunkt der Arbeit von Schmelz zeigt, ist eines der größten Probleme in diesem Bereich die schwer durchschaubare Terminologie. Hunt und Bell fassten die Problematik 1924 folgendermaßen zusammen:

> „There is great difficulty in distinguishing the nature and functions of the various village officials mentioned in Byzantine documents, a difficulty perhaps increased by a tendency to use some of them in both a narrower and a wider sense. The whole subject requires a detailed investigation, for which this is not the place".[5]

Wie auch die folgenden Kapitel zeigen werden, charakterisierte die spätantike Dorfverwaltung Ägyptens eine große terminologische Vielfalt. Das Ziel dieser Arbeit ist, diese Unklarheiten in Bezug auf die Beamtentitel zu klären und dadurch in dieser Hinsicht einen Ausgangspunkt für weitere Untersuchungen zu schaffen.

Das bestimmende Verwaltungsorgan der Dörfer war ab Diokletian die für die Steuer kollektiv haftende Dorfgemeinschaft, das κοινόν bzw. die κοινότης. So wird diese Untersuchung unvermeidlich auch Fragen der Dorfgemeinschaft und Dorfgesellschaft behandeln. Aufgrund der Zielsetzung dieser Arbeit konnten jedoch nicht alle relevanten Faktoren ausführlich berücksichtigt werden: Aspekte der Wirtschaftsgeschichte werden z.B. nur angerissen. Genauso werden auch viele andere relevante Fragen nur kurz angesprochen. Auf die systematische Behandlung der Dorfbezeichnungen musste ebenfalls verzichtet werden.[6] Die Untersuchung dieser Problematik, die auch die regionalen Unterschiede berücksichtigt, hätte eine mindestens genauso lange Diskussion wie diese Arbeit erfordert. Ebenso konnten nicht alle Amtsträger, die in den Dörfern tätig waren, behandelt werden, da dies den Rahmen dieses Buches gesprengt hätte.[7] So wird z.B. das Sicherheitswesen der Dörfer nicht

---

eigentlich nur auf das fayumische Material, vornehmlich auf Karanis beschränkt, wie auch Gascou 1996, 340–341 bemerkt. Vgl. auch die rezente Zusammenfassung von Isabelle Marthot in P.Stras.Copt. 13, S. 161–163.
4 Schmelz 2002, 296–318.
5 Komm. zu P.Oxy. XVI 1835, 2.
6 Vgl. jedoch unten S. 7–8.
7 Zum ἀπαιτητής in Dörfern z.B. vgl. Palme 1989, 105–106. Der ἀπαιτητής übernahm die von

1.1 Einleitung und Problemstellung

untersucht, da eine Auseinandersetzung mit dieser komplexen Thematik ebenfalls eine eigene Studie erfordert hätte. Ein weiterer wichtiger Aspekt, die Rolle der Kleriker in der Dorfverwaltung, wurde von Georg Schmelz 2002 diskutiert.[8] Demgemäß wurden nur die wichtigsten Beamten der Dorfgemeinschaft, besonders die Dorfvorsteher, untersucht.

Die Aufarbeitung dieser Thematik fordert eine minutiöse philologische Arbeit, die den größten Teil dieses Buches einnimmt. Daher konnten viele Fragen nicht entsprechend ihrer Bedeutung berücksichtigt werden, worauf bereits aufmerksam gemacht wurde. Dies hängt auch mit der Perspektive dieser Studie zusammen: Die Untersuchung der regionalen Differenzen war einer der wichtigsten Aspekte. Aufgrund dessen nehmen die zwei Textgruppen, die traditionell am meisten behandelt wurden, nämlich die Dokumentation der Apionen aus Oxyrhynchos und das Dioskoros-Archiv aus Aphrodito, keine hervorgehobene Stellung ein. Das reiche Material des Dorfes Karanis fällt zumeist nicht mehr in die besprochene Epoche und wird deswegen ebenfalls nicht gesondert behandelt.[9]

Besonders problematisch ist der Fall von Aphrodito, das oft als Musterbeispiel für die Charakterisierung der ägyptischen Dörfer herangezogen wird – nicht selten in Kontrast zu der Gegend von Oxyrhynchos. Aphrodito kann aber in vielerlei Hinsicht, und besonders verwaltungstechnisch, nicht als Modell für die spätantiken Dörfer gelten.[10] Genauso ist es oft fraglich, wie sehr das Beispiel der Apionen-Güter zu verallgemeinern ist. Das vieldiskutierte Problem des Begriffes ἐναπόγραφος γεωργός (*colonus adscripticius*) ist z.B. nicht zentral für das Verständnis der Dorfverwaltung. Ein weiterer Grund dafür, dass diesen zwei Archiven keine besondere Aufmerksamkeit gewidmet wurde, ist, dass sie im Vergleich zu vielen anderen Gebieten der Papyrologie gut erforscht sind; der Verwaltung von Aphrodito im 6. Jh. wurde z.B. unlängst eine eigene Monographie gewidmet.[11]

Die grundlegende These dieser Arbeit ist, dass auch wenige und oft fragmentarische Texte verschiedener Regionen einander ergänzen und zusammen ein übergreifenderes Bild bieten können als die – zweifelsohne sehr bedeutenden – Archive der Apionen und des Dioskoros von Aphrodito. Es soll jedoch auf das *caveat* aus-

---

den lokalen Beamten eingesammelten Steuerzahlungen, gehörte also nicht zum Verwaltungsstab des Dorfes. Vgl. auch die χρυσουποδέκται auf der Dorfebene, s. F. Morelli im Komm. zu CPR XXII 7, 5. Ebenfalls interessant sind die πραγματευταί, die im 8. Jh. in Steuerquittungen aus Djeme erscheinen, vgl. Wilfong 2004, 549. Sie begegnen auch in P.Lond.Herm. (Temseu Skordon [Herm.], 546–547 [?]) 10 r 1, 10 v 17, 12 v 26 und 21 v 2. Hier scheinen sie ebenfalls eine Rolle in der Steuereintreibung auf Dorfebene gespielt zu haben. Die in SB XIV 12194 (Ars., 7. Jh.; persische oder arabische Zeit), 18 belegten „Schiedsrichter des Weilers" (ὁρισταὶ τοῦ ἐποικίου) sind ebenfalls von Interesse.

8 Schmelz 2002.
9 Eine Untersuchung zu den Beamten von Karanis zwischen 27 v.Chr. und 337 n.Chr. liegt in Larson 1954 vor.
10 Vgl. unten S. 11–13.
11 Zuckerman 2004.

drücklich aufmerksam gemacht werden, dass die ägyptischen Papyrusfunde nicht einmal für das Land repräsentativ sind. Aus dem Nildelta sind praktisch keine Dokumente überliefert, da in der dortigen feuchten Erde keine Papyri erhalten blieben. Ohne auf die Details einzugehen, kann gesagt werden, dass für die Dorfverwaltung zwischen dem 4. und 8. Jh. grob aus sechs Regionen Dokumente in auswertbarer Zahl überliefert sind: Aus Djeme, Aphrodito, aus der Region von Hermupolis, Oxyrhynchos, aus dem Arsinoites und aus dem Herakleopolites. Allerdings ist die zeitliche Streuung der Belege ebenfalls nicht einheitlich – um nur ein Beispiel zu nennen, ist das 5. Jh. aus einem bisher an allen Fundstätten unbekannten Grund unterrepräsentiert.[12]

Der Aufbau der Arbeit folgt dieser Zielsetzung. Nach einer Einführung werden die einzelnen Beamtentitel in thematischen Gruppen untersucht. Es könnte überraschend wirken, dass danach dem Dorf Djeme eine eigene detaillierte Analyse gewidmet wird. Diese Entscheidung hat zwei wesentliche Gründe: Erstens bietet das Dorf m.E. das beste Beispiel für die Struktur eines – falls man überhaupt davon sprechen kann – „durchschnittlichen" ägyptischen Dorfes in der Spätantike. Andererseits hat das Dorf Djeme ein sehr großes Potential für die Forschung, das noch kaum genutzt wurde. Schließlich wird versucht, die Ergebnisse dieser Arbeit im Kontext des frühbyzantinischen Reiches bzw. der früharabischen Staaten zu deuten.

Es muss noch definiert werden, was im Folgenden mit „römisch", „spätantik", „byzantinisch" und „früharabisch" gemeint ist. Man muss sich natürlich bewusst sein, dass Periodisationen ihre Tücken haben, aber aus praktischen Gründen ist ihre Verwendung schwer zu vermeiden. Einige der oben erwähnten Etiketten können sich in verschiedenen Kontexten auf verblüffend diverse Zeitspannen beziehen. Allgemein folgt diese Arbeit der traditionellen papyrologischen Periodisation. Zwar ist diese in vielerlei Hinsicht problematisch, doch empfiehlt es sich, die schon eingebürgerte Terminologie der Epochen beizubehalten. Demgemäß gibt es vier Zeitabschnitte: Ptolemäische Zeit (von Alexander bis Augustus), römische Zeit (von Augustus bis Diokletian), byzantinische Zeit (von Diokletian bis zur arabischen Eroberung) und früharabische Zeit (von der Eroberung bis ca. Ende des 8. Jh.). Unter Spätantike verstehe ich eine vielleicht für manche außergewöhnlich breite Zeitspanne, die von Diokletian bis etwa zu den Abbasiden reicht.[13]

Einige Überlegungen müssen auch zur Methodik dieser Arbeit vorgelegt werden. Das Fundament dieser Untersuchung besteht aus der Analyse von verschiedenen Titeln, Bezeichnungen und Begriffen. Es versteht sich von selbst, dass solch einer Arbeit Quellensammlungen zugrunde liegen. Auf den größten Teil dieses Materials wird in den Fußnoten der relevanten Kapitel verwiesen. Bei einigen Belegen wurde

---

12 Zur Beleglage des 5. Jh. vgl. Habermann 1998 und besonders Rémondon 1966. Vgl. unten S. 203.
13 Richter 2013, 121 argumentiert auch für eine Spätantike bis in das späte 8. Jh. in Ägypten.

jedoch auf eine Berücksichtigung verzichtet. Vorerst sei bemerkt, dass es sich in jedem Fall dieser Auslassungen um Belege handelt, die entweder wegen ihrer fragmentarischen Natur nicht zur Diskussion beitragen konnten oder nur eine Feststellung hätten weiter verstärken können, die schon von zahlreichen anderen Beispielen untermauert gewesen war. Ferner muss man sich auch bewusst sein, dass, obwohl Vollständigkeit angestrebt werden kann, sie nie zu erreichen ist, da ständig neue Texte publiziert werden und trotz jeder Anstrengung manche Belege dem Suchenden immer entgehen werden.

Um die Texte zu finden, die für die einzelnen Untersuchungen relevant sind, wurde vornehmlich mit Datenbanken und natürlich weiteren Verweisen der Fachliteratur gearbeitet. Die DDbDP (ergänzt durch die *Wörterlisten*), das HGV und die *Brussels Coptic Database* sind exzellente Werkzeuge für solche Recherchen im papyrologischen Bereich. Die literarischen Belege wurden anhand des TLG, die Inschriften anhand der *Searchable Greek Inscriptions* Datenbank gesammelt – wiederum mit Ergänzungen aus der Fachliteratur.[14] Diese Hilfsmittel erlauben es – jedenfalls im Bereich der extrem gut organisierten griechischen Papyrologie –, auf die Anführung von Belegsammlungen zu verzichten, die ja einerseits, wie erwähnt, sehr schnell veralten, andererseits sehr einfach durch zielstrebige Suchen in den Datenbanken erstellt werden können. Ähnliche Prinzipien wurden im Fall der koptischen Texte befolgt. Im Bereich des außerägyptischen Materials wurden jedoch alle mir bekannten Belege berücksichtigt.

Gleichwohl sind bisweilen im Folgenden Zusammenstellungen von Belegen, Personen oder Ehrentiteln zu finden. Dies hat im Wesentlichen zwei Gründe: Die in diesen Listen zu findenden Daten sind entweder schwer zu erfassen (wie im Fall der nubischen μειζότεροι) oder sind einer Zusammenstellung wert. Im Fall der meisten Dorfbeamten jedoch scheint eine prosopographische Datensammlung zwecklos zu sein. Abgesehen von großen Archiven wie Djeme und Aphrodito, die über eigene Prosopographien verfügen,[15] ist die absolute Mehrheit der Dorfbeamten unserer Dokumentation nur einmal belegt. Eine Zusammenstellung solcher Listen für die editorische Praxis ist auch nicht gerechtfertigt: Die meisten Belege sind mit zielstrebigem Suchen in den Datenbanken schnell zu finden.

Die Frage der nicht-papyrologischen Belege führt auch zu einem weiteren wichtigen Grundsatz dieser Arbeit. Während der Untersuchung werden die mir bekannten außerägyptischen Belege einzelner Begriffe und Titel – wie spärlich sie auch seien – mit besonderer Sorgfalt behandelt. Diesem Verfahren liegt die Überzeugung zugrunde, dass die ägyptischen Verhältnisse *mutatis mutandis* zur Untersuchung des ganzen römischen bzw. byzantinischen Reiches oder der frühen

---

14 Ein zusätzliches Problem ergab sich im Feld der Epigraphik durch den zeitlichen Rahmen dieser Arbeit. Da es der byzantinischen Inschriftenkunde noch an Hilfsmitteln mangelt, ist die Vollständigkeit der Quellensammlungen dieser Arbeit in diesem Bereich besonders zweifelhaft. Die Internetadressen der erwähnten Datenbanken sind im Literaturverzeichnis zu finden.
15 Till 1962; Ruffini 2011.

arabischen Staaten herangezogen werden können. Die möglichen Parallelen werden immer hervorgehoben, da – abgesehen von einigen Ausnahmen – die papyrologische Evidenz aus Ägypten bei der Besprechung der ruralen Verhältnisse des frühen Byzanz überhaupt nicht herangezogen wurde. Es muss aber bemerkt werden, dass in letzter Zeit die papyrologischen Quellen eine immer wichtigere Rolle in der Diskussion übergreifenderer Fragen der Spätantike spielen. Diese Arbeit will sich dieser Tendenz anschließen.[16]

1.2 Dörfer im spätantiken Ägypten

Vor der Untersuchung der eigentlichen Problematik dieser Arbeit ist ein Überblick über die Dörfer dieser Epoche (ca. 4.–8. Jh.) notwendig. Hervorgehoben werden nur die Aspekte und Probleme, die für das Verständnis des Themas nötig sind. Auf Fragen z.B. der (Land-)Wirtschaft oder Archäologie der Dörfer kann an dieser Stelle nur verwiesen werden. Ziel dieses Abschnittes ist es, die Vielfalt der ruralen Siedlungen und ihren Platz im System der Verwaltung vorzustellen.

Die Zahl der ägyptischen Dörfer im 4. Jh. wird auf 2000 bis 2500 geschätzt, mit einer durchschnittlichen Bevölkerung von 1270 Bewohnern. In ihrem Ausmaß muss es jedoch sehr große Unterschiede gegeben haben: Kleine Siedlungen mit einigen hundert Einwohnern waren genauso unter ihnen vertreten wie städtische Dörfer mit einer Bevölkerung von sogar bis zu 5000 Personen. Unsere Quellen aus dem 3./4. Jh. vermitteln den Eindruck, dass es sehr wenige große Dörfer, jedoch zahlreiche kleinere Siedlungen gab. Im oxyrhynchitischen Gau lagen z.B. wahrscheinlich etwa 120 Dörfer auf ungefähr 780 km^2 und auch in anderen Gegenden ist eine vergleichbare Zahl von Toponymen zu finden. Genaue Bevölkerungszahlen sind schwer zu berechnen, aber einige Daten seien als Illustration erwähnt. Die Bevölkerung der Dörfer Karanis, Philadelphia und Theadelphia im Fayum wird in der Zeit 70–160 n.Chr. auf ca. 3600, bzw. 3500 und 2300 geschätzt.[17] Das mittelägyptische Dorf Aphrodites Kome soll im 6. Jh. nach Constantin Zuckermans Forschungen ungefähr 7000 Einwohner gehabt haben.[18] Die Bevölkerung des oberägyptischen Dorfes Djeme soll im 7./8. Jh. etwa 1000 bis 2000 Dörfler gezählt haben.[19] Die Unsicherheit dieser Daten zeigt sich darin, dass sowohl bei Djeme wie auch im Fall von Aphrodites Kome früher eine deutlich größere Bevölkerungszahl geschätzt wurde. Wie dem auch sei, es ist plausibel anzunehmen, dass die meisten Dörfer eher kleinere Siedlungen waren und nur wenige größere Dörfer in einer Gegend zu finden waren.[20]

---

16 Vgl. unten S. 222–229.
17 Bagnall 1993/A, 110; Bowman 2011, 333–340 mit weiteren Beispielen und Angaben.
18 Zuckerman 2004, 223. Vgl. dazu auch Ruffini 2008, 247.
19 Vgl. unten S. 168.
20 Vgl. die Analyse eines hermopolitischen Registers aus dem 4. Jh. in Bagnall 2005, 555.

1.2 Dörfer im spätantiken Ägypten

Gemäß ihrer verschiedenen Größe und Art trugen die Dörfer bzw. ruralen Siedlungen diverse Bezeichnungen.[21] An dieser Stelle kann die komplexe Thematik der Terminologie nicht ausführlich behandelt werden. Schon in Ägypten gibt es Unterschiede sowohl regional wie auch zeitlich, auf einer reichsweiten Perspektive ist die Situation noch komplizierter.[22] Im Folgenden wird die ägyptische Terminologie nur so weit überblickt, wie es zum Verständnis der folgenden Kapitel notwendig ist.

Die naheliegendsten Bezeichnungen sind κώμη bzw. ⳁⲙⲉ 'Dorf'. Das Wort κώμη bezeichnet verwaltungstechnisch eine rurale Siedlung, deren Gemeinschaft (κοινόν) kollektiv für die auf sie fallende Steuer verantwortlich ist.[23] Eine κώμη ist von einer gewissen Größe und hat einen eigenen administrativen Status. Aus dem Bereich des Großgrundbesitzes kommen die Bezeichnungen κτῆμα und ἐποίκιον, 'Besitz' und 'Weiler'. Das Wort κτῆμα bezieht sich vornehmlich auf landwirtschaftliche Einheiten, Ländereien, kann aber manchmal auch auf Dörfer hinweisen (s. unten). Der Ausdruck ἐποίκιον bezieht sich jedoch meistens auf kleine Ortschaften, die im Besitz von Grundherren waren, welche sie den Bewohnern verpachteten. Diese Bedeutung des Wortes ist im Oxyrhynchites, auf den Ländereien der Apionen, eindeutig, aber in anderen Gebieten Ägyptens (z.B. im Hermopolites) könnte sich das Wort manchmal auch zum Synonym von κώμη entwickelt haben.[24]

Der Terminus χωρίον ist in der byzantinischen Zeit noch nicht mit dem Dorf gleichzusetzen – jedenfalls in Ägypten. Das Wort bezog sich meistens auf Weinland, aber nicht auf κῶμαι.[25] Nach der arabischen Eroberung bezeichnete es jedoch rurale Steuerbezirke, meistens Dörfer. Diese Bedeutung des Terminus wurde von den Verwaltern der islamischen Eroberer eingeführt. Der Begriff kommt in dieser Bedeutung – gesichert – zuerst 643 vor.[26] Es ist demgemäß auch zu betonen, dass nach

---

21 Viele Bezeichnungen können in einem ruralen Kontext auf Orte verschiedener Art hinweisen, vgl. z.B. den τόπος mit Gonis 2003/A, 182 und die hermopolitische Terminologie, besprochen in Drew-Bear 1979, 41–44. In der obigen Darstellung werden jedoch nur die Termini diskutiert, die Siedlungen bezeichnen können und eine Dorfgemeinschaft oder mit ihr vergleichbare Struktur entwickeln konnten.
22 S. allgemein Carrié 2012. Ein weiteres Beispiel für die regionale Komplexität der Terminologie ist Palästina, s. Hirschfeld 1997, 36–39. Für verschiedene Arten von ägyptischen Dörfern s. Gascou 1996, 340–341.
23 Vgl. unten S. 16–18.
24 S. zusammenfassend Sarris 2006, 36, 58–59; zum ἐποίκιον vgl. auch Lewuillon-Blume 1979 und Drew-Bear 1979, 41–42.
25 Für Ägypten s. Bagnall 1999, 332. Eine Zusammenfassung der Bedeutung der Wörter ist bei Drew-Bear 1979, 42 (mit weiterer Literatur) zu finden. Zur Bedeutung des Wortes außerhalb Ägyptens im 5.–10. Jh. vgl. Kaplan 2006, 14–18.
26 Gascou 2011, 247: "[L]e terme de χωρίον est propre à l'administration arabe qui, dans sa pratique fiscale, l'a surimposé, au plus tard avant le 8 janvier 643, à la toponomastique traditionnelle, κώμη et parfois ἐποίκιον. Il ne s'agit pas d'un simple changement de vocabulaire. Les Arabes concevaient le χωρίον comme l'unité d'assignation de leurs impôts et réquisitions. À la différence des Byzantins, qui ne regardaient guère plus bas que la cité, leur fiscalité opérait au ras du sol. De ce fait, dans les régions de l'Égypte où les papyrus fiscaux d'époque arabe

unserem heutigen Kenntnisstand Papyri, die Dörfer als χωρία bezeichnen, sehr wahrscheinlich in die früharabische Zeit zu datieren sind. Papyri der frühislamischen Zeit ist auch zu entnehmen, dass κώμη und χωρίον in dieser Zeit oft synonym verwendet waren.[27]

Innerhalb einer Provinz war die Stadt (*civitas*/πόλις) die Grundeinheit der Steuereintreibung. Der Rat (*curia*/βουλή) der Stadt war für die Ablieferung ihrer Steuer und derjenigen der Dörfer, die in ihrem Verwaltungsbezirk (*territorium*/ἐνορία) lagen, zuständig. In Ägypten entsprachen die *territoria* der Städte ungefähr den ehemaligen Gauen, aber der veraltete Begriff νομός (Gau) wurde weiterhin verwendet. Etwa ab der Mitte des 5. Jh. wird das Gebiet der *civitates* in Pagarchien organisiert, die von dem Pagarchen steuerlich verwaltet werden. Bernhard Palme fasste das Schema der Verwaltung des städtischen *territorium* folgendermaßen zusammen:

> „So hat man unter der mehr und mehr formellen Oberhoheit der Bule (*curia*) ab dem 5. Jh. n.Chr. auf dem Territorium einer *civitas* drei Arten von Verwaltungseinheiten:
>   1. die οἶκοι der autoprakten Grundherren (private und kirchliche)
>   2. die autoprakten Dörfer
>   3. die Pagarchen".[28]

Die οἶκοι der Grundherren waren für die Eintreibung eines bestimmten Steueranteils als öffentliche Aufgabe (*munus*) verantwortlich. Dies konnte aber zu Überschneidungen führen, da die wichtigen Grundherren (wie z.B. die Apionen) oft selbst die Pagarchen waren. Es sei auch schon im Voraus bemerkt, dass wir bis jetzt nur Aphrodites Kome als autopraktes Dorf identifizieren können (s. ausführlich unten).

Die Dorfgemeinschaft war kollektiv für die Bezahlung der auf sie fallenden Steuern verantwortlich. Dasselbe gilt jedoch auch für die Weiler, die – jedenfalls im Oxyrhynchites – ebenfalls in κοινά organisiert wurden und so ihre Abgaben ihrem Landbesitzer leisten mussten.[29] Im Gegensatz zu den Mitgliedern der Dorfgemein-

---

abondent, comme l'Arsïnoite, la toponymie recensée est plus riche et variée qu'aux époques antérieurs." Der erste Text, der die technische Bedeutung von χωρίον belegt, ist SB XX 14443 (Herm., 643), 4 mit Gascou 2011, 247/Anm. 17: „Voir *SB* XX 14443, de la date précitée, où la l. 4, qui a trait à une assiette de réquisitions εἰ(ς) χῶρ(ον) πεποιημέ(νον), est à lire εἰ(ς) χωρ(ία) πεποιημέ(να), «sur les *choria* qui ont été faits», ce qui montre que le χωρίον est d'institution récente." Federico Morelli nimmt an, dass das Wort schon in der spätbyzantinischen Zeit eine ähnliche Bedeutung in Ägypten hatte, s. CPR XXX, S. 59. Diese Annahme wäre zwar nicht unplausibel, da nach dem Abzug der persischen Truppen aus Ägypten 629 administrative Reformen eingeführt worden sein könnten, nach der heutigen Quellenlage aber nicht nachweisbar sind. Vgl. kürzlich auch die Zusammenfassung von Gascou 2013, 672–673.

27 S. z.B. CPR XXIV 31 (Ars. oder Herakl., Mitte–zweite Hälfte 7. Jh.), 12–13: ῥ[ό]γευσον τὰ ἑκάστ[ου] χωρ[ί]ου (καὶ) τόπ[ο]υ (καὶ) ἔα[σ]ον [αὐ]τ[ὰ τ]ἐ[ως] | παρὰ τ[ῷ] ἡγουμ[έ(νῳ) τ]ῆ[ς] κώμη[ς und P.Ross.Georg. III 53 (Ars., 674–675), 8: κώμης Καινοῦ und 20: χω(ρίου) Καινοῦ.
28 Palme 1989, 98.
29 Vgl. unten S. 21–23.

schaft waren die *coloni adscripticii* (ἐναπόγραφοι γεωργοί) gemäß ihrer Bezeichnung (*adscripticius* sc. *censibus*) auf der Steuerrolle ihrer Landherren registriert, die für ihre Steuerzahlungen hafteten.[30] Die *coloni* lebten in Weilern, ἐποίκια, ihrer Grundherren (s. oben). Im Gegensatz zu den κῶμαι, die unter der Aufsicht des Pagarchen oder eines Grundherren standen, wurden die Steuern der ἐποίκια durch ihre Landeigentümer bezahlt oder von den naheliegenden Dörfern eingetrieben.[31]

Was jedoch die Erfüllung der Steuerpflichten angeht, machte es eigentlich für die ägyptische Landbevölkerung im Großen und Ganzen keinen großen Unterschied, ob sie in einem Weiler eines Grundherrn oder in einem (autopraktischen) Dorf lebte. Ihre Gemeinde haftete zusammen für die auf sie fallenden Abgaben, und alle mussten ihre Steuer dem Vorsteher ihrer Siedlung übergeben. Die *coloni* waren genauso an ihren Wohnsitz gebunden wie die freien Bauern, damit sie ihre steuerliche Pflicht immer erfüllen konnten.[32] Natürlich ist es nicht zu leugnen, dass es in den wirtschaftlichen Verhältnissen und dem Rechtsstatus manchmal große Differenzen gab, aber aus der Sicht der alltäglichen Praxis der Steuereintreibung waren die Unterschiede auf Dorfebene kaum zu bemerken.

Da die Grenzlinie zwischen „öffentlich" und „privat" in der Antike nicht gemäß unseren heutigen Vorstellungen existierte,[33] ist es verständlich, dass ein Großgrundbesitzer nicht zwischen der Verwaltung seiner eigenen Ländereien und der Verwaltung der Gebiete, von denen er als eine öffentliche Aufgabe (*munus*) die Steuer eintreiben musste, unterschied, sondern sie gemeinsam von seinem Personal verwalten ließ. Das war für diese Aristokraten umso praktischer, da sie oft auch in den Dörfern Land besaßen. Ferner ist auch zu betonen, dass der erste sichere Beleg in Ägypten dafür, dass ein Dorf in Privatbesitz war, erst aus der früharabischen Zeit kommt.[34] Dieser Problematik schließt sich die Frage an, inwiefern wir in dieser Epoche einen Konflikt zwischen den für ihre Freiheit kämpfenden Bauern und den Großgrundbesitzern, die sich die Dörfer unterwerfen wollten, annehmen müssen. In der Forschung wurde und wird diese komplexe Frage heftig diskutiert. Hierauf kann

---

30 Lemerle 1958, 37. Zu *coloni* vgl. zusammenfassend Banaji 2001, 206–212 und Sirks 2008.
31 S. zusammenfassend Nikolaos Gonis im Komm. zu P.Oxy. LXX 4787, 9–10: „The ἐποίκια had no juridical status of their own, and their taxes were paid through the landowners who 'owned' them (already in the fourth century: see XLVI 3307). The κῶμαι were normally under the control of the pagarch, but it appears that their fiscal administration could be exercised by great landowners, whose authority was similar to that of a pagarch." S. auch Drew-Bear 1979, 41–42 und Sirks 2008, bes. 131–132.
32 Vgl. dazu unten S. 22–23. Zur Flucht im 4. Jh. mit Ausblicken in die römische und spätere byzantinische Zeit vgl. Rathbone 2008, 201–202, bes. 202: „[F]ugitives termed *coloni* in these imperial edicts were, at least in Egypt, mostly not tenants, but independent farmers in villages whose fiscal burdens were … becoming particularly difficult."
33 Vgl. dazu das Beispiel des *riparius*: Tost 2012.
34 Banaji 2010, 170. Zu dieser Frage vgl. auch Banaji 2001, 146–149; SPP X 138 (Ars., Anfang 7. Jh.) mit Palme 1997, 107–112. Für andere Interpretationen des Dokumentes s. zusammenfassend Gonis 2008, 209; vgl. auch P.Oxy. XVI 1997 (Oxy., 6. Jh.), 1.

jedoch nicht näher eingegangen werden, da auch nur ein bloßer Überblick zu weit von der eigentlichen Fragestellung wegführen würde.[35] Auf jeden Fall spricht alles dafür, dass die zwei wesentlichen Modelle – Aphrodites Kome als „letzte Bastion der freien Bauern" und die Dokumentation der Apionen – sicherlich nicht ohne weiteres für Ägypten verallgemeinert werden können.[36]

All dies erklärt auch, warum die Grenzen zwischen der Struktur der Dörfer und der der Landgüter nicht immer eindeutig sind. Auf einem apionischen κτῆμα ist z.B. ein Dorfvorsteher, μείζων, belegt.[37] Ebenfalls ein μείζων bürgt für einen ἐναπόγραφος γεωργός bei den Apionen.[38] Ferner bürgt ein ehemaliger μείζων für seinen Bruder und einen Händler, alle drei ἐναπόγραφοι γεωργοί.[39] Nur in dem oben genannten Dokument begegnet ein Dorfvorstand als ἐναπόγραφος γεωργός, außerdem ist es auch bemerkenswert, dass der ehemalige μείζων wieder Bewohner eines κτῆμα ist. Ein μείζων eines oxyrhynchitischen Dorfes kann aber ggf. auch Steuern von einem κτῆμα, das sich vermutlich in der näheren Umgebung befand, eintreiben.[40] Außerhalb des Oxyrhynchites kennen wir Dorfvorsteher von ἐποίκια – möglicherweise ist aber das Wort ἐποίκιον in manchen Gebieten mit κώμη praktisch identisch (s. oben).[41] All dies muss aber nicht unbedingt widersprüchlich sein, da die großen Landbesitzer auch κῶμαι in ihren Verwaltungsbezirken haben konnten.[42]

Alles in allem zeigt sich also, dass rurale Siedlungen von verschiedenem Charakter ähnliche Strukturen aufwiesen. Dies ist nicht mit der zufälligen Parallelität einer Organisation von „Dorfältesten" zu erklären; es handelt sich eher um Strukturen, deren Durchsetzung von dem Landbesitzer bzw. der Verwaltung erwartet wurde. Die Hauptmotivation dieser Organisation war wohl steuerlicher Natur, die Grundherren, die oft eine wichtige Rolle in der Verwaltung der Gegend ihrer Ländereien spielten, wandten die bewährte Struktur der kollektiv haftenden Steuergemeinschaft bewusst an.[43]

Die Dorfgemeinschaft musste Haftung für die lokalen Ländereien ihrer Mitglieder übernehmen. Die Realität war aber oft viel komplexer. Das obige Beispiel eines Dorfvorstehers, der die Steuer von einem benachbarten κτῆμα der Apionen eintreibt, zeigt, dass in der Praxis Aufgaben wohl oft zusammengefasst wurden. Auf

---

35 S. z.B. das Kapitel *The Historiography of the Great Estate* in Sarris 2006, 131–148, und auch 195.
36 Vgl. auch unten S. 222.
37 P.Flor. III 325 (Oxy., 489), 4–5.
38 P.Oxy. LXX 4787 (Oxy., 564).
39 P.Oxy. LXX 4794 (Oxy., 580).
40 P.Oxy. VIII 1137 (Oxy., 562–563), vgl. Bemerkungen.
41 Z.B. BGU I 323 (Ars., vor 14. 6. 651) oder P.Lond. IV 1452 (Aphrod., 8. Jh.), 24.
42 Nikolaos Gonis im Komm. zu P.Oxy. LXIX 4757, 1: „Yet the presence of ἐναπόγραφοι in κῶμαι need not cause surprise, if we bear in mind the fiscal character of the *adscriptio*, and that these κῶμαι were in the administrative or fiscal control (παγαρχούμεναι) of those great landlords who also controlled ἐποίκια."
43 Vgl. schon Rouillard 1928, 60.

dem Gebiet des Dorfes hatten sehr viele städtische Bürger oder auch ekklesiastische Institutionen Besitz. Die Unterscheidung zwischen ἀστικός und κωμητικός in den Steuerregistern von Aphrodites Kome bezieht sich jedoch nicht auf die Herkunft der Steuerzahler, sondern auf die städtische bzw. dörfliche Kasse, wohin die Steuern zu zahlen waren.[44] Die Dorfbeamten mussten sich also vor Ort um mehrere Zahlungen kümmern, die Details bleiben aber oft unklar. Ggf. kam es auch vor, dass reichere Dörfer die Steuerlasten von zahlungsunfähigen Siedlungen übernehmen mussten.[45]

Nach der skizzenhaften Zusammenfassung der Problematik des Status der Dörfer ist eine kurze Auseinandersetzung mit Aphrodites Kome (die Bezeichnung Aphrodito wird ab der arabischen Zeit verwendet) nicht zu vermeiden. Das Archiv des Dioskoros aus dem 6. Jh. ist eines der wichtigsten und meistdiskutierten Archive des byzantinischen Ägyptens. (Hier sei nur nebenbei bemerkt, dass das andere große Archiv des Dorfes, das des Basileios aus dem frühen 8. Jh., trotz seiner enormen historischen Bedeutung viel geringere Aufmerksamkeit in der Forschung auf sich zog.) Das Dorf gilt oft als das Beispiel *par excellence* der ägyptischen Dörfer des 6. Jh. Dies ist kaum verwunderlich, wenn man bedenkt, dass kein anderes Dorf der Spätantike eine vergleichbare Dokumentation zur Verfügung stellt (abgesehen von dem sicherlich zahlreicheren Befund von Djeme im 7.–8. Jh., das aus verschiedenen Gründen kaum erforscht wurde).[46]

Wegen der oben dargestellten herausragenden Bedeutung des Dorfes ist es hier angebracht, zu erläutern, warum sein Beispiel in dieser Arbeit keine hervorgehobene Position erlangen wird. Einer der Gründe ist, dass Aphrodites Kome – wie schon erwähnt – verhältnismäßig gut erforscht ist: Die Verwaltung des Dorfes wurde von Constantin Zuckerman 2004 monographisch behandelt.[47] Zwar ist die frühere These, dass das Dorf ursprünglich den Status einer Stadt besaß,[48] heute umstritten, doch es ist trotzdem zu betonen, dass Aphrodites Kome mit seinen ca. 7000 Einwohnern viele städtische Züge aufwies. Freilich wurde diese Tatsache in der Forschung schon längst erkannt, aber wegen seines reichen Quellenmaterials steht Aphrodites Kome im Mittelpunkt der Diskussion über das spätantike Dorf.[49]

Auf keinen Fall möchte ich Aphrodites Kome ganz aus der Besprechung über die spätantiken Dörfer ausklammern. Dennoch ist es nicht zu leugnen, dass das Dorf nur für die eher seltenen größeren städtischen Dörfer typisch sein könnte, aber auf keinen Fall für die Mehrheit der ruralen Siedlungen. Man kann natürlich argumentieren, dass auch andere nicht so gut dokumentierte Dörfer, z.B. aus dem Oxyrhynchites, mit Aphrodites Kome vergleichbar sind, aber m.E. liegt bis dato zu keinem

---

44 Gascou–MacCoull 1987, 113–114.
45 Mißler 1970, 38–39.
46 Zu Djeme vgl. unten S. 169–170.
47 Zuckerman 2004.
48 Marthot 2012.
49 Ebenfalls vielbehandelte Themen sind die Dörfer des Fayum, von denen wir jedoch – abgesehen von topographischen Listen – nur selten Dokumente aus der Zeit nach dem 5.–6. Jh. haben.

ägyptischen Dorf genug Quellenmaterial vor, um es als ein Pendant zu Aphrodites Kome ausweisen zu können.[50] Solche Annahmen scheinen mir in diesem Fall genauso gefährlich zu sein wie *argumenta e silentio*. Aphrodites Kome war sicherlich kein Unikat im spätantiken Ägypten (und auch nicht im griechischen Osten),[51] aber unter den publizierten Papyri sind keine eindeutigen Parallelen zu finden.

Administrativ ist Aphrodites Kome zweifellos eine Ausnahme. Dies wird klar durch das Beispiel des *riparius*, das kürzlich von Sven Tost untersucht wurde. Im Fall des *riparius*, eines wichtigen Polizeibeamten der byzantinischen Zeit, zeigt sich, wie prägend Aphrodites Kome für die Untersuchung der byzantinischen Dorfverwaltung ist. Es wurde nämlich angenommen, dass der Status des *riparius* von einem leitenden städtischen Polizeibeamten u.a. zu einem Dorfbeamten herabgesunken ist. Tost konnte jedoch zeigen, dass alle Belege, die den Amtsträger als Dorffunktionär erwähnen, aus Aphrodites Kome stammen. Weiterhin hob er hervor, dass das Dorf wegen seines urbanen Charakters als ein einer *civitas* ähnliches Verwaltungszentrum betrachtet wurde, weswegen auch das Vorhandensein der *riparii* nicht überraschen sollte.[52]

Der eigentümlichste Charakterzug des Dorfes ist jedoch zweifellos seine Autopragie. Die Quellen geben kund, dass Aphrodites Kome seine Steuer αὐτόπρακτος οὖσα καὶ αὐτοτελής bzw. κατὰ τὸ τῶν αὐτοπράκτων σχῆμα bezahlt.[53] Dieser vieldiskutierte Begriff bezieht sich nach der traditionellen Interpretation auf das Privileg der Dorfgemeinde, über ein eigenes Finanzbüro zu verfügen und die Steuer ohne Vermittlung des Pagarchen direkt an die Provinzialbehörden zu bezahlen. Auf diese Weise erlangte Aphrodites Kome eine steuerliche Autonomie und konnte selbst über die Gelder, die nach der Zahlung der Steuer übrig blieben, verfügen. Nach Constantin Zuckermans Forschung verlor das Dorf seine Autopragie vor dem Ende der 550-er Jahre.[54] Diese traditionelle Interpretation der Autopragie hat jüngst Miroslava

---

50 Ruffini 2008, 249: „I would argue that Aphrodito probably looks like what we might see in an Oxyrhynchite village below the level of the evidence of the urban archives, and the Oxyrhynchite nome probably looks like what we might see in Antaiopolite urban archives." Rowlandson 2007, 217 vergleicht Spania mit Aphrodites Kome. Zu Spania vgl. Pruneti 2001.
51 Vgl. Dagron 1979 (zu Aphrodites Kome: 37).
52 Tost 2012, 774, 777, 779.
53 P.Cair.Masp. I 67019 (Antin., ca. 548–549), 1–6: μία τις κώμη, ἐπιλε[γ]ομένη Ἀφροδίτη, | [διακει]μένη μὲν ἐν τῷ Ἀντεοπολίτῃ (l. Ἀνταιοπολίτῃ), [τ]ελο[ῦσα] δὲ ἀεὶ ὑπὸ τὴν ἐ[πι]χώριον σεμνὴν | πολι[τι]κὴν τάξιν, αὐτόπρακτος οὖσα καὶ αὐτοτελή’ς τῶν εὐσεβῶν καὶ δημοσίων [ὑμῶν]| ε[ἰ]σφόρων, μηδέποτε κλη[ρω]θεῖ[σ]α ὑπ[ὸ π]αγαρχικὴν ἐξουσίαν ἀπὸ γονέων | αὐτῶν καὶ προγόνων, ἐχόντω[ν] τὸ προνόμιον αὐτ[ῶ]ν ἀπὸ θείο[υ] τύπου | τοῦ τῆς θείας λήξεως Λέ[ον]τος; P.Cair.Masp. I 67024 (Aphrod., ca. 551), 30–35: ἐδίδαξαν ἡμᾶς | Ἰουλιανόν, παγάρχην τῆς Ἀνταιοπολιτῶν, βουληθῆναι τὴν κατ᾽ αὐτο(ὺ)ς | κώμην ὑπὸ τὴν οἰκείαν παγαρχίαν ποιήσασθαι, καὶ ταῦτα μηδέ|ποτε τελεσάντων ὑπὸ παγαρχίαν αὐτῶν, ἀλλὰ κατὰ τὸ τῶν | αὐτοπράκτων σχῆμα δι᾽ ἑαυ`τῶν᾽ τοὺς δημοσίους φόρους ἐπὶ [το(ὺ)ς] | τὴν ἐπιχώριον τάξιν κατατιθέντων.
54 Gelzer 1909, 89, 94–95; Gelzer 1913/B, 188–189; Rémondon 1974, 18–21; Poethke 1984, 40–44; Gascou 1985, 38; Zuckerman 2004, 213.

Mirković zu modifizieren versucht. Ihrer Ansicht nach war die Autopragie nicht das Privileg der ganzen Dorfgemeinde, sondern nur der Großgrundbesitzer: Nur sie konnten ihre Steuern direkt dem Provinzialbüro und nicht dem Pagarchen bezahlen.[55] Diese Erklärung steht auch mit der Gesetzgebung des späten 4. Jh.–frühen 5. Jh. im Einklang, in der das *autopractorium* mit Großgrundbesitzern in Zusammenhang gebracht wird, die den provinzialen Behörden umgehend ihre Steuern ablieferten.[56] Falls Mirkovićs Auffassung zutreffen würde, hätte sie weitreichende Konsequenzen: Man könnte nicht mehr über autoprakte Dörfer sprechen. Die fachliche Diskussion über diese Ansicht wird entscheiden, ob sich diese These wird durchsetzen können. Wie dem auch sei, ich verstehe in dieser Arbeit die Autopragie nach der traditionellen Deutung. Unabhängig von dieser Frage ist klar, dass die Verwaltung von Aphrodites Kome in vielerlei Hinsicht eine Ausnahme darstellt.

Außer für Aphrodites Kome ist für kein anderes Dorf die Autopragie eindeutig nachweisbar. Giovanni Ruffini zufolge hätten im Oxyrhynchites mehrere Dörfer – für deren Steuer nicht Großgrundbesitzer verantwortlich waren – autoprakt sein können.[57] Natürlich ist diese Annahme nicht auszuschließen, doch hätten diese Dörfer genauso unter der steuerlichen Kontrolle des Pagarchen (der allerdings oft ein Apione war) stehen können.

Ferner argumentierte Herwig Maehler anhand einer Quittung von 497–498 auch für autoprakte Dörfer im Hermopolites. In diesem Dokument wird eine Zahlung der Steuern für die vergangenen Jahre bis zur laufenden Indiktion von Aurelius Ioannes an Taurinos bestätigt. Die Zahlung erfolgte für den Anteil an einem Grundstück, das ursprünglich im Besitz des Vaters von Ioannes gewesen war, der das Grundstück einem Verwandten von Taurinos verkauft hatte. Taurinos erlangte einen Anteil am Grundstück wohl durch Erbschaft. Der Grund dafür, dass Ioannes eine Steuerzahlung für einen Anteil am Grundstück quittiert, liegt wahrscheinlich darin, dass er oder vielleicht noch sein Vater als Steuerpflichtiger registriert ist.[58]

Weiterhin erklärt Maehler, dass der Grund, warum das Grundstück nicht umgeschrieben wurde, wahrscheinlich ein Erlass des Honorius aus dem Jahr 415 ist, der verfügte, dass auf dem Gebiet einer *metrocomia* nur die Einwohner des Dorfes und keine Außenstehenden Land erwerben konnten. Da in dem Dokument das ἐποίκιον

---

55 Mirković 2008, 191–196.
56 *C.Th.* XI 22, 4: *Nonnullos possessores exactionis consuetae more dissimulato eo temeritatis procedere cognovimus, ut quidam auctoritate rescriptionis elicita instantiam compulsorum eludant sub eo obtentu, quod sponte pronius inferant expetenda. Qua usurpatione patefacta promulgamus, ut huiusmodi impetrationis novitate supplosa, quae vulgo autopractorium vocatur, universa pensitationis profligandae quae fuit reviviscat sollemnitas et curiales vel apparitio provincialis huius muneris vota procurent, exceptis his, quos eminentissimae tuae sedis specialiter consideratio digessit.* Für andere relevante Gesetze und eine Diskussion s. Gelzer 1909, 88–89.
57 Ruffini 2008, 119.
58 BGU XII 2168 (Herm., 497–498 [?]; zum Text vgl. Palme 1993). Herwig Maehler in der Einl. zu BGU XII 2168.

Sentapuo mit dem Ausdruck περὶ πρακτορίαν κώμης [Πτε]μεν[κ]ύρκεως Π[οιμένων] bestimmt wird, erwägt Maehler, dass es sich um ein autopraktes Dorf, eine μητροκωμία, handelt, das für die Steuereintreibung der naheliegenden „kleineren Dörfer und Gehöfte" haftet. Demgemäß seien die Dörfer, in deren Steuerbezirk andere Siedlungen lagen (περὶ πρακτορίαν κώμης), autoprakt gewesen.[59]

Gegen diese Argumentation können jedoch mehrere Einwände gefunden werden. Erstens ist es bloße Vermutung, dass die Umschreibung des Dorfes wegen des *metrocomia*-Status nicht zustande gekommen sei. Der Terminus μητροκωμία ist ohnehin problematisch, da er in den Papyri nur einmal im Jahre 300 belegt ist, möglicherweise ist er nur ein anderer Ausdruck für κώμη; der Anfang des 4. Jh. war bekanntlich eine experimentelle Periode der ägyptischen Verwaltungsgeschichte.[60] Der Text der Quittung legt vielmehr nahe, dass es sich nicht um eine reguläre Zahlung handelt, da der Zeitraum, für den die Steuern quittiert werden, unbestimmt ist (παντὸς τοῦ φθάσα[ντος χρόνου]). Man könnte annehmen, dass die Quittung das Resultat einer Streitbeilegung ist. Vermutlich wurde wegen der Nicht-Umschreibung des Landes die Steuer immer noch von Ioannes verlangt, der dann wohl Probleme hatte, die Steuerzahlungen von Taurinos zu bekommen. Die vorliegende Quittung könnte einen Kompromiss der Parteien darstellen, nach dem Taurinos eine bestimmte Summe für die auf seinen Anteil fallende Steuern der vergangenen Jahre bezahlt.[61]

Diese Interpretation an sich würde aber das – wohlgemerkt vorsichtig geäußerte – Argument nicht widerlegen, dass man aus dem Ausdruck περὶ πρακτορίαν κώμης auf eine autoprakte μητροκωμία schließen kann. Es scheint also angebracht zu sein, den Ausdruck περὶ πρακτορίαν κώμης zu untersuchen, besonders da seit der Verfassung des Kommentars von Maehler weitere Belege das Bild präzisieren. Maehler kannte noch keine Belege für den Ausdruck aus dem 6. Jh. und meinte, diese Tatsache damit in Verbindung bringen zu können, dass am Beginn des 6. Jh. schon die meisten Dörfer ihre Autopragie verloren hatten. Das gehe auch daraus hervor, dass 501 schon von der πεδιάς und nicht mehr der πρακτορία von Ptemenkyrkis Poimenon die Rede sei.[62]

Erstens zeigt ein Dokument aus den Jahren 442–447, dass eine Steuerzahlung des Dorfes Ptemenkyrkis Poimenon zu dem Steueranteil eines Grundbesitzers gehört, der für die Eintreibung bestimmter Abgaben im Gau als öffentliche Aufgabe (*munus*) haftete. Das Dorf gehörte also schon 442–447 zur Verwaltung eines οἶκος, verkehrte nicht direkt mit der Provinzialverwaltung und kann demgemäß nicht auto-

---

59 Herwig Maehler in der Einl. zu BGU XII 2168 und im Komm. zu Z. 3. Die Argumentation wurde in Poethke 1984, 43–44 übernommen.
60 P.Panop.Beatty 2 (Panopolis, 300), 228. Zur Bedeutung des Terminus vgl. auch Lemerle 1958, 37 mit Anm. 2.
61 Diese Interpretation verdanke ich Professor Andrea Jördens.
62 Herwig Maehler in der Einl. zu BGU XII 2168 und im Komm. zu Z. 3.

prakt gewesen sein.⁶³ Man könnte aber immer noch annehmen, dass das Dorf erst nach 447 den Status der *metrocomia* erlangte. Zuerst muss bemerkt werden, dass der Umstand, dass Dörfer auch für naheliegende kleinere Orte Steuern einsammeln mussten, eine normale Praxis war und nichts mit dem Verhältnis des Dorfes zur Gau- bzw. Provinzialverwaltung zu tun hatte. Ferner ist die Erwähnung der πεδιάς von Ptemenkyrkis Poimenon im Jahr 501 auch nicht ausschlaggebend, da 513 immer noch die πρακτορία des Dorfes bezeugt ist.⁶⁴

Der Ausdruck περὶ πρακτορίαν κώμης kommt ausschließlich in hermopolitischen Texten vor.⁶⁵ Zuerst ist die Wendung in zwei Papyri aus dem Jahr 298 bezeugt.⁶⁶ Ferner kommt der Ausdruck πρακτορία auch in einem Verzeichnis aus dem späten 3.–frühen 4. Jh. mehrfach in der Form ἀπὸ πρακτορίας + Dorfname vor.⁶⁷ Das Erscheinen dieses Terminus in der Bedeutung 'Steuerbezirk' (und nicht in der Bedeutung 'Amt des πράκτωρ') scheint mit den diokletianischen Reformen in Ägypten verbunden zu sein. Mit πρακτορία bezeichnete man – im Hermopolites – offenbar den Steuerbezirk eines Dorfes, analog zu dem *territorium* der Städte.⁶⁸

Abgesehen von dem oben zitierten Beispiel ist das Wort immer im Ausdruck περὶ πρακτορίαν κώμης + Dorfname bei der Beschreibung einer geographischen Lage zu finden. Die Wendung ist durchgehend im 4. und 5. Jh. bezeugt, der letzte Beleg datiert m.W. auf das Jahr 541.⁶⁹ Der Ausdruck ist mit zahlreichen Dörfern (κῶμαι),⁷⁰ sogar mit einem ἐποίκιον belegt, was wieder dagegen spricht, dass die

---

63 SB XXII 15318 (Herm., 442–447), 13: μερ(ίδος) Ταυρ(ίνου) Φο[ιβάμμ](ων) Χλωτίωνος ἀπὸ Πτεμ[ενκύρκεως]. Zum Texttyp vgl. Chang 2004, 210 (mit weiterer Literatur), zu den Steueranteilen vgl. zusammenfassend Bernhard Palme im Komm. zu CPR XXIV 4, 3.
64 P.Coll.Youtie II 90 (513), 6–7.
65 P.Stras. III 152 (= SB V 8942; Kussites, 298–299), 9: περ]ὶ τὴν ομ . . πρακτορίαν κ[ώμης scheint nicht relevant zu sein.
66 Ch.L.A. III 209 (= P.Lond. V 1647; 298), 7; Chrest.Wilck. 228 (= P.Flor. I 32b = Ch.L.A. XXV 777; 298), 10.
67 SPP V 120 (= P.Herm.Landl. 4; spätes 3.–frühes 4. Jh.), *passim*.
68 Vgl. P.Cair.Masp. I 67009 (Antin./Antaiop.; ca. 567–570), v 20: ἡ ἀθλία πόλις καὶ ἡ ταύτης [π]εριπρακτορία. Vgl. den Kommentar von Pieter J. Sijpesteijn zu P.Vind.Sijp. 11, 11. Die Ergänzung von P.Oxy. LXIII 4379 (Oxy., 369), 9–10: ἐκ τῶν ὑπ]αρχόντ[ων] σοι περὶ | [πρακτορείαν τῆς α]ὐτῆς κώμης scheint sehr gewagt zu sein – der Herausgeber bemerkt selbst im Komm., dass dieser Audruck für den Hermopolites charakteristisch ist.
69 SB XIV 12051 (541), 14.
70 Ammonos: Ch.L.A. III 209 (= P.Lond. V 1647; 298), 7, vielleicht auch Chrest.Wilck. 228 (= P.Flor. I 32b = Ch.L.A. XXV 777; 298), 10 (mit BL VIII 124); Leuku Pyrgu: PSI I 34 (397), 9 (mit BL I 390), BGU XII 2147 (464), 10–11; Monoi: P.Vind.Sijp. 11 (453), 11–12; Psychis: CPR XVII A 10 (320), 8; Ptemenkyrkis Poimenon: BGU XII 2168 (497–498 [?]), 2, P.Coll.Youtie II 89 (485), 6–7, 12; P.Coll.Youtie II 90 (513), 6–7, vielleicht auch BGU XII 2153 (493 [?]), 14; Sesie: SB XXII 15493 (435), 7; Temseu Skordon: P.Scholl 8 (515), 13–14; Tertenbythis: CPR XVII A 17a (17bdupl) (321 [?]), 2; Terton Psake: BGU XII 2147 (464), 9; Thynis: P.Stras. VIII 712 (zweite Hälfte 4. Jh.), 4–5; BGU XII 2150 (472), 7–8, BGU XII 2152 (512 [?]), 7; Unklares Dorf: P.Amst. I 45 (501), 15; P.Herm. 66 (vor 533), 8; P.Rain.Cent. 103 (463–464), 6; SB XIV 12051 (541), 14; SB XXII 15618 (412/413 oder 427/428), 5; SPP V 120

Wendung auf eine *metrocomia* hinweist.⁷¹ Der Kontext dieser Belege bzw. der Umstand, dass der Ausdruck *metrocomia* abgesehen von einem Papyrus aus dem Jahr 300 nicht verwendet wird, deuten darauf hin, dass die Wendung περὶ πρακτορίαν κώμης + Dorfname zu einer versteinerten Form in hermopolitischen Urkunden wurde. All dies legt nahe, dass man von diesem Ausdruck nicht auf die Autopragie eines Dorfes schließen kann. So bleibt immer noch Aphrodites Kome das einzige Dorf, für das die Autopragie nachweisbar ist.

1.3 Die Dorfgemeinschaft (κοινόν/κοινότης)

Der verwaltungstechnische Rahmen für die Dorforganisation des spätantiken Ägypten war die Dorfgemeinschaft, das sogenannte κοινόν bzw. die κοινότης (*consortium vicanorum*).⁷² Diese Institution bestimmte die Organisation der dörflichen Strukturen von etwa dem frühen 4. Jh. bis zur Mitte des 8. Jh. Die Schaffung des Dorf-κοινόν ist mit der diokletianischen Neuorganisation des Reiches zu verbinden, da die ersten Dokumente, die ein Dorf-κοινόν belegen, aus den Jahren 297–308 und 304–305 stammen.⁷³ Zwar scheinen die durch das neue Steuersystem überflüssig gewordenen alten Bodenkategorien endgültig erst zu einem unbekannten Zeitpunkt zwischen 332–350 abgeschafft worden zu sein,⁷⁴ doch sprechen die oben erwähnten Texte deutlich dafür, dass schon Diokletian das Dorf als Gemeinde für seine Ländereien verantwortlich machte. Das κοινόν des Dorfes und nicht die ehemaligen Pächter wurden zum Besitzer der ehemaligen βασιλική, ἱερά und manchmal auch

---

(= P.Herm.Landl. 4; spätes 3.–frühes 4. Jh.) erwähnt die πρακτορία folgender Dörfer: Bunoi Kleopatras (v col. II 159–160); Nagogis (r col. II 82–83); Sinalabe (r col. III 90; v I 136); Skar (r col. III 89); Skordon (r col. II 85; v col. I 148); Thathis (r col. III 96); Timonthis (r col. III 111–112).

71 SPP XX 110 (408–422 oder 425–450 [?]), 9: περὶ πρακτορίαν τοῦ αὐτοῦ ἐποικίου.

72 Zwischen κοινόν und κοινότης (in der Bedeutung 'Dorfgemeinschaft', 'Berufskorporation') scheint in den Papyrusdokumenten keinerlei Unterschied zu sein. Die beiden Formen werden sogar am selben Ort willkürlich verwendet, vgl. P.Cair.Masp. I 67001 (Aphrod., 514), 3–5, wo das κοινόν der Hirten und Feldwächter an die κοινότης des Dorfes schreibt, und SB III 6704 (Aphrod., 538), 4: κοινότης τῶν ἀγρευτῶν. Die feminine Form κοινότης wird allerdings wesentlich seltener verwendet als das Neutrum κοινόν. Auffallend ist jedoch, dass koptische Texte deutlich die feminine Variante bevorzugen, s. Förster 2002, 424–425.

73 P.Oxy. XLIV 3205 (= SB XII 10891; Mend., 297–308), 78: αἱ οὖσαι κοινοῦ κώμης Ψεν . . . .; P.Rain.Cent. 82 (Herakl., 304–305), 26–28: δημοσί|ων πάντων ὄντων πρὸς τὸ κοινὸν | τῆς κώμης; schon Jouguet 1911, 208 bemerkte, dass das Dorf-κοινόν erst ab dem 4. Jh. belegt ist, und hielt das für keinen Zufall. Zur Datierung der Neuerungen in der ägyptischen Verwaltung in dieser Zeit vgl. Maresch 2007.

74 Im 6. Jh. tauchen jedoch die Bezeichnungen der βασιλική und ἰδιωτική κτῆσις auf, die auf die alten Kategorien der βασιλική/ἰδιωτική γῆ zurückgehen könnten, s. Gascou–MacCoull 1987, 114–115.

οὐσιακὴ γῆ. 322 werden schon sowohl die königlichen wie auch die privaten Ländereien als κωμητικὴ κτῆσις bezeichnet.⁷⁵

Eine Art von Steuerhaftung existierte schon seit der ptolemäischen Zeit. Das hängt u.a. mit dem Prinzip der ἰδία zusammen, das auch von der römischen Verwaltung aufrecht erhalten wurde. „Der Grundsatz, daß der Untertan nur in der Gemeinde, der er angehört, nur in der ἰδία (origo), seine Untertanpflichten (im Steuerzahlen und sonstigen Leistungen) ausüben kann, während er überall anderswo nur ξένος ist …, hat … zu der Konsequenz geführt, daß der Untertan gehalten war, in der Regel seine ἰδία nicht zu verlassen".⁷⁶ Die (nach einiger Zeit institutionalisierten) Dorfeliten (πρεσβύτεροι) übernahmen – gemäß dem allgemeinen ptolemäischen Prinzip der finanziellen Verantwortung der Beamten – Haftung für die Steuerzahlungen des Dorfes. Dasselbe Prinzip ging auch in die römische Zeit über, es scheint jedoch, dass die Dorfbewohner immer mehr auch allgemein für die Bezahlung der Steuer hafteten. In der römischen Zeit sieht man gelegentlich auch, dass die Nachbarn die Bebauung von brachliegenden Ländereien übernehmen müssen (Zwangspacht). Ähnliches begegnet uns auch auf der Ebene von Dörfern, d.h. benachbarte Dörfer müssen die brachliegenden Ländereien wirtschaftlich schwächerer Gemeinden zur Bebauung übernehmen. Bemerkenswert ist auch der μερισμός ἀνακεχωρηκότων, wonach für die ausgefallenen Steuerzahlungen der geflüchteten Bauern nicht – wie üblich – die Beamten, sondern die Mitglieder der Dorfgemeinschaft aufkommen.⁷⁷

Besondere Aufmerksamkeit als Vorläufer des Dorf-κοινόν verdienen die Genossenschaften der Staatsbauern der ptolemäischen bzw. römischen Zeit (βασιλικοὶ/δημόσιοι γεωργοί). Die Staatsbauern der Dörfer waren in einer Art von Korporation bzw. Gemeinschaft organisiert und waren für die Bewirtschaftung der zu ihrem Dorf gehörenden Staatsländereien verantwortlich. Ihr Organ wurde vornehmlich von 'Ältesten' (πρεσβύτεροι) geleitet,⁷⁸ aber auch andere Funktionäre treten in Erscheinung. Bei den Gemeinschaften des Fayum fand möglicherweise regelmäßig eine von den lokalen Vorstehern vollzogene Neuverteilung der Staatsländereien statt.⁷⁹ Diese Organisationsform ist dem späteren κοινόν in vielerlei Hinsicht ähnlich, wichtige Unterschiede sind aber auch nicht zu verkennen. Nach Diokletian ist das κοινόν Besitzer und nicht Pächter des Landes wie die Staatsbauern. Ein wichtiger Unterschied ist auch, dass die Korporationen der Staatsbauern nicht alle Steuerzahler

---

75 Johnson–West 1949, 20, 152; Świderek 1971, 36–37.
76 Wilcken 1912, 26 (Zitat), 65. Zur origo vgl. auch Sirks 2008, 126–128.
77 Giliberti 1992, 184–185; für die römische Zeit: 191–192; s. besonders P.Ryl. II 379 (Hk.unbek., 168–169), 22–23: γ(ίνεται) (πυροῦ) (ἀρτάβη) α δ´ κδ´ μη´ διὰ πρεσβ(υτέρων) κώμη[ς … καὶ] | τῶν λο(ιπῶν) ἀπὸ τῆς κώμης ἐξ ἀλ(ληλεγγύης); s. auch Karayannopulos 1956, 292–295 und Jördens 2009, 287–292, zur Zwangspacht 458–459.
78 Zum Verhältnis der Titel πρεσβύτεροι κώμης und πρεσβύτεροι τῶν δημοσίων γεωργῶν vgl. Tomsin 1952, 475–479.
79 Rowlandson 2006, 187–193; San Nicolò 1972 II, 157–178; Tomsin 1969; Monson 2012, 149–151; Wilcken 1912, 275–278, 291–296. Vgl. aber auch Hagedorn 1986, 95–100.

des Dorfes in sich integrierten. Nichtsdestoweniger ist die Ähnlichkeit in der Verantwortung für die Bewirtschaftung der Ländereien und die Bezahlung der Pachtzinsen/Steuer augenfällig. Zwar lässt sich zwischen den zwei Institutionen keine direkte Kontinuität annehmen, doch hätten die Gemeinschaften der δημόσιοι γεωργοί – zumindest in ihrem Prinzip – als Vorbild für die diokletianische Dorfgemeinschaft dienen können (s. auch die κοινά der Apionen unten).

Allgemein gilt für die vorbyzantinische Zeit, dass „die kollektive Steuerverantwortung nicht etwa eine offizielle Einrichtung war, die genau definiert und in allen ihren Einzelheiten amtlich geregelt war, sondern eher eine Schutzmaßnahme der örtlichen Behörden, die, für den geregelten Steuereingang verantwortlich, zu allen erdenklichen Maßnahmen griffen, um diesen zu sichern."[80] Der wichtigste Unterschied zur römischen Zeit ist jedoch, dass Diokletian diese gemeinsame Steuerhaftung institutionalisierte: „From this moment, the community – so far a mere object of the state fiscal administration – became a subject of this administration."[81] Diese kollektive Steuerhaftung bezog sich einerseits auf die verschiedenen Pflichten und Abgaben, die die Liturgen und Vorsteher der Dörfer erfüllen bzw. leisten mussten, andererseits auf die Bewirtschaftung und Steuer der brachliegenden Ländereien. Diese Ländereien wurden dann der Dorfgemeinschaft übertragen, die sie anschließend entweder Dorfbewohnern oder Fremden verpachteten. Falls das nicht gelang, wurden sie unter den Dorfbewohnern mit Zwang verteilt.[82] Bemerkenswert ist auch, dass diese Landübertragung sowohl mit als auch ohne Übertragung des Besitzes erfolgen konnte. In manchen Fällen findet sich immer noch eine Übertragung zwischen reicheren und ärmeren Dörfern.[83] Ferner muss ebenfalls hervorgehoben werden, dass das Prinzip der gemeinschaftlichen Steuerhaftung, das in Ägypten, wie gezeigt, schon eine Tradition hatte, mit den Reformen von Diokletian im ganzen Reich allgemein üblich wurde.[84]

Die Dorfgemeinschaft wurde also als Besitzer von Ländereien für deren Bewirtschaftung und Steuer verantwortlich. In mehreren Dokumenten wird klar ausge-

---

80 Karayannopulos 1956, 295.
81 Górecki 1986, 109–110 (Zitat von 110). Eines der klarsten Beispiele für das Prinizp ist *C.Th.* XI 24, 1, 3–6: *Universos itaque, quos tantum sibi claruerit temeritatis adsumere, ut praebeant latebram et defensione repromissa aditum implendae devotionis obclaudant, iubemus urgeri, ut debita, quaecumque vicani, quorum consortio recesserunt, e propriis facultatibus fisci docebuntur commodis intulisse, idem cogantur expendere.*
82 Vgl. die Petition einer Witwe aus dem theodosiopolitischen Dorf Sabbeos an den *dux Thebaidos*, P.Cair.Masp. I 67006 (Antin., ca. 567), 3: καὶ οὕτως ἐπεξῆλθάν μοι βιαίως οἱ πρωτεύοντες τῆς ἐμῆς κώμης Σάββεως, βουλόμενοι ἐπιβ[α]λεῖν τῇ ἐμῇ χηραιότ[η]τι ἀ[ρ]ούρ[α]ς στρεφ[ο]μένας.
83 Karayannopulos 1956, 297–302.
84 Allgemein: Grey 2011, 213–216; s. z.B. P.Ness. 89 (Nessana, spätes 6.–frühes 7. Jh.), 25: δοθ(έντα) ἰς (l. εἰς) τὸ ἅγιον ὄρος (l. ὄρος) ὑπὲρ τῖς (l. τῆς) κυνότετος (l. κοινότητος) τοῦ χορίου (l. χωρίου) ὑμῶν (l. ὑμῶν). Vgl. unten S. 228. Zur Dorfgemeinschaft in der mittelbyzantinischen Zeit vgl. Kaplan 1992, 185–218.

1.3 Die Dorfgemeinschaft (κοινόν/κοινότης)

sprochen, dass das κοινόν des Dorfes Landbesitzer ist.[85] So kann es seine Ländereien verpachten, verkaufen und verschenken.[86] Der Kauf des Landes musste (von dem Käufer) bei den zuständigen Behörden gemeldet werden, damit auch die Steuerpflichten auf den Namen des Käufers übertragen werden konnten.[87] Die Verantwortung des Dorfes für die Bewirtschaftung seiner Ländereien veranschaulicht auch eine Quittung von 550, in der das κοινόν des Dorfes Takona, vertreten durch verschiedene Beamte, den Apionen den Erhalt von Saatgetreide quittiert.[88] Die gemeinsame Haftung ist auch der Grund, warum Dorfbewohner im Namen des κοινόν für Hilfe um Auffindung der Flüchtigen bitten.[89] Dies gilt aber auch umgekehrt: Die gemeinsame Haftung erklärt ebenfalls, warum die Dorfgemeinschaft in einer Angelegenheit von Flüchtigen eine Verpflichtungsurkunde ausstellt.[90] Die Dorfgemeinschaft wurde, zumindest in der älteren Forschung, für keine juristische Person gehalten, aber diese Frage bedarf einer neuen Untersuchung.[91]

Neben der Verwaltung des Dorflandes ist die Dorfgemeinschaft meistens in finanzielle Angelegenheiten involviert – was ihrem Ursprung gemäß kaum überraschend ist. Verschiedene Dokumente belegen die Dorf-κοινά als Bezahler bzw. Lieferanten oder Empfänger von Summen und Gütern.[92] Oft werden Steuerdokumente im Namen des κοινόν ausgestellt, wie Schutzbriefe, Steuerquittungen oder die Bitte eines Dorfes um Steuernachlass.[93] Die Dorfgemeinschaft kann auch Kandidaten für die von ihr bezahlten Liturgien vorschlagen oder für die Bezahlung von Beamten aufkommen.[94] Auf ähnliche Weise kann die Dorfgemeinschaft auch Arbeiter zur Verfügung stellen.[95] Ebenfalls in steuerlichem Kontext ist der Vertrag der Dorfgemeinschaft von Aphrodites Kome mit dem κοινόν der Hirten und Feldwächter

---

85 Z.B. P.Oxy. XLIV 3205 (= SB XII 10891, Mend., 297–308), 78.
86 Verpachtung: P.Gen. I² 70 (Philadelphia [Ars.], 372–373); P.Oxy. LXIII 4384 (Oxy., 385); CPR IV 127 (Ars., 8. Jh.); Verkauf: P.Mon.Apollo 24 (= P.HermitageCopt. 7, Herm., 8. Jh.); Verschenkung: P.KRU 108 (Theb.-W., o.D.).
87 P.Würzb. 19 (Herm., 622).
88 P.Oxy. I 133 (Oxy., 550).
89 P.Sakaon 44 (= P.Turner 44, Theadelphia [Ars.], 331–332).
90 P.Lond. IV 1540 (Aphrod., 709–714).
91 Johnson–West 1949, 151; Taubenschlag 1955, 61–62. Kaplan 2006, 20 argumentiert, dass sich die juristische Person der Dorfgemeinschaft im Byzanz langsam bis in das 10. Jh. entwickelte. Die Papyri zeigen jedoch, dass das κοινόν in vielen Angelegenheiten schon viel früher ähnlich agierte, wie das spätere Texte beschreiben.
92 P.Abinn. 66 (Ars., Mitte 4. Jh.), 32–33; P.Abinn. 67r (Ars., Mitte 4. Jh.), 9: π(αρὰ) τοῦ κοινοῦ τῶν ἀπὸ κώμης; P.Gen. IV 204 (Ars., 7. Jh.), 6; SB XVIII 13148 (Herm. [?], 4. Jh.), 51; P.Lond. IV 1424 (Aphrod., 714 [?]), 33; P.Lond.Herm. (Temseu Skordon [Herm.], 546/547 [?]) 21v 3; 25r 9; frag. 6; P.Oxy. XIX 2243a (Oxy., 590), 42; Chrest.Wilck. 8 (Ars., 639–640).
93 Schutzbriefe: O.Vind.Copt. 61 (= P.Schutzbriefe 37 = O.CrumST 99, Theb.-W., 7.–8. Jh.); O.CrumVC 8 (Theb.-W., 698 oder 728). Steuerquittungen: CPR IV 8 (Herm., 7. Jh.), vielleicht auch O.Crum 407–408 (beide Kom Ombo, o.D.), vgl. unten S. 21/Anm. 105; Bitte um Steuernachlass: P.Ryl.Copt. 115 (Herm., 702/703 oder 717/718, s. Bemerkungen).
94 P.Oxy. LIX 3985 (Oxy., 473); P.Leid. Inst. 77 (Hk.unbek., 7. Jh.).
95 CPR IV 169 (Ars., 8. Jh.); CPR IV 170 (Herm., 8. Jh.).

über die Bewachung der Felder des Dorfes zu deuten: Die κοινότης des Dorfes muss für den Lohn der Wächter aufkommen.[96] Bemerkenswert ist noch ein thebanisches Ostrakon, in dem ein Dorfbeamter (ⲁⲡⲉ) und die Dorfgemeinschaft eine Frau über Geldzahlungen als Fürsorge absichern.[97] Schließlich muss auch darauf aufmerksam gemacht werden, dass die Dorfgemeinschaft oft die Interessen des Dorfes in allgemeineren Angelegenheiten vertritt.[98] Dieser Aspekt des κοινόν ist noch in einem anderen Zusammenhang zu behandeln.[99]

Die Schaffung des Dorf-κοινόν steht im Einklang mit der allgemeinen Tendenz der Steuerpolitik der Tetrarchen, die Steuerzahler möglichst in kollektiv haftenden Gruppen zu strukturieren.[100] Besonders gute Parallelen bieten in Ägypten die Berufskorporationen.[101] „Zur Hauptfunktion der meisten Zünfte der χώρα dem Staate gegenüber ist die Zahlung der nicht mehr direkt von Einzelhandwerkern, sondern von der Korporation erhobenen Steuer geworden, die Haftung für diese Verpflichtung und das Einziehen der Steuerbeiträge von Mitgliedern."[102] Eine auffallende Ähnlichkeit zwischen der Organisation der Dorf- und Handwerker-κοινά ist ferner das Auftreten von κεφαλαιωταί als Steuerfunktionäre bei beiden Institutionen.[103] Die starke Verwandschaft der Konzepte der Dorf- und Berufs-κοινά zeigt sich sogar in der parallelen Formulierung bestimmter Dokumente, die sich auf die beiden Institutionen beziehen. So vertreten sowohl Dorfvorsteher wie Vorsteher von Berufskorporationen ihr κοινόν, indem sie auch das Einverständnis der Mitglieder ihres Dorfes bzw. ihrer Korporation garantieren.[104] Das Wort κοινόν taucht auch in

---

96 P.Cair.Masp. I 67001 (Aphrod., 514).
97 O.Vind.Copt. 49 (= SB Kopt. II 936, Theb.-W., 7.–8. Jh.).
98 P.Mon.Epiph. 163 (Theb.-W., 7. Jh.); P.Nepheros 19 (Herakl., 4. Jh.).
99 Vgl. unten S. 214–218.
100 S. allgemein Grey 2011, 213–216; Kaser 1975, 153–154. Ein eindeutiges Beispiel auf höherer Ebene stellen die kollektiv haftenden Landbesitzer auf dem Gebiet einer *civitas* dar, die für die Eintreibung verschiedener Steuern verantwortlich waren, s. Gascou 1985, 38–52, bes. 48.
101 Die frühsten datierten Texte aus Ägypten, die κοινά als Korporationen von Handwerkern belegen, sind m.W. P.Laur. IV 155 (Oxy., 283–292 [?], zur Datierung vgl. BL VIII 167) und SB X 10257 (Antin., 300). In den früheren Jahrhunderten waren eher andere Ausdrücke für dieselbe Institution üblich, wie πλῆθος oder σύνοδος, s. Reil 1913, 188. Zu den Korporationen der Handwerker in der Spätantike vgl. allgemein Demandt 1989, 349–352. Für Ägypten s. Fikhman 1994 und Fikhman 2006/B.
102 Reil 1913, 191, für eine detaillierte Diskussion der spätantiken Berufskorporationen in Ägypten s. *ibidem*, 189–196, vgl. auch die vorige Fußnote.
103 Zu den κεφαλαιωταί vgl. unten S. 125–129.
104 P.Oxy. LIX 3985 (Oxy., 473), 2–3: τὸ [κ]οιν[ὸ]ν τῶν [ἀπ]ὸ κώμης Τακόνα τοῦ Ὀξυρυγχίτου νομοῦ δι' ἡμῶν Ἰωάννου [Πα]τβως (l. Πατβῶτος) καὶ Νιλᾶ Σερήνου | [ἀνα]δεχομένῳ[ν] καὶ τὴν γνώμην τῶν ἄλλων ὁμοκομητ[ῶν] (l. ὁμοκωμητῶν); SB XX 14964 (Oxy., 517), 6–9: τὸ κοινὸν τῆς | [ἐργ]ασίας τῶν ἐνθάδε ἰ]σικιομαγίρ(ων) (l. ἰ]σικιομαγείρ(ων)) δι' ἡμῶν τῶν παρόντων καὶ ἑξῆς | [ἐγγεγρ(αμμένων)] κεφαλαιωτῶν ἀ]ναδεχομένων καὶ τὴν γνώμην τῶν ἄλλων | [συντεχνιτῶν ἡμῶν; vgl. auch PSI I 43 (Herm., 5. Jh.), 1–2: Αὐρήλιοι Ζαχαρίας Πεβῆτος ἑξῆς ὑπογράφων καὶ Σιλβανὸς Ἀμμωνίου ἀμφότεροι κώμαρχοι | ἀπὸ ἐποικείου

anderen Kontexten in dieser Zeit auf. Drei Verträge aus den 560-er Jahren sind z.B. an das κοινὸν τῶν εὐλαβεστάτων μοναχῶν τοῦ εὐαγοῦς μοναστηρίου Ζμῖνος adressiert. Auch koptische Dokumente erwähnen eine Kloster-κοινότης in der thebanischen Region und vielleicht eine andere in Kom Ombo. In diesem Fall handelt es sich um die juristische Person des Klosters.[105] Auf ähnliche Weise ist ein κοινὸν τῶν κληρικῶν τοῦ ἁγίου Φοιβάμμωνος belegt.[106] Eine gewisse Ähnlichkeit zwischen den Dorfgemeinschaften und Klöstern im Steuerwesen ist besonders in der arabischen Zeit zu beobachten, in der die letzteren ähnlich den Dörfern die Steuerforderung, die ihnen als Steuereinheiten auferlegt worden war, zwischen ihren Mitgliedern aufteilten.[107]

Einschlägiger ist eine Gruppe von oxyrhynchitischen Verträgen des späten 6. bzw. frühen 7. Jh., in der der Ausdruck κοινὸν τῶν ὀνομάτων zu finden ist.[108] Auffallend ist, dass alle Texte (soweit die relevante Passage überliefert ist), in denen dieser Ausdruck auftaucht, von Dorfbewohnern (sowohl von κῶμαι und κτήματα als auch ἐποίκια) an die Apionen adressiert sind oder jedenfalls mit ihrem „ruhmreichen Haus" zu verbinden sind. Johnson und West meinten anhand eines dieser Verträge, der auf der Rückseite als ὁμολ(ογία) τῶν ἀπὸ κώμ(ης) Ὤφεως το[ῦ] Ὀξ[υ]ρ(υγχίτου) νομοῦ bezeichnet wird, feststellen zu können, dass mit diesem Ausdruck wohl die Dorfgemeinschaft gemeint sei.[109] J. David Thomas gelangte (ohne Berufung auf Johnson und West) zu einem ähnlichen Schluss.[110] Einer der Verträge, in dem das

---

(l. ἐποικίου) Δημητρίου τοῦ Ἑρμουπολείτου (l. Ἑρμουπολίτου) νομοῦ ἀναδεχόμενοι τὴν γνώμην τῶν ὁμοκωμητ[ῶν]. Ähnliche Formulierungen begegnen schon früher, vgl. den Liturgievorschlag von zwei Komarchen in P.Oxy. XXXIV 2714 (Oxy., 256), 5–7: γραφὴ | λειτούργων τοῦ ἐνεστῶτος δ (ἔτους) ἡ συσταθεῖσα | ὑφ' ἡμῶν γνώμῃ τῶν ἀπὸ τοῦ ἐποικίου.

105 P.Cair.Masp. II 67170 (562/563/564), 4–5; P.Cair.Masp. II 67171 (564/565), 6–7; P.Lond. V 1690 (Aphrod., 527), 2–3 (ergänzt); O.CrumST 115 (Theb.-W., Anfang des 8. Jh.), 3–5: ⲛ̄ⲧⲕⲉⲛⲱⲧⲏⲥ | ⲧⲏⲣⲥ̄ ⲛ̄ⲛⲉⲥⲛⲏⲩ ⲛ̄ⲁⲡⲁ ⲡⲁⲧⲉⲣ|ⲙⲟⲩⲑⲓⲟⲥ; O.Crum 407 (Kom Ombo, o.D.), 4–5: ⲁⲛⲟⲛ ⲧⲕⲏⲛⲱ|ⲧⲏⲥ ⲧⲏⲣⲥ ⲙ̄ⲡⲧⲟⲟⲩ; O.Crum 408 (Kom Ombo, o.D.), 4–6: ⲁⲛⲟⲛ | ⲧⲅⲉⲛⲱⲧⲏⲥ ⲧⲏⲣⲥ ⲙ̄|ⲡⲧⲟⲟⲩ; O.Crum 408 ist vielleicht nur ein Duplikat von O.Crum 407, s. Crum im Komm. zur Übersetzung von O.Crum 407 (S. 36). Crum bemerkt *ibidem*: „Ombos was a bishopric ... but no monastery is mentioned there. The 'hill' therefore may be merely the village, like the modern 'Kôm'."; Johnson–West 1949, 155.
106 P.Ross.Georg. III 43 (Aphrod., 6. Jh.), 1.
107 Gascou 1983, 106.
108 P.Oxy. XVI 1896 (Oxy., 577), 24–25; P.Lond. V 1764 (Oxy., 579–580/594–595/609–610), 8–10; P.Select. 20 (Oxy., 592), 22–24; P.Oxy. LXII 4351 (Oxy., spätes 6. Jh.), 17–18; P.Oxy. LXX 4802 (Oxy., frühes 7. Jh.), 17–18; PSI I 52 (Oxy., 602/617/647), 34–36; P.Oxy. XVI 1981 (Oxy., 612), 28–30; P.Oxy. LXVI 4536 (Oxy., 612), 32–34; P.Oxy. XVI 1979 (Oxy., 614), 23–24 (zu diesem Text vgl. die vollständige Edition in Gonis 2002).
109 P.Oxy. XVI 1981, 28–30 und vgl. Johnson–West 1949, 153–154.
110 „It would appear that the persons named are considered to be representative of the whole community or that the community as a whole accepts liability for the agreement", J. David Thomas im Komm. zu P.Oxy. LXVI 4536, 32–33.

κοινὸν τῶν ὀνομάτων sich nur auf eine Person bezieht, macht diese Annahme besonders wahrscheinlich.[111]

Diese κοινά sind wohl mit anderen ähnlichen, aus der Dokumentation der Apionen bekannten Organisationen zu verbinden. Wie Johnson und West beobachteten, sind auf den oxyrhynchitischen ἐποίκια und κτήματα der Apionen verschiedene κοινά zu finden – die aber vielleicht auch schon früher im Gau vorhanden gewesen sein könnten.[112] So findet man κοινά der Bewohner eines ἐποίκιον oder κτῆμα oder Begriffe wie κοινὸν τῶν γεωργῶν oder κοινὸν τῶν ἀμπελουργῶν bzw. κοινὸν τῶν γεωργῶν καὶ ἀμπελουργῶν.[113] Hickey diskutiert diese Gemeinschaften zusammen mit den Dorf-κοινά.[114] Diese Bezeichnungen begegnen uns jedoch nie in Zusammenhang mit κῶμαι, es handelt sich um eine Institution der ἐποίκια. Besonders anschaulich zeigt das eine Zahlungsliste, in der von einem Dorf das κοινὸν τῶν κωμαρχῶν und von einem Weiler das κοινὸν τῶν γεωργῶν bezahlt.[115]

Abgesehen von einer Petition eines κοινὸν τῶν ἀμπελουργῶν, in der die Mitglieder um einen Zahlungsnachlass bitten,[116] kennen wir diese κοινά nur aus Zahlungslisten. In diesen Dokumenten bezahlen die κοινά u.a. Miete für zugewiesene oder eigene Ländereien. Bei den κοινά der ἀμπελουργοί, die das ἀπότακτον χωρίων bezahlen, handelt es sich wohl um staatliches (oder kirchliches) Land, das die Apionen verwalteten.[117] Johnson und West vermuteten, dass die Apionen in ganz kleinen Weilern (mit lediglich zwei oder drei Arbeitern) nur gegenseitige Bürgschaften für die Bewirtschaftung und andere Pflichten forderten, in etwas größeren jedoch schon die Organisation der Arbeiter in κοινά erwarteten.[118] Zwar entgehen uns manche Nuancen in Bezug auf die genauen Unterschiede zwischen den oben

---

111 P.Oxy. XVI 1979, 23–24; J. David Thomas im Komm. zu P.Oxy. LXVI 4536, 32–33.
112 Bemerkenswert ist besonders P.Mert. I 41 (Oxy., 406), 4, wo man die Zahlung von Ψύρου καὶ Βάνους καὶ κοι(νωνῶν) γεωρ(γῶν) ὑ(πὲρ) μισθ(οῦ) findet. Vgl. auch P.Col. VIII 238 (= P.Princ. III 136, Oxy., 4. Jh.), 16: τὸ κοιν(ὸν) τ[ῶν γ]ε̣[ω]ργῶν ἐποικ(ίου) und SB XVI 12554 (Oxy. [s. Bemerkungen], 5.–6. Jh.), 15–16: τὸ κοινὼν (l. κοινόν) τῶν ἀμπελουργῶν ἀπὸ ἐποικίου | Ὀπίων (l. Ὀπίωνος). Zu beiden Texten vgl. Bemerkungen.
113 S. z.B. P.Oxy. LV 3804 (Oxy., 566), 30, 42, 46: π(αρὰ) τοῦ κοιν(οῦ) τῶν ἀπὸ τοῦ κτήμα(τος); 34, 47, 101, 135: π(αρὰ) τοῦ κοιν(οῦ) τῶν γεωρ(γῶν) καὶ ἀμπελουρ(γῶν); 55, 60, 96, 113, 118, 120, 133, 136–137: π(αρὰ) τοῦ κοιν(οῦ) τῶν γεωρ(γῶν); 119: π(αρὰ) Παύλο[υ] καὶ ἑτέρ(ου) Παύλου δι(ὰ) τοῦ κοιν(οῦ) τῶν γεωρ(γῶν); 125: π(αρὰ) τοῦ κοιν(οῦ) τῶν γεωρ(γῶν) τοῦ αὐτοῦ κτήμα(τος) Ταρουσέβτ; 214: κοιν(ὸν) γεωρ(γῶν). SB XVI 12554, 15–16: τὸ κοινὼν (l. κοινόν) τῶν ἀμπελουργῶν ἀπὸ ἐποικίου | Ὀπίων (l. Ὀπίωνος); PSI VIII 954 (Oxy., 6. Jh.), 21, 40: π(αρὰ) τοῦ κοινοῦ τῶ(ν) γεωρ(γῶν) ἐποικ(ίου); 28, 48: π(αρὰ) τ[οῦ κοινοῦ τῶ(ν)] γεωρ(γῶν); 40: π(αρὰ) τοῦ κοινοῦ τῶ[ν] γεωρ(γῶν) [; 41–42: π(αρὰ) τοῦ κοιν(οῦ) τῶν γεωρ(γῶν) καὶ ἀμπελουρ(γῶν).
114 Hickey 2012, 65–67.
115 P.Oxy. XIX 2243a (Oxy., 590), 42: π(αρὰ) τοῦ κοιν(οῦ) τῶν κωμαρ(χῶν) [κώμ(ης); 47: π(αρὰ) τοῦ κοι̣[ν(οῦ) τ]ῶ̣ν̣ [γεω]ρ̣(γῶν) ἀπὸ τῆς αὐτῆς (scl. μεγάλης οὐσίας); 49: π(αρὰ) τοῦ κοιν(οῦ) τῶν γεωρ(γῶν) ἐποικ(ίου).
116 SB XVI 12554.
117 Hickey 2012, 53–58.
118 Johnson–West 1949, 153.

1.3 Die Dorfgemeinschaft (κοινόν/κοινότης)

dargestellten κοινά und der Dorfgemeinschaft, trotzdem ist es klar, dass all diese Organisationen nach demselben Prinzip der kollektiven (Steuer)Haftung organisiert wurden.[119] Besonders auffallend ist ferner die Ähnlichkeit dieser Organisationen mit den Korporationen der oben behandelten Staatspächter der römischen und ptolemäischen Zeit: Jean Gascou hält die δημόσιοι γεωργοί für Vorläufer der ἐναπόγραφοι γεωργοί.[120]

Fraglich bleibt aber, warum wir solche κοινά auf Landgütern nur in oxyrhynchitischen bzw. Apionen-Texten finden. Die Organisation der Bevölkerung in verschiedenen, gemeinsam haftenden Gruppen war zweifelsohne ein allgemeines Phänomen dieser Zeit. Eine Erklärung könnte die Annahme bieten, dass in anderen Gebieten der Begriff des κοινόν nicht angewendet wurde. Ferner muss man auch bemerken, dass die Überlieferungslage ebenfalls eine Rolle spielen könnte, da kein anderer spätantiker Großgrundbesitz so gut dokumentiert ist wie der der Apionen. Obwohl in manchen Gebieten vielleicht die κῶμαι für die umliegenden ἐποίκια finanzielle Verantwortung übernehmen mussten, kann man wohl annehmen, dass das oxyrhynchitische Modell der Apionen auch anderswo in Ägypten geläufig war.

Ein Indiz dafür, dass ähnliche Verbände auch außerhalb der Apionen-Ländereien existierten, bietet ein Landkauf aus Alabastrine aus dem frühen 5. Jh. In der Auflistung der Nachbarn des verkauften Grundstückes findet man u.a. die folgenden:

λι[β]ὸς κοινοῦ | τῆς κώμης Τευὼ Νεανίσκου (l. Νεανίσκων) ... ἀπηλιώτου τοῦ λάκ[κ]ου γεωργοῦ (l. γεωργῶν) | συνόδου κώμης Ἀλαβαστρίνης [121]

Die Erwähnung des κοινόν ist nicht überraschend, der Ausdruck σύνοδος γεωργῶν verdient jedoch unsere Aufmerksamkeit. Die Herausgeber des Textes interpretierten den Ausdruck als eine Art von Korporation der Bauern im Dorf mit der folgenden Argumentation:

„To make sense of the distinction between cύνoδoc and κοινόν, one might think along the following lines. Some land is owned collectively by all adult male inhabitants of the village. Everybody, including those not professionally engaged in agriculture, is entitled to share its benefits (and burdens). A λάκκoc, however, is only of use to those who are professionally engaged in agriculture and artificial irrigation ... In Alabastrine, located between the alabaster quarries and the Nile, a not unimportant segment of the population may not have been engaged in agriculture at all. ... If this is accepted, then the main *raison d'être* for the cύνoδoc which owns the λάκκoc is professional

---

119 Hickey 2012, 86 spricht über „obvious estate attempts to make the *epoikion* a community unto itself".
120 Gascou 1985, 30 und 60.
121 SB XXII 15618 (Alabastrine, 412–413/427–428), 6–8: *im Westen die Gemeinschaft des Dorfes Teuo Neaniskon ... im Osten die Zisterne der Korporation der Bauern des Dorfes Alabastrine.*

or, in other words, economic. This well coincides with the economic character of the professional guilds of the metropoleis of Roman Egypt ... The σύνοδος of Alabastrine may well be regarded as the forerunner of the agricultural cooperatives of present-day Egypt."¹²²

Diese Interpretation des Textes hat mehrere Schwächen. Erstens muss bemerkt werden, dass die Prämisse, dass alle Bewohner des Dorfes kollektiv Ländereien besessen hätten, keine Parallelen hat. Ferner wirkt der Verweis auf die Berufskorporationen der Metropolen der römischen Zeit für einen wirtschaftlichen Charakter der σύνοδος γεωργῶν auch irrelevant, da ab dem 3.–4. Jh. die Berufskorporationen immer mehr nach staatlichen (vorwiegend steuerlichen) Interessen strukturiert wurden (s. oben).¹²³ Die naheliegendsten Parallelen zu der σύνοδος γεωργῶν stellen in meinen Augen die Gemeinschaften der δημόσιοι γεωργοί und das κοινὸν τῶν γεωργῶν der Apionen-Güter dar. Über Alabastrine wissen wir nicht genug, um die Organisation des Dorfes genauer zu bestimmen, aber man könnte wohl annehmen, dass in einem Dorf, wo – wie die Herausgeber bemerkten – die sich mit Landwirtschaft beschäftigende Bevölkerung eher in der Minderheit war, die Bauern für Steuerzwecke in einer Gemeinschaft organisiert wurden. Dass so eine Gemeinschaft auch eine Zisterne besaß bzw. Verantwortung für sie übernahm, scheint auch nicht außergewöhnlich zu sein. Falls also diese Deutung des Ausdrucks zutrifft, können wir in der σύνοδος γεωργῶν eine ähnliche – offenbar vorwiegend verwaltungstechnische – Institution sehen wie in den κοινά der Apionen-Weiler.¹²⁴

An dieser Stelle sei auch erwähnt, dass man im Hermopolites auffallender Weise häufiger κοινά von ἐποίκια findet, was im Hinblick auf die Gemeinschaften der oxyrhynchitischen ἐποίκια nicht zu erwarten wäre. In den hermopolitischen Texten handeln diese κοινά genauso wie sonst die der κῶμαι.¹²⁵ Diese scheinbare Diskrepanz ist mit der Differenz der lokalen Terminologie zu erklären. Während sich ἐποίκια bei den Apionen auf Weiler der Verwaltungsstruktur der Landgüter der

---

122 Gagos–van Minnen 1992, 189.
123 Rowlandson 2007, 216/Anm. 4 bemerkt, dass der Pachtzins (5 ¼ Artaben/Arure) in P.Rain.Cent. 82 (Herakl., 304–305), einem Pachtvertrag eines Dorf-κοινόν, schon auf einem „commercially viable level" sei. Dementsprechend könnte man ihrer Meinung nach den steuerlichen Charakter des Vertrages bezweifeln oder auf jeden Fall behaupten, dass dem κοινόν nach der Abgabe seiner Steuerlast auch Profit von dem Pachtzins blieb. Das mag wohl sein, aber auch wenn wir eine gewisse Spekulation auf Gewinn von den Dorfbeamten annehmen, ist der steuerliche Charakter der Verpachtung – wie auch Rowlandson bestätigt – schwerlich in Frage zu stellen.
124 Der Ausdruck σύνοδος selbst ist in dieser Zeit zwar schon eher ungewöhnlich, aber das Wort ist wohl ein terminologisches Relikt der vordiokletianischen Zeit, vgl. P.Alex.Giss. 3 (Ars., nach 201); Chrest.Wilck. 497 (Ars., 237); BGU VII 1648 (Ars., 2.–3. Jh.).
125 P.Lond.Herm. (Temseu Skordon [Herm.], 546/547 [?]) 25r 9; CPR IV 170 (Herm., 8. Jh.); P.Mon.Apollo 24 (= P.HermitageCopt. 7, Herm., 8. Jh.). Vgl. auch P.Bal. 156 (Bala'izah, spätes 7.–frühes 8. Jh.) aus dem Lykopolites.

1.3 Die Dorfgemeinschaft (κοινόν/κοινότης)

Familie beziehen, ist ἐποίκιον zu dieser Zeit im Hermopolites wohl manchmal nur ein Synonym von κώμη gewesen.[126]

Ebenfalls im Hermopolites ist eine andere korporative Steuergruppe auf Dorfebene zu finden, die κωμοκάτοικοι (ein Synonym des Wortes ist der unklare Ausdruck κωμοικ( )). Sie bilden eine aus steuerlicher Sicht oft gesondert behandelte Kategorie in den Dörfern. Was mit dem Terminus genau gemeint ist, bleibt unklar, „möglicherweise stellte er eine Bezeichnung für die Bevölkerungsgruppe der ortsansässigen Fremden, vornehmlich in deren rechtlicher Stellung gegenüber den κωμῆται und πολῖται, dar".[127] Jedenfalls zeigt auch diese Kategorie das Bestreben der byzantinischen Verwaltung, die Steuerzahlungen möglichst von korporativen Organen einzutreiben.

Manche Züge des Dorf-κοινόν müssen noch genauer bestimmt werden. Vor allem ist nicht immer klar, ob alle Dorfbewohner zur haftenden Dorfgemeinschaft gehörten oder nur die Führungsschicht bzw. Beamten.[128] In unseren Quellen sind die κοινά meistens nur als κοινὸν τῆς κώμης + Ortsname bzw. κοινὸν τῶν ἀπό + Ortsname bestimmt. Manche Texte geben jedoch nähere Informationen über die Mitglieder der Dorfgemeinschaft. Die ausführlichste Bezeichnung ist in einem Vertrag der Dorfgemeinschaft von Aphrodites Kome mit dem κοινόν der Hirten und Feldwächter des Dorfes zu finden: τῇ κοινότητι τῶν πρωτοκωμητῶν καὶ συντελεστῶν καὶ κτητόρων κώμη[ς] | Ἀφροδίτης.[129] Die Dorfgemeinschaft besteht aus den Protokometen, den aktuellen leitenden Beamten des Dorfes, den Landbesitzern (κτήτορες) und den συντελεσταί. Die Bedeutung von συντελεστής ist in der Forschung umstritten, unlängst wurde argumentiert, dass das Wort die Steuerzahler bezeichnet, die auch für nicht ihnen gehörendes Land (z.B. gepachtetes) Steuern zahlen.[130] Der unklare Ausdruck οἱ τὸ κοινὸν πληροῦντε̣[ς Ἀφ]ρ[ο]δίτης [τ]ῆς κώμ[ης] könnte auch darauf hinweisen, dass nicht alle Dorfbewohner automatisch zur kollektiv haftenden Dorfgemeinschaft gehörten.[131] In einem Dokument des Apionen-Archives liest man τὸ κοινὸν τῶν πρωτοκωμητῶν τῆς κώμης Τάκονα.[132] Dieser Text wird an einer anderen Stelle ausführlich besprochen,[133] hier seien nur die für die aktuelle Fragestellung interessanten Ergebnisse hervorgehoben: Mit Protokometen ist wohl

---

126 Vgl. Drew-Bear 1979, 41–42.
127 Sven Tost im Komm. zu SPP III² 15+20+76, 3 mit weiterer Literatur. S. auch Jean Gascou in der Einl. zu P.Sorb. II 69, 43–50, bes. 43–45.
128 Das Problem erörterte auch schon John R. Rea im Komm. zu P.Oxy. LXIII 4384, 3.
129 P.Cair.Masp. I 67001 (Aphrod., 514), 3–4. Die Interpretation von Gelzer 1913/A, 372–375 über die Dorfgemeinschaft in Aphrodito ist mehrfach überholt und bedarf hier keiner detaillierten Widerlegung, s. schon teils Steinwenter 1920, 39–40.
130 Zur Interpretation der Begriffe κτήτωρ und συντελεστής vgl. Mirković 2008, 196–201. S. auch Gascou 1985, 49–52. Für eine Zusammenfassung der Forschungsgeschichte s. Gascou 2004, 97/bes. Anm. 20.
131 P.Cair.Masp. III 67281 (Antin., 538–540), 3.
132 P.Oxy. I 133 (Oxy., 550), 7–8.
133 Vgl. unten S. 39–40.

die Führungsschicht des Dorfes gemeint, in der ein μείζων und mehrere Komarchen genannt werden. Ferner begegnet uns ebenfalls im Oxyrhynchites ein κοινὸν τῶν κωμαρ(χῶν), womit wahrscheinlich die gemeinsam haftenden Dorfbeamten gemeint sind.[134]

Diese Formulierungen zeigen, dass zu der Dorfgemeinschaft in erster Linie die für die Steuerzahlungen und andere Lasten haftenden Dorfbeamten und die für die Ländereien des Dorfes verantwortlichen Steuerzahler gehörten. Die Dorfgemeinschaft wird in der Regel von den Dorfvorstehern vertreten.[135] Diese enge Definition der Dorfgemeinschaft hängt klar mit der steuerlichen Rolle der Institution zusammen. Selbstverständlich weitete sich aber diese enge Definition aus; wie schon erwähnt, besteht das κοινόν nach einiger Zeit einfach aus den Dorfeliten. Ferner muss man auch Dokumente erwähnen, in denen Kleriker ihr Dorf vertreten, im Namen der Dorfgemeinde in öffentlichen Angelegenheiten handeln. So quittieren z.B. die Priester des arsinoitischen Dorfes Kaminoi mit anderen, ohne Titel angeführten Dorfbewohnern im Namen des ganzen Dorfes den Erhalt des Preises für die Waren, die der Pagarch von dem κοινόν forderte.[136] Auch anderswo nehmen πρεσβύτεροι aktiv an der Abwicklung der Angelegenheiten des Dorfes teil.[137]

Das κοινόν bezeichnete also nach einiger Zeit auch die Gemeinschaft der Führungsschicht des Dorfes, die wegen ihres Vermögens oder lediglich aufgrund ihres Ansehens (wie die Priester) für die Steuer und Abgaben der Dorfbewohner verantwortlich waren. Diese Gemeinschaft scheint aus einer mehr oder weniger exklusiven Elite des Dorfes bestanden zu haben, die sich wegen ihres Status für das Dorf einsetzte, nach ähnlichem Prinzip wie die *curiales* in den Städten. Es ist aber selbstverständlich, dass im steuerlichen Sinn alle Bewohner zusammen hafteten. Demgemäß kann man in der Verwendung der Begriffe κοινόν bzw. κοινότης mit einer gewissen Flexibilität der Quellen rechnen. Das Wort bezieht sich in erster Linie auf die für die Steuer finanziell verantwortlichen Bewohner und Beamten des Dorfes. Die Gemeinschaft meint aber in einem weiteren Sinn die ganze Dorfelite, die für das Schicksal des Dorfes verantwortlich ist – die freilich großteils mit dem eng definierten κοινόν übereinstimmt. Schließlich kann sich das Wort allgemein auf die Einwohner des Dorfes beziehen. Die Papyri erwähnen oft Gruppen wie οἱ ἀπὸ κώμης (+ Name): An diesen Stellen ist wohl das κοινόν in seiner umfassendsten Bedeutung gemeint.

Der Charakter der oben dargestellten Dorfgemeinschaft wird in der Forschung lebhaft diskutiert. Wie von Roger Bagnall formuliert, ist die wichtigste Frage bezüglich der ägyptischen κοινά die folgende: „Are they artificially imposed bodies with

---

134 P.Oxy. XIX 2243a (Oxy., 590), 42.
135 S. auch P.Cair.Masp. I 67090 (Aphrod., 6. Jh.); P.Ryl.Copt. 219+466 (Hk.unbek., 6.–7. Jh.); CPR IV 8 (Herm., 7. Jh.); P.KRU 105 (Theb.-W., 576–578 [?], mit MacCoull 2010), 25 und 45; O.Vind.Copt. 49 (= SB Kopt. II 936, Theb.-W., 7.–8. Jh.); O.CrumVC 8 (Theb.-W., 698 oder 728); P.Mon.Epiph. 163 (Theb.-W., 7. Jh.).
136 Chrest.Wilck. 8 (Ars., 639–640).
137 P.KRU 105, 25. Vgl. auch BL Or. 6201 A2 (Herm., 731 [?]) publiziert in Schenke 2014.

1.3 Die Dorfgemeinschaft (κοινόν/κοινότης)

an essentially fiscal purpose, as they certainly are in some cases, or genuine manifestations of local community and inititative?"[138] Obwohl schon die oben dargestellte Interpretation der Institution nahelegt, dass m.E. die Dorfgemeinschaften des spätantiken Ägypten zwar staatlicher Initiative enstammten, aber nicht nur durch den steuerlichen Druck zusammengehalten wurden, sondern auch durch die Interessen ihrer starken Elite, möchte ich die Behandlung dieses Problems trotzdem auf das zusammenfassende Kapitel dieser Arbeit verschieben. Denn die Untersuchung der verschiedenen Dorfbeamten wird uns ein noch genaueres Bild in Bezug auf die Tätigkeit der Vertreter der Dorfgemeinschaft erlauben.

Schließlich soll darauf eingegangen werden, wie der Herrschaftswechsel im 7. Jh. den Status der Dorfgemeinschaft beeinflusste. Nachdem die relativ kurze persische Eroberung (619–629) keine ausschlaggebende Wirkung auf das alltägliche Leben ausüben konnte, eroberten die Araber 642 Ägypten. Das Prinzip der kollektiv haftenden Dorfgemeinschaft scheint sich zuerst – kaum überraschend – nicht verändert zu haben, wir finden noch im späten 7. Jh. Landzuweisungen der Dorfvorsteher von Djeme.[139] Der Begriff des κοινόν bzw. der κοινότης begenet uns regelmäßig in den Dokumenten der Zeit wie in den Aphrodito-Papyri, in den Djeme-Texten und auch anderswo.[140] Als aber am Anfang des 8. Jh. Zentralisierung bzw. effektivere Steuereintreibung anstrebende Reformen eingeführt wurden, wird die kollektive Steuerhaftung zwar grundsätzlich beibehalten, aber nicht ganz nach den byzantinischen Prinzipien verwirklicht. Die brachliegenden Länder müssen z.B. immer noch bewirtschaftet werden, aber sie werden oft schon von dem Dux oder Pagarchen und nicht erst durch die Dorfgemeinschaft einzelnen Steuerzahlern als eine Art von neuer Last zugewiesen.[141] Ebenso treten immer mehr Steuervorschreibungen (ἐντάγια) auf, die an einzelne Steuerzahler und nicht an Dorfgemeinden gerichtet werden. Obwohl man bei manchen Beispielen annehmen kann, dass die Adressaten dieser Vorschreibungen eigentlich die Dorfvorsteher sind oder dass es sich um Ausnahmefälle handelt, zeigt sich, dass der individuelle Steuerzahler auf dem Dorf-Niveau immer mehr in das Visier der höheren Verwaltungsebenen geriet.[142] Die Araber versuchten, die Verwaltung mit Muslimen zu besetzen und die Steuereintreibung noch effektiver zu machen. 717 gab Umar II. ein Dekret aus, demzufolge die christlichen Dorfvorstände durch Muslime ersetzt werden sollten. Es ist

---

138 Bagnall 2005, 556.
139 WO 1224 (Djeme, 695, s. MacCoull 1986), s. auch SB XXVI 16584 (Theb.-W., Mitte–zweite Hälfte 7. Jh.).
140 Z.B. P.Ross.Georg. III 57 (Ars., 7.–8. Jh.); P.Lond. IV 1540 (Aphrod., 709–714); CPR IV 170 (Herm., 8. Jh.); O.CrumVC 8 (Theb.-W., 698 oder 728), 20.
141 Morelli 2000.
142 Der erste Beamte, in dessen Namen an individuelle Steuerzahler adressierte Steuervorschreibungen erhalten sind, ist Flavius Atias, Pagarch des Fayum 694–697, der spätere *dux* von Arcadia und dann auch von Arcadia und der Thebais. Vgl. Petra Sijpesteijn in der Einl. zu P.Clackson 45, S. 106–107 und Sijpesteijn 2013, 201–202.

unkar, wie effektiv diese Vorgabe war, aber es ist sicher, dass auf der Dorfebene noch lange christliche Beamte vorkommen.[143]

Diese Entwicklung kulminiert in der Steuerreform der die Macht 750 übernehmenden Abbasiden, die die kollektive Steuerhaftung des Dorfes und damit das Fundament des Dorf-κοινόν abschafften. Obwohl der genaue Zeitpunkt und viele Details bezüglich dieser Neuerungen unklar bleiben, kann man festhalten, dass die neue Einheit der Besteuerung der individuelle Steuerzahler wurde.[144] Diese Neuerung scheint eigentlich nur eine natürliche Konsequenz der Tendenzen der omayyadischen Steuerpolitik gewesen zu sein, wie das ihre oben teils dargestellten Maßnahmen zeigen. Die tiefgehenden Konsequenzen dieser Entwicklung in der Dorfgesellschaft werden an anderer Stelle besprochen.[145] Die Auflösung dieser für das ganze spätantike Ägypten charakteristischen Institution verursachte sowohl verwaltungstechnisch als auch gesellschaftlich grundlegende Veränderungen. Mit der Berücksichtigung der immer stärkeren Arabisierung der ägyptischen χώρα zeigt sich deutlich, dass diese Veränderungen eine neue Epoche einleiten. So ist es nicht unberechtigt, die Darstellung der ägyptischen Dorfverwaltung in dieser Arbeit ungefähr mit dem ausgehendem 8. Jh. zu beenden.

---

143 Frantz-Murphy 1999, 244–245.
144 Petra Sijpesteijn in der Einl. zu P.Clackson 45, S. 106–107; Frantz-Murphy 1999, 245–248; Sijpesteijn 2013, 214–216.
145 S. unten S. 211, 219–220.

2. Dorfvorsteher

2.1 Komarchen in der Spätantike

Der Titel κωμάρχης war schon in der klassischen Zeit bekannt. Xenophon bedient sich des Wortes mehrmals, aber der Titel ist auch bei anderen klassischen Autoren und in Inschriften belegt.[1] Diese Belegstellen „sind ein Beweis dafür, daß die Griechen auch außerhalb Ägyptens Vorstellungen von dem Amt und den Funktionen des Komarchen hatten. Es ist daher wahrscheinlich, daß in der griechischen Welt der Anführer eines Dorfes κωμάρχης hieß."[2] Der Titel ist in literarischen Quellen und Inschriften bis in das 4. Jh. n.Chr. bezeugt, der letzte mir bekannte (datierbare) außerägyptische Beleg des Wortes stammt aus Syrien aus dem Jahr 344.[3] Ab dem 4. Jh. n.Chr. scheint sich der Terminus πρωτοκωμήτης für den Dorfvorstand im griechischsprachigen Raum verbreitet zu haben.[4] Auch die Definition der Suda (10. Jh.) legt nahe, dass der Terminus später völlig aus dem Sprachgebrauch verschwand: Κωμάρχης: ὁ τῶν πόλεων ἄρχων παρὰ Ξενοφῶντι.[5] In dieser Zeit war also das Wort als ein Spezialausdruck von Xenophon erklärungsbedürftig und wurde nicht mehr ganz nach seiner ursprünglichen Bedeutung interpretiert.

In Ägypten begegnet der Terminus κωμάρχης ab der Ptolemäerzeit als der „für alle Belange der Dorfverwaltung zuständige" Dorfvorsteher.[6] Komarchen sind in der römischen Epoche vor der Mitte des 3. Jh. nicht nachweisbar; zu dieser Zeit waren die κωμογραμματεῖς die bedeutendsten Beamten der Dörfer. Zwischen 245 und 247/248 wurden jedoch die Komarchen im Zuge der Verwaltungsreformen von Philippus Arabs (244–249) wieder eingeführt.[7] Die Komarchen amtierten als litur-

---

1 Zu Protokometen bei Xenophon und Dionysios von Halikarnassos vgl. Mißler 1970, 3. Vgl. auch Schuler 1998, 233–235.
2 Mißler 1970, 3.
3 IGLS IV 1908.
4 Vgl. unten S. 51–52.
5 *Komarch: Der Anführer der Städte bei Xenophon. Suid.* s.v. Κωμάρχης.
6 S. zusammenfassend Huß 2011, 116–117 mit reichlichen Literaturangaben. Mißler 1970, 4 meint, dass „im Zuge der Gräzisierung die bereits vorhandenen Behörden mit dem griechischen Namen belegt" wurden. Huß 2011, 116/Anm. 624 zweifelt an dieser Annahme: „Welche "bereits vorhandenen Behörden" sollten dies gewesen sein?"
7 „Alle anscheinend älteren [als 247/248 bzw. 253/256] Zeugnisse für Komarchen aus römischer Zeit sind, bis auf vielleicht ein einziges ..., unsicher oder gar offenkundig falsch". Borkowski–Hagedorn 1978, 781/Anm. 4. Die erwähnte einzige Ausnahme wurde in Thomas 1975, 113–119, bes. 115–118 beseitigt. Zu den Reformen von Philippus Arabs vgl. allgemein Parsons 1967.

gische Beamte in der Regel zu zweit; in ihrer Zahl sind jedoch Schwankungen zu beobachten.[8] Der Titel ist bis in das 7. Jh. belegt.[9]

Zum Amt des Komarchen liegt eine Dissertation von Herbert Ernst Ludwig Mißler aus dem Jahr 1970 vor, die die Geschichte seiner Funktion von der ptolemäischen Zeit bis in die Spätantike untersucht.[10] In seiner Arbeit sind die wichtigsten Belege des Titels zusammengestellt und erörtert, allerdings ergibt sich aus der umfassenden Perspektive zwangsläufig, dass die Darstellung den historischen Kontext der relevanten Perioden nicht immer genügend berücksichtigte. Es ist besonders wichtig, wie sich der Titel zu den anderen Termini der Spätantike (πρωτοκωμήτης, μείζων usw.) verhält. Obwohl Mißler einige Erwägungen zu dieser Frage beiträgt, konnte diese komplexe Problematik in seiner umfassenden Arbeit nicht ihrer Bedeutung gemäß berücksichtigt werden.[11] Aus diesen Gründen soll sich dieses Kapitel besonders auf das Verhältnis der Komarchen zu anderen Dorfbeamten und ihre zeitliche und geographische Verbreitung in der Spätantike konzentrieren. Zuvor jedoch soll kurz auch auf den Aufgabenbereich der Komarchen eingegangen werden.

Die Tätigkeit der Komarchen als Dorfvorsteher umfasste praktisch alle Angelegenheiten, die das Dorf betrafen. Auf eine detaillierte Analyse sei an dieser Stelle verzichtet, da Mißler in seiner Dissertation die relevanten Belege ab der Ptolemäerzeit bis in die Spätantike untersuchte. Die seither publizierten Texte veränderten das von ihm gezeichnete Bild im Großen und Ganzen nicht. Um gleichwohl einen Überblick zu geben, seien hier die wichtigsten von Mißler bestimmten Untergruppen der Aufteilung der Aufgaben und Funktionen der Komarchen aufgelistet:[12]

1. Der Komarch als Repräsentant seines Dorfes
2. Schlichte Verwaltung
3. Aufgaben in der Landwirtschaft
    a. Deichbau und Bewässerung
    b. Landverteilung
    c. Ackerbau
    d. Viehzucht
4. Der Komarch als Steuerbeamter
5. Besondere Aufgaben innerhalb des römischen Liturgiesystems
6. Der Komarch als Vermittler bei Streitigkeiten und als Polizeibeamter

---

8 Zur Zahl der Komarchen vgl. Mißler 1970, 15–42, bes. 37–42.
9 Der letzte Beleg ist m.W. P.Erl. 56 (Hk.unbek., 7. Jh., vgl. Bemerkungen), 13.
10 Mißler 1970. Es muss allerdings bemerkt werden, dass ihm die Beleglücke der frühen Kaiserzeit entgangen ist, vgl. oben S. 29/Anm. 7.
11 „Es dürfte überhaupt einige Schwierigkeiten bereiten, bei der Vielzahl der Beamten und den unklaren Verhältnissen innerhalb der ägyptischen Dorfverwaltung eine saubere Abgrenzung der Ressorts der einzelnen Beamten zu bringen." Mißler 1970, 43; vgl. auch seine Überlegungen zum Verhältnis der Komarchen und der Protokometen (S. 68–71), die unten (S. 218–219) besprochen werden.
12 Mißler 1970, 43–121.

2.1 Komarchen in der Spätantike

Wie sich also aus dieser Auflistung ergibt, waren die Komarchen für alle Ressorts im Dorf verantwortlich. Deshalb ist ihr Verhältnis zu den mit anderen ähnlichen Termini bezeichneten und mit vergleichbaren universalen Aufgabenbereichen vertrauten Dorfvorständen besonders interessant. Andere griechische Termini für einen Dorfvorstand mit übergreifender Kompetenz tauchen ab dem Anfang des 4. Jh. auf. Hervorzuheben sind die Titel μείζων und πρωτοκωμήτης, die zuerst am Anfang des 4. Jh. belegt sind. Das Auftreten dieser neuen Bezeichnungen für Dorfvorstände ist wohl mit den Reformen des späten 3.–frühen 4. Jh. in Verbindung zu bringen.

Gleichwohl sehen wir, dass im 4. Jh. Komarchen immer noch massenweise belegt sind und die neu eingeführten Termini nur vereinzelt erscheinen. Wenn wir die zeitliche Verteilung der Belege untersuchen, zeigt sich, dass die überwiegende Mehrheit der Komarchen belegenden Texte (etwa 90) aus der ersten Hälfte des 4. Jh. stammt.[13] Aus der zweiten Hälfte des 4. Jh. kennen wir nur 17 Belege für Komarchen. Wenn man bedenkt, dass von diesen 17 Texten zwei Duplikate sind[14] und sieben aus demselben Archiv (allerdings inklusive eines Duplikats), dem des Papnuthis und Dorotheos stammen,[15] ist der Unterschied – obwohl Duplikate und Archivtexte auch in den 90 Belegen der ersten Hälfte des Jahrhunderts zu finden sind – noch markanter.[16]

In das 4.–5. Jh. sind drei Komarchen erwähnende Texte datiert,[17] und in das 5. Jh. neun Texte aus dem Hermopolites[18] und drei aus dem Oxyrhynchites.[19] Es ist auch bemerkenswert, dass wir aus dem 5. Jh. ebenfalls nur zwölf Belege für Protokometen und sieben für μείζονες haben. Das zeigt trotz der allgemeinen schlechten Überlieferungslage dieses Jahrhunderts, dass die neuen Termini schon etwa in derselben Häufigkeit verwendet wurden wie der alte Ausdruck κωμάρχης, der demge-

---

13 Die Texte, die nur grob in das 3.–4., 4. oder 4.–5. Jh. datiert wurden, sind hier nicht berücksichtigt. Es ist wohl anzunehmen, dass ihre zeitliche Verteilung nicht die Tendenzen der genau datierten Belege, die in deutlicher Überzahl sind, wesentlich verändern würde.
14 P.Prag. I 15/I 16 (Kynop. Superior, 353); P.Oxy. LXI 4129/4130 (Oxy., 358).
15 P.Oxy. LXI 4129/4130; P.Oxy. XLVIII 3415 (Oxy., nach 376 [?]); P.Oxy. XLVIII 3423 (Oxy., 4. Jh.). Bei Texten dieses Archives stammen die meisten nur auf das 4. Jh. datierten Texte wohl eher aus der zweiten Hälfte des Jahrhunderts. Zur Datierung des Archivs vgl. die Einl. von John Shelton zum Archiv in P.Oxy. XLVIII, S. 74. P.Oxy. XLVIII 3397; P.Oxy. XLVIII 3408; P.Oxy. XLVIII 3409 (Alle: Oxy., 4. Jh.).
16 Weitere Texte aus der zweiten Hälfte des Jahrhunderts sind: P.Oslo III 88 (Oxy. [?], ca. 370); P.Lips. I 85 (Herm., 373); P.Lips. I 86 (Herm., 373); P.Gen. I^2 66 (Philadelphia [Ars.], 374); P.Stras. IV 255 (Herm., 397 [?]); Chrest.Mitt. 363 (Herm., 381); O.Kellis 138 (Kellis [Oasis Magna], zweite Hälfte 4. Jh.); P.Münch. III 139 (Herm., spätes 4. Jh.).
17 P.Vind.Tand. 34 (Hk.unbek., 4.–5. Jh.); BGU XIX 2779 (Herm., 4.–5. Jh.); O.Douch III 276 (Kysis [Oasis Magna], 4.–Anfang 5. Jh.).
18 BGU XIX 2782 (Herm., 432–433/447–448); SPP III^2 95 (Herm., 494–495 [?]); SB V 7758 (Herm., 497); P.Flor. III 334 (Herm., 5. Jh. [?]); P.Flor. III 344 (Herm., 5. Jh. [?]); P.Flor. III 346 (Herm., 5. Jh. [?]); P.Flor. III 347 (Herm., 5. Jh.); PSI I 43 (Herm., 5. Jh.); CPR V 26 (Skar [Herm.], zweite Hälfte 5. Jh.), 864; P.Flor. I 78 (Herm., zweite Hälfte 5. Jh.), 24, 59, 75.
19 SB XVIII 13928 (Oxy., 468); P.Ifao II 12 (Oxy., 5. Jh.); P.Oxy. L 3584 (Oxy., 5. Jh.).

mäß in dieser Zeit nur noch eine Bezeichnung neben anderen für Dorfvorsteher war. Im 6. Jh. ist die Zahl der Belege für Komarchen wesentlich geringer als die für Protokometen oder μείζονες: Das Wort beginnt obsolet zu werden. Der letzte Beleg des Wortes stammt aus dem 7. Jh.; etwa um die Zeit der arabischen Eroberung scheint es restlos verschwunden zu sein.[20]

Auffallend ist, dass abgesehen von wenigen unlokalisierbaren Belegen alle Komarchen erwähnenden Texte ab dem 5. Jh. aus dem Hermopolites bzw. Oxyrhynchites oder deren Umgebung (z.B. Antinoopolis oder dem Kussites)[21] kommen. Es handelte sich also ab dem 4. Jh. offenbar um ein mittelägyptisches terminologisches Relikt der vordiokletianischen Zeit auf der Ebene der lokalen Verwaltung. Allerdings muss an dieser Stelle bemerkt werden, dass das 5. Jh. allgemein sehr schlecht bezeugt ist: Der Titel könnte auch in anderen Gegenden noch für eine Weile weiterexistiert haben. Wohlgemerkt kommen aber auch in diesen Gebieten andere Bezeichnungen für Dorfbeamte vor. Demgemäß kann man der Aussage von Mißler über die kontinuierliche Bedeutung des Titels in der Spätantike nicht zustimmen.[22] Es scheint also angebracht zu sein, genau zu untersuchen, wie sich die Komarchen im Verhältnis zu den anderen Dorfbeamten dieser Zeit verhalten.

In den Texten des 4. Jh. entspricht die Rolle der Komarchen dem Bild, das wir aus dem 3. Jh. kennen. Sie sind liturgische Beamte und beschäftigen sich mit allerlei Problemen der Verwaltung. Dasselbe ist teils auch in den Dokumenten des 5.–6. Jh. zu beobachten. In den hermopolitischen Dokumenten dieser zwei Jahrhunderte sind Komarchen meistens mit Steuern- oder Finanzangelegenheiten beschäftigt. Sie quittieren oder übermitteln Steuern bzw. verschiedene Abgaben und sind in einschlägige Angelegenheiten involviert.[23] Ferner bürgt einmal ein Komarch für einen Protokometen. So ist ihre Rolle von der der in demselben Gau zu derselben Zeit vorkommenden Protokometen und ἱερεῖς kaum zu unterscheiden. Eine Steuerliste aus dem 6. Jh. vermittelt den Eindruck, dass in einem Dorf meistens ein Protokomet und mehrere Komarchen tätig waren, was darauf hindeutet, dass jeweils ein Protokomet an der Spitze des Dorfes stand, unter dessen Leitung mehrere Komarchen tätig waren.[24] Ebenso findet man einen koptischen Brief des 6.–7. Jh. aus dem

---

20 P.Erl. 56, 13.
21 SB XVI 13081 (Antin., 5.–6. Jh.), frag. B/2 9, 17; frag. B/3 1. S. auch P.Lond. V 1673 (Antaiop./Herm., 6. Jh.), 13, 131, 188–189, 299, 343, 346, 383, 391–393; P.Ath.Xyla 5 (Herm., 539); P.Ath.Xyla 17 (Herm., 548–549).
22 Mißler 1970, 41: „Auch in spätrömischer und byzantinischer Zeit verwalteten meistens zwei Komarchen ein Dorf."
23 BGU XIX 2782; CPR V 26, 864; P.Flor. I 78, 24, 59 und 75; P.Flor. III 344; P.Flor. III 346; P.Flor. III 347; PSI I 43; SB V 7758; SPP III² 95; BGU XIX 2783 (= SB XIV 11377, Herm., 523); P.Lond. V 1673, 13, 131, 188–189, 299, 343, 346, 383, 391–393. Auch das *descriptum* P.Lond.Copt. 1076 (Herm., 6. Jh.) erwähnt Komarchen, s. auch MacCoull 1993, 122.
24 P.Heid.inv. G 292 (Herm., 6. Jh.). In diesem Entwurf einer Abrechnung werden die Steuerzahlungen von verschiedenen Dörfern aufgelistet. Die Reihenfolge der Beamtentitel (u.a. Protokometen, Komarchen, *gnosteres* usw.) bei den einzelnen Dörfern lässt auf eine Hierarchie

Hermopolites, adressiert an den Priester, die Protokometen und die Komarchen eines hermopolitischen Dorfes[25] – was ebenfalls dieselbe Hierarchie zeigt. Es scheint also, dass im spätantiken Hermopolites die Komarchen subalterne Dorfbeamte der Protokometen waren.

Oxyrhynchitische Dokumente bieten ein ähnliches Bild: Mehrere Komarchen sind einem oder mehreren μείζονες untergeordnet. In einem Brief aus dem 5.–6. Jh. wird über die Freilassung der Frauen von sieben πρωτοκωμῆται geschrieben. Es werden (in der folgenden Reihenfolge) ein μείζων, ein κωμογραμματεύς, noch ein μείζων, ein „großer Feldwächter" (μέγας ἀγροφύλαξ) und drei Komarchen erwähnt.[26] Obwohl die Annahme, dass die Beamten alle aus demselben Dorf kommen, nicht zwingend ist, kann man sie nicht ausschließen. Dafür spricht besonders die klare Auflistung der πρωτοκωμῆται von Takona in einem Vertrag aus dem Jahr 550, wo ein μείζων und mindestens acht Komarchen erwähnt sind.[27] Auch anderswo wird die Abrechnung eines μείζων und – wohlgemerkt erst nach ihm – eines Komarchen erwähnt.[28] Ferner tritt das κοινόν der Komarchen des Dorfes Tampemu in einer Abrechnung der Apionen als Zahler auf, wo aber gleichzeitig auch eine Zahlung von dem μείζων des Dorfes erwähnt wird.[29] In einem wahrscheinlich oxyrhynchitischen Vertragsschluss werden mindestens drei Komarchen erwähnt.[30] In einem Überstellungsbefehl – wohl aus dem Oxyrhynchites – wird darum gebeten, dass vier Komarchen und acht Feldwächter in die Stadt gebracht werden.[31] Ein Dokument aus dem 6. Jh. ist an die Komarchen eines Dorfes adressiert, was aber nicht zwingend darauf hinweisen muss, dass sie die bedeutendsten Beamten im Dorf sind oder dass κωμάρχης nur eine alternative Bezeichnung für Dorfbeamte allgemein ist.[32] In einer Petition aus dem 5. Jh. klagt jemand, dass die Komarchen des Dorfes ihn vertreiben wollen, was dasselbe Problem aufwirft wie der vorige Text.[33] Weiterhin werden sie auch in einer Quittung von 468 generell im Plural erwähnt.[34] Schließlich erwähnen

---

schließen. Die Edition des Papyrus wird von mir vorbereitet.
25 P.Stras.Copt. 13 (Herm., 6.–7. Jh.) 1–2: † ⲡⲕⲟⲙⲉⲥ ⲡⲉϥⲥϩⲁⲓ̈ ⲛ̄ⲁⲡⲁ ⲓ̈ⲁⲕⲱⲃ ⲡⲉⲡⲣⲉⲥⲃⲩⲧⲉⲣⲟⲥ ⲙⲛ̄ ⲛⲉ|ⲡⲣⲱⲧⲟⲕⲱⲙⲏⲧⲏⲥ ⲙⲛ̄ ⲛⲉ̣ⲕ̣ⲱⲙⲁⲣⲭⲏⲥ ⲛ̄ⲧⲁⲕⲉ ⲁⲩⲱ ⲫⲱⲕⲁ.
26 P.Oxy. XVI 1835 (Oxy., spätes 5.–frühes 6. Jh.), 2–6.
27 P.Oxy. I 133 (Oxy., 550), 7–11. Zur Zahl der Komarchen in diesem Dokument vgl. Mißler 1970, 36–37 und Wilcken 1912, 84. Zu diesen Texten vgl. unten S. 38–40.
28 P.Oxy. XVIII 2206 (Oxy., 6. Jh.), col. II 2–3: χειρογραφ(ία) Γεωργίο(υ) μείζ(ονος) υἱο(ῦ) Φὶβ καὶ Πέτρου κωμάρχ(ου) υἱο(ῦ) Μαθίο(υ) ἀπὸ κώμ(ης) Ἰσίο(υ) Παγγᾶ γεναμ(ένης) | ἐπὶ μη(νὸς) Ἐπεὶφ ι ἰνδ(ικτίονος) ιγ νο(μισμάτια) γ.
29 P.Oxy. XIX 2243a (Oxy., 590), 39 (s. Bemerkungen), 42.
30 P.PalauRib. 18 (= SB XII 10937, Oxy. [?], 5.–6. Jh.).
31 P.Flor. III 359 (Oxy. [?], s. Bemerkungen, 6. Jh.).
32 P.Oxy. XVI 1930 (Oxy., 6. Jh.).
33 P.Oxy. L 3584 (Oxy., 5. Jh.), 8–10: οἱ κώμαρχοι τῆς αὐτῆς | κ̣ώμης καινοτομίαν εἰργάσαντο κατ᾽ ἐμοῦ | [. . . . . βο]υ̣λόμενοι ἐκδιῶξαι.
34 SB XVIII 13928.

zwei Papyri Komarchen im Singular, was keine Rückschlüsse über den Titel ermöglicht.[35]

Obwohl das Bild aus dem Oxyrhynchites nicht in jeder Hinsicht klar ist, kann man annehmen, dass die Komarchen im 6. Jh. hier dem μείζων (oder den μείζονες) des Dorfes untergeordnet waren. Die Annahme ist naheliegend, dass im Oxyrhynchites der μείζων (oder die μείζονες) der erste unter den Komarchen, also deren Anführer war, genauso wie der πρωτοκωμήτης im Hermopolites. Dieses Schema darf aber nicht verallgemeinert werden, wie das etwa Mißler tut:

> „Es kann damit festgehalten werden, daß die Protokometen die Verwaltungskörperschaft des byzantinischen Dorfes waren und der βουλή der Städte entsprachen. Aus diesem Gremium wurden auch die einzelnen Beamten ernannt, der μείζων als Präsident, die Komarchen als eine Art Exekutivorgan."[36]

Obwohl mehrere Komarchen in einem Dorf auch schon im 4. Jh. und auch in anderen Gebieten vorkommen,[37] könnte man annehmen, dass alle aus dem 5.–6. Jh. stammenden Dokumente, die mehr als zwei Komarchen zeigen, aus dem Oxyrhynchites kommen, da im zeitgenössischen Hermopolites sicher nachweisbar nicht mehr als zwei Komarchen belegt sind.[38]

Mißler erklärt die größere Zahl der Komarchen ab dem 4. Jh. durch die Steuerhaftung der Amtsträger:

> „War ein Dorf wirtschaftlich gesund, so gab es dort genug Bauern, die mit ihrem Vermögen den erforderlichen πόρος erreichten. In diesen Dörfern bestand keine Schwierigkeit, das Komarchenamt zwei Männern zu übertragen. Waren ein Dorf oder seine Einwohner dagegen arm, so wurde entweder der reichste Bauer Komarch, falls er den nötigen πόρος vorweisen konnte. Reichte dagegen keiner der Bauern an die geforderte πόρος-Höhe heran, so mußten so viele Dörfler prasentiert [sic] werden, bis diese mit ihrem gemeinsamen Vermögen die liturgische Haftung garantierten."[39]

Zwar klingt diese Erklärung plausibel, doch stehen keine eindeutigen Beweise für sie zur Verfügung. Schwankungen in der Zahl verschiedener Dorfbeamter sind allgemein zu beobachten.[40]

Zusammenfassend kann man also sagen, dass der Titel κωμάρχης bis etwa in das 4. Jh. der meistverwendete Ausdruck für Dorfvorsteher in den griechischsprachigen Gebieten war. Ab dem 4. Jh. verschwindet das Wort allem Anschein nach aus dem Sprachgebrauch. In Ägypten wird das Amt in der Mitte des 3. Jh. wieder eingeführt.

---

35 P.Ifao II 12b, 11; P.Oxy. LIX 4757 (Oxy., spätes 6. Jh.), 10.
36 Mißler 1970, 70. Vgl. auch unten S. 217–218.
37 PSI Congr. XVII 28 (Oxy., 319). S. auch Mißler 1970, 33–36.
38 S. P.Köln VI 281 (Hk.unbek., 6. Jh.) mit der Einl. von Bärbel Kramer.
39 Mißler 1970, 42.
40 Vgl. unten S. 218–219.

Die Komarchen sind in dieser Zeit liturgische Beamte, die in der Regel zu zweit für alle Probleme des Dorfes zuständig waren. Im späten 3.–frühen 4. Jh. sind zwei alternative Termini eingeführt worden: Πρωτοκωμήτης und μείζων. Ihr Verhältnis zu den Komarchen ist in dieser Zeit nicht immer klar, aber schon im (späten) 4. Jh. kann man nachweisen, dass die Protokometen die Aufgaben von Komarchen übernehmen, also praktisch nur ein neuer Ausdruck für dieselbe Institution sind. Im Fall der μείζονες ist das weniger eindeutig, aber ab dem 5. Jh. zeigen einige Dokumente auch sie schon klar in der Rolle der Dorfvorsteher.[41] Ferner tauchen ab dem 6. Jh. weitere neue Termini auf, die genauso den Dorfvorstand bezeichnen können.

Die neuen Ausdrücke können aber nur langsam den κωμάρχης verdrängen. Die Zahl der Belege für Komarchen nimmt ab der Mitte des 4. Jh. rapide ab, im schlecht bezeugten 5. Jh. begegnen uns Komarchen schon etwa in derselben Zahl wie Protokometen und μείζονες. Ferner scheint das Wort ab dem 5.–6. Jh. nur noch in Mittelägypten belegt zu sein, besonders in den Gauen Hermopolites und Oxyrhynchites bzw. deren Umgebung. In dieser Zeit scheinen die Komarchen ein – im Oxyrhynchites dem μείζων/den μείζονες und im Hermopolites dem πρωτοκωμήτης bzw. den πρωτοκωμῆται – untergeordnetes Kollegium von Beamten gebildet zu haben. Das Wort verschwindet aus den ägyptischen Quellen etwa zur Zeit der arabischen Eroberung.

2.2 Protokometen

2.2.1 Protokometen in Ägypten

Die Untersuchung des Titels πρωτοκωμήτης in Ägypten ist trotz der großen Zahl der Belege (über 100) problematisch. Die Mehrheit der Zeugnisse kommt aus dem Dorf Aphrodites Kome aus dem 6. Jh. und bezieht sich auf eine begrenzte Gruppe von Personen.[42] Wie aber bereits erläutert[43] stellt Aphrodites Kome einen speziellen Fall dar: Es handelt sich um ein Dorf von städtischem Charakter mit vielen eigentümlichen Zügen. Diese Art von Dörfern existierte zwar im byzantinischen Reich, die überwiegende Mehrheit der ländlichen Siedlungen hatte aber offensichtlich einen anderen Charakter. Das Steuerwesen und in diesem Zusammenhang auch die Rolle der Protokometen wurden kürzlich von Constantin Zuckerman detailliert ausgearbeitet, und auch die Gesellschaft des Dorfes ist ein vielbehandeltes Thema der Forschung: In erster Linie sei also für die Protokometen und die Verwaltung von

---

41 Vgl. unten S. 37 und 65.
42 Eine Dokumentation der Protokometen liegt in Harrauer 2001 vor. 87 von den insgesamt 105 Protokometen belegenden Texten kommen aus Aphrodites Kome, vgl. Schmelz 2002, 298. Seit der Zusammenstellung von Schmelz wurden zwar neue Dokumente mit Protokometen publiziert, aber die Proportion der Texte änderte sich kaum.
43 Vgl. oben S. 11–13.

Aphrodites Kome auf die relevanten Werke verwiesen.[44] Gleichwohl scheint es nicht unangebracht zu sein, in der Darstellung der Protokometen auf Aphrodites Kome kurz einzugehen, aber das Dorf wird wohlgemerkt nicht als Beispiel *par excellence* behandelt, weil das leicht zu problematischen Verallgemeinerungen führen kann.

Der Terminus ist das erste Mal in Ägypten im Jahr 303 im Gau Memphites bezeugt.[45] Es handelt sich um einen Bericht über Landvermessungen. Bei der Landvermessung waren verschiedene Beamte anwesend: Im fragmentarischen Text tauchen γεωμέτραι, ein ὁριοδείκτης und (mindestens zwei) Protokometen auf. Das Auftreten der Protokometen in diesem Text erinnert an den ersten sicher datierbaren Beleg für μείζονες in einer ähnlichen arsinoitischen Landdeklaration.[46] Die fragmentarische Natur des memphitischen Dokumentes zeigt nicht, welche anderen Dorfbeamte bei der Landvermessung anwesend waren. Auf jeden Fall ist es bemerkenswert, dass sowohl μείζονες wie auch πρωτοκωμῆται in derselben Zeit in derselben Dokumentengattung erstmals vorkommen. Das deutet darauf hin, dass der Terminus πρωτοκωμήτης ungefähr zur gleichen Zeit wie der des μείζων eingeführt wurde. Der Titel ist eindeutig aus anderen Reichsteilen importiert, ein Protokomet ist in Kleinasien schon 198/199 bezeugt.[47]

Sonst stehen aus dem 4. Jh. (mit einer Ausnahme, s. unten) kaum aussagekräftige Quellen über Protokometen zur Verfügung. Die fragmentarischen Texte zeigen durchwegs, dass der Terminus in mehreren ägyptischen Gauen vorkam, neben dem oben erwähnten memphitischen Beispiel bezeugen Dokumente Protokometen aus dem Herakleopolites, Arsinoites und wahrscheinlich auch aus dem Hermopolites und Oxyrhynchites.[48] Obwohl in dieser Zeit noch das Amt des κωμάρχης in den Dörfern am meisten repräsentiert ist, scheint der neue Titel fest Fuß gefasst zu haben. Erwähnungen der Protokometen werden besonders ab dem 6. Jh. häufig, was aber nicht zur voreiligen Konklusion führen muss, dass der Titel auch im 5. Jh. noch nicht besonders verbreitet war, da aus dieser Zeit bekanntlich verhältnismäßig wenige Papyri überliefert sind. Komarchen und Protokometen lassen sich aus dem 5. Jh. etwa in derselben Menge anführen (ungefähr je zehn Belege).

---

44 U.a. Zuckerman 2004; Sarris 2006, 96–114; Ruffini 2008, 147–241.
45 SB XIV 11614 (Memph., 303), 13.
46 P.Corn. 20 (Ars., 302). Auf die Parallelität der Rolle der beiden Beamten in den zwei Texten wurde schon von dem Herausgeber von SB XIV 11614 aufmerksam gemacht, s. Daris 1976, 59. Zu P.Corn. 20 vgl. auch unten S. 63–64.
47 Vgl. unten S. 51.
48 P.Vindob. G 16212 (Herakl., 4. Jh.), publiziert als Nr. 2 in Harrauer–Pintaudi 2009–2010; SB XXVI 16351 (Herm. [?], 4. Jh.); PSI Congr. XVII 18 (Oxy. [?], 4. Jh.), 4, 7, 9, 15 (die Auflösung der Abkürzung πρωτοκ( ) scheint ziemlich sicher zu sein, vgl. den Komm. der Herausgeberin, Isabella Andorlini zu Z. 9); P.Vindob. G 1392 (Hk.unbek., 4. Jh.), publiziert als Nr. 5 in Harrauer–Pintaudi 2009–2010; P.Gen. I² 69 (Philadelphia [Ars.], 386), 4 mit Bemerkungen; P.Ross.Georg. V 61 (Herakl., zweite Hälfte 4. Jh.), frag. B r 11. Vielleicht schon ins 5. Jh. datieren P.Ross.Georg. III 10 (Hk.unbek., 4.–5. Jh.) und P. Vindob. G 57141 (Herakl. [?], 4.–5. Jh.), publiziert als Nr. 6 in Harrauer–Pintaudi 2009–2010.

2.2 Protokometen

Ab dem 6. Jh. bis in das 8. scheint der Titel allgemein verbreitet gewesen zu sein. An dieser Stelle soll auch die Annahme reflektiert werden, dass Protokometen nur in autoprakten Dörfern vorkamen.[49] Diese Hypothese stützt sich offenbar (aber nicht deklariert) auf den Umstand, dass der größte Teil der Dokumentation der Protokometen aus Aphrodites Kome stammt (s. oben). Problematisch ist aber, dass wir für andere Dörfer als Aphrodites Kome keine Autopragie nachweisen können.[50] Ferner lassen sich leicht Beispiele für Protokometen in sicherlich nicht-autoprakten Dörfern finden. Demgemäß scheint diese Hypothese unbegründet zu sein: Die Verwendung des Terminus πρωτοκωμήτης hängt nicht mit der Art der Siedlung zusammen, in der er Dorfvorstand ist.

Es ist nicht immer klar, ob sich das Wort πρωτοκωμήτης auf Beamte bezieht oder nur allgemein auf Vertreter der Dorfelite hindeutet. Eine klare Unterscheidung ist nicht immer möglich, aber einige Rückschlüsse erlauben unsere Quellen. Georg Schmelz nahm an: „Wahrscheinlich bezeichnete πρωτοκωμήτης zunächst einen der Großen des Dorfes und wurde erst später zum Titel des Dorfleiters, als dieser nicht mehr κωμάρχης genannt wurde".[51] Gegen diese Annahme spricht jedoch einerseits der Umstand, dass der Titel wahrscheinlich als Konsequenz der diokletianischen Reform auftaucht (s. oben), andererseits belegen mehrere Dokumente Protokometen schon im 4.–5. Jh. sicher als Beamte. In einer der spätesten schriftlichen Quellen aus Philadelphia im Fayum aus dem Jahr 386 verpachten zwei Protokometen das Land einer insolventen Steuerzahlerin offenbar als Beamte – analog zu den Komarchen.[52] Weiterhin hat man etwa aus dem Jahr 475 eine Bürgschaft für zwei Protokometen (die wohl für den öffentlichen Einsatz gebraucht wurde),[53] und in einem Dokument des 5. Jh. wird ein συνπρωτοκωμήτης erwähnt, was auch auf einen kollegialen Beamten hindeutet.[54] In Aphrodites Kome im 6. Jh. handelt es sich ebenfalls klar um einen ernannten Beamten (s. unten).

Die Bedeutung des Wortes πρωτοκωμήτης scheint sich also eher umgekehrt entwickelt zu haben als von Schmelz angenommen. Im 4. Jh. wurde das Wort – im Einklang mit der allgemeinen Zielsetzung der diokletianischen Reform – eingeführt, um

---

49 „Man kann diese Rolle [der Protokometen] nach der Faustregel betrachten, daß Protokometen nur in jenen Städten, Dörfern möglich waren, die über die Autopragie verfügten. Eine Zusammenstellung der Protokometenzeugnisse ergibt also nicht nur die prosopographische Dokumentation, sondern unter der Betrachtung der lokalen Zuordnung können wir auch die Autopragie in Ägypten geographisch darstellen." Harrauer 2001, 47.
50 S. oben S. 13–16.
51 Schmelz 2002, 299.
52 P.Gen. I² 69. Vgl. P.Gen. I² 66 (Philadelphia [Ars.], 374), in dem die Komarchen 12 Jahre früher genau im selben Kontext vorkommen wie in P.Gen. I² 69 die Protokometen. Vgl. auch unten S. 202.
53 P.Lond. V 1893b (Hk.unbek., ca. 475). Besonders bezeichnend ist der Ausdruck in Z. 8: πρ]ωτοκωμήτου φροντίδα.
54 SB XXVI 16356 (Herakl., 5. Jh.), 2: ἐὰ]ν βούλει συνπρωτοκωμήτην αὐτῷ γενόμεθα. συνπρωτοκωμῆται kommen auch in P.Flor. III 296 (Aphrod., ca. 548–565 [?]), 41 vor.

einen in anderen Teilen des Reiches schon gebrauchten Verwaltungsterminus in Ägypten einzubürgern und damit die ägyptischen Verhältnisse auch in dieser Hinsicht an die anderen Reichsteile anzupassen. Entweder war der Terminus κωμάρχης in anderen Gebieten des Reiches teilweise obsolet,[55] oder wurde πρωτοκωμήτης in der Verwaltung bevorzugt. Wie aber die Dokumentation des 4. Jh. zeigt, konnte sich diese terminologische Neuerung nur sehr langsam durchsetzen. Im 4. Jh. kommen Protokometen neben den zahlreichen Komarchen nur vereinzelt vor. Der Substanz nach dürfte es sich aber um dieselbe Position handeln wie die des Komarchen, wie das z.B. dem oben angeführten Pachtvertrag aus Philadelphia zu entnehmen ist, in dem die Rolle und Zahl der Protokometen genau der der Komarchen entspricht. In der allgemeinen Bedeutung 'Mitglied der Dorfelite' ist der Ausdruck gesichert nur in zwei oxyrhynchitischen Dokumeten aus dem 5.–6. Jh. zu finden (s. unten).

An dieser Stelle stellt sich die Frage, ob der Titel im Oxyrhynchites generell diese allgemeine Bedeutung trug. Aus diesem Gebiet erwähnen bis dato sechs Texte Protokometen. Der erste unsichere Beleg stammt aus dem 4. Jh. und ist nur tentativ lokalisiert: In diesem Landregister ist die Rolle der Protokometen unklar.[56] Ferner wird in einem Empfehlungsschreiben aus dem 5. Jh. der Adressat gebeten, einen Soldaten dem Protokometen des Dorfes vorzustellen. Die Formulierung des Briefes macht nicht klar, ob es sich um Beamte oder nur Dorfhonoratioren handelt.[57] In zwei Dokumenten aus dem 5.–6. Jh. erscheint der Terminus als eine umfassende Bezeichnung für Dorfbeamte.[58] Diese zwei Texte sind zentral für das Verständnis der Terminologie der spätantiken Dorfverwaltung und sollen deshalb an dieser Stelle ausführlicher besprochen werden.

Der erste Text ist ein Brief aus dem späten 5. bzw. frühen 6. Jh.[59] Die Absender bitten einen διοικητής, die Frauen der πρωτοκωμήται aus dem Gefängnis zu entlassen. Die Frauen durften nicht entlassen werden, solange die Verfasser des Briefes dem διοικητής nicht schrieben. Nach der Aufzählung der Frauen von verschiedenen Beamten (zwei μείζονες, ein κωμογραμματεύς, ein „großer" Feldwächter [μέγας ἀγροφύλαξ], drei Komarchen[60]) erklären die Schreiber, bereit zu sein, die Frauen auf Befehl des διοικητής wieder ins Gefängnis zu bringen. Es erscheint wahrscheinlich, „daß die Frauen als Bürgen für ihre Männer in offiziellen Funktionen im Einsatz waren."[61] Fraglich ist, ob die πρωτοκωμήται hier eine generelle Bezeichnung sind

---

55 Vgl. oben S. 29.
56 PSI Congr. XVII 18, 4, 7, 9, 15. Vgl. den Komm. von Isabella Andorlini zu Z. 9.
57 PSI I 96 (Oxy., 5. Jh.), 1–2: [ἀξιώσῃ ἡ ὑμετ]έρα λαμπρότης προστῆναι Εὐφρο[νίου τ]οῦ στρατιώτου | φροντιζ[ομέ]νου γνησίως παρ' [ἐμ]οῦ καὶ παραθέσθαι α[ὐτὸ]ν τοῖς πρώτοκ(ωμήταις).
58 P.Oxy. XVI 1835 (Oxy., spätes 5.–frühes 6. Jh.); P.Oxy. I 133 (Oxy., 550).
59 P.Oxy. XVI 1835.
60 In Z. 6 liest man τοῦ Π[αμου]θίου τοῦ ἑτέρου αὐτοῦ κωμάρχου. Die Bedeutung von αὐτοῦ ist hier unklar, vgl. den Komm. *ad locum*.
61 Harrauer 2001, 137. Vgl. auch P.Oxy. XLVIII 3409 (Oxy., 4. Jh.).

(wie es die Herausgeber für wahrscheinlich hielten)[62] oder als Beamte[63] verstanden werden sollten. Die problematische Stelle ist:

† καθὼς παρεκαλέσαμεν τὴν ὑμετέραν δεσποτίαν (l. δεσποτείαν) ἵνα, ἄχρη (l. ἄχρι) γράφ[ωμεν τῇ ὑ]μετέρᾳ | μεγαλοπρεπίᾳ (l. μεγαλοπρεπείᾳ), μὴ ἀπολῆσαι (l. ἀπολῦσαι) τὰς γενέκας (l. γυναῖκας) τὸν (l. τῶν) προτοκομητὸ[ν (l. πρωτοκωμητῶν), παρακαλ]ῶμεν (l. παρακαλοῦμεν) | τὸν ἡμῶν δεσπότην ἀπολῆσαι (l. ἀπολῦσαι) τὴν γυναῖκα ... [Es folgt eine Aufzählung der Frauen, die freigelassen werden sollten, mit der Angabe ihrer Männer und deren Funktion.][64]

Es wäre befremdlich, wenn die folgenden Beamten andere Personen wären als die Protokometen. Die Interpretation, dass die Frauen von Protokometen *und* den folgenden Beamten freigelassen werden sollten, würde eine merkwürdige Situation ergeben und wäre sprachlich schwer nachvollziehbar.[65] Der Text spricht dafür, dass die Protokometen hier nur eine generelle Bedeutung haben ('Mitglied der Dorfelite'), zu denen die später aufgezählten Funktionäre gehören.

Dieselbe Problematik liegt auch in einem Saatdarlehen vor, das die Bewohner des Dorfes Takona an die Apionen adressieren. Die Dorfgemeinschaft wird folgendermaßen bezeichnet:

τὸ κοινὸν τῶν πρωτοκωμητῶν τῆς κώμης Τακόνα τοῦ Ὀξυρυγχίτου | νομοῦ, παγαρχουμένη[ς ὑ]πὸ τοῦ οἴκου τῆς ὑμῶν ἐνδοξότητος, δι' ἡμῶν Αὐρηλίων | Φοιβάμμωνος μείζον[ος], υἱοῦ Πεκυσίου, καὶ Ἀνοὺπ υἱοῦ Ἀριτσί, καὶ Μηνᾶ ἀδελφοῦ αὐτοῦ, | καὶ Κουλαὴτβ υἱοῦ Ἰωάννου, καὶ Ἀνοὺπ υἱοῦ Πρίσκου, καὶ Ἡρακλείδου υἱοῦ Παλμᾶ, καὶ Φὶβ υἱοῦ | Ἰουλίου, καὶ λοιπῶν κωμαρχῶν ταύτης ...[66]

Fraglich ist, in welchem Verhältnis die Protokometen und Komarchen zueinander stehen. Schmelz interpretierte diese Stelle folgendermaßen: „[Π]ρωτοκωμῆται be-

---

62 „Though not a necessary, it is certainly a natural and probable interpretation of the document to take the persons specified below as included in those mentioned here; i.e. the writers, referring to their previous request that the wives of the πρωτοκωμῆται be detained, now ask that the seven named may be released. Hence the term πρωτοκωμῆται covers all the titles below." Arthur S. Hunt und H. Idris Bell in der Einl. zu P.Oxy. XVI 1835, 2.
63 „Brief an einen Dioiketen, in dem die Absender den Dioiketen bitten, die Frauen der Protokometen (und des κωμογραμματεύς, des μείζων, des ἀγροφύλαξ, zweier κωμάρχαι; insgesamt sieben Frauen) nun freizulassen." Harrauer 2001, 137.
64 † *Wie wir Eure Herrschaft baten, die Frauen der Protokometen, solange wir nicht eurer Erhabenheit schreiben, nicht zu entlassen, bitten wir unseren Herren, die Frau von ...* [Aufzählung der Frauen] *freizulassen.* P.Oxy. XVI 1835, 1–3.
65 Vgl. oben Anm. 63.
66 P.Oxy. I 133 (Oxy., 550), 7–11. Übersetzung/Paraphrase von Wenger 1906, 261: *das Kollegium der πρωτοκωμῆται des Dorfes Takona im Oxyrhynchosgau, welches Dorf von Euer Exzellenz' Haus abhängig ist, durch uns die Aurelier – es folgen sieben Namen – und die übrigen Komarchen des Dorfs ...*

zieht sich hier nicht auf die Leiter des Dorfes, sondern auf die ganze Führungsschicht."[67] Ferner nimmt er an: „Mit der Wendung καὶ λοιπῶν κωμαρχῶν wird τὸ κοινὸν τῶν πρωτοκωμητῶν … δι' ἡμῶν (Z. 7f.) wieder aufgenommen; die Bezeichnungen πρωτοκωμῆται und κωμάρχαι sind hier synonym."[68] Die Synonymität dieser beiden Ausdrücke wäre an dieser Stelle befremdend. Πρωτοκωμῆται haben hier klar eine breitere Bedeutung, aber ob das auch für die Komarchen zutrifft, ist zweifelhaft.[69] Es scheint also am plausibelsten zu sein, die πρωτοκωμῆται auch hier als Dorfhonoratioren zu verstehen.

Ferner werden in einem Brief aus dem 6. Jh. der βοηθός und die πρωτοκωμῆται eines oxyrhynchitischen Dorfes gebeten, einen Gast zu betreuen.[70] In diesem Fall erweckt der Kontext den Eindruck, dass es sich um eine spezifische Bezeichnung für bestimmte Beamte handelt – allerdings ist auch eine allgemeine Bedeutung nicht auszuschließen. Schließlich werden in einer Zahlungsliste der Apionen mehrfach Protokometen erwähnt, die verschiedene Summen und Beträge aus diversen Gründen bezahlen.[71] Abgesehen von einer Stelle, wo der Protokomet, Apollos, bezahlt, sind sie im Plural erwähnt.[72] Von besonderem Interesse ist ein Eintrag in der Liste, wo Ἡρακλειανὸς ἄπα Σιρίου καὶ Τίττος πρεσβ(ύτερος) καὶ Ἀφύγχιος διάκ(ονος) καὶ κοι(νωνοί?) πρωτοκ(ωμῆται) erwähnt werden.[73] Falls die Auflösung des Wortes κοι(νωνοί) zutrifft, impliziert der Eintrag, dass auch der Priester und der Diakon zu dem κοινόν, der Dorfgemeinschaft des Dorfes, gehörten. Dies würde zu der allgemeinen Bedeutung des Wortes führen. Alles in allem scheint die verlockende Annahme, dass das Wort πρωτοκωμήτης in den oxyrhynchitischen Texten ab dem 5.–6. Jh. *nur* eine allgemeine Bezeichnung für die Mitglieder der Dorfelite ist, sehr wahrscheinlich zu sein.

In den ersten Texten, die Protokometen erwähnen, bezeichnet der Terminus mit Komarchen vergleichbare Amtsträger. Es handelte sich offenbar – genauso wie im Fall des Komarchen – um einen liturgischen Amtsträger. Sogar im 6. Jh. hören wir noch von einem „unlängst bestallten Protokometen" (ὁ πρώην καταστασθεὶς πρωτοκωμήτης).[74] Den allgemeinen Tendenzen der Spätantike entsprechend entwickelte sich jedoch die Position zu einem Berufsamt; daher ist es nicht überraschend, dass Protokometen in einer Abrechnung aus dem 5.–6. Jh. eine Gehaltszahlung erhalten.[75] Diese Entwicklung muss aber im Kontext der Dorfgesellschaft gedeutet

---

67 Schmelz 2002, 298.
68 *Ibidem*. Die Bemerkung von Mißler 1970, 69 geht auch in dieselbe Richtung: „Πρωτοκωμῆται wird daher am besten mit "Dorfbeamte" wiedergegeben".
69 S. oben S. 33.
70 P.Princ. II 105 (Oxy., 6. Jh.), vgl. Bemerkungen.
71 P.Oxy. XVI 1917 (Oxy., frühes 6. Jh. oder 616–617 [?]), 2r 6, 15; 3v 53; 4v 93, 95; 5v 111.
72 2r 15.
73 2r 6.
74 P.Lond. V 1681 (Aphrod., 524–527), 1.
75 P.Vind.Tand. 16 (Herakl., 5.–6. Jh.), 76–77: μισθ(οῦ) | πρωτοκ(ωμητῶν) νο(μισμάτια) ζ (κεράτια) ϛ. Vgl. auch SPP X 102 (Herm., 6. Jh.), 9, wo die Lesung τῶν πρωτοκ( ) aber wohl-

werden. Wie Constantin Zuckerman bemerkte, wurden die Protokometen von Aphrodites Kome von den einflussreichsten Gruppierungen im Dorf rekrutiert.[76] Dieselbe Tendenz war wohl auch in den meisten Dörfern zu beobachten. Die reichsten und angesehensten Einwohner nahmen die Angelegenheiten des Dorfes in die Hand. Das deutet aber nicht unbedingt darauf hin, dass die lokale Elite sich von dem System der staatlichen Verwaltung loslöste; ihre Macht musste auch von staatlicher Seite anerkannt werden. Das zeigt sich u.a. auch darin, dass sie wegen Verwaltungsangelegenheiten häufig in die Stadt kommen mussten.[77]

Obwohl unsere Dokumentation die Protokometen meistens im Kontext verschiedener Finanzangelegenheiten agierend zeigt, bezeugen mehrere Texte auch, dass ihre Aufgabenbereiche ziemlich breit und universal waren: Im Wesentlichen mussten sie sich für alle das Dorf betreffenden Angelegenheiten engagieren.[78] So werden der βοηθός und die Protokometen von Koba aufgefordert, einen Gast zu beherbergen.[79] Eine ähnliche Situation schildert ein Brief, in dem jemand gebeten wird, den Protokometen einen Soldaten vorzustellen.[80] Ferner erhalten die Protokometen und die Eirenarchen von Thmoinepsi einen Überstellungsbefehl.[81] Der Protokomet von Thmoinausiris ist (in der Reihenfolge nach dem βοηθός und dem πρεσβύτερος) bei der Mitteilung eines Bauverbots anwesend.[82] Aber genauso sollen die Protokometen Bauern helfen, die von ihren Nachbarn an einem Bauvorhaben gehindert werden.[83] In einem anderen Dokument sind die Protokometen für die Beschaffung von Ziegeln für den Bau eines Gästehauses (und wahrscheinlich für dessen Beaufsichtigung) verantwortlich.[84] Der Protokomet von Senesla inspiziert eine Zisterne in einer internen Angelegenheit des Klosters von Bawit: Offenbar wird er hier als eine angesehene Person herangezogen, die Zisterne lag womöglich in der Nähe von Senesla.[85]

---

gemerkt unklar zu sein scheint.
76 Zuckerman 2004, 123.
77 SB XXVI 16358 (Herm., 644). Eine wesentlich verbesserte Neuedition liegt in Mitthof–Harrauer 2002–2003 vor.
78 Folgende sehr fragmentarische, unsichere oder nicht aussagekräftige Belege werden bei der Untersuchung nicht berücksichtigt: SB XXVI 16355 (Herakl., 5. Jh.); SPP III 310 (Ars., 6. Jh., s. BL XII 265); P.Vars. 32 (Ars. [?], 618 [?]), v 1 (vgl. auch Bemerkungen); SB XXVI 16348 (Ars. [?], 7. Jh.); SB XXVI 16343 (Herakl., 6. Jh., mit Bemerkungen), 1; SB XXVI 16346 (Herm. [?], 7. Jh. [?]); P.Lond. V 1791 (Herm./Oxy., 7. Jh.): die Lesung in v 1 πρωτο[κωμήτου ist zweifelhaft, der Inhalt des Briefes spricht nicht für einen Dorfvorsteher als Absender.
79 P.Princ. II 105.
80 PSI I 96.
81 P.Mich. X 591 (Herakl., 6. Jh.).
82 P.Vindob. G 5168 (Herakl., 5.–6. Jh.), 5–10, publiziert als Nr.1 in Harrauer–Pintaudi 2009–2010.
83 P.Lond. III 1073 (S. 251, Hk.unbek., 7. Jh.).
84 SB XXVI 16702 (Herakl., 6. Jh.), s. auch die Bemerkungen des Herausgebers in Harrauer 2001, 57.
85 P.Mon.Apollo 25 (Herm., 8. Jh.), 19–20.

Protokometen sind selbstverständlich auch Vertreter der Dorfgemeinschaft (κοινὸν τῆς κώμης) in diversen (vornehmlich steuerlichen) Angelegenheiten.[86] Die Dorfgemeinschaft von Djeme erkennt, vertreten durch einen Priester und einen Protokometen, das Eigentumsrecht des Phoibammon-Klosters an.[87] Eine ihrer wichtigsten Aufgaben ist es, das Land der insolventen Steuerzahler oder die nicht bestellten Ländereien zu verpachten und so die Steuergelder des Dorfes zu sichern. Diese Praxis ist uns besonders aus einigen Pachtverträgen ersichtlich, in denen Protokometen Dorfland verpachten. Die Verträge datieren zwischen dem 4. und späten 7. Jh. und stammen sowohl aus dem Fayum wie auch aus Theben.[88]

Die Protokometen sind auch allgemein für die Finanzen des Dorfes zuständig. Nachweis dafür bieten zahlreiche Erwähnungen in Zahlungslisten, in denen Protokometen Empfänger oder Einzahler von oft größeren Summen sind – obwohl sie in einigen dieser Texte sicherlich nur als Privatmänner auftreten.[89] Ferner findet man auch Konten von Protokometen u.a. mit Steuerzahlungen.[90] Dass die Amtsträger eine Quittung (oder eher Zahlungsanweisung) ausstellen, ist auch nicht verwunderlich.[91] Weiterhin verschickt ein Protokomet eine größere versiegelte Summe als Steuerzahlung seines Dorfes.[92] In einer Abrechnung der Apionen erwähnen zwei Einträge Protokometen wohl als dörfliche Honoratioren: Die Amtsträger von Ibion bezahlen für die Miete einer Bäckerei, und die Protokometen von Taamoru leisten eine Zahlung für das Graben eines Kanals.[93] Für Pachtzahlungen sind sie – mit dem πρεσβύτερος des Dorfes – auch in einem anderen Dokument verantwortlich.[94] Der βοηθός und die Protokometen von Peensamoi müssen sich darum kümmern, dass die Bauern die Frachtkosten der Steuerlieferung (*naula*) bezahlen.[95] Anderswo sind sie

---

86 Vgl. auch SB XVI 12267 (Herm., 540), in dem ein Protokomet Wein von einem Mönch als Darlehen annimmt. Es ist nicht zwingend, dass der Protokomet den Wein "für den öffentlichen Bedarf" (Harrauer 2001, 139) besorgt: Es könnte sich genauso um ein Privatgeschäft handeln.
87 P.KRU 105 (Theb.-W., 576–578 [?], mit MacCoull 2010), 25 und 45.
88 P.Gen. I² 69 (Philadelphia [Ars.], 386), 4; SB XXVI 16584 (Theb.-W., Mitte–zweite Hälfte 7. Jh.); WO 1224 (Djeme, 695, s. MacCoull 1986); PSI III 279 (Hk.unbek., 4.–7. Jh.). Abgesehen von P.Gen. I² 69 handelt es sich um ἐπιτροπή-Verträge, die eigentlich juristisch einen Mischtyp zwischen Arbeits- und Pachtvertrag bilden. Wesentlich handelt es sich aber um ein Pachtverhältnis, vgl. Steinwenter 1955, 41.
89 SB XXVI 16342 (Ars., 5. Jh.), 4; P.Vind.Tand. 16 (Herakl., 5.–6. Jh.), 69; P.Lond.Herm. (Temseu Skordon [Herm.], 546–547 [?]) 8r 23; 10r 10; 12r 9, 15, 19; SB XXVI 16357 (Herakl., 6.–frühes 7. Jh.), 20–21; P.Oxy. XVI 1917 (Oxy., frühes 6. Jh. oder 616–617 [?]), 5–6, 15, 93, 95; P.Sorb. II 69 (Herm., 618–619/633–634 [?]), 129 B 1, 3, 130 D 1, 3 und *passim*. Auch das *descriptum* P.Lond.Copt. 1076 (Herm., 6. Jh., vgl. auch MacCoull 1993) soll Protokometen erwähnen (S. 452), deren Rolle aber aus der Beschreibung nicht klar wird.
90 SB XXVI 16344 (Herakl., 5. Jh.); P.Vindob. G 20810 (Herakl., 5.–6. Jh.), publiziert als Nr. 3 in Harrauer–Pintaudi 2009–2010.
91 CPR X 44 (Ars., 6.–7. Jh.).
92 SB XXVI 16354 (Herm., ca. 643–644).
93 P.Oxy. XVI 1917, 53 und 111.
94 P.Ryl. IV 708 (Herm., 7. Jh.).
95 SB XXVI 16352 (Herakl., 6. Jh.).

für die Lohnzahlungen des βοηθός des Dorfes verantwortlich.[96] In einem Schuldschein erkennen die Protokometen eines hermopolitischen Dorfes ihre Schulden an: Es handelte sich wohl um eine öffentliche Angelegenheit, z.B. um Rückstände in der *embole*, die von dem im fragmentarischen Text nicht mehr erhaltenen Beamten den Protokometen vorgeschossen worden war – eine ähnliche Praxis ist anderen Dokumenten zu entnehmen.[97] Der Protokomet oder (im koptischen Teil des Textes) ⲁⲡⲉ eines hermopolitischen Dorfes deklariert den arabischen Behörden u.a. mit den Dorfschreibern und einem anderen ⲁⲡⲉ, dass er jeden Mann ab dem Alter von 14 Jahren (für Steuerzwecke) meldete.[98]

Diejenigen, welche die Protokometie bekleideten, gehörten zur unteren Schicht der lokalen Elite. Das spiegelt sich klar in den verschiedenen, von ihnen getragenen Ehrentiteln bzw. Ehrenprädikaten, wie τιμιώτατος, εὐδοκιμώτατος bzw. εὐδοκίμησις, θαυμασιώτατος bzw. θαυμασιότης, wider;[99] ihr Status bzw. Ansehen wird aus mehreren Dokumenten ersichtlich. Ein ägyptischer Protokomet hätte sich sogar eine Reise nach Konstantinopel leisten können, genauso wie der berühmte Dioskoros von Aphrodito – der ebenfalls das Amt bekleidete.[100] Protokometen bürgen als angesehene und reiche Leute für Dorfbewohner.[101] Die Protokometen des hermopolitischen Dorfes Tertempsymbe erhielten allem Anschein nach von einem Großgrundbesitz Wachteln: Es handelte sich wohl um Geschenke aus besonderem Anlass (z.B. Geburtstag des Landherren),[102] die den Protokometen als angesehenen lokalen Eliten zuteil geworden sind. Ihr Einfluss und ihre Macht dürfen aber auch nicht überbewertet werden. Obwohl die Protokometen vor Ort den ihnen Übergeordneten Schwierigkeiten bereiten konnten, zeigen die Drohungen eines Briefes des Senuthios-Archives klar ihre Position in der Hierarchie.[103]

---

96 SB XXII 15492 (Oxy./Herakl., 6.–7. Jh.), 1–3.
97 SB XXVI 16345 (Herm., 6.–7. Jh.). Vgl. SB VIII 9750 (Herakl., 642/657). Steuerrückstände von Protokometen sind auch in SB XXVI 16353 (Herakl., 6. Jh.), 9 erwähnt.
98 P.Lond.Copt. 1079 (= SB XXII 15711, Herm., 642–644/658–663/664). Zur Interpretation des Textes vgl. Papaconstantinou 2010/A, 61–63 (mit weiteren Literaturangaben).
99 Harrauer 2001, 145. An dieser Stelle sind noch die Ehrenprädikate ἐλλογιμώτατος, τὰ πάντα λαμπρότατος und πάντιμος erwähnt. Ἐλλογιμώτατος (P.Cair.Masp. I 67068, v 1) wurde aber schon von Harrauer 2001, 126 bezweifelt; die durch das HGV erreichbare Abbildung erlaubt keine klare Stellungnahme zur Lesung dieses Wortes. Auf jeden Fall wäre dieses Ehrenprädikat ungewöhnlich, da es „Ehren-, ja geradezu Berufsprädikat rhetorisch und juristisch gebildeter Personen" war: Hornickel 1930, 8. Der Beleg für das Ehrenprädikat τὰ πάντα λαμπρότατος (P.Eirene I 27, v 1) wurde schon in Hagedorn 2008, 130 beseitigt und πάντιμος entfällt durch dieselbe Berichtigung.
100 SPP XX 146, 6 (Konstantinopel [?], Mitte 5. Jh.).
101 P.Rain.Cent. 123 (Herakl., 478). In P.Vindob. G 15162+20732 (publiziert in Hodeček–Mitthof 2005; Herakl., 546/551) ist ein Protokomet Bürge.
102 P.Ross.Georg. V 67 (Herm., 7. Jh.), 3. Zum Kontext vgl. PSI VIII 957 (Oxy., 504), 2.
103 SB XXVI 16350 (Herm., ca. 643–644).

Verschiedene Dokumente geben auch über die koptischen Termini Auskunft, mit denen der Titel πρωτοκωμήτης gleichgesetzt wurde.[104] In zwei Texten aus Theben-West aus dem 6.–7. Jh. wurde πρωτοκωμήτης mit ⲗⲁϣⲁⲛⲉ wiedergegeben.[105] Zwei hermopolitische Dokumente des 7. und 8. Jh. identifizieren den Titel mit dem koptischen ⲁⲡⲉ.[106] Bemerkenswert ist jedoch, dass diese koptischen Alternativen des griechischen Titels wohl erst im späten 6. Jh. erscheinen: In einem koptischen Text aus Aphrodito aus der ersten Hälfte des 6. Jh. wird Apollos, Vater von Dioskoros, einfach als ⲡⲡⲣⲱⲧⲟⲕ(ⲱⲙⲏⲧⲏⲥ) bezeichnet.[107] Ebenso findet man einen koptischen Brief des 6.–7. Jh. aus dem Hermopolites, adressiert an den Priester, die Protokometen und die Komarchen eines Dorfes.[108]

Das oben skizzierte Bild der Protokometen lässt sich auch durch die Archive von Aphrodites Kome (6. Jh.) und Djeme (6.–8. Jh.) bestätigen, in denen mehrere Protokometen vorkommen. Constantin Zuckerman fasst die Rolle der Protokometen von Aphrodite folgendermaßen zusammen:

> „Un prôtokômête à Aphroditô est détenteur de l'autorité publique. Sa nomination relève du bureau de gouverneur (*P.Cairo Masp.* III 67323), tout comme celle des "liturges" municipaux. Il ne s'agit pas, cependant, d'une liturgie annuelle – le terme même de liturgie est peu pertinent au VIe siècle –, mais d'une nomination jusqu'à nouvel ordre. Le poste est collégial, partagé entre deux ou trois, voire même cinq (*SB* XX 15018) titulaires. Mise à part la situation exceptionnelle de prise de contrôle par une seule famille ..., la collégialité du poste devait permettre la représentation des différents clans du village. ... seul le dossier d'Aphroditô fournit une vision intégrale de l'institution. On y apprend, sans surprise, que le pouvoir des prôtokômêtes tient d'abord et surtout au rôle qu'ils jouent dans le processus fiscal. Ils interviennent à toutes les étapes, dès la notification, en passant pas la répartition et le prélèvement, jusqu' au reversement du produit fiscal aux bénéficiaires. Ce sont eux qui représentent le village devant les autorités extérieurs et qui, en matière fiscale, sont tenus responsables pour les failles de procédure ou de perception."[109]

Zuckerman fokussiert sich besonders auf die Rolle der Protokometen in den verschiedenen Phasen der Steuereintreibung.[110] Sie disponierten über die Finanzen des

---

104 Zum Verhältnis der griechischen und koptischen Termini vgl. unten S. 208–212.
105 P.KRU 105 (Theb.-W., 576–578 [?], mit MacCoull 2010) 25 und 45. SB XXVI 16584 (Theb.-W., Mitte–zweite Hälfte 7. Jh.), 1–2 und 10.
106 P.Lond.Copt. 1079 (= SB XXII 15711, Herm., 642–644/658–663/664); P.Mon.Apollo 25 (Herm., 8. Jh.), 19.
107 Boud'hors 2008, bes. 69.
108 Vgl. oben S. 33, bes. Anm. 25.
109 Zuckerman 2004, 123.
110 Zuckerman 2004, 117–142 und *passim*.

Dorfes und arbeiteten folglich auch mit den Steuerdokumenten des Dorfes.[111] So empfangen sie für die Dorfkasse Meldungen über Änderungen in den Grundbesitzverhältnissen und demgemäß in der Steuerpflicht.[112] Auf ähnliche Weise erteilten sie dem βοηθός des Dorfes die Vollmacht, für das Dorf in Antinoopolis ein Darlehen aufzunehmen.[113] Womöglich verpachteten sie auch Dorfland.[114] Oft mussten sie sich wegen verschiedener öffentlicher Angelegenheiten (dringend) nach Antaiopolis begeben.[115] Unzählige Dokumente belegen ihre Rolle als Mittelsmänner in Steuersachen. Allgemein vermittelt die extensive Korrespondenz der Protokometen aus Aphrodites Kome den Eindruck, dass sie mit ihren verschiedenen Aufgaben intensiv beschäftigt waren.

Aber auch in anderen Bereichen tragen die Protokometen von Aphrodites Kome ähnliche Verantwortung wie anderswo beobachtet. Sie sind mit der Schlichtung von Streitigkeiten beschäftigt und allgemein für die Sicherheit des Dorfes verantwortlich.[116] Sie vermitteln zwischen dem Pagarchen und den Dorfbewohnern und vertreten die Kirche von Antinoopolis in einem Pachtvertrag mit einem Dorfbewohner.[117] Ferner kümmern sie sich um diverse das Dorf betreffende Angelegenheiten, in der Petition der Dorfbewohner an die Kaiserin Theodora ist z.B. Senuthes, der Protokomet, unter den Unterschreibenden.[118]

---

111 ’Εφ’ ὅσον κἀγὼ τρακτεύω τοὺς δημοσίους χάρτα[ς] τῆς αὐτῆς κώμ(ης) – bemerkt ein Protokomet in einem Verfahren: Ch.L.A. XLI 1194 (= P.Cair.Masp. III 67329, Antin., 524), col. II 32. Zur Stelle vgl. auch Zuckerman 2004, 123.

112 P.Cair.Masp. I 67119 (Aphrod., 511–512 [?]); P.Cair.Masp. I 67117 (Aphrod., 524).

113 P.Cair.Masp. I 67124 (Aphrod., vor 29. 12. 514).

114 P.Cair.Masp. II 67235 (Aphrod., 544–545 [?]).

115 P.Cair.Masp. I 67060 (Antaiop., ca. 553); P.Cair.Masp. I 67061 (Antaiop., Mitte 6. Jh.); SB XX 14119 (Aphrod., ca. 514–536).

116 Ein Protokomet vermittelt in einer Streitigkeit zwischen einem städtischen Bewohner und Dorfbewohnern von Aphrodites Kome: SB XXII 15477 (Aphrod., 524–527), 4. Ein Protokomet wird ermahnt, da er nicht gegen jemanden auftritt: P.Cair.Masp. III 67290 (Antin. [?], vor 547). Die Protokometen nehmen eine Person fest: P.Cair.Masp. I 67063 (Aphrod., 6. Jh.). Apollos, der Protokomet, sendet ein Schreiben bezüglich Rechtsangelegenheiten weiter: P.Lond. V 1679 (Aphrod., ca. 525–526 [?]). Der Protokomet soll gegen einen Übeltäter auftreten: P.Lond. V 1681 (Aphrod., 524–547). In einem Brief an einen Protokometen berichtet der Absender, dass er einem Hirten mitteilte, er solle die Bauern nicht mehr belästigen: P.Lond. V 1682 (Aphrod., ca. 566–567). Einem Protokometen wird berichtet, dass der Befehl an einen Soldaten weitergegeben wurde, seinen Besitz zu verlassen: P.Cair.Masp. I 67067 (Aphrod., 6. Jh.). Apollos, der Protokomet, soll auf Befehl eines seiner Vorgesetzten eine Streitigkeit vor Ort lösen: P.Cair.Copt.Inv. 4057, neuediert in Boud'hors 2008, vgl. auch die Erläuterungen *ibidem* 73–75. Die κοινότης τῶν πρωτοκωμητῶν καὶ συντελεστῶν καὶ κτητόρων κώμης Ἀφροδίτης schließt einen Arbeitsvertrag mit der Korporation der Hirten des Dorfes über die Flurbewachung in der Gegend: P.Cair.Masp. I 67001 (Aphrod., 514).

117 P.Cair.Masp. I 67094 (Aphrod., 552–553); P.Lond. V 1661 (Aphrod., 553); P.Cair.Masp. I 67101 (Aphrod., 511).

118 P.Cair.Masp. III 67283 (Aphrod., vor 10. 11. 547), col. II 21. Zur Reihenfolge der Unterschriften vgl. Ruffini 2008, 177–179.

Außer in Aphrodites Kome findet man noch in Djeme mehrere aus demselben Ort stammende, aussagekräftige Belege für Protokometen.[119] Wie schon teils dargestellt, steht die Tätigkeit der Protokometen von Djeme mit den obigen Beobachtungen im Einklang: Sie vertreten ihr Dorf und verpachten Dorfland. Ferner wird ein Eid – wahrscheinlich während eines Prozesses – vor einem Protokometen/ⲗⲁϣⲁⲛⲉ geleistet.[120] Schließlich kommt ein Protokomet – wie viele Dorfbeamte in Djeme – in einer eponymen Datierung vor.[121]

Zusammenfassend kann gesagt werden, dass der Terminus πρωτοκωμήτης im Zuge der Verwaltungsreformen am Ende des 3. bzw. im frühen 4. Jh. in Ägypten eingeführt wurde, womöglich mit der Zielsetzung, den ägyptischen bürokratischen Sprachgebrauch auch auf der Ebene der Dorfverwaltung anderen Teilen des Reiches anzupassen. Es scheint, dass das Wort im 4.–5. Jh. nur ein Synonym für κωμάρχης war. Ab dem 5.–6. Jh. kommt der Terminus (im Oxyrhynchites) auch in der allgemeineren Bedeutung 'Mitglied der Dorfelite' vor. In der Verwendung des Titels lassen sich keine besonderen regionalen Tendenzen zeigen, wir finden ihn überall in Ägypten. Allerdings kommt diese griechische Bezeichnung für Dorfvorstände besonders im Hermopolites,[122] Aphrodites Kome (6. Jh.) und Theben vor. Im Oxyrhynchites war der Titel μείζων für Dorfvorstände am häufigsten,[123] allem Anschein nach wies das Wort πρωτοκωμήτης hier einfach nur auf ein Mitglied der Dorfelite hin.

Als Dorfvorstände sind die Protokometen für alle in ihrem Dorf auftretenden Angelegenheiten verantwortlich. Sie vertreten die Dorfgemeinde und vermitteln zwischen höheren Instanzen und den Dorfbewohnern. Unsere Dokumente zeigen sie aber in erster Linie im Kontext des Steuerwesens: Sie sind für die Finanzen des Dorfes und die lokale Steuereintreibung verantwortlich. Das impliziert auch ihre Rolle in der Verpachtung des Dorflandes, für das die Dorfgemeinde aufkommen musste. Als bedeutende Personen in ihrer Gemeinde sind sie oft sowohl für die Sicherheit als auch für die Schlichtung der Streitigkeiten der Dorfbewohner verantwortlich. Diese Rolle der Protokometen zeigt sich in den aus verschiedenen Gründen speziellen Archiven von Aphrodites Kome und Djeme besonders gut.

Protokometen waren im 4. Jh. sicherlich noch Liturgen, aber im Laufe der Jahrhunderte veränderte sich das Amt vermutlich in die Richtung des Berufsbeamtentums. Die Zahl der Amtsträger war ursprünglich wohl – analog zu den Komarchen – zwei, aber in späteren Dokumenten finden wir verschiedene Angaben, einmal kom-

---

119 Zur Verwaltung von Djeme und den verschiedenen Beamten vgl. unten S. 170–190.
120 O.Crum 131 (Theb.-W., 701; mit Till 1954, 92), s. Schmelz 2002, 303.
121 P.KRU 77 (Hermonthis, 634), 7; vgl. auch SB XXVI 16584 (Theb.-W., Mitte–zweite Hälfte 7. Jh.), 1–3: Ἰωάννου πρω]|τοκωμήτου κάστρ(ου) Μεμνονίων δωδεκάτης | ἰνδικ(τίωνος).
122 Auch in der Gegend des Lykopolites und Theodosiopolites: SB XXVI 16358 (Herm., 644). Zum Text vgl. S. 41/Anm. 77.
123 S. auch Jean Gascou in der Einl. zu P.Sorb. II 69, S. 69/Anm. 124.

men sogar fünf Protokometen vor.[124] Wie es u.a. ihren Ehrentiteln zu entnehmen ist, gehörten sie meistens zur unteren Schicht der lokalen Elite, die in wechselnder Besetzung die Interessen ihres Dorfes vertraten.

2.2.2 Das Idealbild des ägyptischen Protokometen: Eine Geschichte aus der Historia monachorum

Eine Geschichte aus der *Historia monachorum* (spätes 4. Jh.) liefert anschauliche Details über die Vorstellung der Zeitgenossen bezüglich eines „guten" Protokometen.[125] Der Mönch Papnuthios trifft einen Protokometen, dem er laut einer seiner Visionen ähnlich sein soll.[126] Der bescheidene Protokomet hat seine Frau seit dreißig Jahren nicht berührt. Er lebt mit seinen drei Söhnen, die ihm in jeder Hinsicht helfen. Er weist jedoch nach seinem eigenen Bekenntnis weitere Tugenden auf:

Von Gastfreundschaft habe ich bis heute nicht abgelassen. Kein Bürger kann sich rühmen, einen Fremden vor mir aufgenommen zu haben. Kein Bedürftiger, kein Pilger ging mit leeren Händen von meinem Haus fort, jeder wurde mit Wegzehrung versehen. Keinen Notleidenden sah ich unglücklich, ohne daß ich ihm nicht geeignete Hilfe gewährt hätte. Im Gericht habe ich keine Rücksicht genommen auf das Gesicht meines eigenen Kindes. In mein Haus kamen keine fremden Früchte. Es gab keinen Streit, in dem ich nicht Frieden gestiftet hätte. Niemand schalt meine Diener wegen schlechten Benehmens. Meine Herden fraßen nie von fremder Weide. Ich habe nie meine Länder zuerst bestellt, sondern sie allen gemeinsam überlassen und das übriggelassene Feld für meine Ernte genommen. Ich ließ nie zu, daß ein Armer von einem Reichen bedrängt wurde. Niemand betrübte ich in meinem Leben. Niemals stimmte ich ungerechtem Gericht gegen jemand zu. Mit Gottes Willen bin ich mir dieser Taten bewußt.[127]

Die Passage spiegelt nicht nur die christlichen Vorstellungen von Frömmigkeit und rechter Lebensweise wider: Der Einfluss der altägyptischen Pflichtenkataloge und Sündlosigkeitserklärungen ist in den negativen Sündenbekenntnissen klar zu sehen,

---

124 SB XX 15018 (Aphrod., 553), 1–3.
125 Der Text wurde schon in diesem Kontext in Rowlandson 2007, 216 erwähnt.
126 *Hist.mon.* XIV, 10–17.
127 Οὐκ ἐπαυσάμην οὖν τῆς φιλοξενίας ἄχρι σήμερον. οὐ καυχᾶταί τις τῶν κωμητῶν πρὸ ἐμοῦ τὸν ξένον ὑποδεξάμενος. οὐκ ἐξῆλθεν πένης οὐδὲ ξένος κεναῖς χερσὶ τὴν ἐμὴν αὐλὴν μὴ πρότερον ἐφοδιασθεὶς κατὰ λόγον. οὐ παρεῖδον πένητα δυστυχήσαντα μὴ ἱκανὴν παραμυθίαν αὐτῷ χορηγήσας. οὐκ ἔλαβον πρόσωπον τέκνου μου ἐν κρίσει. οὐκ εἰσῆλθον εἰς τὸν οἶκόν μου καρποὶ ἀλλότριοι. οὐκ ἐγένετο μάχη, ἣν οὐκ εἰρήνευσα. οὐκ ἐμέμψατό τις ἐπ' ἀτοπίᾳ τοὺς ἐμοὺς παῖδας. οὐχ ἥψαντο τῶν ἀλλοτρίων καρπῶν αἱ ἀγέλαι μου. οὐκ ἔσπειρα πρώτος τὰς ἐμὰς χώρας, ἀλλὰ πᾶσιν αὐτὰς κοινὰς προθέμενος τὰς ὑπολειφθείσας ἐκαρπισάμην. οὐ συνεχώρησα καταδυναστευθῆναι πένητα ὑπὸ πλουσίου. οὐ παρελύπησά τινα ἐν τῷ βίῳ μου. κρίσιν πονηρὰν κατ' οὐδενός ποτε ἐξενήνοχα. ταῦτα θεοῦ θέλοντος σύνοιδα ἐμαυτῷ πεπραγμένα. *Hist.mon.* XIV, 13–14. Übers. aus *Hist.mon.tr.*, 108–109.

wie von Hellmut Brunner und Reinhold Merkelbach nachgewiesen wurde.[128] Besonders interessant sind ferner die Reflexionen des Textes über einige Probleme des Dorflebens, die häufig in Papyri vorkommen. Brunner meinte (teils aufgrund der Mitteilung von Mißler), dass die Geschichte eigentlich nicht zu einem Protokometen passe:

> „Jedenfalls scheint es höchst unwahrscheinlich, daß ein Dorfbeamter, dessen Amt zu übernehmen sich ein Mann weigert, das also wenig angesehen gewesen zu sein scheint, die Möglichkeit gehabt haben sollte, Strafen zu verhängen (Satz 13 [gemeint ist der Satz κρίσιν πονηρὰν κατ' οὐδενός ποτε ἐξενήνοχα]). Es scheint, daß die vorliegende Idealbiographie einem Mann übergestülpt worden ist, dem sie zu groß ist."[129]

Bevor auf dieses Problem eingegangen wird, soll auch die wichtige Frage gestellt werden, ob das Wort πρωτοκωμήτης hier eine konkrete ('Dorfvorsteher') oder nur eine allgemeine Bedeutung ('Mitglied der Dorfelite') hat. Dem Text sind für keine der beiden Deutungen schlagkräftige Argumente zu entnehmen, da die beschriebenen Tätigkeiten in dieser Zeit sowohl zu einem reichen lokalen Machthaber wie auch zu den von der lokalen Elite rekrutierten Dorfvorstehern gut passen. Man könnte anhand der dokumentarischen Quellen argumentieren, dass πρωτοκωμήτης im 4. Jh. wahrscheinlich noch keine allgemeine Bedeutung hatte.[130] Ob sich jedoch die *Historia monachorum* an den offiziellen Sprachgebrauch hält, ist fraglich. Die Fragestellung kann aber durch die Tatsache entschärft werden, dass ein Mitglied der lokalen Elite potenziell immer ein Dorfvorsteher sein konnte. Wie zahlreiche Beispiele zeigen, gehörten die Dorfbeamten zu einer kleinen gehobenen Schicht der Dörfer. Demgemäß kann die Untersuchung dieses Textes, auch wenn man die anhand der dokumentarischen Quellen wahrscheinliche Identifizierung des πρωτοκωμήτης mit einem Beamten ablehnt, für die Rolle der Elite in der spätantiken Dorfgesellschaft herangezogen werden.

Das wichtigste Argument dafür, dass der Protokomet nicht in diese Geschichte passt, ist laut Brunner, dass er eine Strafe verhängt bzw. „richterliche Kompetenzen" hat.[131] Es ist zwar wahr, dass Dorfbeamte über keine richterlichen Kompetenzen verfügten, aber in der Spätantike wurden Dorfbeamte oder Dorfhonoratioren häufig für die Schlichtung von Streitigkeiten herangezogen. Diese Praxis ist u.a. mehrfach im Fall der oxyrhynchitischen μείζονες im 6.–7. Jh. belegt.[132] Ferner wurde in Djeme

---

128 Brunner 1988; Merkelbach 1997, 257–259.
129 Brunner 1988, 425. In dem von Mißler 1970, 69 in Anm. 15 angeführten locus (P.Lond. V 1677, 23–24) scheint nichts darauf hinzuweisen, dass jemand sich weigert, das Amt des Protokometen zu übernehmen.
130 Vgl. oben S. 37–38.
131 Brunner 1988, 425, s. bes. Anm. 16, wo die Bemerkungen von Mißler zitiert werden.
132 P.Oxy. VI 893 (Oxy., spätes 6.–frühes 7. Jh.); P.Oxy. I 131 (Oxy., 6.–7. Jh.). Zur Streitbeilegung in Dörfern vgl. unten S. 180 und passim im gleichen Kapitel.

im 8. Jh. sogar ein Eid in der Gegenwart eines Protokometen – offenbar im Laufe eines Prozesses – geleistet.[133] Dass ähnliche Tendenzen schon im ausgehenden 4. Jh. zu beobachten sind, ist nicht unerwartet. Demgemäß kann dieser Text – mit Berücksichtigung der altägyptischen Tradition – für die Untersuchung der Protokometen herangezogen werden.

Indem der Protokomet erklärt, was für Sünden er nicht begangen hat, gibt er uns ein Bild darüber, welche Missetaten Zeitgenossen von einem Dorfvorsteher potenziell erwarteten. Abgesehen von den genauso christlichen wie antiken bzw. ägyptischen Tugenden der Gastfreundschaft und der Armenhilfe[134] und der banalen Aussage, dass er niemanden in seinem Leben betrübte, findet man mehrere interessante Bemerkungen. Ein Teil der Aussagen des Protokometen bezieht sich auf Schiedssprüche und Streitigkeiten. Er betont, dass er nie zugunsten seines Sohnes entschied (οὐκ ἔλαβον πρόσωπον τέκνου μου ἐν κρίσει). Ferner konnte er jeden Streit schlichten (οὐκ ἐγένετο μάχη, ἣν οὐκ εἰρήνευσα). Weiterhin hätte er nie ein unbilliges Urteil gefällt (κρίσιν πονηρὰν κατ' οὐδενός ποτε ἐξενήνοχα).

Die restlichen Aussagen (und teils auch die früheren) beziehen sich zum größten Teil darauf, dass der Protokomet nie seine Position bzw. seinen Status missbrauchte. Keine „fremden Früchte" kamen in sein Haus (οὐκ εἰσῆλθον εἰς τὸν οἶκόν μου καρποὶ ἀλλότριοι). Dieser Satz könnte ein Verweis auf Missbrauch des Amtes bzw. Status sein: Es könnte sowohl Bestechung wie auch Machthaberei gemeint sein. Es gab nie Probleme mit seinen Dienern (οὐκ ἐμέμψατό τις ἐπ' ἀτοπίᾳ τοὺς ἐμοὺς παῖδας.). Seine *Herden fraßen nie von fremder Weide*. Der Satz des Vorstehers '*Ich habe nie meine Länder zuerst bestellt, sondern sie allen gemeinsam überlassen und das übriggelassene Feld für meine Ernte genommen*', ist nicht ganz klar, vermutlich bezieht sich der Inhalt darauf, dass er keine fremden Felder bestellte.[135]

Ferner erklärt er, die Armen vor der Bedrängung der Reichen geschützt zu haben (οὐ συνεχώρησα καταδυναστευθῆναι πένητα ὑπὸ πλουσίου) – soweit es in seiner Macht stand, steht in der lateinischen Übersetzung.[136] Dies ist zwar – wie viele andere Züge der negativen Bekenntnisse – ein Topos der altägyptischen Biographien,[137] ist aber auch gut mit der Realität des spätantiken Ägypten zu vereinen. Die meisten Züge der Bekenntnisse des Protokometen in der Vita von Papnuthios sind zugegebenermaßen topisch, passen aber gut in das Leben fast jeder prämodernen dörflichen Gesellschaft. Interessant ist, welche Rolle der Protokomet in diesen alltäglichen Angelegenheiten spielt.

Aus den Aussagen des Textes lässt sich derselbe Eindruck gewinnen, den die dokumentarischen Quellen vermitteln. Beispiele für die Probleme, die im Text er-

---

133 O.Crum 131 (Theb.-W., 701; mit Till 1954, 92), s. Schmelz 2002, 303.
134 Brunner 1988, 425.
135 Brunner 1988, 426.
136 *Quantum in me fuit, numquam permisi, ut potentior infirmum premeret.* Hist.mon.lat. S. 343, 82–83.
137 Brunner 1988, 426.

wähnt werden, lassen sich in großer Zahl finden. Ein Mitglied der Dorfelite oder ein Dorfbeamter hatte eine bedeutende Position im Dorfleben, die er zugunsten seiner Familie und auf verschiedene Weise für seinen eigenen Profit missbrauchen konnte. Ferner wurde von ihm erwartet, dass er die Streitigkeiten zwischen den Dorfbewohnern schlichtet und versucht, die Armen vor den Übergriffen der Reichen zu schützen. Ein Dorfvorsteher war also ein Patron für die Bevölkerung des Dorfes, der lokale Machthaber, von dem auf jeden Fall erhofft wurde, dass er seine Macht nicht missbraucht und das Leben der Gemeinde friedlich regelt. Eine enge Parallele zu diesen Erwartungen weist ein Ostrakon, wohl aus dem 7.–8. Jh., aus dem Dorf Djeme auf. In diesem Brief mahnt „eine angesehene Persönlichkeit geistlichen Standes" einen Dorfvorsteher (ⲗⲁϣⲁⲛⲉ):

> *…und hüte dich (?), lege nicht Hand an einen erniedrigten Menschen, noch (an einen) gequälten oder (an) einen, der auf dem Kampfplatz unter deiner Hand gefallen ist. Oder wenn du mit deinen Freunden gehst und sie nehmen einem Armen etwas weg, von dem du weißt, daß er sehr Mangel leidet, so sei gut und bitte sie, daß sie es ihm lassen. Ich für meine Person verspreche dir, daß, wenn du dich von nun an fürderhin derart in acht nimmst (= meine Ermahnungen befolgst) und du mir das Herz ausschüttest über alles, was durch dich früher bis jetzt geschehen ist (= du mir alle deine bisherigen Missetaten berichtest), so werde ich Gott für dich die Zusicherung geben, damit er sie (= deine Missetaten) dir verzeiht und mit dir gnädig ist, wie auch alle Heiligen. (Rückseite) … zu ihm kommen an einen Ort … wegen Vieh, das ihnen weggetrieben (?) wurde. Sei so gut und tu es um Gottes willen, forsche nach, ob man es (= das Vieh) vielleicht zu euch gebracht hat und bringe es ihm, denn er wohnt bei mir. Denn was du tust, tust du ja nicht für einen Menschen, sondern du tust es für Gott … deine Seele mit mir. Lebe wohl im Herrn, mein geliebter Bruder. Gib es dem Laschanen Azarias vom untertänigsten Hllo.*[138]

---

138 [...]ⲧⲟⲥⲧ ⲛ̄ [...]ⲙ̄ⲛⲙⲁ ⲁⲗ[...]ⲍⲉⲉ ⲧⲉ ϫⲉ ⲟⲩⲛ [...]ⲙⲟϥ ⲉ 2[ ] ⲛⲓⲙ ⲉⲃⲟⲗ ⲛ̄ⲧϩⲁⲣⲉϩ ⲉⲣⲟⲕ ⲙ̄ⲡⲣ̄ ⲧⲟⲟⲧⲕ ⲉϫⲛ̄ ⲣⲱⲙⲉ ⲉϥϩⲣⲃ ⲟⲩⲇⲉ ⲉϥϩⲏϭ ⲟⲩⲇⲉ ⲉⲁϩϩⲉ ϩⲁ ⲧⲟⲟⲧⲕ ϩⲓ ⲡⲙⲁ ⲙ̄ⲙⲓϣⲉ ⲁⲩⲱ ⲟⲛ ⲉⲕϣⲁⲛⲉⲓ ⲉⲕⲙⲟⲟϣⲉ ⲙⲛ̄ ⲛⲉⲕϣⲃⲣ̄ ⲛ̄ⲥⲉϥⲓ ⲟⲩⲗⲁⲁⲩ ⲛ̄ⲧⲁⲁϥ ⲛ̄ⲟⲩϩⲏⲕⲉ ⲉⲕⲥⲟⲟⲩⲛ ϫⲉ ϥ̄ⲣ̄ⲕⲣⲱϩ ⲉⲙⲁⲧⲉ ⲁⲣⲓ ⲧⲁⲅⲁⲡⲏ ⲛ̄ⲅⲥⲉⲡⲥⲱⲡⲟⲩ ⲛ̄ⲥⲉⲕⲁⲁϥ ⲉⲃⲟⲗ ⲛⲁϥ ⲁⲛⲟⲕ ϩⲱ ϯϣⲡ ⲧⲱⲣⲉ ⲉⲧⲟⲟⲧⲕ ϫⲉ ⲉⲕϣⲁⲛϩⲁⲣⲉϩ ⲉⲣⲟⲕ ⲛ̄ⲧⲉⲓϩⲉ ϫⲓⲛ ⲙ̄ⲡⲉⲙⲁ ⲉⲑⲉ ⲕⲁϩⲏⲧ ⲉⲃⲟⲗ ⲛⲁⲓ ϩⲁ ϩⲱⲃ ⲛⲓⲙ ⲉⲁϥϣⲱⲡⲉ ϩⲓⲧⲟⲟⲧⲕ ϩⲓⲡⲁϩⲟⲩ ϣⲁ ⲧⲉⲛⲟⲩ: ⲁⲛⲟⲕ ⲡⲉⲧⲛⲁϯ ⲗⲟⲅⲟⲥ ⲙ̄ⲡⲛⲟⲩⲧⲉ ϩⲁⲣⲟⲕ ⲉⲧⲣⲉϥⲕⲁⲁⲩ ⲛⲁⲕ ⲉⲃⲟⲗ ⲁⲩⲱ ⲛ̄ϥⲣ̄ⲡⲛⲁ ⲛⲙ̄ⲙⲁⲕ ⲛⲑⲉ ⲛ̄ⲛⲉⲧⲟⲩⲁⲁⲃ ⲧⲏⲣⲟⲩ (Verso) [...]ⲡⲉ: [...]ⲁⲣⲟⲕ ⲙ [...]ⲥⲛⲏⲩ ⲛ̄ⲕ [...]ⲉⲓ ϣⲁⲣⲟϥ ⲉⲩⲙⲁ [ ] ⲛ̄ϩⲏⲧ ϩⲁ ϩⲉⲛⲧⲃ̄ⲛⲟⲟⲩⲉ ⲉⲁⲩⲡⲁⲛⲟⲩ ⲛ̄ⲧⲁⲁⲩ ⲁⲣⲓ ⲧⲁⲅⲁⲡⲏ ⲛ̄ⲅⲁⲁⲥ ⲉⲧⲃⲉ ⲡⲛⲟⲩⲧⲉ ⲛ̄ⲅ̄ϣⲓⲛⲉ ⲛ̄ⲧⲁⲣⲏⲩ ⲁⲩⲛ̄ⲧⲟⲩ ⲉϩⲟⲩⲛ ϩⲁϩⲧⲉⲧⲛ̄ ⲛ̄ⲅⲭⲓⲧⲟⲩ ⲛⲁϥ ⲙ̄ⲙⲟⲛ ⲉϥⲟⲩⲏϩ ⲛⲙ̄ⲙⲁⲓ̈ ⲕⲁⲓ ⲅⲁⲣ ⲡⲉⲧⲕⲛⲁⲁϥ ⲛ̄ⲧⲁⲕⲁⲁϥ ⲛ̄ⲣⲱⲙⲉ ⲁⲛ ⲁⲗ[ⲗⲁ] ⲛ̄ⲧⲁⲕⲁⲁϥ ⲙ̄ⲡⲛⲟⲩⲧⲉ ⲱ ⲛ̄ⲧⲉⲕψⲩⲭⲏ ⲛⲙ̄ⲙⲁⲓ̈ ⲟⲩϫⲁⲓ̈ ϩⲙ̄ ⲡϫⲟⲉⲓⲥ ⲡⲁⲙⲉⲣⲓⲧ ⲛ̄ⲥⲟⲛ: ☦ ⲧⲁⲁⲥ ⲙ̄ⲡⲗⲁϣⲁⲛⲉ ⲁⲥⲁⲣⲓⲁⲥ ϩⲓⲧⲛ̄ ϩⲗⲗⲟ ⲡⲓⲉⲗⲁⲭ. P.Schutzbriefe 98 (Theb.-W., o.D., wohl 7.–8. Jh.). Da die obere Hälfte des Ostrakons abgebrochen ist und die ersten Zeilen fragmentarisch sind, beginnt die Übersetzung erst mit Z. 6. Die Übersetzung und die Erläuterungen sind die von

Zusammenfassend kann gesagt werden, dass diese Passage der *Historia monachorum* einerseits unterstreicht, dass auch auf unterster Ebene dieselben Wege der Problemlösung (durch Patrone) angewandt wurden wie überall in der spätantiken Gesellschaft, andererseits liefert dieser Text ein Beispiel dafür, welchen Beitrag die dokumentarischen Quellen zum Verständnis eines literarischen Textes leisten können und auch *vice versa*.

2.2.3 Protokometen außerhalb Ägyptens

Im Folgenden werden die Erwähnungen der Protokometen in außerägyptischen Quellen zusammengestellt. Es soll nicht verwundern, dass eine solche Zusammenstellung nur eine kurze Liste ergibt. Wenn man aus Ägypten keine Papyri hätte, würde sich unsere Kenntnis über den Amtsträger auf eine einzige Erwähnung des Titels in der *Historia monachorum* (s. oben) beschränken. Dorfschulzen gehörten eben nicht zur Schicht der Gesellschaft, die oft in Inschriften oder literarischen Werken erwähnt wird: Es ist auch kein Zufall, dass alle literarischen Belege des Wortes in den oft in ländlichem Milieu spielenden Heiligenviten zu finden sind.

Die Mehrzahl der epigraphischen Belege kommt aus Kleinasien.[139] Es handelt sich um Grabinschriften, die entweder für einen oder von einem Protokometen aufgestellt wurden. Die erste sicher datierbare Erwähnung des Titels kommt aus dem Jahr 198/199 aus Lydien.[140] Ferner erwähnt eine undatierte Inschrift aus der Nähe von Kyzikos auch einen Protokometen.[141] Eine christliche und eine undatierte Inschrift aus Lykaonien bezeugen ebenfalls das Wort.[142] Aber auch an der Nordküste des Schwarzen Meeres, in Phanagoria, wird ein Protokomet in einer spätantiken Inschrift (4.–6. Jh.) erwähnt.[143] Dieses Gebiet stand zu dieser Zeit unter starkem byzantinischem Einfluss, das Vorkommen eines Protokometen kann auch als Zeichen dieses Einflusses gewertet werden.[144] Zwei undatierte Inschriften aus Syrien belegen den Titel ebenfalls.[145]

Walter C. Till in P.Schutzbriefe.

139 Zu den Protokometen in Kleinasien vgl. Schuler 1998, 235.

140 TAM V 1, 822 (Fundort: Göcek, Gebiet von Kömürcü; 198/199): ἔτους σπγ΄, μη(νὸς) Δύστρου ζ΄. | τῷ πατρὶ Ἀπολλωνίῳ | Ἀπολλώνιος καὶ Ἀφιανὸ[ς] | [ο]ἱ υἱοί (l. υἱοί), Ἀπφιὰς ἡ σύμβις (l. σύμβιος), Ἑ[ρμ]ιόνη ἡ νεὸς καὶ τὰ θρέ|[μ]ματα πάντα, ἡ σπεῖρα | τὸν ναρθηκοφόρον κὲ (l. καί) | πρωτοκωμήτην καὶ οἱ | συγγενεῖς ἐποίησαν | μνείας χάριν. χαῖρε.

141 Εὐάγ[ριος(?)] | Σωτήρι|χος Εὐη|θίῳ συν|τρόφῳ | πρωτο[κ]|ωμήτῃ | σὺν τοῖς [ἰ]|δίοις αὐ[τ]|ῷ τέκνο[ι]|ς μνήμη|ς χάριν | ἔγραψα. I.Kyzik. 201 (Fundort: Kepsut; die Inschift ist undatiert, die Buchstabenformen sprechen für eine Datierung frühestens in das 3. Jh.).

142 SEG 34, 1375 (= MAMA I 11); MAMA VIII 318.

143 Der Text ist problematisch, s. SEG 39, 704; SEG 48, 1025; SEG 52, 747. Auf jeden Fall steht nach allen Interpretationen fest, dass der Text in die Spätantike (4.–6. Jh.) datiert und dass ein Protokomet erwähnt wird.

144 Vgl. die englische Zusammenfassung von Khrapunov 2011, 370.

145 Die verschiedenen auf Dorfvorstände hindeutenden Termini in Syrien wurden in Grainger 1995, 193 (Table 8) zusammengestellt.

Ferner kommen Protokometen auch in einigen literarischen Quellen vor. Die Vita des Symeon des Narren (6. Jh.), die von dem Bischof Leontios im 7. Jh. verfasst wurde, erwähnt einen Protokometen in der Nähe von Emesa in Syrien.[146] Der Hagiograph Kyrillos von Skythopolis (6. Jh.) erwähnt in seinen Heiligenviten der palästinensischen Mönche Euthymios von Melite (4.–5. Jh.) bzw. Kyriakos (5.–6. Jh.) ebenfalls Protokometen.[147] Michael Glykas (12. Jh.) erwähnt einen Protokometen aus der Nähe des Libanon-Gebirges.[148]

Den besonderen Wert der hier angeführten Texte bildet nicht ihr kaum über die Bezeugung des Titels hinausgehender Informationswert, sondern der Nachweis, dass der Terminus in der Spätantike außerhalb Ägyptens sowohl in Palästina und Syrien, wie auch in Kleinasien und an der Nordküste des Schwarzen Meeres verwendet wurde. Das deutet darauf hin, dass der Titel einen offiziellen Ursprung hat.[149] Der Ausdruck mag dann später verallgemeinert worden sein, was auch in dem Fall der papyrologischen Texte anzunehmen ist.

2.2.4 Zusammenfassung

Das Amt des Protokometen ist von besonderem Interesse, da der Titel auch außerhalb Ägyptens mehrmals belegt ist. Allerdings muss man Vorsicht walten lassen: Ihre genaue Funktion ist nur in Ägypten mehr oder weniger zu erkennen. Natürlich muss es bei Einzelheiten Unterschiede zwischen den verschiedenen Regionen gegeben haben, aber da Protokometen schon eindeutig im 3. Jh. in Kleinasien bezeugt sind, kann mit einiger Wahrscheinlichkeit behauptet werden, dass die Einführung des Titels auch als ein Teil der diokletianischen Gleichschaltung der ägyptischen Verwaltung mit der der anderen Reichsteile zu betrachten ist. Ein weiterer Umstand stützt diese Annahme: Das Erscheinen des Titels an der Nordküste des Schwarzen Meeres in der Spätantike ist in eine Tendenz der Übernahme von byzantinischen Verwaltungtermini einzuordnen.

Demgemäß scheint es, dass die in verschiedenen spätantiken Quellen vorkommenden Protokometen einen gemeinsamen öffentlichen Ursprung hatten. Es ist nicht verwunderlich, dass das Wort πρωτοκωμήτης später eine allgemeine Bedeutung erlangte – wie das in Ägypten zu sehen ist. Obwohl die ägyptischen Verhältnisse nicht ohne Weiteres auf die anderer Reichsteile übertragbar sind, kann man behaupten, dass der Terminus wohl überall den Dorfvorsteher oder einen Dorfhonoratioren be-

---

146 Leon.Neap. *v.Sim.Sal.* S. 156, 11–22.
147 Cyr.S. *v.Euth.* S. 22, 13; Cyr.S. *v.Kyr.* S. 227, 18.
148 Mich.Glyk. *Keph.* LXI (S. 146).
149 M.E. ist die Skepsis von Zuckerman 2004, 123 übertrieben: „Le terme πρωτοκωμήτης est attesté de façon sporadique en Asie romaine et en Égypte dès la haute époque impériale, sans que ces rares mentions se rapportent forcément à la même institution ou renseignent sur la nature de la charge." Natürlich muss es regional große Unterschiede gegeben haben, aber dass es sich um eine (auf jeden Fall ursprünglich) amtliche Terminologie handelt, ist wohl nicht zu bezweifeln.

zeichnete. Wie sich zeigte, kann man von Protokometen (oder überhaupt Dorfvorständen) nicht einmal in Ägypten ein einheitliches Bild zeichnen, aber im Großen und Ganzen waren ihre Aufgaben wohl überall dieselben: Die Verwaltung der Finanzen des Dorfes und die Vertretung seiner Interessen. Ihre Position umfasste auch eine allgemeine Verantwortung für die verschiedenen Angelegenheiten im Dorf: Streitigkeiten wurden von ihnen geregelt, Bauarbeiten inspiziert usw. Die Idealbiographie aus der *Historia monachorum* zeigt, dass die Position auf diese Weise auf Dorfebene besonders einflussreich wurde: Als lokale Machthaber bzw. Patrone für die Dorfbewohner wurde auf ihren guten Willen gehofft und ihre Übergriffe gefürchtet.

2.3 μείζονες

2.3.1 Terminologie

2.3.1.1 Dorfvorstände: μείζονες und μειζότεροι?

In papyrologischen Untersuchungen werden μείζονες und μειζότεροι in der Regel zusammen, als Synonyme behandelt. Ursprünglich ist μείζων der klassische Komparativ des Adjektivs μέγας; die Form μειζότερος entstand in der Koine. Später erlangten beide Wörter eine technische Bedeutung.[150] Grundsätzlich steht fest, dass das Wort μείζων in der byzantinischen Zeit beginnt, 'Dorfvorstand' zu bedeuten. Das Wort μειζότερος hingegen wird teilweise synonym zu dem Dorfvorstand-μείζων aufgefasst, hat teilweise aber eigene Bedeutungen im Bereich des Großgrundbesitzes.[151] Den heutigen Forschungsstand zu den ägyptischen μειζότεροι fasst Bernhard Palme folgendermaßen zusammen:

„Mindestens drei unterschiedliche Organe trugen die Bezeichnung μειζότερος: 1) Oberhaupt eines Dorfes oder πρόεδρος der Dorfgranden (πρωτοκωμῆται) ... 2) Anführer von *bucellarii* ... 3) «Manager» eines Großgrundbesitzes ... In den älteren, aber dennoch häufig zitierten Abhandlungen von G. Rouillard, L'administration civile de l'Égypte byzantine, Paris ²1928, 69f. sind die drei Funktionen noch nicht auseinandergehalten; überdies wird μειζότερος mit μείζων (Dorfvorsteher) gleichgesetzt, was in manchen Fällen zutreffen mag, aber nicht verallgemeinert werden darf."[152]

---

150 Vgl. Horsley 1987, 159. Natürlich begegnen beide Wörter weiterhin synonym in ihrer adjektivischen Grundbedeutung, vgl. z.B. P.Lond. V 1708 (Antin., 567–568), 34–36: τὸν δὲ | προειρημένον Ψάτην τὸν ἡμέτερον ἀδελφὸν ὡς | μείζονα ὄντα ἡμῶν; P.Oxy. I 131 (Oxy., 6.–7. Jh.), 25: Ἐλισάβετ τῇ μειζοτέρᾳ μου ἀδελφῇ.
151 Vgl. schon Rouillard 1928, 69–71.
152 Palme 1997, 111/Anm. 35; vgl. auch Maria G. Sirivianou im Komm. zu P.Oxy. LVI 3871, 3.

Ferner wurde kürzlich argumentiert, dass das Wort μειζότερος auch den Senior unter den παιδάρια ('Diener eines Besitzes') bezeichnen kann.[153]

Es stellt sich die Frage, wie die in den Papyri oft vorkommenden Abkürzungen μειζ( ), μειζο( ) usw. aufgelöst werden sollen.[154] Deshalb soll zuerst die problematische Terminologie der beiden Amtsträger untersucht werden und erst dann wird eine historische Analyse folgen. Die μειζότεροι werden in einem Exkurs gesondert behandelt.

Im 3. Jh. beginnt das Wort μείζων eine selbstständige, substantivische Bedeutung anzunehmen. Das 'größer sein' wird mit einer höheren Instanz verbunden, das Wort wird in den Papyri des 3.–4. Jh. oft in einer generellen Bedeutung des 'hochrangigen Beamten' verwendet. Besonders oft finden wir den Ausdruck in Petitionen in einem rhetorischen Kontext, was darauf hindeuet, dass es zu einem gehobenen Stil gehörte.[155] Wie das Wort μείζων diese Bedeutung bekommen haben könnte, zeigt das Edikt des Tiberius Iulius Alexander aus dem Jahr 68, in dem *die bedeutenderen Dinge* (τὰ μείζονα) erwähnt werden, *die der Macht und Erhabenheit des Kaisers bedürfen* (δεόμενα τῆς τοῦ αὐτοκράτορος δυνάμεως καὶ μεγαλειότητος).[156]

---

153 Rodney Ast in der Einl. zu P.Jena II 27, S. 113–115.

154 Der ähnliche Klang und die etymologische Verwandtschaft führen manchmal zu Verwirrung und Missverständnissen. Ein Beispiel dafür ist Schmelz 2002: 299, wo mit Angabe der oben zitierten Stelle von Palme die Funktionen der μειζότεροι auf die der μείζονες übertragen werden: „[A]uch der Verwalter eines großen Landgutes und der Anführer der privaten Schutztruppen der Großgrundbesitzer, der *bucellarii*, konnte als μείζων bezeichnet werden"; vgl. auch Hanton 1929, 106–107 und unten S. 104/Anm. 115.

155 Vgl. Bernard P. Grenfell und Arthur S. Hunt im Komm. zu P.Oxy. VI 900, 19: „[M]είζων and μειζότερος are apparently general terms for a person in authority, used in much the same way as ὀφφικιάλιος. The titles commonly occur without further definition". Ihre Interpretationen im nächsten Teil des Kommentars sollten jedoch mit Vorsicht behandelt werden. Vgl. auch LSJ, s.v. μέγας C. „generally, the higher authority". Belege: P.Vet.Aelii 10 (= Ch.L.A. III 201 = P.Lond. II 384, Herakl., ca. 222–255, mit Sänger 2009, 285/Anm. 67), 29; P.Oxy. XII 1556 (Oxy., 247), 8; P.Lond. II 214 (= Chrest.Wilck. 177, Memph., 272–275), 22; zahlreiche Belege stammen aus dem Oxyrhynchites: P.Oxy. LXXV 5062 (spätes 3. Jh.), 17, 22; P.Oxy. VIII 1121 (295), 22; P.Oxy. IX 1204 (= Sel.Pap. II 294, nach 19. 8. 299), 17; P.Oxy. XXXIII 2667 (309), 10; P.Oxy. VI 900 (= Chrest.Wilck. 437, 321), 19; P.Oxy. XLI 2969 (323), 11–12; P.Oxy. XXXVI 2767 (323), 13–15; P.Oxy. I 86 (338), 21. Diese Bedeutung des Wortes kommt oft in Karanis, im Archiv des Aurelius Isidoros vor: P.Cair.Isid. 62 (= SB VI 9167, 297), 6, 28; P.Cair.Isid. 73 (314 [?]), 13; P.Cair.Isid. 78 (324), 4–5. Im Fall von P.Mert. II 92 (= C.Pap.Jud. III 518d, 324), 19 interpretiert allerdings der Herausgeber die μείζονες als Dorfvorstände, was nicht zutreffen kann. Der Ausdruck bezieht sich hier offenbar auf 'hochrangige Personen'. Der letzte sichere Beleg des Wortes in dieser Bedeutung ist P.Oxy. VII 1033 (Oxy., 392), 8–9. Die Datierung von P.Got. 13 (Lykopolis [?], 4. Jh.), in dem der Ausdruck in Z. 10 ebenfalls auftritt, ist nicht näher zu bestimmen. Vgl. Rosalia Hatzilambrou im Komm. zu P.Oxy. LXXV 5062, 17. Eventuell könnte auch Ch.L.A. XLII 1226 (= PSI XIII 1309, Oxy., 5.–6. Jh.), col. II 10 diese Bedeutung des Wortes belegen: τῇ ἀποφάσι (l. τῇ ἀποφάσει) ἐξενεχθείσῃ παρὰ τοῦ σοῦ μεί[ζονος.

156 Der Text wird aus der Ausgabe von Chalon 1964, S. 27, Z. 9 zitiert. Übers. von Jördens 2006, 92–93; zum Edikt vgl. *ibidem*, bes. 91–94.

Die Entwicklung des Wortes zu einer Amtsbezeichnung entspricht der bekannten Tendenz, dass in der Spätantike häufiger Hierarchisierung ausdrückende Titel auftreten.[157] Es lassen sich keine Belege für die allgemeine Bedeutuung von μείζων außerhalb Ägyptens finden, was darauf hinweisen könnte, dass das Wort zu einem höheren Register der ägyptischen Verwaltungssprache gehörte.

Als *terminus technicus* kommt der Ausdruck in der Literatur in einigen sich auf das 4. Jh. beziehenden Stellen der Kirchengeschichte von Sozomenos (gestorben um das Jahr 450) vor, in der mehrmals ein μείζων εὐνοῦχος τῆς βασιλικῆς οἰκίας und einmal ein μείζων τῆς βασιλικῆς οἰκίας erwähnt wird, was etwa als 'vorstehender Eunuch des kaiserlichen Hauses' bzw. 'Vorsteher des kaiserlichen Hauses' übersetzt werden kann.[158] Im ersten Fall ist μείζων eindeutig adjektivisch zu verstehen, der μείζων τῆς βασιλικῆς οἰκίας bezeichnet aber einen Titel, was auch eine andere Stelle bei Sozomenos zeigt: μείζονα δὲ τῆς αὐτοῦ οἰκίας τὸν Φρουμέντιον καὶ τῶν χρημάτων ἐπίτροπον [κατέστησε].[159] Es könnte sich um eine Art von Hausmeier handeln,[160] der sonst eher mit dem Ausdruck μειζότερος bezeichnet wird. Dies wird auch dadurch klar, dass die lateinische Übersetzung des Werkes den Ausdruck mit *maior domus* wiedergibt. Es handelt sich aber bei Sozomenos wohl nur um einen schwammig verwendeten Titel, wie schon Gideon Maier bemerkte.[161]

Es ist fraglich, ob μειζότεροι als Synonyme der μείζονες in dokumentarischen Texten auftreten könnten. Bedenken bereitet schon auf den ersten Blick, dass es in einigen Texten des sog. Viktor-Dossiers aus dem frühen 7. Jh. einen klaren Unterschied zwischen den beiden Termini gibt.[162] In einem Brief wird ein μειζότερος gebeten, dem μείζων eines Dorfes zu befehlen, für zwei Ziegelstreicher aus seinem

---

157 Maier 2005, 147.
158 Οὐσθαζάδης πρεσβύτης τις εὐνοῦχος, τροφεὺς Σαβώρου καὶ μείζων τῆς βασιλέως οἰκίας, Soz. *h.e.* II, 9, 6 (S. 62, 27–63, 1); Εὐσέβιον δὲ τὸν μείζονα τῆς βασιλικῆς αὐλῆς, V, 5, 8 (S. 200, 8); Μαρδονίου μηνύσαντος, ὃς τῆς βασιλικῆς οἰκίας μείζων ἦν εὐνοῦχος, VII, 21, 2 (S. 333, 11–12); οὗτος γὰρ μείζων ὢν τῶν βασιλέως εὐνούχων, VIII, 7, 1 (S. 359, 20); τοὺς δὲ παῖδας νέους ὄντας οἰκτείραντες ἐζώγρησαν καὶ βασιλεῖ τῷ ἑαυτῶν προσήγαγον. ὁ δὲ τὸν μὲν νεώτερον οἰνοχόον κατέστησε, μείζονα δὲ τῆς αὐτοῦ οἰκίας τὸν Φρουμέντιον καὶ τῶν χρημάτων ἐπίτροπον, II, 24, 6 (S. 83, 5–7). Vgl. LBG, s.v. μείζων.
159 Vgl. die vorige Fußnote.
160 'Grand Chamberlain' bei Lampe, s.v. μέγας B.4.
161 Maier 2005, 148–149; „So können wir als Fazit festhalten, daß Sozomenos μείζων οἰκίας für Personen verwendet hat, die offensichtlich unterschiedliche Amtsbefugnisse an zudem ungleichartigen Herrscherhöfen ausübten. Sozomenos hat μείζων οἰκίας nicht für ein bestimmtes, festumrissenes Amt verwendet. ... Zum anderen lassen unsere Ausführungen erkennen, daß wir in den hier mit μείζων οἰκίας bezeichneten Personen nicht etwa Inhaber des spätrömischen maior domus-Amts, wie es im lateinischen Teil des römischen Reiches verbreitet war, vor uns haben". Haar 1968, 78–79 (Zitat 79). Die Frage wurde schon von Du Cange lat., s.v. *maior domus*, S. 181/Col. 3–182/Col. 1 behandelt: Er äußerte sich für die Identifizierung des μείζων mit dem *maior domus* bei Sozomenos.
162 Zum Viktor-Dossier vgl. unten S. 95.

Dorf zu bürgen.¹⁶³ In einem anderen Text sind beide Amtsträger in eine schwierige Situation verwickelt.¹⁶⁴ Ferner belegt ein koptischer Brief aus dem 7. Jh. Dorfvorstände (ⲛⲁⲡⲏⲩⲉ), die einen Brief an einen μειζότερος schreiben.¹⁶⁵ In einem weiteren an einen μειζότερος adressierten Brief werden auch Dorfvorsteher (ⲛⲗⲁϣⲛⲏⲩ) erwähnt.¹⁶⁶ All dies erweckt den Verdacht, dass der Terminus μειζότερος nicht synonym mit dem Wort μείζων 'Dorfvorstand' war.

In den Papyri sind nur wenige Stellen zu finden, an denen μειζότεροι möglicherweise als Dorffunktionäre auftreten, an allen anderen von den Editoren als μειζότεροι interpretierten Stellen ist die Auflösung der Abkürzungen μειζ( )/μειζο( ) als μείζονες ebenso möglich. Am klarsten scheint die Überschrift von P.Oxy. XVI 2018 (Oxy., 6. Jh.) zu sein: [†] λόγ(ος) Φὶβ μιζοτ(έρου) (l. μειζοτέρου) κώμης Πανευεί. Problematisch ist jedoch, dass im Dorf Paneuei sowohl im 4. Jh. wie auch in einem Dokument aus dem Jahr 564 μείζονες als Dorfvorsteher belegt sind.¹⁶⁷ Eine Überprüfung der durch das HGV erreichbaren Abbildung ergibt aber, dass man eindeutig μίζον(ος) (l. μείζον(ος)) lesen kann.¹⁶⁸

Eine Liste von Weizenabgaben des oxyrhynchitischen Dorfes Takona enthält den Eintrag: ὑπὲρ τοῦ μειζοτέρ(ου).¹⁶⁹ Unter derselben Überschrift († λόγος σίτου κ[ώ]μ(ης) Τακόνα ἐμβολ(ῆς) ιγ ἰνδ(ικτίονος); Z. 1) findet man noch die Einträge ὑ[π]ὲρ κριθολογί(ας) (Z. 3) und ὑπὲρ τοῦ σιτομέτρ(ου) (Z. 5). Es ist trotz der Interpretation der Herausgeber¹⁷⁰ unproblematisch, den μειζότερος als Manager zu deuten: Die Dorfbewohner bezahlen für den μειζότερος einen Betrag – aus welchem Grund, ist nicht mehr ersichtlich. Es soll auch nicht stören, dass hier von der *embole* die Rede ist: Die Steuereintreibung und die Gutsverwaltung waren eng miteinander verbunden. Ferner passt diese Annahme auch zu unserer sonstigen Evidenz, da im

---

163 P.Oxy. I 158 (Oxy., frühes 7. Jh.) 1–3: † δύο πλινθευταὶ ἀπὸ Τάμπετι ἠνέχθησαν ἐν τῇ Ἰβίωνος, καὶ παρακαλῶ | τὴν ὑμετέραν λαμπρὰν γνησίαν ἀδελφότητα κελεῦσαι τῷ μείζονι τῆς αὐτῆ[ς] | Τάμπετι λαβεῖν τὸ ἀσφαλὲς αὐτῶν; Die Adresse (Z. 6) lautet: † δεσπό(τῃ) ἐμῷ τὰ πά(ντα) λαμπρο(τάτῳ) πά(σης) τιμῆ(ς) (καὶ) προσκυ(νήσεως) ἀξίῳ γνη(σίῳ) φίλ(ῳ) Κοσμᾷ κόμε(τι) μειζοτέ(ρῳ) † Βίκτωρ †.
164 P.Oxy. XVI 1853 (Oxy., frühes 7. Jh.), 5–8: ἔπεμψεν γὰρ | καὶ ὁ δεσποτικός τινα τὸν ὀφείλοντα παρενέγκαι τοὺς μείζονας Θμοινεψώβθεως | ἕως οὗ ζητηθῇ τὸ ὅλον τὸ πρᾶγμα. καὶ ἐὰν ἔχει πέμψαι ἐκεῖσε τὸν τριβοῦνον ἢ τὸν | μειζότερον ἢ δι' ἑαυτοῦ παραμένητε, οὐκ ἐνδέχεται μὴ εὑρεθῆναι τὸ χρυσίον.
165 P.Laur. V 198 (Herm., 7. Jh.).
166 P.Lond.Copt. 1160 (Hk.unbek, o.D.), bes. 1, 3 und 8.
167 P.Oxy. XIV 1626 (Oxy., 325); P.Oxy. LXX 4787 (Oxy., 564).
168 Der obere Kürzungsstrich (wie bei λόγ(ος) in derselben Zeile) ist wahrscheinlich in der Lücke verloren gegangen. Zur Form des ν vgl. Z. 17.
169 P.Oxy. XVI 2021 (Oxy., spätes 6.–7. Jh.), 4.
170 „The receipts include … 52 artabae for the local μειζότερος". Arthur S. Hunt und H. Idris Bell in der Einl. zu P.Oxy. XVI 2021; vgl. Johnson–West 1949, 311.

Dorf dreimal μείζονες ungefähr zur selben Zeit wie in unserem Dokument belegt sind.[171]

Das koptische Fragment CPR IV 189c (Hk.unbek., 8. Jh.) könnte noch eine Ausnahme darstellen; man liest in Z. 2:] ⳀⲈⲰⲢⲄⲈ ⲠⲘⲒⲌⲞⲦⲈⲢⲞⲤ ⲚⲠⲔⲨⲢ . [. Der Herausgeber übersetzt:] *George, den* μειζότερος *von Pkyr*[, was auf einen Dorfvorstand hindeutet. Wahrscheinlicher erscheint jedoch die Annahme, dass man nach dem Wort ⲠⲘⲒⲌⲞⲦⲈⲢⲞⲤ eine koptische Form des griechischen Wortes κύριος[172] ergänzen sollte. Die Konstruktion, μειζότερος + Personenname im Genitiv ist gut belegt.[173] In der Tat kann man auf dem Papyrus]ⲔⲨⲢ(ⲒⲞⲤ) ⳀⲈⲰⲢⲄⲈ ⲠⲘⲒⲌⲞⲦⲈⲢⲞⲤ ⲚⲠⲔⲨⲢ(ⲒⲞⲤ) [lesen: *Herr George, der* μειζότερος *des Herren N. N.*[174] Demgemäß ist auch hier mit einem Angestellten eines Grundherren zu rechnen.

Der Titel μειζότερος ist zwar in einigen Papyri der arabischen Zeit als Beamtentitel belegt,[175] aber in diesen Fällen bezieht er sich auch nicht auf Dorfvorsteher und ist auch kein Synonym für μείζων. Festzuhalten ist also, dass zwischen den zwei Termini ein eindeutiger Unterschied besteht.

2.3.1.2 Die Bedeutungen des Wortes μειζότερος

Bisher wurden vier Bedeutungen des Wortes μειζότερος in der Forschung angenommen: Dorfvorstand, Anführer der *bucellarii*, „Manager" eines Großgrundbesitzes und senior παιδάριον. Oben konnte nachgewiesen werden, dass μειζότερος kein Synonym für μείζων 'Dorfvorstand' war. Die Bedeutung 'Manager eines Besitzes' benötigt keine weiteren Erklärungen: Sowohl Papyri wie auch Inschriften und literarische Quellen belegen μειζότεροι reichlich als Verwalter von Grundherren oder Institutionen.[176] Die Bedeutungen 'Anführer der bucellarii' und 'senior παιδάριον' scheinen hingegen nicht ganz sicher zu sein.

Es wurde von Itzhak F. Fikhman vorgeschlagen, dass die μειζότεροι auch Anführer der *bucellarii* waren.[177] Jean Gascou sah in den μειζότεροι sogar erbliche[178] Offizierstitel der *bucellarii* und stellte sie in eine Parallele mit den κεφαλαιωταί der

---

171 P.Oxy. XVI 1831 (Oxy., spätes 5. Jh.); P.Oxy. LV 3805 (Oxy., nach 566), 58; P.Oxy. VIII 1147 (Oxy., spätes 6. Jh.), 9.
172 Vgl. Maria Jesús Albarrán in BOEP 3.1, 2.
173 Vgl. unten S. 89–91.
174 Vgl. die Abbildung auf http://www.onb.ac.at/sammlungen/papyrus/papyrus_bestandsrecherche.htm.
175 Vgl. unten S. 61–63.
176 Vgl. unten S. 89–91.
177 Fikhman 1970, 131–132.
178 „Sur l'hérédité de ses fonctions, nous disposons de l'exemple de Phoibammôn et de son fils Philoxène, emprunté lui aussi au dossier des Apions: *P. Princ. II 96* (566/567), *PSI 953* (567/568) et *P. Oxy. 2244* (573/574)." Gascou 1976, 152/Anm. 5. Die von Gascou angeführten Texte bezeugen nur, dass Philoxenos ebenso das Amt des μειζότερος bekleidete wie *einmal* sein Vater. Es ist nicht selten, dass Vater und Sohn bei derselben Familie denselben Posten annahmen. Das beweist aber nicht, dass die Position vererblich gewesen wäre. Ferner könnte auch behauptet werden, dass die in diesen Abrechnungen vorkommenden Personen nicht identisch sind, vgl. Gonis 2004/B, 201, bes. Anm. 21.

zivilen κοινά.¹⁷⁹ Todd Hickey schloss sich kürzlich ebenfalls dieser Meinung an.¹⁸⁰ Dass aber die μειζότεροι auch Offiziere der *bucellarii* waren, beruht nicht auf soliden Grundlagen, wie von Oliver Schmitt betont wurde.¹⁸¹ Das Hauptargument von Fikhman ist, dass in einer Abrechnung der Apionen μειζότεροι zusammen mit *bucellarii* Wein erhalten – allem Anschein nach als ihre Anführer.¹⁸² Im selben Text treten auch Tribunen und ein ἀντιγεοῦχος als ihre Vorsteher auf.¹⁸³ Fikhman argumentiert, dass der ἀντιγεοῦχος nur zeitweilig die Truppen kommandierte, und in allen anderen Fällen (wenn ein Anführer erwähnt ist) die anderen beiden erwähnten Amtsträger sie führten.¹⁸⁴ Schmitt bemerkte hingegen zurecht:

> „Daß er [der μειζότερος], ebenso wie der ihm übergeordnete ἀντιγεοῦχος, eine dem Tribunen vergleichbare Aufgabe als Befehlshaber von Buccellariern übernehmen konnte, hängt wohl mit der besonderen Funktion der Buccellarier in Ägypten zusammen, die vielfach als Polizeitruppe Verwendung fanden, ein Dienst, der nicht unbedingt einen erfahrenen Berufssoldaten verlangte."¹⁸⁵

Die weiteren Argumente von Fikhman sind ebenfalls nicht überzeugend. Er erwähnt, dass in einem Text ein μειζότερος gebeten wird, Wein mittels eines νεώτερος (= *bucellarius*)¹⁸⁶ zu schicken.¹⁸⁷ In einem anderen Text bittet ein ἀντιγεοῦχος (der Stellvertreter des Grundherrn) darum, dass der Tribun oder der μειζότερος geschickt wird.¹⁸⁸ In einem dritten wird der Amtsträger mit einem *riparius* und einem

---

179 „Cependant, si nous considérons les officiers de bucellaires, leurs μειζότεροι, qui se transmettaient héréditairement leur charge et leur grade, et qui servaient d'intermédiaires administratifs entre les tentes et les *oikoi*, il nous sera très facile d'établir un parallélisme avec les κεφαλαιωταί des κοινά civils." Gascou 1976, 152, auch Anm. 5.
180 Hickey 2012, 119. Die von Hickey angenommene Übereinstimmung des Tribuns Theodoros und des gleichnamigen μειζότερος ist wegen der Häufigkeit des Namens nicht eindeutig nachzuweisen.
181 Schmitt 1994, 165.
182 P.Oxy. XXVII 2480 (Oxy., 565–566), 3–4: τοῖς κζ βουκκελλαρ(ίοις) τῆς Κυνῶν καὶ Θεοδώρῳ μειζοτέρ(ῳ) ὀνόμ(ασι) [κη εἰς ἀ]γνών(ας) κθ ἐλθ(οῦσιν) | ἐνταῦθα γεουχικ(ῆς) χρεί(ας) ἕνεκ(α) λόγῳ ἀναλώμ(ατος) Θὼθ ιβ ἰνδ(ικτίονος) ιδ οἴν(ου) δι(πλᾶ) ζ δ´. Derselbe Eintrag wiederholt sich teilweise mit anderen Summen, Truppenstärken und (manchmal) mit der Weglassung des Namens des μειζότερος in Z. 6–7, 13–14, 16–17, 68–69, 101–102. Zur Synonymität der Termini βουκελλάριος und νεώτερος vgl. Fikhman 1970, 130–131. Zum Text vgl. auch Morelli 1996, 14/Anm. 7.
183 *Bucellarii* mit einem Tribun: Z. 29, 35, 66–67; mit einem ἀντιγεοῦχος: Z. 55–56; vgl. auch Fikhman 1970, 131/Anm. 23–25.
184 Fikhman 1970, 131.
185 Schmitt 1994, 165; vgl. auch Gascou 1976, 152/Anm. 5.
186 Vgl. oben Anm. 182.
187 P.Oxy. XVI 1851 (Oxy., frühes 7. Jh.).
188 P.Oxy. XVI 1853, 7–8 (Oxy., frühes 7. Jh.): ἐὰν ἔχει πέμψαι ἐκεῖσε τὸν τριβοῦνον ἢ τὸν | μειζότερον; Fikhman 1970, 132 paraphrasiert den Text mit einem unbestimmten Artikel, was aber die Bedeutung wesentlich verändert: „[A]n *antigeouchos* demands that a tribune or a

χαρτουλάριος zusammen erwähnt.[189] Neben anderen spekulativen Argumenten[190] wird noch erwähnt, dass in einem Papyrus ein *devotissimus* (καθωσιωμένος) μειζότερος auftritt.[191] Der Gebrauch des Ehrenprädikats wurde von Otto Hornickel folgendermaßen zusammengefasst: „[K]αθωσιωμένοι werden in den Papyri in erster Linie die Soldaten, Garde- und Linientruppen samt ihren Führern bis zum Tribunen einschließlich, genannt, daneben aber auch die militärisch organisierten Hof- und Kanzleibeamten wie die *agentes in rebus* (μαγιστριανοί), die *palatini* und die *notarii* (?)."[192] Das allein erscheint jedoch kaum auszureichen, um den erwähnten μειζότερος als einen Offizier der *bucellarii* zu identifizieren. Es gibt also in den obigen Texten keinen eindeutigen Beweis dafür, dass die μειζότεροι Anführer der *bucellarii* waren, vielmehr hatten sie Kontakt mit ihnen bzw. kommandierten sie die Truppen als Beauftragte ihrer Herren, zu denen die Soldaten gehörten.

Die Bedeutung 'senior παιδάριον' wurde anhand von Listen, in denen παιδάρια entlohnt werden, von Rodney Ast vorgeschlagen.[193] In sechs von acht solchen Papyri kommen an erster Stelle παιδάρια vor, die mit dem Wort μειζότερος identifiziert sind.[194] In einem der anderen beiden Texte beginnt die Aufzählung einmal mit jemandem, der als μέγας bezeichnet wird,[195] in dem anderen ist eine Herrin (ἡ κυρία) die Erstgenannte.[196] Der μέγας und drei μειζότεροι bekommen genauso viel wie die anderen παιδάρια der Listen.[197] Die Herrin und die μειζότεροι, bzw. ehemaligen μειζότεροι in den anderen drei Papyri, und jeweils auch andere aufgelistete Personen erhalten aber mehr.[198]

Ein grundsätzliches Problem bei der Interpretation dieser Texte ist die Bedeutung des Wortes παιδάριον. Es ist klar, dass sie eine Art Personal oder Diener waren. Im 4. Jh. scheint sich das Wort immer auf Sklaven bezogen zu haben.[199] In den späteren Jahrhunderten wird jedoch ihr Status unklar, vielleicht war auch die Termi-

---

meizoteros be sent"; Gascou bemerkt zu diesem Text: „*P.Oxy. 1853*, l. 7 et 8 n'impliquait que ce fussent des personnages distincts ... (un simple ἤτοι eût levé tous les doutes)." Gascou 1976, 152/Anm. 5.
189 P.Oxy. XVI 1854 (Oxy., 6.–7. Jh.), 5–6.
190 Fikhman 1970, 132.
191 PSI III 238 (Hk.unbek., 6.–7. Jh.), 12.
192 Hornickel 1930, 18.
193 Einführung zu P.Jena II, S. 113–115.
194 P.Amst. I 86 (Hk.unbek., 5.–6. Jh., mit Rodney Ast, P.Jena II, S. 167), 2; P.Jena II 27 (Herm., 5.–6. Jh.), 8; P.Oxy. XIX 2244 frag. I (Oxy., 6. Jh., mit Gonis 2004/B, 200–201), 3; P.Princ. II 96 (Oxy., 551–552/566-567 [?]; zur Interpretation vgl. Harrauer–Sijpesteijn 1986), 4–5; CPR XIV 41 (Hk.unbek., 6.–7. Jh., vgl. P.Jena II, S. 167), 3; CPR X 1 (Memph., 609; mit BL IX 71), 3.
195 SPP XX 106 (Hk.unbek., nach 355–356), 3, vgl. auch Rodney Ast, P.Jena II, S. 115.
196 P.Herm. 84 (Hk.unbek., 6. Jh.).
197 P.Amst. I 86; CPR X 1; P.Jena II 27; SPP XX 106.
198 CPR XIV 41; P.Herm. 84; P.Princ. II 96; P.Oxy. XIX 2244 frag I.
199 Bagnall 1993/A, 126; vgl. auch Hickey 2001, 169/Anm. 134.

nologie uneinheitlich, was diesen Aspekt angeht.[200] Unter παιδάρια sind Köche, Pförtner, Notare, ein Arzt und ein Tierzüchter belegt.[201] Banaji schlug vor, sie 'Helfer' zu nennen.[202] Sarris zog die Möglichkeit in Erwägung, dass sie auf dem Besitz arbeiteten, der unter dem direkten Management der Apionen stand (αὐτουργία), und keinen freien Status besaßen.[203] Gascou und Worp deuteten sie als eine Art Leibwächter oder bewaffnete Mitglieder einer βοήθεια.[204] Da in manchen Dokumenten die μειζότεροι denselben Betrag erhalten wie die anderen παιδάρια und die aus anderen Quellen ersichtliche gehobene Stellung des Manager-μειζότερος schwer mit dem παιδάριον-Status vereinbar ist,[205] nahm Ast an, dass der μειζότερος einfach der Senior unter ihnen war, der für die Organisation ihrer Arbeit verantwortlich war.[206] In diesem Sinne wäre das Wort ein Adjektiv (μειζότερον παιδάριον).[207] Demgemäß argumentierte Ast, dass das Wort μειζότερος nicht immer so spezifisch zu verstehen ist, sondern einfach etwa 'Vorsteher' bedeutet.[208]

Diese Argumentation scheint plausibel zu sein; wie jedoch schon Ast selbst bemerkte, passt das Vorkommen einer Herrin und des μέγας nicht ins Bild.[209] Ferner kommen in einem anderen Text ein gewisser Philoxenos, μειζότερος, sein Vater, Phoibammon, ein gewisser Serenos, ehemalige μειζότεροι, und die Tochter eines anderen ehemaligen μειζότερος vor.[210] Es erscheint eher unwahrscheinlich, dass sich dieser Ausdruck auf ein ehemaliges μειζότερον παιδάριον bezieht, wenn μειζότερον nur adjektivisch zu verstehen wäre, da in diesem Fall μειζότερον παιδάριον keine Position wäre, die man mit der Präposition ἀπό in der Bedeutung 'ehemaliger Vorsteher' kombinieren könnte. Außerdem würde man in diesem Fall auch eine Präzisierung durch den Zusatz παιδαρίων (ἀπὸ μειζοτέρων παιδαρίων) erwarten. Es scheint also, dass sie ehemalige μειζότεροι und keine ehemaligen „senior παιδάρια" waren.

Philoxenos erhält 12 Artaben und weitere 12 für die παραμυθία.[211] Sein Vater und Serenos bekommen jeweils ebenso 12 Artaben. Die in der Liste vorkommenden

---

200 S. den Komm. von John R. Rea zu P.Oxy. LVIII 3960, 28, und dagegen Hickey 2001, 169–170, wo – zumindest in einigen Fällen – für den freien Status der παιδάρια argumentiert wird; vgl. auch P. Oxy. LXVIII 4683 (Oxy., 426), 2 mit dem Komm. von Nikolaos Gonis; s. auch Hickey 2012, 130–131. Zu Sklaven in der Spätantike vgl. Fikhman 1974, der für ihre Rarität argumentiert; gegen diese Meinung vgl. Bagnall 1993/B.
201 P.Jena II 27, S. 115, bes. Anm. 323.
202 Banaji 2001, 186/Anm. 107.
203 Sarris 2006, 40 und 48.
204 Gascou–Worp 1990, 223.
205 Hickey 2012, 131 argumentierte jüngst auf ähnliche Weise, dass μειζότεροι als „high-level figures" wahrscheinlich von freiem Status waren.
206 P.Jena II 27, S. 114.
207 Vgl. den Index von P.Jena II, S. 172.
208 *Foreman*, P.Jena II 27, S. 115.
209 P.Jena II 27, S. 114–115.
210 P.Princ. II 96, 3–9, 12–13, 21, 55–59 und *passim*.
211 Vgl. den Komm. von Edmund H. Kase zu Z. 6–7.

Personen erhalten verschiedene Beträge, meistens deutlich weniger, aber manchmal auch dasselbe wie die Obigen.[212] Das darf aber nicht verwundern, da die Liste nicht nur für παιδάρια bestimmt war.[213] Vielleicht derselbe[214] Philoxenos kommt in einem anderen Text wieder als ehemaliger μειζότερος vor und erhält auch mehr als die anderen Empfänger der Liste, und genauso viel wie der Zweite nach ihm.[215] Ein bestimmter Petros erhält in einer anderen Liste deutlich mehr Solidi als die anderen, und genauso viel wie der Zweite in der Liste.[216]

Die oben aufgelisteten Beträge zeigen, dass die μειζότεροι oft mehr als die anderen Empfänger der Listen bekamen, was mit ihrem gehobenen Status zu vereinbaren wäre. Das Vorkommen eines μέγας in derselben Position wie die μειζότεροι verstärkt jedoch die Annahme von Ast: Es könnte sich um den „Großen", den Vorsteher unter den παιδάρια, handeln. Obwohl dieses Dokument wesentlich früher (4. Jh.) als die anderen ähnlichen Listen verfasst wurde, befindet sich der μέγας hier klar an derselben Stelle wie die μειζότεροι in den späteren Papyri. Entsprechend wäre auch bei den Texten, in denen keine ehemalige μειζότεροι auftreten, die Annahme nicht auszuschließen, dass es sich wirklich nur um einen informellen Titel handelt. Dieses Problem kann aber anhand der außerägyptischen literarischen und epigraphischen Quellen behoben werden, in denen man Belege für μειζότεροι von niedrigem Status (vielleicht sogar Sklaven) findet.[217] Daher wäre das von Ast angedeutete Problem, dass die sonst bekannte hohe soziale Stellung der μειζότεροι nicht mit dem παιδάριον-Status zu vereinbaren ist, zu lösen. Das Wort μειζότερος bezieht sich einfach auf die Position des Vorstehers des Haushaltes. Der Umstand, dass die sonst bekannten ägyptischen μειζότεροι eher von hohem sozialem Status sind, kann dadurch erklärt werden, dass unsere Quellen tendenziell eher über die Angelegenheiten der Elite berichten und so unseren Blick verzerren. Das bedeutet, dass wir in den παιδάρια-Listen wirklich μειζότεροι finden könnten, die von unfreiem (oder auf jeden Fall niedrigerem) Status waren und manchmal möglicherweise über kleinere Haushalte walteten. Demgemäß wäre μέγας wohl eine frühe und sich nicht durchsetzende Bezeichnung für den Vorsteher des Haushaltes, oder sogar wirklich nur ein Adjektiv, das den Vorsteher der παιδάρια informell bezeichnet.

Die Bedeutung von μειζότερος scheint sich in der arabischen Zeit etwas verändert zu haben. Der erste Text, der das zeigt, ist das unpublizierte Brieffragment, P.Vindob. G 40865 (Herakl. [?], Mitte–zweite Hälfte des 7. Jh.).[218] In Z. 1 wird ein

---

212 Z. 4–30.
213 Z. 1–2: ✝ βρέ(ουιον) ὀψωνίων παιδαρ(ίων) Αἰγυπτ(ίων) καὶ γυναικ(ῶν) | καὶ ἄλλ(ων).
214 Vgl. oben S. 57/Anm. 178.
215 P.Oxy. XIX 2244 frag. I, 3.
216 CPR XIV 41.
217 Vgl. unten S. 103 und 106.
218 Im Fragment kommt ein arabischer Beamter (Z. 2: Αβδελλα τοῦ αμυρα) vor, so datiert das Stück wohl in die Mitte-zweite Hälfte des 7. Jh. Der für das Gebiet charakteristische Name Pusis könnte auf eine herakleopolitische Provenienz hinweisen. Eine Edition des Papyrus wird von Federico Morelli vorbereitet, dem ich danke, dass er mir seine Überlegungen zu

gewisser Ποῦσις μειζότερος τοῦ νοτίνου σκέλους erwähnt. Der μειζότερος ist für ein σκέλος, eine Untereinheit der Pagarchie zuständig.[219] Trotz des mangelnden Kontextes scheint es, dass dieser Papyrus das Wort μειζότερος als eine Art von Beamter in der Verwaltung belegt. Dies ist verständlich, da ein *maior domus* oft für größere Gebiete eines Großgrundbesitzes verantwortlich war, und so die Bezeichnung analog in die Verwaltung der Pagarchie übernommen werden konnte.

So ist die Deutung des Titels in der arabischen Zeit an manchen Stellen komplizierter. Es muss jedoch betont werden, dass das Wort weiterhin nicht synonym zu μείζων auftritt. Alleine in Djeme könnte sich der Ausdruck auf den διοικητής des Dorfes beziehen, dieser ist jedoch mit dem μείζων nicht vergleichbar, sondern ihm eher überstellt.[220] Überhaupt kommen die eventuellen Belege für den Terminus in Djeme erst ab 728 vor. Ferner bezeugen weiterhin zahlreiche Papyri die ursprüngliche Bedeutung des Wortes.

Dies erklärt allerdings den Sprachgebrauch der arabischen Texte des 8. Jh., in denen das Wort *māzūt*, pl. *mawāzīt* in der Bedeutung 'Dorfvorstand' belegt ist. Es wird in der Regel von dem griechischen μειζότερος abgeleitet, wir haben jedoch gesehen, dass keine Dokumente den Titel μειζότερος in der Bedeutung 'Dorfvorsteher' nachweisen.[221] Es ist ebenso bemerkenswert, dass die arabischen Aphrodito-Papyri die *mawāzīt* mehrere Male erwähnen, aber die griechischen Texte nur von μείζονες sprechen. In einem arabisch-griechischen Papyrus wird einem *māzūt* der Pagarch Basileios gleichgesetzt. Der Herausgeber, Bell, bemerkte zurecht: „This translation would make Basilius a mere headman of a village, which is quite impossible, so it seems hardly possible to explain māzūt from μειζότερος".[222]

Dieser Beleg, die Zeugnisse der Djeme-Dokumente und die Erwähnung des μειζότερος τοῦ σκέλους könnten jedoch eine Erklärung für die Etymologie des

---

diesem Text mitgeteilt hat. (Eine Abbildung ist durch http://aleph.onb.ac.at/F?func=file&file_name=login&local_base=ONB08 zugänglich.)

219 Solche Aufteilungen sind aus dem 7. Jh. in den Gauen von Hermupolis, Herakleopolis und eventuell Oxyrhynchos nachweisbar. Es ist nicht eindeutig, ob diese Aufteilung schon in der byzantinischen Zeit existiert hat oder erst unter muslimischer Herrschaft eingeführt wurde, vgl. jüngst Azzarello 2013.

220 Vgl. S. 182–185.

221 Zur Etymologie vgl. Steinwenter 1920, 42/Anm. 3 und Sijpesteijn 2013, 91/Anm. 298 und 103/Anm. 380. Zu den von Sijpesteijn angeführten Belegen kann man folgende Papyri hinzufügen: P.BeckerPAF 9, 3, vgl. unten Anm. 222; eventuell P.Qurra 5, 21 (vgl. die Bemerkung *ad locum* des Herausgebers); P.BeckerNPAF 3 (Aphrod., 709–714), 28; P.MuslimState 31 (Fayum, ca. 730–750); der späteste Beleg des Wortes in Papyri stammt m.W. aus dem Jahr 773: P.Louvre Inv. E SN 183 (Hk.unbek., 773), publiziert in David-Weill 1971, 12–15. Nach Beckers Angabe soll auch der verschollene P.Heid.inv. A 431 den arabischen Titel belegt haben, vgl. Becker 1911, 364 mit weiteren Verweisen, vgl. auch den Komm. von Nabia Abbott zu P.Qurra 5 (Aphrod., 708–710), 21.

222 H. Idris Bell im Komm. zu P.Lond. IV 1408 (= SB I 5640; Aphrod., 709), 2. P.Lond. IV 1408 ist der griechische Teil des Dokumentes, der arabische Text wurde als P.BeckerPAF 9 publiziert. S. besonders Z. 3 und 11.

Wortes *māzūt* bieten. Basileius, der im genannten Text als *māzūt*/πάγαρχος auftritt, war διοικητής von Aphrodito, also Mittelsmann zwischen der höheren Verwaltung und den lokalen Dorfvorstehern. Ebenso wurden die διοικηταί von Djeme im 8. Jh. vielleicht auch als μειζότεροι bezeichnet. All dies könnte zur Hypothese führen, dass μειζότερος als Verwaltungsterminus von den Administratoren der Araber nach Ägypten importiert wurde – was auch in anderen Fällen nachweisbar ist.[223] In den erwähnten griechischen und koptischen Belegen sind die μειζότεροι um die Mitte des 7. Jh. für die Untereinheit einer Pagarchie (σκέλος) und in der ersten Hälfte des 8. Jh. vielleicht als διοικηταί für ein Dorf zuständig. In beiden Fällen handelt es sich um kleinere Einheiten innerhalb einer Pagarchie, möglicherweise veränderte sich die Bedeutung des Wortes mit der Zeit. Da alle unsere arabischen Zeugnisse für das Wort aus dem 8. Jh. stammen, ist es anzunehmen, dass es im Arabischen in einer breiteren Bedeutung als '(Dorf)Vorsteher' übernommen wurde.

Zusammenfassend kann also gesagt werden, dass von den vier bisher angenommenen Bedeutungen des Wortes μειζότερος drei (Dorfvorstand, Anführer der *bucellarii*, senior παιδάριον) ausgeschlossen werden können. Der Ausdruck scheint – neben seiner adjektivischen Bedeutung – 'maior domus' zu bedeuten. Ferner konnte festgestellt werden, dass er sich in der arabischen Zeit teilweise auch auf Beamte beziehen konnte.

2.3.2 μείζονες

Da im Gegensatz zu den Komarchen und den Protokometen die μείζονες in der Literatur noch nicht detailliert behandelt wurden, wird im Folgenden ihre Tätigkeit ausführlicher beschrieben als die der vorher genannten Beamten.

2.3.2.1 μείζονες im 4. Jh.

Das erste sicher datierbare Dokument,[224] das einen μείζων als Dorffunktionär belegt, ist eine Sammlung von elf arsinoitischen Landdeklarationen aus dem Jahr 302.[225] Bei den Deklarationen waren Dorfbeamte als Zeugen präsent: παρόντων Ἄβουτος ὁριοδίκτου (l. ὁριοδείκτου) καὶ Ἀᾶτος Ἀβού[κε]ως | μίζονος (l. μείζονος) τῆς κώμης καὶ Ολκανολ κωμάρχου.[226] Dieselbe Formel wiederholt sich in allen elf Dokumen-

---

223 Zu neuen griechischen Termini in der ägyptischen Verwaltung nach der arabischen Eroberung vgl. Sijpesteijn 2013, 69–71.
224 Zu P.Oxy. VI 980 descr. v (Oxy., 3. Jh.), 7 vgl. Bemerkungen. Bonneau 1993, 29 behauptet, dass das Wort μείζων in der Bedeutung 'Dorfvorsteher' das erste Mal unter der Herrschaft von Aurelian (270–275) vorkommt. Sie gibt jedoch keinen Beleg an und ich konnte den gemeinten Text auch nicht identifizieren. Ihre These (*ibidem* 29–30), dass die μείζονες Nachfolger der πρεσβύτεροι sind, scheint demgemäß zweifelhaft zu sein und wird in der folgenden Darstellung nicht berücksichtigt.
225 P.Corn. 20 (Ars., 302).
226 P.Corn. 20, 8–9: ... *in der Präsenz von Abus, Horiodeiktes, Aas, Sohn von Abukis,* μείζων *des Dorfes, und Olkanol, Komarch.*

ten. Die ebenfalls in allen Dokumenten vorkommende Unterschrift präzisiert das Bild einigermaßen:

Αὐρ(ήλιος) Ἄβους ὁριοδίκτης (l. ὁριοδείκτης) ἐπέδιξα (l. ἐπέδειξα) τὰς προκιμένας (l. προκειμένας) ἀρούρας καὶ οὐδὲν παρέλιψα (l. παρέλειψα) καὶ Ἀ[ᾶς καὶ] Ολ(κανολ) κωμάρχης παρῆμεν τῇ μετρήσι (l. μετρήσει). Ἀνᾶς γραμ(ματεὺς) ἔγ(ραψα) ὑπ(ὲρ) αὐτῶν ἀγ(ραμμάτων).[227]

Der ὁριοδείκτης prüft die Vermessungen der γεωμέτραι nach, und Aas, der μείζων, und Olkanol, der Komarch, waren Zeugen. Auffallend ist, dass in den Unterschriften, die von anderer Hand geschrieben wurden als die Einleitungsformulare, Aas keinen Titel hat, obwohl sowohl bei dem ὁριοδείκτης wie auch bei dem Komarch die Funktion angegeben wird. Um ein Versehen handelt es sich wahrscheinlich nicht, da diese Auslassung in allen elf Dokumenten vorkommt. Da dieser Papyrus der erste ist, der einen μείζων sicher als Dorfbeamten belegt, liegt es sehr nahe, dass sein Erscheinen im Zusammenhang mit den ägyptischen Reformen von Diokletian nach 297 steht. In diese Zeit fällt wohl auch die Einführung des κοινόν und des Titels πρωτοκωμήτης:[228] Die μείζονες passen gut in die Reihe der Neuerungen. Dementsprechend könnte man annehmen, dass die Auslassung durch eine Unsicherheit des Schreibers verursacht wurde, da ihm der neue Titel noch nicht so geläufig war. Auffallend ist auch, dass gegenüber dem Komarchen bei dem μείζων auch der Amtssprengel angegeben wird (τῆς κώμης), was mit der Neuheit des Amtes erklärt werden könnte.

Aus einem ähnlichen Kontext kommt ein Dokument, das ein Landregister aus dem im Nildelta liegenden Gau Mendesios und eine Auflistung der Ländereien des κοινόν eines Dorfes enthält.[229] Die Einleitung der letzteren Hälfte des Dokumentes erwähnt μείζονες:

αἱ οὖσαι κοινοῦ κώμης Ψεν . . . . | Πετοσείριος (l. Πετοσίριος) Πετοσείριος (l. Πετοσίριος) καὶ Ὀρσιήσι[ος ...] | μητρὸς Ἀρτέμιτος (l. Ἀρτέμιδος) κωμαρχῶν καὶ Πετ[...] | Πετοσείριος (l. Πετοσίριος) ὁριοδίκτου (l. ὁριοδείκτου) καὶ Ὥρου Πετεμούνι[ος] | καὶ Ἀράχθου Πετοσείριος (l. Πετοσίριος) καὶ Πετε . . . β . . |ριος μειζόνων κώμης καὶ τῶν ἄλλων | πάντων ἀπὸ τῆς αὐτῆς κώμης ...[230]

---

227 (Ich), *Aurelius Abus, Horiodeiktes, habe die obige Aruren festgestellt und nichts ausgelassen und* (wir), *Aas und Olkanol, der Komarch, waren bei der Vermessung anwesend.* (Ich), *Anas, Schreiber habe für sie geschrieben, da sie des Schreiben unkundig sind.* P.Corn. 20, 26.
228 Vgl. Lallemand 1964, 35–38 und oben S. 16 sowie S. 52.
229 P.Oxy. XLIV 3205 (= SB XII 10891, Mend., 297–308). In P.Oxy. wurde nur der Text abgedruckt, die ursprüngliche Edition ist Świderek 1971.
230 *Der Besitz der Dorfgemeinschaft des Dorfes Psen...* (der Gemeinschaft) *von Petosiris, Sohn des Petosiris und Horsiesis ... dessen Mutter Artemis ist, Komarchen, und von Pet-, Sohn des Petosiris, Horiodeiktes, und von Horos, Sohn des Petemunis, und von Arachthos, Sohn des Petosiris, und von Pete- Sohn des -ris, den* μείζονες *des Dorfes und von allen anderen von*

Die Dorfgemeinschaft besteht aus dem ganzen Dorf, namentlich werden aber zwei Komarchen, ein ὁριοδείκτης und drei μείζονες[231] erwähnt. Aus dem Text wird ihre Rolle nicht ersichtlich, bemerkenswert ist aber, dass sie den letzen Platz in der Auflistung einnehmen. Interessant ist auch, dass sie genauso nach dem ὁριοδείκτης kommen, wie in dem oben besprochenen Dokument. Falls diese Reihenfolge eine Hierarchie widerspiegelt, würde das bedeuten, dass die Komarchen hier vor ihnen stehen, was allerdings nicht zu der Reihenfolge der obigen Deklarationen passt. Vielleicht sind hier mit μείζονες dörfliche Honoratioren gemeint.

Im Jahr 325 begegnet uns ein μείζων als Bürge für die Bezahlung eines „Aufsehers der Tiere" (ἐπιμελητὴς τῶν ζῴων).[232] Der Aufseher war für die anlässlich eines erhofften[233] kaiserlichen Besuchs vom oxyrhynchitischen Paneuei nach Babylon gesandten Tiere des Dorfes verantwortlich. Bemerkenswert ist, dass der Dorfvorstand auch als Schreibgehilfe tätig ist. In einem Prozessprotokoll aus dem Jahr 339 erscheint Germanos, μείζων von Karanis, als Zeuge und vertritt das ganze Dorf.[234] Von Interesse ist, dass wir hier einen μείζων von Karanis finden, obwohl in dem Archiv von Aurelius Isidoros, das Dokumente von Karanis bis 324 enthält, der Ausdruck immer nur 'hochrangige Beamte' bedeutet.[235]

Ein Liturgievorschlag aus dem oxyrhynchitischen Dorf Sepho aus dem Jahr 341 ist unser nächster Beleg für das Amt.[236] Die Vorschläge unterbreitenden Personen aus dem Dorf sind ein μείζων, ein *tesserarius* und zwei Komarchen. Die Liste der vorgeschlagenen Personen ist abgebrochen. Das Dokument weist auf jeden Fall darauf hin, dass das Dorf einen μείζων hatte, der wahrscheinlich der leitende Beamte war. Man begegnet zwei Komarchen, wie schon im 3. Jh., die wahrscheinlich dem μείζων untergeordnet waren. In einem weiteren oxyrhynchitischen Brief aus dem 4. Jh. schreibt Apollonios dem Maximos, μείζων von Leukiu, um ihn zu bitten, für den „glücklichsten Tag der Krönung" eine größere Menge von Honig zu schicken.[237] Von demselben Maximus ist auch ein zorniger Brief an die Brüder Papnuthis und Dorotheos, die βοηθοί, überliefert, der eine nicht in jedem Detail klare Angelegenheit in Zusammenhang mit Schulden betrifft.[238]

---

demselben Dorf. P.Oxy. XLIV 3205, 78–84.
231 Świderek 1971, 44 (Komm. zu Z. 78) spricht von zweien, aber der Text zeigt, dass Horos, Arachthos und Pete- alle drei μείζονες waren.
232 P.Oxy. XIV 1626 (Oxy., 325).
233 Vgl. die Einl. von Bernard P. Grenfell und Arthur S. Hunt zu P.Oxy. XIV 1626.
234 SB XVI 12692 (Karan., 339), col. IV 72. An dieser Stelle kann auch bemerkt werden, dass wir auch in einem anderen Prozessprotokoll, SB XVI 12629 (Oxy., nach ca. 329-331), 6, möglicherweise μείζονες beggenen, aber aus dem fragmentarischen Erhaltungszustand wird nicht mehr ersichtlich, ob es sich wirklich um Dorfbeamte handelt.
235 Vgl. oben S. 54/Anm. 155.
236 P.Oxy. LIV 3774 (Oxy., 341).
237 P.Oxy. XLVIII 3422 (Oxy., 4. Jh.).
238 P.Oxy. XLVIII 3417 (Oxy., 4. Jh.). Zwei weitere Dokumente könnten Maximos erwähnen, diese Belegstellen verraten allerdings nur wenig über seine Person und Tätigkeit, s. die Einl.

Aus dem späten 4. Jh. berichtet ein Dokument über eine problematische Situation in Bezug auf Steuerangelegenheiten im oxyrhynchitischen Dorf Toka.[239] Nach der Rekonstruktion von Roger Bagnall[240] weigert sich der Sitologe des Dorfes Toka, die Steuer gemäß den schon publizierten Steuerraten zu bezahlen. Diese Steuerraten wurden im Dorf Keuothis bestimmt:

> ἐμ (l. ἐν) μέσῳ τῆς κώμης Κευώθεως | μεταξὺ τοῦ ἡμετέρου μου γεούχου καὶ τῶν | μιζόνων (l. μειζόνων) τῆς κώμης καὶ τῶν νομικαρίων | καὶ τῶν μιζόνων (l. μειζόνων) τῶν κτητόρων.[241]

Die μείζονες sind die Vertreter ihres Dorfes bei der Bestimmung der Steuerraten. Interessant ist ebenfalls, dass ein Grundherr bei dieser Bestimmung präsent ist: Bagnall machte mit Recht darauf aufmerksam, dass „it is even conceivable that we have here the broadening responsibility of large landowners which marked the growth of the 'large estates'."[242] Ferner verdient auch der Ausdruck τῶν μιζόνων τῶν κτητόρων Aufmerksamkeit. Im Gegensatz zu den μείζονες τῆς κώμης, die offenbar Beamte waren, sind hier Dorfhonoratioren gemeint.

Für das 4. Jh. kann man also Folgendes festhalten: Der Titel wurde allem Anschein nach während der ägyptischen Reformen von Diokletian nach 297 eingeführt. μείζονες sind im Fayum, im Mendesios und vornehmlich im Oxyrhynchites belegt. Meistens treten sie nur einzeln auf, aber auch mehrere können vorkommen. Andere Stellen lassen jedoch vermuten, dass der μείζων in manchen Dörfern alleine an der Spitze der Hierarchie eines Dorfes stand.[243] Ihr Verhältnis zu den Komarchen ist nicht in jedem Fall klar. So kann bei der heutigen Quellenlage für das 4. Jh. nur gesagt werden, dass der Titel μείζων gelegentlich verwendet wurde, aber neben den Komarchen, die bis zur zweiten Hälfte des Jahrhunderts viel öfter belegt sind, nur als ein noch nicht ausgereiftes terminologisches Experiment der Verwaltung zu betrachten ist.

2.3.2.2 μείζονες im 5.–7. Jh.

Im Gegensatz zu dem 4. Jh. lassen sich in den späteren Jahrhunderten klarere Tendenzen in der Verwendung des Titels μείζων erkennen. Ab dem 5. Jh. bezieht sich der Terminus schon ohne Zweifel immer auf den leitenden, ersten Dorfbeamten. Zwar gibt es im 5. Jh. weniger Belege für das Amt, aber das könnte auch damit zusammenhängen, dass in diesem Jahrhundert überhaupt ein Rückgang in der Beleg-

---

von John Shelton zu P.Oxy. XLVIII 3417.
239 SB XVI 12324 (Oxy., spätes 4. Jh.).
240 Bagnall 1991. Zur Interpretation vgl. auch unten S. 220–221.
241 SB XVI 12324, 9–12: *...in der Mitte des Dorfes Keuothis in der Gegenwart unseres Grundherren, der μείζονες des Dorfes, der nomicarii und der bedeutenderen Landbesitzer.*
242 Bagnall 1991, 43.
243 P.Oxy. XLVIII 3422; P.Oxy. LIV 3774.

lage zu beobachten ist.²⁴⁴ Der Titel ist vorwiegend im Oxyrhynchites (schon vom späten 4. Jh. an, s. oben) bis zur arabischen Eroberung bezeugt. So können wir die Rolle der Dorfvorsteher besonders gut im Kontext des Apionen-Besitzes fassen. Der Titel begegnet uns aber auch im Nachbargau des Oxyrhynchites, dem Kynopolites,²⁴⁵ während er im Hermopolites nicht belegt ist.²⁴⁶ Im Arsinoites²⁴⁷ und Herakleopolites tauchen μείζονες im 7. Jh. auf. In beiden Gauen sind πρωτοκωμῆται als Dorfvorsteher sowohl im 5. wie auch im 6. bzw. frühen 7. Jh. belegt.²⁴⁸ Der letzte klare Beleg aus den beiden Gauen für πρωτοκωμῆται kommt vielleicht aus den Jahren 616–617 bzw. 618. Im Jahr 642 bzw. vor dem Jahr 651 tauchen die ersten μείζονες in beiden Regionen auf, die dann auch noch im späteren 7. bzw. 8. Jh. die Dörfer leiten.²⁴⁹ Vermutlich ist also die terminologische Wende im

---

244 Folgende Belege wurden wegen ihrer geringen Aussagekraft nicht berücksichtigt: P.Oxy. XVI 2036 descr. (Oxy., spätes 5. Jh.), 15; SB XX 14703 (Hk.unbek., 5.–6. Jh.); P.Wash.Univ. II 87 (Oxy., 5.–6. Jh.), 10; P.Dubl. 23 (Hk.unbek., 5.–6. Jh.), 9; CPR XIV 51 (Oxy., 6. Jh.), 9 zur Provenienz vgl. Bemerkungen. Im Fall von P.Mich. XV 742 (Hk.unbek., 6. Jh.), 4 und SB XII 10926 (Hk.unbek., 6. Jh.), 12 entziehen sich die Abkürzungen μειζ( ) einer eindeutigen Interpretation.
245 P.Oxy. LVIII 3954 (Oxy., 611); vielleicht auch P.Oxy. I 131 (Oxy., 6.–7. Jh.); P.Oxy. XVI 2056 (Oxy., 7. Jh.) und P.Oxy. XVI 2036 descr.
246 In den folgenden hermopolitischen Texten wurde die Abkürzung μειζ( ) als μείζ(ων) interpretiert: CPR V 26 (zweite Hälfte 5. Jh.), 84 und 845; P.Sorb. II 69 (618–619/633–634 [?]) 67B 3, 8; SB XXIV 16144 (spätes 6. Jh.). Da aber im Hermopolites der Terminus μείζων für Dorfvorsteher nicht bezeugt ist, ist die Auflösung μειζ(ότερος) zu bevorzugen, s. die Bemerkungen zu den einzelnen Papyri. In P.Stras. VII 677 (Herm. [?], 6. Jh.), 16 lässt sich die Lesung des μείζ(ων) nicht nachvollziehen, vgl. Bemerkungen.
247 P.Prag. I 28 v (Ars., 6.–7. Jh.), 7, vgl. Bemerkungen. Der μείζων auf den Namenszettel CPR X 98 (Ars., 6. Jh.) kann auch ein μειζ(ότερος) sein, man kann keine Entscheidung treffen. SB I 4776 (Ars., 4.–7. Jh.) stammt wohl aus dem 7. Jh., vgl. unten Anm. 249. SB XVI 12480 (Ars., 7. Jh.) belegt auch μείζονες, vgl. auch Diethart 1981, 55. P.Ross.Georg. III 17 (Oxy. [?], 6.–7. Jh.) erwähnt μείζονες aus Pantiku im Arsinoites, ihre Rolle ist aber aus dem Fragment nicht mehr ersichtlich. Zu SPP III 261 (Ars., 6. Jh.), 6 vgl. Bemerkungen.
248 In einer Abrechnung der Apionen wird zwar der Vorsteher eines herakleopolitischen Dorfes μείζων genannt, aber in diesem oxyrhynchitischen Verzeichnis übertrug wahrscheinlich nur der Schreiber eine lokale Terminologie auf den Nachbargau, s. P.Oxy. LV 3805 (Oxy., nach 566), 91 mit dem Kommentar von John R. Rea *ad locum*.
249 Der letzte sichere Beleg aus dem Herakleopolites für Protokometen ist P.Oxy. XVI 1917 (Oxy., frühes 6. Jh. oder 616–617 [?]), 93, 95, obwohl es in diesem Fall möglich ist, dass im oxyrhynchitischen Büro das Wort in dem lokalen Sinn in der Bedeutung 'Dorfhonoratior' verwendet wurde. Der Titel μείζων ist im Gau zuerst in SB VI 9578 (642) bzw. SB VIII 9750 (642/657) belegt. Aus dem Fayum ist der letzte datierbare Beleg für Protokometen möglicherweise P.Vars. 32 (Ars. [?], 618 [?]), v 1 (vgl. auch Bemerkungen). Im Fall von SB XXVI 16348 (Ars. [?], 7. Jh.) ist die Herkunft des Textes nicht klar, ferner könnte die Schrift wohl aus der ersten Hälfte des Jahrhunderts kommen. Der erste datierbare Beleg für einen μείζων ist BGU I 323 (Ars., vor 14. 6. 651). Demgemäß ist wohl auch SB I 4776 (Ars., 4.–7. Jh. [ed.pr.]) schon in das 7. Jh. zu datieren.

Herakleopolites bzw. Arsinoites zwischen 616 und 642 anzusetzen – natürlich muss die Veränderung in den zwei Gauen nicht zur selben Zeit stattgefunden haben.[250]

In der umfangreichen Dokumentation des 5.–7. Jh. sehen wir die Aufgaben der μείζονες sehr detailliert. Besonders ihre Tätigkeit im Steuerwesen wird erkennbar. Sie treten als individuelle Steuerzahler auf,[251] aber quittieren auch Zahlungen. Ein Hirte oder ein βοηθός (?) vom Dorf Sarapionos Chairemonos quittiert eine Steuerzahlung für das κτῆμα Akutu. Die Quittung wurde wahrscheinlich von einem Dorfschreiber ausgestellt und der μείζων gab seine Zustimmung.[252] In einem anderen Dokument quittiert ein μείζων eine Steuerzahlung für einen προνοήτης einer Laienbrüderschaft (φιλοπονία).[253] Einmal scheint ein μείζων für Getreidetransporte, die für die *embole* bestimmt sind, verantwortlich zu sein.[254] Ein weiteres Dokument aus dem Apionen-Dossier[255] liefert ein lebendiges Beispiel für die Praxis der Steuereintreibung auf einem Großgrundbesitz. Der *illustris* und *chartularius* Viktor schreibt Georgios, dem *comes* und διοικητής, von seinen Schwierigkeiten in Bezug auf die Steuereintreibung. Er hätte Steuerrückstände eingesammelt, die erst spät beim μείζων von Muchis angekommen wären. *Und diese* [die eingetriebenen Steuern] *übergaben wir unter unserem Siegel dem Dorfvorstand desselben Dorfes* – erklärt er.[256]

Es scheint also, dass der Beauftragte der Apionen die Zahlung im Dorf überprüft hatte, dann das gesammelte Geld und Getreide versiegelte und den Dorfbewohnern (zum Transport)[257] übergab. Die Versiegelung diente wohl als Garantie bei der Abgabe.[258] Nachdem Viktor in Muchis seine Arbeit beendet hatte, versuchte er, auch in Pinyris die Rückstände einzutreiben, aber da er die Angelegenheit nicht schnell erledigen konnte, blieb er beim μείζων und hoffte, diesem Geschäft zu entkommen. Darum bittet er seinen Herren, ihm irgendetwas oder irgendjemanden zu schicken – was oder wen, ist wegen des Überlieferungszustands des Dokumentes nicht mehr zu ermitteln. Die μείζονες sind in beiden Dörfern allein amtierende, ranghöchste Beamte, bei denen die Steuereinnahmen einfließen und die das Geld den Ange-

---

250 Zu den möglichen Gründen bzw. dem Zeitpunkt dieser Reformen vgl. unten S. 206–207.
251 In PSI I 80 (Oxy., 6. Jh. [?]) 7, 12 begegnet uns ein μείζων. Der Kontext macht klar, dass der Titel hier nur als Identifizierungskriterium dient.
252 P.Oxy. VIII 1137 (Oxy., 562–563), vgl. Bemerkungen.
253 P.Iand. III 38 (Oxy., 6.–7. Jh.). Zur φιλοπονία vgl. Mitthof 2005, 108/Anm. 5. Der προνοήτης verwaltete wahrscheinlich den Besitz der Laienbruderschaft im Dorf, vgl. Wipszycka 1970, 515.
254 P.Oxy. XVI 2018 (Oxy., 6. Jh.), 1.
255 P.Oxy. XVI 1855 (Oxy., 6.–7. Jh.).
256 Z. 6–7: ʽκαὶʼ ταῦτα ὑπὸ σφραγῖ(δι) | ἡμετέρᾳ παρεδεδώκαμεν (l. παραδεδώκαμεν) τῷ μεί-ζο(νι) τῆς αὐτῆς κώμης.
257 Vgl. P.Oxy. XVI 2018.
258 Vgl. SB XXVI 16354 (Herm., ca. 643–644), 1–2: [† π]άννιν (l. πάννιον) ἤνεγκέν μοι Πεσόου ὁ προτοκωμήτης (l. πρωτοκωμήτης) Πρέχθεως βεβουλλομένον (l. βεβυλλωμένον) τῇ [ς] βούλλα[ς] τοῦ ζυγοστάτου | [τοῦ] δη[μο]σίου καὶ ἐπιγεγραμμένον νο(μίσματα) ἀρ(ι)θ(μια) πβ, φοβούμενος τοῦτο βαστάξαι καὶ ἀπελθεῖν. Vgl. auch Sijpesteijn 2013, 129.

stellten der Apionen übergeben. Der *chartularius* prüft offenbar die eingesammelten Summen,[259] versiegelt dann die Einnahmen und überlässt sie den Dorfbeamten zum Transport. Eine vergleichbare Situation begegnet uns in einem Brief, in dem der Absender einen σύμμαχος (Schnellbote)[260] auffordert, sich u.a. über die Wächter zu erkundigen. Falls sie die Steuerregister[261] noch nicht gesiegelt hätten, sollten sie es jetzt auch nicht tun. Wenn sie das aber täten, sollten sie es unbedingt vor dem μείζων machen, denn die Steuerregister gehörten seiner Autorität unterstellt (ὅτι τοῦ μείζονός εἰσιν τὰ κεφαλωτά).

Die enge Verbindung mit den Großgrundbesitzern zeigt sich nicht nur im Kontext der Steuerzahlungen. Die Bewohner des Dorfes Takona erhalten z.B. Saatgut von den Apionen für ihre Ansaat. In diesem Dokument wird die Gemeinschaft der Dorfhonoratioren (τὸ κοινὸν τῶν πρωτοκωμητῶν) von dem μείζων geleitet, dem auch κωμάρχαι untergeordnet sind – wie allgemein zu dieser Zeit im Oxyrhynchites üblich.[262] In einem Vertrag zwischen einem διοικητής der Apionen und den Bewohnern des kynopolitischen Dorfes Apsempsis findet sich eine ähnliche Situation.[263] Die Dorfbewohner werden vertreten und die Aufzählung der Vertretenden beginnt mit dem μείζων, der wohl *der* führende Beamte des Dorfes war.

In einem oxyrhynchitischen Brief aus dem späten 5. bzw. frühen 6. Jh. bitten die Absender einen διοικητής, die Frauen der πρωτοκωμῆται (Dorfhonoratioren) aus dem Gefängnis zu entlassen, die offenbar für eine Leistung ihrer Männer bürgten.[264] Die Frauen durften nicht entlassen werden, solange die Verfasser des Briefes dem διοικητής nicht schrieben. Nach der Aufzählung der Frauen von verschiedenen Beamten, u.a. von zwei μείζονες,[265] erklären die Schreiber, bereit zu sein, die Frauen auf Befehl des διοικητής wieder ins Gefängnis zu bringen. In einem ebenfalls oxyrhynchitischen Brief informiert jemand eine hochrangige Person, dass eine Frau Schätze aus einer Kirche gestohlen hatte.[266] Nach dem Diebstahl flüchtete sie zu dem μείζων des Dorfes Kegethis, der sich sowohl die Diebin wie auch die Schätze zu übergeben weigert. Darum bittet der Absender den Adressaten, dem Dorfvorstand

---

259 Vgl. P.Oxy. XVI 1855, 10–11: πολλά εἰσιν | τὰ χρεωστούμε(να) ἡμῖν καὶ παρ' ἐκείνων.
260 SPP XX 212 (Hk.unbek., 6.–7. Jh.). Zu Schnellboten vgl. Jördens 1986 und Jördens 1992.
261 Das Wort κεφαλωτά wurde im Komm. zu P.Oxy. XVI 1875 von Arthur S. Hunt und H. Idris Bell als „vegetable heads" gedeutet. Obwohl diese Bedeutung zur kommentierten Stelle und auch zu anderen gut passt, wäre es m.E. unverständlich, warum man diese versiegeln sollte, außerdem wäre auch die Erklärung des Wortes κατακέφαλα in Z. 5 problematisch. Die Erklärung von Preisigke, Wörterbuch s.v. κεφαλωτόν („die auf die einzelnen Steuerpflichtigen aufgelegte Steuer (Kopfsteuer)") und κατακέφαλα („Etwa eine „Kopf für Kopf" aufgelegte Abgabe?") passt besser zum Kontext. Für eine einfachere (adverbiale) Interpretation des Wortes κατακέφαλα vgl. jedoch Amphilochios Papathomas im Komm. zu CPR XXV 26, 2.
262 P.Oxy. I 133 (Oxy., 550), zum Text vgl. auch oben S. 39–40.
263 P.Oxy. LVIII 3954 (Oxy., 611).
264 P.Oxy. XVI 1835 (Oxy., spätes 5.–frühes 6. Jh.). Zu diesem Dokument vgl. oben S. 38–39.
265 In Z. 6 liest man τοῦ Π[αμου]θίου τοῦ ἑτέρου αὐτοῦ κωμάρχου. Die Bedeutung von αὐτοῦ ist hier unklar, vgl. den Komm. von Arthur S. Hunt und H. Idris Bell *ad locum*.
266 P.Oxy. XVI 1832 (Oxy., 5.–6. Jh.).

zu befehlen, die Schätze, und wenn der Adressat zustimmt, auch die Frau zu übergeben. Es scheint, dass der μείζων keinen Kollegen im Amt hat, da er als ὁ μείζων τῶν ἐκεῖ bezeichnet wird.

Ihre Bedeutung als Repräsentanten ihrer Dörfer unterstreichen auch die überlieferten Bürgschaftsurkunden, in denen sie gegenüber Großgrundbesitzern für Bewohner ihrer Dörfer bürgen.[267] So bürgt ein μείζων für einen ἐναπόγραφος γεωργός bei den Apionen und ein ehemaliger μείζων, ἐναπόγραφος γεωργός, für seinen Bruder und einen Händler, beide ἐναπόγραφοι γεωργοί.[268] Dass es geradezu erwünscht war, dass ein Dorfvorstand für seine Dorfbewohner bürgt, zeigt ein Brief ebenfalls aus dem Apionen-Archiv, in dem ein μειζότερος gebeten wird, dem μείζων eines Dorfes zu befehlen, für zwei Ziegelstreicher aus seinem Dorf zu bürgen.[269] Der μείζων ist auch hier eindeutig ein allein amtierender Beamter.[270]

Diese Eingebundenheit zeigt besonders klar, dass die μείζονες oft in Abrechnungen der Apionen sowohl als Bezahler/Abgeber wie auch als Empfänger vorkommen. Die Dorfvorstände beziehen Gehalt von den Apionen, wie eine Zahlungsliste zeigt, in der verschiedene Angestellte der Apionen und Beamte von Dörfern Geldbeträge erhalten. U.a. bekommen die μείζονες und der βοηθός von Takona neun Solidi, ein βοηθός von Takona sieben, und einer von Spania sechs (die Beträge sind gerundet). Bei diesen Einträgen ist der Zahlungsgrund nicht angegeben, aber an einer anderen Stelle erhält der Dorfvorstand von Tampeti eine beträchtliche Summe, 36 Solidi, ὑπὲρ μειζονίας, was auf eine Gehaltszahlung hinweisen könnte.[271] Bemerkenswert ist auch, dass – während andere Texte[272] in Bezug auf das Dorf Takona den Eindruck vermitteln, dass im Dorf nur ein μείζων amtiert – hier und in einem anderen Dokument[273] ganz klar von mehreren Dorfvorständen die Rede ist.

In einer Abrechnung erhalten μείζονες von zwei Dörfern Achsen für Wasserschöpfwerke.[274] Der erste Dorfvorstand, Pamuthios, erhält zwei Achsen für zwei verschiedene Wasserschöpfwerke, Tuan hingegen zwei für eines. Pamuthios erhält sie von den Bewohnern seines Dorfes und von „denen der Kirche" (ἐκ τῶν τῆς ἐκκλησίας), bei Tuan werden keine weiteren Angaben gemacht. Ferner erhält in einem

---

267 „Bei den Testimonien des 6. und 7. Jh. ist nicht immer eindeutig, ob der Empfänger in seiner Funktion als Amtsträger oder als privater Grundherr agiert, wie ja in dieser Zeit überhaupt öffentlicher und privater Bereich oft schwer auseinanderhalten zu sind, weil der Staat viele öffentliche Aufgaben den Grundbesitzern überträgt. Die Bürgen und die Verbürgten sind durchwegs Leute der mittleren oder unteren Bevölkerungsschicht, vor allem niedere Liturgen, Handwerker oder Bauern." Palme 2003, 532.
268 P.Oxy. LXX 4787 (Oxy., 564); P.Oxy. LXX 4794 (Oxy., 580).
269 P.Oxy. I 158 (Oxy., frühes 7. Jh.).
270 Z. 2–3: τῷ μείζονι τῆς αὐτῆ[ς] | Τάμπετι.
271 P.Oxy. VIII 1147 (Oxy., spätes 6. Jh.), 4–10; vgl. Johnson–West 1949, 311.
272 P.Oxy. I 133; P.Oxy. XVI 1831 (spätes 5. Jh.).
273 P.Oxy. LV 3805 (Oxy., nach 566).
274 P.Oxy. XIX 2244 (Oxy., 528/543/558), 81–88.

anderen Dokument[275] ein μείζων Ziegel für eine Zisterne (λάκκος).[276] Weiterhin wird anderswo eine Ausgabe für die Quittung eines Dorfvorstandes und eines Komarchen angegeben.[277] In diesem Kontext ist wohl auch ein Text zu deuten, in dem ein μείζων einem βοηθός eine Zahlung für die Reparatur der Wand eines im Dorf liegenden Lagerhauses quittiert.[278] In einem anderen Dokument empfängt ein μείζων von einem Pronoeten Zahlungen aus verschiedenen Dörfern und leitet sie einem διοικητής weiter.[279] Anderswo gibt ein μείζων den Apionen Getreide ab.[280] Ein weiterer Papyrus belegt einen Dorfvorstand, der einen Vorschuss bezahlt,[281] und in einem anderen Dokument bezahlen μείζονες den Apionen diverse Summen.[282]

Auch die Schlichtung der lokalen Streitigkeiten ist oft mit den Beamten der Großgrundbesitzer verbunden. Der μείζων von Tholthis schreibt z.B. seinem Kollegen von Takona, um einen Streit zwischen den Bewohnern der beiden Dörfer beizulegen.[283] Der abstruse[284] Brief berichtet, dass die Hirten von Takona die von Tholthis angegriffen (μάχην ἔσχαν) und am Ende auch Vieh geraubt hätten. Der Dorfvorstand von Tholthis hat danach seine Feldwächter geschickt, die ihm dann über die gestohlenen Tiere berichteten. Er fordert jetzt den μείζων von Takona auf, die Sache mit den Feldwächtern von Tholthis und den Hirten von Takona zu regeln. Sie müssten keinen Streit haben, die Bewohner von Tholthis könnten sowieso die Leute, mit

---

275 P.Oxy. XVIII 2197 (Oxy., 6. Jh.), 102.
276 Zur Bedeutung des Wortes vgl. Banaji 2001, 109, bes. Anm. 30.
277 P.Oxy. XVIII 2206 (Oxy., 6. Jh.), 2–3.
278 P.Oxy. XVI 2005 (Oxy., 513). Bezieht sich der Ausdruck 'τῆς αὐτῆς μου κώμης | τῆς ὑπὸ Ὠριγένους' in Z. 7–8 vielleicht auf den Angestellten der Apionen (einen Pronoeten?), der für das Dorf verantwortlich war? Die Apionen hatten Besitz im Dorf Sesphtha, vgl. Benaissa 2012, 336.
279 P.Oxy. XVI 2000 (Oxy., 6.–7. Jh.).
280 P.Oxy. XIX 2243a (Oxy., 590), 39, vgl. Bemerkungen.
281 P.Oxy. XVI 2033 (Oxy., 7. Jh.), col. II 2. Auch dieses Dokument kann mit den Apionen in Zusammenhang gebracht werden (wegen des Dorfes Sasu Kato, vgl. Benaissa 2012, 308). Jedenfalls lässt die Erwähnung eines διοικητής in Z. 17 es klar erscheinen, dass auch dieser Papyrus aus dem Umfeld eines Großgrundbesitzes kommt.
282 P.Oxy. LV 3805 (Oxy., nach 566), 58 und 91. In Z. 58 bezahlen sie 'ὑ(πὲρ) καταστατικ(ῆς)' (deren Bedeutung unklar ist, vgl. John R. Rea im Komm. ad locum: „Catastatice appears to be completely new. We might guess that it is a premium paid for the appointment (κατάcτασις) of the μείζονες, but this far from certain and looks less attractive for 61, where the payments are made by the villages, and no office is mentioned". SB XXII 15471 (Oxy., Anfang 5. Jh.), 3 brachte einen neuen Beleg für das Wort, dessen Bedeutung aber immer noch unklar ist. Vgl. O'Callaghan 1995 und P.Oxy. LV 3805, 91: ὑ(πὲρ) τῶν παλαι(ῶν) χωρ(ίων) Σέφθα, was wiederum unklar ist; John R. Rea überlegt im Komm. zur Zeile: „I do not know what is meant by the παλαιὰ χωρία of Sesphtha; perhaps just that they had now passed to Choenothmis?"
283 P.Oxy. XVI 1831. Zu Streitigkeiten in ägyptischen Dörfern vgl. Ruffini 2008, 126, bes. Anm. 153.
284 Eine Übersetzung bietet die ed.pr. nicht, eine spanische Übersetzung (mit der Einarbeitung von späteren Ergänzungen) liegt jedoch vor: O'Callaghan 1963, 111–115. Die von O'Callaghan für Z. 7 und 12 gesammelten Berichtigungen sind in BL nicht vorhanden.

denen sie im Konflikt stünden, bei ihrem Pagarchen (?) melden. Der Text ist an dieser Stelle unklar: Es scheint jedenfalls, dass der Dorfvorstand von Tholthis dem von Takona mit einer Intervention auf der höheren Ebene des Pagarchen droht.[285]

Dokumente erlauben auch einen Einblick in die ständigen Zwietrachten der Dörfer, die sich meistens auf gegenseitigen Raub und/oder Diebstahl bezogen – nicht selten von Gewalt begleitet. Einmal informiert Viktor den χαρτουλάριος und διοικητής Georgios, dass die Einwohner eines Dorfes die Waage und eine größere Summe vom Pronoeten des Dorfes gestohlen hätten.[286] Er hätte schon einen βοηθός geschickt, um die Angelegenheit zu klären. Der kaiserliche Beamte (ὁ δεσποτικός) hätte auch schon jemanden entsandt, um die μείζονες eines der Dörfer herzubringen. Georgios soll den Tribun oder den μειζότερος schicken, oder auch selbst kommen: Das gestohlene Geld soll unbedingt gefunden werden.

Ein anderer Text zeigt eine ähnliche Situation: Der μείζων von Spania schreibt offenbar einem Angestellten eines Großgrundbesitzers von der Schlichtung eines Streites.[287] Auffallend ist, dass der Dorfvorstand schreibt, dass *du dich mit denen von Kosmu versöhnt hast*.[288] Das könnte darauf hinweisen, dass die Bewohner von Kosmu einen anderen Grundherrn als Patron hatten als die von Spania. Im Streit vermitteln Bewohner anderer Dörfer, der Herr soll einen ἀρχισύμμαχος (Hauptschnellbote) senden, um den Tausch der gegenseitig geraubten Güter abzuwickeln.[289] Eine Parallele stellt ein fragmentarischer Brief an einen μειζότερος dar, in dem es um gestohlenes Vieh ging. Der Adressat soll den μείζονες eines Dorfes schreiben, damit sie sich um die Angelegenheit kümmern. Der Streit sollte von einem ἀντιγεοῦχος und einem διοικητής entschieden werden.[290]

---

285 Besonders die Deutung des Ausdrucks μετὰ τῆς ἀδίας τῶν ὑμῶν πάγαρχον (Z. 9) ist problematisch. L. ἀδείας, wie O'Callaghan (in der zweifelhaften Bedeutung „Straflosigkeit", vgl. O'Callaghan 1963, 114), oder ἀηδίας? Beide Wörter kommen im Text vor und wären nicht auszuschließen. Ein weiteres Problem ist der verwirrende Gebrauch der Personalpronomina. Wahrscheinlich ist hier ἡμῶν zu lesen, wie es schon im Komm. zu P.Oxy. XVI 1831, 9 von Arthur S. Hunt und H. Idris Bell dargelegt wurde: „As neighbouring villages in the same pagarchy must have been subject to the same pagarch, ἡμῶν is presumably to be read for ὑμῶν." Ferner konnte bis jetzt auch nicht geklärt werden, warum die Pagarchen im Plural stehen, eigentlich würde man nur einen Pagarchen erwarten, vgl. *ibidem*. Die Übersetzung von O'Callaghan ist m.E. schwer nachzuvollziehen: „[P]ues ni debemos provocar disputas mutuas, ni hemos de tener dificultad con la inmunidad de nuestros pagarcos, para convocar a los que están en desavenencia con nosotros". O'Callaghan 1963, 113. Die Interpretation von Sarris 2006, 80 scheint sprachlich nicht nachvollziehbar zu sein: „'Your pagarch has no claim on us,' the headman of Tholthis seems to have declared".
286 P.Oxy. XVI 1853 (Oxy., 6.–7. Jh.).
287 P.Oxy. XVI 1866 (Oxy., 6.–7. Jh.); zu den Grundbesitzern in Spania vgl. Benaissa 2012, 355–356.
288 Z. 1–2: ἐδόθης ἐν τῇ{ν} εἰρήνῃ | μετὰ τῶν ἀπὸ Κόσμου.
289 Zur Interpretation vgl. auch Ruffini 2008, 248.
290 P.Oxy. XVI 1867 (Oxy., 7. Jh.), s. Bemerkungen. Hier (Z. 13–14) wird der Text unklar, vgl. auch den Komm. von Arthur S. Hunt und H. Idris Bell *ad locum*.

Aber nicht nur gegenüber anderen Dörfern vertraten die Dorfvorstände ihre Siedlungen. In einem fragmentarischen Brief von dem bekannten Viktor scheint es, dass um irgendwelche Arbeiter gestritten wird und dass die μείζονες der einzelnen Dörfer herangezogen werden, um eine Lösung zu finden.[291] Μείζονες sind auch Schiedsrichter in Streitigkeiten der Dorfbewohner. Ein Schiedsspruch (ὅρος/*sententia arbitri*) wird von einem Dorfvorstand und zwei ehemaligen Dorfvorständen gefällt.[292] Es ist naheliegend, dass der μείζων im Dorf keine Kollegen hatte, sonst wären wahrscheinlich jene statt der ehemaligen Beamten herangezogen worden. Es ist ein wohlbekanntes Phänomen, dass Dorfvorsteher und Mitglieder der Dorfelite als Schiedsrichter fungierten, besonders klare Parallelen bietet das Beispiel von Djeme.[293]

Als höhere Instanz, an die sich ein Dorfbewohner in Streitigkeiten zu wenden pflegt, erscheint ein μείζων in einer Petition, die von einem Erbstreit einer vielleicht jüdischen Familie handelt.[294] In der Petition wird erklärt, dass Susneus, der Verfasser der Petition, nach dem Tod seines Vaters zu Abraamios, dem μείζων von Klaudianu,[295] ging. Abraamios holte die Zeugen für das Testament des Vaters von Susneus herbei und der letze Wille des Verstorbenen konnte in die Tat umgesetzt werden. Später wurde der Dorfvorstand bestochen[296] und änderte die getroffene Vereinbarung zugunsten des Bruders von Susneus, und darum schreibt Letzterer jetzt seine Petition. Warum ein Bewohner von Patani sich an den μείζων von Klaudianu wendet, ist nicht mehr ersichtlich, vielleicht waren die Dörfer benachbart und der Vater von Susneus lebte in Klaudianu. Eine andere Möglichkeit wäre die Annahme, dass der μείζων von Klaudianu auch für Patani (in diesem Fall ein Weiler) zuständig war.

Nicht immer genügte aber das Urteil eines μείζων: In einem Brief bittet ein μείζων um die Hilfe eines Archimandriten, um eine Streitigkeit zu regeln.[297] Dieser soll die Angelegenheit erledigen und die Streitenden für einen Schiedsspruch in die Stadt bringen oder – wenn er das nicht wolle – die Sache dem μείζων überlassen,

---

291 P.Oxy. XVI 1937 (Oxy., 6.–7. Jh.).
292 P.Oxy. VI 893 (Oxy., spätes 6.–frühes 7. Jh.), 1–2: † τῷ τύπῳ τῶν ἀξιω[.]πίστων (l. ἀξιοπίστων) ἀνδρῶν Παμουθίου μείζ(ονος) [υ]ἱ(οῦ) . σω[. ο]υ καὶ Πανῖρεν ἀπὸ μειζ(όνων) | [υ]ἱ(οῦ) [Ἰ]ωάννου καὶ Ἀπολλῶ ἀπὸ μειζ(όνων) υἱ(οῦ) Φοιβάμμωνος ἀπὸ κώμης Ἀπόλλωνος. Zum Schiedsspruch vgl. Palme 2008, 69–73, bes. 69.
293 Vgl. unten S. 180.
294 P.Oxy. I 131 (Oxy., 6.–7. Jh.). Zur Provenienz vgl. Litinas 1994, 159. Zur Rolle der Petitionen in der Rechtsprechung des spätantiken Ägypten vgl. Palme 2008, 73–75. Vgl. auch die Einl. von Arthur S. Hunt und H. Idris Bell zum Text.
295 Zu Κλαυδιανοῦ vgl. die Bemerkung zu P.Oxy. I 131 und XVI 1845.
296 Πορδουλεσθείς, die Übersetzung der Herausgeber ("suborned", vgl. auch Komm. zu Z. 19) ist überzeugend.
297 Chrest.Wilck. 134 (= BGU I 103, Oxy., 6.–7. Jh.). Zur Provenienz vgl. Benaissa 2012, 284, den Komm. von Rob P. Salomons zu P.Bodl. I 160, 8 und Jean Gascou im Komm. zu P.Prag. I 65, 2–3. Zur Interpretation vgl. auch Rémondon 1974, 31.

„damit er 'nach Gewohnheit des Gutes' dort die Versöhnung herbeiführe. Offenbar ist der μείζων des Klostergutes, an den die Parteien, die dort wohl wohnen, sich zunächst wenden, nicht befugt, ohne Delegation von seiten seines Archimandriten als Schiedsrichter zu fungieren."[298] Mit den Eirenarchen erhält der μείζων auch anderswo einen Überstellungsbefehl als Dorfvorsteher und ist demgemäß Verantwortlicher für die Sicherheit des Dorfes.[299]

Einige Papyri geben Auskunft über die finanziellen Verhältnisse der μείζονες. In einem Vertrag aus Oxyrhynchos pachten der μείζων des κτῆμα Pakerke und ein Diakon in ihrem Dorf ein Gebiet von 21 Aruren von dem Apionen Flavius Strategios.[300] Ein Kreditvertrag aus dem Jahr 454 enthält ein Darlehen, in dem der μείζων von Tholthis von einem *scriniarius* vier Solidi erhält.[301] Der Grund des Darlehens wird nicht genannt, eventuell handelt es sich um ein Privatgeschäft, es könnte sich jedoch auch um ein Darlehen für die Bezahlung verschiedener Steuern handeln. Ein weiterer Text zeigt eine ähnliche Situation: Es scheint, dass ein μείζων einem Kleriker eine Schuld in Form von Weizen bezahlt.[302] Ein interessantes Zeugnis für die soziale Stellung der Dorfvorsteher ist die Aufteilung des Erbes eines ehemaligen μείζων.[303] Der verstorbene Paulos hinterließ seinem Sohn und zwei Töchtern die beträchtliche Summe von 360 Solidi. Die Töchter werden durch ihre Ehemänner vertreten. Bemerkenswert ist, dass der Mann einer der Töchter auch ein μείζων ist, was die Vernetztheit der Dorfelite untereinander zeigt. Ein anderes Dokument enthält zwei Listen: Eine, die die vom Haus eines μείζων gestohlenen Güter aufzählt, und eine andere, die die Landbesitzer (κτήτορες) des Dorfes auflistet, die den Dorfvorstand entschädigen sollen.[304] Es geht um 86 Solidi, was erneut unterstreicht, dass die μείζονες zu den vermögendsten Bewohnern ihrer Dörfer zählten. Natürlich muss hier auch berücksichtigt werden, dass der Dorfvorstand in diesem Dokument ebenfalls ein Kleriker ist. Die Liste der Landbesitzer, die den μείζων entschädigen sollten, zeigt, dass es mindestens zwei Dorfvorstände im Dorf gab.[305] Es bleibt unklar, warum die Landbesitzer für den Schaden aufkommen sollten.

Zusammenfassend kann gesagt werden, dass die meisten aussagekräftigen Zeugnisse aus dem 5.–7. Jh. die μείζονες im Kontext des Apionen-Archivs erscheinen lassen. Sie sammelten die Steuer ihrer Dörfer ein und legten diese dann vor dem Transport dem zuständigen Angestellten der Apionen zur Kontrolle vor. Diese enge

---

298 Ulrich Wilcken in der Einl. zu Chrest.Wilck. 134.
299 P.Iand. II 25 (Oxy., 6.–7. Jh.). Zur Provenienz vgl. Hagedorn 2006, 166/Anm. 11. Das Dokument ist wahrscheinlich ein Überstellungsbrief, vgl. Hagedorn 2006, 166–167 und die Einl. von Roger S. Bagnall und Fritz Mitthof zu P.Horak. 11.
300 P.Flor. III 325 (Oxy., 489).
301 P.Oxy. inv. 63 6B.63/C(3-4)a (Oxy., 454). Ich bereite eine Edition des Textes vor.
302 P.Wash.Univ. II 101 (Oxy., 5.–6. Jh.).
303 P.Oxy. I 132 (Oxy., spätes 6.–frühes 7. Jh.).
304 P.Oxy. XVI 2058 (Oxy., 6. Jh.), zur Situation vgl. auch P.Oxy. XVI 1853; zur Interpretation vgl. Ruffini 2008, 248–249.
305 P.Oxy. XVI 2058, 52.

Verbindung erklärt auch, dass sie oft in den Abrechnungen der Familie auftreten, sie könnten sogar ein Gehalt von ihnen bekommen haben. Dieses Phänomen muss aber in seinem Kontext verstanden werden, die Apionen hatten finanzielle Verantwortung für Gebiete, in denen sie Landgüter besaßen, übernommen. Oft oder fast immer waren sie auch Pagarchen,[306] es war also für sie eigentlich kein Unterschied, ob sie die Dorfvorstände als Pagarchen oder als Grundherren entlohnten. Zwar hatte der μείζων Kontakt mit den Beamten des Großgrundbesitzes, er war aber ein Beamter und kein Privatangestellter.[307] Die μείζονες repräsentierten ihr Dorf nach wie vor in Verträgen und bei Streitigkeiten zwischen Dörfern. Sie traten weiterhin gemäß den Tendenzen der Periode als Schiedsrichter auf. Es kommen sowohl mehrere wie auch alleinamtierende μείζονες vor; über Amtsdauer und Wiederbesetzung jedoch lässt sich nach wie vor nichts Sicheres sagen.

2.3.2.3 *μείζονες in der früharabischen Zeit*

Der Titel begegnet in dieser Periode im Arsinoites und Herakleopolites seit der ersten Hälfte des 7. Jh. und ist in Aphrodito und vielleicht Djeme im 8. Jh. belegt.[308] Einige Nachrichten über μείζονες in den ersten Jahren der arabischen Herrschaft liefert ein Text,[309] in dem ein arabischer Kommandant die μείζονες von Sobthis anweist, einem anderen Kommandanten einen Stall (?) und Verpflegung für drei Pagen im Wert von drei Solidi zu verkaufen.[310] Die μείζονες vermitteln weiterhin Steuern, wie zwei Texte aus dem Memphites zeigen. Diese beiden Texte sind Zahlungsaufträge von einem gewissen Paulos *presbyteros* und *hypodektes* an den *apaitetes* Abraamios.[311] In diesen Texten soll Abraamios vom Steuerkonto bzw. *von der Ernte, die du eingezogen hast von den Dorfvorständen von Pinarchth( ) und verschiedenen Personen aus Pochis*,[312] diverse Löhne bezahlen. Dieser Text erlaubt Rückschlüsse auf die Rolle der Dorfvorstände in der byzantinischen Zeit im Steuerwesen außerhalb des Großgrundbesitzes: Sie sammelten die Steuer von den verschiedenen Bewohnern ein, nur wird in diesem Fall das Geld nicht einem Angestellten eines Großgrundbesitzers, sondern dem *apaitetes* übermittelt. Das zeigt, dass

---

306 Sarris 2006, 104: „[T]he head of the Apion family held the title of pagarch for the region around Oxyrhynchus almost by hereditary right."
307 Vgl. Sarris 2006, 77–78, vgl. auch das Schaubild auf S. 79.
308 Zu Belegen aus Aphrodito vgl. dieses Kapitel weiter unten und zu Djeme S. 182–185.
309 SB VI 9578 (Herakl., 642). Zum Text vgl. auch Bell 1933, 78/Anm. 1 (= BL V 117). Federico Morelli in der Einl. von CPR XXII 5. Falivene 1998, 195–197, bes. 196/Anm. 1; Bæk Simonsen 1988, 81–83.
310 Στάβλον (Z. 2): Bell 1933, 78/Anm. 1 meint „stabling (?)".
311 SB XX 14607 und P.Vind.Tand. 31 (beide: Memph., Mitte des 7. Jh.), vgl. Bemerkungen. Zu diesen Texten vgl. Palme 1989, 107. Eine Datierung in die arabische Zeit wurde im Komm. zu CPR XXII 6, 3 von Federico Morelli vorgeschlagen.
312 SB XX 14607, 3–4: ἀπὸ γενήμ(ατος) ὧν ἐπαρέλαβ(ες) (l. παρέλαβ(ες)) π(αρὰ) μειζ(όνων) Πιναρχ(θ) | (καὶ) διαφόρ(ων) προσώπ(ων) ἀπὸ Π[ώ]χεως, vgl. P.Vind.Tand. 31, 3–5. Übers. aus Palme 1989, 107.

es in der Praxis der Steuereintreibung auf lokaler Ebene wahrscheinlich keinen großen Unterschied machte, ob ein Dorf unter der steuerlichen Verantwortung einer *civitas* oder eines Großgrundbesitzers stand.

In das Verhältnis des höheren Verwaltungsapparates und der μείζονες erlauben auch andere Dokumente aus dieser Zeit einen Einblick. In einem Papyrus quittieren ein Dorfvorstand und der βοηθός seines Dorfes einem Pagarchen, dass sie ein Darlehen für die Bezahlung der Steuer aufgenommen hatten, und erklären sich bereit, diese Summe innerhalb von fünf Tagen zurückzuzahlen.[313] Offensichtlich geht es hier um Steuerrückstände; die Beamten hoffen, das vom Pagarchen vorgeschossene Geld in den nächsten Tagen noch eintreiben zu können. Die aus dieser Zeit überlieferten beeideten Erklärungen unterstreichen die Verantwortung der Dorfvorstände für ihre Dörfer bzw. finanzielle Einheit. Einige solcher Dokumente aus dem Arsinoites bezeugen μείζονες. Ein Dorfvorstand von einem Weiler (ἐποίκιον) verpflichtet sich gegenüber einem *dux*, alle Fremden in seinem χωρίον zu verhaften und ihm zu übergeben.[314] Ein Dokument aus Bubastos stammt aus einem ähnlichen Kontext: Ein μείζων erklärt, die *felix embola* dem Pagarchen zu liefern.[315] Auf ähnliche Weise verpflichtet sich in einem anderen Dokument ein μείζων gegenüber dem Pagarchen, die *annona* einzutreiben.[316] Auch ein weiterer Papyrus ist Zeugnis für eine ähnliche Situation, ein Dorfvorstand erklärt dem Pagarchen Ioannes, dass er Webwaren (γονάχια) abliefern wird.[317] Vermutlich entstammt auch ein Text aus dem Fayum einem offiziellen Kontext, in dem ein μείζων, ein κεφαλαιωτής τοῦ ἀναλώματος und zwei andere Dorfbewohner einem Notar aus Arsinoiton Polis den Erhalt einer Summe *von dem Kaufpreis des Siebtels des Getreides der gegenwärtigen dritten Indiktion* quittieren.[318]

Weiterhin sind einige Hinweise über die Privatverhältnisse der μείζονες zu finden: In einem Vertrag, der wohl schon aus der früharabischen Zeit stammt, tritt in einem Lieferungskauf ein Dorfvorstand als Lieferant auf. Es geht um eine niedrige Summe, um einen Solidus. Obwohl es einige Probleme mit der exakten Interpretation der Lieferung gibt, zeigt sich, dass der Dorfvorstand in ernsthafte finanzielle Schwierigkeiten geraten ist.[319]

---

313 SB VIII 9750 (Herakl., 642/657).
314 BGU I 323 (Ars., vor 14. 6. 651). Steuerflüchtlinge waren schon seit der pharaonischen Zeit ein Problem der ägyptischen Wirtschaft bzw. Verwaltung, vgl. Morelli 2000, 171–173, bes. Anm. 15 und 19.
315 CPR XIV 1 (Ars., 651/666). Zur Datierung vgl. Bernhard Palme, CPR XXIV, Exkurs VI, 200/Anm. 16.
316 BGU I 320 (Ars., 644).
317 BGU II 403 (Ars., Mitte 7. Jh.). Zur Interpretation des Dokumentes vgl. Morelli 2002, 68–71. Zu γονάχια vgl. Mayerson 1990 und Morelli 2002, 76–79.
318 BGU II 367 (Ars., Mitte–zweite Hälfte 7. Jh. mit Berkes 2011, 289 und Bemerkungen), 13–14: ἐκ τῆς τιμῆς τῆς ἑβδο<μο>μοιρίας | τοῦ σίτου τῆς παρούσης τρίτης ἰν(δικτίωνος). Zum κεφαλαιωτὴς τοῦ ἀναλώματος vgl. unten S. 127–128.
319 P.Michael. 35 (Oxy., nach 640 [?]). Vgl. auch die Einl. von David S. Crawford zu P.Michael.

In der zweiten Hälfte des 7. Jh. sind μείζονες weiterhin meistens in Steuerdokumenten bezeugt. So quittiert der Pagarch Flavius Atias Dorfbewohnern die Bezahlung der *chrysika demosia*, die durch den μείζων übermittelt wurden.[320] Derselbe Flavius Atias – nun schon als *dux* – wendet sich in einem Brief an die μείζονες eines Dorfes in den Belangen einer Frau. Sie hat sich durch die Vermittlung eines Patronen an den *dux* gewandt, der jetzt den Dorfvorstehern schreibt, dass sie die Dame nicht mehr belästigen sollen.[321] Ein anderer Dorfvorstand quittiert einem Pagarchen den Empfang von etwas, das nicht mehr ersichtlich ist.[322] Möglicherweise ging es in diesem Text um etwas Ähnliches wie in einem Dokument, in dem wohl ein für die Bezahlung der Steuer aufgenommenes Darlehen quittiert wird.[323] Der Dorfvorstand erhält hier Geld von Viktor, dem ἐνδοξότατος, der sicherlich ein hochgestellter Beamter bzw. ein Großgrundbesitzer gewesen sein muss. Es ist von einigem Interesse, dass der Vater des μείζων ein ehemaliger Diakon ist, was den Eindruck verstärkt, dass die bedeutenden Positionen im Dorf von einer engen Elite besetzt wurden. Listen berichten weiterhin über die Rolle der μείζονες im Steuerwesen.[324] In einem Geschäftsbrief treten μείζονες wahrscheinlich als Überbringer eines Briefes in ihrem Dorf auf, vielleicht in einer öffentlichen Angelegenheit.[325]

Im 8. Jh. begegnen μείζονες außer in den Aphrodito–Papyri nur selten, es ist jedoch bemerkenswert, dass sie im Arsinoites bis mindestens 778 belegt sind.[326] Μείζονες kommen möglicherweise in Zahlungslisten vor[327] und werden einmal aufge-

---

35 und Gonis 2005/B, 170–171.
320   CPR VIII 73 (Ars., 694).
321   SB XXIV 16219 (Ars., nach 694), vgl. Bemerkungen zum Text und Morelli 2014/B.
322   P.Ross.Georg. III 52 (Ars., 674).
323   SPP III 356 (Herakl., 7.–8. Jh.), vgl. Bemerkungen.
324   SPP X 250 (Ars., arabische Zeit, s. Bemerkungen); SPP XX 237 (Hk.unbek., zweite Hälfte 7. Jh., s. Bemerkungen); P.Laur. III 93 (Ars., 7. Jh., zur Datierung vgl. Bemerkungen); SPP X 146 (Ars., 7. Jh., s. Bemerkungen).
325   SB XX 15186 (Ars., 7.–8. Jh.), s. auch Jördens 1992, 225.
326   Auf der Rückseite des arabischen P.Heid.inv. A 856 v sind zwei griechische Zeilen zu finden: σὺν θ(εῷ) Χαλεδ υἱό(ς) Ἰζιδ μείζο(σιν) χο(ρίου) (l. χω(ρίου)) Α . . . . 2 σὺν θ(εῷ) Χαλ. Die Formulierung der ersten Zeile ist typisch für Adressen von Briefen aus der arabischen Verwaltung vgl. SB XXIV 16219 (Ars., nach 694), zum Papyrus vgl. oben Anm. 321. Eine griechische Addresse für einen arabischen Brief scheint jedoch unwahrscheinlich zu sein, eventuell handelt es sich um Schreibübungen. Der genannte Beamte Ḫālid b. Yazīd ist aus anderen Papyri bekannt. Er war womöglich Pagarch des Arsinoites in den 760er oder 770er Jahren, vgl. Gonis 2004/A 193–194. Ein weiterer unpublizierter Brief, geschrieben in fayyumischem Koptisch, erwähnt ebenfalls μείζονες in seiner Adresse. Er wurde auf ein wiederverwendetes arabisches Protokoll geschrieben, das bereits als CPR III I/2 132 veröffentlicht wurde und in die Zeitspanne vom 28. 9. 778 bis zum 16. 9. 779 zu datieren ist. (Eine Abbildung ist durch http://aleph.onb.ac.at/F?func=file&file_name=login&local_base=ONB08 zugänglich.) Da dieses Proktoll einen *terminus post quem* für den Brief darstellt, zeigt sich, dass der Titel auch nach 778 im Fayum noch im Gebrauch war.
327   In SPP X 220 (Herakl., 8. Jh.) ist nicht klar, ob μείζονες oder μειζότεροι mit den Abkürzungen gemeint sind. In P.Ross.Georg. V 69 (Ars., 8. Jh.) scheint wegen der Erwähnung der

fordert, einem Bäcker eine Steuerzahlung als Lohn auszuzahlen.[328] Neben diesen spärlichen Dokumenten bieten die Aphrodito-Papyri des frühen 8. Jh. einen breiteren Einblick in die Rolle der μείζονες in der früharabischen Zeit.[329] Diese Papyri stammen aus dem Archiv der Pagarchie von Aphrodito. Sie enthalten griechische Abrechnungen, koptische Urkunden und arabische bzw. griechische Briefe und Steuervorschreibungen, die von dem Statthalter Qurra b. Šarīk an den Verwalter des Ortes, Basileios, versendet worden sind.

In diesen Texten kann der Titel μείζων mit dem koptischen ⲗⲁϣⲁⲛⲉ gleichgesetzt werden,[330] deshalb werden in die Untersuchung der Dorfvorstände von diesem Archiv auch die genannten koptischen Amtsträger miteinbezogen.[331] Die Papyri des Archives belegen die Rolle der μείζονες im Kontext des Steuerwesens und anderen administrativen Aufgaben. Die μείζονες liefern die verschiedenen Requisitionen ihres Dorfes ab.[332] Ein Brief von Qurra zeigt, dass die Bestimmung der Steuerveranlagung den Dorfvorständen und den bedeutenden Landbesitzern (τοὺς μείζονας καὶ πρωτεύοντας) oblag.[333] Sie mussten ihr Ergebnis auch eidlich bezeugen. Der Statthalter bedroht aber dennoch sowohl den Pagarchen, der das Procedere überprüfen soll, wie auch die beteiligten Dorfbewohner mit schweren Strafen.

Die gerechte Steuerauflage im Dorf durch die μείζονες, bzw. die gerechte Eintreibung von den Dorfbewohnern durch den Pagarchen, war offenbar nicht immer unproblematisch, da das Thema auch in anderen Briefen des Qurra vorkommt.[334] Die strikte Kontrolle der Steuerzahlungen ist auch in den überlieferten Deklarationen von Steuerrückständen ersichtlich. Drei solche Texte sind auf uns gekommen,

---

χωρία die Präsenz eines μείζων wahrscheinlicher zu sein, aber wenn mit ἐκφόριον hier wirklich ein Pachtzins gemeint ist, wäre ein μειζ(ότερος) als Pächter auch nicht ausgeschlossen (vgl. Bemerkung zu Z. 4). Im Steuerregister SPP X 127 (Ars., 8. Jh.) sind in Z. 2 wahrscheinlich auch μείζονες gemeint, vgl. Bemerkungen.

328 SB XX 14236 (Ars., 8. Jh.), für ein besseres Verständnis des Textes s. die Neuedition: Gonis 2009, 206–207. Vgl. auch Bemerkungen.
329 Eine Zusammenfassung über die Aufgaben der μείζονες im Archiv ist auch in Bæk Simonsen 1988, 123–124 zu finden.
330 Schmelz 2002, 298. Schmelz führt P.Lond. IV 1494 (Aphrod., 709) an, in dem der in frag. II Z. 4 erwähnte ⲁⲡⲁ ⲕⲩⲣⲟⲥ ⲡϣⲉ ⲛⲡⲙⲁⲕⲁⲣⲓⲟⲥ ⲥⲁⲙⲟⲩⲏⲗ ⲡⲗⲁϣⲁⲛⲉ im griechischen Teil des Dokumentes, in frag. II Z. 42 als Ἄπα Κῦρος Σαμουὴλ μείζο(ν) (l. μείζων) wiedergegeben wird. Das Argument von MacCoull 1997, 127/Anm. 7, dass wegen des Omikrons in der Abkürzung eher μειζότερος gelesen werden sollte, ist nicht stichhaltig. Vgl. auch P.Lond. IV 1499 (Aphrod., 709), 3 und 19; P.Lond. IV 1565 (Aphrod., 8. Jh.), 2–4, 60. Vgl. ausführlich unten S. 204–205.
331 Zwei fragmentarische koptische Papyri werden nicht diskutiert: P.Lond. IV 1524 (Aphrod., 8. Jh.) und P.Lond. IV 1601 (Aphrod., 8. Jh.) erwähnen Dorfvorstände. Womöglich geht es auch in P.Lond. IV 1509 (Aphrod., Anfang 8. Jh.) und P.Lond. IV 1523 (Aphrod., 709) um Dorfvorsteher (s. die Einleitungen der Texte).
332 P.Lond. IV 1440 (Aphrod., ca. 709).
333 P.Lond. IV 1356 (Aphrod., 710), 15–39. Vgl. auch unten S. 219/Anm. 66.
334 P.Lond. IV 1367 (Aphrod., 710); P.Lond. IV 1400+1364 (Aphrod., 710), 15–21.

von denen zwei Deklarationen von μείζονες enthalten,[335] aber auch bei dem dritten handelt es sich wahrscheinlich um Dorfbeamte.[336] Die Deklaranten müssen jeweils genau angeben, welche Rückstände sie noch haben. Von Interesse ist, dass in einem dieser Texte der in der griechischen Zusammenfassung als μείζων auftretende Patermuthios in der koptischen Deklaration пϩⲩⲡⲟⲇⲉⲕ(ⲧⲏⲥ), also Steuereintreiber, des ἐποίκιον Apa Pinution genannt wird.[337] In der Edition wurde angenommen, dass Patermuthios sowohl Dorfvorstand wie auch Steuereintreiber des ἐποίκιον Apa Pinution war. Das ist wohl möglich, aber da der Amtssprengel des μείζων nicht angegeben wird, bietet sich auch die Alternative, dass er Dorfvorstand in einem anderen Dorf[338] war – wo möglicherweise auch das Dokument ausgestellt worden ist – und auch für die Eintreibung der Steuer in dem genannten ἐποίκιον (das vielleicht zu klein war, um einen Vorstand zu haben) verantwortlich war; Ähnliches kam schon in der byzantinischen Zeit vor.[339]

Wie schwer die gründliche Kontrolle der arabischen Administration gewesen sein muss und zu welchen Maßnahmen sie die lokalen Beamten veranlasste, zeigt ein interessanter Brief von Qurra b. Sharik an den Pagarchen Basileios:

Es gibt sonst überhaupt kein Foltermittel, welches, indem es den Gefolterten unheilbar krank und arbeitsunfähig machte, dabei schlimmer wäre als Kalkstaub mit Essig. Demzufolge verfügen wir, dass nach Absendung (?) unseres gegenwärtigen Schreibens niemand mit Kalkstaub gefoltert werden soll. Sobald du also das gegenwärtige Schreiben empfängst, befiehl allen Dorfdioiketen, den Dorfschulzen und den übrigen dir unterstellten Beamten (πᾶσι τοῖς τῶν χωρίων διο]ικηταῖς μείζοσι καὶ λοιποῖς ὑπουργοῖς), niemanden mit Kalkstaub und Essig zu foltern. Findet sich aber (hinfort) unter der Bevölkerung deines Bezirkes jemand, der von deinen Beamten mit Kalkstaub und Essig gefoltert wurde, so werden wir es dir an deiner Person und an deinem Vermögen vergelten.[340]

---

335 P.Lond. IV 1565 (Aphrod., 8. Jh.); P.Lond. IV 1570 (Aphrod., 708/709).
336 P.Lond. IV 1572 (Aphrod., 8. Jh.).
337 P.Lond. IV 1570, 1, 7–8, 14 usw.
338 Er könnte mit Patermuthios, Sohn des Menas, μείζων von Bunon in P.Lond. IV 1499 (Aphrod., 709) identisch sein.
339 Vgl. P.Oxy. VIII 1137 mit Bemerkungen.
340 P.Ross.Georg. IV 16 (Aphrod., 710), 2–13: οὐκ ἔστιν | [τὸ σύνολον οὐδὲν ἄλλο β]ασανιστήριον ἀνίατον καὶ ἀργὸν | ἀποδικνῦον (l. ἀποδεικνῦον) [τὸν βασανιζόμ]ενον χείρω τοῦ λεπταρίου | [μετὰ (καὶ) ὀξιδίου. διὰ τοῦτο] κελεύομεν μετὰ τὴν ἀπόλυσιν | [τῶν παρόντων ἡμῶν γραμ]μάτων μὴ λεπταρισθῆναί τινα. | [δεχόμενος οὖν τὰ παρόντ]α γράμματα παράγγειλον | [πᾶσι τοῖς τῶν χωρίων διο]ικηταῖς μείζοσι καὶ λοιποῖς | [ὑπουργοῖς σου τοῦ μὴ β]ασανίσαι τινὰ ἀπὸ λεπταρίου | [καὶ ὀξιδίου. εἰ μέντοι εὑρ]εθείη τις ἐκ τῶν τῆς διοική(σεώς) σου' | [παρὰ τῶν ὑπουργῶν σου β]ασανισθεὶς ἀπὸ λεπταρίου | [καὶ ὀξιδίου μέλλομεν ἀποδο]ῦναί σοι ἐν τῇ ψυχῇ καὶ | ὑποστάσει σου. Übers. von Peter Jernstedt aus der Edition. Die Klammern der Übersetzung wurden weggelassen, die Ergänzungen, wenn sie auch nicht immer sicher sind, sind dem Sinn gemäß zutreffend.

Dieses Dokument verleiht den Eindruck, dass die lokalen Beamten bzw. die lokale Elite über sehr großen Einfluss und Macht in ihrer Gemeinde verfügten. Da auch der arabische Statthalter sich mit diesem Problem befasste, kann man zurecht vermuten, dass solche Missbräuche nicht nur Einzelfälle waren.

Diese Umstände machen es auch verständlich, dass im Archiv viel von der Problematik der Flüchtlinge, ein in Ägypten schon seit langem bekanntes Problem, die Rede ist. Qurra bedroht z.B. Basileios und durch ihn auch die μείζονες, die διοικηταί und die Wächter der Dörfer mit schweren Strafen, falls sie Flüchtige verbergen würden.[341] In einem anderen Brief erhält Basileios detaillierte Anweisungen bezüglich der Flüchtigen.[342] Er soll zuerst den Dorfvorständen, διοικηταί und Wächtern seines Bezirkes den Brief von Qurra vorlesen, damit sie dessen Inhalt in den Kirchen ihrer Dörfer bekannt machen.[343] Die Dorfbewohner müssen dann innerhalb einer Frist die Flüchtigen melden und zu Qurra schicken, wofür sie eine Quittung bekommen. Falls nach dem Ablauf der Frist Beauftragte von Qurra immer noch Flüchtige fänden, müssen nicht nur der Flüchtige fünf Solidi und der, der ihn verbarg, zehn Solidi bezahlen, sondern auch die Dorfbeamten ebenso fünf Solidi wie der Geflüchtete. Diese Sachlage spricht dafür, dass die Interessen der lokalen Elite wahrscheinlich zu ernsthaften Konflikten mit den ärmeren Dorfbewohnern führen konnten, wobei natürlich die erstere Gruppe wesentlich bessere Möglichkeiten hatte, ihren Willen durchzusetzen.

Der Druck der arabischen Regierung ist auch in den überlieferten Erklärungen zu sehen, die Garantien für Flüchtige von Dorfbeamten enthalten. So erklären ein ⲗⲁϣⲁⲛⲉ und ein Dorfbewohner in einer Gestellungsbürgschaft, bestimmte Personen, die als Flüchtige in der Thebais gefasst worden waren und später zurückgeschickt wurden, empfangen zu haben, sie zu bewachen und jeder Zeit dem Statthalter abzuliefern.[344] In einer anderen fragmentarischen Erklärung[345] bestätigt derselbe ⲗⲁϣⲁⲛⲉ, einige Leute – nach einer früheren Unzuverlässigkeit – jetzt sicher im Gefängnis zu bewachen. Außerdem ist er auch bereit, mögliche andere Flüchtige zu ergreifen. Nicht nur für Flüchtige mussten die Dorfbeamten Erklärungen ausstellen, auch für die von ihnen gestellten Dorfbewohner wurde das erwartet. Zwei Dokumente belegen Dorfvorstände, die für Matrosen aus ihrem Dorf, die für die arabische Flotte bestimmt waren, bürgen.[346] Aber nicht nur für das gute Benehmen

---

341 P.Lond. IV 1343 (Aphrod., 709), 20–32.
342 P.Lond. IV 1384 (Aphrod., 708–710).
343 Diese Stelle ist ein Indiz dafür, dass man auch noch in dieser Zeit mit einem guten Verständnis der griechischen Sprache sogar in ägyptischen Dörfern rechnen kann, vgl. dazu auch Sijpesteijn 2013, 250–252.
344 P.Lond. IV 1521 (Aphrod., 708–709).
345 P.Lond. IV 1528 (Aphrod., 8. Jh.).
346 P.Lond. IV 1494 (Aphrod., 709), vgl. MacCoull 1997; P.Lond. IV 1499 (Aphrod., 709).

der Matrosen, sondern auch für die Arbeiter aus ihrem Dorf mussten μείζονες häufig bürgen.[347]

Einen besonderen Einblick in das komplexe Verhältnis der Dorfbeamten des Pagarchen und des Statthalters in Bezug auf die Stellung der Arbeiter bietet eine koptische Quittung.[348] Ein Dorfvorstand erklärt dem Statthalter Qurra durch Basileios, den Pagarchen, dass er eine bestimmte Summe erhielt. Diese Zahlung hatte aber schon eine lange Vorgeschichte: Für den Bau eines Palastes wurde als monatliche Zahlung ein „halber Arbeiter" verlangt, anstatt dessen bezahlte aber der ⲗⲁϣⲁⲛⲉ eine bestimmte Abgabe, wie es üblich war.[349] Der Pagarch übernahm die Summe und übergab sie einem Steuerbeamten, der im nördlich gelegenen Hypsele amtierte, dessen Amtssprengel sich aber auch auf Aphrodito erstreckte. Später jedoch kam ein Sarazene und erfuhr, dass die Abgabe schon losgeschickt worden war. Nachdem er das erfahren hatte, behauptete er, dass nur die Arbeiter und nicht die Abgabe akzeptiert werden könnten, und der Dorfvorstand diese stellen müsse. Da er aber auch schon die Abgabe geleistet hatte, bat er den Pagarchen, ihm das Geld zurückzuzahlen: Und so geschah es. Dieses Dokument zeigt, wie schwierig es für die lokale Elite gewesen sein muss, unter dem ständigen Druck der Araber zu agieren bzw. die erforderten Leistungen zu erfüllen.[350]

Die koptischen Urkunden des Dossiers werfen ebenfalls Licht auf die Schreibkundigkeit der Dorfvorstände. Das Bild ist uneinheitlich,[351] für die Leitung eines Dorfes wurde die Fähigkeit des Schreibens nicht als unbedingt nötig erachtet. Bemerkenswert ist aber, dass für den des Schreibens unkundigen ⲗⲁϣⲁⲛⲉ des Dorfes Keramion, Athanasios, Sohn des Isaak, in den zwei Dokumenten, in denen er belegt ist, Iezekias, μείζων des Dorfes Pakauneos, schreibt. Das mag reiner Zufall sein, aber die Annahme, dass dies eine eingebürgerte Praxis zwischen den beiden war, ist auch naheliegend. Vergleicht man die jährlichen Steuerraten der Dörfer Pakauneos und Keramiu, wurde von Pakauneos für die öffentliche Goldsteuer (*chrysika demosia*) eines Jahres etwa 7,5-mal so viel eingesammelt wie von Keramiu.[352] Das erlaubt natürlich auch weitere Rückschlüsse auf die Größe und

---

347 P.Lond. IV 1452 (Aphrod., 8. Jh., die Bürgschaft gilt nicht für Matrosen, sondern Arbeiter, vgl. BL XII 107), 24; P.Lond. IV 1511 (Aphrod., 8. Jh.); P.Lond. IV 1549 (Aphrod., 8. Jh.); P.Lond. IV 1551 descr. (Aphrod., 8. Jh.).
348 P.Lond. IV 1508 (Aphrod., 8. Jh.).
349 Vgl. die Bemerkung von Bell in der Edition, P.Lond. IV 1508, S. 444: „This document well illustrates the nature of personal (ἐν σώματι) and money (ἐν ἀπαργυρισμῷ) service. When the government demanded the latter, the money was sent from the χωρίον to the treasury, and the workmen were hired by, or paid from, head-quarters. When the workmen themselves were demanded, they were hired and paid by the officials of the χωρίον. Thus money was raised anyhow, but only in the former case was it sent up to Babylon."
350 An dieser Stelle soll auf das Fragment P.Lond. IV 1626 (Aphrod., 8. Jh.) aufmerksam gemacht werden, in dem ein Dorfvorstand in einer παρακλητικὴ ὁμολογία als Zeuge fungiert.
351 Vgl. P.Lond. IV 1494; 1499; 1508; 1549; 1565.
352 Pakauneos: 371 Solidi, 8 Siliquae, Keramiu: 50 Solidi, 19 Siliquae; vgl. H. Idris Bell,

relative Bedeutung der beiden Dörfer. So könnte man auch annehmen, dass in einem bedeutenderen Dorf ein Beamter eher gezwungen war, schreiben zu können, als an einem kleineren Ort.

2.3.2.4 Zusammenfassung

Das Wort μείζων erlangte schon im 3. Jh. eine spezielle Bedeutung in der ägyptischen Verwaltungssprache: Es handelte sich um eine Höflichkeitsform für hochrangige Beamte. Diese Bedeutung ist bis zum Ende des 4. Jh. zu finden. Als Bezeichnung für Beamte begegnet uns der Titel erst um das Ende des 3. Jh., doch außerhalb Ägyptens lassen sich keine Belege finden. Wahrscheinlich kann man die Einführung des Amtes mit den Reformen Diokletians 297 verbinden. Die Position des μείζων in der Hierarchie der Dorfverwaltung ist im 4. Jh. noch nicht immer eindeutig, aber im 5.–8. Jh. bezeichnet der Terminus ohne Zweifel immer den ersten Dorfbeamten. Meistens treffen wir nur einen Amtsträger an der Spitze der Dörfer an, aber es kommen Schwankungen in ihrer Zahl vor. Ihr Aufgabenbereich bzw. ihre Tätigkeit war allgemein: Μείζονες kümmerten sich um allerlei Angelegenheiten, die ihr Dorf betrafen.

Der Titel ist ab dem 5. Jh. vornehmlich im Oxyrhynchites belegt, wo wir die Tätigkeit der Dorfvorsteher im Kontext des Großgrundbesitzes der Apionen fassen können. Im Jahr 642 bzw. vor dem Jahr 651 tauchen die ersten μείζονες im Herakleopolites und im Arsinoites auf, die dann auch noch im späteren 7. bzw. 8. Jh. die Dörfer in diesen Gebieten leiteten. Der Titel ist auch im Memphites um die Mitte des 7. Jh. bezeugt, kommt aber auch im 8. Jh. in Aphrodito und eventuell in Djeme vor.[353] Im Basileios-Archiv konnte der Titel mit dem koptischen ⲗⲁϣⲁⲛⲉ identifiziert werden.

2.4 Die koptischen Titel

Neben den zahlreichen griechischen Titeln für Dorffunktionäre lassen sich auch mehrere koptische Bezeichnungen finden. Die Mehrzahl der Belege für diese Titel begegnet uns in der Dokumentation des oberägyptischen Dorfes Djeme, die aber gesondert in dem Kontext des Dorfes diskutiert werden soll.[354] Aus diesem Grund sollen hier nur die aus anderen Gebieten stammenden relevanten Zeugnisse kurz besprochen werden.

P.Lond. IV, S. XIV.
353 Vgl. unten S. 201–207.
354 Vgl. unten S. 170–190.

2.4.1 Der ⲗⲁϣⲁⲛⲉ

Der koptische Titel ⲗⲁϣⲁⲛⲉ[355] ist im 6.–8. Jh. belegt und bezeichnete überall die leitenden Dorfvorsteher. Mit der Ausnahme eines Textes aus dem Fayum ist der Titel nur südlich von Hermupolis, vornehmlich in Djeme und Aphrodito, einmal aber auch in Wadi Sarga (in der Nähe von Lykopolis) bezeugt.[356] Das Wort ⲗⲁϣⲁⲛⲉ wird aus dem ägyptischen *mr šn* abgeleitet, das seit der pharaonischen Zeit verschiedene priesterliche Titel bezeichnete.[357] Bis zum 3. Jh. n.Chr. stand die gräzisierte Version des Titels, λέσωνις, für priesterliche Funktionen.[358] Einige Texte aus der Großen Oase, die in das 4.–5. Jh. datieren, weisen jedoch schon auf eine Bedeutungsveränderung des Titels λέσωνις zu dieser Zeit hin. Abgesehen von einem sehr kleinen Fragment bezeugen die anderen Texte den λέσωνις Viktor, der Zahlungsanweisungen erhält und Weizen abgibt. Die Analogie des späteren ⲗⲁϣⲁⲛⲉ lässt vermuten, dass es sich hier schon um einen Dorfvorsteher handelt. Der hiesige ⲗⲁϣⲁⲛⲉ ist wahrscheinlich mit dem aus der Gegend bekannten Protokometen zu identifizieren. Die Bedeutungsverschiebung des Wortes könnte mit der Christianisierung Ägyptens zusammenhängen: Man hat wohl den Begriff des heidnischen Kultes umgedeutet. Die Deutungsverschiebung wäre leicht zu erklären: „Der Lašane ist eben wie der Lesonispriester Vorsteher einer Genossenschaft, und zwar kann dies keine andere als die Dorfgenossenschaft, das κοινὸν τῆς κώμης gewesen sein".[359]

Der Titel bezeichnet – soweit bekannt – immer den wichtigsten Dorfvorsteher. Daher ist ⲗⲁϣⲁⲛⲉ – nach den Aussagen mancher zweisprachiger Dokumente – mit regional verschiedenen griechischen Titeln identisch. Im Aphrodito des frühen 8. Jh.

---

355 Für die verschiedenen Plural-Formen s. Crum, Dict. *s.v.*
356 Da in Aphrodito (im 8. Jh.) der ⲗⲁϣⲁⲛⲉ mit dem μείζων identisch ist, wurden die Belege schon im relevanten Kapitel (vgl. oben S. 77–82) untersucht. Aus dem Fayum kennen wir nur BKU III 349 (Fayum, o.D.), in dem ein ⲗⲏϣⲁⲛⲓ die Bezahlung von Miete quittiert. Aus O.Sarga 114 (Wadi Sarga, 7. Jh.) lässt sich bloß die Existenz des Titels vor Ort entnehmen. Crum erwähnt in P.Lond.Copt., S. 522 ebenfalls, dass Laschanen in unpublizierten Papyri aus der Region von Lykopolis vorkommen. Drei Texte, die den ⲗⲁϣⲁⲛⲉ belegen, sind unbekannter Herkunft: SB Kopt. III 1262 (Hk.unbek., 7.–8. Jh.); P.Lond.Copt. 1160 (Hk.unbek., o.D.) und P.Ryl.Copt. 165 (Hk.unbek., 6.–7. Jh.).
357 S. ausführlich Chaufray 2011/I–II.
358 Eine mögliche Verbindung zwischen der griechischen Version dieses Titels, ἀρχιερεύς, und den hermopolitischen Dorf-ἱερεῖς der Spätantike wird S. 124 diskutiert.
359 Zitat: Steinwenter 1920, 52. O.Douch IV 493 (Kysis [Oasis Magna], 4.–Anfang 5. Jh.); O.Douch V 601 (4. Jh.–Anfang 5. Jh.); O.Waqfa 5 (Ain Waqfa [Oasis Magna], zweite Hälfte 4. Jh.) und vielleicht auch O.Waqfa 6–7 (beide: Ain Waqfa [Oasis Magna], zweite Hälfte 4. Jh.), vgl. den Komm. von Hélène Cuvigny und Guy Wagner zu O.Waqfa 5, 1–2; Chaufray 2011/II, 377; Schmelz 2002, 302. Guy Wagner bemerkt im Komm. zu O.Douch IV 493, 1: „[C]omme nous évoquions l'équivalence du *lashane* avec le prôtocomète, je signale l'émergence, dans les O.Douch de la campagne 1993, des prôtocomètes du village de *Pègè Philosarapidos*, «La Source de Philosarapis»". Das erwähnte Ostrakon (O.Douch inv. 1715-2) wird von Florence Lemaire in O.Douch VI publiziert. Es enthält nur die Erwähnung von zwei Protokometen des Dorfes πηγὴ Φιλοσαράπιδος. Ich danke Florence Lemaire für eine Einsicht in ihr Manuskript von der Edition dieses Dokumentes.

ist der ⲗⲁϣⲁⲛⲉ dem μείζων gleichzusetzen, in Djeme bis zum späten 7. Jh. dem πρωτοκωμήτης, und ab dem frühen 8. Jh. eventuell dem μείζων.[360] Der mit dem ⲗⲁϣⲁⲛⲉ identifizierte griechische Terminus wurde also immer für die ranghöchsten Dorfvorsteher verwendet. Demgemäß könnte man im Fayum eine Übereinstimmung des ⲗⲁϣⲁⲛⲉ mit dem μείζων annehmen, aber für solch eine Identifikation fehlen uns bis jetzt die Belege.

Die Tätigkeit des ⲗⲁϣⲁⲛⲉ wird besonders aus dem Djeme-Material ersichtlich, aber auch die Aphrodito-Papyri des frühen 8. Jh. geben Einblicke in die Rolle des ⲗⲁϣⲁⲛⲉ/μείζων.[361] Allgemein weicht ihre Tätigkeit nicht von der der unter anderen Titeln bekannten Dorfvorstehern der Periode ab. Da das Wort zu einem spezifischen, festen Ausdruck für die Dorfvorsteher in der koptischen Sprache wurde, wären zwei Fragen bezüglich des ⲗⲁϣⲁⲛⲉ von besonderem Interesse. Einerseits wären neues Quellenmaterial bzw. Studien wünschenswert, um die genaue Entwicklung vom priesterlichen λέσωνις zum Dorfvorstand ⲗⲁϣⲁⲛⲉ besser zu verstehen, andererseits würde man sich auch über neue Texte zur Kontinuität des Amtes in späterer Zeit freuen, oder über eine Erklärung der Absenz dieses Titels in den koptischen Texten des Mittelalters.[362]

2.4.2 Der ⲁⲡⲉ

Der Titel ⲁⲡⲉ, Pl. ⲁⲡⲏⲩⲉ ('Kopf'),[363] konnte sich auf verschiedene Funktionen beziehen: Die allgemeine Bedeutung 'Vorsteher' konnte in vielen Kontexten verwendet werden. Vergleichbar, aber nicht identisch in dieser Hinsicht ist auch der etymologisch dem ⲁⲡⲉ nahestehende griechische Terminus, κεφαλαιωτής, der ebenfalls Vorsteher verschiedener Art bezeichnen kann.[364] Mit ⲁⲡⲉ werden u.a. Vorsteher von Berufskorporationen, Klostervorsteher und Leiter der Wächter (ⲁⲡⲉ ⲛ̄ⲟⲩⲣⲓⲧ) betitelt, aber das Wort hat auch diverse verwandte Bedeutungen in literarischen Texten.[365] Für uns ist jedoch besonders interessant, dass der Titel auch verschiedene Dorfbeamte bezeichnete.

---

360 Vgl. oben S. 78, bes. Anm. 330, und unten S. 182–185.
361 Vgl. oben S. 77–82 und unten S. 173–178.
362 Vgl. dazu auch unten S. 211–212.
363 Für andere Plural-Formen vgl. Crum, Dict. *s.v.* Das Wort ist in der Bedeutung 'Kopf' feminin, aber als Titel maskulin. In P.Schutzbriefe 63 (Theb.-W., erste Hälfte 8. Jh.), 12, CPR IV 36 (Herm., 7. Jh.), 2 und P.Bawit Clackson 7 (Bawit, 8. Jh.) kommt der Titel trotzdem mit dem femininen Artikel vor, vgl. Sarah Clacksons Komm. zu P.Bawit.Clackson 7, 4.
364 Vgl. unten S. 125–129, bes. 129.
365 Korporationsvorsteher: SB Kopt. I 242 (Edfu, 649), 50 et *passim*; Klostervorsteher: P.Mich.Kopt. 1 (3.–Anfang 4. Jh.); Vorsteher der Wächter: P.KRU 42 (Theb.-W., 725–726), 7, 10–11, 17; für andere Belege (auch in literarischen Texten) s. Crum, Dict. s.v. ⲁⲡⲉ. Einmal taucht möglicherweise ein ⲁⲡⲉ von Oxyrhynchos (ⲡⲁⲡⲉ ⲙ̄ⲫⲙⲭ) auf, aber die Deutung dieses Titels ist unklar: SB Kopt. II 914 (= P.Laur. III 125; Oxy., [erste Hälfte des ed.pr.] 7. Jh.).

2.4 Die koptischen Titel

Als Dorfbeamte begegnen uns ⲁⲡⲏⲅⲉ in der Nähe von Hermupolis, im fayumischen Sprachgebiet (im Fayum und im Herakleopolites), in Aphrodito und vor allem in Djeme zwischen dem 6. und 8. Jh.[366] In der thebanischen Region scheint sich der Titel nicht auf den wichtigsten Dorfbeamten bezogen zu haben, sondern eher auf die den Laschanen unterstellten, sich vornehmlich mit der Steuereintreibung befassenden Funktionären des Dorfes, die mit den Komarchen des 5.–6. Jh. vergleichbar sind.[367] Ihre Rolle in der Verwaltung von Djeme wird im relevanten Kapitel erörtert.[368] Eine ähnliche Funktion wie in Djeme hatten sie wohl auch in der Umgebung von Aphrodito inne.[369] Im Hermopolites und Antinoopolites sind ⲁⲡⲏⲅⲉ die leitenden Vorsteher ihrer Dörfer, im Fayum und Herakleopolites hingegen ist ihre Rolle unklar.[370] Man könnte zwar annehmen, dass sie auch dort die wichtigsten Dorfvorsteher waren, aber da in derselben Region auch ein ⲗⲁϣⲁⲛⲉ vorkommt,[371] könnte man dafür argumentieren, dass die ⲁⲡⲏⲅⲉ dem ⲗⲁϣⲁⲛⲉ subordinierte Beamte in der Struktur der Dorfverwaltung waren, wie in Djeme. Da die Publikationslage der koptischen Dokumente des Fayum schlecht ist, kann man von den zukünftigen Veröffentlichungen weitere Daten zu dieser Problematik erhoffen.

Wie mehrere zweisprachige Texte ergeben, ist der Titel in der Region von Hermupolis mit dem griechischen πρωτοκωμήτης gleichzusetzen, der an der Spitze der dörflichen Verwaltung stand.[372] Für eine klare Trennung von dem κωμάρχης, der in dieser Region in der Hierarchie unter dem πρωτοκωμήτης stand, spricht ein fragmentarischer koptischer Text, in dem sowohl ein ⲕⲱⲙⲁⲣⲭⲏⲥ wie auch ⲛ̄ⲁ]ⲡⲏⲅⲉ er-

---

366 Bei einer großen Zahl von koptischen Texten, die ⲁⲡⲏⲅⲉ belegen, ist die Herkunft unbekannt. Da aber viele Texte aus Sammlungen stammen, die vorwiegend hermopolitische Texte enthalten – wie etwa P.Ryl. –, kann man wohl annehmen, dass es sich meistens um Dokumente aus dieser Region handelt.
367 Vgl. oben S. 32–34 und unten S. 174.
368 Vgl. unten S. 178–179.
369 Zwei koptische Papyri von 710 bezeugen ⲁⲡⲏⲅⲉ in der Umgebung von Aphrodito. P.Lond. IV 1573 (Aphrod., 710) ist eine Petition von Dorfbewohnern an den δημόσιος λόγος durch den Pagarchen. Die in nicht jeder Hinsicht klare Deklaration erwähnt einen N.N., Sohn des Philotheos, der mit der Steuereinziehung schon früher beschäftigt war. Es wird auch berichtet, dass der Pagarch ihnen jemanden zum ⲁⲡⲉ ernannt hat (Z. 10 ⲁⲧⲉⲧⲛⲁⲁϥ ⲛⲁⲛ ⲛⲁⲡⲉ). Ferner erklären sie, dass sie mit ihrem Vermögen für irgendetwas haften. Der ⲁⲡⲉ ist hier also offenbar mit der Steuereintreibung verbunden, was an die Rolle des Beamten in Djeme erinnert. Ferner ist auch in Aphrodito der ⲗⲁϣⲁⲛⲉ wie in Djeme der leitende Dorfvorsteher (vgl. oben S. 78, bes. Anm. 330), was auf eine Parallelität der beiden Strukturen hinweisen könnte. In P.Lond. IV 1619 (Aphrod., 710), 5 und 8 geben zwei ⲁⲡⲏⲅⲉ zu einer Urkunde ihre Zustimmung.
370 In CPR IV 127 (Ars, 8. Jh.), 12 ist ⲁⲑⲁⲛⲁⲥⲓ ⲡⲁⲡⲉ ⲡⲓϭⲛⲁⲛⲓϫⲉ Zeuge bei einem Pachtvertrag zwischen dem Dorf-κοινόν und einen ἀρχισύμμαχος. Im fragmentarischen CPR IV 205 (Herakl., 8. Jh.), 9 taucht ein ⲡⲉⲧⲣⲟⲥ ⲡⲁⲡⲉ ⲛⲧ[ⲓⲙⲓ auf; die Namenliste O.Vind.Copt. 120 (Fayum [?], 7.–8. Jh.), 2 belegt eventuell einen Dorf-ⲁⲡⲉ.
371 BKU III 349 (Fayum, o.D.).
372 Vgl. oben S. 44.

wähnt werden.³⁷³ Hermopolitische Dokumente bezeugen ⲁⲡⲏⲩⲉ von Dörfern einzeln, zu zweit oder im Plural.³⁷⁴ Obwohl eine gewisse Schwankung in ihrer Zahl – wie bei allen anderen Dorfbeamten – prinzipiell nicht auszuschließen ist, darf man wohl annehmen, dass in der Regel ein oder zwei ⲁⲡⲏⲩⲉ in einem Dorf amtierten.

In der Tat zeigt unsere Evidenz aus Mittelägypten, dass die ⲁⲡⲏⲩⲉ dieselben Aufgaben übernahmen wie die Protokometen: Sie vertreten die Dorfgemeinschaft und das Dorf in verschiedenen Angelegenheiten,³⁷⁵ quittieren und übermitteln Steuerzahlungen,³⁷⁶ stellen Schutzbriefe aus,³⁷⁷ bürgen für Dorfbewohner³⁷⁸ und deklarieren die Steuersubjekte ihres Dorfes.³⁷⁹ ⲁⲡⲏⲩⲉ schreiben und erhalten Briefe bezüglich der Steuereintreibung oder der Organisation der Fronarbeit und sind demgemäß regelmäßig in ähnliche Angelegenheiten involviert.³⁸⁰ Ebenfalls im Kontext des Finanzwesens ist zu deuten, dass drei ⲁⲡⲏⲩⲉ gegenüber einem hochrangigen Finanzbeamten, einem χρυσώνης, ihre Steuerschuld anerkennen.³⁸¹ Aber genauso pflegen sie Kontakte und unterhalten verschiedene Geschäfte mit anderen typischen Akteueren der spätantiken χώρα, wie Funktionären von Großgrundbesitzern oder Kirchen und Klöstern.³⁸² Häufig sind sie auch Zeugen in Verträgen, offenbar als angesehene Männer ihrer Gemeinde.³⁸³

Zusammenfassend kann man sagen, dass der Titel ⲁⲡⲉ in der Gegend des Hermopolites – synonym zum griechischen πρωτοκωμήτης – ab dem 6. Jh. die geläufige koptische Benennung für den ranghöchsten Dorfvorsteher war. In der thebanischen Region hingegen und wahrscheinlich auch in Aphrodito bezeichnete der Terminus einen niedrigeren, mit den Komarchen des 5.–6. Jh. vergleichbaren Beamten in der Dorfhierarchie. Im Fayum ist ihre genaue Rolle unklar, falls aber der Terminus auch dort den wichtigsten Dorfbeamten bezeichnet, könnte man die schon

---

373 BKU III 505 (Herm., o.D.). Zur Rolle der Komarchen im Hermopolites vgl. oben S. 32–33.
374 Z.B.: Ein ⲁⲡⲉ: CPR IV 8 (Herm., 7. Jh.); zwei ⲁⲡⲏⲩⲉ: P.Ryl.Copt. 127 (Herm., 8. Jh.); genereller Plural: P.Laur. V 198 (Herm., 7. Jh.).
375 P.Ryl.Copt. 219+P.Ryl.Copt. 466 (Hk.unbek., 6.–7. Jh.).
376 CPR IV 8 und BL Or. 6201 A2 (Herm., 731 [?]) publiziert in Schenke 2014.
377 P.Akoris 36 (Herm., 7.–8. Jh.) nach der Neuedition in Delattre 2007, 176–177.
378 CPR IV 104 (Herm., 7. Jh.).
379 P.Lond.Copt. 1079 (= SB XXII 15711, Herm., 642–644/658–664).
380 P.Ryl.Copt. 281 (Hk.unbek., 6.–7. Jh.); P.Lond.Copt. 1134 (Herm., 6.–7. Jh.); P.Vindob. K 4718 (publiziert in Förster 2009; Herm., Mitte 7. Jh.); P.Ryl.Copt. 342 (Hk.unbek., 7.–8. Jh.); P.Ryl.Copt. 319 (Hk.unbek., 7.–8. Jh.); P.Paramone 19 (Antin., 7.–8. Jh.); P.Ryl.Copt. 278 (Herm., s. Bemerkungen, 8. Jh.); P.Bawit Clackson 7-8 (beide: Bawit, 8. Jh.); P.Ryl.Copt. 324 (Hk.unbek., wohl 8. Jh., s. Bemerkungen); BKU III 420 (Herm., 7.–8. Jh.), zu diesem Text vgl. unten S. 234–237.
381 CPR IV 77 (Herm., 7. Jh.). Womöglich handelte auch der fragmentarische CPR IV 63 (Herm., 7. Jh.) von einer ähnlichen Angelegenheit.
382 P.Laur. V 198 (Herm., 7. Jh.); P.Ryl.Copt. 127 (Herm., 8. Jh.); P.Heid.inv. K 198 (ed. Schmelz 2007; Herm., 8. Jh.); P.Mon.Apollo 25 (= SB Kopt. I 49, Herm., 8. Jh.).
383 CPR IV 30 (Hk.unbek., 8. Jh.), 15; CPR IV 87 (Hk.unbek., 8. Jh.), 15–16; CPR IV 208 (Hk.unbek., 8. Jh.), 7.

von Schmelz angenommene nördliche Verbreitung des Titels für Dorfvorsteher bestätigen.[384] Nach dem heutigen Quellenstand kann man allerdings nur feststellen, dass der ⲁⲡⲉ im Süden (Aphrodito, Djeme) einen im Rang unter dem ⲗⲁϣⲁⲛⲉ stehenden Dorfvorsteher bezeichnete, im Hermopolites und Antinoopolites aber den wichtigsten Dorfbeamten. Die Lage im Fayum ist wie gesagt unklar, aber dass ein ⲗⲁϣⲁⲛⲉ in der Region vorkommt, könnte auf eine mit dem Süden vergleichbare Struktur hindeuten.[385]

---

384 Vgl. Schmelz 2002, 298.
385 Vgl. unten S. 204–205, 207–208.

3. Exkurs: μειζότεροι

Im Folgenden werden die Belege für μειζότεροι sowohl in Ägypten wie auch im restlichen byzantinischen Reich untersucht. Die Mehrzahl der relevanten Texte und auch die eingehenderen Informationen liefert das ägyptische Material, deshalb soll zunächst dessen Analyse durchgeführt werden und erst dann untersucht werden, inwiefern die außerägyptischen Daten mit den aus Ägypten gewonnenen Erkenntnissen in Einklang zu bringen sind.

3.1 μειζότεροι im spätantiken Ägypten[1]

Die folgenden Ausführungen beziehen sich hauptsächlich auf die μειζότεροι von gehobenem Status. Wie sich zeigte,[2] gab es in Ägypten auch μειζότεροι von niedrigem sozialem Status. Unsere Quellen beziehen sich jedoch vorwiegend auf μειζότεροι von freiem Status und hoher sozialer Stellung. Bei einigen der folgenden Belege ist es natürlich möglich, dass es sich um Angestellte von niedrigem Status handelt, aber dies kann mit Sicherheit nur im Fall der oben untersuchten παιδάρια-Listen behauptet werden.

Obwohl μειζότεροι als Verwalter schon im 4. Jh. in Inschriften vorkommen,[3] bezeugen nur zwei Dokumente aus Ägypten den Titel vor dem 6. Jh. Eine Abrechnung listet einen μειζότερος u.a. unter Hirten und einem ἐπιμελητής.[4] Es ist auffallend, dass der μειζότερος den mit Abstand höchsten Geldbetrag erhält. Man könnte annehmen, dass es sich um eine Ausgabenliste eines Großgrundbesitzes handelt, für den auch der μειζότερος tätig war. Ferner belegt der sog. Skar-Kodex zweimal die Amtsträger in Zahlungslisten.[5] Rückschlüsse über die Verbreitung der Funktion erlaubt diese Rarität nicht, da aus dem 5. Jh. wesentlich weniger Papyri vorhanden sind als aus den vorigen oder späteren Jahrhunderten.

---

1 Folgende Papyri werden wegen ihres fragmentarischen Erhaltungszustandes oder geringer Aussagekraft nicht behandelt: CPR IV 189c (Hk.unbek., 8. Jh.; der Text wurde schon wegen seines terminologischen Interesses besprochen, vgl. oben S. 57); SB Kopt. II 857 (Hk.unbek., 6. Jh. oder 7.–8. Jh. [ed.pr.]), 6–7; P.Oxy. VI 922 (Oxy., spätes 6.–frühes 7. Jh.), 21; SB I 4829 (Ars., 4.–7. Jh.); P.Ryl.Copt. 178 (Herm., 7.–8. Jh.); P.Ryl.Copt. 305 (Herm., 6.–7. Jh.); P.MoscowCopt. 14 (Hk.unbek., 6.–7. Jh.). Zur Datierung der letzten zwei Urkunden vgl. Delattre 2005/A. Zum unsicheren Beleg von SPP VIII 1215 (Herm., 5. Jh.) vgl. Bemerkungen.
2 Vgl. oben S. 59–61.
3 S. unten S. 103.
4 P.Harr. I 148 (Hk.unbek., 4. Jh.).
5 CPR V 26 (Herm., zweite Hälfte 5. Jh.), s. Bemerkungen.

In den papyrologischen Quellen des 6.–7. Jh. sind μειζότεροι reichlich belegt. Sie sind oft mit hochrangigen Personen oder Institutionen verbunden. So begegnen sie auf dem Besitz des Flavius Strategios Paneuphemos: 598 vertritt ein μειζότερος seinen Herren in einem Vertrag gegenüber einem Dorfbewohner.[6] Ferner taucht 615 ein μειζότερος namens Flavius Tzittas auf. Ein Töpfer quittiert ihm, dass er durch einen διοικητής, einen unter dem μειζότερος stehenden Gutsverwalter, seinen Lohn erhielt.[7] Derselbe Tzittas kommt in einer Liste von Dörfern vor, die möglicherweise die Verwaltungsstruktur des Besitzes von Flavius Strategios veranschaulicht: „Den zitierten Überschriften sowie der Gliederung der Eintragungen ist zu entnehmen, daß jeweils eine Gruppe von zwei bis sieben Dörfern sodann einem Mann im Rang eines *comes* unterstellt war, der als Verwalter (διοικητής), Buchhalter (χαρτουλάριος, Z. 10) oder μειζότερος fungierte."[8] Tzittas unterstehen zwei Dörfer, mehr Dörfer als er scheint nur der ἀντιγεοῦχος, der Stellvertreter des Grundherrn, verwaltet zu haben.[9]

In einem anderen Dokument wird ein μειζότερος eines bedeutenden Herrn von einem *patricius* aufgehalten.[10] Anderswo entsendet ein *dux* einen μειζότερος mit Schiffen und vielleicht seiner Tochter.[11] Sarapammon, *praes Thebaidos*, setzt seinen μειζότερος für verschiedene Aufgaben ein.[12] In einer Petition von Dioskoros aus Aphrodites Kome beraubt Viktor, der μειζότερος des *illustris* Serenos, einige Bewohner von Aphrodites Kome ihrer Kleider im Gefängnis.[13] Einmal übernimmt ein μειζότερος, seinen Herrn vertretend, Steuerrückstände von dem βοηθός von Aphrodites Kome.[14] Auch die *curatores* der *domus divina* werden von einem οἰκέτης und μειζότερος vertreten.[15] Ein μειζότερος und ein χαρτουλάριος eines

---

6 CPR XXIV 25 (Herakl., 598). Zu Flavius Strategios Paneuphemos und seinen Besitzungen vgl. Palme 1997.
7 BGU II 368 (Ars., 615).
8 SPP X 138 (Ars., Anfang 7. Jh.), 27; vgl. Palme 1997, 107–112 (Zitat: 112). Zum Dokument vgl. oben S. 9/Anm. 34.
9 Palme 1997, 113.
10 SB XXIV 16222 (Antin./Herm., zweite Hälfte 6. Jh.), 5. Zur Interpretation vgl. Morelli 2008. Über den Herren des μειζότερος s. *ibidem* 153–154: „[I]l destinatario doveva essere una persona anch'essa assai influente, come un *praeses* – della Tebaide, o anche dell'Arcadia –, o un ex-duca, o un potente grande proprietario."
11 SB VI 9616 (Antin., 550–558 [?]), r 15–16 mit BL VII 212.
12 P.Mich. XIII 660 (Aphrod., erste Hälfte 6. Jh.), 1–3; SB XVI 12542 (Aphrod., erste Hälfte 6. Jh.), 20. Zur Identifikation von Flavius Sarapammon vgl. Ruffini 2008, 182/Anm. 218.
13 P.Cair.Masp. I 67002 (Antin., 567), col. II 9. Zum Text vgl. Fournet–Gascou 2004, 145–146; zur Interpretation vgl. Ruffini 2008, 158–159 und 192–193.
14 P.Cair.Masp. I 67049 (Aphrod., nach 550–551 [?]).
15 SB XXIV 16312 (Oxy., 549 [?]). Zum οἰκέτης vgl. Traianos Gagos, Ludwig Koenen und Robert W. Daniel im Komm. zu P.Petra III 19, 4–6: „The οἰκέτης/-ις (masculine and feminine) may form a different category [von den Sklaven] within the Petra documentation and may be "household servants" as in the earlier classical sources (see *LSJ* s.v.), whose duties, among other things, were to manage the property of their owner. The word appears in [P.Petra III] 28 23, 24, and clearly means "slave" there. It is possible, however, that by this late date οἰκέτης

praeses erhalten eine Lohnzahlung,[16] und andere Texte vermitteln auch den Eindruck, dass die Amtsträger von Großgrundbesitzern abhängig sind.[17]

Die μειζότεροι gehörten immer zu einem Herrn bzw. zu einer Institution. Manche Papyri zeigen jedoch, dass ein Herr bzw. οἶκος auch über mehrere Manager verfügen konnte. Ein Brief wird von dem ἀντιγεοῦχος der Apionen an die χαρτουλάριοι und μειζότεροι des Besitzes gerichtet.[18] In einem anderen Text aus dem Apionen-Archiv, der an einen μειζότερος adressiert ist, wird ein weiterer in Kynopolis tätiger μειζότερος erwähnt.[19] Ein anderes Schreiben soll in Oxyrhynchos *dem guten Theodoros, dem* μειζότερος *des ruhmreichen Hauses des Apion* zugestellt werden.[20] Anderswo wird vielleicht derselbe Theodoros gebeten, durch einen gleichnamigen μειζότερος dem Briefschreiber Waren zu schicken.[21] Das lässt vermuten, dass die Apionen in jeder größeren Stadt bzw. in jedem Gau einen μειζότερος hatten, wie das auch schon an dem Beispiel von Oxyrhynchos von Peter Sarris nahegelegt wurde.[22]

Eine ähnliche Struktur wurde von Bernhard Palme für die arsinoitische und herakleopolitische Verwaltung des Flavius Strategios Paneuphemos angenommen.[23]

---

was also used to indicate a profession (estate manager). The most famous estate manager from Egypt is Menas of the Apion estate." Danach wird argumentiert, dass der an der kommentierten Stelle vorkommende οἰκέτης von freiem Status ist. Auch der oben zitierte Text spricht für die Annahme, dass der Audruck zu dieser Zeit *auch* für freie Leute, Gutsverwalter verwendet werden konnte. In diesem Fall ist aber auch die Frage interessant, wo der οἰκέτης in der Verwaltungsstruktur des Großgrundbesitzes einzuordnen ist, besonders im Verhältnis zum μειζότερος. Die Annahme aber, dass der μειζότερος der *domus divina* Sklave war, ist auch nicht gänzlich auszuschließen. Eine Grabinschrift aus Palästina, SEG 18, 624 (Beth She'arim, 3.–4. Jh.), belegt eine μειζοτέρα, die gleichzeitig Freigelassene ihres Herren war, vgl. unten S. 103, bes. Anm. 105.

16 P.Ant. III 196 (Antin., 6.–7. Jh.), vgl. Berkes 2011, 291.
17 In P.PalauRib. 42 (Hk.unbek., 6. Jh.), 1 tritt möglicherweise ein μειζότερος eines *comes* auf, vgl. den Komm. *ad locum*. In P.Stras. IV 247 (Herm., 550/551/552) taucht ein μειζότερος eines *magnificentissimus* Herrn auf. P.Eirene II 29 (Ars., 591–593) könnte den Amtsträger als Angestellten eines *patricius* belegen, vgl. Fritz Mitthofs Komm. zu Z. 6–11. SB XX 15019 (Hk.unbek., Anfang 7. Jh.), 10 belegt wahrscheinlich einen μειζότερος eines Herren, vgl. Pintaudi–Sijpesteijn 1989, 113 (Anmerkung zu Z. 9–10). Ferner könnte in SPP III² 89 (Herakl., Mitte des 7. Jh.) ein μειζότερος für einen Herren, der wahrscheinlich mit einem Pagarchen zu identifizieren ist, eine größere Lieferung übermitteln.
18 P.Oxy. I 156 (Oxy., 6. Jh.), vgl. Berkes 2011, 291.
19 P.Oxy. XVI 1861 (Oxy., 6.–7. Jh.), 8–10: Κομμυδίῳ γὰρ | ἤνεγκαν ἵππον εἰς τὴν Κυνῶν καὶ ἔστιν παρὰ Θεοδώρῳ τῷ μειζοτέρῳ τῷ | ἐκεῖ.
20 P.Oxy. LIX 4006 (Oxy., frühes 7. Jh.), 12: † ἀπόδ(ος) ἐν Ὀξυρρ(ύγ)χ(ῳ) (l. Ὀξυρ(ύγ)χ(ῳ)) τῷ ἀγ(α)θ(ῷ) Θεοδ(ώρῳ) τῷ μειζ(ο)τ(έρῳ) τοῦ ἐνδόξ(ου) οἴκ(ου) Ἀπίωνος. H. Grace Ioannidou bemerkt im Komm. *ad locum*: „In any case it is unusual to find anything so specific in such addresses; it may have been necessary because Oxyrhynchus was not the place where this Theodorus was usually to be found".
21 P.Oxy. LVI 3871 (Oxy., frühes 7. Jh.), 1–3; s. auch die Einl. von Maria G. Sirivianou zum Text.
22 Sarris 2006, 79/Abb. 5.
23 Palme 1997, 112–115.

Dass einer seiner μειζότεροι in einer Quittung als Einwohner der Stadt Arsinoiton Polis identifiziert wird, legt nahe, dass auch sie vermutlich in Städten residierten.[24] Auch ein Brief, in dem um den Ankauf von verschiedenen Waren gebeten wird, könnte an einen in Memphis residierenden μειζότερος adressiert sein.[25] Natürlich kann man demgemäß auch annehmen, dass weniger bedeutendere Herren bzw. Institutionen nur einen Manager für ihren gesamten Besitz bzw. Haushalt benötigten. Ferner finden wir in einer Liste von Honoratioren einen δεύτερος μειζότερος, was vermuten lässt, dass zu derselben Zeit auch mehrere Manager tätig waren.[26]

Die μειζότεροι tragen bestimmte Ehrentitel und Rangprädikate.[27] Oft sind sie *comites*. Allerdings bezeichnete der Titel ursprünglich die *comites* des Kaisers, wie Jones zurecht bemerkt: „[T]his in sixth-century Egypt does not mean very much, for such titles seem to have been given by courtesy to any person of standing, but indicates that they were gentlemen of some substance."[28] Häufig werden sie mit den Ehrenepitheta μεγαλοπρεπέστατος (*gloriosissimus*) oder λαμπρότατος (*clarissimus*) bezeichnet. *Gloriosissimus* ist in dieser Zeit ein Rangprädikat für die mittlere Schicht der lokalen Aristokratie, häufig für *comites* verwendet.[29] *Clarissimus* steht im Rang unter *gloriosissimus* und ist in der Verwaltungsstruktur des Großgrundbesitzes für die διοικηταί üblich.[30] Einmal taucht ein καθωσιωμένος (*devotissimus*) μειζότερος auf.[31] Wie schon erwähnt, sind einige μειζότεροι sogar Flavii.[32]

Was den Rang der μειζότεροι in der Hierarchie der Beamten des Großgrundbesitzes angeht, sind sie – abgesehen von den παιδάρια-μειζότεροι – Angestellte auf der höchsten Ebene der Gutsverwaltung. Peter Sarris wies anhand der Ehrenprädikate bzw. Titel der hochrangigen Funktionäre des Viktor-Dossiers nach, dass die μειζότεροι mit dem ἀντιγεοῦχος und dem χαρτουλάριος zu den ranghöchsten Beamten gehörten. Sie waren von sehr hoher sozialer Stellung[33] – jedenfalls was die Angestellten der Apionen oder anderer bedeutender Besitzer angeht. Auf gewisse Exklusivität und Stolz weist auch der sehr höfliche Korrespondenzstil (s. unten) hin, den man oft in diesen Texten findet. Dass sie häufig ihre Herren in Geschäften vertraten oder auf ihren direkten Befehl hin agierten, demonstriert ebenfalls ihren hohen Rang.

---

24 BGU II 368, 8–12.
25 SPP XX 234 (Memph., 7. Jh.); vgl. Bemerkungen und zur Provenienz BL I 42.
26 P.Rain.Cent. 159 (Ars., 6.–7. Jh.). Zur Interpretation vgl. Rom–Harrauer 1983, 113–115. Die in der Liste angeführten Personen und die Präsenz eines μειζότερος könnten dafür sprechen, dass das Dokument von einem Großgundbesitz stammt.
27 Vgl. detailliert unten S. 101–102.
28 Jones, LRE II, 790 zitiert von Palme 1997, 106/Anm. 24; vgl. auch die Bemerkungen von Palme *ibidem*.
29 Benaissa 2007, 76, bes. Anm. 3 mit weiterer Literatur.
30 Palme 1997, 111, bes. Anm. 38.
31 PSI III 238 (Hk.unbek., 6.–7. Jh.), 12. Zum Ehrentitel vgl. oben S. 59.
32 Zur hohen Stellung der Flavii in der Spätantike vgl. Keenan 1973–1974.
33 Sarris 2006, 76–77.

3. Exkurs: μειζότεροι

Aus der oben vorgestellten Liste der Bezirke der Gutsverwaltung von Flavius Strategios Paneuphemos wurde schon deutlich, dass die μειζότεροι u.a. auch für die Verwaltung der in bestimmten Dörfern liegenden Güter ihrer Herren verantwortlich waren. In einem koptischen Brief aus dem 7. Jh. fragen die Dorfvorstände (ⲁⲡⲏⲅⲉ) eines hermopolitischen Dorfes ihren „Herrn und Schirmer" (ⲛ̄ⲡⲉⲩⲭⲟⲉⲓⲥ ⲁⲩⲱ ⲛ̄ⲡⲣⲟⲥⲧⲁⲧⲏⲥ), den μειζότερος, ob sie ernten sollen, da es schon höchste Zeit wäre und die Ernte verloren gehen könnte.[34] Ein koptischer Beschwerdebrief eines Hirten ist an einen μειζότερος gerichtet.[35] Weiterhin quittiert in einem hermopolitischen Dokument ein μειζότερος den Erhalt einer Steuer von einem Pronoeten, einem lokalen Verwalter eines Besitzes im Dorf.[36] In einem Dokument wird für einen μειζότερος in Zusammenhang mit der *embole* Weizen vom Dorf Takona abgegeben.[37] Vermutlich befinden wir uns auch hier in einem Grenzgebiet zwischen offizieller und privater Verwaltung der Apionen, die Kosten des Managers werden in die Abrechnung der ἐμβολή aufgenommen. In einer Zahlungsliste kommt sogar ein τόπος τοῦ μειζοτέρου vor.[38]

Oft beschäftigen sich die μειζότεροι mit Weinlesen bzw. Weinanbau. In einem Brief wird ein μειζότερος gebeten, den „Rest der χωρία" zuzusenden, da das Drittel immer noch nicht angekommen sei.[39] Das Wort χωρίον bezieht sich in dieser Zeit meistens auf Weinland:[40] Es ist also naheliegend, dass mit „dem Rest" der Lieferungen eine Weinlieferung gemeint ist. Anderswo ist der μειζότερος des Flavius Strategios mit der Weinlese beschäftigt: Ein Töpfer quittiert dem μειζότερος den Erhalt seines Arbeitslohns. Die Anschaffung der Gefäße ist für die Weinlese bestimmt.[41]

Obwohl sie in der Regel in den Städten residierten, waren sie oft geschäftlich unterwegs; in einem Brief wird z.B. ein μειζότερος eifrig losgeschickt.[42] Häufig mussten sie ihre Herren vertreten, aber auch Waren übermitteln oder die *bucellarii* der Apionen auf Missionen anführen.[43] Bei der Mission mit den *bucellarii* werden der μειζότερος und seine Leute manchmal einfach nur mit der Angabe '*die hierher gekommen sind wegen des Bedarfs des Landbesitzers*'[44] bestimmt, was auch dafür sprechen könnte, dass sie auf den direkten Befehl ihres Herren hin agierten.

---

34 P.Laur. V 198 (Herm., 7. Jh.).
35 P. Lond.Copt. 1160 (Hk.unbek., o.D.).
36 P.Lond.Copt. 1051 (Herm., o.D.).
37 P.Oxy. XVI 2021 (Oxy., spätes 6.–7. Jh.), zu diesem Dokument vgl. oben S. 56–57.
38 SB XX 14705 (Aphrod., 6.–7. Jh.), 20.
39 SB III 7036 (Hk.unbek., 6.–7. Jh.), 3–4.
40 Vgl. oben S. 7–8.
41 BGU II 368.
42 PSI III 238, 12.
43 Vgl. oben S. 58/Anm. 182; SB XX 15019, 10; SPP III² 89; zu diesen Papyri vgl. S. 90/Anm. 17.
44 Ἐλθοῦσιν ἐνταῦθα γεουχικῆς χρείας ἕνεκα; P.Oxy. XXVII 2480 (Oxy., 565–566), 3–4, 6–7, 13–14, 16–17, 101–102 (auf die textkritischen Zeichen wurde hier wegen der ständigen Variationen verzichtet). In Z. 68–69, kommen sie ἕνεκα τῆς | θέας τῆς Κράστης, womit wahrschein-

Wir sind auch über ihre Aufgaben informiert, die sie in ihrem Büro erledigen mussten. Ein μειζότερος wird aufgefordert *alle Quittungen und unsere, die die gottgeschützte Herrin Georgia hat*,[45] dem Absender zu schicken. In einem Brief aus dem Apionen-Dossier werden die μειζότεροι und χαρτουλάριοι von dem ἀντιγεοῦχος aufgefordert, zwei *bucellarii* anzustellen und ihnen die *annona* auszuweisen. Auch in einem schon erwähnten anderen Text ist ein μειζότερος mit Lohnauszahlungen verbunden: Ein Töpfer quittiert dem μειζότερος des Flavius Strategios Paneuphemos den Erhalt seines Arbeitslohns.[46] Bemerkenswert ist jedoch, dass die Zahlung durch einen διοικητής erfolgt war, der μειζότερος regelte also Geschäfte durch den ihm unterstellten Amtsträger.

Eine größere Zahl von Texten informiert über die Entlohnung der μειζότεροι.[47] Mehrere Dokumente bezeugen Weinrationen, manchmal als Boni.[48] In einer Liste, die die für das Haus des Landbesitzers bestimmten Weinlieferungen enthält, finden wir einen μειζότερος, der drei Kratere Wein erhält. Im Vergleich erhalten der Torwächter und der Kellermeister jeweils einen Krater Wein, der βοηθός und der τραπεζίτης jeweils neun und der γραμματεύς sechs. Dem μειζότερος, der an vierter Stelle steht, wird deutlich weniger ausgezahlt als den ersten drei Beamten.[49] Die Sachlage erinnert etwas an die der oben vorgestellten παιδάρια-Listen; handelt es sich also vielleicht auch hier etwa nur um ein παιδάριον?[50] Wir kennen allerdings das System der Entlohnung nicht genau und müssen die Relationen nicht unbedingt als ein Spiegelbild einer Hierarchie auffassen.

Ähnliches kann auch in Dokumenten aus dem Apionen-Dossier beobachtet werden. In einer Zahlungsliste, in der Weinausgaben aufgelistet werden, die anlässlich des Geburtstages eines gewissen Herren Sophronios ausgegeben wurden, erhält ein μειζότερος ein Diplun Wein.[51] Keine der einzeln genannten Personen erhält mehr als ein Diplun, was dafür spricht, dass diese Geschenke für alle nach einem einheitlichen Schema vergeben wurden. Auf ähnliche Weise bezeugt eine Liste von Weinausgaben einen μειζότερος.[52] Die Aufseher erhalten 38 Dipla, der χαρτουλάριος und der γεωμέτρης jeweils acht Dipla und der μειζότερος vier Dipla. Da wir wieder nicht wissen, nach welchem Prinzip der Wein verteilt wurde, können wir von dem Ver-

---

lich ein Erntefest gemeint ist (s. den Komm. von Jose Ma. Fernandez Pomar *ad locum*).
45 SB III 7036, 1–2: τὰς ἀποδείξεις | ὅλας καὶ τὰς ἡμῶν, ἅσπερ καὶ ἔχει ἡ θεοφύλακτος κυρία Γεωργία.
46 BGU II 368.
47 Zu dieser Frage vgl. auch die Diskussion der παιδάρια-Listen (S. 59–61).
48 Zur Entlohnung bei den Apionen auch im Zusammenhang mit μειζότεροι vgl. Hickey 2012, 132–136.
49 P.Oxy. XVI 2049 (Oxy., 6. Jh.).
50 Maria G. Sirivianou bemerkt im Komm zu P.Oxy. LVI 3871, 3 zu dem obigen Text und P.Oxy. XVI 2021: „From these two accounts, therefore, the μειζότερος appear to be superior only to the θυρωρός, and inferior to all the others."
51 PSI VIII 957 (Oxy., 504); zur Zugehörigkeit zum Apionen-Dossier vgl. Mazza 2001, 21.
52 P.Eirene III 21 (Oxy., 6.–7. Jh., mit Morelli 2014/A).

hältnis der Mengen nicht auf eine Hierarchie schließen. Aus einer Quittung erfahren wir, dass der *gloriosissimus* μειζότερος Alexandros als Entlohnung für neun Tage Arbeit viereinhalb Knidien, also etwa 9–18 Liter Wein empfängt.[53] Das bedeutet auch, dass er für jeden Tag ein halbes Knidion, also ca. 1–2 Liter Wein erhält: Es handelt sich wohl um tägliche Rationen.[54]

Einige Dokumente berichten auch über andere Zahlungen bzw. Ausweisungen, die für μειζότεροι bestimmt waren. So erhält ein gewisser Hor acht Litren Fleisch.[55] In einer antinoopolitischen Quittung erhalten ein μειζότερος und ein χαρτουλάριος eines *praeses* durch eine Kirche als Gehalt für die beginnende zweite Indiktion 50 Feinbrote (σιλίγνια).[56] Ferner tauchen in einer schon ausführlich behandelten Zahlungsliste μειζότεροι und ehemalige μειζότεροι auf, die verschiedene (eher kleinere) Mengen an Weizen bekommen.[57]

Zusammenfassend kann also gesagt werden, dass die μειζότεροι allerlei Produkte für ihren täglichen Bedarf als Gehalt erhielten. Ihre in den meisten Fällen hohe soziale Stellung lässt jedoch vermuten, dass sie auch auf andere Weise entlohnt wurden. In einer Quittung aus dem Apionen-Dossier werden einem μειζότερος 100 Dipla Wein zugewiesen.[58] Ferner tritt in einer Abrechnung aus dem gleichen Dossier ein μειζότερος auf, der 150 Knidien Wein – wieder einen beträchtlichen Betrag – erhält.[59] Obwohl der Zahlungsgrund in den zwei obigen Texten unklar bleibt, könnte man vermuten, dass die μειζότεροι als Entlohnung einen Teil der Weinlese bekamen, den sie dann verkaufen konnten.[60]

Einige schon erwähnte Dokumente zeigten auch, dass die μειζότεροι zur Abwicklung öffentlicher Verwaltungsaufgaben herangezogen wurden. So übernimmt ein μειζότερος, seinen Herrn vertretend, Steuerrückstände von dem βοηθός von Aphrodites Kome.[61] Anderswo quittiert ein μειζότερος den Erhalt einer Steuerzah-

---

53 SB XXII 15368 (= P.Oxy. I 207 descr. = P.Lond. III 781 descr., Oxy., 590). Für Überlegungen über die von dem μειζότερος ausgeführte Arbeit s. Montserrat–Fantoni u.a. 1994, 72; zum Knidion vgl. *ibidem* 73 und Casson 1939, 6–8. Der Betrag ist sehr gering, in dieser Periode kennen wir aus Lieferungskäufen Preise von ca. 400–550 Sextarii/Solidus, in unserem Fall erhält der μειζότερος etwa 18–26 Sextarii, s. Andrea Jördens in P.Heid. V, S. 110. An dieser Stelle sei auch daran erinnert, das Wein primär zur alltäglichen Ernährung gehörte, s. Bagnall 1993/A, 32.
54 Zum Weinverbrauch vgl. Hickey 2012, 132–133.
55 SPP VIII 1052 (Ars., 6. Jh.).
56 P.Ant. III 196 (Antin., 6.–7. Jh.), vgl. Berkes 2011, 291.
57 P.Princ. II 96 (Oxy., 551–552/566–567).
58 PSI III 191 (Oxy., 565).
59 P.Oxy. LVIII 3960 (Oxy., 621), 25.
60 Vgl. die φροντισταί des Heroninos-Archivs: „[T]he *opsonion* of the *phrontistai* looks more like a living allowance than a salary, and we might guess that another important reward of the *phrontistai* consisted of gifts of money or produce from the owners." Rathbone 1991, 81. Den täglichen Bedarf deutlich überschreitende Mengen erhalten gelegentlich auch andere Angestellte der Apionen, vgl. Hickey 2012, 136.
61 P.Cair.Masp. I 67049 (Aphrod., nach 550–551 [?]).

lung von einem Pronoeten.⁶² In einem Prozessprotokoll übernimmt ein μειζότερος eine Summe als Bußgeld von einem βοηθός, der das Geld schon eingesammelt hatte, und übermittelt es seinem Herren.⁶³ In einem anderen fragmentarischen Prozessprotokoll scheint der Amtsträger mit der Eintreibung von Abgaben beschäftigt zu sein.⁶⁴ Ferner ist auch in einem koptischen Vertrag, der Steuerangelegenheiten betrifft, ein μειζότερος involviert.⁶⁵

All diese obigen Beobachtungen passen sehr gut zu dem Bild, das wir durch die Lektüre des sogenannten Viktor-Dossiers gewinnen. Das Dossier besteht aus Briefen, die auf die Person von Viktor – des ἀντιγεοῦχος der Apionen im frühen 7. Jh. – und auf verschiedene andere Beamte aus seinem Umfeld Bezug nehmen.⁶⁶ Die Briefe sind meistens von Viktor und manchmal von anderen Beamten u.a. an den μειζότερος Theodoros⁶⁷ und einmal an einen anderen μειζότερος namens Kosmas gerichtet.⁶⁸ Problematisch ist jedoch, dass in einem Brief auch ein anderer μειζότερος namens Theodoros auftaucht, die Identifizierung der Personen ist nicht immer klar.⁶⁹ Ggf. werden auch in der Korrespondenz von anderen Beamten im Archiv μειζότεροι erwähnt.

Das Dossier erlaubt einen Einblick in die praktische Tätigkeit der μειζότεροι in der Verwaltung der dörflichen Güter ihrer Herren. So bittet in einem Brief Viktor Kosmas, den μειζότερος, dem Dorfvorstand (μείζων) von Tampeti zu befehlen, für zwei Ziegelstreicher zu bürgen, die ihre Arbeit verlassen hatten, damit sie nicht wieder flüchten.⁷⁰ Es ist anzunehmen, dass die Verwaltung der Güter der Apionen im Dorf Tampeti dem μειζότερος oblag (neben den lokalen Pronoeten). Man könnte annehmen, dass die zwei Ziegelstreicher von einem offiziellen Einsatz flüchteten, der von den Beamten der Apionen organisiert wurde. In einem anderen Brief informiert Viktor den χαρτουλάριος und διοικητής Georgios über einen Raub im Dorf Thmoinepsobthis. Die Einwohner von Pinyris hätten nämlich den Pronoeten, den lokalen Administrator der Apionen, beraubt. Viktor hätte schon einige Maßnahmen getroffen, aber er bittet Georgios, den Tribunen oder den μειζότερος zu schicken oder vielleicht sogar selbst zu kommen, da das gestohlene Geld unbedingt gefunden werden müsse.⁷¹

---

62 P.Lond.Copt. 1051.
63 P.Mich. XIII 660, 1–3 und SB XVI 12542 (beide: Aphrod., erste Hälfte 6. Jh.).
64 SB XVI 12542, 21: διὰ τοῦτο ἀπήτησεν αὐτοὺς ὁ μ[ει]ζότερος.
65 CPR IV 15 (Hk.unbek., 7. Jh.).
66 Arthur S. Hunt und H. Idris Bell in der Einl. zu P.Oxy. XVI 1844. Zur Datierung des Dossiers vgl. Mazza 2001, 36–37, bes. Anm. 213 und Bogaert 1997, 105–106.
67 P.Oxy. XVI 1849–1852, 1857; LVI 3871; LIX 4006 (alle: Oxy., frühes 7. Jh.).
68 P.Oxy. I 158 (Oxy., frühes 7. Jh.).
69 Zur Identifikation der μειζότεροι namens Theodoros vgl. Maria G. Sirivianou in der Einl. zu P.Oxy. LVI 3871. Vgl. dazu unten S. 99/Anm. 93.
70 P.Oxy. I 158, 1–4.
71 P.Oxy. XVI 1853 (Oxy., frühes 7. Jh.).

3. Exkurs: μειζότεροι

Ferner informiert Viktor Theodoros in einem kurzen Brief, dass er verschiedene Sachen für den Weingarten versandt hat, die der μειζότερος abgeben soll.[72] In einem anderen Text trifft man auf eine ähnliche Sachlage: Viktor antwortet auf den Brief von Theodoros und bittet ihn, sofort etwas wegzuschicken.[73] Der ständige intensive Informationsaustausch deutet auf eine komplizierte, sehr gut organisierte Verwaltung hin, in der von allen Beamten eine sehr flexible und schnelle Reaktion erwartet wurde. Ein gutes Beispiel, welch heikle Angelegenheiten von μειζότεροι erledigt werden mussten, liefert ein Brief von Viktor an den χαρτουλάριος Georgios. Er schreibt:

> *Möge Deine gewährte Brüderlichkeit geruhen, Menas, den* clarissimus, *Serenus, den* clarissimus *Bankier, und Menas, den* procurator, *vorzubereiten, zu einem Schiedsspruch wegen des Bades zu kommen, und der* μειζότερος *soll sie nicht verlassen, bis derjenige von ihnen, der die Miete des Bades schuldet, dem* gloriosissimus *Haus zustimmt, sie zu bezahlen. Der* clarissimus *Serenus, der Bankier, hat nämlich auf die Zurede seiner Frau den gütigsten Kolluthos aus dem Bad gejagt, und da er nach seiner Überzeugung handelte, will er nicht weichen. So wahr Gott lebt, ich werde die drei nicht lassen, sondern sie werden die Miete des Bades bezahlen, bis der* ἀντιγεοῦχος ...[74]

Den engen Kontakt des Beamtenstabes der Apionen untereinander zeigen die Briefe, in denen die Beamten voneinander den Versand verschiedener, zum persönlichen Gebrauch bestimmter Waren erbitten. So bittet Viktor den μειζότερος Theodoros, dass er ihm ein Keramion rhodischen Wein aus dem Lagerraum holen soll, es versiegeln und durch den Briefträger – einen *bucellarius* – ihm schicken soll. Viktor bemerkt sogar, dass er von dem Wein möchte, der im dem megarischen Trog ist.[75] Doch nicht nur guten Wein begehrte Viktor, ein anderes Mal bittet er den μειζότερος um Spargel, da sein Gemüse verdorben ist und ihn ekelt.[76] In einem anderen Brief bittet ein gewisser Christophoros Theodoros, ihm einen Gürtel zu schicken, um dessen Zusendung er jetzt schon das dritte Mal bittet. Der Verkehr war aber wechselseitig: Der erste Briefträger von Christophoros brachte dem μειζότερος Juden-

---

72 P.Oxy. XVI 1850.
73 P.Oxy. XVI 1852.
74 Καταξιώσῃ ἡ σὴ γνησία ἀδελφότης Μηνᾶν τὸν λαμπρότατον καὶ Σερῆνον | τὸν λαμπρότατον τραπεζίτην καὶ Μηνᾶν τὸν προκουράτορα παρασκευάσαι | ἀπελθεῖν εἰς δίαιταν ἕνεκεν τοῦ λουτροῦ, καὶ μὴ ἀποστῇ ἀπ' αὐτῶν ὁ μειζότερος | ἄχρι συνομολογεῖ τῷ ἐνδόξῳ οἴκῳ ὁ ὀφείλων ἐξ αὐτῶν τὸν φόρον τοῦ λοτροῦ (l. λουτροῦ) | δοῦναι. Σερῆνος γὰρ ὁ λαμπρότατος τραπεζίτης διὰ πίσματος (l. πείσματος) γυναικὸς ἐδίωξεν | Κόλλουθον τὸν εὐλαβέστατον ἐκ τοῦ λοτροῦ (l. λουτροῦ), καὶ ὅτε ἐποίησεν τὸ πίσμα (l. πείσμα) αὐτοῦ οὐ θέλει ἀποστῆναι. | καὶ ζῇ κύριος οὐκ ἀφίσταμαι τῶν τριῶν, ἀλλ' αὐτοὶ πληροῦσιν τὸν φόρον τοῦ λουτρο[ῦ] ἕω[ς   .   ]ειν ἀντιγεοῦχο[ν]. P.Oxy. VI 943 (Oxy., ca. 612–618), 1–8.
75 P.Oxy. XVI 1851.
76 P.Oxy. XVI 1849.

dornbeeren.⁷⁷ Bemerkenswert ist, dass Theodoros sich in diesem Fall sicherlich in Oxyrhynchos befindet, was bedeutet, dass Christophoros entweder auf dem Land oder in einer anderen Stadt ist. Eine ähnliche Situation kann auch im Fall der vorigen zwei Briefe angenommen werden.

In einem anderen Brief wird Theodoros von Georgios, einem anderen Angestellten der Familie, gebeten, ihm durch einen anderen Theodoros, der ebenfalls μειζότερος ist, einen Mantel zuzusenden, da das Wetter sich geändert hätte, und ihn über die Befehle des ἀντιγεούχος zu informieren. Georgios weilt gerade in Herakleopolis und wurde schon mehrfach von dem ἀντιγεούχος angeschrieben, dass er seine dortige Abrechnung fertig machen und nach Oxyrhynchos zurückkehren solle.⁷⁸ Einmal bekommt auch Theodoros Fische als Geschenk von einem gewissen Menas zum Fest der Heiligen Drei Könige.⁷⁹ Schließlich sei auch noch erwähnt, dass einmal ein Pferd bei Theodoros, dem μειζότερος, in Kynopolis aufbewahrt wird, solange es nicht abgeholt werden kann.⁸⁰

Peter Sarris definierte anhand der Korrespondenz von Viktor und den μειζότεροι den Aufgabenbereich des Amtsträgers folgendermaßen:

> „As with all the high-ranking employees, the *meizoteros* operated within a wide sphere of administrative responsibility, but was primarily in charge of the maintenance of the central household's stores and supplies, and the provisioning in kind of the workforce and his fellow administrators."⁸¹

Sarris bezieht sich besonders auf die zwei Briefe, in denen Viktor um Spargel und rhodischen Wein bittet.⁸²

Der μειζότερος hatte sicherlich Zugang zu den Lagern des Haushaltes, aber die von Viktor gesandten Briefe scheinen eher Bitten um spezielle Güter zu sein, um Spargel und um rhodischen Wein, sogar mit der Angabe des erwünschten Trogs. Es ist auch eher unwahrscheinlich, dass bei einem so hochrangigen Beamten wie Viktor solche kleine Beträge an Wein oder Spargel wirklich einen wahrnehmbaren Teil ihres Gehaltes ausmachten. Man könnte eher zur Annahme neigen, dass diese Briefe persönliche Bitten waren: Viktor wollte bessere Versorgung erhalten, konnte vielleicht nicht auf seinen Lieblingswein verzichten, und schrieb deshalb seinen Kollegen, den μειζότερος höflich an, der, um die gute Beziehung zu pflegen, sich natürlich darum bemühen musste, die Wünsche seines Vorgesetzten zu erfüllen. Es ist natürlich nicht auszuschließen, sogar anzunehmen, dass die μειζότεροι auch mit der Verwaltung der Lager zu tun hatten, aber dass das ihre Hauptaufgabe in diesem Bereich gewesen wäre, scheint eher weniger plausibel zu sein.

---

77 P.Oxy. LIX 4006.
78 P.Oxy. LVI 3871.
79 P.Oxy. XVI 1857.
80 P.Oxy. XVI 1861, 8–10.
81 Sarris 2006, 76.
82 P.Oxy. XVI 1849, 1851; Sarris 2006, 76/Anm. 33.

3. Exkurs: μειζότεροι

Der äußerst höfliche Stil der Briefe des Viktor-Dossiers ist erwähnenswert. Die für die spätantike Beamten-Korrespondenz charakteristische „bürokratische Höflichkeit" manifestiert sich in diesen Briefen anschaulich.[83] Anreden der μειζότεροι wie ἡ ὑμετέρα/σὴ γνησία ἀδελφότης oder ἡ σὴ γνησία λαμπρότης sind häufig. Auch ihre verschiedenen Ehrenprädikate werden oft erwähnt, und die Adressen sind immer besonders höflich formuliert. Der Ton der außerhalb des Viktor-Dossiers an μειζότεροι gerichteten Briefe zeigt ähnliche Tendenzen.[84] Diese Anreden und Adressen stammen zum größten Teil von Viktor, der Vorgesetzter der μειζότεροι war. Es begegnen auch die als übliche Höflichkeitsfloskeln geltenden Erkundigungen nach der Gesundheit der μειζότεροι.[85] Ein besonders schönes Beispiel dieser Beamtenhöflichkeit bieten die Glückwünsche von Menas an Theodoros: *Der Herr der ... möge Euer Leben für eine sehr lange Zeit ausdehnen (?) und Euch das Fest der Dreikönige für viele Jahre zu feiern würdigen.*[86]

Schließlich soll auch darauf aufmerksam gemacht werden, dass die μειζότεροι oft auch nach ihrer Dienstzeit in den Dokumenten des Großgrundbesitzes erscheinen: Sie werden in diesen Fällen mit der Bezeichnung ἀπὸ μειοτέρων, 'ehemaliger μειζότερος', gekennzeichnet. Die Erfahrung der μειζότεροι war auch nach ihrer Dienstzeit für ihre Herren sehr wertvoll und sie wurden deshalb für die Erfüllung verschiedener Aufgaben herangezogen. So finden wir in einer Abrechnung eine Zahlung von mehr als 52 Solidi, die durch die Abrechnung von Theodoros, dem ehemaligen μειζότερος, an die Herrin Hyperechia bestimmt ist.[87] Interessant ist auch, dass in einer Abrechnung ein ehemaliger μειζότερος als ἀμπελουργός, „Weingarten-Spezialist", Wein abliefert.[88] In einem anderen Text erhält ein ehemaliger μειζότερος durch den Hauptschnellboten für seine Leute eine kleinere Summe.[89] In diesem Zusammenhang soll auch eine rätselhafte Angabe einer Quittung erwähnt werden, wo auch *bucellarii* vorkommen, die ἕνεκα τῆς μάχης Κοσμᾶ ἀπὸ μειδ(οτέρων) (l. μειζ(οτέρων))[90] gekommen sind; was aber hier mit dem 'Kampf' gemeint ist, bleibt un-

---

83 Papathomas 2007, bes. 506.
84 Zu Anreden von bzw. Adressen an μειζότεροι vgl. unten S. 101–102.
85 Z.B. Viktor an Kosmas μειζότερος: P.Oxy. I 158, 4–5; Georgios an Theodoros: P.Oxy. LVI 3871, 4–5; zum Motiv vgl. Papathomas 2007, 501.
86 Ὁ κύριος τῶν . . [.] . ιων | [. .]ναϙ . τὴν ζωὴν ὑμῶν ἐπὶ μήκιστον χρόνον καὶ ἀξιώσῃ ὑμᾶς ἐκτελεύσαι (l. ἐκτελέσαι) τὴν | [παν]ήγυριν τῶν ἁγίων θεοφανίων ἐπὶ πολλὰ ἔτη. P.Oxy. XVI 1857, 3–5.
87 P.Lond. III 1028 (S. 276, Herm., 7. Jh.), 15 (mit Bemerkungen): δ(ιὰ[?]) γνώ(σεως) Θεοδ[ώ]ρο(υ) ἀπὸ μειζο(τέρων) τῇ κυρ(ίᾳ) Ὑπερεχί(ᾳ) νο(μισμάτια) νβ (κεράτια) ιζ.
88 P.Laur. IV 185a (Oxy. [BL X 94], 7. Jh.), 12 mit dem Komm. von Nikolaos Gonis zu P.Oxy. LXX 4794, 7. Zum ἀμπελουργός vgl. Mayerson 2003, 190.
89 SB XX 14076 (Oxy., 6.–7. Jh.), 10.
90 Die Herausgeber übersetzen: *who had come on the account of the fight*. P.Oxy. I 150 (Herakl., 590). Die Korrektur μειδ(οτέρων)/μειζ(οτέρων) wurde in BL VI 95 von Itzhak Fikhman vorgeschlagen und scheint an dieser Stelle sowohl inhaltlich wie auch phonetisch passend zu sein, vgl. Gignac 1976, 76.

klar. Ferner erscheinen ehemalige μειζότεροι auch in Ausgabelisten als Empfänger: Sie erhalten Wein und Weizen.[91]

Bemerkenswert ist ebenfalls, dass auch Söhne bzw. Töchter der ehemaligen μειζότεροι in solchen Listen vorkommen.[92] Wahrscheinlich wurden sie genauso vom Haushalt des Großgrundbesitzes versorgt wie ihre Väter. Das kann entweder dadurch erklärt werden, dass die μειζότεροι (und ihre Söhne) weiterhin in der Verwaltung ihres Herren tätig waren, oder dadurch, dass die Familie für die Verdienste des ehemaligen Vorstehers versorgt wurde. Bei den Familien der παιδάρια-μειζότεροι ist auch anzunehmen, dass ihre Familie Teil des Hausgesindes war und die Angabe des Vaters nur als Identifizierung diente. Obwohl wir nicht genau wissen, wie lange die μειζότεροι tätig waren (und wie sie überhaupt eingestellt wurden), liegt die Annahme nahe, dass sie für längere Zeit ihre Funktion ausübten. Es kann natürlich auch damit gerechnet werden, dass das Amt des μειζότερος erst nach der Bekleidung anderer Posten erreichbar war.[93]

Es ist auch nachvollziehbar, dass unter diesen Umständen die Familie des μειζότερος vom Grundherrn versorgt wurde. Es könnte ja sowohl im Interesse der ehemaligen Beamten wie auch in dem des Grundherren gewesen sein, die Söhne der μειζότεροι für eine Laufbahn auf demselben Besitz vorzubereiten. Ersterer garantierte damit für seinen Nachwuchs eine Karriere, in der er ihn mit Einfluss und Erfahrung unterstützen konnte. Der Herr hingegen konnte sich zuverlässige Leute für seine Verwaltung sichern, die mit guter Ausbildung den Dienst antreten konnten.

Einige Informationen sind auch über die Privatgeschäfte der μειζότεροι vorhanden. So vermietet ein μειζότερος ein Hausteil in der Stadt Hermupolis.[94] In einem Vertrag erkennt der μειζότερος eines *curialis* aus Oxyrhynchos an, dass er einem διοικητής der Apionen vier Solidi schuldet.[95] Einmal muss ein μειζότερος – mit anderen Beamten der Apionen – möglicherweise bei einem Prozess erscheinen.[96] Schließlich tritt in einer Quittung, die in der Stadt Memphis verfasst wurde, ein μειζότερος als Zeuge auf.[97]

---

91 Wein: P.Oxy. XIX 2244 frag. I. (Oxy., 6. Jh.), 3 mit Gonis 2004/B, 200–201; PSI VIII 953 (Oxy., 567–568), 53; Weizen: P.Princ. II 96 (Oxy., 551–552/566–567 [?]), 8–9, 12–13.
92 P.Princ. II 96, 10–11, 14–15, 21–23; PSI VIII 953, 19; auch in PSI VIII 956 (Oxy., 567–568), 23 könnte der Empfänger, der allerdings in der Lücke zu ergänzen ist, ein Sohn bzw. eine Tochter eines μειζότερος gewesen sein.
93 Es wurde angenommen, dass der Pagarch Theodoros, der Adressat von P.Oxy. XVI 1858 (Oxy., frühes 7. Jh.), mit dem μειζότερος Theodoros des Viktor-Dossiers identisch wäre, was natürlich auch eine Rangerhöhung bedeuten würde, vgl. Arthur S. Hunt und H. Idris Bell in der Einl. zu P.Oxy. XVI 1844. Der Name ist aber zu häufig, um die zwei Personen eindeutig miteinander zu identifizieren.
94 P.Stras. IV 247 (Herm., 550/551/552).
95 P.Oxy. LXXII 4930 (614).
96 P.Oxy. XVI 1854 (Oxy., 6.–7. Jh.). Die Situation ist unklar, vgl. Arthur S. Hunt und H. Idris Bell im Komm. zu Z. 6.
97 SPP XX 255 (Memph., 6. Jh.).

3. Exkurs: μειζότεροι

Unsere Quellen aus dem byzantinischen Ägypten geben ein mehr oder weniger klares Bild bezüglich der Aufgaben der μειζότεροι. Der Ausdruck bezog sich grundsätzlich auf den Vorsteher des Hausgesindes, entwickelte sich aber auch zu einer bedeutenden Position innerhalb der Gutsverwaltung, ohne seine vorige Bedeutung zu verlieren. Sie waren immer verschiedenen Grundherren oder Institutionen untergeordnet, und die meisten von ihnen standen auf der höchsten Ebene der Gutsverwaltung. Ihre Titel, Ehren- und Rangprädikate bzw. Privatgeschäfte vermitteln auch den Eindruck, dass sie in der Regel zur lokalen Elite gehörten. Kleinere Besitzungen verfügten wahrscheinlich nur über einen μειζότερος, größere über mehrere. Die Verwaltungsstruktur der verhältnismäßig besser bekannten Besitzungen legen die Annahme nahe, dass Familien bzw. Institutionen, die über besonders großen Besitz verfügten, in jedem Gau einen μειζότερος hatten. Über die Einstellung und Dienstzeit der μειζότεροι sind keine Quellen vorhanden, trotzdem kann man vermuten, dass der Posten für lange Jahre besetzt wurde. Möglicherweise wurden die Söhne der μειζότεροι manchmal auch für einen Dienst am Besitz vorbereitet, was vielleicht zu Beamten-Dynastien führen konnte.

Obwohl sie allem Anschein nach meistens in den Gaumetropolen residierten, waren μειζότεροι wahrscheinlich auch für die Aufsicht über landwirtschaftliche Bezirke verantwortlich. Demgemäß waren sie oft auf Geschäftsreisen auf dem Land unterwegs. Unsere Quellen zeigen, dass sie auf Weisung ihres Herren oft sehr diverse Aufgaben übernehmen mussten: Die Position des μειζότερος forderte offenbar einen hohen Grad an Flexibilität. Es scheint, dass sie zusammen mit den anderen Mitgliedern des Haushaltes ihrer Herren, wahrscheinlich zusammen mit ihrer Familie, Lebensmittelrationen empfingen. Es kann auch vermutet werden, dass sie einen Teil ihres Lohns in landwirtschaftlichen Produkten erhielten, die sie dann selbst weiterverkaufen konnten. Einige Texte zeigen des Weiteren, dass die μειζότεροι auch nach ihrer Dienstzeit auf dem Besitz blieben und verschiedene Aufgaben übernahmen.

Auch wenn unsere Quellen über die Tätigkeit nichts Weiteres preisgeben, bestand die Institution doch fort bis in das 8. Jh. Eine Zahlungsliste belegt z.B. einen μειζότερος, der der arabischen Verwaltung Geld übergibt.[98] Eine Grabinschrift im Nildelta, aus Hermupolis Parva, ist dem Gedenken eines 693 verstorbenen μειζότερος, Apa Hol, Sohn eines Diakons, gewidmet.[99] Ferner wird eine hermopolitische Gestellungsbürgschaft von einem Dorfbewohner an einen in Babylon residierenden μειζότερος adressiert.[100] Vielleicht war der Herr des μειζότερος ein Pagarch, der einen Agenten in Babylon (Fustat) haben musste.[101]

---

98 SB XXIV 16211 (Ars./Herakl., 7.–8. Jh.). Zur Interpretation des Dokumentes vgl. Morelli 1998.
99 Lefebvre *Rec.* 62 (Hermupolis parva, 693).
100 P.MoscowCopt. 3 (Herm., 8. Jh.).
101 „Regular visits seem to have been made by the pagarchs to head-quarters, not only to Fusṭāṭ but even to Alexandria; and sometimes the presence of the village officials also was required.

Nach dem 8. Jh. finden wir keine Belege für den Amtsträger mehr, was wahrscheinlich damit zu erklären ist, dass die in immer größerer Zahl auftretenden arabischen Landbesitzer[102] eine eigene Terminologie anwandten. Ferner wurde der Titel eventuell von den Arabern in einer anderen Bedeutung verwendet.[103]

3.1.1 Ehren- und Rangprädikate bzw. Titel und Anreden der ägyptischen μειζότεροι

Ehren- und Rangprädikate

ἀγαθός (δεσπότης): P.Oxy. LIX 4006 (frühes 7. Jh.), 1.
θεοφύλακτος (δεσπότης): P.Oxy. LIX 4006, 1.
καθωσιωμένος: PSI III 238 (Hk.unbek., 6.–7. Jh.), 12.
κόμες: BGU II 368 (615, mit BL XI 17), 9; P.Eirene II 29 (591–593), 7 (?); P.Oxy. I 158 (6.–7. Jh., mit BL VII 128), 6; P.Oxy. XVI 1857 (6.–7. Jh.), 6; P.Oxy. LVI 3871 (6.–7. Jh.), 10; SPP X 138 (Anfang 7. Jh., mit BL XI 264), col. II 8.
λαμπρότατος, λαμπρότης: P.Oxy. I 156 (6. Jh.), 5; P.Oxy. I 158, 4–6; P.Oxy. XVI 1849 (6.–7. Jh.), 4; P.Oxy. XVI 1850 (6.–7. Jh.), 2–3; P.Oxy. XVI 1851 (frühes 7. Jh.), 2, 5; P.Oxy. XVI 1852 (6.–7. Jh.), 1, 4; P.Oxy. XVI 1857, 6; P.Oxy. LVI 3871, 2, 10; SB III 7036 (6.–7. Jh.), 1, 6; SB XXII 15368 (590), 2.
μεγαλοπρέπεια, μεγαλοπρεπέστατος: BGU II 368, 8–9, 17.

Anreden und Adressen in Briefen des Viktor-Dossiers

Anreden

ἡ ὑμετέρα/σὴ γνησία ἀδελφότης: P.Oxy. XVI 1849, 1; P.Oxy. XVI 1850, 2; P.Oxy. LVI 3871, 1.
ἡ σὴ γνησία λαμπρότης: P.Oxy. XVI 1851, 2; P.Oxy. XVI 1852, 1.
τῇ ὑμετέρᾳ προστατικῇ μεγαλοπρεπείᾳ: P.Oxy. XVI 1857, 1.
τ[ῷ] ἐμῷ ἀγαθῷ κ[α]ὶ θεοφυλάκτῳ δεσπό(τῃ) und τοῦ ἐμοῦ δεσπότου: P.Oxy. LIX 4006 1, 7.

Adressen

† δεσπό(τῃ) ἐμῷ τὰ πά(ντα) λαμπρο(τάτῳ) πά(σης) τιμῆ(ς) (καὶ) προσκυ(νήσεως) ἀξ(ίῳ) γνη(σίῳ) φίλ(ῳ) Κοσμᾷ κόμε(τι) μειζοτέ(ρῳ) †: P. Oxy. I 158 (mit BL VII, 128), 6.
† δεσπό(τῃ) τὰ πά(ντα) λαμπρο(τάτῳ) πά(σης) τιμ(ῆς) ἀξίῳ γνη(σίῳ) ἀδελφῷ Θεοδώρῳ μειζ(ο)τ(έρῳ) †: P.Oxy. XVI 1849, 4; P.Oxy. XVI 1851, 5.

In addition, each pagarch had his agent (ἀποκρισιάριος) permanently stationed at Fusṭāṭ, and this agent was responsible for the pagarchy which he represented; to him the taxes were sent, at least in many cases, and by him paid into the Treasury." H. Idris Bell in der Einführung zu P.Lond. IV, XXV.
102 Vgl. Sijpesteijn 2009, bes. 128–131.
103 Vgl. oben S. 61–63.

[† δεσπό(τη)] τὰ πά(ντα) λαμπρο(τάτῳ) τιμ(ῆς) ἀξίῳ ἀδελφῷ Θεοδώρῳ μειζ(ο)τ(έρῳ) †: P.Oxy. XVI 1850, 3.

† δεσπό(τῃ) τὰ πά(ντα) λαμπρο(τάτῳ) τιμ(ῆς) ἀξί(ῳ) Θεοδώρῳ μειζ(οτέρῳ) †: P.Oxy. XVI 1852, 4.

† δεσπό(τῃ) ἐμῷ τὰ πά(ντα) λαμπ[ρ]οτ(άτῳ) (καὶ) πά(σης) τιμ(ῆς) (καὶ) προσκ(υνήσεως) ἀξί(ῳ) γνη(σίῳ) με(τὰ) θ(εὸν) ἀδελφῷ Θεοδώρῳ κόμε(τι) μειζοτέ(ρῳ) †: P.Oxy. XVI 1857, 6.

⳨ δεσπό(τῃ) ἰδίῳ (καὶ) ἀδελφῷ Θεοδώρῳ κόμ(ι)τ(ι) με[ι]ζ(οτέρῳ): P.Oxy. LVI 3871, 10.

† οἰκ(εί)ῳ μου † ἀγ(α)θ(ῷ) (καὶ) θεοφυλ(ά)κ(τῳ) δεσπό(τῃ) vac. Θεοδώρῳ κόμε(τι) μειζ(ο)τ(έρῳ) †: P.Oxy. LIX 4006, 11.

τῷ ἀγ(α)θ(ῷ) Θεοδ(ώρῳ) τῷ μειζ(ο)τ(έρῳ): P.Oxy. LIX 4006, 12.

Anreden und Adressen außerhalb des Viktor-Dossiers

Anreden

ἡ [ὑ]μετέρα ἀδελφικὴ λαμπρότης: SB III 7036, 1.
τὴν ὑμετέραν θεοφύλακτον ἀδελφότητα: SPP XX 234, 1 vgl. Bemerkungen.
ⲛ̄ⲡⲉⲅⲭⲟⲉⲓⲥ ⲁⲅⲱ ⲛ̄ⲡⲣⲟⲥ[ⲧⲁⲧⲏⲥ ⲡⲕⲩⲣⲓⲥ: P.Laur. V 198, 1.
ⲛ̄ⲧⲉⲕⲙⲛ̄ⲧⲭⲟⲉⲓⲥ: P.Laur. V 198, 2 und P.Lond.Copt. 1160, 2.
ⲧⲉⲧⲛⲉⲙⲛ̄ⲧⲭⲟⲉⲓⲥ: P.Laur. V 198, 8; ⲧⲉⲧⲛⲙⲏⲧⲭⲟⲉⲓⲥ: P.Lond.Copt. 1160, 6.

Adressen

τοῖς τὰ πά(ντα) λαμπρο(τάτοις) τιμ(ῆς) ἀξ(ίοις) χαρτουλαρ(ίοις) (καὶ) μειζοτ(έροις): P.Oxy. I 156 (6. Jh.), 5 mit Berkes 2011, 291.
τῷ τὰ πά(ντα) λαμπρο(τάτῳ) τιμ(ῆς) ἀξίῳ ἀδελφῷ vac. Γεωργίῳ μειζοτέρῳ [.] . [. . .]ω[: SB III 7036 (6.–7. Jh.), 6.
† τῷ θεοφυλ(άκτῳ) μου [ἀδελ]φῷ: SPP XX 234 (7. Jh.), 6, vgl. Bemerkungen.
ⲛ̄ⲡⲉⲛ]ⲭⲟⲉⲓⲥ ⲡⲕⲩ[ⲣⲓⲥ: P.Laur. V 198 (7. Jh.), 9; ⲛ[ⲡⲁⲭⲟ]ⲉⲓⲥ ⲡⲕⲩⲣ(ⲓⲟⲥ) [ⲥ]ⲁⲣⲁⲡⲓⲱⲛ: P.Lond.Copt. 1160 (o.D.), 1.

3.2 μειζότεροι im byzantinischen Reich

Das Amt des μειζότερος war keine spezifisch ägyptische Institution, unsere Quellen belegen sie von dem 3.–4. Jh. bis in das 12. Jh. in verschiedenen Gebieten des byzantinischen Reiches. Die Daten der außerägyptischen Quellen können meistens nicht denselben Einblick in Details geben wie die papyrologische Dokumentation, sie bieten aber trotzdem eine Möglichkeit, anhand der Parallelen des besser bekannten ägyptischen Materials Rückschlüsse auf die Rolle der Institution im byzantinischen Reich zu ziehen.[104]

An erster Stelle soll das Inschriftenmaterial behandelt werden. Zuerst wird der Titel in einer in das 3.–4. Jh. datierten Grabinschrift aus Palästina belegt, wo eine gewisse Kalliope, μειζοτέρα und befreite Sklavin eines Grundherren namens Prokopios, auftaucht.[105] Eine Bauinschrift aus dem 4. Jh. bezeugt einen μειζότερος namens Profuturus, der die Säulenhalle einer Synagoge in Tiberias (Palästina) errichten ließ.[106] Eine vermutlich frühbyzantinische Grabinschrift aus Sinope belegt die Frau des Anastasios, der μειζότερος des Bischofs von Cherson war.[107] Interessant ist in diesem Fall, dass der Bischof von Sinope Besitz an dem entgegenliegenden Ufer des Schwarzen Meeres hatte. Das könnte allerdings damit erklärt werden, dass der Bischofssitz von Cherson eine Zeit lang in Sinope gewesen sein könnte.[108] Der μειζότερος war wahrscheinlich ein Laie, der mit der Verwaltung des episkopalen Besitzes betraut war.[109]

Im 5. Jh. begegnet wieder eine μειζοτέρα in Paiania (Attika), die vermutlich im Dienste eines Großgrundbesitzers tätig war.[110] Verwalterinnen scheinen in den Inschriften (im Gegensatz zu den Papyri) keine Rarität zu sein: Eine μειζοτέρα könnte auch in Anazarbos (= Iustinianopolis, Kilikien) im 5.–6. Jh. belegt sein;[111] auch eine spätantike, nicht genauer datierbare Inschrift aus Korinthos könnte die weibliche Form des Titels enthalten.[112] Aus Kilikien (Korykos) kennen wir einen gewissen

---

104 Die gründlichste Zusammenstellung des außerägyptischen Materials, die auch Ausgangspunkt dieses Kapitels war, ist in Feissel 1980, 461–462 zu finden.
105 Μνῆμα Καλλιόπης | μιζοτέρας (l. μειζοτέρας) καὶ ἀπελευ<θ>έρας | τοῦ τῆς λαμπρᾶς | μνήμης Προκοπίου. SEG 18, 624 (Beth She'arim, 3.–4. Jh.), vgl. Bull.ép. 1964, 503.
106 Μνησθῇ εἰς ἀγαθὸν καὶ εἰς | εὐλογίαν· Προφοτοῦρος ὁ μιζό|τερος (l. μειζότερος) ἐποίησεν τὴν στοὰν ταύ|την τοῦ ἁγίου τόπου. SEG 33, 1299 (Tiberias, 4. Jh.), 1–4 mit Bull.ép. 1974, 641.
107 SEG 36, 1172 (Sinope, frühbyzantinisch [?]), 3–7: θέσις Κυλίτα|ς τῆς (l. τῆς) συνβίου Ἀνα|στασίου το(ῦ) μιζοτ|έρου (l. μειζοτέρου) τοῦ ἐπισκό|που Χέρσονος.
108 „The burial of Ioulita in Sinope probably implies that the see of Cherson had property on the southern side of the Euxine and that Anastasios was its agent, edd. pr., who also suggest that the bishophric of Cherson was perhaps, at one stage, at Sinope; they suggest an "early date" for our inscription in view of the simple "episkopos", which could refer equally well to an archbishop or metropolitan." Komm. zu SEG 36, 1172, 7.
109 „The *meizoteros* appears to be not so much majordomo as a bailiff of outlying episcopal properties – clearly a lay official. ... in all cases the *meizoteros* appears to be concerned with the civil affairs of a church or monastery." Bryer–Winfield 1985, 75.
110 SEG 29, 250 (Paiania, Attika, 5. Jh.), 1–6: Κοιμητή|ριον Εὐφιμί|ας (l. Εὐφημίας) τῆς μι-ζο|τέρας (!. μειζοτέρας) γυνε|κὸς (l. γυναικὸς) νέας με΄ | τοῖς ἔτεσιν. Vgl. SEG 30, 265. „A la lumière de ces parallèles il est permis d'imaginer, puisque Euphèmia repose à Paiania, qu'elle gérait pour le compte de quelque grand propriètaire des terres situées dans la Mésogée." Feissel 1980, 462.
111 Μαρία ομισωτερας: I.Anazarb. I 649 (Anazarbos, 5.–6. Jh.), der Herausgeber erwägt: „Μαρίας μισωτέρας (für μιζοτέρας […]) zu lesen?".
112 I.Cor. VIII/3 604 (Korinthos, 267–668), 1:]ης μιζοτέ[ρας? Der Herausgeber bemerkt zur

Iulianos, der mit der aus der papyrologischen Evidenz wohlbekannten Kombination μειζότερος und κόμες bezeichnet wird.[113] Eine in das späte 5. oder in das 6. Jh. datierbare Bauinschrift aus Tarsos belegt unter den Beamten einer hochrangingen Person einen μειζότερος.[114] In einer Inschrift aus Kleinasien taucht ein μειζότερος in Zusammenhang mit einem Kloster auf.[115] Ferner sind auch zwei Siegel von μειζότεροι aus dem 6.–7. und eines aus dem 7.–8. Jh. auf uns gekommen.[116] Ein in das 7.–8. Jh. datierbares Objekt belegt in Sizilien einen gewissen Staurakios, μειζότερος, vermutlich aus Kamarina: Nach der Annahme des Herausgebers könnte er ein Verwalter eines senatorischen Hauses gewesen sein.[117] Zwei in die ikonoklastische Periode datierte Siegel, die in Istanbul aufbewahrt werden, belegen ebenso μειζότεροι.[118] Schließlich kommt der Titel auch auf einem undatierten Siegel vor.[119]

Einige nicht genauer datierte, aber offensichtlich spätantike bzw. frühmittelalterliche Inschriften bezeugen ebenfalls μειζότεροι. So stößt man auf einen gewissen

---

     Inschrift: „The text seems to have been a brief biography of a woman ... but not enough is extant to permit a convincing restoration."

113 Σωματοθί(κη) Ἰουλανοῦ | κόμητος καὶ | μιζοτέρου. MAMA III 447 (Korykos, christliche Zeit). Feissel 1980, 461/Anm. 19 bemerkt zur Inschrift: „En Cilicie encore, à Korykos (*MAMA* III 447), on trouve mention d'un κόμητος καὶ μι[ζ]οτέρου, mais il doit s'agir là d'une fonction publique." Diese Annahme scheint aufgrund der zahlreichen ägyptischen Parallelstellen, in denen μειζότεροι als private Angestellte den Titel tragen, nicht gerechtfertigt zu sein.

114 SEG 37, 1348 (= SEG 29, 1530 mit *Bull.ép.* 1980, 544, Tarsos, spätes 5.–6. Jh.), 8.

115 Ἐπὶ] † Ἐπιφανίου μιζοτέρου [καὶ ἐπὶ τοῦ δεῖνα] | ταπινοῦ (l. ταπεινοῦ) [μοναχοῦ πρωτοπρεσβυτέρου] συν[κ(έλλου)] κ(αὶ) | [ἡγουμένου (?). I.Adramyt. 32 (Adramyttenos Kolpos, 6. Jh.), 5–7. Die Rekonstruktion der Fragmente zu einer Inschrift ist unsicher, es könnte sich aber um die Erneuerung oder Errichtung einer Kirche bzw. eines Klosters handeln. Zum Text bemerkte Grégoire – ein früherer Herausgeber des Textes – mit Berufung auf Chrest.Wilck. 134 (= BGU I 103, Oxy., 6.–7. Jh.): „Le μίζ(ων) ou μιζ(ότερος) mentionné dans ce document du VIe ou du VIIe siècle est comparable au nôtre. Il apparaît comme le juge d'un village dépendant d'un monastère, au point de vue de la juridiction, l'archimandrite est son supérieur immédiat. Epiphane, mizotère de Nesos, doit être pareillement un magistrat civil, délégué par l'higoumène des SS. Cosme et Damien pour administrer les paysans de ses terres." Grégoire, Rec. 46 (S. 16). Von dieser Erklärung wurde auch die Bedeutung des Wortes μειζότερος in Lampe, s.v. μέγας B./2.b abgeleitet: „[H]eadman of a village acting under jurisdiction of an abbot, IGC As.Min.47 [Adramyttium]". Wie gezeigt, hat das Wort μειζότερος eine andere Bedeutung als μείζων, in dem obigen Text gibt es keinen Anhaltspunkt, um von einem Dorfvorstand zu sprechen. Schließlich sei auch bemerkt, dass auch die neueste Edition des Textes in I.Adramyt. 32 das Wort sehr ungenau mit „unter Epiphanios dem Größeren" wiedergibt.

116 SEG 53, 2132/40 (ca. 550–630); Zacos–Veglery 1972, 856 (Nr. 1415; ca. 650–750); Schlumberger 1905, 344–345 (Nr. 267, 7.–8. Jh.).

117 SEG 45, 1373. „Staurakios era un μιζότερος [sic], cioè una specie di «maggiordomo», capo del personale di una *domus* senatoria, nel VII-VIII sec., e forse a Caucana (se è vero che da essa proviene l'oggetto)." Manganaro 1995, 61.

118 Ebersolt 1914, 384–385 (Nr. 435–436).

119 Schlumberger 1900, 485 (Nr. 184).

Mauros in Chalkis (Euboia), der μειζότερος des Herrn Ampelios ist.[120] In Side (Pamphylien) begegnet man einem μειζότερος namens Proklos, der als ταπεινός bezeichnet wird, was vielleicht auf einen kirchlichen Funktionär hinweisen könnte.[121] Weiterhin findet man das Epitaph der Frau des μειζότερος Ioannes in Korinthos.[122]

Die Inschriften tragen nur wenige Details bezüglich des Amtes. Nichtsdestoweniger zeigen sie, dass die Institution im ganzen Reich weit verbreitet war, μειζότεροι tauchen sowohl in Sizilien wie auch in Attika oder Kleinasien, am Schwarzen Meer und in Palästina auf. Sie erscheinen wie erwartet im Dienst von Herren oder Institutionen. Ein neuer Aspekt im Vergleich zu den Papyri ist, dass mehrere Frauen unter ihnen bezeugt sind. Ferner lassen sich einige Merkmale gut mit den ägyptischen Zeugnissen in Einklang bringen: Einmal taucht der in den Papyri oft belegte Ehrentitel κόμες auf, was zeigt, dass die bedeutenderen μειζότεροι im ganzen Reich zur selben gesellschaftlichen Schicht gehörten. Dafür spricht auch die Inschrift über die Errichtung einer Säulenhalle der Synagoge in Tiberias, was eine Person mit relativ hohem sozialen Status vermuten lässt.

Unsere spätantiken literarischen Quellen verraten meistens nicht mehr über die μειζότεροι als ihre Namen. So finden wir bei Malalas einen Edermas, μειζότερος des Kalopodios.[123] In der Vita des Theodor von Sykeon begegnet ein ehemaliger μειζότερος namens Reperatos.[124] In den *Miracula Artemii* taucht ein μειζότερος des *praefectus urbi* (Eparch) von Konstantinopel auf.[125] In der *Vita Anastasii* versucht ein persischer Beamter während der sassanidischen Okkupation in Kaisareia, den heiligen Anastasios durch seinen μειζότερος dazu zu bringen, dass er Christus verleugnet.[126] In dem Leben des Iohannes Hesychastes reist eine Diakonin aus Konstantinopel mit ihrem Neffen, der „das Amt des μειζότερος bekleidete" nach Jerusalem.[127]

---

120 Κοιμητήρ|ιον τοῦ μακα|ρίου Μαύρου | μιζοτέρου (l. μειζοτέρου) τοῦ κυροῦ Ἀν|πελίου (l. Ἀμ|πελίου). SEG 27, 570, vgl. auch *Bull.ép.* 1978, 385.
121 I.Side 163: ἐπὶ Πρόκλου μιζοτ(έρου) (l. μειζοτ(έρου)) ταπ(εινοῦ). Der Text ist auf einem Mosaikboden.
122 Πάλλας–Ντάντης 1979, 11 (Nr. 72).
123 *Mal.* S. 421, 85. Καλοποδίου (τοῦ ἐνδοξοτάτου κουβικουλαρίου καὶ πραιποσίτου add. Theoph. 233, 8); „Vielleicht *maior domus* des Kalopodios und *magister militum* in Thrakien 559. n.Chr. Da Kalopodios Eunuch war, kann Edermas nicht sein Sohn gewesen sein." Malalas 2009, 520/Anm. 701.
124 Gr.Syc. *v.Thdr.Syc.* 49, 5. Der Herausgeber übersetzt: „Réparatus, qui était issu de nobles parents." Die Bedeutung des Ausdrucks ἀπὸ μειζοτέρων γεγονώς ist jedoch anhand der Parallelen der Papyrusurkunden eher als 'ehemaliger μειζότερος' zu deuten.
125 *Mir.Artem.* 22 (S. 132, 22–24); vgl. auch den Komm. *ad locum* in Crisafulli 1997, 263 und Feissel 1986, 124/Anm. 27.
126 *V.Anast.* 27: μεταστειλάμενος αὐτὸν ἐκ τοῦ δεσμωτηρίου διὰ τοῦ μειζοτέρου αὐτοῦ ... Πολλὰς δὲ ὑποσχέσεις καὶ παρακλήσεις προσαγαγὼν αὐτῷ διὰ τοῦ μειζοτέρου αὐτοῦ οὐκ ἴσχυσεν πεῖσαι αὐτόν. Flusin 1992 I/70/Anm. 101 bemerkt: „On remarquera que le marzaban, pour une mission officielle, emploie un de ses serviteurs."
127 Cyr.S. *v.Jo.Hes.* S. 218, 23–24: ἔχουσά τινα μεθ' ἑαυτῆς ἀνεψιὸν μειζοτέρου τάξιν ἐπέχοντα.

Auch die heilige Pelagia verfügt über einen μειζότερος (μ. τοῦ οἴκου αὐτῆς), der später ausdrücklich als παῖς, 'Sklave' oder 'Diener', bezeichnet wird. Die verschiedenen Versionen der Vita führen auch andere Lesungen an: τὸν παῖδα αὐτῆς τὸν ἄρχοντα τῶν πραγμάτων αὐτῆς und παῖδα αὐτῆς τὸν πρεσβύτερον τὸν ἄρχοντα τῶν αὐτῆς πάντων. Diese alternativen Fassungen machen klar, dass der μειζότερος auch in diesem Text als eine Art Verwalter aufgefasst wurde. Dies stehet auch mit der Aufgabe des μειζότερος in dieser Passage im Einklang: Er soll ein Inventar des οἶκος der Pelagia erstellen.[128] In diesem Zusammenhang ist auch ein Zitat des Grammatikers Stephanos aus dem späten 6. Jh. von Interesse, wo der μειζότερος ausdrücklich als οἰκέτης, Diener, vorkommt, zusammen mit einem Koch und einem Kleiderbewahrer.[129]

Die Vita des Daniel Stylites erwähnt die μειζοτέρα des Herren Kyros (Konsul im Jahre 441), die von dem Heiligen geheilt wird. Die Passage ist problematisch, da der Ausdruck offenbar schon im Altertum missverstanden und als die ältere Tochter von Kyros interpretiert wurde, was die Variante θυγάτηρ für μειζοτέρα zeigt.[130] In der stilistisch am attischen Sprachgebrauch ausgerichteten Version der Vita des Symeon Metaphrastes gibt es im Vergleich zu der *vita antiquior* an dieser Stelle auch einige inhaltliche Veränderungen, es wird z.B. die Frau *des mit der Verwaltung seiner* (Kyros) *Ländereien beauftragten Mannes* erwähnt.[131] Diese Beschreibung kann auch darauf hinweisen, dass sich die Vorlage(n) von Symeon Metaphrastes auf einen Verwalter bezogen, wie es aber zu dieser Veränderung in der Bedeutung der Passage kam, bleibt unklar. Feissel glaubt, dass Symeon hier den vulgären Ausdruck μειζότερος mit einer klassischen Konstruktion umschreibt.[132] Die Vita der heiligen Matrona belegt eine weitere μειζοτέρα, *die auch ihr* [der Heiligen] *Eingut verwalte-*

---

128 Καὶ τῇ ἡμέρᾳ τῇ τρίτῃ καλεῖ ἡ Πελαγία τὸν μειζότερον τοῦ οἴκου αὐτῆς καὶ λέγει αὐτῷ· «Ἄπελθε ἐν τῇ οἰκίᾳ καὶ ἀναγράψαι πάντα τὰ ἐν τῷ βεστιαρίῳ μου καὶ ἀργενταρίῳ· καὶ τὸ χρυσίον καὶ τὰ κόσμια καὶ πάντα φέρε ὧδε». Καὶ ἀπελθὼν ὁ παῖς ἐποίησε κατὰ τὸ διαταχθὲν αὐτῷ καὶ ἤνεγκε τῇ κυρίᾳ αὐτοῦ. (Ich zitiere den Text von „Récit γ".) *V.Pelag.Ant.* 36 (S. 89; 120–121).

129 Στεφάνου. Αὐτὰ τὰ ὀνόματα ἀντὶ ἀλλήλων λεγόμενα τὴν αὐτὴν σημασίαν δηλοῖ, οἷον σῖτον ἀντὶ πυροῦ καὶ πυρὸν ἀντὶ σίτου, ἢ ἐάν τις Στίκνον οἰκέτην ἔχων μάγειρον ἢ βεστιαρίτην ἢ μειζότερον· εἴτε γὰρ Στίκνον εἴπῃ, σημαίνει τὸν οἰκέτην, εἴτε βεστιαρίτην τυχὸν ἢ μάγειρον ἢ μειζότερον, οὐδὲν ἧττον τὸν αὐτὸν Στίκνον δηλοῖ. *Schol. Bas.* B XXIII, 1, 6 = D XII, 1, 6/4. (S. 1508). Das Zitat ist unter den Scholien der Gesetzsammlung *Basilica* überliefert, zur Datierung der Scholien von Stephanos vgl. Pringsheim 1956, 44; zu den Scholien der Basilica generell vgl. Pieler, Basilica, 1529; zum Status des οἰκέτης vgl. auch oben S. 89/Anm. 15.

130 Ἐγένετο δὲ τῇ ἑξῆς ἡμέρᾳ παραγίνεται τοῦ προρρηθέντος ἐνδοξοτάτου ἀνδρὸς Κύρου ἡ μειζοτέρα, *V.Dan.Sty.* 36, 1–2 (S. 34); Feissel 1980, 462, bes. Anm. 28.

131 *V.Dan.Sty.metaphr.* 19, 12–13 (S. 120): τὴν γυναῖκα τοῦ τῶν ἀγρῶν αὐτοῦ τὴν φροντίδα πεπιστευμένου. Vgl. auch Feissel 1980, 462.

132 „C'est ici le Métaphraste qui éclaire la Vie ancienne et la longue périphrase qu'il substitue au terme vulgaire ... Syméon curieusement, fait de la *meizotéra* la femme d'un *meizotéros*, alors qu'elle même pouvait fort bien ... exercer les fonctions d'intendante." Feissel 1980, 462.

3.2 μειζότεροι im byzantinischen Reich

te.[133] Wie schon Feissel bemerkte, deutet diese Glosse an, dass die primäre Funktion der μειζοτέρα die Verwaltung der landwirtschaftlichen Güter war.[134] Die μειζοτέρα berichtet in diesem Text ihrer Herrin von einem Diebstahl, was einen direkten Kontakt bezeugt und wieder einen breiten Aufgabenbereich zeigt.

Besonders aufschlussreich ist eine Passage aus der Vita des Theodors von Sykeon. Eines Tages kommt der Verwalter (οἰκονόμος)[135] der Kirche von Heliupolis (= Iopolis in Bithynien)[136] zu dem Heiligen und erklärt weinend seine miserable Lage. Er hatte nämlich seinen μειζότερος geschickt, um Abgaben von den Dörfern der Kirche einzusammeln (εἰς τὴν ἄνυσιν τῶν χωρίων τῆς ἐκκλησίας), aber der μειζότερος machte sich mit dem eingesammelten Geld aus dem Staub. Er bittet nun den Heiligen, für ihn zu beten, da sein ganzes Vermögen nicht genug sei, der Kirche die Gelder zu bezahlen.[137] Der μειζότερος ist hier offenbar der zweite Mann nach dem οἰκονόμος in der Verwaltung der Kirchengüter, also in einer ähnlichen Position wie seine Kollegen auf dem Besitz der Apionen im Verhältnis zu dem ἀντιγεοῦχος.[138]

Diese Funktion scheint aber auch die Spätantike überdauert zu haben, wir finden μειζότεροι im Gebiet des byzantinischen Reiches bis in das 12. Jh. In den Akten des zweiten Konzils in Nicäa (787) wird es Klerikern verboten, das Amt der „sogenannten μειζότεροι" zu bekleiden.[139] Besonders aufschlussreich ist an dieser Stelle der Kommentar von Zonaras (12. Jh.): *Die Aufgabe der sogenannten μειζότεροι, die dieser Kanon erwähnt, ist ... die sogenannte Verwaltung (κουρατωρεῖα) der Felder*

---

133 V.Matr. 42 (S. 809): παρὰ τῆς μειζοτέρας αὐτῆς, τῆς καὶ τὰ πράγματα τὰ κινητὰ διακρατούσης. Die englische Übersetzung des Textes trifft mit der Übersetzung des Wortes μειζοτέρα als *chambermaid* nicht ganz das Richtige und lässt ein wichtiges Detail auch mit der Auslassung des καί in der Übersetzung weg: *her senior chambermaid, who was taking care of her movable property*. V.Matr.Tr. 42.

134 „Que l'intendante ait *aussi* la garde des biens mobiliers implique que sa fonction primordiale est autre: probablement était-elle avant tout chargée d'administrer les domaines de sa maîtresse." Feissel 1980, 462.

135 „C'est donc un personnage considérable, le premier après l'évêque, auquel il doit annuellement rendre compte de tous les biens dont il a la charge". Festugière 1970 II, 190.

136 Festugière 1970 II, 190.

137 Παρεγένετο δὲ ἐν μιᾷ ὁ οἰκονόμος τῆς Ἡλιουπολιτῶν πόλεως ἁγιωτάτης ἐκκλησίας, Θεόδωρος τοὔνομα, ἐπίκλην Τζοῦτζος, ἐν τῷ σπηλαίῳ αὐτοῦ ὄντι ἐγκεκλεισμένῳ καὶ ἡσυχάζοντι, καὶ διὰ τοῦ ὑπηρέτου ἐδήλωσεν αὐτῷ μετὰ δακρύων λέγων· «ἐλέησόν με, δοῦλε τοῦ θεοῦ, ἐπὶ τῷ συμβεβηκότι μοι δράματι· τὸν γὰρ μειζότερόν μου ἔπεμψα εἰς τὴν ἄνυσιν τῶν χωρίων τῆς ἐκκλησίας. Ὁ δὲ λαβὼν πᾶσαν τὴν πρόσοδον φυγῇ ἐχρήσατο· πολλὰ οὖν δραμὼν καὶ ζητήσας καταλαβεῖν αὐτὸν οὐκ ἠδυνήθην. Δυσωπῶ οὖν τὴν σὴν ἁγιωσύνην εὔξασθαι τῷ θεῷ ἐπὶ τῷ παραδοῦναί μοι αὐτόν, ὅτι πᾶσα ἡ ὑπόστασίς μου οὐκ ἀρκεῖ ἀποδοῦναι τῇ ἐκκλησίᾳ τὴν τοιαύτην πρόσοδον ἣν εἴληφεν.» Gr.Syc. v.Thdr.Syc. 34, 1–11.

138 Vgl. oben S. 95–98.

139 Εἰ δέ τις φωραθείη τῶν λεγομένων μειζοτέρων τὴν φροντίδα ἐπέχων, ἢ παυσάσθω ἢ καθαιρέσθω. Syntagma II, S. 588. Zu Klerikern als Verwalter vgl. die Diskussion in Wipszycka 1972, 171–173.

von hochrangigen Personen, weswegen sie auch μειζότεροι *genannt wurden.*¹⁴⁰ Die Bemerkung von Zonaras zeigt einerseits, dass unter dem Begriff im Großen und Ganzen immer noch dieselbe Institution verstanden wurde, weist andererseits aber auch darauf hin, dass das Wort im 12. Jh. schon erklärungsbedürftig war.

Ferner findet man den Grabstein eines Leon, μηζότερος (sic), datiert auf 912, auf dem Parthenon.¹⁴¹ Der Titel könnte hier allerdings schon ein Familienname sein, wie das der Fall bei vielen ähnlichen Amtstiteln war und wie auch andere Beispiele des Titels μειζότερος zeigen.¹⁴² Ein in das 9. Jh. datierbares Siegel belegt ebenfalls die Institution.¹⁴³ Das Amt ist auch im mittelalterlichen (möglicherweise schon im arabischen) Sizilien belegt: Man findet Siegel von einem μειζότερος (9.–10. Jh.) und von zwei μεγαλομειζότεροι (9. Jh.).¹⁴⁴ Die kuriose Konstruktion μεγαλομειζότερος zeigt, dass das Wort μειζότερος ganz selbstverständlich als ein Titel verstanden wurde, da die Verknüpfung des Adjektivs μέγας, 'groß' mit dem Titel μειζότερος, 'größer', nicht störte. Der μεγαλομειζότερος könnte für einen den anderen μειζότεροι übergeordneten Anführer oder auch für einen Verwalter einer sehr gehobenen Institution, der mit der Amtsbezeichnung seinen Status unterstreicht, stehen.¹⁴⁵

Auch literarische Quellen bezeugen weiterhin das Amt. Bei Theodoros Studites ist das Adverb μειζοτερικῶς 'als Verwalter' zu finden. Bemerkenswert ist auch, dass das Wort als Synonym für das Adverb κουρατορικῶς angeführt wird.¹⁴⁶ Die vermutlich nach 900 verfasste Vita des Heiligen Eustratios, der in der Nähe von Prusa im

---

140 *Syntagma* II, S. 588: ἡ τῶν λεγομένων μειζοτέρων φροντὶς, ἣν ὁ κάνων οὗτος λέγει, ἐστὶν ... ἡ ἐν ἀγροῖς ἀρχοντικοῖς λεγομένη κουρατωρεία, ὅπου καὶ μειζότεροι ὠνομάζοντο.

141 Ὀρλάνδος–Βρανούσης 1973, 4 (Nr. 8).

142 „Τὸ ὄνομα κατήντησε καὶ οἰκογενειακόν, οὕτω δ' ἴσως πρέπει νὰ ἑρμηνευθῆ καὶ εἰς τὴν μεσαιωνικὴν ἐξ Ἀθηνῶν ἐπιγραφήν: *ἐτελήθη ἐν Κυρίῳ Λέων Μηζοτερός*, ὁμοίως δὲ εἰς σφραγῖδα: Ἰωάννου (!) Μιζοτέρῳ (= Μειζοτέρου). Ὅτι ἀξιώματα καὶ τίτλοι ἔγιναν ἁπλᾶ οἰκογενειακὰ ὀνόματα δεικνύουν ἄπειρα παραδείγματα, ὅπως λογοθέτης-Λογοθέτης, πατρίκιος-Πατρίκιος, Πρωτονοτάριος κλπ." Ἀμάντος 1930, 340. Für μειζότερος als Familienname s. Komm. zu Ὀρλάνδος–Βρανούσης 1973, Nr. 8/ Z. 2 (S. 4). Die klarsten Belege liefert dafür A.Lavr. I 6 (974 [?]): Δημητρ(ιος) [sic] τ(οῦ) Μιζοτ(έ)ρ(ου) (Z. 15), Στέφα(νος) τοῦ Μιζοτ(έ)ρ(ου) (Z. 18), Δημητρ(ιος) [sic] γα(μβρὸς) Μιζοτ(έ)ρ(ου) (Z. 20.); in A.Lavr. I 14 (1108), 3: σίγνον Ιγαριου του [sic] Μιζοτ(έρου) muss es sich nicht unbedingt um einen Familiennamen handeln (wie es die Herausgeber annehmen), da das Wort in derselben Urkunde als Funktion vorkommt Δοβρηλιος υκοδεσποτης ο μηζοτερος [sic] (Z. 38), wo es sich wegen des Artikels nicht um einen Familiennamen handeln kann (wie es in der Edition erwogen wird), s. den Index von A.Lavr. I, s.v. μειζότερος und Μιζότερος.

143 Laurent 1952, 166 (Nr. 320).

144 Schlumberger 1884, 543–544.

145 Vgl. den ἀρχυ/προ/πρωτομειζότερος im mittelalterlichen Nubien, s. unten S. 115–119.

146 Thdr.Stud. *ep.* 329, 7–11: ὡς δὲ νῦν ἤκουσα οὐδὲν τοιοῦτον, ἀλλὰ κωμάσαντα δῆθεν οἰκονομίας τοῦ μὴ ἁλῶναι τῇ αἱρέσει καὶ ἀσπροφοροῦντα, μόνον τε ὄντα καὶ μειζοτερικῶς ἤγουν κουρατορικῶς τῇ ἡγουμένῃ δουλεύοντα ζῷά τε ἐπαγοράζοντα καὶ φορτοκομεῖν ἐκ τῶν ἔσω ἔξω, ἐξιόντα τε καὶ εἰσιόντα, ἐξέστην ... Im *Index verborum memorabilium* der *Corpus Fontium Historiae Byzantinae*-Ausgabe wird zum Wort „μειζοτερικῶς, statu amplissimo (?)" bemerkt, das LBG, s.v. hingegen trifft die Bedeutung mit der Übersetzung *als Verwalter*.

9. Jh. wirkte, erwähnt ebenfalls das Amt. Der μειζότερος, ein Bekannter des Heiligen, wird von Manichäern um Almosen gebeten, da aber er, seine Frau und Kinder gerade beschäftigt sind, muss der Manichäer unverrichteter Dinge weggehen.[147]

Von Interesse ist auch eine Passage der vermutlich Mitte des 10. Jh. verfassten[148] *Dialexis* des Pseudo-Gregentios, die zeigt, dass unter dem Begriff noch etwa derselbe Aufgabenbereich zusammengefasst wurde wie früher. Im Dialog unterhalten sich ein Jude namens Herban und Gregentios, der wahrscheinlich fiktive Erzbischof des Jemen im 6. Jh. Herban fragt an einer Stelle im Dialog, warum er als Jude laut dem Gesetz nicht genauso selig wird wie Abraham, den ja auch Gregentios als Heiligen verehrt. Gregentios antwortet, dass das Gesetz mit Christus seine Gültigkeit verlor.[149] Die Ausführungen werden durch ein Gleichnis anschaulicher gemacht. Solange nämlich der Herr eines Feldes in der Stadt ist, organisiert der μειζότερος an seiner Stelle die Arbeit der Knechte und der Lohnarbeiter. Nachdem aber der Herr zurückgekommen ist, wagt er nichts Neues mehr zu unternehmen, sondern wartet auf seine Befehle.[150] Genauso war Moses am Anfang der μειζότερος der Juden auf dem Feld des Gesetzes, aber als Jesus kam, schwieg er. Darum wäre Abraham, wenn er jetzt lebte, ohne Widerspruch ein Christ, da er das Gesetz nicht empfing – argumentiert Gregentios.[151]

In dem um 899 verfassten *Kletorologion* des Philotheos, in dem er die Reihenfolge der Gäste bei den kaiserlichen Empfängen erläutert und demgemäß Listen von verschiedenen Amtsträgern kompiliert, kommen zweimal μειζότεροι vor. Die μειζότεροι τῶν ἐργοδοσίων, 'Vorsteher der Werkstätten', gehören zu den Beamten des ὁ ἐπὶ τοῦ εἰδικοῦ λόγου, dem u.a. für die Leitung von Werkstätten verantwortlichen Minister.[152] Oikonomides, der Herausgeber des Textes, hat wohl die richtige Annahme getroffen, dass es sich um die Vorsteher der Domänen handelt, von denen die Rohprodukte für die Werkstätte geliefert wurden.[153] Ferner kommt sowohl unter den Beamten des μέγας κουράτωρ der kaiserlichen Domänen wie auch unter den κουράτωρ τῶν Μαγγάνων (*curator* der Mangana-Häuser, d.h. eines kaiserlichen Palastes

---

147 Zu der Person des Heiligen vgl. DOHD, 37–38. *V.Eustr.* 22 (S. 382, 14–383, 15).
148 Zur Datierung des Werkes vgl. Berger 2006, bes. 107.
149 Ps.-Gregent. *Disp.* IV, 646–651.
150 Καὶ γὰρ ἐν τῷ ἀγρῷ τινος τῶν παρατυχόντων μέχρις οὗ οὐκ ἔστιν ὁ κύριος αὐτοῦ, ἀλλ' ἔνδον τῆς πόλεως πέφυκεν, ἴσως ὁ μειζότερος ἀντ' αὐτοῦ τοῖς τε οἰκέταις ἅτε καὶ τοῖς μισθίοις αὐτοῦ ἀντ' ἐκείνου διατατττόμενος παρακελεύεται. Παραγεγονότος δὲ ἅπαξ ἐκ τῆς πόλεως τοῦ κυρίου αὐτῶν, οὐκέτι τολμᾷ ὁ μειζότερος τοῦ ἀγροῦ τιποτοῦν τοῖς σὺν αὐτῷ καινότερον διατάξασθαι, ἀλλ' οὖν καραδοκεῖ τὸ λοιπὸν στέργων ἐν τοῖς τοῦ ἐλθόντος δεσπότου ἀκεραίοις προστάγμασι, καὶ ὅπερ ἂν κελεύσῃ, ταῦτα, οἶμαι, ἅπαξ καὶ γίνεται. Ps.-Gregent. *Disp.* IV, 651–657.
151 Ps.-Gregent. *Disp.* IV, 657–665.
152 Philoth. *Klet.* S. 123, 10. Zum ὁ ἐπὶ τοῦ εἰδικοῦ λόγου vgl. Oikonomidès 1972, 316–318; Bury 1911, 98–100.
153 „Meizotéroi des ergodosia: contremaîtres? ou bien préposés aux domaines d'où viennent les produits bruts (S. ex. la soie) utilisés dans les ateliers impériaux?" Oikonomidès 1972, 317.

und großer landwirtschaftlicher Güter) ein μειζότερος τῶν Ἐλευθερίου, 'Vorstand des Eleutherios-Palastes', vor.[154] Bemerkenswert ist auch, dass im Werk der Titel *curator* (κουράτωρ) sehr oft bei ähnlichen Posten belegt ist, sogar unter den subalternen Beamten der oben genannten Kuratoren.[155] Die beiden Titel scheinen synonym zu sein, wie auch die bereits oben zitierten Stellen des Kommentars von Zonaras und von Theodoros Studites nahelegen. Es ist wohl anzunehmen, dass die Bezeichnung *curator* langsam den Titel μειζότερος aus dem Sprachgebrauch verdrängte.

In der Tat findet man nach dem 9.–10. Jh. nur noch wenige Erwähnungen des Titels. In den Dokumenten des auf dem Berg Athos liegenden armenischen Klosters Iviron begegnen noch μειζότεροι. In einer Urkunde aus dem Jahr 996, in der ein Besitzstreit zwischen dem Kloster von Polygyros, und einem byzantinischen Militäroffizier geregelt wird, ist ein μειζότερος namens Serotas aus dem Dorf Vatonia erwähnt.[156] Er ist einer der Zeugen und gehört zu den begüterten Bauern seines Dorfes, die bei dem Streit die Grenzen der Gebiete bestätigen und sie dann auch noch den vom Richter gesandten Zeugen vor Ort zeigen.[157] Der μειζότερος wird in der Aufzählung der anwesenden Bewohner von verschiedenen Dörfern (die vor den Bulgaren auf den Besitz des Polygyros-Klosters geflüchtet sind) sofort nach dem Priester, und bei der Erklärung der Grenzen und deren Messung (wo der Priester nicht auftaucht) an erster Stelle erwähnt.[158] Er scheint demgemäß einer der respektiertesten Dorfbewohner zu sein, was wohl mit seinem Status als Verwalter zu verbinden ist. Jedenfalls ist er hier klar ein Dorfbewohner, der nicht zur selben Schicht gehört wie die sonst im Dokument angeführten Amtsträger. Er könnte wohl der lokale Verwalter eines Herren oder einer Institution (eines Klosters?) gewesen sein, vergleichbar mit den Pronoeten und Phrontisten des spätantiken Ägypten.[159]

Ein in das 11. Jh. datierbares Dokument aus dem in Kleinasien, in der Nähe von Mykale liegenden Kloster Hiera-Xerochoraphion belegt einen weiteren μειζότερος als Paröke (freier, aber an dem Boden gebundener Bauer) aus einem Dorf, der als

---

154 Philoth. *Klet.* S. 123, 16; in Z. 20 wird bemerkt, dass der *curator* der Mangana-Häuser außer den ξενοδόχοι über dieselben Beamten verfügt. Zum Mangana-Palast vgl. Bury 1911, 101: „The Imperial 'houses' named Mangana and New House, were founded by Basil I, and were really large agricultural estates (οἶκος like *domus*, in this sense), the revenues of which were destined to defray the costs of the Imperial banquets." Zum Eleutherios-Palast vgl. Oikonomidès 1972, 318: „[C]e palais avait été construit par Irène, et ses jardins faits sur le terrain conquis sur la mer par le remplissage partiel du port τῶν Ἐλευθερίου." Zu den beiden *curatores* vgl. Bury 1911, 100–103 und Oikonomidès 1972, 318.
155 Vgl. Oikonomidès 1972, 317/Anm. 177: „Dans les sources du IXe au XIIe s., μειζότερος apparaît comme une fonction ayant rapport aux domaines agricoles (κουράτωρ)".
156 A.Ivr. I 10 (996), 15, 25, 34.
157 A.Ivr. I 10, 24–26 und 33–37; Lefort u.a. I, 167.
158 A.Ivr. I 10, 15, 25, 34.
159 In der Edition wird ohne weitere Erklärungen 'intendant' als Bedeutung angegeben, s. Lefort u.a. I, 167.

Zeuge eine Urkunde mit einem Kreuz versieht, da er des Schreibens unkundig ist.[160] Eine Urkunde aus dem Archiv des Lavra Klosters (Berg Athos) erwähnt einen μειζότερος unter den Zeugen einer Erklärung von Dorfbewohnern gegenüber Mönchen – hier unterschreibt er jedoch selbst.[161] In einem aus demselben Archiv stammenden Dokument aus den Jahren 1076–1077 begegnet wieder ein μειζότερος unter den Dorfbewohnern. Die Rolle des Amtsträgers ist mit den μειζότεροι aus dem Umfeld des Klosters Iviron vergleichbar.[162] Bemerkenswert ist jedoch, dass in den Dokumenten des Klosters Lavra das Wort Μειζότερος auch schon eindeutig als Familienname vorkommt.[163] Ein Steuerregister aus dem letzten Viertel des 11. Jh. aus Theben bezeugt einen μειζότερος eines *praetor* oder eines *praktor*. Entweder der Herr oder sein Angestellter (oder beide) stammen aus Sizilien und gehören wahrscheinlich zu Einwanderern, die nach dem Rückzug der byzantinischen Truppen 1042 ankamen.[164] Der μειζότερος ist wohl auch hier ein lokaler Verwalter der Ländereien seiner Herren.[165]

Ein Steuerregister aus der zweiten Hälfte des 11. Jh. erwähnt unter den Steuerzahlern den Walachen Petros, μειζότερος, aus dem Dorf Dobrovikia.[166] Er bezahlt eine kleinere Summe unter den angeführten Beiträgen, aber der Text erlaubt keine weiteren Vermutungen über seinen Status. Ferner belegen zwei weitere Dokumente aus dem Archiv des Klosters Iviron den Titel. In einem Dokument aus dem Jahr 1104 kommen zwei μειζότεροι als Paröken vor, einer von ihnen verfügt über einen Arbeitsochsen (βοϊδάτος), der andere ist landlos (ἀκτήμων).[167] In einem anderen Dokument aus dem Kloster Iviron wird ein μειζότερος als Nachbar angeführt.[168] Alles in allem scheinen die μειζότεροι im Umfeld der Athos-Klöster im 10.–11. Jh. eine Art dörflicher Beamter gewesen zu sein – möglicherweise lokale Verwalter (des Klosters?) –, die eher zur gehobenen Schicht ihrer Dörfer gehörten.

Der m.W. letzte Beleg[169] des Titels μειζότερος befindet sich in dem Typikon des von Kaiser Ioannes II. Komnenos und seiner ungarischen Gemahlin Eirene-Piroska irgendwann zwischen 1118 und 1124 gegründeten Christos Pantokrator Klosters.[170] Der μειζότερος gehört zur Verwaltung des zum Kloster gehörenden Krankenhauses.

---

160 Wilson–Darrouzès 1968, 17–19 (Nr. 4, Z. 7 und 30–32).
161 A.Lavr. I 14 (1108), 38, zu diesem Dokument vgl. auch oben S. 108/Anm. 142.
162 A.Lavr. I 37 (1076–1077), 2 und 6.
163 Vgl. oben S. 108/Anm. 142.
164 Διὰ Δ[ιο]νυσίου μειζωτ(έ)ρ(ου) (l. μειζοτ(έ)ρ(ου)) τοῦ πρά[ ]τ(ο)ρ(ος) [ ]άρμεα ἀπὸ τ(ῆς) νήσ(ου) τῶν Σικελιωτ(ῶν), Svoronos 1959, A I, 4 (S. 11); s. auch *ibidem* 33, 68–69 und 71.
165 Viele in dem Steuerregister aufgezählte Besitzer wohnten in Städten, s. Svoronos 1959, 142.
166 A.Ivr. I 30 (zweite Hälfte 11. Jh.), 24.
167 A.Ivr. II 52 (1104), 446 und 569.
168 A.Ivr. II 53 (1100–1110), 287.
169 Die oben schon zitierte Stelle aus dem Kommentar von Zonaras ist zwar etwas später, aber bei ihm handelt es sich nur um die Erklärung einer Stelle eines Kanons des zweiten Konzils von Nicäa und nicht um einen zeitgenössischen μειζότερος.
170 Zum Kloster vgl. Moravcsik 1923.

Er ist der zweitwichtigste Verwaltungsbeamte nach dem νοσοκόμος, „Direktor", der Institution. Seine Aufgabe ist es, die nötigen Produkte zu übernehmen und sie an die Kranken zu verteilen.[171] Der μειζότερος übernimmt auch die Rolle des κελλάριος, des Magazinverwalters.[172] Das Typikon beschreibt ausführlich die verschiedenen Produkte bzw. Geldbeträge, die er für die diversen Bedürfnisse des Krankenhauses erhält und verwendet.[173] Als Lohn erhält er (auch als κελλάριος) vier und ein Drittel Solidi und 36 Modii Weizen, was bedeutet, dass er zu den besser, aber nicht zu den am besten bezahlten Angestellten gehört, der νοσοκόμος erhält z.B. etwa das Doppelte seines Gehaltes.[174] Er scheint also hauptsächlich für die Verwaltung der Einnahmen und Ausgaben verantwortlich zu sein. Sein Aufgabenbereich ist im Vergleich mit den früheren Quellen begrenzt, was aber natürlich auch mit der Art der Institution, in der er arbeitet, zusammenhängt. Augenfällig ist jedoch, dass er hier von höherem sozialem Status und ein bedeutenderer Beamter ist als die μειζότεροι in den Dokumenten des Klosters Iviron.

Zusammenfassend kann man sagen, dass das Amt des μειζότερος im ganzen griechischsprachigen Gebiet des spätrömischen bzw. byzantinischen Reiches ab der Wende des 3./4. Jh. bis in das frühe 12. Jh. bezeugt ist. Die ägyptischen Parallelen lassen vermuten, dass ihre Aufgaben im Großen und Ganzen wohl im gesamten östlichen Mittelmeerraum dieselben waren. Sie gehörten zu einer Institution oder zu einem Herrn, und waren oft die zweitwichtigsten Beamten in der Administration nach dem Stellvertreter des Herrn. Grundsätzlich war μειζότερος die Position des Vorstehers eines Haushaltes, ihr Aufgabenbereich war jedoch umfangreich: Sie verwalteten die Landgüter des Besitzes und waren selbst in die Eintreibung verschiedener Abgaben involviert. Ihre soziale Stellung war – gemäß des Herrn oder der Institution, zu der sie gehörten – von unfreiem Status bis zur Vertretung der Elite

---

171 Ἐπέκεινα δὲ τῶν προδιαληφθέντων ἰατρῶν καὶ νοσοκόμος ἔσται καὶ μειζότερος καὶ λήψονται πάντα τὰ χρειώδη κατὰ τὸ αὔταρκες καὶ ἐπιχορηγήσουσι δαψιλῶς οὐχ ὑπὲρ τῶν ἐντὸς ἀνακεκλιμένων μόνον, ἀλλὰ καὶ ὑπὲρ τῶν ἔξωθεν ἀρρώστων, ὡς εἴρηται· οὗτοι δὲ καὶ ἀλογάριαστοι ὑπὲρ τούτων ἔσονται πρὸς τὸ ποιεῖν ἀνελλιπῆ τὴν πρόνοιαν ἁπάντων. *Typ.Mon.ChPa.* 980–984. „En plus de ce personnel chargé exclusivement du traitement des malades hébergés dans l'hôpital ou venant en consultation de l'extérieur, l'établissement comptait encore deux autres catégories d'agents, les uns chargés de l'administration, les autres de l'entretien général et des besognes manuelles. Dans la première catégorie on doit ranger le nosokomos, peut-être un moine du monastère, qui paraît avoir été le gérant, voire le directeur de l'hôpital, un meizotéros ou intendant général, deux comptables, un pharmacien-chef secondé par cinq herboristes, et un didascale qui assurait l'enseignement de la médecine aux enfants des médecins employés au Pantocrator." Gautier 1974, 12.

172 Ὁ δὲ μειζότερος, ἐπειδὴ καὶ τὴν τοῦ κελλαρίου δουλείαν ὀφείλει ἐκπληροῦν. *Typ.Mon.ChPa.* 1120–1121.

173 *Typ.Mon.ChPa.* 1120–1151, vgl. auch 1042–1044.

174 Τὸν μειζότερον μέλλοντα καὶ εἰς τὴν τοῦ κελλαρίου δουλείαν ὑπουργεῖν νομίσματα ὅμοια τέσσαρα, ὑπὲρ προσφαγίου τρίτον καὶ σίτου μοδίους τριάκοντα καὶ ἕξ (sc. τυποῦμεν λαμβάνειν, vgl. 1176–1177). *Typ.Mon.ChPa.* 1202–1204; Gautier 1974, 12–17, bes. 13 und 17.

variabel. Ein interessanter Aspekt ist das verhältnismäßig häufige Vorkommen von Frauen unter den Amtsträgern; die relativ hohe Zahl der μειζότεραι stellt ein gutes Beispiel für die zu dieser Zeit immer bedeutender werdende wirtschaftliche Rolle der Frauen dar.[175]

In den byzantinischen Zeugnissen des 8.–10. Jh. ist die Kontinuität des Amtes bezeugt, aber es scheint, dass die Bezeichnung sich eher auf einen weniger bedeutenden, nicht mehr zum städtischen Milieu gehörenden Verwalter bezieht. Die Urkunden aus den Kloster-Archiven des 10.–11. Jh. zeigen die μειζότεροι deutlich als Dorfbewohner. Dennoch kommen μειζότεροι immer noch in höheren Positionen vor, aber der Titel scheint langsam ungebräuchlich zu werden. Unser letzter Beleg für das Amt stammt aus dem frühen 12. Jh., in dem der μειζότερος eines Krankenhauses schon über einen eher beschränkten Aufgabenbereich waltet. Ferner zeigt eine Stelle von Zonaras, dass das Wort zu dieser Zeit schon erklärungsbedürftig war. Es scheint also, dass der Ausdruck im 11.–12. Jh. obsolet wurde und nur als Familienname weiterlebte.

3.3 μειζότερος und *maior domus*

Es wurde in der Literatur schon angedeutet, dass der griechische μειζότερος und der lateinische *maior domus* eigentlich dieselbe Position in zwei verschiedenen Sprachen bezeichnen.[176] Das Amt des *maior domus* taucht in den lateinischen Quellen zuerst in der Mitte des 4. Jh. auf:[177]

> „Ganz offenbar handelt es sich somit um die Stellung des Leiters bzw. Vorstehers in Haushaltungen und Hofhaltungen. Es zeigt sich dabei, dass sich der Wirkungskreis des maior domus durchaus auch, über die Bedeutung von "domus" als herrschaftlichen Wohnsitz mit dortiger Hofhaltung hinaus, in einem umfassenderen Sinn auf das gesamte herrschaftliche Besitztum erstrecken kann. Das kann nicht überraschen, denn "domus" wird in übertragenem Sinn auch zur Bezeichnung des gesamten Besitztums mit Gebäuden, Fläche, Gärten usw. verwendet. Mit dieser Position war die Weisungs- und Disziplinarbefugnis über das Dienstpersonal des "domus"-Bereichs verbunden, dem der maior domus als Vertreter des "dominus rei" gegenüberstand. … Aus dem betreffenden Quellenmaterial lässt sich keine klare Festlegung

---

175 Auch die lateinischen Quellen bezeugen weibliche Hausmeier, zur *maiorissa* vgl. Fleckenstein, Hausmeier, 1974 und auch Haar 1968, 24–25. Zur wirtschaftlichen Stellung der Frauen in der Spätantike vgl. Láda 2005, 45–47; grundlegend für das Thema Frauen in der Spätantike ist Beaucamp 1990–1992, wo aber der wirtschaftliche Aspekt nicht im Fokus steht.
176 S. z.B. Gascou 1976, 147/Anm. 2 oder Arthur S. Hunt und H. Idris Bell in der Einl. zu P.Oxy. XVI 1849: „The contents suggest that Theodore was in charge of stores, and the μειζότερος of a person or family … may be regarded as a sort of steward or *maiordomo*".
177 Maier 2005, 148, s. auch Haar 1968, 24–25.

auf einen bestimmten sozialen Stand vornehmen. Es zeigt sich zwar, dass das Amt von Angehörigen der unfreien Dienerschaft bekleidet wurde. Eine Beschränkung allein auf diesen Personenkreis ist allerdings nicht möglich … [bereits zum Anfang des 5. Jh.] findet sich "maior domus" auf den eigentlichen Herrn des Hauses, den "dominus", übertragen, was ja, wenn es sich um ein Amt allein der Sklavensphäre handelte, nicht denkbar wäre. … Weiterhin sahen wir bereits: der maior domus im kirchlichen Verwaltungsbereich besaß offensichtlich eine angesehene und bedeutende Position."[178]

Anhand von späteren Quellen sehen wir, dass sich der Aufgabenbereich der in den lateinischen Quellen belegten *maiores* (*domus*) auf die Organisation der Arbeit auf dem Besitz und u.a. auch auf die Einsammlung von verschiedenen Abgaben bezog.[179] Im Großen und Ganzen scheinen diese Angaben mit unserem über die μειζότεροι gewonnen Bild übereinzustimmen. Die offensichtliche etymologische Verwandtschaft des griechischen und des lateinischen Terminus (beide Wörter bedeuten eigentlich 'größer') machen es auch sehr wahrscheinlich, dass die beiden Begriffe nicht nur zufällig auf dieselbe Art gebildete Ausdrücke für ähnliche Verwaltungspositionen in zwei Sprachen sind, sondern dieselbe, für das ganze spätrömische Reich und Frühmittelalter charakteristische Institution bezeichnen.

Fraglich bleibt jedoch, ob die Amtsbezeichnung ursprünglich griechisch oder lateinisch war. Wie wir sahen, findet man den ersten Beleg für das Amt des μειζότερος bzw. der μειζοτέρα in einer Grabinschrift aus dem 3.–4. Jh. aus Palästina. In den lateinischen Quellen finden wir das Amt ab der Mitte des 4. Jh., aber die Existenz des Titels ist wohl auch für die erste Hälfte dieses Jahrhunderts anzunehmen.[180] Da sowohl der griechische wie auch der lateinische Terminus etwa zur selben Zeit erscheinen, ist es schwer zu sagen, welcher schon früher vorhanden war und als Muster für den anderen hätte dienen können. Maier bemerkt: „Der substantivische Gebrauch von Komparativen zur Bezeichnung von Personen war im Lateinischen seit jeher beliebt."[181] Dieselbe Tendenz ist jedoch auch im griechischen Bereich zu beobachten, wie etwa der Titel πρεσβύτερος zeigt. Die Frage des Ur-

---

178 Haar 1968, 26 und 28–29.
179 „In der →Grundherrschaft des FrühM[ittel]A[lters] war der M[eier] (maior, villicus) der Verwalter eines →Fronhofes; er betrieb die Hofwirtschaft mit Hilfe des Hofgesindes und der →Frondienste abhängiger Bauern. Bereits im →Capitulare de villis werden maiores als Verwalter von K[öni]gshöfen genannt, die dem iudex, dem Leiter von größeren Fiskalbezirken unterstellt waren. Der M[eier]hof selbst heißt in älterer Zeit zumeist curia villicalis oder c[uria] villicatus →Keller (cellerarii) oder →Schultheiße (sculteti) konnten ähnl[iche] Funktionen bei der Verwaltung von Herrenhöfen wahrnehmen. Neben der Bewirtschaftung des Fronhofes war der M[eier] auch mit der Einziehung der grundherrl[ichen] Abgaben von den zu einer →Villikation gehörenden Hufenbauern beauftragt. Ferner leitete er das Hofgericht (M[eier]ding), das im Rahmen des →Hofrechts zu regelmäßigen Sitzungen über grundherrl[iche] Gerichtsfälle zusammentrat." Rösener, Meier, 470.
180 Haar 1968, 25.
181 Maier 2005, 147.

sprungs der Amtsbezeichnung kann also meiner Ansicht nach anhand der gegenwärtigen Quellen nicht beantwortet werden.

Ferner ist bemerkenswert, dass die Tatsache, dass die Institution des *maior domus* ab dem 4. Jh. auch im griechischem Osten nachweisbar ist, auch die ohnehin weit vorherrschende Meinung verstärkt, die in der Debatte über den Ursprung des *maior domus*-Amtes mit einem römischen und nicht einem germanischen Muster argumentiert.[182]

3.4 μειζότεροι in Nubien

Der Titel μειζότερος kommt auch in mittelalterlichen Quellen aus Nubien vor.[*] Zwar wurde in manchen Texten μείζων gelesen, doch zeigt ein genauer Blick, dass dies in Nubien wohl ein „ghost-Titel" ist (s. unten). Ein griechisches Epitaph aus dem 7.–9. Jh. und eine koptische Grabinschrift aus dem 8.–9. Jh. erwähnen zwei μειζότεροι möglicherweise in Kalabscha.[183] Die Inschriften geben keinen weiteren Anhaltspunkt, um die Rolle dieser μειζότεροι näher bestimmen zu können. Da aber die Position der aus anderen nubischen Quellen bekannten μειζότεροι immer durch weitere Angaben präzisiert wird, scheint es eher unwahrscheinlich zu sein, diese beiden Amtsträger mit jenen in direkten Zusammenhang zu bringen. Dafür spricht auch die relativ einfache Ausführung dieser Epitaphe; die aus anderen Quellen bekannten nubischen μειζότεροι scheinen eine gehobene soziale Stellung gehabt zu haben. Die Annahme liegt nahe, dass es sich hier um irgendwelche Verwalter von Institutionen oder Großgrundbesitzer handelt, und nicht um hochrangige Hoffunktionäre.

Zwei koptische Protokolle von 803–812 belegen – nach der Beschreibung der Urkunden – einen προμείζων und zwei μείζονες.[184] In beiden Urkunden begegnet ein gewisser ⲟⲛⲟⲫⲣⲓⲟⲥ ⲓⲗⲗ(ⲟⲩⲥⲧⲣⲓⲟⲥ?) ⲡⲣⲟⲙⲓ͞ⲍⲱ ⲙⲡⲁⲗⲗⲁⲧⲓⲟⲛ, ein Palastvorsteher[185] und jeweils ein Vorsteher von Nobatia: ⲥⲏⲙⲱⲛ ⲡⲙ͞ⲓⲍⲟⲛⲛⲟⲃⲁⲧⲓⲁ bzw. ⲓ̈ⲱⲥⲏⲫ ⲙⲓ͞ⲍⲱⲛ ⲧⲛⲟⲃⲁⲧⲓⲁ. Alle drei Titel wurden als Varianten von μείζων interpretiert. Dies wäre allerdings befremdlich, da sonst alle nubischen Urkunden nur μειζότεροι bezeugen. In der Tat kann man im Fall des ⲡⲣⲟⲙⲓ͞ⲍⲱ auch von einem ⲡⲣⲟⲙⲓ͞ⲍⲱ(ⲧⲉⲣⲟⲥ) ausgehen und in den anderen zwei Fällen kann man die Buchstaben ebenfalls so trennen, dass man ⲙⲓ͞ⲍⲱ(ⲧⲉⲣⲟⲥ) ⲛⲧⲛⲟⲃⲁⲧⲓⲁ bzw. ⲡⲙⲓⲍⲟ(ⲧⲉⲣⲟⲥ)

---

182 Haar 1968, 23–45; Maier 2005, 147–148.
* Ich danke Adam Łajtar und Grzegorz Ochała für ihre Bemerkungen zu diesem Kapitel.
183 I.Lips.Kopt. 58 (= SB Kopt. III 1602, Ginâri/Kalabscha [?], 7.–9. Jh.); SB Kopt. III 1645 (Kalabscha [?], 8.–9. Jh.) zur Provenienz dieser Texte vgl. auch van der Vliet 2002/A, 188–190.
184 Krall 1900, 236–237 und 238–240 (DBMNT Nr. 634–635); zur Datierung vgl. Griffith 1928, 15 und die relevanten Einträge der DBMNT. Der Titel ist in der zweiten Urkunde rekonstruiert.
185 Vgl. den μείζων εὐνοῦχος τῆς βασιλικῆς οἰκίας und den μείζων τῆς βασιλικῆς οἰκίας bei Sozomenos, s.oben S. 55.

NNOBATIA liest.¹⁸⁶ Den hohen Rang des προμειζότερος zeigt auch, dass vor Onophrios in den Protokollen nur der König, der *protodomestikos*¹⁸⁷ des Palastes und ein Bischof stehen, während ihm noch ein *primikerios*,¹⁸⁸ der *eparchos*,¹⁸⁹ der μειζότερος von Nobatia und zwei andere nicht mehr genau bestimmbare Amtsträger folgen.¹⁹⁰

Die Bezeichnung προμειζότερος setzt natürlich voraus, dass es auch mehrere andere μειζότεροι gab.¹⁹¹ Wie schon erwähnt folgen in der Auflistung der offenbar eponymen Beamten in den zwei genannten koptischen Protokollen auch noch zwei μειζότεροι von Nobatia.¹⁹² Der Titel bezeichnete vielleicht einen bestimmten Posten in der Verwaltung der Provinz von Nobatia. Die Quellen zur nubischen Verwaltung und die Parallelen zu der Bedeutung des Wortes machen diese Annahme aber eher unwahrscheinlich. Viel mehr könnte der 'Vorsteher von Nobatia' eine Art Hoftitel gewesen sein, entweder am Hof des *eparchos* oder am Hof des Königs, etwa als Vertreter des Eparchen oder einfach als *maior domus*. Falls diese Annahme richtig ist, könnte man vermuten, dass der προμειζότερος des königlichen Palastes über anderen Vorstehern stand, die vielleicht nach verschiedenen Gebieten benannt waren (oder diese am Hof wirklich vertraten). Eine interessante Parallele könnte das fränkische maior domus-Amt bieten: „[Es] ist unter den Merowingern zunächst das Nebeneinander mehrerer H[ausmeier] charakterist[isch]: für den K[öni]g, die K[öni]g[i]n, den K[öni]gssohn, die K[öni]gstochter (Gregor v. Tours, Hist. VII, 27, 28, 43)."¹⁹³

Ebenso ist in zwei koptischen Protokollen aus dem 9. Jh. direkt nach dem König von einem gewissen Georgios die Rede, der πρωτο-, πρωτοδομέστικος und πρωτομειζότερος ist.¹⁹⁴ In den obigen Protokollen kam zuerst der König, dann der *protodomestikos* und der Bischof und erst nach ihm der προμειζότερος. Hier folgt direkt auf den König der *protodomestikos*, der in diesem Fall zugleich auch der πρωτομειζότερος ist, und erst nach ihm der Bischof.

---

186 Demgemäß entfällt auch die Vermutung von Török 1978, 305–306: „The office would appear to be modelled on that of a fairly modest Byzantine Egyptian official".
187 Ein unklarer Hoftitel, s. Hägg 1990, 162–163.
188 Der Titel ist nicht in der Zusammenstellung der nubischen Titel und Epitheta in Hägg 1990 berücksichtigt. Zur Bedeutung des Wortes vgl. John R. Reas Komm. zu P.Oxy. LXIII 4395, 13: „*Primicerius* usually denotes the chief of the section *(schola)* or of the whole *officium*"; s. auch Török 1978, 305.
189 Zu diesem Titel vgl. Ruffini 2012, 36–37.
190 DBMNT Nr. 634–635.
191 Wie auch von Adam Łajtar angenommen wurde, s. Komm. zu I.Khartoum Greek 21, 12–13: „The title (and the office) of πρωτομειζότερος (προμείζων) presupposes the existence of the lower-rank title of μειζότερος or μείζων." Vgl. auch die μεγαλομειζότεροι im Sizilien des 8. Jh., s. oben S. 108, bes. Anm. 144.
192 DBMNT Nr. 634–635.
193 Fleckenstein, Hausmeier, 1974.
194 P.Lond.Copt. 449, 3–4; P.Lond.Copt. 450, 2–3 (beide: Nobatia, 9. Jh.). Zur Datierung vgl. Ochała (in Vorbereitung).

3.4 μειζότεροι in Nubien

Ein Epitaph aus dem Jahr 883 in Dongola berichtet von einem Ἰωάννης ἔπαρχος τῶν Γαδηρων καὶ πρωτομειζότερος. Wir wissen nicht, was genau mit dem Amtssprengel τῶν Γαδηρων gemeint ist, aber der Statthalter war der Sohn des letzten und Bruder des gerade herrschenden Königs.[195] So könnte man vermuten, dass der von königlichem Blut stammende Ἰωάννης außer dem Amt des *eparchos* auch einen hohen Ehrentitel am Hof hatte. Das Protokoll eines weiteren unpublizierten Dokumentes (Qasr Ibrîm, 925 [?])[196] erwähnt einen πρωτομειζότερος des Königs und einen πρωτομειζότερος des Eparchen, was mit unseren Informationen über die προμειζότεροι im Einklang steht und zeigt, dass die beiden Ämter identisch sind. Im Text werden auch ein μειζότερος des Königs und ein μειζότερος des Protoeparchen (der der Sohn des Eparchen von Nobatia war) erwähnt. Die letzteren μειζότεροι waren offenbar von niedrigerem Rang.

In einem unpublizierten Epitaph aus Hambukol (9.–10. Jh.) kommt ein gewisser Merki vor, der folgende Ämter bekleidete: νοτάριος, μειζότερος, χαρτουλάριος, Σαη, ἔξαρχος ΤΙΜΙΚΛΕΩΣ ὑψηλῆς γῆς und πρωτοδομήστικος. Es ist allerdings nicht eindeutig zu bestimmen, in welcher Reihenfolge er diese Funktionen ausübte.[197] Ferner belegen zwei unpublizierte Wandaufschriften, die 2016 während der Ausgrabungen in der sogenannten Kirche BV auf der Zitadelle von Dongola gefunden wurden, den Titel ἀρχιμειζότερος. Die Kirche befindet sich im königlichen Viertel von Dongola, der Hauptstadt von Makurien, in der Nähe eines königlichen Palastes. Die ἀρχιμειζότεροι treten als Stifter der Malereien in der Kirche auf. Der Kontext weist darauf hin, dass es sich um bedeutende Beamte des Königshofes handelt. Die Texte können kontextuell in das 9. Jh. datiert werden, was zeigt, dass προ/πρωτομειζότερος und ἀρχιμειζότερος synonym verwendet wurden.[198]

In einer Inschrift aus dem Jahr 1069 in Komangana begegnet ein gewisser Staurophoros, ein Admiral der Nobaden (μειζ( ) ναύαρχος Νοβ(άδων), ναυκράτης Ἑπτὰ χῶραι).[199] In der *ed.pr.* wurde die Abkürzung μειζ( ) als μείζων oder μειζότερος aufgelöst, aber später korrigierte der Herausgeber die Lesung anhand der Parallele eines *meizodomestikos* zu μειζ(ο)ναύαρχος.[200] Adam Łajtar und Jacques van der Vliet interpretierten die Abkürzung später wieder als μείζων und ναύαρχος allerdings ohne weitere Erklärungen.[201] Grzegorz Ochała teilte mir freundlicherweise mit, dass nach seiner und Adam Łajtars Meinung sowohl *meizodomestikos* wie auch *meizonaurchos* eher als zwei Titel verstanden werden sollten, da in nu-

---

195 I.Khartoum Greek 21 (Alt-Dongola, 883), 11–13. Vgl. auch Adam Łajtar im Komm. zu Z. 12, 12–13 und 13.
196 Adam Łajtar im Komm. zu I.Khartoum Greek 21, 12–13.
197 Adam Łajtar im Komm. zu I.Khartoum Greek 21, 12–13. Die Inschrift und die Karriere von Merki wird in Łajtar 2006, 102 und Łajtar 2015, 231–232 beschrieben. Zu ΤΙΜΙΚΛΕΩΣ vgl. Łajtar 2015.
198 Ich danke Adam Łajtar für die Auskünfte über diese Wandaufschriften.
199 Hägg 1981, 57 (DBMNT Nr. 515), Z. 7–8.
200 Hägg 1990, 162, 169 und 175/Anm. 81.
201 Łajtar–van der Vliet 1998, 50 (Nr. 11).

bischen Texten Titel oft asyndetisch verbunden werden. Die vorigen Beispiele zeigen jedoch, dass die Abkürzung μειζ( ) eher als μειζότερος interpretiert werden sollte.

Schließlich belegen die griechischen Adressen von zwei nubischen, kürzlich veröffentlichten Briefen aus Qasr Ibrîm, die ungefähr in das 11.–14. Jh. datierbar sind, den Titel μειζότερος bzw. ἀρχιμειζότερος. Ein Brief ist von Apapa, dem Diakon und μειζότερος von Faras, an Ioanne, „den großen Bischof" adressiert, die Lesung ist jedoch wohlgemerkt unsicher. Es geht allem Anscheinnach um eine Weizenlieferung und deren Verteilung.[202] Der andere Brief ist von dem ἀρχιμειζότερος Kosma an den ἀρχιτρικλίνιος und *eikshil* Uruwi gerichtet.[203] Der König und ein Eparch werden erwähnt, ferner wird über Angelegenheiten bezüglich Sklaven berichet. Beide Texte weisen wieder auf hochrangige Hoffunktionäre hin.

Es ist auch bemerkenswert, dass der Titel μειζότερος möglicherweise mit dem altnubischen Amt des ⲗⲁⲩⲕⲁⲧⲧ-, das häufig in aus Qasr Ibrîm stammenden Dokumenten der zweiten Hälfte des 12. Jh. vorkommt, gleichzusetzen ist, da ⲗⲁⲩ(ⲉⲓ) 'groß sein' bedeutet. Da aber das Wort ⲗⲁⲩⲕⲁⲧⲧ- ebenso von ⲗⲁⲩ(ⲉⲓ) 'Weg' ableitbar ist und der Titel sich einmal auf einen Schiffskapitän bezieht, scheint die Gleichsetzung nicht genau nachweisbar zu sein. Obwohl der Titel auch in Protokollen vorkommt, können die Parallelen der früheren Texte nicht dazu beitragen, eine Übereinstimmung wahrscheinlicher zu machen.[204]

Zusammenfassend kann also gesagt werden, dass im mittelalterlichen Nubien die Titel (ἀρχυ/προ/πρωτο)μειζότερος wahrscheinlich hochrangige Amtsträger am Hof des Köngis (und vielleicht auch des Statthalters) bezeichneten. Es ist naheliegend, dass es eine Art Hoftitel bzw. Ehrentitel ('Palastvorsteher', *maior domus*) war. Die Titel sind nach unseren heutigen Kenntnissen ab 804–813 bis vielleicht 1069 und eventuell noch später (11.–14. Jh.) belegt. Obwohl es sich um eine Hofposition handelte, ist nicht auszuschließen, dass dieselben nubischen μειζότεροι vielleicht auch eine Rolle als Verwalter der Höfe bzw. Landgüter ausübten. Ferner deuten einige Grabsteine darauf hin, dass es auch in Nubien nicht zum Hof gehörende μειζότεροι von Grundbesitzern gab.

---

202 P.QI IV 89.
203 P.QI IV 95.
204 Gerald M. Browne, P.QI III, XII; für Belege s. die DBMNT (http://www.medievalnubia.info/dev/index.php/Offices_and_Titles).

3.4 μειζότεροι in Nubien

μειζότεροι in Nubien				
Name	Bezeichnung(en)	Ort	Datierung	Publikation
ⲁⲃⲣⲁ?ⲁⲙ	μειζότερος des Königs	Qasr Ibrîm	925 [?]	unpubliziert
ⲁⲡⲁⲡⲁ	ⲇⲓⲏⲅ( )[205] ⲡⲁⲣⲁⲛ ⲙⲉⲓⲍ(ⲟⲧⲉⲣⲟⲥ)	Qasr Ibrîm	10.–14. Jh.	P.QI IV 89
ⲅⲉⲱⲣⲅⲓⲟⲥ	μειζότερος eines Protoeparchen, Sohn des Eparchen von Nobatia	Qasr Ibrîm	925 [?]	unpubliziert
ⲅⲉⲱⲣⲅⲓⲟⲥ	ⲙⲡⲣⲟⲧ( )ⲙⲡⲁⲭ( ) (ⲕⲁⲓ) ⲡⲣⲟⲧ(ⲟⲇⲟ)ⲙⲉⲥⲧⲓⲭⲟⲥ (ⲕⲁⲓ) ⲡⲣⲟⲧⲟⲙⲏⲍⲓⲧⲉⲣⲟⲥ[206]	Nobatia	9. Jh.	P.Lond.Copt. 449, 3–4; P.Lond.Copt. 450, 2–3.
ⲉⲡⲉⲫⲁⲛⲓⲟⲥ	ⲡⲙⲉⲓⲍⲟ(ⲧⲉⲣⲟⲥ)	Ginâri/Kalabscha [?]	7.–9. Jh.	I.Lips.Kopt. 58
Ἰωάννης	ἔπαρχος τῶν Γαδηρων κ(αὶ) πρωτομειζώτερος (l. πρωτομειζότερος)	Alt-Dongola	883	I.Khartoum Greek 21, 11–13.
ⲓⲱⲥⲏⲫ	ⲙⲓⲍⲱ(ⲧⲉⲣⲟⲥ) ⲛⲧⲛⲟⲃⲁⲧⲓⲁ	?	803–812	DBMNT Nr. 635
ⲕⲟⲥⲙⲁ	ⲁⲣⲭ(ⲓ)ⲙⲏⲍ(ⲟⲧⲉⲣⲟⲥ)	Qasr Ibrîm	10.–14. Jh.	P.QI IV 95
Merki	μειζότερος	Hambukol	9.–10. Jh.	unpubliziert
ⲟⲛⲟⲫⲣⲓⲟⲥ	ⲓⲗⲗ(ⲟⲩⲥⲧⲣⲓⲟⲥ?), ⲡⲣⲟⲙⲓⲍⲱ(ⲧⲉⲣⲟⲥ) ⲙⲡⲁⲗⲗⲁⲧⲓⲟⲛ	?	803–812	DBMNT Nr. 634–635
ⲡⲁⲩⲗⲟⲥ	μειζότερος	Kalabscha [?]	8.–9. Jh.	SB Kopt. III 1645
ⲥⲏⲙⲱⲛ	ⲡⲙⲓⲍⲟ(ⲧⲉⲣⲟⲥ) ⲛⲛⲟⲃⲁⲧⲓⲁ	?	803–812	DBMNT Nr. 634
Σταυροφόρος	μειζ(ότερος) ναύαρχος Νοβ(άδων), ναυκράτης Ἑπτὰ χῶραι	Komangana	1069	DBMNT Nr. 515
ⲭⲁⲏⲗ	πρωτομειζότερος, Sohn des Auame	Qasr Ibrîm	925 [?]	unpubliziert
?	πρωτομειζότερος des Eparchen von Nubia, Sohn des Uruel	Qasr Ibrîm	925 [?]	unpubliziert
?	ἀρχιμειζότερος	Dongola	9. Jh.	unpubliziert
?	ἀρχιμειζότερος	Dongola	9. Jh.	unpubliziert

---

205 Die Abkürzung steht evtl. für Diakon, vgl. Giovanni R. Ruffini im Komm. zu P.QI IV 89, 6.
206 Es wird die vollständiger erhaltene Form von P.Lond.Copt. 450 angegeben.

3.5 Zusammenfassung

Die Untersuchung der papyrologischen, epigraphischen und literarischen Quellen zu dem Amt des μειζότερος zeigte, dass es sich um eine ab dem 4. Jh. bis in das 12. Jh. belegte, im ganzen spätrömischen bzw. byzantinischen Reich verbreitete Institution handelte. Abgesehen von einer besonderen Entwicklung in der arabischen Zeit[207] sind die in den papyrologischen Quellen vorkommenden μειζότεροι alle Zeugnisse für ein und dasselbe Amt. Bei dem Kirchengeschichtsschreiber Sozomenos wird μείζων synonym zu μειζότερος verwendet, aber dies ist wohl als eine Ausnahme zu betrachten. Der Vergleich der Aufgabenbereiche und die etymologische Verwandtschaft sprechen überzeugend dafür, dass die Ausdrücke μειζότερος und *maior (domus)* dieselben Amtsträger bezeichnen. Welcher Titel jedoch eine Übersetzung des anderen ist, konnte nicht ermittelt werden.

Der μειζότερος/*maior domus* war ursprünglich der Vorsteher des Haushaltes, meistens von unfreiem Status. Er nahm in der Regel den zweiten Platz in der Hierarchie eines Verwaltungssystems ein: Er folgte direkt nach dem Herrn oder dem Stellvertreter des Herren. Die Position gehört eher zur privaten Sphäre, aber auch kirchliche Institutionen oder Einheiten der *domus divina* konnten μειζότεροι haben. Bald erlangte das Amt *auch* einen höheren sozialen Status, der wohl jeweils mit dem Vermögen und Ansehen des Herrn bzw. der Institution zusammenhing, in der sie als Hausmeier dienten. Die ägyptischen Quellen zeigten ebenfalls, dass größere Ländereien mit einer ausgeprägten Verwaltungsstruktur, wie z.B. die der Apionen in Ägypten, auch über mehrere μειζότεροι verfügen konnten. Sie gehörten des Öfteren zur lokalen Elite bzw. einer gehobeneren Schicht der Gesellschaft. Ihr Aufgabenbereich umfasste diverse Pflichten und forderte Flexibilität. Am häufigsten sind sie im Kontext der Landwirtschaft bezeugt: Sie organisierten die Arbeit auf dem Land und trieben verschiedene Abgaben von den lokalen Gemeinden ein. Ferner waren sie wahrscheinlich in begrenztem Umfang auch für die Kontrolle der Einnahmen/Ausgaben verantwortlich, diese Aufgabe konnte aber nach der Art und Größe des Haushaltes auch mit anderen Beamten geteilt werden.

Das Amt ist sowohl im weströmischen Reich und dessen Nachfolgestaaten wie auch in Byzanz belegt. Der Titel *maior domus* entwickelte sich im Westen teils auch zu einem sehr wichtigen Hofposten, dessen Bedeutung besonders durch den Aufstieg der Karolinger in diesem Amt greifbar wird.[208] Eine ähnliche wichtige Hof-

---

207 Vgl. oben S. 61–63.
208 Fleckenstein, Hausmeier, 1974: „(maior domus), urspr[ün]gl[ich] Vorsteher des Hausgesindes, dem bes[onders] im frühfr[än]k[ischen] Reich ein außerordentl[icher] Aufstieg beschieden war: Er trat hier als Inhaber des bedeutendsten Hausamtes an die Spitze des fr[än]k[ischen] Adels, um schließlich bis an die Stufen des K[öni]gsthrones aufzusteigen. - Seine Anfänge wurzeln in der Unfreiheit. Noch in einer Version der Lex Salica (X, 6, MGH LNG IV, 1, 53f.) figuriert der maior (wie die maiorissa) als Leiter des unfreien Hausgesindes, in Entsprechung zum Seneschalk, dem »Altknecht«, dem der maior demnach als »Groß«- oder

position bezeichnete μειζότερος im 9.–11. Jh., eventuell noch später, auch in Nubien. In Byzanz ist die Bezeichnung bis in das 12. Jh. bezeugt: Die μειζότεροι gehörten nun jedoch eher schon zum ruralen Milieu, wie aus Urkunden des 10.–11. Jh. klar wird. Nichtsdestoweniger treffen wir die Amtsträger immer noch in der Verwaltung der kaiserlichen Domäne an. Unser letzter Beleg stammt aus dem ersten Viertel des 12. Jh., es scheint, dass die Bezeichnung des Amtes im 10.–11. Jh. im griechischsprachigen Raum obsolet wurde und nur als Familienname fortbestand.

Schließlich soll betont werden, dass die obigen Ausführungen sich nur auf den spätantiken Begriff des μειζότερος konzentrierten, es ist selbstverständlich, dass Verwaltungsposten mit ähnlichen Aufgaben, aber anderen Namen weiterhin existierten. Die spätantike Institution bzw. das entsprechende Konzept scheint im Westen noch lange fortbestanden[209] und im Osten etwa bis zum ersten Fall von Konstantinopel im Jahre 1204 existiert zu haben.

»Oberknecht« entspricht. In gehobener Stellung begegnet der maior domus an den Höfen der K[öni]ge in den germ[anischen] Völkerwanderungsreichen, ohne daß diese Stellung jedoch bereits deutlicher erkennbar wird. Dies ist erst im →Frankenreich (vgl. Abschnitt B.I) der Fall, wo der H[ausmeier] offenbar zu jeder Hofhaltung gehört. Dementsprechend ist unter den Merowingern zunächst das Nebeneinander mehrerer H[ausmeier] charakterist[isch]: für den K[öni]g, die K[öni]g[i]n, den K[önig]ssohn, die K[öni]gstochter (Gregor v. Tours, Hist. VII, 27, 28, 43). Mit den Reichsteilungen wächst die Bedeutung des H[ausmeier]amtes (Fredegar Cont. c. 4, 5), das jeweils für den gen[annten] Reichsteil →Neustrien, →Austrien und →Burgund zuständig ist: Der H[ausmeier] gewinnt Anteil an der Verwaltung des K[öni]gsgutes und tritt gleichzeitig an die Spitze der k[öni]gl[ichen] Gefolgschaft, der →trustis dominica (Lex. Rib. t. 1, 91), womit er die dominierende Stellung am Hof gewonnen hat und bereits über den Hof hinaus die Verwaltung des ganzen Reichsteils dirigiert. Während er dabei zunächst im Auftrag des K[öni]g[sgute]s fungiert, tritt nach 600 ein entscheidender Wechsel ein, als das Amt des H[ausmeier]s sich der Bindung an den K[öni]g entzieht und stattdessen unter den Einfluß des Adels gerät." Das Amt wurde von Pippin III. (dem Kleinen) abgeschafft. Für dies und den Aufstieg der Karolinger s. *ibidem* 1975; zur weiteren Entwicklung des Amtes im Westen vgl. Rösener, Meier.

209 Für eine ausführliche Sammlung der Belege s. Du Cange lat., s.v. *major domus*.

4. Weitere Termini für Dorfvorsteher; Dorfschreiber und der βοηθὸς κώμης

4.1 ἱερεῖς

Es wurde von Jean Gascou erkannt, dass die in spätantiken Papyri vorkommenden ἱερεῖς und ἀρχιερεῖς eine Art von Dorfbeamten bezeichnen. Er sammelte die damals bekannten Belege der ἱερεῖς in seiner Einleitung zu P.Sorb. II 69.[1] Da seit seiner Bearbeitung nur wenige neue Zeugnisse des Amtsträgers publiziert wurden[2] und Gascou einen detaillierten Katalog der ἱερεῖς belegenden Texte zusammenstellt, beschränke ich mich im Folgenden hauptsächlich auf die Rekapitulierung seiner Ergebnisse im Lichte der seither erschienenen relevanten Literatur und werde das von ihm gezeichnete Bild nur in Detailfragen präzisieren. Es ist vor allem bemerkenswert, dass die ἱερεῖς und ἀρχιερεῖς *ausschließlich* (und nicht nur vornehmlich) in dem Hermopolites und Antinoites belegt sind.[3] Ferner möchte ich darauf aufmerksam machen, dass Jean Gascou und Anne Boud'hors bald ein wichtiges neues Dokument zu den ἱερεῖς vorlegen werden, für dessen Auswertung auf ihre Publikation verwiesen wird.[4]

Die Grundbedeutung des Wortes ('Priester') veranlasste die Forschung lange Zeit, zu glauben, dass die in spätantiken Texten vorkommenden ἱερεῖς Kleriker bezeichnen. Diese Annahme schien plausibel zu sein, da das Wort in der spätantiken Literatur gelegentlich auch Geistliche bezeichnet. Es ist ein gut bekanntes Phänomen dieser Epoche, dass Kleriker eine Funktion in der Vertretung bzw. Verwaltung ihrer

---

1 Jean Gascou, P.Sorb. II 69, S. 66–70.
2 Neue Texte sind CPR XIV 54 (Herm., 7.–8. Jh.); s. Papathomas 1994, 292–293 und Morelli 1999, 199. Vgl. auch Morelli im Komm zu CPR XXX 15, 3. Vgl. auch BKU III 420 (Herm., 7.–8. Jh.) und P.Louvre Bawit 50 (Herm., 8. Jh.), zu beiden Papyri vgl. unten S. 234–237.
3 Vgl. unten S. 232–234.
4 Der neue Text, P.Sorbonne inv. 2277, wurde am 31. 7. 2013 auf dem 27. Internationalen Papyrologenkongress in Warschau im Rahmen des Vortrags *Un nouveau cas d'archives bilingues: le monastère antinoite d'apa Dorothée* vorgestellt. In dem Text aus dem späten 6. Jh. erklärt sich ein gewisser Esaias gegenüber einem Klostervorsteher bereit, ἱερεύς der ἐποίκια zu werden und dem Kloster zu dienen. Ich bin Anne Boud'hors und Jean Gascou für eine Vorschau der Edition der vorgestellten Dokumente zu Dank verpflichtet. Der unpublizierte BL Or. 6085, ein hermopolitischer Brief aus der Mitte des 7. Jh., erwähnt den ἱερεύς einer hochrangigen (ἐνδοξοτάτη) Herrin. Er scheint für ein ἐποίκιον verantwortlich zu sein, das unter der Kontrolle der Dame steht. Ich danke Nikolaos Gonis für eine Einsicht in seine unpublizierte Edition dieses Textes. Hier sei auch bemerkt, dass mehrere Heidelberger Papyri, die ἱερεῖς belegen, von mir zur Edition vorbereitet werden.

Gemeinde übernahmen.⁵ Die Analyse von Gascou zeigte aber, dass es abgesehen von zwei Texten unproblematisch ist, den Titel als eine Bezeichnung für Dorfbeamte zu interpretieren. Einer dieser Texte ist ein unpublizierter koptischer Papyrus, der einen ⲫⲓⲉⲣⲉⲩⲥ ⲛⲡⲧⲟⲟⲩ 'ἱερεύς des Berges' erwähnen soll.⁶ Da das koptische Wort ⲡⲧⲟⲟⲩ 'Berg' auch ein Kloster bezeichnen kann, ergibt sich die Interpretation 'ἱερεύς eines Klosters'.⁷ Das andere Dokument ist ein Schuldschein, der von einem ἱερεύς eines Klosters (ⲡⲫⲓⲉⲣⲉⲩⲥ ⲛⲑⲏⲛⲉⲧⲉ) an den Verwalter des Klosters (ⲡⲣⲟⲛⲁⲓⲧⲏⲥ ⲛⲑⲏⲛⲉⲧⲉ) adressiert ist.⁸ Gascou stellte für beide Texte die Frage: „Encore faudrait-il s'assurer ici que les mots signifiant "monastère" ne se rapportent pas à des centres civils développés autour de monastères, ou s'ils n'ont pas simplement valeur de toponyme."⁹ In der Tat könnten sowohl ⲡⲧⲟⲟⲩ wie auch ⲑⲏⲛⲉⲧⲉ als Ortsnamen identifiziert werden.¹⁰ Demgemäß sind die ἱερεῖς auch in diesen Texten vielleicht Dorfbeamte.

Es ist jedoch augenfällig, dass die Etymologie des Wortes aus dem religiösen Bereich stammt. Eine mögliche Interpretation der Bedeutungsentwicklung des Terminus gaben Hélène Cuvigny und Guy Wagner zu erwägen:

> „[N]ous nous demandons personellement si le choix de *hiereus* pour désigner un administrateur civil ne se situe pas dans la droite ligne de l'usage qui gratifiait du titre de prêtre (sans mention d'aucune divinité) certains magistrats municipaux de l'Égypte romaine (l'exégète et l'hypomnématographe). Jouguet, qui a clairement posé le problème,¹¹ suggère qu'ils sont prêtres de cultes municipaux des empereurs, de même que les ἀρχιερεῖς municipaux, dont le titre n'est non plus suivi d'un nom de divinité mais de celui de la métropole où ils exercent … il en est ainsi de nos *hiereis*, dont le titre est spécifié par un nom de village ou d'*epoikion*. Il n'est donc pas improbable que le titre de *hiereus* se soit progressivement vidé de sa charge religieuse par le biais des cultes municipaux desservis par des administrateurs."¹²

---

5 Für diese Interpretation des Wortes s. Papathomas 1994, 292–293, bes. 292: „Daß als ἱερεῖς bezeichnete Personen oft als Vertreter ihrer Dörfer fungierten, steht zwar außer Zweifel, allerdings ist es auch durchaus vorstellbar, daß derartige Funktionen von Geistigen – gerade wegen ihres hohen Ansehens in der Gesellschaft des Dorfes – übernommen wurden".
6 BM Or. inv. 6201 B&C zitiert von W. E. Crum in P.Ryl.Copt. 177, S. 92/Anm. 1; Sarah Clackson bezeichnet das Dokument als „unidentified and unpublished" in der Einl. zu P.Mon.Apollo 24, S. 77.
7 Jean Gascou, P.Sorb. II 69, S. 67.
8 P.Lond.Copt. 1031r (Herm., o.D.).
9 Jean Gascou, P.Sorb. II 69, S. 69.
10 Zu ⲡⲧⲟⲟⲩ vgl. Sarah Clackson im Komm. zu P.Mon.Apollo 10, 8 und die Einl. zu P.Mon.Apollo 24, S. 77. Zu ⲑⲏⲛⲉⲧⲉ vgl. Gascou, P.Sorb. II 69, S. 69/Anm. 126.
11 Es wird auf Jouguet 1911, 338–340 verwiesen.
12 Hélène Cuvigny und Guy Wagner im Komm. zu O.Douch III 203, 4.

Die ansprechende Rekonstruktion muss aber eine Vermutung bleiben, m.W. gibt es keine Texte, die diese Annahme direkt unterstützen würden.

Ein anderer Pfad wurde von Jean Gascou angedeutet:

> „Je ne sais ce que vaut le rapprochement qui me vient à l'esprit entre notre ἱερεύς et le ⲗⲁϣⲁⲛⲉ, dénomination copte bien connue du maire, dans certains villages de Haute Égypte comme Aphroditô et Djèmè (Thèbes-Ouest). Certains auteurs font remonter l'étymologie de lašane à une forme démotique mršn et à son correspondant grec λεςῶνις ou λαςᾶνι, au sens de 'Vorsteher der Priesterschaft eines Gottes' ".[13]

Die von Gascou aufgeworfene Parallelität der beiden Bezeichnungen ist in der Tat attraktiv. Sowohl ἱερεύς wie auch ⲗⲁϣⲁⲛⲉ (bzw. λέσωνις und λασᾶνι) bezeichneten vor dem 4. Jh. Priester und wurden in der Spätantike Titel für Dorfbeamte.[14]

Besonders interessant ist, dass der ägyptische Titel *mr šn* oft mit dem griechischen ἀρχιερεύς wiedergegeben wird.[15] Man könnte also annehmen, dass die ἱερεῖς bzw. ἀρχιερεῖς des Hermopolites und Antinoites eine hellenisierte Version des in anderen Regionen bekannten ⲗⲁϣⲁⲛⲉ darstellen. Diese Annahme würde dazu passen, dass im Hermopolites der Terminus ⲗⲁϣⲁⲛⲉ überhaupt nicht belegt ist, sodass man behaupten könnte, dass sich in dieser Region nur die hellenisierte Form des ägyptischen Titels durchsetzte. Man müsste in diesem Fall annehmen, dass das Wort ἱερεύς ein beschränkterer Terminus für die Dorfvorsteher der ἐποίκια geworden ist. So eine Deutungsverschiebung ist gut vorstellbar, aber die heutige Quellenlage zu dem ⲗⲁϣⲁⲛⲉ bzw. λέσωνις aus dem 4.–5. Jh. ist zu spärlich, um Sicheres behaupten zu können. Dies gilt auch für die hermopolitischen ἱερεῖς; der früheste – sichere – Beleg des Wortes in der Bedeutung 'Dorfvorsteher' stammt wahrscheinlich aus dem Jahr 497.[16]

Die Dokumente zeigen ἱερεῖς als Vorsteher von ἐποίκια, Weilern. Ein koptischer Brief eines Pagarchen, der *an die Vorsteher* (ⲛⲁⲡⲏⲩⲉ) *der Dörfer* (ⲛⲉⲧⲓⲙⲉ) *und die* ἱερεῖς *der Weiler* (ⲛⲉⲡⲟⲓⲕⲉⲓⲟⲛ) adressiert ist, zeigt das besonders klar.[17] Dennoch trifft man auch auf ἱερεῖς einer κώμη und eines κτῆμα.[18] Im letzteren Fall sieht man ein Dorf aus der Perspektive eines Landbesitzers, aber bei der κώμη ist die Situation weniger eindeutig. Man könnte behaupten, dass im Hermopolites die Vorsteher der ἐποίκια ἱερεῖς hießen und ihre Erwähnung als Beamte einer κώμη nur eine Ausnahme darstellt, deren Grund uns unbekannt bleibt. Diese Frage könnte vielleicht

---

13 Jean Gasocu in P.Sorb. II 69, S. 70/Anm. 128.
14 Vgl. oben S. 83.
15 Chaufray 2011/II, 377–385.
16 P.Stras. VII 640 (Herm., 497 [?], vgl. BL VIII 427).
17 P.Ryl.Copt. 278 (Herm., 8. Jh.), 2–3: [ⲛⲛⲁⲡ]ⲏⲩⲉ ⲛⲛⲉⲧⲓⲙⲉ ⲙⲛ ⲛⲉϩⲓⲉⲣⲉⲩⲥ | ⲛⲛⲉⲡⲟⲓⲕⲉⲓⲟⲛ. Zum Text vgl. auch unten S. 234–235.
18 P.Stras. VII 640, 1: ἱερεῦσι κώμης Βου[σ]ίρ[εως]; VBP IV 95 (Herm., Anfang 6. Jh.), 195: κούφ(ων) κελλίο(υ) τοῦ ἱερις (l. ἱερέως) τοῦ αὐ(τοῦ) κτήμ(ατος).

durch eine systematische Untersuchung der Toponomastik des spätantiken Hermopolites geklärt werden.

Was nun die Tätigkeiten dieser ἱερεῖς angeht, bestätigen die Quellen das erwartete Bild: Die Amtsträger vertreten ihr Dorf in jeder Art von Angelegenheiten. Da Gascous Katalog der Belege klar zeigt (wie auch der Verfasser bemerkt), dass die ἱερεῖς in dieselben Tätigkeiten involviert sind wie andere Dorfvorstände (μείζονες, πρωτοκωμῆται usw.),[19] seien an dieser Stelle nur einige Beispiele zitiert. Die Dorfgemeinschaft (ⲧⲕⲟⲓⲛⲱⲧⲏⲥ) des Weilers (ⲡⲉⲡⲟⲓⲕ(ⲓ)ⲟ(ⲛ)) Poraheu verkauft z.B. Land an das Kloster von Apa Apollos in Bawit, vertreten durch den ἱερεύς, den Diakon und den Priester und andere aus dem Weiler.[20] Ein Beamter berichtet seinem Vorgesetzten, dass er den ἱερεύς von Taekpita verprügeln ließ, da er mit Strafgeldern und Steuerzahlungen im Rückstand sei.[21] In einem anderen Dokument ist ein ἱερεύς für die Requisition von Eseln aus verschiedenen Ortschaften zuständig.[22] In einem Brief informieren die ἱερεῖς und eine andere Person einen διοικητής, dass sie jemanden festnahmen.[23] Ferner ist es ebenfalls nicht verwunderlich, dass auch der Titel „ehemaliger ἱερεύς" getragen wird.[24]

Im Großen und Ganzen passen die ἱερεῖς in unser Bild über die spätantiken Dorfvorsteher. Außergewöhnlich ist jedoch, dass sie nur in einer Art von Siedlungen, in Weilern (ἐποίκια), belegt sind und dass sie anscheinend nur im Hermopolites und Antinoites vorkommen. Obwohl noch vieles über sie unklar ist, sind die ἱερεῖς auf jeden Fall ein deutliches Beispiel der lokalen Eigenarten der spätantiken Dorfverwaltung.

4.2 κεφαλαιωταί

Der Terminus κεφαλαιωτής begegnet in diversen Kontexten in spätantiken Papyrusdokumenten (4.–7. Jh.).[25] Das Wort kann sich auf verschiedene Amtsträger beziehen, die aber mit vergleichbaren Aufgaben beschäftigt sind. Ludwig Mitteis fasste die Bedeutung des Wortes folgendermaßen zusammen: „[D]er Ausdruck [scheint] jedes Amt bezeichnen zu können, welches die Verteilung einer Abgabe auf verschiedene Köpfe, sei es nun in der Gesamtgemeinde, sei es innerhalb einer bestimmten

---

19 Jean Gasocu, P.Sorb. II 69, S. 69/Anm. 124: „Il serait aisé de montrer, dans le détail, à quel point les attributions de nos *hiereis*, qui sont surtout des Hermopolites, concordent avec celles des maires, μείζονες, de villages de l'Oxyrhynchite byzantin."
20 P.Mon.Apollo 24 (= P.HermitageCopt. 7, Herm., 8. Jh.).
21 CPR XIV 54, zum Text vgl. oben S. 122/Anm. 2.
22 P.Heid.inv. G 35 (Herm., 647 [?]). Die Edition des Papyrus wird von mir vorbereitet.
23 P.Lond.Copt. 1180 (Herm., o.D.).
24 SB Kopt. III 1309 (Antin., 6. Jh.), 17–18: ⲕⲱⲛⲥⲧⲁⲛⲧⲓⲛⲉ | ⲡⲁⲡⲟ ⲓⲉⲣⲉⲱⲛ.
25 Der Beleg von O.Vind.Copt. 96 (= O.CrumST 65, Theb.-W., 723) entfällt, s. Delattre 2002/B, 157. Zur genauen Datierung des Textes vgl. Alain Delattre und Jean-Luc Forunet, P.Stras.Copt., S. 322.

Zunft, mit sich bringt."[26] Κεφαλαιωταί sind z.B. für die Steuergeschäfte der Berufskorporationen zuständig.[27] Die Ruderer der Galeere des Präfekten haben auch einen κεφαλαιωτής.[28] Ferner treibt mitunter auch ein κεφαλαιωτής (*capitularius*) „als Geschäftsführer des capitulum, des Grundbesitzerkonsortiums zur Aufbringung von Rekruten" das *aurum tironicum* ein.[29] Der κεφαλαιωτής Ἰουδαίων aus dem 5.–6. Jh. ist wohl auch Steuerbeamter der Juden, die allem Anschein nach als eine steuerliche Gruppe hafteten.[30] Manchmal ist aber der Titel allgemeiner zu verstehen, als 'Hauptmann', 'Anführer einer Gruppe' wie z.B. im Fall des κεφαλαιωτής der Dorf-Eirenarchen, der nur für eine kurze Zeit in der Mitte des 4. Jh. belegt ist.[31]

Auch in Dörfern kommen κεφαλαιωταί vor, ihre genaue Rolle und Aufgabe ist jedoch nicht immer klar. Auf jeden Fall zeigt eine Passage des *Codex Theodosianus*, dass sie zu den Liturgen gezählt wurden.[32] Sie kommen in den Urkunden von Karanis aus dem späten 3. und 4. Jh. oft vor. Roger Bagnall arbeitete ihre Rolle in diesem Dorf aus:

> „Karanis had ten or eleven of them – each in effect responsible for about ten landowners, probably. They were responsible for ensuring and organizing the transportation of village grain taxes to the harbors and for distributing the compensation received from imperial authorities for compulsory deliveries outside the normal taxes. Their duties probably also extended to other,

---

26 P.Lips. I 45, S. 159, allgemein über den Titel s. noch Oertel 1917, 225–229; Mitthof 2001 II, 513–514.
27 Reil 1913, 194–195, bes. 194/Anm. 4. Für die arabische Zeit s. auch Federico Morelli in CPR XXII 60, S. 284/Anm. 2. An dieser Stelle soll auch bemerkt werden, dass die κεφαλαιωταί in P.Mich. XIII 660 (Aphrod., erste Hälfte 6. Jh.) Vorsteher einer Berufskorporation und nicht Dorfbeamte sind, vgl. Ruffini 2008, 182.
28 P.Grenf. II 81 (Panopolis, 403).
29 Zitat: Oertel 1917, 226; Lallemand 1964, 210–211. Vgl. dazu auch allgemein Zuckerman 1998.
30 SPP VIII 1299 (Herm. [?], 5.–6. Jh.) = C.Pap.Jud. III 506, vgl. bes. Victor A. Tcherikovers Komm. zu Z. 2. Darauf, dass die Juden im spätantiken Ägypten kollektiv für ihre Steuer hafteten, deuten auch weitere Dokumente hin. In dem unpublizierten P.Heid.inv. G 150 (8. Jh.) werden Steuerzahlungen einer Stadt aufgelistet. (Eine Edition des Textes wird von Federico Morelli vorbereitet, s. CPR XXII, S. 284/Anm. 2.) Neben Abgaben verschiedener Berufskorporationen bezeugt ein Eintrag eine Zahlung von 26 Solidi als Ἑβραίων. Demgemäß wurden sie wohl für steuerliche Zwecke nach ähnlichen Prinzipien wie die Berufskorporationen als eine kollektiv haftende Gemeinschaft gruppiert. In dieselbe Richtung weist, dass in einer Kopfsteuerquittung, SPP VIII 741 (Ars., 645) aus den ersten Jahren der arabischen Eroberung, ein Steuerzahler nur als Ἑβραῖος identifiziert wird. Ἑβραῖος bezeichnet in diesen Texten eine ethnische und nicht religiöse Gruppe wie P.Ross.Georg. III 38 (Antin., 569), 3–4 zeigt: Περὴτ [υ]ἱοῦ Ἰουὰβ ἐκ μητρὸς | Ῥοσύνης Ἑβ[ρα]ίου τῷ ἔθνει. Vgl. auch Fikhman 1996, 350–351. Die Belege, die klar auf eine kollektive Steuerhaftung der Juden deuten, stammen aus der früharabischen Zeit. Der κεφαλαιωτής in SPP VIII 1299 könnte jedoch vermuten lassen, dass diese kollektive Steuerhaftung schon in der byzantinischen Zeit bestand. Zu Juden im byzantinischen Ägypten vgl. Fikhman 1996.
31 Sänger 2005, 170–171.
32 *C.Th.* XI 24, 6, 7: *cefalaeotis, irenarchis, logografis chomatum et ceteris liturgis.*

poorly-documented areas of tax-collection and transportation, helping the tax collectors themselves to do their jobs."³³

Bagnalls Beschreibung ist mit dem Bild, das wir aus späteren Urkunden gewinnen, gut vereinbar. Aus einem Bericht aus dem 5. Jh. erfahren wir, dass ein Einwohner von Karanis, nachdem man von ihm vor dem κεφαλαιωτής die Steuer eintreiben wollte, die anwesenden Beamten angriff.³⁴ Etwa hundert Jahre später schreibt ein Funktionär in einem dörflichen Milieu:

> [T]ue kund (verordne öffentlich), daß ich von jedem einzelnen Kephalaioten den auf seinen Bereich entfallenden Teil des Steuergoldes erhalten ... soll.³⁵

In einem anderen Brief ebenfalls aus dem 6. Jh. erfährt man:

> Ich bitte Dich also, säume nicht mich zu benachrichtigen, daß ich aufhöre besorgt und betrübt zu sein. Auch ob Philapollon und seine Leute, obwohl sie das Kephalaiotenamt abgelehnt haben, zahlen, tue kund; wenn nicht, siehe zu, ob Du die Teilnehmer bereden kannst, daß sie die Aufwendungen wieder zurückzahlen.³⁶

Auch viele andere Texte aus der byzantinischen Zeit bezeugen sie als Steuereintreiber bzw. Vermittler verschiedener Zahlungen.³⁷ Dass sie mit den Dörfern assoziiert sind, zeigen oft weitere Zusätze zu ihrem Titel wie ein Dorfname.³⁸ Ein Brief von Besa, Schenutes Schüler und Nachfolger als Abt des Weißen Klosters, ist u.a. auch an die κεφαλαιωταί der Weiler (ἐποίκια) adressiert.³⁹ Auf ähnliche Weise sind die κεφαλαιωταί von Pakerke die Adressaten von einem Brief über Missetaten verschiedener Dorfbewohner.⁴⁰ Die Bezeichnung κεφαλαιωτὴς τοῦ ἀναλώματος eines Dorfes kommt ebenfalls in zwei Dokumenten vor. In einem dieser Texte bestätigt

---

33 Bagnall 1993/A, 134; für Details s. Bagnall 1978.
34 P.Col. VIII 242 (Ars., 5. Jh.) mit Rea 1994 (zum κεφαλαιωτής S. 270).
35 SB VI 9400 (Ars., Mitte 6. Jh.), 16–18: λαβεῖν με πρόγραφ[ε] | παρ' ἑκάστου κεφαλαιωτοῦ τοῦ χρυσίου τοῦ αἱροῦντος | τῷ μέρει αὐτοῦ. Übers. aus der ed.pr.: Gerstinger 1957, 114.
36 SB VI 9399 (Herm. [?], 6. Jh.), 11–15: παρακαλῶ, μὴ ἀμε|λήσῃς δηλῶσαι μοι, ὅπως παύσωμαι οὕτως φροντίζων τε καὶ λυ|πούμενος, καὶ εἰ οἱ περὶ Φιλαπόλλωνα, κἂν ὤθησαν (l. ἐώθησαν) τὰ περὶ τὴν | κεφαλαιωτίαν, δίδωσ[ι]ν· εἰ δὲ μή, μάθε, εἰ δύνασαι πεῖσαι | τοὺς κυνώνους (l. κοινώνους), ὅπως δώσωσι πάλι τὰ ἀναλώματα. Übers. aus der ed.pr.: Gerstinger 1957, 111.
37 SB XX 15095 (Herm., 4. Jh.); SPP III² 578 (Herakl., 5. Jh.); P.Rain.Cent. 138 (Hk.unbek., 6. Jh.); P.Ant. II 96 (Hk.unbek., 7. Jh.), 5–6 (Muses, ein ehemaliger κεφαλαιωτής); SB XXVI 16357 (Herakl., 6.–frühes 7. Jh.), 7.
38 SPP III² 578, 1: τῶν κεφαλαιωτῶν Ἁλμυρᾶς; CPR X 121 (Herakl., 543), 3: κεφαλαιωταὶ κτήματος Πασνει; P.Princ. III 120 (Oxy., 6. Jh. mit Gonis 2015, 225–226), v: κεφ(αλαιωταῖς) Πακερκ[η.
39 Besa, frag. 41, S. 129/Z. 21–23: ⲃⲏⲥⲁ ⲡⲓⲉⲗⲁⲭⲓⲥⲧⲟⲥ ⲡⲉⲧⲥ2ⲁⲓ̈ ⲛ̄ⲛⲉⲡⲣⲉⲥⲃⲩⲧⲉⲣⲟⲥ · ⲙⲛ̄ ⲛ̄ⲇⲓⲁⲕⲟⲛⲟⲥ · ⲙⲛ̄ ⲛⲉⲡⲣⲟⲛⲟⲏⲧⲏⲥ ⲙⲛ̄ ⲛ̄ⲕⲉⲫⲁⲗⲗⲓⲱⲧⲏⲥ · ⲙⲛ̄ ⲡⲗⲁⲟⲥ ⲧⲏⲣϥ ⲉⲧⲟⲩⲏ2 2ⲛ̄ ⲛⲉⲡⲟⲓⲕⲓⲟⲛ 2ⲙ̄ ⲡⲭⲟⲉⲓⲥ ⲭⲁⲓⲣⲉ. Die προνοηταί sind Verwalter von Großgrundbesitzen in Dörfern und keine Dorfvorsteher.
40 P.Princ. III 120, vgl. oben Anm. 38.

ein μείζων mit zwei κεφαλαιωταὶ τοῦ ἀναλώματος den Erhalt einer Geldsumme. Ferner quittert ein gewisser Ioannes, Einwohner von Herakleopolis, mit dem gleichen Titel den Erhalt des Kaufpreises für bereits gelieferte Waren. Obwohl er in Herakleopolis wohnhaft ist, könnte zu seinem Titel in der Lücke des Papyrus ein Dorfname ergänzt werden.[41]

Die κεφαλαιωταί waren also auch auf Dorfebene Steuereintreiber. Es stellt sich aber die Frage, ob das Wort manchmal auch im dörflichen Milieu allgemein 'Hauptmann' bzw. 'Dorfvorsteher' bedeuten könnte. In einer koptischen Urkunde, die aus dem Herrschaftsgebiet der Blemmyer stammt, könnte ein κεφαλαιωτής Zeuge sein. Schon die Interpretation der Abkürzung κφ/ ist in der Urkunde problematisch, aber die von Crum stammende (s. unten) Identifikation des Titels mit dem ⲁⲡⲉ ist zweifelhaft.[42] Ebenso wurde im Fall eines Überstellungsbefehls, der an einen oder mehrere κεφαλαιωταί und εἰρηνάρχαι des Dorfes Tholthis adressiert ist, erwogen, dass es sich hier um Dorfvorsteher handelt. Die sich anhand von Parallelurkunden ergebende Lösung, dass es sich um den κεφαλαιωτής der εἰρηνάρχαι handelt, wurde abgelehnt, da sich dieses Amt sicher nur bis zur Mitte des 4. Jh. nachweisen lässt und das problematische Schreiben in das 6. Jh. datiert wurde. Die online erreichbare Abbildung erlaubt jedoch eine Datierung in das (eher frühe) 5. Jh., was die kontinuierliche Existenz des Amtes plausibel und so auch die Deutung des Wortes als Dorfvorsteher unwahrscheinlich macht.[43] In diesem Zusammenhang verdient noch ein Verwaltungsschreiben Erwähnung, das an den βοηθός eines Dorfes adressiert ist. Er wird aufgefordert, τοὺς φροντιστάς, τοὺς ναύτας, τοὺς συμμάχους und τοὺς λοιποὺς κεφαλαιωτάς zu einer Versammlung zu bringen.[44] Der Zusatz λοιπούς impliziert, dass die zuvor erwähnten Funktionäre auch zur Gruppe der κεφαλαιωταί gehören. Welche κεφαλαιωταί sind hier gemeint? Am ehesten könnte es sich um einen ungenauen Wortgebrauch handeln: Der Sender möchte wohl auch die anderen mit den Steuerangelegenheiten (die hier aber wohl im Rahmen eines Großgrundbesitzes abgewickelt werden) befassten Funktionäre bei der Versammlung sehen. Alles in allem ist für den Terminus κεφαλαιωτής die Bedeutung 'Dorfvorsteher' nicht nachweisbar.

---

41 BGU II 367 (Ars., Mitte–zweite Hälfte 7. Jh. mit Berkes 2011, 289 und Bemerkungen); SPP III² 185 (Ars. [?], 644 oder 659) mit Fritz Mitthofs Komm. zu Z. 1–2.
42 BKU III 350 (o.D.), 15: Κουτα κ(ε)φ(αλαιωτής) αὐτῶν μαρ(τυρεῖ). (In der Edition ist die Passage in koptischen Buchstaben transkribiert.) Der Herausgber, Helmut Satzinger, übersetzt: „Kuta, ihr (Pl.) (?Dorf)Oberhaupt, bezeugt." In der Einl. zum Text S. 60 identifiziert Satzinger den κεφαλαιωτής mit dem ⲁⲡⲉ. Delattre 2005/B, 391 zweifelt die Auflösung mit Recht an.
43 PSI I 47 (Oxy., 5. Jh., s. Bemerkungen) mit Sänger 2005, 192, der auch die früheren Interpretationen der Abkürzung anführt. Zu den κεφαλαιωτής der εἰρηνάρχαι s. *ibidem* 170–171. Eine gute Parallele für einen Überstellungsbefehl an einen κεφαλαιωτής der εἰρηνάρχαι ist P.Oxy. XIX 2229 (Oxy., 346–350) mit dem Komm. von H. Idris Bell zu Z. 2, vgl. auch die Erklärung von Sänger 2005, 182/Anm. 120 zu P.Oxy. LXIII 4369. Gascou 1977, 363 interpretierte diese κεφαλαιωταί als „chefs de la police locale".
44 SPP XX 254 (Herakl. [?], 6. Jh.).

An dieser Stelle sei bemerkt, dass Crum den Titel des κεφαλαιωτής zur Erklärung des koptischen ⲁⲡⲉ heranzog.⁴⁵ Beide Wörter hängen etymologisch mit dem griechischen bzw. koptischen Wort für 'Kopf' zusammen, und genauso wie die κεφαλαιωταί sind die ⲁⲡⲏⲩⲉ von Djeme, die Crum kommentiert, überwiegend im Steuerbereich dokumentiert. Obwohl eine gewisse Parallelität nicht zu leugnen ist, muss bemerkt werden, dass das Wort ⲁⲡⲉ sich allgemein auf führende Dorfvorsteher bezieht, in Djeme sind die Beamten allerdings den Laschanen untergeordnet.⁴⁶ Eine solche Bedeutung ist für den κεφαλαιωτής nicht (s. oben) nachweisbar: Deshalb soll die Verbindung zwischen diesen zwei Termini als eine Zufallsparallele betrachtet werden.

Schließlich soll bemerkt werden, dass die für Dörfer zuständigen κεφαλαιωταί vornehmlich im Arsinoites und Herakleopolites belegt sind. Viele Dokumente sind aber unklarer Provenienz, und außerdem wissen wir über manche der Amtsträger nicht, welche Position sie genau einnahmen. Die Tendenz deutet jedenfalls darauf hin, dass κεφαλαιωταί von Dörfern eher im Fayum agierten. Wenn man die starke Regionalität Ägyptens, die sich auch in der Terminologie manifestiert, in Betracht zieht, wäre diese Annahme zwar plausibel, aber der heutige Quellenbestand verbietet eindeutige Aussagen.

Soweit also unsere Quellen erkennen lassen, waren Dorf-κεφαλαιωταί nur mit den Steuerangelegenheiten der Dörfer beschäftigt. Vermutlich waren sie für Gruppen von Steuerzahlern innerhalb ihrer Gemeinde zuständig – wie besonders die Karanis-Dokumente aus dem 4. Jh. zeigen. Der κεφαλαιωτής τοῦ ἀναλώματος, der in zwei Urkunden des 7. Jh. belegt ist, ist wohl eine Entwicklung desselben Amtes. Die Annahme, dass es sich um eine für die Gegend des Fayum charakteristische Institution handelt, ist nicht gänzlich abzulehnen. Ein Aspekt soll noch im Gebrauch des Titels in der Dorfverwaltung hervorgehoben werden: Der κεφαλαιωτής begegnet meistens als Finanzbeamter für verschiedene Kontribuentengruppen (*consortia*) wie z.B. Berufskorporationen, was die Parallelität der Organisation der kollektiv haftenden Dörfer und Berufskorporationen unterstreicht.⁴⁷

4.3 Der διοικητής

Seit der ptolemäischen Zeit konnte der Titel διοικητής Verwalter sowohl des privaten wie auch des öffentlichen Bereiches von verschiedenem Rang bezeichnen, die in der Regel eine andere Person vertraten. Der Grund dieser Vielfalt ist wohl die Farblosigkeit des Ausdrucks: Das Wort bedeutet 'Verwalter' im weitesten Sinne. Es handelte sich aber keineswegs um eine kolloquiale Wendung. In der byzantinischen Zeit

---

45 Walter E. Crum in O.Crum, S. 23/Anm. 1 zu O.Crum 308.
46 S. oben S. 85 und unten S. 178–179.
47 Vgl. oben S. 20.

bezieht sich der Terminus vor allem auf Gutsverwalter sowohl von weltlichen wie auch von kirchlichen Institutionen. Ab dem 6. Jh. manifestiert sich das Wort immer mehr im öffentlichen Bereich. So sind διοικηταί als Verwalter verschiedener Untereinheiten der Pagarchien belegt und besonders in der arabischen Zeit auch als Pagarchen.[48] Es treten jedoch – neben διοικηταί von Großgrundbesitzen, die eine Gruppe von mehreren Dörfern verwalten konnten[49] – auch die für unsere Fragestellung relevanten dörflichen διοικηταί auf.

Die Erfassung dieser Amtsträger bringt Schwierigkeiten mit sich, da der Terminus (wie auch γραμματεύς oder βοηθός) oft ohne weitere Spezifikationen auftritt und mehrere Funktionen bezeichnen kann. Die Basis der folgenden Analyse bilden nur Dokumente, in denen entweder eine weitere Spezifikation (z.B. Dorfname) oder der Kontext klar macht, dass es sich um Dorfbeamte handelt.

Die Dorf-διοικηταί kennen wir vor allem aus den Djeme-Papyri (s. unten), aber sie begegnen auch vereinzelt in Dokumenten aus anderen Gebieten Ägyptens; eine regionale Einschränkung ist nicht zu erkennen. Sie kommen sogar in den Nessana-Papyri (Palästina) im 6. Jh. und in der zweiten Hälfte des 7. Jh. vor (s. unten). Die Funktion des Dorf-διοικητής ist im byzantinischen Reich also schon im 6. Jh. bezeugt. In Ägypten scheinen sie jedoch – wie schon von Bernhard Palme angedeutet – erst nach der arabischen Eroberung belegt zu sein.[50] Eine Ausnahme könnte ein Brief aus dem 6. Jh. darstellen, der den διοικητής eines Dorfes erwähnt; aber seine genaue Funktion wird aus dem Kontext nicht klar.[51]

Es kann nicht ausgeschlossen werden, dass das Amt des Dorf-διοικητής in Ägypten schon in der byzantinischen Zeit (im 6. oder 7. Jh.) eingeführt wurde, wie es in Palästina für das 6. Jh. belegt ist, und nur der Zufall der Überlieferung uns bis jetzt keine Belege geliefert hat. Man könnte jedoch auch vermuten, dass sich die Einführung des Amtes des Dorf-διοικητής in die Reihe der administrativen Reformen der früharabischen Zeit fügt. Einerseits haben wir aus dem 6. und frühen 7. Jh. keine eindeutigen Belege für Dorf-διοικηταί, obwohl ansonsten Dorfbeamte in dieser Zeit in verschiedenen Regionen Ägyptens reichlich bezeugt sind. Andererseits wäre die Einführung eines Verwaltungsterminus, der im byzantinischen Nahen

---

48 Amphilochios Papathomas im Komm. zu CPR XXV 34, 10; Benaissa 2008, 186–187; Palme 1997, 106 (mit Anm. 23); Federico Morelli im Komm. zu CPR XXX 2, 7; Morelli 2010, 142; Roger Rémondon im Komm. zu P.Apoll. 3, 5; Schmelz 2002, 305–306; vgl. auch den problematischen διοικητής τῆς Ἀνταίου in P.Köln V 240 (Antaiop., 6. Jh.), 5 mit dem Kommentar von Klaus Maresch *ad locum*; vgl. auch SB VIII 9753 (Herakl., 643).
49 SPP X 138 (Ars., Anfang 7. Jh.), 27; vgl. Palme 1997, 107–112. Zum Dokument vgl. oben S. 9/Anm. 34.
50 „In der arabischen Zeit kann kann διοικητής daneben auch den Verwalter einer lokalen Unterabteilung (zumeist nur eines Dorfes) der Pagarchie bezeichnen". Palme 1997, 106/Anm. 23.
51 In P.Ant. II 94 (Antin. [?], 6. Jh.), 8 wird ein κύριος Βίκτωρ διοικητής Πώεως erwähnt. Der δεσποινικὸς διοικητὴς τῆς κώμης von Aphrodites Kome in P.Cair.Masp. I 67088 (nach [?] 10. 3. 548 [?]), 10 ist „le régisseur du village pour le compte de Théodora, Aphroditô appartenant à sa *domus divina*". Zuckerman 2004, 49/Anm. 53.

Osten verwendet wurde, von den Verwaltern der Araber im neu eroberten Ägypten nicht ohne Parallelen.[52]

Neben verstreuten Belegen stehen besonders aus drei Regionen mehrere Zeugnisse zu dem dörflichen διοικητής zur Verfügung: Aus Aphrodito, Djeme und Palästina. In den Aphrodito-Papyri des 8. Jh. finden wir διοικηταί auf zwei Ebenen. Einerseits wird der Pagarch von Aphrodito, Basileios, διοικητής κώμης Ἀφροδιτώ genannt; seine Bezeichnung als πάγαρχος ist in den griechischen Texten selten. In den koptischen Texten heißt er Pagarch des Dorfes und seiner Weiler (ἐποίκια), arabische Texte nennen ihn ṣāḥib al-Išqauha. Diese Ambiguität der Titel hängt mit der Sonderstellung des Dorfes zusammen, das zu dieser Zeit eine selbständige Pagarchie mit seinem Umland bildete. Zwar kann man Basileios aufgrund seines Titels διοικητής κώμης als Dorfbeamten ansehen, doch gehört seine Tätigkeit wegen des speziellen Status von Aphrodito eher in eine Untersuchung der Pagarchen in der früharabischen Zeit.[53]

Andererseits werden in manchen griechischen Briefen, die vom arabischen Statthalter Ägyptens, Qurra b. Šarīk, an Basileios geschickt wurden, verschiedene Maßnahmen vorgeschrieben, die Basileios vor Ort in den Dörfern seiner Pagarchie ergreifen soll. In einem dieser Texte droht Qurra dem Pagarchen Basileios und den μείζονες, διοικηταί und φύλακες der Dörfer mit einer schweren Strafe, falls Flüchtige in seiner Pagarchie bzw. ihrem Dorf gefunden werden.[54] In einem ähnlichen Schreiben wird den διοικηταί, μείζονες und φύλακες in demselben Fall eine Geldstrafe angedroht. Einige Zeilen später befiehlt Qurra dem Basileios, die μείζονες und φύλακες der Dörfer zu versammeln und ihnen seinen Brief vorzulesen und ihnen aufzutragen, Abschriften in den Kirchen der Dörfer auszuhängen und ihren Inhalt bekannt zu machen. Die Frage stellt sich, ob die Auslassung der διοικηταί in diesem Kontext nur ein Versehen bzw. Zufall ist, oder ob der διοικητής aus einem anderen Grund an dieser Stelle fehlt. Später im Text, wo die Summe der Geldstrafe wiederholt wird, fehlen die διοικηταί wieder: Wurde das Dokument vielleicht achtlos redi-

---

52 CPR XXX 2 (Herm., ca. 643–644), 7 könnte Dorf-διοικηταί belegen, vgl. den Komm. von Federico Morelli *ad locum*. Zum χωρίον als Neuerung der arabischen Zeit vgl. oben S. 7–8; vgl. auch Morelli 2002, 77. Vgl. zudem unten S. 206–207.

53 In griechischen Texten wird Basileios in P.Lond. IV 1359 (Aphrod., 710), 1 πάγαρχος genannt; für den Titel διοικητής κώμης Ἀφροδιτώ s. z.B. CPR XXII 52 (709–714). Für koptische und arabische Beispiele vgl. P.Lond. IV 1508 (Aphrod., 8. Jh.), 5–6: [ⲃⲁⲥⲓⲗ]ⲉ ⲡⲓⲗⲗⲟⲩ(ⲥⲧⲣⲓⲟⲥ) ⲁⲩⲱ ⲡⲡⲁⲅⲁⲣⲭ(ⲟⲥ) ⲛ̄ⲧⲕⲱⲙⲏ ϫⲕⲱⲟⲩ ⲙⲛ ⲛⲉϥ[ⲟⲓⲡⲏⲕⲓⲟⲛ ⲧⲏⲣ]ⲟⲩ und P.BeckerPAF 1 (Aphrod., 709–710), 2. Zur Problematik der Bezeichnungen von Basileios vgl. Bell 1908, 100–101. Steinwenter 1920, 19 erklärt die Absenz des Titels διοικητής in den koptischen Texten folgendermaßen: „Die koptisch sprechende Bevölkerung hat es vermieden, den Pagarchen mit διοικητής anzureden, offenbar weil sie mit diesem Namen einen Dorfbeamten in Verbindug zu bringen pflegte". Allgemein zu den Formularen der verschiedenen Sprachen und der linguistischen Situation in den Aphrodito-Papyri vgl. Richter 2010 und Richter 2013. Zu Aphroditos Status vgl. H. Idris Bell, P.Lond. IV, S. XIII und oben S. 11–13.

54 P.Lond. IV 1343 (709), 16–25.

giert?⁵⁵ Ferner verbietet Qurra in einer anderen Mahnung die Folter mit ungelöschtem Kalk und Essig: *Sobald du also das gegenwärtige Schreiben empfängst, befiehl allen Dorfdioiketen* (διοικηταῖς), *den Dorfschulzen* (μείζοσι) *und den übrigen dir unterstellten Beamten* (λοιποῖς ὑπουργοῖς), *niemanden mit Kalkstaub und Essig zu foltern.*⁵⁶ In den Abrechnungen der Aphrodito-Papyri kommen διοικηταί zahlreich vor, ihre Bestimmung als Dorfbeamte ist meistens jedoch unsicher, da keine weitere Spezifikationen ihre Titel beleuchten.⁵⁷ In den oben zitierten Stellen werden die διοικηταί tendenziell vor den μείζονες erwähnt, was auf ihren Vorrang hinweist, besonders unter Berücksichtigung der Parallelen aus Djeme.⁵⁸

Was das weitere ägyptische Material betrifft, sind nur vereinzelte Belege zu finden. Das κοινόν eines hermopolitischen Dorfes adressiert im frühen 8. Jh. ein koptisches Dokument an den δημόσιος λόγος von Hermupolis. Der Inhalt ist nicht mehr klar zu entnehmen, es könnte sich um Steuerangelegenheiten handeln. Die Dorfgemeinschaft wird durch mehrere Dorfbewohner vertreten, unter denen nur der erste einen Titel trägt: Er ist διοικητής und zugleich πρεσβύτερος. Er scheint der wichtigste Beamte des Dorfes zu sein.⁵⁹ Zwei andere hermopolitische Dokumente zeigen Dorfbeamte (ἱερεῖς), die jeweils an einen διοικητής schreiben – aber es ist unklar, ob die διοικηταί Dorfbeamte oder Funktionäre von Besitzern sind.⁶⁰ Ferner wird ein ehemaliger Dorf-διοικητής in einer herakleopolitischen Abrechnung des frühen 8. Jh. erwähnt.⁶¹

Aus den Nessana-Papyri erfahren wir von der Existenz von Dorf-διοικηταί in Palästina im 6.–7. Jh. Der διοικητής und πρεσβύτερος des Dorfes Chaprea schreibt – wohl in justinianischer Zeit – eine Petition an einen hochrangigen Beamten über eine Angelegenheit, die auch die Steuer des Dorfes betrifft.⁶² Die weiteren vier Belege von dem Fundort bezeugen die Amtsträger in der omayyadischen Zeit. Drei Texte

---

55 P.Lond. IV 1384 (708–710), 7–18, vgl. auch 39–40.
56 P.Ross.Georg. IV 16 (710), 7–10.
57 M.W. ist nur in P.Lond. IV 1419 (Aphrod., 716–717), 335 ein Dorf-διοικητής sicher belegt: δ(ιὰ) Γεωργίου πρε(σβυτέρου) διοικ(η)τ(οῦ) ἀπὸ Τωετώ (mit BL I 302). Es überrascht nicht, dass ein Dorfbeamter gleichzeitig auch ein Geistlicher ist, wie zahlreiche Parallelen zeigen.
58 Steinwenter 1920, 42–43 analysiert teils dieselben Texte, die oben angeführt werden, und hält die διοικηταί auch für den ranghöchsten Dorfbeamten. Seine Deutung der μείζονες ist hingegen abzulehnen.
59 P.Ryl.Copt. 115 (Herm., 702/703 oder 717/718, s. Bemerkungen).
60 In P.Lond.Copt. 1180 (Herm., o.D.) berichten zwei Dorfbeamte (ἱερεῖς) einem διοικητής über die Festnahme von Personen. In P.Ryl.Copt. 354 (Herm., 7.–8. Jh.) schreibt ein ἱερεύς einem διοικητής über eine unklare Angelegenheit. Beide Briefe folgen dem bekannten Formular „Es ist/sind dein/deine Diener, der/die seinem/ihrem Herren zu schreiben wagt/wagen", vgl. Delattre 2005/A. Da diese Formel sowohl in an private wie auch an öffentliche Beamte addressierten Briefen angewendet wurde, bleibt die genaue Funktion der διοικηταί in diesen Texten unklar.
61 SPP X 220 (Herakl., 8. Jh.), 1 mit Bemerkungen.
62 P.Ness. 54 (Chaprea, Mitte 6. Jh.). Zum Text und zur Datierung vgl. Fournet–Gascou 2004, 173.

sind Briefe aus den 680-er Jahren, die an Georgios, διοικητής Νεστάνων, adressiert sind. In diesen Texten wird er aufgefordert, verschiedene Produkte und die Kopfsteuer abzuliefern, bzw. Kamele und Arbeiter für Fronarbeiten bereitzustellen. Dieses Bild passt gut zu den ägyptischen Quellen – der Herausgeber der Nessana-Papyri, Casper J. Kramer, vergleicht sogar Georgios mit Basileios aus Aphrodito –, es handelt sich klar um dieselbe Institution, die in dieser Region seit der byzantinischen Zeit kontinuierlich existiert zu haben scheint.[63]

Die Belege aus Djeme werden im relevanten Kapitel besprochen,[64] aber bereits an dieser Stelle seien auch einige Aspekte hervorgehoben, die für die allgemeine Charakterisierung des Amtes wichtig sind. Für uns sind in erster Linie nicht die richterlichen Funktionen, die von Steinwenter ausführlich besprochen wurden, von besonderem Interesse. Dass dieser Aspekt des Amtes besonders zum Vorschein kommt, ist nur eine Eigentümlichkeit des aus diesem Dorf überlieferten Materials. Steinwenter bemerkte aber mit Recht: „[I]n den Steuerurkunden aus Djême ist wider alles Erwarten vom Dioiketen nicht die Rede."[65] In diesen Texten treten nur die Laschanen und besonders die ⲁⲡⲏⲩⲉ auf, διοικηταί nur sehr selten. Man kann also behaupten, dass sie sich nicht mit der Abwicklung der lokalen Steuereintreibung beschäftigen mussten. Ihre Kompetenz muss sich auf die finanziellen Angelegenheiten des Dorfes erstreckt haben, aber sie waren wohl – wie Basileios von Aphrodito – eher für die Organisation verantwortlich. In lokalen Streitigkeiten konnte nach dem διοικητής, der als Dialysisrichter fungierte, nur noch der Pagarch angesprochen werden.[66]

Die prosopographischen Daten aus dem Dorf, die von Till in erster Linie anhand der Präskripte der thebanischen Rechtsurkunden zusammengestellt wurden, erlauben auch einige Rückschlüsse. Die ersten sicher datierbaren διοικηταί sind Petros und Ioannes, die im Jahre 724 und 725 amtierten. Ferner kennen wir Kolluthos aus der Zeit um das Jahr 730, Chael aus den Jahren 733–735 und auch einige nicht genau datierbare Texte belegen ihn für die 730er Jahre. Komes war 748–750, 753, 756 und 758–759 διοικητής; Samuel und Ezekiel 765 und schließlich Psmo 766, 770 und 771/772. Unsere Evidenz ist zwar lückenhaft, aber zeigt eine Tendenz für längere Amtsperioden. Es ist naheliegend, dass Komes zwischen 748 und 759 kontinuierlich als διοικητής fungierte – und dasselbe kann wohl auch für Psmo für die Periode zwischen 766 und 771/772 behauptet werden. Es ist zu vermuten, dass Chael in den

---

63 P.Ness. 68 (Nessana, ca. 680); P.Ness. 70 (Nessana, 685 [?]) mit Einleitung (Zitat); P.Ness. 74 (Nessana, ca. 685); P.Ness. 71 (Nessana, 7. Jh.), 3 erwähnt einen διοικητής Ἐλούσης, aber vgl. Casper J. Kramer in der Einl. zu P.Ness., S. 33: „Elusa appears in the *entagia* as a division of Gaza but the title of its administrative head is not given." Der Leiter dieses Bezirkes hätte der oben erwähnte διοικητής sein können, was auch mit der ägyptischen Evidenz in Einklang steht, wo der Titel auch für größere geographische Einheiten bezeugt ist, s. oben.
64 Vgl. unten S. 180–181.
65 Zu den richterlichen Funktionen vgl. Steinwenter 1920, 19–25, Zitat: 36.
66 Vgl. Steinwenter 1920, 25.

730-er Jahren ebenfalls für eine längere Periode das Amt bekleidete und im Fall von Petros und Ioannes ist das auch nicht auszuschließen.[67]

Auch Laschanen übten manchmal für mehrere Jahre ihre Funktion in Djeme aus, wie Athanasios und Viktor zwischen 722 und 724 (5., 6. und 7. Indiktion),[68] aber generell ist unter ihnen eine größere Fluktuation zu beobachten. Bemerkenswert ist auch, dass man nach 750 keine Laschanen mehr aus dem Dorf kennt, nur διοικηταί, was mit den allgemeinen Veränderungen in der Verwaltung nach der Herrschaftsübernahme der Abbasiden zusammenhängen könnte.[69] Die Bedeutung der διοικηταί in der Dorfverwaltung wird also durch die thebanischen Dokumente deutlich. Steinwenter fasste folgendermaßen zusammen:

> „[Wir müssen den Dioiketen] als den vornehmsten unter den Dorfbeamten erklären, der, mit dem Rechte der Eponymie bekleidet, im Range gleich nach dem Pagarchen von Hermonthis stand, den er gewissermaßen im castrum Memnonia zu repräsentieren hatte. Sein Amt besaß bedeutende Stabilität, so daß unter Umständen derselbe Dioiket bis zu zehn Jahren in seiner Funktion bleiben konnte".[70]

Erwähnenswert ist noch der Umstand, dass in Djeme manchmal auch zwei διοικηταί amtierten, was wir – in unserem beschränkten Quellenmaterial – anderswo nicht finden. Dies ist allerdings nicht überraschend, Schwankungen in der Zahl der Amtsträger waren auch bei allen anderen Dorfbeamten zu beobachten.[71] Mehrere Ehrenepitheta sind mit ihnen assoziiert: Λαμπρότατος, τιμιώτατος, εὐδοκιμώτατος, ετταιηγ und einmal sogar ἐνδοξότατος. Der Rang dieser Adjektive darf allerdings nicht zu hoch geschätzt werden, im 8. Jh. ist die Verwendung dieser ursprünglich byzantinischen Epitheta einigermaßen willkürlich geworden – andernfalls hätte man einen Dorfbeamten kaum als ἐνδοξότατος bezeichnet.[72] Ferner ist von Interesse, dass ein gewisser Psmo sowohl διοικητής des Dorfes wie auch des Phoibammon-Klosters genannt wird. Das Kloster steht in der ὑποταγή von Psmo, was wohl darauf hindeutet, dass er „als Beamter des castrum in gewisser Beziehung über dem Prior stand und das Kloster von ihm in Verwaltungsangelegenheiten abhängig war."[73]

---

67 Die Zusammenstellung der Dorfbeamten ist in Till 1962, 234–235 zu finden. Vgl. auch Steinwenter 1920, 29–33, allerdings mit Vorbehalt, da er auf einem früheren Stand in der Datierung der Dokumente ist als Till.
68 S. die vorige Bemerkung.
69 Vgl. unten S. 211–212.
70 Steinwenter 1920, 33.
71 Vgl. unten S. 218.
72 Steinwenter 1920, 19.
73 Steinwenter 1920 34–37, Zitat 35–36. Die wichtigste Quelle dazu ist P.KRU 86 (766), 9–12: ειс2αι μπμοναстηριον ετογααβ απα φιβαμον μπτοογ | νχημε παι ετ2α 2γποταγη μπενδοχατατοс νχοειс νειω ναρχω(ν) | νκειριс ϯμω αγω νδαιεικετηс μπμοναстηριον ετογααβ μν πκαсτρο`ν´ | τηρϥ. Zu den prosopographischen Daten der bekannten διοικηταί vgl. Till 1962 s.v. Petros, Sohn (im Folgenden S.) des Komes; Ioannes, S. des

4.4 Informelle Bezeichnungen für Dorfvorsteher

Zusammenfassend können wir das Amt des Dorf-διοικητής folgendermaßen charakterisieren: Es handelt sich um eine Institution, die als höchste lokale Instanz das Dorf in allerlei Angelegenheiten vertritt bzw. leitet. Die Tätigkeiten der διοικηταί sind schwer zu fassen, in Djeme werden besonders ihre richterlichen Kompetenzen sichtbar. Die Djeme-Dokumente deuten auf eine eher lange Amtszeit hin. Es zeigt sich, dass sie für die Organisation der Steuereintreibung verantwortlich waren. Man kann annehmen, dass sie aus der Dorfelite rekrutiert wurden und keine von außen gesandten Funktionäre waren – sie scheinen jedoch den Pagarchen vor Ort vertreten zu haben. Der Fall von Basileios, dem Pagarchen/διοικητής von Aphrodito, stellt wegen des eigentümlichen Status des Dorfes eher eine Ausnahme dar und ist nur mit Einschränkungen zur Charakterisierung des Amtes heranzuziehen. In Palästina kennen wir die Funktion schon aus dem 6. Jh. und später aus der Omayyaden-Ära. Die Existenz des Dorf-διοικητής in Ägypten zu byzantinischer Zeit ist nicht auszuschließen, der heutige Quellenbestand weist jedoch eher in die Richtung, dass das Amt erst irgendwann im 7. Jh., vielleicht schon nach der arabischen Eroberung eingeführt wurde.

4.4 Informelle Bezeichnungen für Dorfvorsteher

Neben den zahlreichen offiziellen Termini für Dorfvorsteher finden wir auch informelle Bezeichnungen. Es ist zwar möglich, dass diese Ausdrücke ebenfalls aus dem offiziellen Sprachgebrauch stammen, aber da sie nur sehr selten und in Regionen, in denen andere Termini reichlich belegt sind, vorkommen, ist wohl damit zu rechnen, dass es sich um informelle Wendungen handelt. So finden wir mehrere Male πρωτεύοντες von Dörfern. An den wenigen Belegen zeigt sich, dass mit dem Wort Mitglieder der Führungsschicht des Dorfes gemeint sind. Bemerkenswert ist auch, dass der Ausdruck auch in den Nessana-Papyri und im Codex Iustinianus vorkommt.[74] Allerdings ist der Ausdruck πρωτεύων sehr generell, es handelt sich wohl um eine allgemeine und nicht technische Bezeichnung.[75] In einem Papyrusbrief aus dem Fayum könnte der Ausdruck οἱ πρῶτοι eine ähnliche Bedeutung haben.[76] Erwähnt seien in diesem Kontext noch die „großen Männer", die ⲛⲟϭ ⲛⲣⲱⲙⲉ, die in kop-

---

Matthias; Kolluthos, S. des Arsenios; Chaêl, S. des Psmo; Komes, S. des Chaêl; Samuel, S. des Enoch; Ezekiel, S. des Matthias; Psmo.

74 P.Cair.Masp. I 67006 (Antin., ca. 567), 3: οἱ πρωτεύοντες τῆς ἐμῆς κώμης; P.Lond. IV 1356 (Aphrod., 710), 15–16: σύνταξον δὲ τοὺς μείζονας καὶ πρωτεύο[ν]τας | [ἑκάστου] χωρίο'υ'; vgl. auch P.Ness. 31 (Nessana, 6. Jh.), 5–6: Στεφάνου Συμμαχίου προτεύοντος (l. πρωτεύοντος); s. auch P.Oxy. VIII 1106 (Oxy., 6. Jh.), 6. Zum Beleg aus dem Codex Iustinianus vgl. Kaplan 2006, 15. Vgl. auch unten S. 218/Anm. 61.

75 Z.B. P.Münch. I 2 (Elephantine, 578), 1: ὁ κοινὸς τῶν πρωτευόντων τοῦ ἀριθμοῦ [τ]ῶν στρατιωτῶν τοῦ φρουρίου Ἐλεφαντίνης.

76 BGU I 351 (Ars., 4.–7. Jh.).

tischen Texten vor allem aus Djeme die Zugehörigen der Dorfelite bezeichnet.⁷⁷ Der Titel ἡγούμενος τῆς κώμης begegnet auch in einem oder vielleicht zwei Texten. Zwar war der ἡγούμενος im 2.–3. Jh. der Vorsteher der πρεσβύτεροι τῆς κώμης, doch bezeichnet das Wort in der Spätantike in der Regel einen Klostervorsteher; deshalb wird es sich wohl in den obigen Texten um eine informelle Bezeichnung der Dorfschulzen handeln.⁷⁸ Zwei Dokumente belegen den allgemeinen⁷⁹ Titel ἐπικείμενος, 'Vorsteher', in Zusammenhang mit Dörfern. Die Überschrift einer herakleopolitischen Zahlungsliste aus dem 6.–7. Jh. lautet γνˋῶ´σι(ς) Σολλομὼν ἐπικ(ειμέν)ου Πάπας.⁸⁰ Ferner kommt in einem koptischen Text aus der arabischen Zeit ein ἐπικείμενος eines Dorfes (ⲡⲉⲡⲩⲕⲓⲙⲉⲛⲟⲥ ⲛⲧⲏ[ⲙⲉ]) vor. Die Bezeichnung ἐπικείμενος kann in der arabischen Zeit den Pagarchen meinen,⁸¹ aber inwiefern das Wort im Zusammenhang mit Dörfern zur Verwaltungssprache gehört, muss anhand der vorliegenden Quellen offen bleiben.

4.5 Dorfschreiber

4.5.1 Terminologische Probleme:
  γραμματεὺς κώμης κωμογραμματεύς und ⲥⲁϩ ⲛ̄ϯⲙⲉ

Der Titel bzw. die Funktion des Dorfschreibers bzw. Dorfsekretärs – κωμογραμματεύς – war in Ägypten schon seit der Ptolemäerzeit bekannt.⁸² Die mit diversen Verwaltungsaufgaben betrauten κωμογραμματεῖς gehörten zu den wichtigsten Beamten ihrer Dörfer, womöglich waren sie auch schon in der Ptolemäerzeit die ranghöchsten Dorfbeamten.⁸³ Unter römischer Herrschaft wurde das Amt eine Liturgie, dessen Amtsdauer erst drei, später fünf Jahre umfasste.⁸⁴ Da die Komarchen unter römischer Herrschaft vor der Mitte des 3. Jh. nicht nachweisbar sind, waren die κωμογραμματεῖς zu dieser Zeit allem Anschein nach die bedeutendsten Beamten der

---

77 S. unten S. 172–173. Zu weiteren arabischen und griechischen Bezeichnungen für die Dorfelite in der früharabischen Zeit vgl. Sijpesteijn 2013, 158–159.
78 CPR XXIV 31 (Ars./Herakl., Mitte–zweite Hälfte 7. Jh.), 13: τ[ῷ] ἡγουμ[έ(νῳ) τ]ῆ[ς] κώμη[ς; vgl. auch den Kommentar von Bernhard Palme *ad locum*. Derselbe Ausdruck könnte auch in P.Vindob. G 48051 (Hk.unbek., 6. Jh.; publiziert in Harrauer–Pintaudi 2009–2010, 91–92), 2 vorkommen: ηγουμ.... [τῆς α]ὐτῆς κώμης.
79 „Die ἐπικείμενοι sind in völlig unterschiedlichem Zusammenhang belegt. Oftmals ist es kaum zu entscheiden, ob der Begriff als vollwertiger Titel gebraucht wird oder nur zur Beschreibung einer vorübergehenden Tätigkeit dient." Mitthof–Papathomas 1994, 69.
80 CPR X 60 (Herakl., 6.–7. Jh.), 1.
81 CPR IV 167 (Hk.unbek., 7.–8. Jh.), 2 mit Gonis 2004/A, 190.
82 Zum Amt in der Ptolemäerzeit vgl. Huß 2011, 118–121.
83 Zur Hierarchie vgl. Ameling, Komarches: „The differentiation from the *komogrammateús* is difficult; he was at first subordinate to the komarches; but his superior from the end of the 2nd cent. BC." Dagegen s. Huß 2011, 120–121.
84 Vgl. Ameling, Komogrammateus.

Dörfer.⁸⁵ Im Arsinoites zumindest waren sie – vielleicht in Folge von Reformen um 60 n.Chr. – für die Verwaltung von mehreren Dörfer (einer κωμογραμματεία) verantwortlich.⁸⁶

Ihre Rolle in der römischen Zeit fasst Andrea Jördens folgendermaßen zusammen:

„Als Repräsentanten des Staates vor Ort fungierten insbesondere die κωμογραμματεῖς, denen unter anderem die Aktenführung über das Vermögen jedes einzelnen Dorfbewohners oblag, über das sie den übergeordneten Stellen auf Anfrage hin Bericht zu erstatten hatten. Ihre wichtigsten Aufgaben im Rahmen der Finanzverwaltung bestanden jedoch in der jährlich zu erneuernden Erstellung der nach Personen geordneten Einforderungslisten … sowie, hierauf aufbauend, der Aufsicht über das gesamte dörfliche Steueraufkommen. In regelmäßigen Abständen hatten sie diese Akten nach Alexandrien in das Büro des für den fraglichen Gau zuständigen Eklogisten zu übersenden".⁸⁷

Der Terminus κωμογραμματεύς scheint äußerst stabil gewesen zu sein – nur gelegentlich kommt der umschreibende Ausdruck ὁ τῆς κώμης πραγματικός vor.⁸⁸ Die Reformen des 3. Jh. ließen jedoch das Amt nicht unberührt. Zwischen August 217 und 219/220 trat an die Stelle des κωμογραμματεύς im Arsinoites der ἀμφοδοκωμογραμματεύς.⁸⁹ Wahrscheinlich handelt es sich nicht um die Einführung eines neuen Amtes, eher nur um eine Namensänderung.⁹⁰ Wie aber oft im Fall der Dorfverwaltung, dürfte sich diese Veränderung nicht allgemein durchgesetzt haben, ein arsinoitisches Dokument aus den späten 220-er Jahren belegt immer noch einen κωμογραμματεύς.⁹¹ Beide Titel werden jedoch um die Mitte des Jahrhunderts (zwischen 245 und 247/248) durch den neueingeführten Komarchen abgelöst.⁹²

Nach der Einführung der Komarchie sind bis in das frühe 4. Jh. m.W. keine Beamten mit der Bezeichnung Dorfsekretär oder Dorfschreiber fassbar. Der erste Text, der wieder einen Amtsträger mit vergleichbarem Titel erwähnt, ist auf 309–310 zu datieren. Der in diesem Dokument belegte Dorfschreiber trägt die Bezeich-

---

85 „Alle anscheinend älteren [als 247/248 bzw. 253/256] Zeugnisse für Komarchen aus römischer Zeit sind, bis auf vielleicht ein einziges …, unsicher oder gar offenkundig falsch". Borkowski–Hagedorn 1978, 781/Anm. 4. Die erwähnte einzige Ausnahme, wurde in Thomas 1975, 113–119, bes. 115–118 beseitigt.
86 Derda 2006, 152–168, 282–283.
87 Jördens 2009, 102. Zu den κωμογραμματεῖς der römischen Zeit vgl. auch Derda 2006, 147–152.
88 „Although πραγματικός can be used as a purely general term for 'official', there is no doubt that it is also used, at any rate when qualified by τῆς κώμης or a village name, as a description of the κωμογραμματεύς." Thomas 1975, 119 (mit Belegen).
89 Borkowski–Hagedorn 1978. Vgl. auch Derda 2006, 176–180.
90 Jördens 2009, 109.
91 P.Stras. V 468 (Ars., ca. 227–230), 13.
92 Thomas 1975, 113–118.

nung γραμματεὺς τῆς κώμης Καρανίδος.⁹³ Die Bezeichnung γραμματεὺς κώμης/ἐποικίου (+ Dorfname) und ab der arabischen Zeit χωρίου (+ Dorfname) bzw. γραμματεύς + Dorfname im Genitiv ist bis in das 8. Jh. häufig belegt. Gelegentlich begegnen auch Ausdrücke wie γραμματεὺς ἀπὸ κώμης⁹⁴ oder γραμματεὺς τῶν ἀπό + Dorfname.⁹⁵ Auch die koptische Übersetzung des Titels, ⲥⲁϩ ⲛ̄ϯⲙⲉ ist mehrfach bezeugt.⁹⁶ In einem arabischen Papyrusbrief von ca. 730–750 finden wir den Ausdruck *kātib alqarya*.⁹⁷ Da die Funktion des Dorfschreibers am Anfang des 4. Jh. wieder auftaucht, ist die Neueinführung des Amtes wohl mit den Reformen zu dieser Zeit zu verbinden.

Neben diesem Titel tauchen jedoch, wie schon von Naphtali Lewis beobachtet, im 4. Jh. wieder κωμογραμματεῖς auf. Lewis machte darauf aufmerksam, dass der Titel um 356 in Kellis und 364/379/394 im Hermopolites vorkommt.⁹⁸ Ferner erwähnt er den schon angeführten Dorfschreiber aus Karanis von 309/310, lehnt aber die Identifizierung dieses Amtsträgers mit dem κωμογραμματεύς ab. Er hat zwei wesentliche Einwände: „a) Circumlocution or paraphrase is rarely if ever substituted for official terminology such as komogrammateus. (b) A γραμματεὺς ἀπὸ κώμης occurs in *P. Oxy.* XIX 2235 (A.D. 346), and a γραμματεὺς τοῦ ἐποικίου in P.Lond. III 1246 (A.D. 345), neither of which expressions can easily be equated with komo-

---

93 P.Cair.Isid. 68 (Karan., 309–310 [?]), 8–9: Ἀχιλ|λᾶ γραμμ[ατέ]ως τῆς αὐτῆ[ς κ]ώ[μ]ης Κα[ρ]ανίδος. Die Beobachtung wurde schon von Lewis 1997 gemacht.
94 P.Oxy. XIX 2235 (Oxy., ca. 346), 11.
95 SPP III² 40 (Ars., 6.–7. Jh.), 2. Vgl. auch den Komm. von Sven Tost *ad locum*.
96 CPR IV 9 (Herm., 6.–7. Jh.), 16–17; CPR IV 48 (= CPR II 5, Herm., 625 oder 640), 28; P.Lond.Copt. 461 (Herm., o.D.), 9–10; P.Ryl.Copt. 305 (Herm., 6.–7. Jh.), 5; P.Ryl.Copt. 327 (Herm., erste Hälfte 7. Jh.), v 1; P.Ryl.Copt. 329 (Hk.unbek., 6.–7. Jh.), 1; P.Lond.Copt. 1079 (= SB XXII 15711, Herm., 642–644/658–663/664), v 4–5 (Zeilenzählung von P.Lond.Copt.); P.Köln. X 426 (= SB Kopt. III 1325, Herm. [Bawit?], 7.–8. Jh.). Natürlich ist es wohl möglich, dass auch unter den koptischen Dokumenten (wie unter den griechischen) mehrere Dorfschreiber zu finden sind. Die hier angeführten Belege wurden hauptsächlich durch die *Brussels Coptic Database* mit dem Suchwort „scribe de village" identifiziert. Die Identifizierung aller Dorfschreiber im publizierten Material würde eine eingehende Beschäftigung mit dem koptischen Schreiberwesen erfordern.

Es ist an dieser Stelle auch zu bemerken, dass der Terminus ⲥⲁϩⲟ wohl nicht den Dorfschreiber bezeichnet. Crum, Dict. s.v. gibt 'great scribe, village scribe' als Bedeutung des Wortes an. Crums Belege für die letztere Bedeutung sind jedoch nicht eindeutig. O.Crum 36 (Theb.-W., 6.–7. Jh.) erwähnt zwar einen ⲥⲁϩⲟ des Dorfes, aber zusammen mit einem Priester und einem ἀναγνώστης. Sie schreiben an einen Bischof, damit er einen gewissen Isaak als Priester einsetzt. Diese Tätigkeit ist für einen Dorfschreiber untypisch, in diesem Kontext ist ⲥⲁϩⲟ wohl ein kirchlicher Titel. Der ⲥⲁϩⲟ in O.CrumST 343 (= O.Vind.Copt. 324, Theb.-W., 7.–8. Jh.) ist ein ἐλάχιστος, was wieder für einen kirchlichen Kontext spricht. Auch die anderen von Crum angeführten Beispiele sind nicht überzeugend. Die Bedeutung des Wortes würde eine eingehende Beschäftigung verdienen. Ich danke Anne Boud'hors, dass sie mich auf die Problematik dieses Terminus aufmerksam machte.
97 P.MuslimState 23 (Fayum, ca. 730–750), 10.
98 P.Kell. I 14 (Kellis, 356); CPR VII 18 (Herm., 364/379/394).

grammateus."⁹⁹ Aus dieser Beobachtung schließt er, dass entweder auch noch im 4. Jh. einige Dörfer von κωμογραμματεῖς und nicht wie üblich von Komarchen geleitet wurden, oder (was er für viel wahrscheinlicher hält) dass in einem Dorf beide Beamte zur selben Zeit mit verschiedenen Aufgaben hätten tätig sein können.¹⁰⁰

Die Ausführungen von Lewis berücksichtigen allerdings einige Quellen nicht (teils, weil sie noch nicht publiziert waren), die das von ihm gezeichnete Bild in einem anderen Licht erscheinen lassen – was schon von Tomasz Derda herausgearbeitet wurde.¹⁰¹ Zunächst sei erwähnt, dass noch weitere κωμογραμματεῖς im 4. Jh. zu finden sind: Einer im Hermopolites im Jahr 373 und zwei weitere in Kellis in den Jahren 356 bzw. 386.¹⁰² Ferner sind im Oxyrhynchites auch noch im 5.–6. Jh. κωμογραμματεῖς belegt: In einem Brief aus dem späten 5. oder frühen 6. Jh. wird die Frau eines κωμογραμματεύς unter den Gattinnen anderer Dorfbeamter erwähnt,¹⁰³ und ein Testament aus dem Jahr 586 wurde einem κωμογραμματεύς diktiert.¹⁰⁴ Es scheint also, dass der Titel nicht nur im 4. Jh., sondern gelegentlich auch im 5. und 6. Jh. vorkommt.

Was nun die Bezeichnung γραμματεύς κώμης angeht, können außer den von Lewis angeführten auch noch weitere Beispiele aus dem 4. Jh. zitiert werden: Ein arsinoitischer Überstellungsbefehl aus dem späten 3. oder frühen 4. Jh. erwähnt die Frau eines γραμματεύς τῆς Ἡφαιστιάδος.¹⁰⁵ Ferner sind zwei γραμματεῖς der Dörfer Techthy aus dem Diospolites bzw. von Ptythis aus der Gegend von Diospolis oder Hibis belegt.¹⁰⁶ Man begegnet auch einem γραμματεούς (l. γραμματεύς) τῆς κώμης Βερκύ, der die Namen der Steuerzahler weiterleitet.¹⁰⁷

Es zeigt sich also, dass Schreiber mit der Bezeichnung γραμματεύς κώμης schon im 4. Jh. in mehreren Gauen (Arsinoites, Hermopolites, Oxyrhynchites, Diospolites und vielleicht Hibites) belegt sind und dass die κωμογραμματεῖς nur aus Kellis und aus dem Hermopolites bekannt sind. In den späteren Jahrhunderten finden wir den

---

99   Lewis 1997, 346–347.
100 Lewis 1997, 346–347.
101 Derda 2006, 181–182. Er berücksichtigt P.Oxy. XX 2283 nicht und geht auf das Auftreten des γραμματεύς κώμης nicht ein.
102 P.Kell. I 14, 7; P.Kell. I 3 (Kellis, Mitte 4. Jh.), 15. Nach einer Ergänzung könnte auch den Vertrag P.Kell. I 45 (Kellis, 386), 35–36 ein κωμογραμματεύς geschrieben haben. In P.Lond. V 1648 (Herm., 373), 18 wird ein κωμογραμματεύς nominiert.
103 P.Oxy. XVI 1835 (Oxy., spätes 5.–frühes 6. Jh.), 3–4: τὴν [γενέ]καν (l. γυναῖκα) | Διονυσίου τοῦ κωμωγραμματέου (l. κωμογραμματέως). Schon im Kommentar ad locum wird das späte Vorkommen des Amtsträgers hervorgehoben.
104 P.Oxy. XX 2283 (Oxy., 586), 10–11: χάριν τοῦ ἐμοῦ ἐλαχίστου κληρονόμαιτας (l. κληρονομήματος) διλαμενος (l. διέλομενος) πρὸς των (l. τὸν) κωμογραμμ(ατέα) (l. κωμογραμμ(ατέα)) | [προσελθὼ]ν ὑπητόρευσα (l. ὑπηγόρευσα) αὐτοῦ ταύτην μου τὴν διαθήκην.
105 P.Mert. I 29 (Ars., 3.–4. Jh.), 2–3.
106 P.Erl.Diosp. 1 (Diospolis Parva, 313–314), 230, 246. Zur Lokalisierung der Dörfer vgl. Fritz Mitthof in der Einführung zu P.Erl.Diosp., S. 3–4.
107 P.Oxy. XLVIII 3400 (Oxy., ca. 359–365), 33–34.

ersteren Titel praktisch in jedem Gau, die κωμογραμματεῖς kommen jedoch nur zweimal im Oxyrhynchites vor. Im Fall der späten Belege des Titels ist die Annahme, dass es sich um eine andere Funktion handelt als die des γραμματεὺς κώμης, auszuschließen, da sich die letztere Bezeichnung in dieser Zeit schon eingebürgert hatte. Vielmehr dürfte es sich um eine lokale Variante des Titels gehandelt haben. Wie schon Derda beobachtet hat,[108] ist der Unterschied der beiden Bezeichnungen nicht funktionell, sondern eher nur terminologisch: Κωμογραμματεύς war eine lokale Variante von γραμματεὺς κώμης.

Der Einwand von Lewis, dass eine Umschreibung für einen in die Amtssprache eingebürgerten Terminus eher unwahrscheinlich sei, ist nicht besonders stark. So eine Umschreibung ist möglich, wie das z.B. gerade der Fall der κωμογραμματεῖς und ihrer Paraphrase mit ὁ τῆς κώμης πραγματικός zeigt. Ferner ist bei den Ausdrücken κωμογραμματεύς und γραμματεὺς κώμης eher von einem anderen Verhältnis auszugehen als Lewis es annimmt. Da der γραμματεὺς κώμης schon früher auftaucht als der κωμογραμματεύς, der zwischen 245 und 356 nicht belegt ist,[109] ist es sehr wahrscheinlich, dass κωμογραμματεύς nur eine lokale Variation des neu eingeführten Titels γραμματεὺς κώμης ist. Freilich könnte zur Entstehung dieser Variante auch die frühere Bezeichnung des Dorfsekretärs beigetragen haben, besonders weil der Begriff κωμογραμματεία als territoriale Einheit noch lange nach der Abschaffung des Amtes benutzt wurde: Man findet den Ausruck noch im späten 3. bzw. frühen 4. Jh.[110]

Grundsätzlich kann die Möglichkeit, dass in einigen Ortschaften die κωμογραμματεῖς bis in das 4. Jh. „überlebt" haben, nicht ausgeschlossen werden. Es kann in der Tat oft beobachtet werden, dass die lokale Verwaltungsstruktur bzw. die Terminologie sich nur langsam an Reformen, Veränderungen anpasste. Die oben erwähnte Lücke von mehr als 100 Jahren in der Geschichte des Amtes macht diese Annahme jedoch unplausibel. Es ist am wahrscheinlichsten, dass der Titel κωμογραμματεύς im 4.–6. Jh. nur eine lokale terminologische Variation (nachweisbar im Hermopolites, im Oxyrhynchites und in Kellis) der wahrscheinlich im späten 3.–frühen 4. Jh. eingeführten Position des γραμματεὺς κώμης ist.

Ein weiteres Problem stellt der Titel γνωστήρ dar. Obwohl sich der Ausdruck in der römischen Zeit auf Identitätszeugen bezog, taucht der Terminus ab dem 4. Jh. auch als eine Art von Dorfsekretär auf und ist in einer ähnlichen Rolle bis in die arabische Zeit belegt. Im Folgenden wird argumentiert, dass die Bezeichnung Gnoster im spätantiken Mittelägypten, besonders im Hermopolites, nur ein eigentümlicher Ausdruck für den sonst (teils auch in dieser Region) zu dieser Zeit als γραμματεὺς κώμης bezeichneten Dorfsekretär war. Vor allem zeigt das eine koptische Urkunde des 6. Jh. aus dem Hermopolites, in der ein gewisser Phoibammon, ⲯⲁϩ ⲛ̄ⲧⲙⲉ, in

---

108 Derda 2001, 181–182.
109 Lewis 1997, 346.
110 P.Berl.Möller 13 (Herm., Ende 3.–frühes 4. Jh.), 15. Zum Begriff der κωμογραμματεία nach der Abschaffung des Amtes vgl. Thomas 1975, 118–119.

der griechischen Unterschrift den Titel γνωστήρ angibt.[111] Damit aber die Parallelität noch klarer wird, soll im Folgenden erst der Aufgabenbereich des γραμματεὺς κώμης untersucht und dann mit dem des Gnosters verglichen werden.

4.5.2 Aufgabenbereiche der Dorfschreiber

Die Erfassung der Dorfschreiber in den spätantiken papyrologischen Quellen bereitet erhebliche Probleme. Die Amtsträger tragen den Titel γραμματεὺς κώμης bzw. γραμματεὺς + Dorfname. Es besteht aber die Möglichkeit, dass einige Dorfsekretäre in den Dokumenten einfach als γραμματεύς bezeichnet werden, da ihre exakte Funktion den Ausstellern bzw. Adressaten der Dokumente sowieso klar war. In der Tat lassen sich Beispiele finden, wo aus dem Kontext klar wird, dass ein Dorfschreiber ohne weitere Spezifikation γραμματεύς genannt wird.

Diese Problematik wird auch noch dadurch komplexer, dass man bei einem Dokument, das aus einem dörflichen Milieu kommt, nicht selbstverständlich davon ausgehen kann, dass ein erwähnter γραμματεύς ein Dorfschreiber ist. Mann muss immer mit der Möglichkeit rechnen, dass er zu der Verwaltung eines Großgrundbesitzes oder anderer Institutionen gehört.[112] In der folgenden Untersuchung werden nur die γραμματεῖς berücksichtigt, bei denen der Zusatz des Wortes κώμης oder eines Dorfnamens die Funktion des Amtsträgers klar macht. Dazu kommen noch die schon erwähnten vereinzelten κωμογραμματεῖς und die γραμματεῖς, bei denen der Kontext ihre Funktion als Dorfschreiber sicher oder zumindest sehr wahrscheinlich macht. Freilich ist es so gut wie sicher, dass eine durchgehende und gründliche Untersuchung (die allerdings auch andere Aspekte des spätantiken Schreiber- bzw. Notarswesens berücksichtigen sollte) noch weitere Belege des Amtsträgers hervorbringen würde.[113]

Wie auch schon sein Titel zeigt, war der Dorfsekretär der selbstverständliche Ansprechpartner für die Dorfbewohner, falls sie zur Erledigung verschiedener Angelegenheiten Schreiben verfassen mussten. Die verschiedenen Dorfbeamten bilden in dieser Hinsicht keine Ausnahme, meistens benötigen auch sie jemanden, der für sie schreibt.[114] Zahlreiche Dokumente belegen die Dorfsekretäre als Schreiber von Verträgen bzw. verschiedenen Urkunden für Dorfbeamte oder Dorfbewohner, was ihre

---

111 Der Beleg ist der unpublizierte P.Sorbonne inv. 2488 (Herm., 6. Jh.). Ich danke Esther Garel für eine Einsicht in ihr Manuskript der Edition dieses Dokuments, vgl. Garel (im Druck).

112 Vgl. die Bedenken von Sänger 2006, 175 in einem konkreten Fall: „Prinzipiell könnte der *grammateus* auch für eine οὐσία zuständig gewesen sein und diese Funktion in der Gauhauptstadt ausgeübt haben."

113 Folgende Texte werden wegen ihrer fragmentarischen Natur bzw. geringen Aussagekraft bei der Untersuchung nicht berücksichtigt: P.Mert. I 29 (Ars., 3.–4. Jh.); P.Erl.Diosp. 1 (Diospolis Parva, 313–314) 230, 246; P.Kell. I 3 (Kellis, Mitte 4. Jh.), 15; SB I 4895 (Ars., 4.–7. Jh.); P.Fuad I Univ. App. II 43 (Hk.unbek., 4.–7. Jh.); P.Oxy. XIX 2235 (Oxy., ca. 346), 11; P.Cair.Isid. 68 (Karan., 309–310 [?]), 8–9; P.Ryl.Copt. 305 (Herm., 6.–7. Jh.), 5 und SB I 4880 (Ars., 7. Jh., s. Bemerkungen), 11.

114 Das bedeutet aber nicht automatisch, dass sie auch des Lesens unkundig waren.

wichtige Rolle im sozialen Netz der Dorfgesellschaft unterstreicht.[115] Oft unterschreibt der Dorfschreiber für die des Schreibens unkundigen Dorfbewohner in diversen Angelegenheiten.[116] Wie selbstverständlich diese Aufgabe des Dorfschreibers war, ist der Bemerkung einer Urkunde zu entnehmen, wo steht, dass der Sekretär *gemäß der ewigen Gewohnheit des Castrums* (κατὰ τὸ ἀεὶ ἔθος τοῦ κάστρου, Castrum Memnonion ist eine Bezeichnung des Dorfes Djeme) für die des Schreibens unkundigen Dorfbewohner schreibt und die Urkunde beglaubigt.[117] Dieser Text und zwei andere griechische Verträge zeigen, dass der Dorfschreiber in manchen Fällen auch die (griechische) *completio* setzen konnte.[118] In den meisten dieser Fälle ist wohl davon auszugehen, dass der γραμματεὺς κώμης auch selbst den Text schrieb, aber aus der römischen Zeit kennen wir sogar Schreiber von Dorfschreibern.[119] Aus einem Testament erfahren wir, dass der Verfasser dem Dorfschreiber seinen letzten Willen diktierte.[120]

Dorfsekretäre sind auch mehrfach als Schreiber von Quittungen belegt, sowohl im privaten[121] wie auch im öffentlichen Bereich.[122] Oft treten sie nicht nur als Schreiber, sondern auch als Aussteller bzw. Signatare von Quittungen auf. In vielen Fällen ist es eindeutig oder anzunehmen, dass Quittungen, die von ihnen ausgestellt oder signiert wurden, auch von ihnen geschrieben wurden – doch erlauben in dieser

---

115 Vgl. die ὑπογραφεῖς der römischen Zeit, s. Claytor 2014, 202.
116 P.Lond. III 1246 (S. 224, Herm., 345), 26–27; P.Kell. I 14 (Kellis, 356), 6–7, vgl. auch den Komm. *ad locum*. Eventuell auch P.Kell. I 45 (Kellis, 386) vgl. oben S. 139/Anm. 102.; P.Haun. III 58 (Karan., 439), 16–18; P.Oxy. I 133 (Oxy., 550), 26; P.Oxy. LXII 4350 (Oxy., 576), 18–19; P.Iand. III 42 (Oxy., 6. Jh.), 6–7; CPR IV 48 (= CPR II 5, Herm., 625 oder 640), 28–29; P.Lond.Copt. 461 (Herm., Datierung unklar), 8–9.
117 P.KRU 65 (Theb.-W., ca. 695), 98–99: † δι' ἐμοῦ. Θεόδωρος σὺν θεῷ γραμμ(α)τ(εὺς) κάστρου Μεμνονίων αἰτηθεὶς ἔγραψα ὑπὲρ αὐτοῦ καὶ ὑπὲρ τῶν | μαρτύρων τῶν μὴ εἰδότων γράμμ(α)τ(α) κατὰ τὸ ἀεὶ ἔθος τοῦ κάστρου καὶ ἐσωμάτισα † † †. S. unten S. 173/Anm. 24.
118 SB XVIII 13778 (Theb.-W., 6. Jh.), 4–6; P.Oxy. inv. 63 6B.63/C(3-4)a (Oxy., 454). Zu diesem Papyrus vgl. oben S. 74, bes. Anm. 301.
119 In P.Mert. I 8 (Ars., 3), 17–18 begegnet ein γραμματεὺς τοῦ τῆς κώμης γραμματέως, vgl. auch das Duplikat dieses Textes P.Col. VIII 209 mit einem γραμματεὺς τοῦ τῆς κώμης κωμαγρατέως (l. κωμογραμματέως) in Z. 18–19. Auf diese Texte hat schon Harrauer 2010, 87 hingewiesen. Für andere Beispiele s. Derda 2006, 150–151.
120 P.Oxy. XX 2283 (Oxy., 586), 10–11.
121 PSI V 474 (Kynop., 6. Jh.).
122 P.Oxy. VIII 1137 (Oxy., 563), vgl. Bemerkungen; P.Oxy. XVI 1997 (Oxy., 6. Jh.); P.Cair.Masp. III 67286 (Aphrod., 543), 9 und 20; P.Cair.Masp. III 67347 (Aphrod., nach 21. 8. 542), fol. II r 6–7, 11; SB XXVI 16523 (Aphrod., nach 547); SPP III² 17 (Ars. oder Herakl., 6.–7. Jh.); In CPR IV 9 (Herm., 6.–7. Jh.) quittiert der Dorfschreiber durch einen Vertreter.

Hinsicht unsere Quellen nicht in jedem Fall eine eindeutige Interpretation.[123] Manche Dokumente erwähnen ebenfalls Quittungen von Dorfschreibern.[124]

Dorfsekretären oblagen auch Aufgaben im Steuerwesen. An erster Stelle waren sie für die Führung des dörflichen Steuerregisters verantwortlich.[125] Häufig übermitteln sie Steuerzahlungen; die Größe der von ihnen geleisteten Zahlungen zeigt oft, dass sie für die Steuerrate ihres ganzen Dorfes verantwortlich waren.[126] Mehrere Texte belegen sie als Zahler für die Frachtkosten der Steuerlieferung (ναῦλα).[127] In einem Dokument werden die Steuerzahlungen eines Dorfes, die der Dorfschreiber leistete, von dem Dorfschreiber eines anderen Dorfes übermittelt.[128] Ferner erklären ein ⲁⲡⲉ/Protokomet und ein Dorfschreiber den arabischen Behörden, dass sie niemanden, der älter als 14 Jahre ist, aus dem Steuerregister ausließen.[129] Bezeichnend ist auch, dass auf demselben Papyrusblatt unter diesem Text noch eine andere Erklärung nach demselben Formular geschrieben ist, wo aber ein ⲁⲡⲉ und ein Kleriker des Dorfes die Deklaration abgeben.

Der Dorfschreiber war auch für Ländereien im Bezirk des Dorfes verantwortlich, wie z.B. eine Anweisung aus dem 6. Jh. zeigt.[130] Dieser Brief enthält einen Auszug einer Quittung, die von einem Dorfschreiber für die *embole* an einen Verwalter (οἰκονόμος) einer Kirche ausgestellt wurde. Der Abschrift folgt die Aufforderung, dass der Adressat den Dorfschreiber zur Stadt bringen sollte, da der γραμματεὺς

---

123 SPP III^2 17; P.Cair.Masp. III 67325 (Aphrod., 6. Jh.), fol. II r 10; P.Cair.Masp. III 67347, fol. II r 6–7, 11; BGU I 29 (Ars., 6.–7. Jh.); SPP III 634 (Ars., 8. Jh.). Bemerkenswert ist BGU XIX 2785 (Herm., 6.–7. Jh.; zum Text vgl. Mitthof 2006, 269).
124 P.Oxy. XVI 2021 (Oxy., spätes 6.–7. Jh.), 9–10; P.Gen. IV 193 (Aphrod., 551–552), 2–3; SPP X 61 (Ars., 7.–8. Jh.), 2, 5; SPP XX 268 (Hk.unbek., 7. Jh.) v 6, 8, 13; SB XX 14972 (Herm., 6. Jh.), 3.
125 P.Oxy. XLVIII 3400 (Oxy., ca. 359–365), 33–34, s. auch den Komm. von John Shelton *ad locum*.
126 SPP VIII 835 (Ars., 6. Jh.): 9 Solidi; BGU XIX 2785 (vgl. oben Anm. 123): Summe unbekannt; SPP VIII 866 (Ars., 7. Jh.): 48 Solidi; SB VIII 9758 (Ars., zweite Hälfte 7. Jh.): 84 1/6 Solidi; SPP X 162 (Ars., 7.–8. Jh.), 9: 14 Solidi.
127 P.Oxy. XVI 1908 (Oxy., 6.–7. Jh.), r 15; P.Cair.Masp. III 67287 (Aphrod., nach 28. 3. 538), 19.
128 SPP VIII 846 (Ars., 645/660).
129 P.Lond.Copt. 1079 (= SB XXII 15711; Herm., 642–644/658–663/664), v 4–5 (Zeilenzählung von P.Lond.Copt.). Eine Übersetzung des Textes ist in MacCoull 1994, 141–142 zu finden, zur Interpretation vgl. Papaconstantinou 2010/A, 61–63 (mit weiteren Literaturangaben).
130 P.Oxy. XVI 1934 (Oxy., 6. Jh.). In diesem Kontext ist auch SB VI 9608 (Ars., 6. Jh.), 3–4 zu erwähnen: τοῦ δοθέντος παρὰ τοῦ γραμματέως τῆς κώμ[ης] ἀγρ[οῦ] κατα|βολὴν καὶ ἐντάγιον δέξηται ὁ αὐτὸς γραμματέως (l. γραμματεύς). Der Herausgeber übersetzte (Metzger 1961, 33): *Den Steuerbetrag und die entsprechende Abrechnung über jenes Land, das vom Dorfschreiber verteilt wurde, soll auch wieder der Dorfschreiber erhalten.* Allerdings ist ἀγρ[οῦ] nur ergänzt und δίδωμι kann schwerlich 'verteilen' bedeuten. Ferner wäre die Verteilung des Landes von den Dorfbehörden ungewöhnlich, das brachliegende Land wurde in der Regel verpachtet, vgl. oben S. 1819: Die Interpretation von SB VI 9608, 3–4 sollte also überdacht werden. Zum Text vgl. Papathomas 1995 und Papathomas 2009, 269–270.

κώμης den Betrag der Quittung nicht in seine Abrechnung aufnahm und deshalb jetzt Rechenschaft ablegen soll. Ferner enthält die Buchhaltung der Kirche des heiligen Phoibammon in Arsinoiton Polis mehrere Zahlungen an Dorfschreiber, die wahrscheinlich für die Grundsteuer der im Amtsbezirk der Sekretäre liegenden Ländereien geleistet wurden.[131]

Ein weiterer Brief macht die Rolle des Dorfsekretärs im Steuerwesen anschaulich. Dionysios, der Absender des Briefes, schreibt seinem Vorgesetzten, dass er vernommen habe, dass sich die Bewohner eines Dorfes über ihn beschwerten. Der Grund dafür ist, dass sie behaupten, dass seine Waage nicht gut austariert sei, und deshalb die bezahlten Goldkeratien unter ihrem Gewicht abgerechnet würden. Dionysios bemerkt jedoch:

> *So schreibe ich also, daß ich weder eine Waage aus der Stadt mitgenommen habe noch irgend eine andere, sondern daß ich die Waage des Dorfschreibers Dionysios übernommen habe, auf der er vordem die Steuer vereinnahmt hatte, und auf dieser gewogen und das Steuergold eingenommen habe.*[132]

Dionysios bittet seinen Herrn, die Angelegenheit mit einer Verkündung zu klären: Entweder soll der Dorfschreiber die Steuer noch einmal einsammeln, oder Dionysios soll künftig die Steuerzahlungen von den κεφαλαιωταί, eine Art von lokalen Beamten, einsammeln.[133]

Zu den Aufgaben der Dorfschreiber gehörte auch die Entlohnung verschiedener im Umfeld des Dorfes tätiger Beamter, wie eine große Zahl von Texten aus dem 6.–7. Jh. aus dem Arsinoites zeigt. Das Archiv von Andreas, dem Dorfschreiber von Tamauis, enthält 21 Urkunden. Davon sind 20 Lohnquittungen für verschiedene Personen,[134] die ihr Gehalt von Andreas erhielten; eine Quittung bestätigt die Zahlung über die Monopolgebühr eines Farbstoffes von Andreas an einen Zollbeamten (τελωνάρχης).[135] Zum Archiv liegt eine Studie von dem neuen Herausgeber der Texte, Sven Tost, vor.[136] In acht der 20 Quittungen werden σύμμαχοι, Schnellboten, entlohnt. Zwei Quittungen bestätigen die Lohnauszahlung an ἀρχιυπηρέται, eine an zwei μανδατάριοι und schließlich eine andere an den Torwächter eines vielleicht in Tamauis gelegenen Gefängnisses. Die Herkunft der Entlohnten ist zwar im Andreas-

---

131 CPR XXII 60 (Ars., 7.–8. Jh.), 42–44. Vgl. die Ausführungen von Federico Morelli in CPR XXII 60, S. 285.
132 SB VI 9400 (Ars., Mitte 6. Jh.), 9–14: γράφω | τοίνυν, ὡς οὔτε ζύγιον ἔλαβον μετ᾽ ἐμαυτοῦ ἀπὸ | τῆς πόλεως οὔ[τε ἄλλο τ]ι, ἀ[λλὰ τὸ ζ]ύγιον ἐδεξά|μην Διονυσίου τοῦ γραμματέως τῆς κώμης, | ἐν ᾧ ὑπέχετο πρὸ τούτου τὴν ἀπαίτησιν, καὶ | ἐπ᾽ αὐτῷ ἔστησα καὶ ὑπεδεξάμην τὸ χρυσίον. Übers. aus der ed.pr.: Gerstinger 1957, 114.
133 *Ibidem*, 14–19. Zu den κεφαλαιωταί vgl. oben S. 125–129.
134 Lohnquittungen: SPP III² 1, 2, 3, 4, 5, 6+74, 8, 9, 12+13, 14, 16, 22+84, 36, 70, 71, 72, 82bis, 90, 91, 92 (alle: Ars., Anfang 7. Jh.).
135 SPP III² 82.
136 SPP III², S. LXIX–LXXVII.

Archiv oft nicht angegeben, aber wenn doch, lässt sich eine Mehrheit von Stadtbewohnern erkennen. Bei den anderen Quittungen haben die Empfänger keine Amts- oder Berufsbezeichnung, bzw. die entsprechenden Angaben sind abgebrochen. Auffallend ist gleichwohl, dass alle Lohnempfänger im Sicherheitswesen tätig waren. Ferner bemerkt Tost, dass die zweimal belegte Anrede von Andreas als θαυμασιώτατος seinen erhöhten Status gegenüber den Zahlungsempfängern andeutet.[137]

Da die ausgezahlten Löhne kein einheitliches Schema erkennen lassen und die Beträge für Jahreslöhne zu gering sind, nahm Tost an, dass „von einer anteiligen Finanzierung der Entlohnung durch mehrere Dörfer oder Institutionen auszugehen"[138] ist. Bemerkenswert ist die These von Tost, dass der Amtssprengel und Aufenthaltsort von Andreas nicht unbedingt übereinstimmen mussten. Er argumentiert, dass die niveauvolle Ausstellungspraxis der Urkunden sowie der Umstand, dass Strategios, einer der Aussteller der Quittungen, mehrfach auch in Arsinoiton Polis aufgesetzte Verträge mit einer *completio* versieht, es wahrscheinlich machen, dass Andreas seine Amtstätigkeit in der Gauhauptstadt ausübte. Dies wäre auch dadurch untermauert, dass die Texte, als Teil des sog. „Ersten Fayyumer Fundes", in der Nähe des antiken Arsinoiton Polis gefunden wurden.[139]

Die Argumentation von Tost ist zwar attraktiv, aber schwer zu beweisen. Der Umstand, dass die Ausstellung der Quittungen auf ein städtisches Milieu hinweist, muss nicht unbedingt bedeuten, dass der Dorfschreiber in der Stadt residierte. Es ist auch möglich, dass er, um verschiedene Geschäfte zu erledigen, in die Stadt gehen musste und dort die Zahlungen durchführte. Dafür spricht ebenfalls, dass ein schon erwähnter Text zeigt, wie ein Dorfschreiber in die Stadt gebeten wird, um ein Problem mit seiner Abrechnung zu klären.[140] Ferner berichtet uns ein Brief aus der Mitte des 7. Jh., dass die Protokometen und *gnosteres* (mit den Dorfsekretären vergleichbare Beamte, s. unten) von zwei Gauen (Theodosiopolites, Lykopolites) in Antinoopolis, der Hauptstadt der Provinz, in einer offenbar öffentlichen Angelegenheit dringend erwartet wurden.[141] Was weiterhin den Ehrentitel θαυμασιώτατος angeht, ist dieser die gewöhnliche Ansprache für Protokometen in Aphrodites Kome, was ihre gesellschaftliche Stellung mit einem dörflichen Milieu vereinbar erscheinen lässt.[142] Alles in allem ist die Annahme, dass Dorfschreiber in den Gauhauptstädten residiert haben könnten, nur als eine Vermutung zu betrachten.

---

137 Detailiert mit Belegen s. *ibidem*, S. LXX–LXXI, LXXV.
138 *Ibidem*, S. LXXII.
139 *Ibidem*, S. LXXVI–LXXVII, für die Tätigkeit von Strategios vgl. LXXVI/Anm. 140.
140 P.Oxy. XVI 1934.
141 SB XXVI 16358 (Herm., 644). Zum Text vgl. S. 41/Anm. 77. Für ähnliche Beispiele s. Sijpesteijn 2013, 161, bes. Anm. 237.
142 S. z.B. P.Flor. III 280 (Aphrod., 514), 6 und 10; P.Cair.Masp. II 67137 (Antaiop., 538), 2. Für alle Belege (zur Zeit der Publikation des Artikels) s. Harrauer 2001, 145.

146   4. Weitere Termini für Dorfvorsteher; Dorfschreiber und der βοηθὸς κώμης

Auch die anderen, nach demselben Formular ausgestellten Quittungen aus dem Arsinoites, verstärken diesen Eindruck: Es widerspräche allen Erwartungen, dass in einer Gauhauptstadt Dutzende von Dorfschreibern ihre Amtstätigkeit ausgeübt hätten, oder dass Andreas eine Ausnahme gebildet hätte. In den anderen Dokumenten werden wieder ein σύμμαχος,[143] drei Eirenarchen[144] und ein Lagerverwalter, der „möglicherweise für die Verwaltung öffentlicher Lager und Speicheranlagen verantwortlich war",[145] von Dorfschreibern entlohnt. In einem interessanten Fragment erhält jemand von dem Dorfschreiber eine Lohnzahlung, verbunden mit einer Steuerzahlung.[146] Wofür aber die Steuerzahlung bestimmt ist, wird aus dem Text nicht deutlich, wahrscheinlich war der Empfänger einfach Übermittler der Summe, wie es im Andreas-Archiv belegt ist.[147] Ferner erklärt in einem Arbeitsvertrag aus dem Jahr 612 ein σύμμαχος, dass er sein Gehalt teils schon als Vorschuss erhalten hat und teils aus dem Lohn des Dorfes Nestu erhalten wird.[148]

Die oben besprochenen Quittungen lassen also ein System erkennen, nach dem die verschiedenen Dörfer für das Gehalt von Sicherheitsbeamten aufkommen mussten, die offenbar in mehreren Dörfern tätig waren, was z.B. im Fall der Schnellboten gut nachvollziehbar ist. Die Zahlungen der einzelnen Dörfer wurden von den Dorfschreibern als den für die Buchhaltung der Dörfer verantwortlichen Beamten geleistet. In der Praxis bedeutete das wahrscheinlich, dass die Dorfschreiber sich regelmäßig in die Stadt begeben mussten, um dort die geforderten Zahlungen vor einem Notar abzuwickeln. Diese Vorgehensweise war wohl sehr praktisch, da die meisten zu entlohnenden Personen aus der Stadt oder aus anderen Dörfern stammten und wahrscheinlich nur unregelmäßig in den verschiedenen Dörfern auftauchten.

Das nötige Geld kann entweder von dem Dorfschreiber (und anderen Beamten) in die Stadt gebracht oder auch von den Steuern des Dorfes abgezogen worden sein. Für die letztere Möglichkeit könnte sprechen, dass eine Quittung des Andreas-Archivs von einem Steuerbeamten, dem Hypodektes, signiert wurde.[149] Diese Annahme könnte auch von einer ebenfalls arsinoitischen Zahlungsanweisung aus dem

---

143 SPP III² 7 (Ars., 7. Jh.): Lohnzahlung.
144 P.Berol. 21684 (Ars., 6.–7. Jh.); ursprünglich publiziert in Syrkou 2003, 45–46, Neuedition und Neuinterpretation in Sänger 2006. Der γραμματεύς des Textes wurde von Sänger als Dorfsekretär bestimmt, s. *ibidem*, 175.
145 SPP III² 40 (Ars., 6.–7. Jh.), Zitat: Einleitung von Sven Tost zum Text.
146 SB I 5326 (Ars., 6.–7. Jh.). Bemerkenswert sind noch SPP III² 29+75 (Hk.unbek., 6.–7. Jh.), SPP III² 34 (Hk.unbek., 7. Jh.) und SPP III² 37 (Hk.unbek., 6.–7. Jh.), die klar dasselbe Formular aufweisen, aber zu fragmentarisch für weitere Rückschlüsse sind.
147 Ein σύμμαχος empfängt eine Summe für den Lohn seines Vaters, dessen Funktion aber unbekannt bleibt: SPP III² 8 (Ars., Anfang 7. Jh.).
148 P.Heid. V 350 (Ars., 612), 34–35: λαβεῖν με ἐκ τοῦ μισθοῦ | κώμης Νέστου. S. auch Andrea Jördens, P.Heid. V, S. 216.
149 SPP III² 7. Zur sehr wahrscheinlichen Möglichkeit, dass Hypodekten zu dieser Zeit schon Steuerkonten führten, vgl. den Exkurs I von Bernhard Palme in CPR XXIV, S. 42–43.

4.5 Dorfschreiber

7. Jh. unterstützt werden, in der ein ὑποδέκτης einen Schreiber eines Weilers auffordert, jemandem Geld auszuzahlen.[150]

Schließlich sei bemerkt, dass alle unsere Texte, die dieses System erkennen lassen, aus dem Fayum stammen. Einige unlokalisierte Texte könnten – anhand des Formulars – wohl auch mit dieser Region in Verbindung gebracht werden. Natürlich kann angenommen werden, dass es nur eine Konsequenz der Überlieferungslage ist, dass Texte, die das oben skizzierte System zeigen, nur aus dieser Gegend bekannt sind. Andererseits könnte auch behauptet werden, dass dieses System nur für den Arsinoites charakteristisch war: In den Texten des Apion-Dossiers kommt m.W. nichts Vergleichbares vor. Dieses Beispiel weiter aufgreifend, kann z.B. vermutet werden, dass dieselben Lohnzahlungen dort in die Verwaltungsstruktur des Besitzes integriert waren. Das Prinzip allerdings, dass die Dorfbewohner für die Kosten von Funktionären aufkommen mussten, die auch ihre Dörfer besuchten, ist natürlich allgemein verbreitet.[151]

All dies zeigt also, dass die wichtigste Aufgabe des Dorfschreibers die Rechnungsführung war. Auch andere Dokumente belegen sie bei der Abwicklung von Geschäften, die mit den Finanzen der Dörfer zu tun hatten. So wird, wie schon erwähnt, ein Sekretär von einem ὑποδέκτης zur Bezahlung einer Summe aufgefordert.[152] Der erwähnte Dorfschreiber von Tamauis, Andreas, bezahlt einem τελωνάρχης Abgaben für eine Monopolgebühr.[153] Dorfsekretäre schreiben an Beamte mehrfach in Finanzangelegenheiten.[154]

Dorfschreiber sind gelegentlich auch in andere öffentliche Angelegenheiten involviert. Die μείζονες und Eirenarchen eines Dorfes müssen z.B. einem höhergestellten Beamten einen Dorfsekretär überstellen.[155] Ein anderer γραμματεύς wird angewiesen, die Weingärtner eines gewissen Herren nicht nach Babylon mitzunehmen, sondern sie gehen zu lassen. Hier ist der Dorfschreiber wohl mit der Organisation der Fronarbeiten beschäftigt.[156] Anderswo schreibt ein Dorfsekretär einen Empfehlungsbrief.[157]

Manchmal erscheinen Dorfschreiber als private Beauftragte, aber sie erhalten[158] und geben auch selbst Anweisungen in geschäftlichen Angelegenheiten.[159] Es ist

---

150 P.Aberd. 34 (Ars., 7. Jh.).
151 „L'attribution des συνήθειαι inscrites au budget d'Aphroditô obéit à une logique simple: les villageois les versent à des fonctionnaires avec lesquels ils sont susceptibles de venir un jour en contact." Zuckerman 2004, 140.
152 P.Aberd. 34.
153 SPP III² 82 (Ars., Anfang 7. Jh.).
154 P.Ryl.Copt. 327 (Herm., erste Hälfte 7. Jh.); P.Ryl.Copt. 329 (Hk.unbek., 6.–7. Jh.), s. auch die oben zitierten Beispiele.
155 P.Iand. II 25 (Oxy., 6.–7. Jh.): Überstellungsbefehl. Zum Text und zur Interpretation vgl. Hagedorn 2006, 166–167.
156 SPP X 128 (Ars., 7. Jh., arabische Zeit, s. Bemerkungen).
157 P.Köln X 426 (= SB Kopt. III 1325, Herm. [Bawit ?], 7.–8. Jh.).
158 P.Gen. IV 172 (= SB XVI 12397, Philadelphia [Ars.], 4.–5. Jh.); P.Rain.Cent. 137 (Herakl.,

nicht verwunderlich, dass sie in Zahlungslisten bzw. Dokumenten der Verwaltung von Großgrundbesitzern vorkommen.[160] Es ist verständlich, dass sie als des Schreibens kundige Beamte, die sich mit dem Finanzwesen gut auskannten, als Agenten oder Beauftragte von Personen mit lokalem Interesse fungierten. Eine von einem γραμματεύς κώμης ausgestellte Quittung, in der dieser gleichzeitig Dorfschreiber und Sekretär des Kapitäns Menas ist, veranschaulicht, dass die Zuständigkeiten der Schreiber oft vielfältig waren.[161] Ferner sind anderswo auch Schreiber des Hafens eines Dorfes zu finden.[162]

Dieses Beispiel zeigt, dass ein Dorf auch über mehrere Schreiber verfügen konnte. Für mehrere Dorfsekretäre in einem Dorf lassen sich einige Beispiele finden,[163] es ist wohl anzunehmen – wie fast immer bei Dorfbeamten –, dass die Zahl der Amtsträger mit der Größe der Siedlung zusammenhing: Für einen (oder sogar mehrere?) Weiler hätte ein Schreiber tätig sein können, während größere Dörfer mehrere benötigt haben dürften. Demgemäß, wie bereits angedeutet, lassen sich γραμματεῖς sowohl in ἐποίκια wie auch in κῶμαι finden.[164] Zu ihrer Ernennung bzw. Amtsdauer liegen uns nur wenige Quellen vor. Ein einziger hermopolitischer Liturgievorschlag aus dem Jahr 373 erwähnt unter den nominierten Beamten wohlgemerkt einen κωμογραμματεύς.[165]

Über ihre Amtsdauer gibt besonders das Andreas-Archiv Informationen. Andreas war in neun verschiedenen Indiktionsjahren tätig, aber es ist anzunehmen, dass er auch in mehreren der nicht belegten Jahre amtierte.[166] Dies ließe auf eine Amtsdauer von mindestens zwölf Jahren (von dem ersten bis zum zwölften Indiktionsjahr) schließen. Vergleichbar könnte der Fall von Anup, dem Dorfschreiber von Tholthis, sein, der wahrscheinlich sowohl 454 wie auch 471 belegt ist.[167] Es scheint auf jeden Fall nicht unmöglich zu sein, eine eher längere Amtsdauer anzunehmen, wie das im Fall des Andreas-Archivs auch belegt ist. Es gab sicherlich nicht viele Kandidaten, die über die nötigen Kenntnisse und Voraussetzungen (Lesen/Schreiben, Praxis der

---

6. Jh.); SB XVIII 13898 (Ars., 6.–7. Jh.).
159 P.Amst. I 56 (Hk.unbek., 6. Jh.).
160 P.Oxy. XVI 1948 (Oxy., 471), 5; P.Oxy. XVI 2032 (Oxy., 540–541), 60; P.Flor. I 11 (Ars., 6. Jh.), *passim*; P.Oxy. XVI 1917 (Oxy., frühes 6. Jh. oder 616–617 [?]), 120.
161 P.Oxy. XVI 1998 (Oxy., 536), 1, 8, 10.
162 SPP III² 66 (Herakl., Anfang 7. Jh.), 1.
163 P.Ross.Georg. V 10 (Ars., 7. Jh.), 4; P.Laur. III 93 (Ars., 7. Jh., s. Bemerkungen).
164 Schreiber von ἐποίκια begegnen z.B. in P.Aberd. 34 und SPP III² 17 (Ars./Herakl., 6.–7. Jh.).
165 P.Lond. V 1648 (Herm., 373), 18.
166 Die Texte des Archivs, in denen das Indiktionsjahr angegeben ist, sind die folgenden (alle aus SPP III² und alle aus Tamauis und Anfang des 7. Jh.): Erste Indiktion: 92; zweite Indiktion: 72; vierte Indiktion: 1, 22+84; fünfte Indiktion: 82, 91; siebte Indiktion: 5, 9; achte Indiktion: 71; neunte Indiktion: 82*bis*; elfte Indiktion: 2; zwölfte Indiktion: 6+74, 90. Natürlich kann auch angenommen werden, dass die Reihenfolge der Indiktionsjahre anders war. Zur Datierung des Archives vgl. Sven Tost in der Einl. zu SPP III², S. LXXIV–LXXV.
167 P.Oxy. XVI 1948, 4–5 und P.Oxy. inv. 63 6B.63/C(3-4)a (Oxy., 454), 23. Zu diesem Papyrus vgl. oben S. 74, bes. Anm. 301.

Buchhaltung, vielleicht auch ein ausreichendes Vermögen) verfügten.[168] So wäre es auch nicht verwunderlich, wenn Dorfsekretäre für eine längere Zeit (vielleicht sogar lebenslang oder solange sie dazu fähig waren) tätig gewesen wären. Diese Praxis hätte wohl auch den wiederholten Vorschlag für die Besetzung des Postens überflüssig gemacht. Fraglich bleibt jedoch, warum die aus dem 4. Jh. in verhältnismäßig großer Zahl überlieferten Liturgievorschläge nur ein einziges Mal einen Dorfschreiber nominieren. Man kann einerseits annehmen, dass das Amt sich noch nicht ganz etabliert hatte, dagegen spricht allerdings, dass wir auch Liturgievorschläge haben, in denen der Dorfschreiber für die Komarchen unterschrieb.[169] Es ist wahrscheinlicher, dass das Amt aus oben genannten Gründen schon quasi beruflichen Status hatte und die Nominierung deshalb nur selten nötig war.

Über den sozialen Rang der Amtsträger stehen uns nur spärliche Daten zur Verfügung. Generell ist wohl anzunehmen, dass sie zur Schicht der Dorfelite gehörten, ein Schreiber ist als Landbesitzer (κτήτωρ) belegt.[170] Wie schon erwähnt, trägt Andreas (und auch ein anderer Dorfschreiber)[171] den Ehrentitel θαυμασιώτατος, der „zwischen dem 5. und 7. Jh. zumeist für Beamte niedrigen und mittleren Ranges gebraucht"[172] wurde, wie z.B. in Aphrodites Kome für die Protokometen. Bemerkenswerterweise ist ein Dorfschreiber von Djeme im 6. Jh. ein Flavius, was aber eher als eine Ausnahme zu betrachten ist.[173] Nicht überraschend ist hingegen, dass ein Kleriker als Dorfschreiber belegt ist.[174] In der Beamtenhierarchie dürften sie wohl direkt unter den leitenden Dorfbeamten (Komarchen, Protokometen, μείζονες) gestanden haben, wie sowohl ihre wichtige Rolle wie auch vielleicht eine Auflistung der inhaftierten Frauen von Beamten nahelegen, falls die Reihenfolge des Textes wirklich eine Rangordnung widerspiegelt.[175]

4.5.3 γνωστῆρες[176]

Das Wort γνωστήρ begegnet schon in der ptolemäischen und römischen Zeit in der Bedeutung 'Identitätszeuge'.[177] Als Beamte treten sie in Städten vielleicht schon ab

---

168 Ein kleiner Beweis dafür ist die Steuerquittung CPR IV 9 (Herm., 6.–7. Jh.), wo der Dorfschreiber durch einen Vertreter quittiert, der aber selber des Schreibens unkundig ist, und deshalb einen Schreibhelfer braucht. Bezeichnend ist auch, dass der Schreibhelfer, der gleichzeitig auch Zeuge ist, ein Diakon ist.
169 P.Lond. III 1246 (S. 224, Herm., 345), 25–27.
170 P.Oxy. XVI 2058 (Oxy., 6. Jh.) col. III 51, zum Inhalt vgl. col. III 36–37. Zu diesem Text vgl. auch oben S. 74, bes. Anm. 304.
171 SPP VIII 866 (Ars., 7. Jh.), 1–2.
172 Bernhard Palme im Komm. zu CPR XXIV 22, 6; vgl. auch Hickey 2012, 99.
173 SB XVIII 13778 (Theb.-W., 6. Jh.), 4–6.
174 PSI V 474 (Kynop., 6. Jh.), 8–9.
175 P.Oxy. XVI 1835 (Oxy., spätes 5.–frühes 6. Jh.), 2–7. Zu diesem Text vgl. oben S. 38–39.
176 Wegen ihrer geringen Aussagekraft werden die folgenden Belege nicht besprochen: P.Stras. IX 875 r (Herm., nach 307) und P.Herm.Landl. 2 (Herm., nach 346–347), 14.
177 Leiv Amundsen in O.Oslo 27, S. 74, bes. Anm. 2. Für diese Bedeutung des Wortes s. z.B. die Geburtsanzeigen P.Diog. 2–4 aus dem späten 2.–frühen 3. Jh. aus Antinoopolis, vgl. auch die

der zweiten Hälfte des 3. Jh. in Erscheinung[178] und in den Dörfern – offenbar infolge der Reformen im späten 3.–frühen 4. Jh. – ab dem frühen 4. Jh. (schon im Jahr 303).[179] Das Amt ist bis in die frühislamische Zeit belegt.[180] Auffallend ist jedoch, dass sie ab dem 4. Jh. fast ausschließlich im Hermopolites bzw. in Mittelägypten vorkommen. Einige Texte belegen sie im östlichen Nachbargau des Hermopolites, dem Antinoites.[181] Drei Texte könnten sie im Oxyrhynchites, dem nördlich benachbarten Gau des Hermopolites, belegen.[182] Ein einziger Text aus der Mitte des 7. Jh. erwähnt die *gnosteres* des Theodosiopolites und des Lykopolites.[183] Der Theodosiopolites umfasste zu dieser Zeit den ehemaligen nördlichen Teil des Hermopolites, der Lykopolites lag südlich vom Hermopolites, nach dem Gau Kussites.[184] Schließlich bezeugt ein in mehrerer Hinsicht problematischer Text eine συντεχνία der *gnosteres* in Aphrodites Kome (s. unten). Somit scheint der Titel ab dem 4. Jh. nur in Mittelägypten, besonders im Hermopolites und selten in seinen Nachbargauen belegt zu sein.[185]

Einl. von Paul Schubert zu den Texten *ibidem*, S. 47–49. Vgl. auch das Formular in P.Oxy. XL 2927 (Oxy., ca. 268–271), 13–14: Αὐρήλ(ιός) τις γνωστήρ. γνωρίζω τοὺς προκειμένους … οὕτως ἔχοντας | καὶ αὐτοὺς ὄντας τοὺς καὶ ἐπὶ τῆς ἀναγορείας ὑπακούοντας.

178 S. SPP V 101 (Herm., 268–271), 15, wo das Wort im Kontext der Steuereintreibung von van Minnen 2002, 291, in der Neuedition des Textes folgendermaßen gedeutet wurde: „Information on these [properties] had probably been gathered from the so-called *gnosteres* mentioned in line 16, officials who were supposed to know the part of town they were responsible for." Die Interpretation des Titels als Beamter ist in diesem Kontext überzeugend, vgl. auch den γνωστὴρ ἀμφόδου in P.Oxy. I 43 v (= Chrest.Wilck. 474, Oxy., nach 16. 2. 295), col. II 20. Es sei jedoch bemerkt, dass die *gnosteres* in P.Oxy. XL 2892, 2894, 2895 entgegen der Annahme von Drecoll 1997, 29 keine Beamten, sondern nur Zeugen sind, vgl. die vorige Bemerkung. Ferner listet Drecoll *ibidem*, 278 den Gnoster unter den „Liturgien, die belegtermaßen von *bouleutai/decuriones* zu leisten waren", mit Berufung auf P.Oxy. IX 1196 (Oxy., 212–213). In diesem Text bestätigt Ptollas, πράκτωρ σιτικῶν, mit einer beeideten Erklärung, dass er seine Pflichten erfüllen wird. Die zusammenfassende Notiz auf der Rückseite (Z. 19–20) lautet χι(ρογραφία) (l. χει(ρογραφία)) Πτολλᾶτ(ος) Ἰσίωνος πράκ(τορος) σι(τικῶν) Πακέρκη, | γνωστ(ὴρ) Ἀμμώ(νιος) Σαραπᾶτος τοῦ . . . [. . . ο]ὖ ἐξ(ηγητεύσας). Entgegen der Annahme von Drecoll wird es sich hier nicht um einen Liturgen, sondern eher um einen Identitätszeugen für Ptollas gehandelt haben, der wohl im abgebrochenen Teil der Vorderseite erwähnt wurde. Zu P.Leipz. I 5 (Memph., 3. Jh.) vgl. Bemerkungen.

179 P.Lips. I 84 (Herm., 303) col. VII 7. Der Gnoster in O.Mich. 407 (Karan., 285/297), 3 wurde in BL VII 289 widerlegt.

180 Der späteste Text, der einen Gnoster belegt, ist P.Erl. 56 (Hk.unbek., 7. Jh., s. Bemerkungen) 6, 12.

181 SB XXII 15620 (Alabastrine [Antin.], 424), 17–20; SB XVI 13081 (Antin., 5.–6. Jh.), frag. A col. II 7 und frag. B col. II 20.

182 P.Oxy. XII 1490 (Oxy., Anfang 4. Jh., s. Bemerkungen) v 2; P.Wash.Univ. II 89 (Oxy., 6. Jh.), 5. Ein γνωστὴρ ἀμφόδου ist in P.Oxy. I 43 v, col. II 20 belegt.

183 SB XXVI 16358 (Herm., 644), 1–2. Zum Text vgl. S. 41/Anm. 77.

184 Mitthof–Harrauer 2002–2003, 183, bes. Anm. 4.

185 Folglich können die spätantiken, *gnosteres* erwähnenden Texte mit unsicherer Provenienz mit großer Wahrscheinlichkeit dem Hermopolites oder seiner Umgebung zugeordnet werden.

4.5 Dorfschreiber

Der Titel kommt sowohl im städtischen wie auch im dörflichen Kontext als eine Art Sekretär vor, der für die Rechenschaftsführung eines bestimmten Bezirkes verantwortlich ist: Friedrich Oertel unterschied den γνωστὴρ κώμης und den γνωστὴρ φυλῆς, letzteren hielt er für einen Beamten der Stadt Hermupolis, und sprach vorsichtig einen Zusammenhang dessen mit dem sonst nur jeweils einmal belegten γνωστὴρ πόλεως und γνωστὴρ ἀμφόδου an.[186] Obwohl eine Reihe von Texten über Neilos, den Gnoster der fünften Phyle von Hermupolis im späten 4. Jh., berichtet, können nicht alle Dokumente, in denen ein Gnoster in Zusammenhang mit Phylen erwähnt wird, in ein städtisches Milieu gesetzt werden, da Phylen auch in Dörfern bekannt sind: Eine Abrechnung erwähnt sogar einen Gnoster in einer dörflichen Phyle.[187]

Städtische *gnosteres* belegen – außer dem genannten wenig aussagekräftigen Beleg für einen γνωστὴρ ἀμφόδου – nur eine Quittung aus dem 6.–7. Jh. und das erwähnte Archiv des Gnosters Neilos, beide aus der Stadt Hermupolis. In der Quittung wird Dioskoros, dem γνωστὴρ πόλεως, eine Steuerzahlung quittiert, es bleibt aber unsicher, ob er die Zahlung in seiner öffentlichen Position oder als Privatmann leistete.[188] Aufschlussreicher ist das Archiv des Neilos, Gnoster der fünften Phyle von Hermupolis, aus dem Jahr 390, das unlängst von Reinhold Scholl und Margit Homann vorgestellt wurde.[189] Bisher wurden drei Texte aus dem Archiv publiziert, zwei Liturgievorschläge und ein kurzer Brief an einen Großgrundbesitzer von Neilos.[190] Abgesehen von diesen Texten und acht verschollenen Papyri der Leipziger Sammlung sind noch elf Liturgievorschläge von ihm bekannt.[191]

Die Vorschläge sind an Aurelius Kyros, den Nyktostrategen, den Gehilfen des *riparius*, gerichtet. In den zwei publizierten Papyri dieser Gattung ist die Funktion der von Neilos vorgeschlagenen Liturgen unspezifisch:[192] „In den genannten Leipziger Liturgenpräsentationen werden sehr wahrscheinlich Ersatzleute für Gehilfen des Nyktostrategen präsentiert."[193] Außer den Liturgievorschlägen ist Neilos aus einem kurzen Brief bekannt, den er an den Bruder des erwähnten Aurelius Kyros,

---

186 Γνωστὴρ πόλεως: SPP III² 201 (Herm., 6.–7. Jh.), 3; γνωστὴρ ἀμφόδου: P.Oxy. I 43 v; Oertel 1917, 177–178.
187 P.Lond. V 1673 (Antaiop./Herm., 6. Jh.), 241. Somit bleibt im Fall von P.Genova II 71 (Antin. [?], 6. Jh. [?]), 9 und SB XXII 15598 (Herm., Anfang 6. Jh.), v 16 unklar, ob es sich um *gnosteres* von Dörfern oder Phylen handelt.
188 SPP III² 201, s. auch die Erklärung vom Herausgeber, Fritz Mitthof, zum Text *ibidem*, S. 103.
189 P.Poethke 36, S. 465–466.
190 P.Lips. I 65 (= Chrest.Wilck. 404, Herm., 390); P.Lips. I 66 (Herm., 390); P.Poethke 36 (Herm., spätes 4. Jh.).
191 P.Poethke 36, S. 465.
192 P.Lips. I 65, 8–12: [δ]ίδομαι (l. δίδωμι) | καὶ εἰσαγγέλλω τὸν ἑξῆς ἐγγεγραμμένον | λιτουργὸν (l. λειτουργὸν) λιτουργήσαντ[α (l. λειτουργήσαντα) παρὰ] τῇ σῇ | ἐπιεικίᾳ πρὸς ἐνιαύσιον χ[ρόνον] | ὑπὲρ τῆς δημοτικῆς αὐτο[ῦ λε]ι[το]υργίας. Der fragmentarische P.Lips. I 66 verrät in dieser Hinischt nichts.
193 P.Poethke 36, S. 466.

Asynkritios, einen Großgrundbesitzer (γεοῦχος), schrieb.[194] Der Gnoster schreibt folgendermaßen: *Lass ab von der Belästigung des Nepheros! Denn er hat den Sklaven wieder gefunden.*[195] Scholl und Homann werfen die Möglichkeit auf, dass der Gnoster zum Hilfspersonal des Nyktostrategen gehören könnte.[196] Diese Annahme scheint aber kaum akzeptabel zu sein, der Gnoster ist wohl eher als der für die Bevölkerungslisten verantwortliche Beamte in die Stellung der Liturgen und die Suche nach einem Sklaven (der Besitz von jemandem sein könnte, der zu seinem Bezirk gehört) involviert.

Die spärlichen Daten über die städtischen γνωστῆρες vermitteln den Eindruck, dass sie in erster Linie für die Erfassung der Bevölkerung in ihrem Bezirk verantwortlich waren. Dieser Bezirk konnte sowohl die ganze Stadt wie auch eine Phyle oder eine Untereinheit dieser, ein Amphodon ('Stadtviertel'), sein. Es ist nicht anzunehmen, dass jederzeit alle Einheiten der Stadt einen Gnoster hatten, es hätte Veränderungen in den Strukturen geben können. Als Verantwortlicher für die Erfassung der Bevölkerung war er wohl auch für die Stellung der Liturgen zuständig. Womöglich hatte er auch Aufgaben im Rahmen des Steuerwesens. Oertel nahm an, dass der hermopolitische γνωστὴρ φυλῆς dem aus Oxyrhynchos bekannten συστάτης φυλῆς entsprechen könnte, da beide für die „Empfehlung von Liturgen" zuständig waren.[197] Dagegen könnte aber sprechen, dass auch in Oxyrhynchos – wie erwähnt – der Titel γνωστὴρ ἀμφόδου vorkommt; die Frage soll dahingestellt bleiben.

Bevor auf die dörflichen γνωστῆρες eingegangen wird, soll ein Dokument behandelt werden, das schwerwiegende Probleme bereitet. Der schon erwähnte Text des 6. Jh. stammt aus Aphrodites Kome, also weit südlich vom Hermopolites. In diesem Papyrus leistet u.a. die Berufskorporation der *gnosteres* eine Zusatzzahlung.[198] Der Herausgeber, Paul M. Meyer, nahm an, dass es sich hier um eine Art von Sachverständigen handeln könnte, und bemerkt: „Diese γνωστῆρες bilden in spätbyzantinischer Zeit einen Zwangsverband (συντεχνία) ... und zwar einen ausschließlich im staatlichen Interesse tätigen (λειτουργοῦντες)."[199] Das Vorkommen des Titels ist umso überraschender, als wir aus Aphrodites Kome aus dieser Zeit eine sehr umfangreiche Dokumentation besitzen, in der sonst kein einziger Gnoster erwähnt wird. Demgemäß scheint auch Rémondons Annahme, dass es sich um Dorfschreiber handelt, unwahrscheinlich zu sein.[200]

---

194 P.Poethke 36 (Herm., spätes 4. Jh.). Zur Person des Asynkritios vgl. *ibidem*, 463–465.
195 Z. 4–6: Ἀπόσχου τὴν κατὰ | Νεφερῶτος ὀχλήσεως. | Εὗρεν' γὰρ αὖ τὸν δοῦλον. Übers. von Reinhold Scholl und Margit Homann aus der ed.pr.
196 *Ibidem*, 466.
197 Oertel 1917, 178.
198 P.Hamb. I 56 (Aphrod., 6. Jh.), col. V 13. Zur Datierung vgl. Fournet 2008/A, 328.
199 Komm. zu P.Hamb. I 31, 20. S. auch P.Hamb. I 56 (Aphrod., Ende 6.–Anfang 7. Jh.), S. 204 mit Anm. 5.
200 Rémondon 1965/B, 419.

4.5 Dorfschreiber

Dieser Verband der *gnosteres* passt überhaupt nicht ins Bild, das uns unsere sonstigen Quellen über sie vermitteln. Man könnte zwar vermuten, dass der Verband aus den für die einzelnen (Bevölkerungs-)Einheiten des Dorfes zuständigen *gnosteres* besteht – das erklärt aber immer nocht nicht, warum sie sonst nicht in der Dokumentation des Dorfes vorkommen. Wurde hier vielleicht ein in der Gegend sonst nicht gebräuchlicher Ausdruck von einem (vielleicht neu angekommenen?) Beamten verwendet? Könnte man in diesem Fall die *gnosteres* mit anderen bekannten Gruppen aus dem Dorf identifizieren?

Was nun die Tätigkeiten der dörflichen *gnosteres* betrifft, weisen diese eine große Ähnlichkeit mit denen der γραμματεῖς der Dörfer auf. In der Tat wird in einem koptischen Dokument der Titel Ⲯⲁϩ ⲛ̄ⲧⲓⲙⲉ, 'der Schreiber des Dorfes', in der griechischen Unterschrift mit dem Titel γνωστήρ wiedergegeben.[201] Sie sind oft Schreibgehilfen (und Schreiber) in Verträgen, in die Dorfbewohner involviert sind.[202] Sie schreiben auch für des Schreibens unkundige Komarchen oder Sitologen.[203] Auf ähnliche weise ist ein Gnoster Zeuge bei einem Vertrag.[204] Bei einem anderen Vertrag schreibt ein Gnoster nicht nur für die Zeugen und den Darlehensnehmer, sondern vollzieht auch die notarielle Beglaubigung am Text.[205] Allgemein scheinen sie also als Schreiber bzw. Schreibgehilfen für die Dorfbeamten und auch die anderen Dorfbewohner, die nicht schreiben konnten, zur Verfügung gestanden zu haben.

Zumeist treten die Amtsträger jedoch im Steuerwesen auf. Sie begegnen als Aussteller von Steuerquittungen[206] und berichten ihren Vorgesetzten über verschiedene Steuerangelegenheiten, oft zusammen mit anderen Dorfbeamten.[207] Der Landvermesser (δημόσιος γεωμέτρης) und der γνωστήρ eines Dorfes reichten einen Bericht über Landvermessungen ein.[208] Eine Zuständigkeit für die Verteilung der auf das Land des Dorfes fallenden Steuerraten ist auch einem Bericht zu entnehmen, in dem ein Gnoster mit Sitologen von der Einnahmen der Landsteuer berichtet.[209] Dass die Mehrheit dieser Quittungen und Berichte aus dem 4. Jh. stammt, soll nicht stören, andere Dokumente zeigen weiterhin, dass sie ein ähnliches Ressort hatten – die

---

201 P. Sorbonne inv. 2488, vgl. S. 140–141, bes. Anm. 111.
202 SB XXII 15620, 17–20; P.Gen. IV 190 (= SB XVI 13037, Herm., 522 oder 523), 25–28.
203 P.Harrauer 45 (Herm., 316); P.Lond. III 1248 (S. 226, Herm., 345), 28–29; P.Amh. II 139 (= Chrest.Wilck. 406, Herm., 350), 2; P.Amh. II 140 (Herm., 349), 23; SPP III² 95 (Herm., 494–495 [?]), 11–12.
204 P.Prag. II 158 (Herm., 5.–6. Jh.), 16–17.
205 P.Ath.Xyla 17 (Herm., 548–549), 10–15.
206 P.Lips. I 84 col. VII 7; CPR XVII A Anhang B (Herm., 318–351), col. II 7; P.Charite 15 (Herm., 329), col. II 21–34; P.Lond. III 1063 (S. 247, Herm., 6.–7. Jh.); P.Lond. III 1152 (S. 247, Herm., 632–633/647–648/662–663), 9; SB XVI 12266 (Herm., 7. Jh. [arabische Zeit]).
207 SB XX 14586 (Herm., 4. Jh.). Um etwas Ähnliches ging es wohl auch in dem fragmentarischen P.Stras. IV 255 (Herm., 397 [?]).
208 CPR XVII A 22 (= P.Cair.Preis. 8 = Chrest.Wilck. 240, Herm., 321).
209 P.Amh. II 140.

Quellenlage ist womöglich durch die Veränderung der Art der Dokumentation zu erklären. Oft finden wir sie auch als Übermittler von Steuerzahlungen,[210] mehrfach zusammen mit oder durch Komarchen.[211] Amtliche Korrespondenz aus dem 4. Jh. zeigt sie in verschiedene Angelegenheiten im Bereich des Steuerwesens involviert.[212] In einem Dokument werden Steuerzahlungen im Bezirk eines Gnosters geleistet.[213] Manche Papyri machen auch klar, dass die Amtsträger für die Buchhaltung der Dörfer verantwortlich waren, sie stellten oft Listen über Zahlungen und auch anderes auf.[214] Ein Steuerinspektor (διαστολεύς) beruft sich z.B. auf eine mit einem Gnoster zusammen erstellte Berechnungsübersicht.[215]

Ihre Tätigkeit umfasst auch diverse andere Bereiche. Mehrere Texte aus dem 4. Jh. belegen sie im Kontext der Liturgien: Ein Gnoster bürgt für einen Liturgen,[216] und ein anderer schreibt einen Bericht über die für die Eintreibung der Steuer gestellten Bauern und ihr Einkommen.[217] Ähnlich wie die Dorfschreiber aus dem Arsinoites bezahlen sie – neben anderen Abgaben – auch Lohn für die Beamten, die für die Deicharbeiten verantwortlich waren.[218] Ferner werden in einem schon erwähnten Brief aus dem Senuthios-Archiv (Mitte des 7. Jh.) die Protokometen und *gnosteres* des Theodosiopolites und Lykopolites in Antinoopolis, der Hauptstadt der Provinz, in einer offenbar öffentlichen Angelegenheit dringend erwartet, sie müssen wohl Rechenschaft ablegen.[219]

In der Hierarchie der Beamten könnten sie wahrscheinlich unter den leitenden Dorfbeamten (Komarchen, Protokometen) und vielleicht auch den Sitologen gestanden haben.[220] Kaum verwunderlich ist, dass auch ein Diakon als Gnoster belegt ist.[221] Eine gewisse Bedeutung kann dem Amt zugesprochen werden, da in einem

---

210 BGU XIX 2779 (Herm., 4.–5. Jh.), 17; CPR V 26 (Skar [Herm.], zweite Hälfte 5. Jh.), 475, 604, 617, 764, 974, 1000; P.Sorb. II 69 (Herm., 618–619/633–634 [?]), 69A, 5; 86C1, 4; P.Erl. 56 (Hk.unbek., 7. Jh., s. Bemerkungen) 6, 12. Vielleicht sind auch die Zahlungen in P.Wash.Univ. II 89 (Oxy., 6. Jh.), 5 im Kontext des Steuerwesens zu deuten.
211 P.Stras. VIII 735 (Herm., 324–325 [?]), 15–21; SPP XX 96 (Herm., ca. 338), 9; P.Flor. III 344 (Herm., 5. Jh. [?]); P.Flor. III 346 (Herm., 5. Jh. [?]).
212 SB XX 14469 (Herm., 302–303 [?]), 9–10; P.Oxy. XII 1490 (Oxy., frühes 4. Jh., s. Bemerkungen); P.Ryl. IV 658 (Herm. [?, s. Bemerkungen], frühes 4. Jh.), 11.
213 O.Oslo 27 (Hk.unbek., 6. Jh.), 1.
214 CPR V 26, 475, 604; P.Lond.Herm. (Temseu Skordon [Herm.], 546/547 [?]), 10r 11, 10v 1; das unpublizierte, aber in MacCoull 1993 beschriebene Dokument, P.Lond.Copt. 1076 (Herm., 6. Jh.), zeigt *gnosteres* als Aufsteller von Steuerlisten, s. MacCoull 1993, 122.
215 P.Charite 26 (Herm., 341), 7–8: ἀκολούθως τῇ συνάρσι (l. συνάρσει) μετὰ | Ἑρμοῦ γνωστῆρος τῆς (αὐτῆς) κώμης.
216 P.Cair.Preis. 20 (Herm., 356–357), 17.
217 P.Lond. III 1249 (S. 227, Herm., 346); zur Interpretation des Textes vgl. Oertel 1917, 177 und zur Datierung BL I 290.
218 P.Flor. III 346 (Herm., 5. Jh. [?]). Für Lohnzahlungen von Dorfschreibern s. oben S. 144–147.
219 SB XXVI 16358 (Herm., 644). Zum Text vgl. S. 41/Anm. 77.
220 P.Heid.inv. G 292 (Herm., 6. Jh.). Zu diesem Papyrus vgl. oben S. 32/Anm. 24.
221 SB VI 9595 (Hk.unbek., 7. Jh.), 1.

4.5 Dorfschreiber

Text auch ehemalige *gnosteres* erwähnt werden.[222] Über ihre Nominierung bzw. Amtsdauer erlaubt ein Bericht aus dem Jahr 346, in dem ein Gnoster „der ersten Indiktion" über die Verhältnisse vor 4 Jahren berichtet, einen gewissen Einblick. Friedrich Oertel bemerkte zu Recht: „Das spricht nicht gegen eine Beschränkung der Leistung auf dieses Jahr (als Haftungsperiode)."[223] Allgemein kann wohl analog zum γραμματεὺς κώμης angenommen werden, dass *gnosteres* eher für eine längere Periode, quasi beruflich amtierten – besonders ab dem 5.–6. Jh. Diese Annahme könnte noch dadurch gestützt werden, dass ein Papyrus auch eine Lohnzahlung für einen Gnoster und einen βοηθός eines Dorfes bezeugt.[224] Inwiefern eine jährliche Nominierung wie im Fall des erwähnten Gnosters der ersten Indiktion im Jahr 346 in den späteren Jahrhunderten noch nötig war, ist unklar.

Nach der Übersicht der vorliegenden Quellen kann also festgehalten werden, dass, wie teils schon auch von Oertel beobachtet, die Hauptaufgabe der *gnosteres* – sowohl in der Stadt wie auch im Dorf – die Erfassung der zu ihrem Bezirk gehörenden Bevölkerung für Belastungszwecke war, was auch Tätigkeiten im Steuerwesen beinhaltete. Diese Funktion ist auch gut mit der Etymologie des Titels zu vereinen.[225] Ebenfalls ist anzunehmen, dass die schon seit der Ptolemäerzeit belegte Bedeutung des Wortes 'Identitätszeuge' zur Entwicklung des Ausdrucks zu einem Beamtentitel beigetragen hat. Da ein koptischer Text den Beweis dafür liefert, dass der Terminus γνωστήρ als Dorfschreiber aufgefasst wurde und die Aufgabenbereiche der Dorfgnostere eindeutig mit denen der Dorfschreiber Überschneidungen aufweisen, kann zuversichtlich behauptet werden, dass der Titel eine mittelägyptische, besonders hermopolitische, ortsspezifische Bezeichnung des γραμματεὺς κώμης, des Dorfsekretärs, war. Bedenken könnte jedoch bereiten, dass auch im Hermopolites der Titel γραμματεὺς κώμης bzw. κωμογραμματεύς mehrfach belegt ist.[226] Diese Tatsache darf aber nicht stören, Abweichungen kommen gelegentlich in der Terminologie der Dorfverwaltung vor.

Der Umstand, dass *gnosteres* sowohl in Städten wie auch in Dörfern in ähnlichen Funktionen vorkommen, ist bemerkenswert. Parallelitäten zeigten sich auch bezüglich der *phylai*, die sowohl in Städten wie auch in Dörfern belegt sind. All dies wirft die Frage auf, inwiefern die Dörfer und Städte nach ähnlichen Prinzipien strukturiert waren. In einer städtischen Einheit könnte z.B. ein Amphodon (Stadviertel) ähnlich der Struktur eines Dorfes organisiert worden sein. Eine Bearbeitung dieser Frage könnte wichtige Rückschlüsse in Bezug auf die Organisationsprinzipien der spätantiken Verwaltung liefern.[227]

---

222 SB XVI 13081 (Antin., 5.–6. Jh.), frag. A col. II 7 und frag. B col. II 20.
223 P.Lond. III 1249, zum Text vgl. oben S. 154/Anm. 217. Zitat: Oertel 1917, 177.
224 SB XX 14702 (Herm. [?], 6.–7. Jh.), 6.
225 Oertel 1917, 176–177.
226 P.Lond. III 1246, 26; CPR VII 18 (Herm., 364/379/394), 16–18; P.Lond. V 1648, 18; SB XX 14972 (Herm., 6. Jh.), 3; BGU XIX 2785 (Herm., 6.–7. Jh.; vgl. oben S. 143/Anm. 123).
227 Vgl. dazu auch unten S. 217–218.

4.5.4 Zusammenfassung

Zusammenfassend kann gesagt werden, dass das Amt des Dorfschreibers einen wichtigen und festen Teil der Verwaltungsstruktur der spätantiken Dörfer bildete. Nachdem das vergleichbare Amt der Römerzeit, die Komogrammatie, kurz vor der Mitte des 3. Jh. abgeschafft wurde, traten Dorfsekretäre in den ersten Jahren des 4. Jh. wieder auf. Es ist naheliegend, ihr Auftreten mit den Reformen des späten 3.– frühen 4. Jh. in Zusammenhang zu bringen. Sie begegnen in den Quellen mit den Bezeichnungen γραμματεὺς κώμης / ἐποικίου / (ab der arabischen Zeit) χωρίου (+ Dorfname) oder einfach als γραμματεύς + Dorfname. In koptischen Texten wird der Titel mit ⲥⲁϩ (ⲛ̄ⲧⲙⲉ) + Dorfname wiedergegeben. Gelegentlich kommt auch die Bezeichnung κωμογραμματεύς vor, die aber wahrscheinlich keine direkte Kontinuität mit der Komogrammatie der römischen Zeit aufweist. Eine alternative Bezeichnung derselben Funktion in Mittelägypten, besonders im Hermopolites, ist γνωστήρ.

Gemeinhin gab es nur einen Dorfsekretär pro Dorf, aber manche – wahrscheinlich größere – Dörfer verfügten auch über mehrere. In der Hierarchie der Dorfbeamten gehörten sie wohl nach den führenden Amtsträgern der Mittelschicht an. Im 4. Jh. handelte es sich nachweisbar um ein liturgisches Amt, aber in den späteren Jahrhunderten wurde die Funktion schon eher beruflich ausgeübt, was sowohl Lohnzahlungen an Dorfschreiber als auch die lange Amtsdauer des mindestens 12 Jahre amtierenden arsinoitischen Sekretärs, Andreas, nahelegen Es ist wohl auch anzunehmen, dass die ständige Nominierung nach einer gewissen Zeit überflüssig war, da nur sehr wenige Leute die für das Amt nötigen Voraussetzungen erfüllten.

Ihre Aufgabe war in erster Linie die Erfassung der Bevölkerung und der Ländereien der Dörfer für Steuerzwecke und andere öffentliche Aufgaben. Ihre Tätigkeit umfasste auch die Führung der Buchhaltung ihrer Dörfer und Aufgaben im Bereich des Steuerwesens. Oft trieben sie mit anderen Beamten Steuern ein und sind auch für ihre Abrechnung zuständig. Solange das Liturgiesystem zu verfolgen ist, scheinen sie auch eine Rolle in den Liturgievorschlägen gespielt zu haben, was offenbar mit ihrer Zuständigkeit für die Bevölkerung zu erklären ist. Natürlich sind sie manchmal auch in diversen anderen Bereichen tätig, die mit der Dorfverwaltung zu tun haben. Im Fayum des 6.–7. Jh. ist, besonders anhand der Texte des Andreas-Archives, auch ein System von Lohnzahlungen an verschiedene Beamte des Gaues nachzuweisen, in dem von den Dorfschreibern – als den für die Finanzen der Dörfer verantwortlichen Beamten – die Zahlungen abgewickelt wurden.

Dorfschreiber waren selbstverständliche Ansprechpartner für Dorfbewohner, wenn sie verschiedene Angelegeheiten schriftlich erledigen wollten. Bemerkenswert ist, worauf schon Jean Gascou aufmerksam machte, dass sie manchmal auch Notarsunterschriften ausstellen, d.h. Urkunden beglaubigen.[228] Es ist anzunehmen, dass

---

228 Gascou 1994, 182.

(manche) Dorfschreiber auch als Notare in ihrem Dorf und dessen Umgebung fungiert haben.[229]

4.6 Der βοηθὸς κώμης

Der Titel des „Helfers," des βοηθός, ist in Papyri ab der römischen Zeit belegt.[230] Das Wort ist eine Übersetzung des lateinischen *adiutor*, bisweilen taucht auch das lateinische Wort in griechischer Transliteration auf.[231] *Adiutores* kommen in der römischen Verwaltung vor, sie dienen als eine Art von Hilfspersonal für bestimmte Beamte oder Institutionen sowohl in der Provinzialverwaltung wie auch im Militär, aber auch im privaten Bereich. Ein gut belegtes Beispiel für die Funktion ist in den Papyri der βοηθὸς λογιστηρίου.[232] Für die Dorfverwaltung ist die Institution des βοηθὸς κώμης von besonderem Interesse. Der Titel taucht ab dem 4. Jh. auf und ist bis in die arabische Zeit gut belegt. Der genaue Zeitpunkt der Einführung der Position ist nicht zu bestimmen, gesichert und datiert tauchen sie zuerst in dem Archiv des Papnuthis und Dorotheos auf (s. unten), also etwa um die Mitte des 4. Jh. – was aber eine frühere Einführung des Amtes nicht ausschließt.[233] Die Schaffung der Position ist durch die Reformen des späten 3.–frühen 4. Jh. zu erklären. Im Zuge der Reformen wurde das Dorf, als Dorfgemeinschaft (κοινόν), nach ähnlichen Prinzipien organisiert wie die Korporationen der Berufsgruppen.[234] Demgemäß waren ab dieser Zeit auch für die Dörfer – wie bereits früher für die Berufsgruppen – γραμματεῖς und βοηθοί zuständig, „die gleichfalls in Sachen der Finanz-(Steuer-)verwaltung zwischen Regierung und Untertanen vermitteln".[235]

Was allerdings die Erfassung der dörflichen βοηθοί in den Quellen betrifft, begegnet man hier einem ähnlichen Problem wie im Fall der Dorfschreiber. Βοηθοί treten in verschiedenen Kontexten, mit verschiedenen Institutionen verbunden auf. Auf diese Weise ergibt sich jedoch oft das Problem, dass die genaue Funktion mancher βοηθοί nicht durch ein anderes Substantiv wie λογιστηρίου oder κώμης bestimmt wird. So kann oft – mangels eines klaren Kontextes – nicht sicher entschieden werden, welche Art von „Helfer" in den Papyri in Erscheinung tritt. Deshalb werden in dieser Untersuchung nur die Texte berücksichtigt, die eindeutig oder sehr wahrscheinlich Dorf-βοηθοί belegen.

---

229 Vgl. Gagos–van Minnen 1992, 202.
230 Allgemein s. Gizewski 1996; für die Spätantike s. Jones, LRE I–II, 368–369, 587–589, 597 und *passim*; für papyrologische Quellen s. Oertel 1917, 410–412.
231 S. z.B. P.Oxy. XVI 2009 (Oxy., 7. Jh.), 2.
232 Vgl. Wipszycka 1971, 113–114.
233 Ein anderer Beleg für den βοηθὸς κώμης aus dem 4. Jh. ist P.Erl. 54 (Oxy., 4. Jh.), 5. Der in CPR VI 29 (Herm., Anfang 4. Jh.), 4 belegte βοηθὸς ἐν Πέσλα ist wohl ein privater Angestellter, vgl. die Einl. von Hermann Harrauer zu dem Apollonios-Archiv, CPR VI, S. 60–61.
234 Vgl. oben S. 20.
235 Oertel 1917, 133–134.

4. Weitere Termini für Dorfvorsteher; Dorfschreiber und der βοηθὸς κώμης

Zuerst ist die genaue Rolle bzw. Stellung der dörflichen βοηθοί in der Hierarchie der Dorfverwaltung zu klären. In papyrologischen Editionen wird der Beamte manchmal einfach als Sekretär, Assistent oder Helfer des Dorfes bezeichnet, was offensichtlich durch die Etymologie des Wortes zu erklären ist. Demgemäß wird auch gelegentlich angenommen, dass er zu den weniger bedeutenden Beamten im Beamtenstab der Dörfer gehört. In der Tat handelt es sich aber um einen Funktionsträger, der von den höheren Verwaltungsorganen zur Verwaltung der Finanzangelegenheiten der Dorfgemeinschaft angestellt wird – wie schon z.B. von Roger Bagnall anhand des Archivs von Papnuthis und Dorotheos oder teilweise schon von Paul Kahle anhand der Bala'izah-Dokumente erkannt wurde.[236]

Dieses System lässt sich zahlreichen Dokumenten klar entnehmen. In einer auf das Jahr 365 datierten Petition an *riparii* (hochrangige Polizeibeamten auf der Gauebene) aus dem Archiv der Brüder Papnuthis und Dorotheos beklagen sich die zwei Protagonisten folgendermaßen:

> *Vor einiger Zeit wurden wir von Eulogios, dem curialis, dazu gebracht, den Posten des Helfers* (βοηθός) *für das Dorf Terythis auszufüllen, und einen vollen Vorschuss für die Auffindung und Abgabe jeder Art der geforderten Steuern zu geben, bis wir die Steuer im genannten Dorf eintreiben.*[237]

In der Fortsetzung beklagen sie sich, dass später Eulogios den Vorschuss nicht den Steuereintreibern übergab und letztere an die Brüder verwies. Sie mussten dann die Steuer aus Darlehen bezahlen, aber da der *curialis* in der Zwischenzeit durch seinen Sohn die Steuer im Dorf eintreiben ließ, bitten die Brüder die *riparii*, Eulogios zu veranlassen, sie zu entschädigen.

Dieser Text zeigt die wesentlichen Merkmale des βοηθὸς κώμης: Die Funktionsträger waren als eine Art Mittelsmänner für die Steuereintreibung in einem Dorf (oder in mehreren Dörfern) verantwortlich. Im obigen Fall sind sie von dem *praepositus pagi*, also einem für einen der Teilbezirke des Gaues verantwortlichen Beamten abhängig.[238] Sie wurden dafür einerseits entlohnt (s. unten), anderseits war die Position vermutlich – wie z.B. gerade der Profit von Dorotheos und Papnuthis an der Geldwechslung zeigt – auch auf andere Weise lukrativ.[239] Schon der oben zitier-

---

[236] Bagnall 1993/A, 157–160, bes. 158; P.Bal. I, S. 35: „The βοηθός at this period was an intermediary between the pagarch and the tax-payer, who on the one hand collected the taxes, and on the other was responsible to the pagarch for paying over the amount received from a tax-paying district."

[237] Πρὸ τούτου προετράπημεν | ὑπὸ Εὐλογίου πολιτευομένου ὥστε χώραν βοηθοῦ ἀποπληρῶσαι | ἐπὶ κ[ώ]μης Τερ[ύθ]εως καὶ διδόναι πᾶσαν προχρείαν τοῦ εὑρεῖν | καὶ διδόναι εἰς τὰ ζητούμενα δημόσια παντοῖα ἄχρις ἂν τὴν | ἀπαίτησιν τῆς προλεχθείσης κώμης ποιησώμεθα. P.Oxy. XLVIII 3393 (Oxy., 365), 5–13.

[238] Bagnall 1993/A, 158–159.

[239] „It is a curious fact that many of the taxes which rested on the peasantry in fourth-century Egypt could not in practice very well have been paid by peasants. The average peasant is not likely to have owned gold or uncoined silver for the levies made of these metals and the taxes

te Fall zeigt die Flexibilität des Amtes: Papnuthis und Dorotheos werden βοηθοί für ein Dorf. Wir wissen jedoch, dass sie manchmal gleichzeitig auch für mehrere Dörfer verantwortlich waren.[240] Das bedeutet, dass sich die Zuständigkeit des Amtes des βοηθὸς κώμης wohl immer den aktuellen Umständen anpasste.

Der βοηθὸς κώμης steht also in der Hierarchie klar über den Dorfbeamten. Ein einziger Text soll einen βοηθός der Protokometen erwähnen, aber die Parallelen des Dokumentes machen es deutlich, dass es sich um einen βοηθός *und* Protokometen handelt.[241] In amtlichen Schreiben, die an einen βοηθός und andere Dorfbeamte gerichtet sind, wird der βοηθὸς κώμης fast immer als Erster erwähnt.[242] In einem Dokument aus Aphrodites Kome steht er an der Spitze, ihm folgen die Protokometen, die „ganze Dorfgemeinschaft", die Hirten und die Vorsteher der Hirten.[243] In einem Brief, in dem über die Untersagung eines Baues im Dorf Thmoinausiris berichtet wird, ist die Reihenfolge der Anwesenden bezeichnend: Erst wird der βοηθός, dann der πρεσβύτερος, der πρωτοκωμήτης und ein weiterer „Herr" genannt.[244] Die Hierarchie der Beamten wird auch durch Beispiele der amtlichen Korrespondenz klar. So erwähnen die Sitologen eines hermopolitischen Dorfes, dass sie schwer von ihrem βοηθός bedrängt werden.[245] Der βοηθός muss sich auch darum kümmern, dass die Komarchen einen erwarteten Betrag bezahlen.[246]

Ihre Funktion als Mittelsmänner zwischen den höheren Verwaltungsebenen und den Dorfbewohnern wird aus zahlreichen Dokumenten ersichtlich. In den Dokumen-

---

paid in them, nor usually to have been in a position to buy for himself the small amounts of them which were due on a few aruras of land. Instead ... the peasant might pay small change which would then be used by the collector to purchase the solidi that had to be turned over to the government ... This was part of Papnuthis' and Dorotheus' job: they functioned not only as tax collectors, but as business mediators between the state and the peasant. There were apparently ample opportunities for profit, and the task of collecting taxes from an entire village, though it must have been arduous, was clearly coveted". John Shelton in P.Oxy. XLVIII, S. 75–76.

240 *Ibidem* 75.
241 P.Princ. II 105 (Oxy., 6. Jh.), s. Bemerkungen.
242 P.Princ. II 105; SB XXVI 16352 (Herakl., 6. Jh.); SB XXVI 16359 (Herm., 7. Jh.). Eine Ausnahme stellt CPR IV 8 (Herm., 7. Jh.) dar, wo ein ⲁⲡⲉ und ein βοηθός den Erhalt einer Steuerzahlung quittieren. In diesem Fall ist die Reihenfolge der Beamten wohl dadurch zu erklären, dass sie die Dorfgemeinschaft (ⲧⲕⲟⲛⲟⲧⲏⲥ) vertreten und in so einem Kontext der Dorfvorsteher vor dem βοηθός genannt wird, der zwischen dem Dorf und den höheren Verwaltungsebenen vermittelte und nicht der Dorfgemeinschaft angehörte.
243 P.Cair.Masp. I 67090 (Aphrod., 6. Jh.), 1–3. Die Annahme von Zuckerman, dass der βοηθός in Aphrodites Kome unter den Protokometen steht, ist demgemäß begründet: „On ignore pourtant son degré d'autonomie en la matière ou, ce qui revient au même, le degré de surveillance exercée sur ses choix par son autorité de tutelle, le prôtokômête." Zuckerman 2004, 132; vgl. auch PSI XIII 1342 (Herm./Antin., zweite Hälfte 5. Jh. [?]), 16–18.
244 P. Vindob. G 5168 (Herakl., 5.–6. Jh.), 5–10, publiziert als Nr. 1 in Harrauer–Pintaudi 2009–2010.
245 PSI XIII 1342, 16–18.
246 P.Flor. III 347 (Herm., 5. Jh. [?]).

ten aus Aphrodites Kome werden z.B. der δημόσιος λόγος und die für ihn zuständigen Protokometen durch den βοηθός des Dorfes vertreten.[247] Manchmal scheinen sie auch zwischen anderen bedeutenden Personen und Dorfbewohnern in verschiedenen Angelegenheiten als Vertreter zu vermitteln.[248]

Weiterhin ist es bemerkenswert, dass auch Klöster über βοηθοί verfügen. Es ist wohl anzunehmen, dass es sich um Beamte im Dienste der Klöster handelt, die sich um die Eintreibung der Steuer der Ländereien und andere Aufgaben im Bereich der Gutsverwaltung kümmern mussten.[249] Falls diese Annahme zutrifft, könnte man behaupten, dass die Klöster nach einer ähnlichen Struktur Mittelsmänner zur Verwaltung der Steuer ihrer Bezirke anstellten wie die *praepositi* bzw. Pagarchen oder Großgrundbesitzer. Dieser Aspekt könnte in der arabischen Zeit noch wichtiger gewesen sein, besonders nachdem auch die Steuerfreiheit der Mönche aufgehoben wurde.[250]

Problematisch ist ferner ein Umstand, der die genaue Einordnung der Funktion erschwert. Obwohl Papnuthis und Dorotheos βοηθοί von Dörfern sind, sind sie gleichzeitig auch βοηθοί des *praepositus pagi*, wie z.B. ein wahrscheinlich von einem *praepositus* an die Brüder geschickter Brief zeigt, in dem er schreibt: *Ich habe Eudaimon, unseren Helfer* (βοηθός), *geschickt*.[251] Der Ausdruck „unser Helfer" weist darauf hin, dass der *praepositus* die für die Dörfer verantwortlichen βοηθοί – mit Recht – als seine eigenen Hilfsbeamten betrachtet. Praktisch handelt es sich also um Helfer des *praepositus*, die für verschiedene Dörfer oder Bezirke verantwortlich waren. Diese „doppelte Identität" der Dorf-βοηθοί bereitet aber beim Verständnis der Texte ein ernsthaftes Problem. Demgemäß ist natürlich auch

---

247 P.Cair.Masp. I 67117 (Aphrod., 524); P.Cair.Masp. I 67106 (Aphrod., 539); P.Cair.Masp. I 67118 (Aphrod., 547).

248 P.Cair.Masp. III 67300 (Aphrod., 527). In P.Lond. V 1793 (Herm., 471/472) ist wohl auch ein Dorf-βοηθός erwähnt.

249 „Ils se distinguent d'autres *boèthoi* par l'adjonction d'un toponyme ... Phoibammôn, βοηθὸc du μοναcτήριον Εcωω ... est peut-être le secrétaire d'une agglomération civile qui se serait développée autour du monastère." Jean Gascou in der Einl. zu P.Sorb. II 69, S. 61/Anm. 32.

250 Auch die in den Bala'izah-Dokumenten erscheinenden βοηθοί könnten Angestellte des Klosters gewesen sein, die für verschiedene Dörfer zuständig waren. In P.Bal. 154 (7.–8. Jh.), 2 sind z.B. „die zwei βοηθοί" in eine im Namen der Dorfgemeinschaft geschriebenen Erklärung unklaren Inhaltes involviert. In P.Bal. 312 (7.–8. Jh.), 5 erhält ein βοηθός Wein von dem Kloster. P.Bal. 304 (7.–8. Jh.) zeigt einen βοηθός als Vermittler einer Zahlung. Auch zahlreiche Steuerquittungen werden von ihnen ausgestellt oder enthalten ihre Zustimmung: P.Bal. 132 (nach 740); P.Bal. 135; P.Bal. 136; P.Bal. 145; P.Bal. 147; P.Bal. 149 (alle: 7.–8. Jh.). Die Interpretation von Kahle, dass es sich um einen Mittelsmann zwischen dem Steuerzahler und der Pagarchie handelt (vgl. oben S. 158/Anm. 236), ist grundsätzlich zutreffend, aber in diesem Fall spricht die oben aufgelistete Evidenz dafür, dass die für verschiedene Gebiete verantwortlichen βοηθοί im Dienste des Klosters stehen.

251 P.Oxy. XLVIII 3415 (Oxy., nach 376 [?]), 3–4: Εὐδαίμονα τὸν ἡμέτερον βοηθὸν | ἀπέστιλα (l. ἀπέστειλα).

4.6 Der βοηθὸς κώμης

anzunehmen, dass in den späteren Perioden die zu den *praepositi* analogen Beamten (wie Pagarchen z.B.) ein ähnliches Verhältnis zu den Dorf-βοηθοί hatten.

Problematisch ist ebenfalls, dass manche Texte den Eindruck vermitteln, dass βοηθοί eigentlich nur für die Einsammlung einer bestimmten Steuer angestellt wurden. So trifft man unter den βοηθοὶ λόγου χρυσαργύρου auf den βοηθός des Dorfes Busiris.[252] Der offizielle Titel des βοηθός von Aphrodites Kome ist aus seiner Unterschrift in der Petition der Dorfbewohner an die Kaiserin Theodora zu entnehmen, worauf schon Constantin Zuckerman aufmerksam machte: βοηθὸς τῶν δημοσίων κώμη[ς Ἀ]φροδίτης.[253] Weiterhin begegnet in Papyri auch der βοηθός einer speziellen Steuergruppe, der βοηθὸς κωμοκατοίκων bzw. κωμοικ( ).[254]

All dies zeigt also, wie problematisch die genaue Erfassung und Identifizierung der βοηθοί in verschiedenen Kontexten sein kann. Ein Dorf-βοηθός ist in erster Linie für die Einsammlung der Steuer von einem oder mehreren Dörfern angestellt. Aber gleichzeichtig ist er auch der Assistent eines höher gestellten Beamten, der für die Steuereintreibung eines größeren Bezirkes verantwortlich ist. Weiterhin scheint es, dass manche βοηθοί nur für eine spezifische Steuer verantwortlich waren, was auch erklären könnte, warum manchmal mehrere von ihnen für ein Dorf angestellt sein konnten.[255]

Eine Deklaration aus dem Jahr 560 zeigt, dass die Einstellung der Funktionäre in den späteren Jahrhunderten im Wesentlichen unverändert blieb.[256] Aurelius Pambechis versichert den Epimeleten des δημόσιον λογιστήριον von Oxyrhynchos gegen jeden Schaden, den er erleiden sollte, weil er sich für ihn, Pambechis, bei dem βοηθός des Dorfes Sesphtha verbürgte, der Pambechis als seinen Nachfolger für ein Jahr aufnahm. Die Bürgschaft wurde offenbar benötigt, um die Haftung für die Steuereinnahmen zu sichern. Die Position versprach sicherlich auch außer ihrem von den Dörfern gedeckten Gehalt[257] noch weitere Geldeinnahmen, sonst hätte sich Pambechis nicht bemüht, dass eine hochrangige Person für ihn bürgte. Ein ähnliches

---

252 P.Leid.Inst. 65 (Herakl. [?], spätes 4.–frühes 5. Jh.), s. auch die Enleitung und den Komm. zu Z. 9 von Peter van Minnen.
253 P.Cair.Masp. III 67283 (Aphrod., vor 10. 11. 547), col. II 24. Zuckerman 2004, 129–130.
254 SB XXII 15495 (Herm., 6. Jh.); SPP III² 15+20+76 (Ars., Mitte 6. Jh.), 2–3, vgl. den Komm. von Sven Tost *ad locum*; SPP III² 78 (Herm., erste Hälfte 7. Jh.); P.Lond.Copt. 1077 (Herm., Anfang des 7. Jh.; vgl. Jean Gascou in P.Sorb. II 69, S. 48); SB XVI 12264 (Herm., 613/628; mit BL X 212); SPP III 617 (Herm., Anfang 7. Jh.; mit BL X 263); P.Sorb. II 69 (Herm., 618–619/633–634 [?]), 39 D/3; 49 B/2, C/2, E/2; 50 A/12; 70 D/7; 83 C/10; 100 A/27 und vielleicht 19 A/7 und 39 A/4; s. auch die Bemerkungen von Sven Tost im Komm. zu SPP III² 78, 1. Zu dieser Steuergruppe vgl. oben S. 25, bes. Anm. 127.
255 Texte, die darauf hinweisen, dass für ein Dorf mehrere βοηθοί zur selben Zeit zuständig waren, sind SPP III 399 (Herakl., 6. Jh.) und P.Cair.Masp. I 67070 (Aphrod., 6. Jh.).
256 P.Oxy. I 125 (Oxy., 560).
257 P.Cair.Masp. III 67330 (Aphrod., 545–546 [?]), col. I 24; P.Lond.Herm. (Temseu Skordon [Herm.], 546–547 [?]), 21 r 6; SB XXII 15492 (Oxy./Herakl., 6.–7. Jh.); auf diese Praxis könnte auch CPR IV 61 (Ars., 7. Jh.) hinweisen; zu Aphrodites Kome vgl. Zuckerman 2004, 132–133.

Bild vermittelt auch ein Dokument aus Aphrodites Kome, in dem ein Steuerzahler deklariert, dass er durch den jetzigen βοηθός des Dorfes, der hier den δημόσιος λόγος von Aphrodites Kome vertritt, oder durch die zukünftig ernannten Helfer die Steuer bezahlen wird.[258] Dasselbe System ist auch in der frübarabischen Zeit zu beobachten.[259]

Die grundlegende Vorgehensweise der βοηθοί war im 6.–7. Jh. immer noch der der Brüder Papnuthis und Dorotheos im 4. Jh. sehr ähnlich. Βοηθοί waren oft in Kreditgeschäfte involviert. Es wurde offenbar immer noch erwartet, dass sie die Steuerzahlungen im Voraus einzahlen, aber sie konnten manchmal auch Probleme mit der rechtzeitigen Einsammlung der Steuergelder haben. Βοηθοί nahmen Darlehen von einem ζυγοστάτης,[260] von einem Pagarchen (zusammen mit einem μείζων)[261] und sogar von einander.[262] In diesem Kontext ist es auch nicht überraschend, dass die zwei Protokometen von Aphrodites Kome im Jahr 514 dem βοηθός des Dorfes eine Vollmacht erteilen, für sie in Antinoopolis – falls es in einer öffentlichen Angelegenheit nötig wäre – ein Darlehen aufzunehmen, und ihm versichern, dass sie ihm diese Summe erstatten.[263] Ebenso konnten βοηθοί vielleicht auch individuellen Steuerzahlern die Steuerzahlungen bevorschussen.[264]

Von einiger Bedeutung ist auch, dass man Listen der zu den verschiedenen Dörfern gehörenden βοηθοί findet.[265] Über Dorfbeamte wurden keine ähnlichen Verzeichnisse erstellt – abgesehen von den Sicherheitsbeamten, die aber offenbar nicht

---

258 P.Cair.Masp. I 67118 (Aphrod., 547), 25–26: διά τε σο(ῦ) (καὶ) το(ῦ) κατὰ καιρὸν δηλωθησομένου βοηθοῦ.
259 Vgl. oben S. 160/Anm. 250; P.Lond. IV 1419 (Aphrod., 716–717), 1278; BKU III 340 (Herm., 8. Jh.) mit Gonis-Schenke 2011 und Petra M. Sijpesteijn in der Einl. zu P.Clackson 45, S. 108. In dem *entagion* P.Clackson 45 (Herm., 753) wird der Steuerzahler, ein Angehöriger des Klosters von Apa Apollos in Bawit, aufgefordert, die Kopfsteuer dem βοηθός seines Dorfes (ⲡⲃⲟⲏⲑⲟⲥ ⲛⲡⲉⲕⲧⲓⲙⲏ, Z. 17) zu bezahlen. Sijpesteijn bemerkt (S. 107): „While Ioannes [der Steuerzahler] was clearly associated with the monastery, he was not necceserily a monk, and might have been living in any one of the villages or estates falling under the monastery's financial control." Bei der Erklärung des βοηθός (Komm. zu Z. 17) meint sie jedoch: „ⲧⲓⲙⲏ. The monastery seems to be referred to here as a village, as is the case in the Arabic." In dem arabischen Text wird der βοηθός mit dem Wort *qubbāl* wiedergegeben, zu diesem Titel vgl. *ibidem* Komm. zu Z. 6. Da wir aber wissen, dass die Klöster oft auch für die in ihrer Nähe liegenden Dörfer Steuer abgeben bzw. einsammeln mussten, ist es wohl möglich, dass hier wirklich ein Dorf-βοηθός gemeint ist, der wohl im Dienst des Klosters stand, vgl. *ibidem* 108. Da aber das Dokument im Büro der Pagarchie ausgestellt wurde, kann auf jeden Fall angenommen werden, dass die Existenz einer solchen Institution als selbstverständlich angesehen wurde.
260 SB XII 10810 (Hk.unbek., zweite Hälfte 6. Jh.).
261 SB VIII 9750 (Herakl., 642/657).
262 SPP III 399 (Herakl., 6. Jh.).
263 P.Cair.Masp. I 67124 (Aphrod., vor 29. 12. 514).
264 Ein Beispiel dafür könnte SPP III 354 (Herakl., 6.–7. Jh.) sein, aber dieser Text könnte auch auf ein Privatgeschäft hinweisen.
265 CPR XIV 40 (Herakl., 5.–6. Jh.); SPP X 5 (Herakl., 6.–7. Jh.).

lokal in den Dörfern, sondern auf einer höheren Ebene organisiert wurden.²⁶⁶ Das zeigt, dass für die auf höheren Ebenen liegenden Verwaltungseinheiten die βοηθοί die wichtigsten Ansprechpartner in Bezug auf die Dörfer waren.

Mit der Organisation der dörflichen βοηθοί sind auch die Verwaltungsbezirke der Großgrundbesitzer vergleichbar, wo verschiedene Gutsverwalter für eine Gruppe von Dörfern verantwortlich waren.²⁶⁷ Gelegentlich finden wir auch unter solchen Gutsverwaltern βοηθοί.²⁶⁸ Wir wissen, dass die Steuereintreibung im Rahmen des Großgrundbesitzes oft von „privaten" Verwaltern – wie μειζότεροι –²⁶⁹ übernommen wurde. So waren wohl auch diese βοηθοί für Steuerangelegenheiten zuständig.²⁷⁰ In einer Anweisung aus dem 6. Jh. wird z.B. ein dörflicher βοηθός aufgefordert, u.a. die φροντισταί, also Gutsverwalter, zu einer Versammlung zu bringen.²⁷¹ In einem koptischen Brief werden ein μειζότερος und ein βοηθός von einem Hirten um Hilfe gebeten.²⁷² Genauso könnte man auch annehmen, dass andere Verwalter – wie z.B. διοικηταί – praktisch die Funktion der Dorf-βοηθοί übernahmen.

Wahrscheinlich war diese Situation in jeder Region verschieden. Auf dem Besitz der Apionen waren βοηθοί sowohl mit öffentlichen wie auch privaten Aufgaben betraut.²⁷³ Das erklärt auch, warum der μείζων von Sesphtha einem βοηθός eine Zahlung für die Reparatur der Wand eines im Dorf liegenden Lagerhauses quittiert.²⁷⁴ Genauso begegnen dörfliche βοηθοί in den Zahlungslisten der Apionen manchmal im Kontext der Steuerzahlungen.²⁷⁵ Aber auch Papyri aus anderen Teilen Ägyptens vermitteln den Eindruck, dass dörfliche βοηθοί im privaten Bereich tätig sind.²⁷⁶ Dagegen tritt der βοηθός von Aphrodites Kome immer in einer öffentlichen Rolle auf.

---

266 Z.B. P.Leid.Inst. 75 (Oxy., 6.–7. Jh.).
267 SPP X 138 (Ars., Anfang 7. Jh.), zur Interpretation dieses Textes vgl. oben S. 9/Anm. 34 und S. 89.
268 P.Oxy. XIX 2244 (Oxy., 528/543/558), 27, 47, 75; s. auch P.Oxy. VIII 1147 (Oxy., spätes 6. Jh.), wo sowohl Dorf-βοηθοί (Z. 4, 6–7) wie auch ein βοηθὸς τῶν δ κτημ(άτων) (Z. 13) vorkommen.
269 Vgl. oben S. 89.
270 Vgl. das Archiv von Papnuthis und Dorotheos mit Bagnall 1993/A, 159–160, bes. 160: „[W]hat the papers of Papnouthis and Dorotheos suggest is that the unification of management of the two aspects was becoming a reality in the middle of the fourth century. In this way, the management of the landholdings of the wealthy city residents and the carrying out of their civic responsibilities formed a single, complex enterprise with a substantial staff."
271 SPP XX 254 (Herakl. [?], 6. Jh.).
272 P.Lond.Copt. 1160 (Hk.unbek., o.D.).
273 Für ein mögliches Beispiel einer Karriere eines βοηθός bei den Apionen s. Ruffini 2008, 86–87.
274 P.Oxy. XVI 2005 (Oxy., 513).
275 P.Oxy. XVI 2032 (Oxy., 540–541), 3–4, 6, 51; P.Oxy. LV 3805 (Oxy., nach 566), 101. Der in P.Oxy. XVI 1853 (Oxy., 6.–7. Jh), 4 in Dorfstreitigkeiten involvierte βοηθός war wahrscheinlich ein Dorf–βοηθός.
276 SPP III 371 (Herakl., 5.–6. Jh.); P.Ryl.Copt. 303 (Herm., 6.–7. Jh.).

Die Verbindung der öffentlichen Aufgaben mit privaten war eine stets bestehende, aber nicht zwingende Möglichkeit.[277]

Die folgende Untersuchung gibt nur einen Überblick über die Funktion des βοηθὸς κώμης. Eine detaillierte Analyse des Amtsträgers in verschiedenen Archiven könnte sicherlich weitere wichtige Beobachtungen bringen, würde aber unser Bild im Großen und Ganzen über den Funktionsträger wahrscheinlich nicht verändern. Ein gutes Beispiel für den Alltag der dörflichen βοηθοί bietet das schon oft erwähnte Archiv des Papnuthis und Dorotheos, zu dem auf die Einleitung von John Shelton und auf die Analyse von Roger Bagnall verwiesen wird.[278] Besonders minutiös wurde die Rolle des βοηθὸς κώμης in Aphrodites Kome von Constantin Zuckerman ausgearbeitet, der die Aufgaben des Beamten in den verschiedenen Phasen der Finanzverwaltung darstellte.[279] Aphrodites Kome ist jedoch ein Beispiel für die größeren, städtischen Dörfer und nicht für die häufigeren, kleineren Dörfer der ägyptischen *chora*.[280]

Eine große Zahl von Dokumenten belegt die Rolle des βοηθὸς κώμης im Finanzwesen. Eine detaillierte Untersuchung dieser Belege wird an dieser Stelle nicht in Angriff genommen, da die Grundlinien des Systems schon aus den bisherigen Ergebnissen klar wurden. Die βοηθοί vermitteln zwischen dem Dorf und den Vertretern höherer Verwaltungseinheiten wie dem *praepositus pagi* oder dem Pagarchen. So übergeben sie den höheren Verwaltungsorganen die eingesammelten Steuerzahlungen des Dorfes, oft sehr hohe Summen.[281] Ob sie selbst Steuerquittungen für Steuerzahler ausstellten, ist nicht eindeutig. Die Annahme ist naheliegend, dass die tatsächliche Einsammlung der Steuer der Dorfbewohner eher von den lokalen Dorfbeamten durchgeführt wurde.[282] Weiterhin treten βοηθοί auch oft in amtlicher Kor-

---

277 Aber wohlgemerkt begegnet man auch in Aphrodites Kome Privatverwaltern, die in öffentliche Angelegenheiten involviert sind: P.Cair.Masp. I 67049 (Aphrod., nach 550–551 [?]).
278 John Shelton, P.Oxy. XLVIII, S. 74–77; Bagnall 1993/A, 158–160.
279 Zuckerman 2004, bes. 129–133.
280 Vgl. oben S. 11–13.
281 P.Oxy. X 1342 (Oxy., 5. Jh.); P.Cair.Masp. I 67049; BGU XII 2196 (Herm., 6. Jh.); P.Herm. 83 (Herm., 6. Jh.); P.Lond. V 1753 (Herm., 6.–7. Jh.); P.Sorb. II 69 (Herm., 618–619/633–634 [?]), 50A 2, 10. Vielleicht ist der βοηθός von SPP III 300 (Herm., 6. Jh.) auch der Abgeber von Steuerzahlungen.
282 Ob in P.Oxy. VIII 1137 (Oxy., 563) ein βοηθός die Quitttung ausstellt, soll dahingestellt bleiben, vgl. Bemerkungen. Aus der Dokumentation von Aphrodites Kome sind zahlreiche Steuerquittungen (oder vielleicht – teils – Buchungsbescheinigungen, vgl. Wipszycka 1971, 115) vorhanden, die im Namen des/der Pagarchen durch einen βοηθός ausgegeben werden: P.Lond. V 1666 (Aphrod., 514–515/529–530/544–545); SB XX 15015 (Antaiop., 550–551 [?]); SB XX 15016 (Antaiop., 6. Jh.); SB XX 15013 (Antaiop., 552–553 [?]); P.Lond. V 1665 (Aphrod., 557–558 [?]); P.Flor. III 298 (Aphrod., 558–559 [?]), 34–46; SB XVI 12370 (Aphrod., 559). Ebenso werden in P.Cair.Masp. I 67070 (Aphrod., 6. Jh.) βοηθοί erwähnt, die solange keine Quittungen ausgeben wollen, bis nicht die ganze Summe bezahlt wird. An keiner dieser Stellen werden die βοηθοί als Dorf-βοηθοί definiert, und da sie im Namen des in Antaiopolis residierenden Pagarchen quittieren, handelt es sich wohl um βοηθοί des

respondenz bezüglich Steuerangelegenheiten auf, sie werden z.B. mit den Protokometen zusammen aufgefordert, die Abgaben von den Bauern einzutreiben.[283]

Der βοηθὸς κώμης arbeitete auch an dem Steuerregister des Dorfes, wie z.B. das Steuerregister von Aphrodites Kome aus dem Jahr 525/526 zeigt, in dem ein Schreiber mit einem βοηθός des Dorfes zu identifizieren ist.[284] Auf eine ähnliche Praxis deutet ein unpublizierter Steuerkodex des hermopolitischen Dorfes Paplou hin. Eine der Kolumnen beginnt mit der koptischen Überschrift: † *Gott, hilf Petros, dem βοηθός von Paplou, bis er die öffentliche Steuer in Frieden aufteilt! Amen, Amen, Amen. Er beschütze mich!* †[285] Besonders aufschlussreich sind weitere Einträge im Kodex, in denen verschiedene *merismoi* (Steueraufteilungen) beschrieben werden.[286] Die *merismoi* sind für den βοηθός Petros bestimmt und stammen u.a. von den Komarchen oder der Dorfgemeinschaft. Die *merismoi*-Listen werden tatsächlich aber von dem γνωστήρ (Dorfschreiber) aufgestellt. Dies alles zeigt an dem Beispiel des Dorfes Paplou, wie das System der Dorfverwaltung in der Praxis funktionierte. Die aus der Dorfelite rekrutierten Dorfbeamten verteilten die für das Dorf bestimmten Steueranteile innerhalb der Dorfgemeinschaft mit der Hilfe des Dorfschreibers, der das Resultat auch schriftlich festhielt. Diese Abrechnungen bildeten dann die Basis für die Arbeit des βοηθός. Der βοηθός benötigte aber diese Abrechnungen wahrscheinlich eher nur zur Nachprüfung der Arbeit der lokalen Beamten oder zur Lösung von problematischen Fällen: Er selbst hatte wohl vornehmlich mit den Dorfbeamten Kontakt.

Natürlich waren auch die βοηθοί – wie viele Beamte der Spätantike – allgemein für verschiedene Angelegenheiten in ihrem Bezirk zuständig. Der βοηθός von Koba wird z.B. mit den Protokometen des Dorfes zusammen beauftragt, einen Gast für eine Nacht im Dorf zu empfangen.[287] Als Vertreter der lokalen Elite werden βοηθοί auch gebeten, Streitigkeiten von Dorfbewohnern zu schlichten.[288] Ihre Tätigkeit umfasste auch die Auszahlung von diversen Summen und Naturalien an verschiedene Beamte in ihrem Bezirk.[289] Aus einem Text ist zu entnehmen, dass ein βοηθός irgendetwas aus einem nicht mehr ersichtlichen Grund beschlagnahmte.[290]

λογιστήριον von Antaiopolis. Vgl. auch Zuckerman 2004, 127.
283 SB XXVI 16352 (Herakl., 6. Jh.); s. auch SB XXVI 16518 (Herm., 4. Jh. [?]) und P.Ant. II 94 (Antin. [?], 6. Jh.).
284 Zuckerman 2004, 27–28.
285 [†] ⲡⲛⲟⲩⲧⲉ ⲣⲟⲉⲓⲥ ⲛⲡⲉⲧⲣⲁ ⲡⲃⲟⲏⲑⲟⲥ ⲙⲡⲁⲡⲗⲟⲟⲩ ϣⲁⲛⲧⲉϥⲛⲉϩ ⲡⲇⲏⲙⲟⲥⲓⲛ ⲉⲃⲟⲗ ϩⲛ ⲟⲩⲣⲏⲛⲏ ϩⲁⲙⲏⲛ ϩⲁⲙⲏⲛ ϩⲁⲙⲏⲛ ⲉϥⲣⲟⲉⲓⲥ ⲉⲣⲟⲓ † P.Lond.Copt. 1076 (Herm., 6. Jh.), S. 450 (fol. 1b); s. auch die Beschreibung von MacCoull 1993, 121.
286 P.Lond.Copt. 1076, S. 451; MacCoull 1993, 121–122.
287 P.Princ. II 105 (Oxy., 6. Jh.).
288 P.Oxy. XVI 1831 (Oxy., spätes 5. Jh.), 12; P.Wisc. II 67 (Oxy., 6. Jh.); P.Oxy. XVI 1853 (Oxy., 6.–7. Jh.), 4; s. auch P.Vindob. G 5168 (Herakl., 5.–6. Jh.), publiziert als Nr. 1 in Harrauer–Pintaudi 2009–2010. In diesen Fällen ist auch oft zu sehen, dass ihre Funktion sowohl privat wie auch öffentlich ist.
289 „As βοηθοί, Papnuthis and Dorotheus were expected to perform such routine tasks as

4. Weitere Termini für Dorfvorsteher; Dorfschreiber und der βοηθὸς κώμης

Die soziale Stellung der Inhaber des Amtes war wohl mehr oder weniger auf demselben Niveau wie die der Angestellten der großen Landherren (oft handelte es sich ja um dieselben Personen); βοηθοί wurden aus der städtischen Mittelschicht oder aus der Dorfelite rekrutiert. Das wird einerseits klar durch die Ehrenprädikate, die sie gelegentlich tragen, wie θαυμασιώτατος und τιμιώτατος.[291] Der Befund, dass sie oft ihren Titel auch nach Ablauf ihrer Tätigkeit als ehemalige βοηθοί (N.N. ἀπὸ βοηθῶν) führen,[292] zeigt, dass der Titel des βοηθὸς κώμης ein gewisses Ansehen hatte. Es ist auch nicht überraschend, dass der βοηθὸς τῶν δημοσίων κώμης Ἀφροδίτης die Petition der Einwohner von Aphrodite an die Kaiserin Theodora unterschreibt.[293] Dass die Funktion auch missbraucht werden konnte, zeigen die Petitionen von Dioskoros von Aphrodites Kome, in denen er sich u.a. über den βοηθός von Phthla beklagt.[294]

Zusammenfassend kann also festgestellt werden, dass der Titel βοηθὸς κώμης immer auf einen Angestellten einer höheren Verwaltungsebene (Pagus, Pagarchie) hinweist, der als Mittelsmann die im Dorf von den lokalen Amtsträgern eingesammelten Steuereinnahmen weiterleitet. Für seine Tätigkeit wird er von dem Dorf entlohnt. Das Beispiel des βοηθός von Aphrodites Kome zeigt, dass wahrscheinlich nicht das eher kleine Gehalt den Reiz des Amtes ausmachte.[295] Vielmehr konnte anderweitig, z.B. durch Geldwechsel, wie es das Archiv von Dorotheos und Papnuthis belegt, ein Profit erzielt werden. Es wurde wohl auch oft erwartet, dass die βοηθοί die Steuereinnahmen vorstrecken, was auch zu komplizierten Kreditgeschäften führen konnte. Es scheint auch, dass die βοηθοί für jedes Jahr neu angestellt wurden. Die Position scheint ziemlich flexibel gewesen zu sein: Ein βοηθός konnte sowohl für mehrere Dörfer zuständig sein, wie auch mehrere für ein Dorf. Die meisten Funktionsträger gehörten wohl zur selben Schicht der lokalen Aristokratie oder Dorfelite wie die meisten Gutsverwalter ihrer Zeit, sie sind oft auch selbst für

---

disbursing money and foodstuffs to other members of the staffs of the *praepositus* and his superiors". John Shelton, P.Oxy. XLVIII, S. 75; SPP VIII 989 (Herm., 5.–6. Jh.); SPP VIII 1050 (Herm., 6. Jh.); P.Vind.Tand. 18 (Herakl., 4.–5. Jh.), vgl. die Erklärung von Pieter J. Sijpesteijn und Klaas A. Worp, S. 119.

290 SB XVI 12485 (Oxy., 6. Jh.).
291 Θαυμασιώτατος: P.Michael. 40 (Aphrod., 544/559 [?]), 30; P.Cair.Masp. I 67106 (Aphrod., 539), 4; P.Cair.Masp. I 67049 (Aphrod., nach 550–551 [?]), 2–3; P.Wisc. II 67, 4 und 9. Τιμιώτατος: P.Princ. II 105, 1.
292 P.Mich. XIII 659 (Antin., 527–547), 302; P.Cair.Masp. I 67088 (Antin., nach [?] 10. 3. 548 [?]), 4 (dieselbe Person wie im vorigen Text); P.Michael. 40, 30.
293 P.Cair.Masp. III 67283 (Aphrod., vor 10. 11. 547), col. II 24. Zur Interpretation der Reihenfolge der Unterschriften vgl. Ruffini 2008, 177–179.
294 P.Flor. III 296 (Aphrod., ca. 548–565 [?]), s. auch Fournet–Gascou 2004, 161–162; P.Lond. V 1677 (Antin., ca. 568–570), 13–16, s. auch Fournet–Gascou 2004, 170; P.Cair.Masp. I 67002 (Antin., 567) col. I 9–19, s. auch Fournet–Gascou 2004, 145–146. Eine vergleichbare Situation begegnet uns in P.Cair.Masp. I 67005 (Antin., ca. 568), vgl. auch Fournet–Gascou 2004, 147–148.
295 Zuckerman 2004, 133.

Gutsverwaltung zuständig: Ihre privaten und öffentlichen Funktionen lassen sich schon im 4. Jh. nicht genau trennen.

Es ist bemerkenswert, dass in der arabischen Zeit die Funktion erhalten blieb. Obwohl der Terminus nach einer gewissen Zeit nicht mehr auftaucht, begegnen uns in der Abbasiden-Zeit muslimische Unternehmer, die mit den muslimischen Behörden einen Vertrag über die Steuereintreibung schlossen. Man könnte diese Institution mit der Tätigkeit von Papnuthis und Dorotheos im 4. Jh. vergleichen, wobei sowohl starke Parallelen wie auch Unterschiede zum Vorschein kommen. Inwiefern zwischen der spätrömischen Institution des Dorf-βοηθός und den erwähnten Agenten der arabischen Zeit eine Kontinuität besteht, bedarf weiterer Untersuchungen.[296]

---

296 Vgl. oben S. 162/Anm. 259 und unten S. 219–220.

5. Verwaltung und Dorfgemeinschaft in Djeme

5.1 Das Dorf und seine Forschungsgeschichte

Das oberägyptische Dorf Djeme (ⲭⲏⲙⲉ; Madīnat Habū) lag nicht weit vom westlichen Ufer des Nils entfernt. Auf der anderen Seite des Flusses befand sich Ape, das antike Theben (Luxor), weshalb die Region von Djeme oft auch Theben-West genannt wird. Das Dorf lag in einer Gegend, die stark von ihrem pharaonischen Erbe geprägt wurde, wie z.B. von den sogenannten Memnon-Kolossen oder dem Komplex des Totentempels von Ramses III., um den herum sich auch Djeme entwickelte. Den Kolossen, die ursprünglich Statuen von Amenhotep III. waren, verdankt das Dorf auch eine seiner Bezeichnungen: Κάστρον Μεμνωνίων. Das Wort κάστρον (lat. *castrum*) 'Kastell' deutet wahrscheinlich nicht auf die Präsenz einer Militärgarnison, sondern auf die starke Mauer des Totentempels von Ramses hin. Westlich der Siedlung erheben sich Berge, die in der pharaonischen Zeit vornehmlich für Begräbnisse genutzt, in der Spätantike aber eher von Mönchen besiedelt wurden. Besonders hervorzuheben ist das Phoibammon-Kloster, das auf den Ruinen des Totentempels der Hatschepsut errichtet wurde. Auch viele andere Klöster begegnen in unseren Quellen, wie das Epiphanios-Kloster oder das Markus-Kloster. In der Gegend gab es noch andere Dörfer, aber Djeme war sicherlich eine der bedeutendsten Siedlungen in der näheren Umgebung. Die Bevölkerung des Dorfes wird auf 1000 bis 2000 Einwohner geschätzt. Trotz der regionalen Bedeutung von Djeme bemerkt Terry Wilfong mit Recht: „Lacking most of the cultural and political amenities of the larger cities in Egypt, Jeme was, at best a "provincial" country town."[1] Das Dorf existierte kontinuierlich seit der Erbauung des Totentempels von Ramses III. im 12. Jh. v.Chr. bis in das späte 8. oder frühe 9. Jh., als es aus unklaren Gründen verlassen wurde.

Theben-West bietet eine Fülle von archäologischem und schriftlichem Material. Besonders gut repräsentiert ist die Periode des 6.–8. Jh., die spätbyzantinische und früharabische Zeit. Tausende von Textzeugnissen erlauben einen tiefen Einblick in das spätantike Alltagsleben des Dorfes. Es handelt sich in überwiegender Zahl um Ostraka. Die Sprache der Dokumente ist Koptisch, griechische Texte sind nur selten, und abgesehen von den arabischen Protokollen koptischer Urkunden ist nur ein einziger arabischer Papyrus bekannt, der das Dorf erwähnt.[2] Die deutliche Überzahl

---

[1] Wilfong 2002, 1–22, Zitat: S. 8; eine nützliche Einführung zu Djeme gibt auch Wickham 2006, 419–428

[2] P.Hal. Inv. DMG 3 (Djeme [?], ca. 750–760, vgl. Bemerkungen), publiziert in Liebrenz 2010.

der koptischen Texte ist etwas überraschend, man würde mehr griechische Schriftzeugnisse erwarten. Theben-West wurde allem Anschein nach von einer koptophonen Gesellschaft bewohnt, man findet kaum Hinweise auf eine bedeutende griechischsprachige Elite oder auf eine größere Zahl von arabischen Siedlern nach der islamischen Eroberung.

Die Dokumentation des Dorfes ist zwar reich, aber der Stand der Forschung macht es sehr schwierig, das Material systematisch auszuwerten. Viele Texte liegen in alten Editionen vor, die den heutigen wissenschaftlichen Kriterien nicht entsprechen. Kommentare fallen oft sehr knapp aus, Übersetzungen sind auch nicht zu allen Texten zu finden. Besonders problematisch ist die Datierung der Dokumente: Oft findet man nur sehr vage Angaben wie „byzantinisch" oder überhaupt keine Datierungen. Abbildungen zu den meisten Texten sind auch nicht einfach zu erhalten, was die Nachprüfung der Lesungen verhindert. Noch dazu nimmt das Material aus Theben-West rapide zu. Zwar hilft eine (allerdings veraltete) Prosopographie (s. unten) einigermaßen bei der Orientierung in diesem Labyrinth, aber die Verbindungen zwischen den Texten sind noch lange nicht befriedigend geklärt.

Die schwierige Handhabung des Materials von Djeme ist sicherlich einer der Gründe, warum das Potenzial des Dorfes für die historische Forschung noch kaum ausgenutzt wurde. An dieser Stelle kann keine vollständige Forschungsgeschichte gegeben werden, aber die Arbeiten, die für unsere Fragestellung am wichtigsten sind, sollen erwähnt werden.[3] 1920 befasste sich Steinwenter in seinen *Studien zu den koptischen Rechtsurkunden aus Oberägypten* vor allem mit rechtsgeschichtlichen Fragen, die aber auch die Behandlung der Verwaltung von Djeme mit sich bringen mussten.[4] Neben seiner Arbeit seien noch besonders Tills erbrechtliche Untersuchungen (1954), Übersetzungen der koptischen Rechtsurkunden (1964) und sein Buch zur Datierung und Prosopographie der Djeme-Dokumente (1962) hervorgehoben, die viel zum besseren Verständnis des Materials beitrugen.[5]

Seit den 1990-er Jahren rückt Djeme jedoch immer mehr in das Interessenfeld der historischen Forschung. Terry Wilfong beschäftigte sich in seinem *Women of Jeme* monographisch mit der Rolle der Frauen im Dorf, Arietta Papaconstantinou untersuchte u.a. die Rolle des griechischen Erbes im Dorf und die Kinderschenkungen an das Phoibammon-Kloster,[6] und Jennifer Cromwell beschäftigte sich intensiv mit dem Schreiberwesen in Djeme, um nur einige Beispiele zu nennen.[7] Editionen von neuen Texten bzw. textkritische Arbeiten, Neudatierungen und Neuinterpretationen von Dokumenten sind zu zahlreich, um sie aufzuzählen: Immer mehr Detailfragen werden gelöst, die zur Klärung von Problemen größerer Tragweite zusammengenommen erheblich beitragen. Das Interesse an Djeme steigt aber

---

3 Wilfong 1989 gibt eine ausführliche Bibliographie.
4 Steinwenter 1920.
5 Till 1954, Till 1964, Till 1962.
6 Wilfong 2002, Papaconstantinou 2009, Papaconstantinou 2002.
7 Cromwell 2010.

nicht nur im engeren Bereich der Koptologie bzw. Papyrologie: Chris Wickhams 2005 erschienene Monographie *Framing the Early Middle Ages. Europe and the Mediterranean 400–800* verweist nicht nur oft auf das Dorf, sondern widmet seiner Darstellung sogar ein eigenes Kapitel.[8] Wickhams Buch gibt eine klare Interpretation zur Dorfgesellschaft von Djeme und berührt oft Fragen der Verwaltung. Da seine Perspektive historisch ist und demgemäß weniger die Detailfragen der Evidenz behandelt, wird auf seine Interpretation erst am Ende dieses Kapitels eingegangen.

Grundlegend für die Dorfverwaltung (nicht nur in Djeme) ist immer noch die oft zitierte Abhandlung von Steinwenter. Seine Ergebnisse, die er durch die Kombination von Quellen verschiedener Regionen erarbeitete, sind mit Vorsicht zu betrachten.[9] An manchen Stellen treffen seine Interpretationen natürlich auch heutzutage noch zu, aber es scheint mir aus methodischen Gründen angebrachter zu sein, die Evidenz nach den institutionellen Rahmen zu besprechen und nur wo nötig auf seine Interpretation zu verweisen. Nach der Untersuchung der verschiedenen Termini wird auch die Rolle der Dorfgemeinschaft und die Gesellschaft des Dorfes behandelt. Die Evidenz von Djeme ist besonders geeignet, den Alltag der lokalen Administration zu untersuchen. Das liegt nicht nur an der großen Zahl der Belege. Auf den Ostraka, die als Schreibmaterial im Gegensatz zu dem teureren Papyrus keinen hohen Wert hatten, sind nicht nur offizielle Schreiben überliefert, sondern auch einfache Botschaften, die nicht nur zeigen, wie z.B. jemand verhaftet wird, sondern auch, wie es dazu kommt, wer ihm helfen möchte, wer gegen ihn spricht usw. Vor der Untersuchung muss noch bemerkt werden, dass nicht ausschließlich Texte aus dem Dorf Djeme herangezogen wurden, sondern sporadisch auch Evidenz, die zwar aus der Gegend stammt, sich aber auf benachbarte Dörfer bezieht: Eine klare Unterscheidung ist nicht immer möglich.

5.2 Das κοινόν und die Beamten von Djeme

Zwar hatte Djeme eine große lokale Bedeutung in Theben-West, in größerem geographischen Kontext war es aber ein Dorf, das in dieser Zeit zum Verwaltungsbezirk (Pagarchie oder νομός/τοϣ) der Stadt Hermonthis gehörte. Das Dorf lag auf dem Gebiet der Provinz Thebais (die später mit Arcadia vereint wurde) und unterstand der Hoheit des *dux* der Provinz. Für die Steuerangelegenheiten war das Dorf gegenüber dem Leiter der Pagarchie, dem Pagarchen, verantwortlich. Dieses Schema gilt grundsätzlich für die ganze zu erläuternde Periode (6.–8. Jh.). Die Rahmen der Dorforganisation von Djeme sind ebenfalls mehr oder weniger klar: Die Dorfvorsteher leiteten das Dorf meistens für ein Jahr oder nur ein bis zwei Jahre länger. Sie wurden von verschiedenen Beamten in den praktischen Aufgaben wie der Steuereintreibung

---

8   Wickham 2006, 419–428 und *passim*.
9   Vgl. oben S. 1.

5.2 Das κοινόν und die Beamten von Djeme

unterstützt. Problematisch ist jedoch die Terminologie, man trifft auf viele scheinbar oft willkürlich verwendete Titel: διοικητής, μειζ( ), πρωτοκωμήτης, στρατηγός, ⲗⲁϣⲁⲛⲉ und ⲁⲡⲉ. Im Folgenden wird zuerst versucht, die Unterschiede dieser Ausdrücke zu klären.

Djeme war gemäß dem Prinzip der kollektiven Steuerhaftung als Dorfgemeinschaft (κοινόν/κοινότης) organisiert, die auch für die Bewirtschaftung des Dorflandes verantwortlich war.[10] So agiert das Dorf oft als eine Gruppe. Als zwischen 576 und 578 das Dorf das Eigentumsrecht des Phoibammon-Klosters anerkannte, stand in der Urkunde: *Wir, das ganze Dorf, vertreten durch die* εὐλαβέστατοι *Priester und Papnute, den* τιμιώτατος *Laschanen, wir stimmen dieser Urkunde zu.*[11] In einem anderen Dokument, schon aus der arabischen Zeit, wird die Gemeinschaft ebenfalls genannt: *Wir, die ganze Gemeinschaft* (κοινότης) *des Kastrons Tschême, die unterschreiben werden und für die unterschrieben werden wird unten in dieser Schenkungsurkunde.*[12] Das Prinzip, dass die Unterschreibenden das Dorf vertreten, tritt auch anderswo auf: *Wir, die ganze Gemeinschaft* (κοινόν) *des Kastrons durch die, die unterschreiben werden.*[13] Aber auch zu zwei Schutzbriefen (einmal mit den zwei Laschanen) gibt die ganze κοινότης ihre Zustimmung; ferner stellen ein ⲁⲡⲉ und die ganze Gemeinschaft gegenüber einer Frau eine Fürsorgeverpflichtung aus.[14]

In einer gemeinsamen Erklärung der Dorfbewohner aus dem Jahr 724 oder 739 wird allerdings die Gemeinschaft nicht mehr erwähnt:

> *Durch uns, die am Ende dieser gemeinsamen Erklärung unterschreiben werden. Die schreiben können, unterschreiben eigenhändig; die nicht schreiben können, bitten einen Schreibhelfer, daß er für sie unterschreibe. Wir erklären das, was wir im folgenden festlegen werden, und schreiben einander [betreffs] einer Erklärung auf Grund eines gemeinsamen Entschlusses, einer Vereinbarung und einer Übereinstimmung.* χαίρειν. ἐπειδή: *Heute sind wir einmütig zusammengekommen und haben miteinander eine Vereinbarung festgelegt für den Fall, daß dem Kastron der cursus oder irgendeine Auflage auferlegt wird und jeden große Unruhe befällt. Wir haben folgendermaßen überlegt, daß es einem einzelnen Menschen nicht möglich ist, die Schwere dieser Angelegenheit zu tragen, sondern wir haben gesagt, daß es vernünftig*

---

10 Das zeigt sich besonders in den Landzuweisungsurkunden: WO 1224 (Djeme, 695, s. MacCoull 1986); SB XXVI 16584 (Theb.-W., Mitte–zweite Hälfte 7. Jh.). Zum κοινόν s. oben S. 16–28.

11 Übers. aus Till 1964, 189; P.KRU 105 (Theb.-W., 576–578 [?], mit MacCoull 2010), 24–26: ⲁⲛⲟⲛ ⲡⲧⲙⲉ ⲧⲏⲣϥ | ϩⲓⲧⲛ ⲛⲉⲩⲗⲁⲃⲉⲥⲧ(ⲁⲧⲟⲥ) ⲙⲡⲣⲉⲥⲃ(ⲩⲧⲉⲣⲟⲥ) ⲙⲛ ⲡⲁⲡⲛⲟⲩⲧⲉ ⲛⲧⲓⲙⲓⲟⲧ(ⲁⲧⲟⲥ) ⲛⲗⲁϣⲁⲛⲉ | ⲧⲛⲥⲧⲟⲓⲭⲉⲓ ⲉⲡⲉⲓⲭⲁⲣⲧⲏⲥ.

12 P.KRU 108 (Theb.-W., o.D.), 12–15: ⲁⲛⲟⲛ | ⲧⲕⲓⲛⲱⲧⲏⲥ ⲧⲏⲣⲥ ⲛⲣⲙ ⲡⲕⲁⲥⲧⲣⲱⲛ ⲛⲭⲏⲙⲉ | ⲛⲉⲧⲛⲁϩⲩⲡⲟⲅⲣⲁⲫⲏ ⲙⲛ ⲛⲉⲧⲉⲩⲛⲁϩⲩⲡⲟⲅⲣⲁⲫⲏ | ϩⲁⲣⲟⲟⲩ ϩⲁ ⲡⲓϣⲧ ⲛⲡⲓⲇⲱⲣⲓⲁⲥⲧⲓⲕⲱⲛ.

13 P.Mon.Epiph. 163 (Theb.-W., 7. Jh.), 3: ⲁⲛⲟⲛ ⲡⲕⲟⲓⲛⲟⲛ ⲧⲏⲣϥ ⲛⲡⲕⲁⲥⲧⲣⲟⲛ ϩⲓⲧⲛ ⲛⲉⲧⲛⲁϩⲩⲡⲟⲅⲣⲁⲫⲉ.

14 O.Vind.Copt. 61 (= P.Schutzbriefe 37 = O.CrumST 99, Theb.-W., 7.–8. Jh.); O.CrumVC 8 (Theb.-W., 698 oder 728); O.Vind.Copt. 49 (= SB Kopt. II 936, Theb.-W., 7.–8. Jh.).

sei, daß wir uns weiterhin zusammenschließen zu jeder Auflage, die über uns kommt, so daß wir diese Last gemeinsam tragen, damit wir die Möglichkeit haben, ungestört in unserem Kastron zu bleiben.[15]

Das Dokument legt das Prinzip der kollektiven Steuerhaftung in einem rhetorischen Stil dar. Obwohl der Text sich mehrfach auf den gemeinsamen Willen der Dorfbewohner bezieht, wird das κοινόν nicht erwähnt. Diese Erklärung wurde offenbar von der Verwaltung erwartet, was darauf hindeutet, dass das Prinzip der kollektiven Haftung nicht mehr so selbstverständlich war. In der Tat trat das Individuum als Steuersubjekt im 8. Jh. immer stärker in den Vordergrund.[16]

Diese Dorfgemeinschaft wurde im weiteren Sinn von der Dorfelite gebildet. Die Eliten des Dorfes waren die „großen Männer", die ⲚⲞϬ ⲚⲢⲰⲘⲈ. Der Ausdruck an sich ist kein Fachterminus, auch Varianten wie ⲚⲞϬ ⲚϢⲎⲢⲈ[17] kommen vor. Nach Steinwenter ist ⲚⲞϬ ⲚⲢⲰⲘⲈ „offenkundig eine Lehnübersetzung von μείζων und bedeutet, wie dieses ursprünglich den Großjährigen, dann einen hervorragenden Mann, z.B. einen Klostervorsteher".[18] In der Tat kann sich der Ausdruck auch auf verschiedene „hervorragende Männer" (oder Frauen) beziehen,[19] es ist aber zweifelhaft, dass er eine Übersetzung ist. Vielmehr dürfte es sich um eine Zufallsparallele zwischen Griechisch und Koptisch handeln.[20] Die starke Hierarchisierung der spätantiken Gesellschaft führt leicht zu denselben Entwicklungen in verschiedenen Sprachen, man könnte zu den obigen z.B. das Beispiel des lateinischen *maior* hinzufügen.

Die „großen Männer" sind in verschiedenen Angelegenheiten tätig, als lokale Eliten tragen sie Verantwortung für ihre ganze Gemeinde. Sie werden zur Schlichtung von Streitfällen hinzugezogen, aber sie können auch in der Aufteilung der

---

15 P.CLT 6 (Theb.-W., 724), 3–19: ϨⲒⲦⲞⲞⲦⲚ̄ ⲀⲚⲞⲚ ⲚⲈⲦⲚⲀϨⲨⲠⲞⲄⲢⲀⲪⲈ Ⲙ̄ⲠⲈⲤⲎⲦ ⲚⲦ[ⲔⲞⲒ]|[Ⲛ]Ⲏ ϨⲞⲘⲞⲖⲞⲄⲒⲀ ⲚⲈⲦⲤⲞⲞⲨⲚ ⲘⲈⲚ ⲚⲤϨⲀⲒ ⲈⲨϨⲨⲠⲞⲄⲢⲀⲪⲈ Ϩ[Ⲛ̄] | ⲚⲈⲨϬⲒϪ Ⲙ̄ⲘⲒⲚ Ⲙ̄ⲘⲞⲞⲨ ⲚⲈⲦⲤ[ⲞⲞⲨⲚ] ⲀⲚ ⲚⲤϨⲀⲒ ⲈⲨⲀⲒⲦⲈⲒ ⲚⲞⲨϨ[ⲨⲠⲞ]|ⲄⲢⲀⲪⲈⲨⲤ ⲈⲦⲢⲈϤϨⲨⲠⲞⲄⲢⲀⲪⲈ ϨⲀⲢⲞⲞⲨ ⲀⲨⲰ ⲈⲚϨⲞⲘⲞⲖⲞⲄ[ⲈⲒ Ⲛ̄]|ⲚⲈⲦⲚ̄ⲚⲀⲦⲀⲤⲤⲀⲈ Ⲙ̄ⲘⲞⲞⲨ ⲚⲤⲀⲐⲎ ⲈⲚⲤϨⲀⲒ̈ Ⲛ̄ⲚⲈⲚⲈⲢⲎⲨ [. . . .]] | ⲞⲨϨⲞⲘⲞⲚⲞⲒⲀ ⲈⲔ ⲔⲞⲒⲚⲎⲤ ⲄⲚⲰⲘⲎⲤ ⲘⲚ̄ ⲞⲨⲤⲨⲚⲀⲒⲚⲈⲤ[ⲒⲤ] | ⲘⲚ̄ ⲞⲨⲤⲨⲄⲔⲀⲦⲀⲐⲈⲤⲒⲤ ⲬⲀⲒⲢⲈⲒⲚ ϪⲈ ⲈⲠⲈⲒⲆⲎ Ϩ̄Ⲙ ⲠⲞⲞⲨ Ⲛ̄ϨⲞⲞⲨ | ⲀⲚⲤⲰⲞⲨϨ ⲈϨⲞⲨⲚ ⲘⲚ ⲚⲈⲚⲈⲢⲎⲨ ⲞⲘⲞⲐⲨⲘⲀⲆⲞⲚ ⲀⲚⲤⲘⲚ ⲞⲨ|ⲈⲨⲚⲀⲒⲚⲈⲤⲒⲤ ⲘⲚ ⲚⲈⲚⲈⲢⲎⲨ ⲈⲒ ⲘⲎ ⲠⲰ ⲀⲢⲀ Ⲛ̄ⲤⲈⲚⲈϨ ⲦⲔⲞⲨⲢⲤ[ⲞⲚ] | ⲈⲬⲚ̄ⲚⲔⲀⲤⲦⲢⲞⲚ Ⲏ ⲖⲀⲀⲨ Ⲛ̄ⲀⲖⲖⲀⲄⲎ ϨⲞⲖⲰⲤ Ⲛ̄ⲦⲈⲨⲚⲞⲨϬ Ⲛ̄ⲦⲀⲢⲀⲬⲎ ⲦⲀϨⲞⲚ ⲞⲨⲀ ⲞⲨⲀ ⲀⲨⲰ ⲀⲚⲘⲞϢⲦⲚ ⲞⲚ Ⲛ̄ⲦⲈⲒϨⲈ ϪⲈ ⲘⲚ̄|ϬⲞⲘ Ⲛ̄ⲢⲰⲘⲈ ⲚⲞⲨⲰⲦ ⲈⲦⲰⲞⲨⲚ ϨⲀ ⲠⲂⲀⲢⲞⲤ Ⲛ̄ⲞⲨⲨⲠⲞⲐⲈⲤⲒⲤ | ⲈⲦⲘ̄ⲘⲀⲨ ⲀⲖⲖⲀ ⲀⲚⲬⲞⲞⲤ ϪⲈ ⲞⲨⲈⲨⲖⲞⲄⲞⲚ ⲠⲈ ⲦⲀⲢⲈⲚϬⲞ ⲈⲚ̄|ⲤⲨⲚⲈⲖⲐⲈ ⲘⲚ̄ ⲚⲈⲚⲈⲢⲎⲨ ⲈⲖⲀⲀⲨ Ⲛ̄ⲀⲖⲖⲀⲄⲎ ⲈⲨⲚⲎⲨ ⲈϪⲰⲚ ϨⲰⲤⲦⲈ | ⲦⲀⲢⲈⲚⲦⲰⲞⲨⲚ ϨⲀ ⲠⲂⲀⲢⲞⲤ ⲈⲦⲘ̄ⲘⲀⲨ ⲘⲚ̄ ⲚⲈⲚⲈⲢⲎⲨ ⲦⲀⲢⲚ̄ϬⲚ̄ ⲐⲈ | Ⲛ̄ⲀϨⲈⲢⲀⲦⲚ̄ Ϩ̄Ⲙ ⲠⲈⲚⲔⲀⲤⲦⲢⲞⲚ ⲀⲦⲀⲢⲀⲬⲞⲤ; Übers. aus Till 1964, 34–37, hier 34–35. Die verbesserte Datierung des Textes verdanke ich Jennifer Cromwell, die mich auch darauf aufmerksam machte, dass das Dokument nicht von Aristophanes geschrieben wurde, wie in der ed.pr. vermerkt (P.CLT, S. 11).
16 Vgl. oben S. 27–28.
17 P.KRU 52 (= P.Lond.Copt. 426, Theb.-W., 730–739), 10.
18 Steinwenter 1920, 43.
19 Walter E. Crum im Komm. zur Übersetzung von O.Crum 119, S. 53/Anm. 2.
20 In einer Abrechnung aus dem 6. Jh. kommt vielleicht μέγας ἄνθρωπος als die Übersetzung von ⲚⲞϬ ⲚⲢⲰⲘⲈ vor. Der Ausdruck könnte sich hier auf einen Abt, vielleicht den schon gestorbenen Gründer eines Klosters beziehen, vgl. John R. Rea im Komm. zu P.Oxy. LV 3804, 185.

Steuerraten eine Rolle spielen.²¹ Die ⲛⲟϭ ⲛⲣⲱⲙⲉ hatten einen großen Einfluss vor Ort, ihre Vorsprache konnte z.B. erreichen, dass die Entschädigung für gestohlene Gegenstände nicht bezahlt werden musste, da die Diebe nicht imstande waren, die nötigen Mittel aufzubringen.²² Aus ihren Reihen wurden auch die Dorfbeamten ausgewählt, die im engeren Sinn die Dorfgemeinschaft bildeten.

Die Dorfbeamten tragen verschiedene Titel: διοικητής, μειζ( ), πρωτοκωμήτης, στρατηγός, ⲗⲁϣⲁⲛⲉ und ⲁⲡⲉ. Außer ihnen ist noch die wichtige Position des Dorfschreibers (γραμματεὺς κώμης/ⲥⲁϩ ⲛⲧⲓⲙⲉ) erwähnenswert. Ein Dorfschreiber war im 6. Jh. ein Flavius, was auf einen hohen Status hindeutet.²³ Sowohl in einer koptischen wie auch in einer griechischen Urkunde liest man die Angabe, dass der Dorfschreiber die Dokumente „gemäß der ewigen Gewohnheit des Castrums" ausgestellt und für die Teilnehmer bzw. Zeugen, die des Schreibens unkundig waren, geschrieben hat.²⁴ Diese Wendung deutet auf eine Tradition und einen damit verbundenen Stolz im Kreis der Dorfschreiber hin.²⁵ Ihre Tätigkeit ist anhand von Parallelen leicht zu ermitteln: Neben Aufgaben im Steuerwesen konnte sich die Bevölkerung an sie auch als Notare wenden.²⁶

Der Dorfschreiber war zwar selbstverständlich Mitglied der Dorfgemeinschaft, gehörte aber nicht zu den Dorfbeamten, die im engeren Sinn die Gemeinde vertraten. Die Dokumente, die uns am meisten helfen, die Hierarchien der Dorfverwaltung zu klären, sind koptische Texte, die die koptischen Titel verwenden. Natürlich kommen auch griechische Titel in koptischen Dokumenten vor, die teilweise mit den koptischen äquivalent sind. Die griechischen Titel werden jedoch einstweilen beiseite gelassen, da sie nicht zur Frage der Dorfhierarchie beitragen.

Die zwei wichtigsten ägyptischen Beamtentitel in Djeme sind ⲗⲁϣⲁⲛⲉ und ⲁⲡⲉ. Grundsätzlich war der ⲗⲁϣⲁⲛⲉ (in der Regel alleine oder zu zweit) der Leiter des Dorfes, die ⲁⲡⲏⲩⲉ sind hingegen meistens im Steuerwesen bezeugt (zu den beiden Amtsträgern s. unten). Über ihr Verhältnis zueinander und dadurch auch über die Zusammensetzung des Beamtenstabes des Dorfes geben uns Briefe Auskunft, die entweder an die Dorfgemeinschaft oder von ihr an jemanden adressiert sind. In zwei

---

21 O.Vind.Copt. 62 (= O.CrumST 98 = P.Schutzbriefe 39, Theb.-W., 7–8. Jh.). Zu Streitfällen vgl. unten S. 176.
22 P.KRU 52.
23 SB XVIII 13778 (Theb.-W., 6. Jh.), 4–6.
24 P.KRU 65 (Theb.-W., ca. 695), 98–99: † δι' ἐμοῦ; Θεόδωρος σὺν θεῷ γραμμ(α)τ(εὺς) κάστρου Μεμνονίων αἰτηθεὶς ἔγραψα ὑπὲρ αὐτοῦ καὶ ὑπὲρ τῶν μαρτύρων τῶν μὴ εἰδότων γράμμ(α)τ(α) κατὰ τὸ ἀεὶ ἔθος τοῦ κάστρου καὶ ἐσωμάτισα †††; P.Mon.Epiph. 163 (Theb.-W., 7. Jh.), 15–16 (wiederholt in 18–19): † ⲁⲛⲟⲕ ⲁⲑⲁⲛⲁⲥⲓⲟⲥ ⲛⲅⲣⲁⲙ(ⲙ)ⲁ(ⲧⲉⲩⲥ) ⲛ̄ⲭⲏⲙⲉ ⲁⲓ̈ⲥⲙⲛ̄ⲧⲥ ⲁⲓ̈ⲥⲁⲓ̈ ϩⲁⲣⲟⲟⲩ ⲡⲣⲟⲥ ⲡⲉⲑⲟⲥ | ⲛ̄ⲡⲕⲁⲥⲧⲣⲟⲛ †; vgl. auch P.KRU 36 (Theb.-W., 724, Till 1954, 115), 27–28: ⲁⲛⲥⲙⲛ ⲇⲓⲁⲗⲩⲥⲓⲥ ⲛⲁⲛⲉⲛⲉⲣⲏⲩ ϩⲓ ⲡⲛⲟⲙⲓⲕⲟⲥ ⲙ̄ⲡⲕⲁⲥⲧⲣⲟⲛ ⲡⲣⲟⲥ ⲡⲛⲟ|ⲙⲟⲥ ⲙ̄ⲡⲕⲁⲥⲧⲣⲟⲛ.
25 Mit dem Schreiberwesen in Djeme (besonders am Beispiel von Aristophanes, Sohn des Ioannes) wird sich die vor dem Erscheinen stehende Dissertation von Jennifer Cromwell beschäftigen. Eine Vorschau bietet Cromwell 2010.
26 Vgl. oben S. 156–157.

sehr fragmentarischen Ostraka aus dem Umfeld des Epiphanios-Klosters aus dem 7. Jh. sind einmal der ⲗⲁϣⲁⲛⲉ und die ⲁⲡⲏⲩⲉ von Djeme die Adressaten und einmal die Absender der Schreiben.[27] Ein ebenfalls schlecht erhaltenes Fragment aus Madīnat Habū zeigt wieder den ⲗⲁϣⲁⲛⲉ und ⲁⲡⲏⲩⲉ als Absender eines Briefes.[28] Ein anderes Ostrakon, das vielleicht ins erste Drittel des 8. Jh. datiert, ist von *dem* ⲗⲁϣⲁⲛⲉ *von Djeme und allen* ⲛⲟϭ ⲛⲣⲱⲙⲉ an einen der Äbte des Phoibammon-Klosters gerichtet.[29] Auf ähnliche Weise schreibt ein Kleriker an den ⲗⲁϣⲁⲛⲉ und nach einer Lücke, wo möglicherweise die ⲁⲡⲏⲩⲉ erwähnt wurden, an die ⲛⲛⲟϭ ⲛⲣⲱⲙⲉ.[30] Ferner schreiben in einem anderen Text die ⲁⲡⲏⲩⲉ eines Ortes an die ⲁⲡⲏⲩⲉ und ⲛⲟϭ ⲛⲣⲱⲙⲉ von Djeme. Es ist sehr verlockend, anhand der obigen Parallelen in der Lücke vor diesen Wörtern ⲗⲁϣⲁⲛ]ⲉ zu ergänzen und anzunehmen, dass das Schreiben an den ⲗⲁϣⲁⲛⲉ, die ⲁⲡⲏⲩⲉ und die ⲛⲟϭ ⲛⲣⲱⲙⲉ von Djeme adressiert ist.[31] Schließlich sei noch ein Brief aus Theben-West erwähnt, in dem die ⲁⲡⲏⲩⲉ und die ⲛⲟϭ ⲛⲣⲱⲙⲉ des Dorfes Tche an einen Herrn Phoibammon schreiben.[32]

Aus den oben angeführten Texten ist für Djeme ein klares Schema abzuleiten. Die Dorfgemeinschaft im engeren Sinn bestand aus den Mitgliedern der Dorfelite (ⲛⲟϭ ⲛⲣⲱⲙⲉ), dem/den leitenden Beamten des Dorfes (ⲗⲁϣⲁⲛⲉ) und Funktionären niedrigeren Ranges, die ihm unterstellt waren (ⲁⲡⲏⲩⲉ). Diese Struktur ist kein Spezifikum von Djeme, dasselbe System ist mit manchen lokalen Abweichungen die Grundlage der Dorfverwaltung im spätantiken Ägypten. Die beste Parallele ist der schon oft zitierte Vertrag, den die Bewohner des oxyrhynchitischen Dorfes Takona 550 mit den Apionen schließen. In diesem Text wird die Gemeinschaft der Dorfgranden (κοινὸν τῶν πρωτοκωμητῶν) durch einen μείζων und mehrere κωμάρχαι vertreten.[33] Der μείζων ist dort der leitende Dorffunktionär und die κωμάρχαι sind seine Subalterne. Es stört auch nicht, dass wir in Tche keinen ⲗⲁϣⲁⲛⲉ, sondern nur ⲁⲡⲏⲩⲉ und ⲛⲟϭ ⲛⲣⲱⲙⲉ finden. Es ist wohl anzunehmen, dass es sich um einen kleinen Ort handelt, der eine einfache Verwaltungsstruktur hatte. Als naheliegende Parallele können die ἱερεῖς des Hermopolites zitiert werden, die nur als Leiter von Weilern (ἐποίκια) belegt sind, während die Dörfer in diesem Gau tendenziell von πρωτοκωμῆται/Laschanen (mit der Unterstützung von κωμάρχαι) verwaltet wurden.[34] Das muss aber nicht immer der Fall gewesen sein, in anderen

---

27 P.Mon.Epiph. 160 descr. (Theb.-W., 7. Jh.); P.Mon.Epiph. 183 descr. (Theb.-W., 7. Jh.).
28 O.Medin.HabuCopt. 181 (Theb.-W., 7.–8. Jh.).
29 O.Brit.Mus.Copt. II 29 (Theb.-W., 8. Jh.).
30 O.Crum 121 (Theb.-W., o.D.).
31 O.Crum 342 (Theb.-W., o.D., s. Bemerkungen).
32 O.Crum Ad. 25 (Theb.-W., o.D.).
33 P.Oxy. I 133, 7–11. Zur Interpretation dieses Dokumentes vgl. oben S. 39–40.
34 Vgl. zusammenfassend unten S. 205.

thebanischen Ortschaften (z.B. Longine, Ne, Taut), die vermutlich bedeutender waren, trifft man ebenfalls auf Laschanen.³⁵

Diese Struktur steht auch mit den Tätigkeiten des ⲗⲁϣⲁⲛⲉ und der ⲁⲡⲏⲩⲉ im Einklang. In der Regel amtieren ein oder zwei Laschanen gleichzeitig, aber aus dem Jahr 725/726 (9. Indiktion) kennen wir vier Laschanen, und in dem benachbarten Dorf Trakata sind drei Laschanen gleichzeitig bezeugt.³⁶ Klarheit ist nicht immer zu gewinnen, da für die Vertretung des Dorfes und die meisten Verwaltungsangelegenheiten wohl auch die Präsenz von einem ⲗⲁϣⲁⲛⲉ genügte. Über ihre Amtszeit erlaubt die Prosopographie einige Rückschlüsse. Zacharias, Sohn des Samuel, war sowohl 701 (14. Indiktion) wie auch 706/707 (5. Indiktion) ⲗⲁϣⲁⲛⲉ. Seine Kollegen 706/707 sind Abraham und Severus, die auch in der nächsten Indiktion amtierten. Wir wissen, dass zwischen 722 und 724 (5.–7. Indiktion) Athanasios und Mena das Amt bekleideten. Severos und Ioannes amtierten in der 9. und 11. Indiktion (695/725 und 698/728), was andeutet, dass sie auch in der 10. Indiktion tätig waren. All dies legt nahe, dass die Laschanen in der Regel für mehrere Jahren ihre Position besetzten, was auf eine gewisse Stabilität in der Dorfverwaltung hinweist.³⁷

Der ⲗⲁϣⲁⲛⲉ trägt – wenn angegeben – das Ehrenprädikat τιμιώτατος, das einer der üblichen Ehrentitel für lokale Eliten ist.³⁸ Seine bedeutende Position zeigt auch, dass er oft eponymer Beamter in Dokumenten ist, was auf der Dorfebene eher ungewöhnlich ist: Es handelt sich allem Anschein nach um ein Spezifikum von Djeme.³⁹ Ein berühmtes Beispiel für diese Praxis ist ein Ostrakon, dessen Schreiber die Sonnenfinsternis am 10. März 601 – aus einem unklaren Grund – aufschrieb:

> † *Am vierzehnten Tag des Phamenoth der vierten Indiktion wurde die Sonne in der vierten Stunde des Tages finster* † – *und im Jahr, in dem Petros, Sohn des Palu, Laschane über Djeme war* †.⁴⁰

In Urkunden erfolgen die Datumsangaben auch oft mit der Formel ⲛⲁϩⲣⲛ- + Name der Laschanen oder mit ἐπί + Genitiv. Obwohl früher die Ansicht herrschte, dass diese Angaben sich auf die Gegenwart des ⲗⲁϣⲁⲛⲉ beziehen, ist heute der Konsens der Forschung, dass diese Formeln sich in der Regel auf die Eponymie beziehen und nur in Ausnahmefällen auf die Präsenz des Funktionärs bei einem Prozess hin-

---

35 O.Vind.Copt. 62 (= O.CrumST 98 = P.Schutzbriefe 39, Theb.-W., 7.–8. Jh.); P.Mon.Epiph. 151 (Theb.-W., 7. Jh.); P.Mon.Epiph. 163 (Theb.-W., 7. Jh.), 7.
36 P.Schutzbriefe 71 (= O.CrumST 352, Theb.-W., o.D.).
37 Die oben zitierten Angaben sind in der Tabelle von Till 1962, 234–235 zu finden. S. auch Steinwenter 1920, 54.
38 Z.B. O.Crum Ad. 60 (Theb.-W., o.D.); P.KRU 37 (= P.Lond.Copt. 423, Djeme, 724, vgl. Till 1954, 118), 13–14.
39 Allerdings sind eponyme Dorfbeamte im römischen (2.–4. Jh.) Syrien bekannt, s. Sartre 1993, 125–126.
40 SB Kopt. II 1238 (Theb.-W.): † ϩⲛ ⲥⲟⲩ ⲙⲛⲧⲁϥⲧⲉ ⲙ|ⲫⲁⲙⲉⲛⲱⲑ ⲧⲏⲥ | ⲧⲉⲧⲁⲣⲧⲏⲥ ⲓⲛⲇⲓⲕ(ⲧⲓⲱⲛⲟⲥ) | ⲁⲡⲣⲏ ⲣⲕⲁⲕⲉ ⲛⲭⲡ | ϥⲧⲟ ⲙⲡⲉϩⲟⲟⲩ † | ⲁⲩⲱ ϩⲛ ⲧⲉⲣⲟⲙⲡⲉ | ⲉⲧⲉⲣⲉ ⲡⲉⲧⲣⲟⲥ ⲙ|ⲡⲁⲗⲟⲩ ⲟ ⲛⲗⲁϣⲁⲛⲉ | ⲉⲭⲏⲙⲉ ⲛϩⲏⲧⲥ | †. Zum Text vgl. jüngst Gilmore–Ray 2006.

deuten. Die letzteren Texte dokumentieren Eide, die vor dem ⲗⲁϣⲁⲛⲉ geleistet worden sind. Auch außerhalb der Datierungen kommen die Amtsträger oft in Urkunden vor. Klauseln von Verträgen legen Geldstrafen fest, die an den ⲗⲁϣⲁⲛⲉ bezahlt werden sollten. Ferner wird er auch unter den Mächtigen erwähnt, die nicht gegen den Inhalt einer Urkunde agieren sollen.[41]

Die richterlichen Tätigkeiten des ⲗⲁϣⲁⲛⲉ hat Steinwenter in seiner Arbeit erschlossen:

> „Erben, die sich über die Art und Weise der Erbteilung nicht einigen können oder gar einander den Vorwurf der Verschleppung von Erbgut machen ... bringen ihre Beschwerde vor den Lašane. Dieser sucht im Einvernehmen mit den Parteien die begehrte Realteilung entweder selbst durchzuführen oder sie durch Schiedsleute (noġ rôme) durchführen zu lassen. Wird hingegen Verheimlichung von res hereditariae behauptet, so kann er auch Beweise aufnehmen; in der Regel wird aber die Entscheidung auf die Leistung eines Reinigungseides durch die belangte Partei abgestellt werden. Nach durchgeführter Teilung, bzw. nachdem durch den Eid der Streit entschieden ist, errichten die Parteien als Friedensbürgschaft eine Dialysisurkunde, in welcher sie das gegenseitige Eigentum anerkennen und versprechen, auf die Streitsache nicht mehr zurückkommen zu wollen."[42]

Ihre Rolle in der Schlichtung der Streitfälle trug neben ihrer sozialen Stellung auch sicher dazu bei, dass sie oft als Zeugen für verschiedene Verträge herangezogen wurden. Einmal bezeugen z.B. zwei Laschanen und auch zwei ehemalige Laschanen eine Urkunde.[43] Dass jemand ein ehemaliger ⲗⲁϣⲁⲛⲉ (meistens ⲡⲁⲡⲟⲩⲗⲁϣⲁⲛⲉ genannt) ist, wird gelegentlich in den Urkunden erwähnt. Dieses Phänomen ist auch im Fall aller anderen Dorfbeamten bekannt, diese Angabe drückte offenbar die Zugehörigkeit zu der Dorfelite aus.[44]

Der ⲗⲁϣⲁⲛⲉ übte auch allgemeine Aufgaben als Dorfvorsteher aus. Für seine Rolle als Vertreter der Dorfgemeinschaft wurden schon oben Beispiele angeführt, an dieser Stelle sei nur die Formel, die in Adressen von Briefen die Absender angibt, „der Laschane/die Laschanen und das ganze Volk des Dorfes", hervorgehoben.[45] Er ist auch im Bereich des Steuerwesens gut belegt. Der ⲗⲁϣⲁⲛⲉ verpachtet Dorfland, um die Bewirtschaftung der Ländereien von Djeme zu sichern.[46] Laschanen stellen auch oft Schutzbriefe aus. Schutzbriefe garantieren meistens einem Flüchtling, der wegen der zu großen Steuerlasten geflohen ist, dass er unbestraft in die Gemeinde zurückkehren kann, aber sie können auch andere ähnliche Zusicherungen enthal-

---

41 Schmelz 2002, 303 mit Belegen.
42 Steinwenter 1920, 56.
43 P.CLT 1 (Theb.-W., 698), 126–127, 137, 139.
44 Z.B. O.CrumST 90 (Theb.-W., o.D.), 6–7; O.CrumVC 8 (Theb.-W., 698 oder 728), 18–19.
45 Z.B. P.Pisentius 37 (Theb.-W., 6.–7. Jh.), v: ϩⲓⲧⲛ ⲛⲗⲁ]ϣⲛⲉⲩ ⲙⲛ ⲡⲗⲁⲟⲥ ⲛⲧⲣⲁⲕⲉ.
46 SB XXVI 16584 (Theb.-W., Mitte–zweite Hälfte 7. Jh.).

ten.⁴⁷ Ein Beispiel aus der thebanischen Region bietet der Schutzbrief der Laschanen des Dorfes Longine:

> *Schenetôm, der Laschane von Longine, schreibt an Biktor, (den Sohn) des Elias: Hier hast du die Zusicherung bei Gott. Komm nach Hause, denn wir werden nichts von dir verlangen, seien es Brote, seien es Dienstleistungen, außer was du an den Schaliu (= ein Finanzbeamter) schuldest, bis die 2. Steuerrate aufgeteilt wird, und wir werden nicht zulassen, daß auf dich etwas aufgeteilt wird wegen der großen Männer (= Ortshonoratioren). Und auch wenn wir noch weiter kommen (= weiter im Amt bleiben), werden wir das Rechte mit dir einhalten gemäß der Geltungskraft (dieser Zusicherung) ... [Datierung, Unterschrift]. Und wir werden auch niemanden diese Zusicherung mit dir brechen lassen.*⁴⁸

Die Ausstellung solcher Dokumente war ein Routinevorgang, zahlreiche Schutzbriefe sind überliefert, zwei sogar vom selben Tag.⁴⁹ Ähnliche Zusicherungen gaben Laschanen auch für Reisen: In einem Brief wird der Adressat gebeten, für den Absender eine Zusicherung im Namen des ⲗⲁϣⲁⲛⲉ und des ganzen Dorfes zu besorgen. Der Kontext macht klar, dass es sich um einen „Reisepass" (der nachweist, dass der Reisende seine Steuer bezahlte und so kein Flüchtling ist) handelt, den der Absender vielleicht als Händler jedes Jahr bekam.⁵⁰ Laschanen sind in diversen anderen Bereichen der Verwaltung ebenfalls bezeugt, wie auch bei allen anderen Dorfvorständen dieser Zeit war ihr Aufgabenbereich sehr vielschichtig: Sie mussten sich eigentlich mit allen öffentlichen Angelegenheiten beschäftigen, die sich auf das Dorf bezogen.

Sie waren für das Sicherheitswesen im Dorf zuständig und leiteten wohl die Wächter im Dorf.⁵¹ In einem Brief, der an den Bischof Pisentios adressiert ist, berichten die Laschanen und „das ganze Volk" des Dorfes Trake z.B. darüber, dass sie

---

47 Zu Schutzbriefen vgl. Delattre 2007; s. z.B. O.Crum 107 (= P.Schutzbriefe 50, Theb.-W., o.D.); O.Crum 108 (= P.Schutzbriefe 40, Theb.-W., o.D.); O.Crum 111 (= P.Schutzbriefe 32, Theb.-W., o.D.); P.Schutzbriefe 60 (Theb.-W., 695 oder 725).

48 O.Vind.Copt. 62 (= O.CrumST 98 = P.Schutzbriefe 39, Theb.-W., 7.–8. Jh.), 1–22, 25–26: ϣⲉⲛⲉⲧⲱⲙ ⲡⲗⲁϣ(ⲁⲛⲉ) ⲛⲗⲟ|ⲛⲅⲓⲛⲉ ⲉϥⲥϩⲁⲓ̈ ⲛⲃⲓⲕⲧⲱⲣ | ⲛϩⲁⲓ̈ⲁⲥ ϫⲉ ⲉⲓⲥ ⲡⲗⲟⲅⲟⲥ ⲙⲡⲛⲟⲩ|ⲧⲉ ⲛⲧⲟⲧⲕ ⲛⲅⲉⲓ̈ ⲉϩⲟⲩⲛ ⲉⲓ̈ⲛⲉ|ⲕⲏⲓ̈ ϫⲉ ⲛⲛⲉⲛϫⲛⲟⲩⲕ ⲉⲗⲁⲁⲩ ⲉⲓⲧⲉ ⲕⲁⲕⲉ ⲉⲓⲗⲉ ⲁⲛⲅⲁⲣⲓ̈ⲁ ⲉⲓ ⲙⲏ ⲧⲉ ⲉⲓⲡⲉⲧⲁⲣⲟⲕ ⲙⲁ ⲛⲡϣⲁⲗⲓⲟⲩ | ϣⲁⲛⲧⲟⲩⲥⲱⲣ ⲧ|ⲙⲉϩⲥⲛⲧⲉⲕⲁⲧⲁⲃⲟⲗⲏ ⲉⲃⲟⲗ | ⲁⲩⲱ ⲛⲛⲉⲛ|ⲕⲁⲁⲩ ⲉⲓ|ⲥⲱⲣ | ⲗⲁⲁⲩ ⲛ|ϩⲱⲃ ⲉⲃⲟⲗ | ⲉⲓϫⲱⲕ ⲉⲓⲧ|ⲃⲉ ⲛⲛⲟϭ ⲛⲣⲱ|ⲙⲉ ⲁⲩⲱ ⲟⲛ ⲉⲛϣ|ⲁⲛⲉⲓ̈ ⲉⲑⲏ ⲟⲛ ⲉⲛⲛⲁ|ⲡⲟⲉⲓⲥ ⲡⲇⲓⲕⲁⲓⲟⲛ ⲛⲙⲙⲁ|ⲕ ⲡⲣⲟⲥ ⲧϭⲟⲙ ... ⲁⲩⲱ ⲟⲛ ⲛⲉⲛⲥⲩⲛⲭⲱⲣⲉ | ⲛⲣⲱⲙⲉ ⲛϥⲃⲱⲗ ⲡⲉⲓⲗⲟⲅⲟⲥ | ⲉⲃⲟⲗ ⲛⲙⲙⲁⲕ. Die Übersetzung ist die von Till aus der Edition.

49 O.CrumVC 8–9 (beide: Theb.-W., 698 oder 728).

50 O.Medin.HabuCopt. 136 (Djeme, 7.–8. Jh.).

51 Den Oberwächter (ⲁⲡⲉ ⲛ̄ϩⲟⲩⲣⲓⲧ) des Dorfes erwähnen (u.a. als eponymen Beamten) mehrere Dokumente: P.KRU 42 (Theb.-W., 725–726), 7; P.KRU 57 (Theb.-W., 733–735), 16; P.KRU 115 (= P.Lond.Copt. 438 = P.Pisentius 65, Theb.-W., Mitte 8. Jh.), 18–19. Zwei Texte belegen auch Wächter (ϩⲟⲩⲣⲓⲧ): P.KRU 117 (Theb.-W., o.D.), 5–6; O.Crum 482 (Theb.-W., o.D.). S. auch Crum im Komm. zur Übersetzung zu O.Crum 482, S. 22/Anm. 3.

auf einen Gefangenen, der ihnen anvertraut wurde, aufpassen werden.[52] Sie kontrollieren das Gefängnis des Dorfes, wo auch Steuerschuldner festgehalten werden.[53] Über solche Angelegenheiten berichtet eine Urkunde, die von einem Laschane ausgestellt wurde:

> *Ihr habt mir eine Bürgschaftsurkunde für Isak [Sohn des] Abraham und Sangape [Sohn des] Isak ausgestellt. Ihr habt ihn (wen oder was?) nach Norden geschickt. Als ich sie (pl.) dann von euch verlangte, habt ihr mir sie (= die Verbürgten) gebracht und mir ins Gefängnis des Kastron Tschême geliefert. Ihr habt von mir eure Bürgschaftsurkunde verlangt. Ich habe sie für euch nicht gefunden. Jetzt erkläre ich: Ich habe ihretwegen (= wegen der Verbürgten) keinen Anspruch mehr gegen euch. Wenn ich eine Bürgschaftsurkunde gegen euch vorbringe, soll sie ungültig sein.*[54]

Der Laschane ist auch für die Stellung der Fronarbeiter zuständig, was sicherlich eine delikate Aufgabe war, da die Absenz eines Mannes einer Familie ernsthafte Schwierigkeiten bereiten konnte.[55] Aber nicht nur die Auswahl der Arbeiter, sondern auch die Verteilung der Steuerlasten war oft sehr problematisch.[56] Als Finanzbeamte sind sie auch für die Abwicklung verschiedener Zahlungen vor Ort verantwortlich.[57] In den zahlreichen Steuerquittungen, die aus der Region überliefert sind, werden Laschanen nur selten explizit genannt.[58] Viele dieser Dokumente sind jedoch von festen Paaren unterzeichnet. Zwar werden ihre Titel nicht angegeben, doch kann im Fall eines dieser Paare nachgewiesen werden, dass sie die Laschanen des Jahres sind. Dasselbe könnte also wohl auch für die anderen Paare gelten. Die Unterschriften stammen manchmal von ihnen selbst, aber gelegentlich sind alle Unterschriften von derselben Hand geschrieben. Häufiger trifft man auf den απε/στρατηγός (s. unten) als Aussteller der Steuerquittungen: Fast 300 Steuerquittungen sind von ⲁⲡⲏⲩⲉ ausgestellt worden. Alles in allem scheint es, dass die Verantwortung der Laschanen im Steuerwesen eher auf höherer Ebene war, die meisten praktischen Aufgaben wurden wohl von den ⲁⲡⲏⲩⲉ ausgeführt.[59]

---

52 P.Pisentius 37 (Theb.-W., spätes 6.– frühes 7. Jh.).
53 Der Laschane von Taut hält z.B. Bewohner von Djeme gefangen: P.Mon.Epiph. 163 (Theb.-W., 7. Jh.), 4–7.
54 P.KRU 115, 3–14: ⲁⲧⲉⲧⲛ|ⲥⲙⲛ ⲟⲩⲉⲅⲅⲩⲁ ⲛⲁⲓ ϨⲀ ⲓⲥⲁⲕ ⲛⲀⲂⲢⲀⲀⲙ | ⲙⲛ ⲥⲁⲛⲅⲁⲡⲏ ⲡϢ ⲛⲓⲉⲥⲁⲕ ⲁⲧⲉⲧⲛⲧⲛⲟⲟⲩϥ ⲉϨⲢⲎⲧ | ⲗⲟⲓⲡⲟⲛ ⲧⲉⲣⲉⲓϢⲓⲛⲉ ⲛⲥⲟⲩ ϨⲓⲦⲟⲟⲦⲦⲎⲨⲦⲚ | ⲁⲧⲉⲧⲛⲉⲛⲧⲟⲩ ⲁⲧⲉⲧⲛⲡⲁⲣⲁⲥⲕⲉⲩⲍⲉ | ⲙⲙⲟⲟⲩ ⲛⲀⲓ ⲉϨⲞⲨⲚ ⲉⲦⲈϤⲨⲖⲖⲀⲔⲎ | ⲙⲡⲕⲀⲥⲦⲢⲞ(Ⲛ) ϪⲎⲘⲈ ⲀⲦⲈⲦⲚϢⲒⲚⲈ ⲚⲤⲀ ⲦⲈⲦⲚ|ⲈⲚⲄⲨⲀ ϨⲒⲦⲞⲞⲦ ⲘⲠⲈⲒϨⲈ ⲈⲢⲞⲤ ⲚⲎⲦⲚ | ⲦⲈⲚⲞⲨ ⲦⲒϨⲞⲘⲞⲖⲞⲄⲈⲒ ϪⲈ ⲘⲚⲦⲀⲒ ⲖⲀⲀⲨⲈ | ⲚϨⲰⲂ ⲚⲘⲘⲎⲦⲚ ϨⲀⲢⲞⲞⲨ ϨⲀ ⲈⲚⲈϨ ⲀⲨⲰ | ⲈⲒϢⲀⲚⲈⲚⲄⲨⲀ ⲈⲂⲞⲖ ⲈⲢⲰⲦⲚ ⲈⲒⲤⲚⲀϢⲰⲠⲈ | ⲚⲀⲄⲈⲢⲞⲚ. Übers. aus Till 1964, 195.
55 Vgl. das etwas unklare O.Crum 122 (Theb.-W., o.D.).
56 O.Crum ad. 60 (Theb.-W., o.D.).
57 O.Crum 114 (Theb.-W., o.D.); O.Crum 120 (Theb.-W., o.D.).
58 Z.B. O.Vind.Copt. 92 (= O.CrumST 68, Theb.-W., Anfang 8. Jh.).
59 Zu thebanischen Steuerquittungen und den in ihnen vorkommenden Paaren vgl. Worp 1999 und

5.2 Das κοινόν und die Beamten von Djeme

Dies wird besonders klar, wenn wir die Aufgaben des ⲁⲡⲉ mit denen des ⲗⲁϣⲁⲛⲉ vergleichen. Abgesehen von den oben erwähnten zahlreichen Quittungen und den Texten, in denen sie als Mitglieder der Dorfgemeinschaft aufgezählt werden, finden wir kaum Belege.[60] Schutzbriefe (manchmal kombiniert mit Steuerquittungen) werden gelegentlich von ihnen ausgestellt, aber in viel geringerer Zahl als von Laschanen.[61] Erwähnenswert ist noch eine Fürsorgeverpflichtung:

Der Apé Joannes und meine ganze Gemeinde schreiben der Maria: Die Zuteilung, die du täglich hast, deretwegen schreiben wir dir heute wieder, daß wir sie dir nicht entziehen werden, bis du stirbst. Und ein Apé, der sie dir entziehen sollte, wird der Maria einen Holokottinos als Strafgeld zahlen.[62]

Wir wissen nicht, ob dieses Dokument aus Djeme oder einem der benachbarten Dörfer stammt. So ist es auch nicht zu entscheiden, ob der ⲁⲡⲉ hier als Dorfvorsteher zu verstehen ist (falls in jenem Dorf kein Laschane amtierte) oder als Finanzbeamter für diese Angelegenheit zuständig ist. Wir finden ⲁⲡⲏⲩⲉ in unserer Dokumentation aus Theben-West ausschließlich im Kontext des Finanzwesens.[63] All dies deutet darauf hin, dass die ⲁⲡⲏⲩⲉ in Djeme den Laschanen untergeordnete Dorfbeamte waren, die ausschließlich für das Abwickeln der Verwaltungsaufgaben im Finanzwesen zuständig waren. Ferner ist es möglich, dass in manchen kleineren Dörfern der Gegend der ⲁⲡⲉ dieselbe Rolle wie der ⲗⲁϣⲁⲛⲉ in Djeme spielte, aber dafür stehen nur sehr wenige Anhaltspunkte zur Verfügung.[64]

Die Untersuchung der koptischen Terminologie liefert also ein klares Bild: Die von der Dorfelite (ⲛⲛⲟϭ ⲛⲣⲱⲙⲉ) gebildete Dorfgemeinschaft (κοινόν/κοινότης) wird von meistens zwei eponymen Beamten (ⲗⲁϣⲛⲓⲩ) geleitet, die in Finanzangelegenheiten von mehreren Subalternen (ⲁⲡⲏⲩⲉ) unterstützt werden. Dieses Bild wird

---

Alain Delattre und Jean-Luc Fournet in P.Stras.Copt., S. 227–230. Die fünf identifizierbaren Paare sind Ananias und Viktor (719), Komes und Pkher (720), Mena und Athanasios (721–722), Andreas und Petros (727–728) und Papnuthios und Dioskoros (729). Ananias und Viktor werden in P.KRU 35 (Theb.-W., 719), 7–9 als Laschanen des Jahres identifiziert.

60 In O.Theb. 37 (Theb.-W., 8. Jh.) wird der Adressat aufgefordert, dem ⲁⲡⲉ zu bezahlen und sich von ihm eine Quittung ausstellen zu lassen. Der Kontext von O.Vind.Copt. 180 (= O.CrumST 369, Theb.-W., Anfang 8. Jh.) ist unklar.

61 P.Schutzbriefe 19 (Theb.-W., o.D.); P.Schutzbriefe 44 (Theb.-W., Anfang 8. Jh.); P.Schutzbriefe 63 (Theb.-W., erste Hälfte 8. Jh.); P.Schutzbriefe 64 (= O.Brit.Mus.Copt. I, Add. 25, Theb.-W., erste Hälfte 8. Jh.).

62 O.Vind.Copt. 49 (= SB Kopt. II 936, Theb.-W., 7.–8. Jh.), 1–11: ⲓ̈ⲱⲁⲛⲛⲏⲥ ⲡⲁⲡⲏ | ⲙⲛ̄ ⲧⲁⲕ(ⲟⲓⲛⲟⲧⲏⲥ) ⲧⲏⲣⲥ̄ ⲉⲩⲥϩⲁⲓ̈ | ⲙ̄ⲙⲁⲣⲓ ϫⲉ ⲧⲟⲉ | ⲉⲧⲛ̄ⲧⲟⲧⲉ ⲙ̄ⲙⲏⲛⲉ | ⲧⲛ̄ⲥϩⲁⲓ̈ ⲛⲁ ⲟⲛ ⲉⲣⲟⲥ | ⲙ̄ⲡⲟⲟⲩ ϫⲉ ⲉⲛⲉⲛⲭⲓⲧⲥ̄ | ⲛ̄ⲧⲟⲧⲉ ϣⲁⲛⲧⲉⲙⲟⲩ | ⲁⲩⲱ ⲟⲩⲁⲡⲏ ⲉϥⲛⲁⲭⲓⲧⲥ̄ | ⲛ̄ⲧⲟⲧⲉ ⲉϥⲛⲁⲧⲓ ⲟⲩϩⲟⲗⲟ-ⲕ(ⲟⲧⲧⲓⲛⲟⲥ) | ⲙ̄ⲁⲣⲓⲁ ⲛ̄ⲕⲁⲧⲁⲧⲓⲭ. Übers. von Walter C. Till aus O.Vind.Copt.

63 Zur Zufallsparallele von ⲁⲡⲉ und κεφαλαιωτής vgl. oben S. 129.

64 Die zwei wesentlichen Texte für diese Interpretation sind der schon erwähnte O.Crum Ad. 25 und die ebenfalls oben zitierte Fürsorgeverpflichtung. Allerdings kann man in beiden Fällen annehmen, dass der Grund dafür, dass nur die ⲁⲡⲏⲩⲉ schreiben, vielleicht in der Natur der Angelegenheit liegt – Laschanen sind auch in anderen Dörfern in Theben-West belegt.

jedoch durch die griechische Terminologie komplizierter. In den Quellen tauchen verschiedene griechische Beamtentitel auf, die direkt mit dem Dorf assoziiert sind: Διοικητής, μειζ( ), πρωτοκωμήτης und στρατηγός.

Der erste dieser Titel, διοικητής, ist weniger problematisch. Wie schon besprochen wurde, handelt es sich um den wichtigsten Beamten des Dorfes, der wahrscheinlich irgendwann im 7. Jh. eingesetzt wurde.[65] Die ersten genau datierbaren διοικηταί in Djeme sind im Jahr 724 bezeugt, aber man kann wohl annehmen, dass das Amt schon früher existierte. Es ist nicht überraschend, dass sie in unseren Quellen nur selten vorkommen, da die Geschäfte des Alltagslebens meistens nicht in ihre Kompetenz fallen. Sie stehen über den Laschanen und sind direkte Subalterne des Pagarchen von Hermonthis. Soweit es die Quellen erkennen lassen, amtierten im Dorf ungefähr bis zum Jahre 730 zwei διοικηταί, aber frühestens ab dem Jahr 733 ist immer nur einer bekannt.[66] In keinem der Dokumente taucht er als Mitglied der Dorfgemeinschaft auf. Routinedokumente des Steuerwesens erwähnen sie nur einmal explizit: Ein Schutzbrief wird von zwei διοικηταί ausgestellt.[67] Einmal schreiben sie in einer wichtigen Angelegenheit an einen arabischen Vorgesetzten.[68] So erfährt man von der Existenz des Amtes vornehmlich aus Rechtsurkunden, besonders aus ihren eponymen Datierungen. Steinwenter untersuchte die Rolle des διοικητής in diesen Texten:

> „Von diesen Urkunden zeigt die überwiegende Mehrzahl (KRU 39, 40, 43 und 45) ein immer gleichbleibendes Schema: Im Zuge einer Erbteilung wird die Hilfe des Dioiketen angerufen, weil sich die Parteien über die Durchführung der Teilung nicht einigen können. Der Dioiket bemüht sich, dahin zu wirken, daß die Streitteile angesehene Leute aus dem Dorfe als arbitri wählen. Ist dies geschehen, so wird die Teilung von den Schiedsmännern unter Mitwirkung von Sachverständigen vorgenommen und darüber die uns vorliegende Dialysisurkunde errichtet, in welcher die Parteien den Spruch der arbitri gegenseitig anerkennen und unter den gewöhnlichen Kautelen sich verpflichten, die Teilung nicht mehr anfechten zu wollen."[69]

Dass wir den διοικητής in den Djeme-Texten nur in diesen begrenzten Bereichen sehen, hängt wohl mit der Überlieferungslage zusammen. Parallelen zeigen, dass er für die Finanzen des Dorfes verantwortlich war und wohl in jeder wesentlichen Angelegenheit die Entscheidung traf.[70] Er wird in den Routinedokumenten des Dorfes kaum erwähnt, als Vertreter des Pagarchen von Hermonthis befasste er sich wohl

---

65 Vgl. oben S. 130–131 und für Djeme bes. 133–134.
66 Till 1962, 234–235.
67 P.Schutzbriefe 43 (Theb.-W., o.D.).
68 P.CLT 3 (Djeme, 728/729 oder 743/744).
69 Steinwenter 1920, 21.
70 Zum Amt vgl. oben S. 129–135. Seine Tätigkeit im Finanzwesen könnte der arabische P.Hal. Inv. DMG (Djeme [?], ca. 750–760), publiziert in Liebrenz 2010 (vgl. Bemerkungen), belegen.

5.2 Das κοινόν und die Beamten von Djeme

mit Aufgaben größerer Tragweite. Er wird nie als Vertreter der Dorfgemeinschaft genannt und auch keine Briefe, die an die Dorfbeamten von Djeme gerichtet sind, bezeugen ihn. Er war wohl der Vertrauensmann, Agent des Pagarchen von Hermonthis, der vornehmlich als Kontaktmann zwischen dem Dorf und der Pagarchie tätig war. Meistens kam er wohl aus der lokalen Elite, der διοικητής Chael, Sohn des Psmo, war Laschane, bevor er zum wichtigsten Amt im Dorf aufstieg.[71]

Die drei weiteren griechischen Termini, μειζ( ), πρωτοκωμήτης und στρατηγός zeigen Probleme anderer Art. Der Ausdruck πρωτοκωμήτης ist das griechische Äquivalent von ⲗⲁϣⲁⲛⲉ wie στρατηγός von ⲁⲡⲉ. Die Abkürzung μειζ( ) bereitet auch in Djeme Schwierigkeiten,[72] aber eine gewisse Verbindung zu dem ⲗⲁϣⲁⲛⲉ bzw. dem διοικητής ist nicht zu leugnen. Natürlich könnte man behaupten, dass es sich um verschiedene Begriffe für dieselbe Institution handelt, die gleichzeitig verwendet wurden. Diese Auffassung spiegelt sich oft in der Arbeit von Steinwenter wider, der z.B. auch den ⲁⲡⲉ mit dem ⲗⲁϣⲁⲛⲉ gleichsetzt, was nach dem oben Gesagten inakzeptabel ist.[73] Natürlich ist es allgemein zutreffend, dass sich die verschiedenen Termini im Bereich der Dorfverwaltung oft auf dieselbe Institution bezogen. Es wäre aber befremdend, anzunehmen, dass gleichzeitig mehrere Titel in derselben Sprache, die an demselben Ort verwendet worden sind, die gleiche Institution bezeichnet hätten. Die griechische Sprache spielte im 8. Jh. noch lange eine wichtige Rolle in der Verwaltung. Natürlich kam es zu Verwechslungen und Bedeutungsverschiebungen (s. unten), aber grundsätzlich ist wohl davon auszugehen, dass der Gebrauch der Fachausdrücke im öffentlichen Bereich konsequent war. In der Tat zeigt eine genaue Untersuchung der Quellen, dass der Gebrauch der

---

71 Wickham 2006, 422/Anm. 98 hält ⲗⲁϣⲁⲛⲉ und διοικητής für synonym. Er identifiziert den Laschanen Chael in P.KRU 7 (Theb.-W., 730–739), 3–4 (mit Förster 2000, 108): ⲭⲁ[ⲏ]ⲗ [ⲡ]ϣⲏⲣⲉ ⲙⲯⲙⲱ ⲙⲛ ⲇⲓⲙⲏⲧⲣⲉ ⲡϣⲏⲣ[ⲉ . . . .] | ⲛⲗⲁϣⲛⲓⲩ ⲙⲡⲕⲟⲥⲧⲣⲱⲛ ⲭⲏⲙⲉ, mit dem gleichnamigen διοικητής in P.KRU 13 (Theb.-W., 733), 4, der auch sonst belegt ist, s. Till 1962, 235. Parallelen zeigen jedoch (vgl. oben S. 129–135), dass der διοικητής in der Regel eine höhere Ebene vertritt als der Laschane. Ferner erwähnt P.KRU 108 (Theb.-W., o.D.), 28–29 unter Behörden sowohl den Laschanen wie auch den διοικητής, was klar zeigt, dass die zwei Termini nicht synonym sind. Außerdem bereiten auch die Laschanen Elisaios und Petros Probleme. Sie sind in P.KRU 74 (= SB Kopt. II 954) belegt, der entweder ins Jahr 733 oder 748 (2. Indiktion) datiert. Aber sowohl aus dem Jahr 733 als auch aus dem Jahr 748 kennen wir auch einen διοικητής (Chael, Sohn des Psmo/Komes, Sohn des Chael), was zeigt, dass die zwei Ämter nicht gleich sind, vgl. Till 1962, 235. Schließlich spricht auch der klare Unterschied in den Rangprädikaten der zwei Beamten (τιμιώτατος/λαμπρότατος) gegen Wickhams Annahme. Wickhams Bemerkung wirft aber ein anderes Problem auf. In P.KRU 7 sind Chael und Demetrios die Laschanen, und dieselben Personen kommen in P.KRU 52 (= P.Lond.Copt. 426, Theb.-W., 730–739), 8 als διοικηταί vor. Wie oben gezeigt, ist die Identifikation der zwei Titel ausgeschlossen, so könnte man annehmen, das Chael und Demetrios, nachdem sie Laschanen gewesen waren, als διοικηταί eingesetzt wurden. Auf jeden Fall scheint Chael, Sohn des Psmo zuerst Laschane und erst dann διοικητής gewesen zu sein.
72 Vgl. oben S. 53–57.
73 Steinwenter 1920, 38–51. Steinwenters Hypothese bezüglich der Identität der zwei Beamten wurde schon von Schmelz 2002, 304 widerlegt.

Beamtentitel in Djeme mindestens bis in die Mitte des 8. Jh. einem mehr oder weniger konsequenten Schema folgt.

Der Titel πρωτοκωμήτης kommt gesichert in fünf Texten aus Theben-West vor.[74] Das Wort war ein nicht nur in Ägypten häufig verwendeter Ausdruck für Dorfvorsteher, sondern auch im ganzen spätrömischen bzw. frühbyzantinischen Reich. Im Oxyrhynchites bezeichnet das Wort wohl allgemein die Dorfelite, etwa wie das koptische ⲛⲟϭ ⲛⲣⲱⲙⲉ. In anderen Regionen wird der Dorfvorsteher πρωτοκωμήτης genannt. Im Süden Ägyptens kennen wir den Titel aus Aphrodites Kome, wo im 6. Jh. die Dorfvorstände diesen Titel tragen.[75] In Djeme werden in zwei zweisprachigen Texten aus dem 6.–7. Jh. dieselben Personen im griechischen Teil des Dokumentes πρωτοκωμήτης und im koptischen ⲗⲁϣⲁⲛⲉ genannt.[76] Der offizielle griechische Ausdruck für den Dorfvorsteher, den wir aus den koptischen Quellen als ⲗⲁϣⲁⲛⲉ kennen, war also im spätbyzantinischen Djeme πρωτοκωμήτης. In einem Testament, das auf 634 datiert ist, erfolgt eine eponyme Datierung nach dem πρωτοκωμήτης.[77] Der Titel wird in zwei weiteren Urkunden aus dem Jahr 695 bzw. 701 ebenfalls genannt.[78] Es scheint also, dass der offizielle griechische Titel für den Dorfvorsteher in der Region von Djeme ab spätbyzantinischer Zeit bis mindestens 701 πρωτοκωμήτης war. Die Untersuchung der Abkürzung μειζ( ) legt nahe, dass später ein anderer griechischer Ausdruck für den Dorfvorsteher eingeführt wurde.

Zwischen μείζων und μειζότερος besteht ein klarer Unterschied.[79] Der erstere Titel bedeutet 'Dorfvorsteher', und der letztere *maior domus*. Ferner bezieht sich das Wort μειζότερος in der arabischen Zeit um die Mitte des 7. Jh. einmal auf den Verwalter einer Untereinheit der Pagarchie (σκέλος) bzw. in Aphrodito des frühen 8. Jh. wird Basilios, διοικητής, mit dem gleichwertigen arabischen *māzūt* bezeichnet. Aufgrund dessen muss man bei der Auflösung der Abkürzungen μειζ( ) bzw. μειζο( ) mit besonderer Sorgfalt vorgehen. Steinwenter betrachtete die zwei Wörter als Synonyme und nahm an, dass μειζ( ) in Djeme mit dem ⲗⲁϣⲁⲛⲉ zu identifizieren ist.[80] Die Sachlage ist aber komplizierter als von ihm angenommen. Zweimal sind ohne Zweifel (unabgekürzt) μειζότεροι – wohl in der Bedeutung '*maior domus*' belegt: In einem Brief wird die Ankunft des μειζότερος erwartet; der andere Text ist zu fragmentarisch, um den Kontext zu bestimmen.[81]

---

74 Der Titel ⲡⲣⲟⲧⲏⲥ in P.Schutzbriefe 53 A–C (= O.Vind.Copt. 65, Theb.-W., 7. Jh.), O.Vind.Copt. 37 (Theb.-W., 7.–8. Jh.) und P.Mon.Epiph. 490 descr. (Theb.-W., 7. Jh.) ist wohl anders als in den Editionen vermerkt als πρῶτος (= Archimandrit) und nicht πρωτοκωμήτης zu verstehen, s. Bemerkungen zu P.Schutzbriefe 53 A–C.
75 Vgl. oben S. 44–45.
76 P.KRU 105 (Theb.-W., 576–578 [?], zur Datierung vgl. MacCoull 2010) 25 und 45; SB XXVI 16584 (Theb.-W., Mitte–zweite Hälfte 7. Jh.), 1–2 und 10.
77 P.KRU 77 (Hermonthis, 634).
78 WO 1224 (Djeme, 695, s. MacCoull 1986); O.Crum 131 (Theb.-W., 701, vgl. Till 1954, 92).
79 Vgl. oben S. 53–57.
80 Steinwenter 1920, 41.
81 P.Pisentius 58 (Theb.-W., spätes 6.–frühes 7. Jh.); O.Medin.HabuCopt. 150 (Djeme, 7.–8. Jh.).

Auch die Abkürzung μειζ( ) bzw. μειζο( ) ist in mehreren Texten aus der Region zu finden. In einer Urkunde lesen wir die folgende Beschreibung:

Ich wandte mich gegen dich an die hochgeehrten Laschanen Athanasios und Viktor (in der Kirche des) ἀθλοφόρος *Märtyrers Abba Kyriakos vom selben Kastron, wobei der* θεοφιλέστατος ἀρχιπρεσβύτερος *und* μειζότερος *... Apa Viktor mit ihnen war.*[82]

Die Übersetzung stammt von Till, der zwar μειζότερος schreibt, das Wort allerdings nicht erklärt. Da die Laschanen in der unmittelbaren Nähe erwähnt werden, ist wohl anzunehmen, dass Tills Auflösung zutrifft und wirklich kein μείζο(ν) (l. μείζων) 'Dorfvorsteher', sondern ein μειζ(τερος), '*maior domus*', im Text belegt ist. Man könnte einwenden, dass hier vielleicht ein διοικητής mit μείζων gemeint sein könnte. Diese Annahme ist aber auszuschließen, da man den διοικητής als ersten Beamten des Dorfes sicherlich vor den Laschanen genannt hätte. Ferner sind auch die zwei διοικηταί des Jahres, Petros und Johannes, namentlich bekannt.[83] Priester übernahmen oft wirtschaftliche Funktionen in ihrer Kirche, aus Theben-West kennen wir u.a. den ἀρχιπρεσβύτερος und οἰκονόμος des Phoibammon-Klosters.[84]

Ferner finden wir die Abkürzung in drei Schutzbriefen aus 728–729, die von Aron und Georgios ⲙⲉⲓⲍ( ) ausgestellt wurden.[85] Ein vierter Schutzbrief wird von Leontios und den ⲙⲉⲓⲑⲑⲩ( ) des Kastron Memnonion ausgestellt, die Till als μειζότεροι (offenbar als Dorfvorsteher) verstand.[86] Weitere zwei griechische Datierungen koptischer Urkunden belegen den Titel. In einem Dokument, das auf das Jahr 733 datiert werden kann, wird der διοικητής (als eponymer Beamter) mit der Abkürzung ⲙⲙⲏⲍ( ) bezeichnet. Die Datierungsformel ist eine Mischung aus griechisch und koptisch:[87] ἐπὶ τ(οῦ) δεσπότη(ου) (l. δεσπότου) ἡμῶν Αργαμα υἱιοῦ (l. υἱοῦ) Ερδα

---

82 P.KRU 37 (= P.Lond.Copt. 423, Djeme, 724, vgl. Till 1954, 118), 13–18: ⲁⲓⲡⲣⲟⲥⲉⲗⲑⲉⲓ ⲉⲣⲟ ⲛⲧⲓⲙⲓⲱⲧ(ⲁⲧⲟⲥ) ⲁⲑⲁⲛⲁⲥⲓⲟⲥ | ⲙⲛ ⲃⲓⲕⲧⲱⲣ ⲛⲗⲁⲱ(ⲛⲓⲩ) ⲛ̄ⲟⲩⲛ ⲙⲡⲁⲑⲗⲟ|ⲫⲟⲣⲟⲥ ⲙⲙⲁⲣⲧⲩⲣⲟⲥ ⲁⲃⲃⲁ ⲕⲩⲣⲓⲁⲕⲟⲥ ⲙⲡⲉⲓ|ⲕⲁⲥⲧⲣⲟⲛ ⲛⲟⲩⲱⲧ ⲉⲣⲉⲡⲉⲑⲉⲟⲫⲩⲗⲉ(ⲕⲧⲟⲥ) ⲁⲡⲁ ⲃⲓⲕ|ⲧⲱⲣ ⲡⲁⲣⲭⲏⲡⲣⲉⲥⲃ(ⲩⲧⲉⲣⲟⲥ) ⲁⲩⲱ ⲡⲙⲉⲓⲍⲟ( ) . . . . | ⲛⲙⲙⲁⲁⲩ. Übers. aus Till 1954, 118. Die Lesart ⲡⲙⲉⲓⲍⲟ( ) scheint nach der Transkription unsicher zu sein, aber die Einsicht in eine Abbildung, für die ich Jennifer Cromwell danke, zeigt, dass die Buchstabenreste klar sind.
83 Till 1962, 234.
84 P.KRU 102 (Theb.-W., 762), 4; Schmelz 2002, 163–164.
85 SB Kopt. III 1368 (= P.Schutzbriefe 27 = O.CrumST 432, Djeme, 728, die verbesserte Datierung verdanke ich Jennifer Cromwell); P.Schutzbriefe 28 (Djeme, 728–729; die alternative Datierung 743–744 entfällt durch die Korrektur des vorigen Textes von Jennifer Cromwell). Das dritte Ostrakon, O.BM EA 44848, wird von Jennifer Cromwell zur Publikation vorbereitet. Das Datum ist zwar nicht erhalten, das Dokument wurde aber wohl in derselben Indiktion ausgestellt.
86 P.Schutzbriefe 22 (Djeme, o.D.), 1: ⲡⲁⲣ ⲗⲉⲟⲛⲧⲓⲟⲩ ⳽ ⲙⲉⲓⲑⲑⲩ ⲕ/ ⲙⲉⲙ . . . . Till übersetzt in der Edition: *von Leontios und den Meizoteroi (?) vom Kastron Memnonion (?)*.
87 Die Aufteilung des Textes in griechische und koptische Teile ist willkürlich.

αμιρα πόλις (l. πόλεως) ⲣⲙⲱⲛⲧ ⲭⲁⲏⲁ ⲇⲓⲏⲕⲁⲓⲧ ⲕⲁⲥⲧⲣⲟⲛ ⲙⲓⲙⲛⲟⲛⲓⲟⲛ ⲙⲙⲏⲍ( ).[88] Ein anderes Dokument aus dem Jahr 737 nennt wieder zwei eponyme Beamte μειζ( ):

ἐπὶ τοῖς (l. τῶν) λαμπρωτ(άτων) (l. λαμπροτ(άτων)) Ἀθανασίου Δαυεὶδ (καὶ) Μηνᾶ υἱοῦ τ(ο)ῦ μακαριωτ(άτου) Παὰμ μειζω( ) κάστρ(ο)υ Μεμνωνίου.[89]

Diese Texte zeigen eine unklare Sachlage, der einzige sichere Punkt ist, dass der διοικητής Chael μειζ( ) genannt wird. In der anderen Datierung werden die λαμπρότατοι Athanasios und Mena ohne weitere Titel μειζω( ) genannt. Die eponyme Datierung mit zwei Magistraten des Dorfes erlaubt zwei Interpretationen zur Identifizierung der Amtsträger: Entweder sind sie Laschanen oder διοικηταί. Eine Entscheidung ermöglicht das Ehrenprädikat der beiden Amtsträger, λαμπρότατος. In den Urkunden aus Djeme werden ausschließlich διοικηταί mit diesem Adjektiv geehrt, Laschanen tragen den Titel τιμιώτατος (s. oben).[90] Demgemäß waren Athanasios, Sohn des David und Mena, Sohn des Paam διοικηταί von Djeme im Jahre 737.

Die vier Schutzbriefe geben außer μειζ( ) keine weiteren Angaben zur Person der Aussteller. Da Schutzbriefe oft von Laschanen ausgestellt werden (s. oben), ist es verlockend, in dem Aussteller-Paar Aron und Georgios, die Laschanen der 12. Indiktion 728–729 zu sehen.[91] Das vierte solche Dokument wird von Leontios und den ⲙⲉⲓⲑⲑⲩ( ) von Djeme ausgestellt. Ein Leontios ist als Laschane (wohl aus den Jahren 743/744) bekannt: Er könnte auch der Aussteller unseres Textes sein.[92] Die Alternative, dass es sich um διοικηταί handelt, kann aber nicht ausgeschlossen werden, da ein Text auch diese Beamten als Aussteller solcher Dokumente belegt.[93] Eine weitere Interpretation wäre, dass es sich um ⲁⲡⲏⲩⲉ handelt. ⲁⲡⲏⲩⲉ agieren aber in der Regel alleine und nicht in Paaren und stellen Schutzbriefe nur sehr selten und eher in Kombination mit Steuerquittungen aus.

---

88 P.KRU 12 (Djeme, 733), 3–4. Till 1964, 106 übersetzt: [U]nter unserem Herrn Argama/Erd, dem εὐκλεέστατος Pagarchen der Stadt Ermont (und) Chael, dem Dioiketen des Kastrons Memnonion, dem μειζότερος. Till übersetzt in der Edition ... den μειζότεροι. Es scheint aber, dass sich das Wort nur auf den διοικητής bezieht.
89 P.KRU 10 (= SB Kopt. II 946, Djeme, 737, die verbesserte Datierung verdanke ich J. Cromwell), 3. Till 1964, 102 übersetzt: [U]nter den ʿλαμπρότατοι Athanasios/David und Mena/slg. Paam, den μειζότεροι des Kastron Memnonion. Demgemäß löste er die Abkürzung als μειζ(τέρων) auf.
90 S. z.B. die λαμπρότατοι in P.KRU passim.
91 Wenn die Paare, die Steuerquittungen unterzeichnen, als Laschanen aufzufassen sind (vgl. oben S. 178), könnten Aron und Georgios zwischen den Paaren Andreas-Petros (727–728/11. Indiktion) und Papnuthios-Dioskoros (Mai-Juli 729, Anfang der 13. Indiktion) 728–729/12. Indiktion Laschanen gewesen sein, vgl. oben S. 179/Anm. 59.
92 Er wird in P.KRU 69 zusammen mit Mena als Laschane erwähnt. Dieses Dokument kann auf den 18. 8. entweder 729 oder 744 datiert werden. Da aber dieses Datum mit der Amtszeit von Aron und Georgios zusammenfallen würde (falls sie tatsächlich Laschanen waren), wäre eine Datierung auf 744 zu bevorzugen, s. die vorige Fußnote.
93 P.Schutzbriefe 43 (Theb.-W., o.D.).

5.2 Das κοινόν und die Beamten von Djeme

Zweimal bezieht sich der Titel μειζ( ) also auf διοικηταί und dreimal auf Laschanen oder διοικηταί. Das spricht eher für die Auflösung μειζ(ων) 'Dorfvorsteher', obwohl man anhand der Überlegungen zum arabischen *māzūt*/μειζότερος auch an μειζ(ότερος) denken könnte.[94] Der Umstand, dass die Abkürzung sich sowohl auf διοικηταί wie auch Laschanen bezieht, erinnert an die breite Bedutung des arabischen *māzūt*. Man könnte auch annehmen, dass in den Schutzbriefen διοικηταί und nicht Laschanen belegt sind. Der Umstand, dass einige von ihnen möglicherweise auch als Laschanen belegt sind, müsste nicht stören, da mindestens ein Beispiel darauf hinweist, dass ein Laschane später als διοικητής amtierte.[95] Die Auflösung des Titels muss also an dieser Stelle dahingestellt bleiben.

Wie ist jedoch das Verhältnis des μειζ( ) zu dem πρωτοκωμήτης, der sich im gleichen Bedeutungsfeld bewegt? Die Chronologie der Texte, die die Abkürzung belegen, gibt uns einige Hinweise. Die zwei Schutzbriefe von Aron und Georgios stammen aus den Jahren 728–729 und die zwei eponymen Datierungen mit den διοικηταί aus den Jahren 733 und 737. Schließlich ist der Schutzbrief von Leontios und den μειζ( ) nicht datierbar. Die πρωτοκωμήται sind im Dorf von der zweiten Hälfte des 6. Jh. bis 701 belegt (s. oben). Man könnte also den Schluss ziehen, dass sich die griechische Terminologie für Dorfvorsteher zwischen 701 und 728 änderte, der ⲗⲁϣⲁⲛⲉ wurde offiziell nicht mehr πρωτοκωμήτης, sondern μείζων oder μειζότερος genannt. Dazu muss aber auch vorausgesetzt werden, dass sich die Abkürzung auf Laschanen bezieht, was nicht eindeutig ist. Wenn diese Annahme zutreffen würde, wäre es verständlich, dass man einige Jahre später auch schon die διοικηταί μείζονες/μειζότεροι genannt hätte, da es sich, wie oben erwähnt, um sehr ähnliche Funktionen handelte und eine gewisse Unklarheit im griechischen Sprachgebrauch der koptischen Schreiber nicht überraschend wäre. Da die höheren Positionen, wie der Pagarch, keinen eigenen koptischen Namen hatten, ist es nachvollziehbar, dass sie konsequent verwendet wurden. Die Dorfbeamten waren aber offensichtlich eher unter ihrem koptischen Titel bekannt, sodass in der Verwendung der griechischen Termini verständlicherweise eine gewisse Unsicherheit herrschen konnte. In diesem Zusammenhang lohnt es sich auch, den ähnlichen Wechsel von ⲁⲡⲉ zu στρατηγός zu untersuchen.

Wie schon besprochen, sind die ⲁⲡⲏⲅⲉ fast ausschließlich in Steuerquittungen belegt. Von Paul Kahle wurde beobachtet, „daß fast alle Urkunden von diesen Typen aus den Jahren 710 bis 730 stammen."[96] Etwa 300 dieser Steuerquittungen werden von ⲁⲡⲏⲅⲉ signiert, aber oft fehlen die Titel der Aussteller. Obwohl die Erforschung dieser Textgattung noch viele Ergebnisse verspricht, lassen sich einige allgemeine Tendenzen beobachten. Eine dieser Tendenzen, die von Alain Delattre erkannt wurde, ist, dass in Steuerquittungen, die von den Schreibern Kyriakos, Sohn

---

94 Schon Till bemerkt in Anm. 1 zu P.Schutzbriefe 28: „Statt μειζότεροι kann auch μείζωνες [sic] gelesen werden." Zum *māzūt* vgl. oben S. 62–63.
95 Vgl. oben S. 181/Anm. 71.
96 Kahle 1974, 284.

des Petros, und Aristophanes, Sohn des Ioannes, geschrieben wurden, anstatt des Titels ⲁⲡⲉ, der bis zur 9. Indiktion (725–726) verwendet wurde, ab der 10. Indiktion (726–727) στρατηγός gebraucht wird.[97] Die Gleichsetzung der beiden Titel ist zwingend, da viele Personen nachweisbar beide Titel tragen.[98] Es handelt sich also um einen neuen griechischen Terminus für den koptischen ⲁⲡⲉ.

Mehr als 60 Texte bezeugen den Titel στρατηγός in thebanischen Steuerquittungen. Der στρατηγός ist fast immer Signatar von Steuerquittungen, die übliche Formulierung ist Name + ὁ στρατηγὸς στοιχεῖ oder ὁ στρατηγός + Name στοιχεῖ.[99] In einem dieser Dokumente ist er Übermittler einer Zahlung (s. unten) und in einer Namenliste ist seine Rolle unklar.[100] Es waren offenbar mehrere στρατηγοί zur selben Zeit tätig: Die Strategen Solomon und Stephanos kommen in zwei verschiedenen Quittungen am selben Tag vor.[101] Die Mehrheit der Steuerquittungen wurde von den erwähnten Schreibern, Aristophanes und Kyriakos, zwischen der 10. und 12. Indiktion (726–729) ausgestellt. Aristophanes schreibt Texte für die Strategen Anasta(sios?), Kyriakos, Onnophrios, Philotheos, Samuel, Solomon und Stephanos; Kyriakos für Markos, Musaiu[102] und Philotheos. Ferner wurde ein Text von Aristophanes wohl in der 14. Indiktion (730/731) geschrieben.[103] Einige weitere Dokumente, deren Datierung nicht zwischen die 10. und 12. Indiktion fällt und die von anderen Schreibern ausgestellt wurden, bezeugen ebenfalls στρατηγοί. Da der Titel in den Quittungen von Aristophanes und Kyriakos einheitlich in der 10. Indiktion auftaucht, ist es naheliegend, eine terminologische Neuerung anzunehmen und die weiteren στρατηγός-Texte auch in die späteren Indiktionen zu datieren.

---

97 Der einzige Text, der m.W. nicht in dieses Schema passen würde, ist das von Aristophanes geschriebene O.Medin.HabuCopt. 231, was nach der Edition auf die 6. Indiktion datiert wird. Jennifer Cromwell teilte mir jedoch anhand einer Abbildung dankenswerter Weise mit, dass die Lesung der ed.pr. korrigiert werden sollte und es sich um die 11. Indiktion handelt.

98 Zur Übereinstimmung von ⲁⲡⲉ und στρατηγός vgl. Worp 1986, 145–146 und P.Stras.Copt., S. 224–225.

99 Worp 1986, 145–146. Der Titel wird meistens als στρα( ) abgekürzt, was theoretisch auch alternative Auflösungen erlauben würde, wie z.B. στρα(τιώτης). Die Interpretation wird jedoch durch SB XXIV 16019 (737, zur Datierung vgl. unten S. 237–239), 2 gesichert, wo στρατηγ(οῦ) zu lesen ist.

100 O.Petr.Mus. 595 (= O.Petr. 447, wohl nach 726 [7. Jh. ed.pr.]), 1. In der ed.pr. steht θ ὁ πρ(εσβύτερος) Πισραήλ Στεφάν(ου) als Überschrift, was zu † ὁ στρα(τηγὸς) Πισραήλ Στεφάν(ου) berichtigt werden kann. Ich danke Nikolaos Gonis für diese Berichtigung. Der Zweck der Liste ist unklar, handelt es sich etwa um eine Liste von Steuerzahlern, für die der στρατηγός Pisrael verantwortlich ist?

101 Delattre-Fournet 2013, 167.

102 Er ist nur in einem einzigen Text belegt: O.Ashm.Copt 13, neuediert in Delattre 2002/A, 365–366 mit Gonis 2004/C, 159.

103 O.CrumST 415 descr. Da die Steuern der 13. Indiktion quittiert werden, wurde die Quittung wohl in der nächsten Indiktion geschrieben – wie üblich.

5.2 Das κοινόν und die Beamten von Djeme

Ein στρατηγός-Text wurde von dem Schreiber Theodoros in einer ersten Indiktion (am 13. 8. 733) aufgesetzt.[104] In einem Dokument aus derselben Indiktion (9. 6. 733), das von einem unbekannten Schreiber geschrieben wurde, wird auch ein στρατηγός erwähnt.[105] Drei andere thebanische Quittungen, die von dem Schreiber David aufgesetzt wurden, sind ebenfalls zu erwähnen. Zwei Quittungen, die auf denselben Tag der ersten Indiktion datiert werden, wurden von dem στρατηγός Hellos unterschrieben, eine dritte aus der 15. Indiktion von einem gewissen Kyris. Die erste Indiktion des Dokumentes ist wohl dieselbe wie die der vorigen Texte: Demgemäß wurden diese ersten Quittungen am 1. 8. 732 geschrieben und die dritte am 28. 2. 732.[106] Der späteste Text, der einen στρατηγός belegt, ist eine Quittung, vielleicht aus Theben, aber sicherlich aus Oberägypten aus der sechsten Indiktion (737). Dies ist die einzige mir bekannte Quittung, in der der στρατηγός nicht seine Zustimmung gibt, sondern als Vermittler einer Steuerzahlung erwähnt wird. Der Aussteller des Dokumentes bestätigt dem Steuerzahler, dass er von ihm „durch den στρατηγός" 22,5 Keratia erhalten hat.[107] Der Titel wurde also in Theben-West (und vielleicht auch anderswo in Oberägypten) von 726 bis mindestens 733 oder vielleicht bis 737 als griechisches Äquivalent des ⲁⲡⲉ verwendet.[108]

Es muss aber bemerkt werden, dass mit der Einführung des Terminus στρατηγός der Ausdruck ⲁⲡⲉ nicht vollständig verschwindet, eine Steuerquittung aus dem Jahr 729 z.B. bezeugt ihn immer noch.[109] Das Phänomen, dass die beiden Titel parallel belegt sind, muss nicht unbedingt ein Widerspruch sein. Eine gewisse zeitliche Überschneidung in der Verwendung von zwei Termini für dieselbe Institution wäre schon an sich nicht überraschend. Aber wie wir schon im Fall der Dorfvorsteher sehen konnten, wurden z.B. parallel zu ⲗⲁϣⲁⲛⲉ griechische Titel wie πρωτοκωμήτης und eventuell μείζων oder μειζότερος für den Dorfvorsteher verwendet. Es ist wohl anzunehmen, dass der neue Titel für den ⲁⲡⲉ in der 10. Indiktion (726–727) eingeführt wurde, sich seine Verwendung aber nicht vollständig durchsetzten konnte. Die Terminologie hätte u.a. auch von der Ausbildung und den Gewohnheiten der einzelnen Schreiber abhängen können. Da aber nur ein zeitlich begrenztes Material zur Untersuchung des στρατηγός vorliegt, können diese Fragen derzeit nicht genau beantwortet werden.

Der Titel στρατηγός ist schon an sich interessant. Der Terminus bezog sich in der ptolemäischen und römischen Zeit auf den Leiter des Gaues. Mit den Verwaltungsreformen im 4. Jh. verschwinden jedoch die στρατηγοί aus dem bürokratischen

---

104 O.Petr.Mus. 554 (= O.Petr. 418, vgl. Delattre-Fournet 2013, 162–163).
105 O.Minor E 6 (s. Bemerkungen).
106 O.Heid. 448–449 (s. Bemerkungen). Der dritte Text ist O.Camb. 114, dessen Edition von Nikolaos Gonis vorbereitet wird, dem ich für eine Einsicht in sein Manuskript danke.
107 SB XXIV 16019. Zur Provenienz dieses Textes vgl. unten S. 237–238.
108 Vgl. unten S. 237–238.
109 P.Worp 62.

Sprachgebrauch in Ägypten[110] und tauchen dann nur in den oben besprochenen Steuerquittungen als Dorfbeamte auf. Eigentlich ist der Terminus überhaupt nicht passend: Das Wort bedeutet 'Feldherr' – was für einen Dorfbeamten, der sich hauptsächlich mit Steuereintreibung beschäftigt, wohl etwas übertrieben ist.[111] Da sich der Ausdruck aus dem offiziellen Sprachgebrauch der Zeit überhaupt nicht erklären lässt, stellt sich die Frage, woher er kommt. Es ist auch nicht klar, von welcher Ebene aus der Titel eingeführt wurde. Es wäre unwahrscheinlich, dass es sich um ein Spezifikum des Dorfes Djeme und seiner Gegend handelt. Wurde der Titel στρατηγός vielleicht vom Büro des Pagarchen von Hermonthis verordnet? Ein Text, der den Terminus belegt, könnte sogar aus einer anderen Gegend in Oberägypten stammen.[112] Man kann ohne Zweifel behaupten, dass diese terminologische Neuerung nicht auf Initiative der arabischen Beamten durchgeführt wurde. Hinter dieser Änderung stehen allem Anschein nach die griechischsprachigen, oder auf jeden Fall über gute griechische Bildung verfügenden koptischen Bürokraten der Araber. In diesem Sinne wäre die Einführung des gut klingenden Titels στρατηγός eine Art von Nostalgie an die byzantinische Zeit.[113]

Die Untersuchung der griechischen Terminologie zeigte im Wesentlichen zwei größere Veränderungen. Erstens erscheint der griechische Terminus μείζων/μειζότερος für den διοικητής und vielleicht auch den Laschanen ab dem Jahr 728, wobei der Titel πρωτοκωμήτης für Dorfvorsteher ab 701 nicht mehr belegt ist. Zweitens wurde ab 726 für den koptischen ⲁⲡⲉ der griechische Terminus στρατηγός eingeführt. Es ist verlockend, diese zwei Veränderungen zu verbinden und anzunehmen, dass auch der Titel μείζων/μειζότερος etwa um das Jahr 726 eingeführt wurde. Andererseits kann man in diesem Kontext auch auf die Parallele von Aphrodito aufmerksam machen: Im 6. Jh. begegnet uns im Dorf nur der Terminus πρωτοκωμήτης, aber in den Papyri des 8. Jh. heißen die Dorfvorsteher in der Region immer μείζονες. Demgemäß könnte man versuchen, die eventuelle Veränderung von πρωτοκωμήτης zu μείζων in Djeme mit dem Erscheinen des μείζων in Aphrodito in Verbindung zu

---

110 Thomas 1995. Auch der spätantike Titel στρατηλάτης 'General, Feldherr' bezieht sich auf hochrangige Personen, s. z.B. die Liste der „στρατηλάται und πάγαρχοι im byzantinisch-arabischen Faijum" von Klaas A. Worp in CPR X, S. 153–156.

111 Es ist an dieser Stelle wahrscheinlich nicht von besonderer Relevanz, dass das Wort vielleicht im römischen Syrien und Kleinasien eine Art von Dorfbeamten bezeichnete, vgl. Grainger 1995, 183–184 und Schuler 1998, 240–241.

112 SB XXIV 16019.

113 Zu diesem Phänomen vgl. Papaconstantinou 2009, 463. Sie schreibt über den oben erwähnten Aristophanes und andere Eliten von Djeme: „[T]hey lived in a cut-off Christian world where the lost Christian empire seems to have retained its allure. They still inhabited its cities, referred to its laws, bore the names of its emperors, used its language as a sign of distinction and bestowed upon their new lords the honorific titles of their predecessors. Without overstating things, one might say that in mind and heart, Aristophanes and his friends still lived in Byzantium – in the Byzantium their great-grandfathers had known". Vgl. auch Alain Delattre und Jean-Luc Fournet in P.Stras.Copt., S. 225/Anm. 104.

5.2 Das κοινόν und die Beamten von Djeme

Provinz	dux	Thebais
Pagarchie	Pagarch	Hermonthis
Dorf	διοικητής	Djeme

Dorfgemeinschaft
(κοινόν, κοινότης)

Dorfvorsteher
(ⲗⲁϣⲁⲛⲉ = πρωτοκωμήτης)

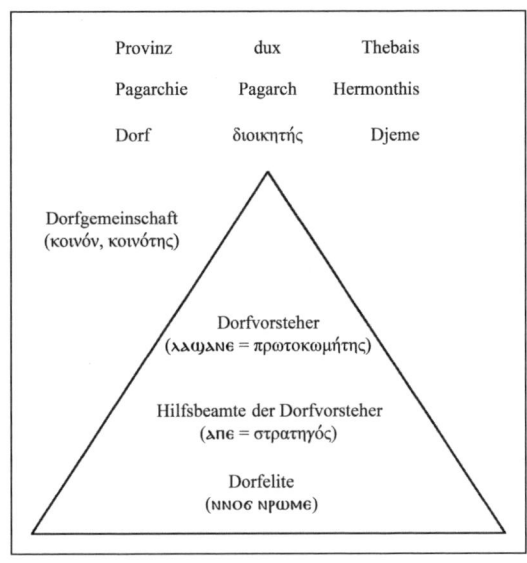

Hilfsbeamte der Dorfvorsteher
(ⲁⲡⲉ = στρατηγός)

Dorfelite
(ⲛⲛⲟϭ ⲛⲣⲱⲙⲉ)

Schematische Darstellung der Verwaltungsstruktur von Djeme (7.–8. Jh.)

bringen. Es ist allerdings problematisch, dass wir nicht wissen, was der Titel der Dorfvorsteher von Aphrodito im 7. Jh. war. Alles in allem gibt es für keine der beiden Angaben genügend Evidenz: Die Frage muss offen gelassen werden.

Es ist ebenfalls bemerkenswert, dass irgendwann im ersten Viertel des 8. Jh. noch eine Reform in der griechischen Terminologie in einem abgelegenen oberägyptischen Dorf durchgesetzt werden konnte. Das zeigt einerseits, dass die Rolle der griechischen Sprache in der Verwaltung auch noch zu dieser Zeit sehr wichtig war und deutet daher auf eine über gute griechische Bildung verfügende Bürokratenschicht – trotz der immer stärker werdenden Arabisierung der Verwaltung. Obwohl die Sprache des *dīwān*, der zentralen Kanzlei, ab 706 Arabisch war, spielte auf lokaler Ebene die griechische Sprache immer noch eine wichtige Rolle.[114] Andererseits ist auch zu bemerken, dass diese Termini auch in einem eher koptischsprachigen Milieu im Großen und Ganzen konsequent verwendet wurden. Es gab zwar sicherlich einige Verwirrung, wie im Fall des μείζων/μειζότερος gezeigt werden konnte, aber generell kann man wohl davon ausgehen, dass die griechische Terminologie auf lokaler Ebene sogar im 8. Jh. noch passend angewandt wurde.[115]

Wie lange diese Titel verwendet wurden, bleibt unklar, aber andere Veränderungen sind noch zu erkennen. Auffallend ist z.B., dass die Rechtsurkunden aus Djeme ab 750 nur den διοικητής in ihren Datierungen angeben.[116] Laschanen werden nicht einmal in den Klauseln der Urkunden erwähnt, in denen sie früher normalerweise präsent waren. Man muss aber darauf aufmerksam machen, dass unser Material aus Djeme nach 750 sehr begrenzt ist. Mann könnte vermuten, dass die Veränderung mit

---

114 Sijpesteijn 2010, 106.
115 Natürlich muss auch berücksichtigt werden, dass einige griechische Wörter nicht als Fachausdrücke zu verstehen sind und demgemäß in sehr allgemeinem Sinn verwendet werden können. Ein Beispiel dafür aus Djeme ist der in den Rechtsurkunden einfach in der Bedeutung 'Magistrat' vorkommende ἄρχων, s. Förster 2002, *s.v.*; vgl. auch die Ausdrücke προνοητής und φροντιστής: Steinwenter 1920, 34–35.
116 S. die Tabelle in Till 1962, 235.

der Machtübernahme der Abbasiden um 750 zusammenhängt. Die Einführung der individuelle Steuerhaftung veränderte grundsätzlich die Verhältnisse. Das muss natürlich auch Auswirkungen auf die Struktur der Dorfverwaltung gehabt haben. Es ist nicht anzunehmen, dass die Laschanen von einem Tag auf den anderen verschwanden, aber ihre Rolle wurde wohl immer unbedeutender. In dieser Frage ist bei der heutigen Quellenlage keine Klarheit zu gewinnen. Die Verwendung verschiedener Termini könnte wohl auch mit den persönlichen Vorlieben der Schreiber verbunden sein. M.W. erwähnt z.B. der gut belegte Schreiber Aristophanes, Sohn des Ioannes, nie Laschanen in seinen Datierungen oder Klauseln.[117]

5.3 Der Alltag der Dorfverwaltung in Djeme

Nach dem Überblick über die Struktur und Terminologie der Dorfverwaltung wird jetzt auf den Alltag der Administration in Djeme eingegangen. Die zahlreichen Ostraka betreffen oft Angelegenheiten der Verwaltung, man sieht, wie die Laschanen und andere Beamte versuchen, ihre verschiedenen Aufgaben zu erledigen. Die Abwicklung dieser Geschäfte erscheint aber in diesen Texten nicht immer so selbstverständlich zu sein wie in Einträgen von Quittungen und Abrechnungen. Oft kommen persönliche Interessen zum Vorschein, oft sehen wir Konflikte und verschiedene Strategien, um diese zu lösen oder einen Vorteil zu erzielen. Besonders interessante Faktoren in diesen Angelegenheiten sind die Klöster und Kleriker der Gegend, verschiedene Netzwerke werden für kurze Augenblicke sichtbar. Wir sehen die Wechselwirkung diverser Interessen, die Kollision verschiedener Absichten. Unser Bild bleibt aber oft unvollständig, da die prosopographischen Anknüpfungspunkte des Materials nicht immer klar sind. Im Folgenden biete ich demgemäß keine übergreifende Darstellung über die Dorfelite von Djeme, vielmehr werde ich Episoden aufzeigen, die die Komplexität der dörflichen Verhältnisse illustrieren.

Wie dargestellt, lag die Verwaltung des Dorfes vor Ort in den Händen der „großen Männer", der lokalen Elite. Sie stellten die Laschanen und die ⲁⲡⲏⲅⲉ, und manche von ihnen konnten sogar zum höchsten Rang, der im Dorf erreichbar war, zu dem des διοικητής, des Repräsentanten des Pagarchen, aufsteigen. Diese Elite umfasste auch Kleriker der Kirchen von Djeme, die fast in jeder Rechtsurkunde des Dorfes eine Rolle spielten. Da die Laschanen nur für ein Jahr oder einige Jahre amtierten, konnte jeder, der zu den „großen Männern" gehörte, prinzipiell damit rechnen, früher oder später das Amt zu bekleiden. Natürlich wurde nicht jeder Laschane, sonst hätte auch der oft angeführte Titel „ehemaliger Laschane" keine Bedeutung gehabt. Wir wissen nicht, wie sie ausgewählt wurden. Die Auswahl erfolgte vermutlich im Rahmen des κοινόν, aber ihre Ernennung musste sicherlich von

---

117 S. z.B. seine Urkunden in P.KRU *passim*. Vielleicht bevorzugte er wegen seiner Bildung die griechischen Titel?

höheren Verwaltungsebenen (wohl dem Pagarchen) bewilligt werden. Zwar brachte diese Stellung für den Amtsinhaber sicherlich u.a. finanzielle Verantwortung und Last, doch ist auch der Einfluss, den die Position mit sich brachte, nicht zu unterschätzen.[118] Die Dorfvorsteher konnten die Steuer verteilen, die Fronarbeiter auswählen, Leute festnehmen usw. Ihre Macht war aber nicht unbegrenzt, die „heiligen Männer" von Theben-West konnten entschieden gegen sie auftreten (s. unten).

Die Rolle der „großen Männer" in der Schlichtung von Konflikten vor Ort wurde schon in Verbindung mit den Aufgaben des Laschanen detailliert erläutert.[119] Der Laschane und der διοικητής versuchten soweit möglich als Vermittler zu agieren, und die Konflikte vor Ort mit der Hilfe von „großen Männern" zu lösen. Streitigkeiten wurden meistens noch im Dorf geregelt, nur selten kamen Fälle auf höhere Ebene, zum Pagarchen oder zum *dux*. Eine Alternative zu den „großen Männern" boten die „heiligen Männer", die Asketen und angesehene Mönche der Umgebung. Den Weg zur Lösung eines Konfliktes illustriert der Text eines Ostrakons, in dem eine Frau die Entscheidung eines „heiligen Mannes" erwartet:

Vorerst begrüße ich fußfällig und küsse den Schemel der Füße deiner heiligen und in jeglicher Weise geehrten Väterlichkeit. ἐπειδή: Anup kam nach Süden und äußerte sich zu deiner Väterlichkeit über eine kleine Dattelpalme, die er auf meinem Grund gepflanzt hat. Gewiß hat er dir (entweder die) Wahrheit gesagt oder er hat gelogen. ἐπειδή: Es gibt aber keine Lüge bei den großen Männern, am wenigsten bei dir, du unser aller Vater. Und jeder Mensch im ganzen Dorf weiß über jenen Platz Bescheid, daß er mir gehört. So habe ich denn Priester und große Männer des Dorfes zusammengebracht. Als ich sie zum Zeugnis gegen ihn gemacht hatte, sagte er: Ich werde sie (= die Palme) wegnehmen ... Dann schickte er mich zum ... Rechtsstreit mit ihm, wie es sich ergeben wird ... Aber was (immer für eine Entscheidung) uns deine Väterlichkeit schicken wird, ich werde dir nicht ungehorsam sein. Leb wohl im Herrn, unser heiliger, verehrter, christusliebender Vater. Deine sündige Magd.[120]

---

118 In O.Crum 268 (Theb.-W., o.D.) wird z.B. allem Anschein nach auf die Empfehlung eines Laschanen hingewiesen.
119 Vgl. oben S. 176.
120 O.Vind.Copt. 258 (= O.CrumST 300, Theb.-W., 7.–8. Jh.): ϣⲟⲣⲡ ⲙⲉⲛ ϯⲡⲣⲟⲥⲕⲩⲛⲉⲓ ⲁⲩⲱ ϯⲁⲥⲡⲁⲍⲉ | ⲙ̄ⲡϩⲩⲡⲟⲡⲟⲇⲓⲟⲛ ⲛⲛⲟⲩⲣⲏⲧⲉ ⲛⲧⲉⲕⲙⲛ̄ⲧⲉⲓⲱⲧ | ⲉⲧⲟⲩⲁⲁⲃ ⲁⲩⲱ ⲉⲧⲧⲁⲓⲏⲩ ⲕⲁⲧⲁ ⲥⲙⲟⲧ ⲛⲓⲙ ⲉⲡⲉⲓⲇⲏ ⲁⲁⲛⲟⲩⲡ | ⲉⲓ ⲉⲣⲏⲥ ⲁϥⲧⲁⲩⲟ ϩⲉⲛϣⲁϫⲉ ⲉⲧⲉⲕⲙⲛ̄ⲧϫⲟⲉⲓⲥ ⲉⲧⲃⲉ ⲟⲩⲃⲛ̄ⲛⲉ ϣⲏⲙ | ⲛ̄ⲧⲁϥϫⲟⲟⲥ ϩⲙ̄ ⲡⲁⲙⲁ ⲡⲁⲛⲧⲱⲥ ⲁϥⲧⲁⲩⲟ ϩⲉⲛⲙⲉ ⲛⲁⲕ ⲏ ⲁϥⲧⲁⲩⲟ ϩⲉⲛϭⲟⲗ ⲉⲡⲉⲓⲇⲏ ⲙⲁϭⲟⲗ ϣⲱⲡⲉ ⲙⲁ ⲛⲛⲟϭ ⲛ̄ⲣⲱⲙⲉ | ⲙⲁⲗⲓⲥ ⲛ̄ⲧⲟⲕ ⲛ̄ⲧⲟⲕ ⲡⲉⲛⲉⲓⲱⲧ ⲧⲏⲣⲛ̄ ⲁⲩⲱ ⲣⲱⲙⲉ ⲛⲓⲙ | ⲉϥϩⲙ̄ ⲡⲧⲙⲉ ⲧⲏⲣϥ ⲥⲟⲟⲩⲛ ⲛ̄ⲫⲱⲃ ⲛ̄ⲡⲙⲁ ⲉⲧⲙ̄ⲙⲁⲩ ϫⲉ ⲡⲱⲓ̈ | ⲡⲉ ⲙⲁⲗⲓⲥⲧⲁ ⲁⲓⲃⲓ ⲡⲣⲟⲥⲃⲩⲧⲉⲣⲟⲥ ⲉϩⲟⲩⲛ ⲙⲛ ⲛⲟϭ ⲛ̄ⲣⲱⲙⲉ ⲙ̄|ⲡ̄ⲧⲙⲉ ⲛ̄ⲧⲉⲣⲓ̈ⲁⲁⲩ ⲙ̄ⲙⲛ̄ⲧⲙⲛ̄ⲧⲉ ⲉⲣⲟϥ ⲡⲉϫⲁϥ ϫⲉ ⲟⲩⲁⲓⲃⲓⲧⲥ | ⲙ̄ⲙⲁ[ⲩ ...]ⲓ̈ ̇ ̣ 2 ⲗⲟⲓⲡⲟⲛ ⲁϥⲃⲱⲕ ⲙ̄ⲙⲟⲓ̈ ϣⲁ ⲡⲥⲟⲩ / [...] ⲛ̄ϩⲁⲡ ⲛ̄ⲙ̄ⲙⲁϥ ⲕⲁⲧⲁ ⲑⲉ ⲉⲧⲛⲏⲩ | [...] ⲉⲣⲟⲥ ⲁⲗⲗⲁ ⲡⲗⲏⲛ ⲡⲉⲧⲉⲣⲉ|[ⲧⲉⲕⲙⲛ̄ⲧⲉⲓ]ⲱⲧ ⲛⲁⲧⲛ̄ⲛⲟⲟⲩ ⲛⲁⲛ ϯⲛⲁ|[ⲣ ⲁ]ⲧⲥⲱⲧⲙ̄ ⲛ̄ⲥⲱⲕ ⲁⲛ ⲟⲩϫⲁⲓ ϩⲙ̄ | [ⲡ]ϫⲟⲉⲓⲥ ⲡⲉⲛⲉⲓⲱⲧ ⲉⲧⲟⲩⲁⲃ ⲉⲧⲧⲁⲓⲏⲩ | [ⲙ̄]ⲙⲁⲓⲡⲉⲭ(ⲣⲓⲥⲧⲟ)ⲥ ⲧⲉⲕϩⲙ̄ϩⲁⲗ † | ⲛ̄ⲣⲉϥⲣ̄ⲛⲟⲃⲉ †. Übers. von Till

Dem Text ist das Prinzip der Streitbeilegung zu entnehmen. Zwar sind nicht alle Einzelheiten klar, doch scheint es, dass nach einer fehlgeschlagenen Vermittlung im Dorf ein anderer „großer Mann", der angesprochene Mönch oder Kleriker, die Entscheidung fällen soll. Die Absenderin des Briefes unterschreibt als „deine sündige Magd". Das könnte natürlich auch bloße Formalität sein, aber der Ton des Schreibens lässt vermuten, dass die Absenderin dem heiligen Mann bekannt war. Man könnte meinen, dass sie von ihrem „christusliebenden Vater" eine positive Entscheidung erwartete. Sie war von ihrem Recht überzeugt, und nahm wohl an, dass ein weiser Heiliger nur zu ihren Gunsten entscheiden könnte.

Das obige Beispiel zeigte, dass der Prozess der Streitbeilegung oft viele Phasen hatte. So treffen wir in einem Brief auf Überlegungen, wie ein Konflikt mit Hilfe der Laschanen gelöst werden könnte.[121] In einem anderen Brief bittet jemand vier Männer, zum „Ort des Laschanen" zu gehen und in seiner Angelegenheit vorzusprechen, damit ihm die hölzernen Fußfesseln, die er seit drei Tagen tragen muss, abgenommen werden.[122] Der Kontext der Angelegenheit scheint ein Rechtsstreit gewesen zu sein. Der „Ort des Laschane" ist bemerkenswert. Es bleibt unklar, ob es sich um ein Büro handelt (dafür gibt es sonst keine Evidenz) oder – was vielleicht wahrscheinlicher ist – um das Haus des Amtsträgers.

Besonders interessant ist eine Urkunde, die über den Erlass einer Entschädigung berichtet:

Ich habe euch vor unserem Herrn Suleiman, dem εὐκλεέστατος Emir, wegen einiger Sachen, die ihr in meinem Hause gestohlen hattet, den Prozeß gemacht [...] Wir stellten euch vor die Dioiketen Demetrius und Michael, damit sie euch die ganze Beute, die ihr in unserem Hause gestohlen hattet, abverlangen. Ihr, Daniel und Tanope, seid nun mit Großen Männern [ϨΕΝΚΕΝ[ΟϬ] ΝϢΗΡΕ] aus dem Kastron gekommen. Diese baten mich euretwegen, weil ihr nicht (die Mittel) aufbringen (?) konntet, uns die Beute zu geben (= ersetzen), die ihr in unserem Hause gestohlen hattet. Wir haben euch 10 Holokottinoi und 2 Trimesien erlassen. Wir erklären jetzt, daß wir keinerlei rechtlichen Anspruch mehr gegen euch, Daniel und Tanope, wegen der ganzen Beute, die ihr in unserem Hause gestohlen hattet, haben, weil wir uns mit euch über diese ganze Beute verständigt haben.[123]

---

aus der Edition.
121 O.Crum 128 (Theb.-W., o.D.).
122 P.Mon.Epiph. 181 (Theb.-W., 7. Jh.).
123 P.KRU 52 (= P.Lond.Copt. 426, Theb.-W., 730–739), 5–17: ΑΙ[ΕΝ]ΑΓΕ [ΝΗ]ΤΝ ΝΝΑϨΡΝ ΠΕΝ . . Ε ΝΧΟΕΙ[С С]ΟΥΛΕΕΙΜΑ[Ν] | [ΠΕΥΚ]ΛΕ(ΕСΤΑΤΟС) ΝΑΜ[Ι]ΡΑ ΕΤΒΕ ϨΕΝСΚΕΥΕ ΝΤΑΤΕΤΕΝΒΙΤΟΥ Ν[ΧΙ]ΟΥΕ | ΝϨΟΥΝ ΜΠ[ΕΝΗΙ] . . ΕΝϨ . . . . . . ΥΛΕ . ΑΝΠΑΡΑС[ΚΕΥ]ΑΖΕ | ΜΜΩΤΝ ΝΔΗΜΗΤΡ[ΙΟС] ΜΝ ΧΑ[ΗΛ] ΝΔΙΟΙΚ(ΗΤΗС) Τ[Α]ΡΟΥΑΠΑΙΤΙ ΜΜΩΤΝ | ΝΤΠΡΑΙΤΕΙ ΤΗΡС ΝΤΑΤΕΝΒΙΤС ΝϨΟΥΝ ΜΠΕΝΗΙ ϨΝ ΟΥΚΛΟΠΗ | [Α]ΤΕΤΝΕΙ ΟΥΝ ΝΤΩΤΝ [Α]ΑΝΙΗΑ ΜΝ Τ[ΑΝΩ]ΠΗ ΜΝ ϨΕΝΚΕΝ[ΟϬ] ΝϢΗΡΕ | ϨΜ ΠΚΑСΤΡΟΝ ΑΥΑΙΤΕΙ ΜΜΟΙ ϨΑΡΩΤΝ ΕΤΒΕ ΧΕ ΜΠΕΤΕΤΝΕ-ϢϬΜϬΟΜ ΝΜ̅ΠΟΡΕΙ ΝΤΕΤΝΤΙ ΤΠΡΑΙΤΕΙ ΝΑΝ ΝΤΑΤΕΤΝ|ΒΙΤС ΝϨΟΥΝ ΜΠΕΝΗΙ vac.

5.3 Der Alltag der Dorfverwaltung in Djeme

Die interessante Situation ist kein Unikum: Der Priester und Dorfvorsteher (μείζων) des oxyrhynchitischen Dorfes Spania konnte irgendwann im 6. Jh. erreichen, dass ihm der Wert der Güter, die aus seinem Haus gestohlen worden waren, von den Landbesitzern des Dorfes, also eigentlich der Dorfelite, mit der exorbitanten Summe von 86 Solidi erstattet wird.[124] Unser Dokument aus Djeme zeigt eine andere Sachlage. Der Wert der „Beute" ist auch hier verhältnismäßig groß: Zehn Solidi waren genug, um die Kopfsteuerbeträge einer Person für mehrere Jahre zu decken. Die Fürbitte der „großen Männer" konnte aber erreichen, dass die Entschädigung für gestohlene Gegenstände nicht bezahlt werden musste. Die Diebe haben die „großen Männer" gebeten, ihnen zu helfen, weil sie nicht imstande waren, die nötigen Mittel aufzubringen. So zeigt sich, welchen Einfluss die Vertreter der lokalen Elite hatten: Die Bestohlenen mussten den Wert der Entschädigung nicht nur senken, sondern gänzlich erlassen – wohl nicht mit großer Begeisterung.

Was hat aber die „großen Männer" motiviert, so drastisch einzugreifen? Die Urkunde gibt in dieser Hinsicht keine Auskunft. Man könnte an persönliche Kontakte, Bekanntschaften mit den Dieben denken, die die Angelegenheit zu deren Gunsten hätten voranbringen können. Der Text erlaubt aber auch eine andere Erklärung. Der eigentliche Grund für den Erlass der Schadensvergütung ist, dass die Diebe arm sind. Das könnte darauf hindeuten, dass die „großen Männer" aus sozialen Gründen für die Bittenden ihren Einfluss geltend machten. Den Armen Hilfe zu leisten scheint in einer christlichen Gesellschaft des frühen 8. Jh., die geistig von den umgebenden Klöstern und Asketen dominiert wird, eine gute Motivation zur Beeinflussung eines Rechtsstreites zu sein. Der Diskurs der Armut war in der Spätantike allgemein, aber auch in Ägypten von großer Bedeutung, wie es u.a. die Schriften von Schenute zeigen.[125] Die Mönche der thebanischen Region kümmerten sich in der Tat aktiv um die Armen und hielten Fürsprache für Inhaftierte.[126] Eine solche Motivation könnte auch erklären, warum auf eine Entschädigung völlig verzichtet wurde.

Auf Ähnliches könnte auch eine schon zitierte Fürsorgeverpflichtung hindeuten:

Der Apé Joannes und meine ganze Gemeinde schreiben der Maria: Die Zuteilung, die du täglich hast, deretwegen schreiben wir dir heute wieder, daß wir sie dir nicht entziehen werden, bis du stirbst. Und ein Apé, der sie dir entziehen sollte, wird der Maria einen Holokottinos als Strafgeld zahlen.[127]

ⲉⲁⲛⲕⲁⲑⲏⲩⲧⲛ ⲉⲃⲟⲗ | ⲉⲙⲏⲧ ⲛ︦ⲟⲗⲟⲕ(ⲟⲧⲧⲓⲛⲟⲥ) ⲙⲛ ⲥⲛⲁⲩ ⲛⲧⲣⲓⲙ(ⲏⲥⲓⲟⲛ) ⲧⲉⲛⲟⲩ ⲧ[ⲛ]ⲟⲙⲟ-
ⲗⲟⲅⲉ | ϫⲉ ⲙⲛⲧⲁⲛ ⲗⲁⲁⲩ ⲛⲉⲅⲗⲟ[ⲅ]ⲟⲛ ⲛⲙⲙⲏⲧⲛ ⲉⲛⲉϩ ⲛⲧⲱⲧⲛ | ⲇⲁⲛⲓⲏⲗ ⲙⲛ [ⲧⲁ]ⲛⲱ[ⲡⲏ] ϩⲁ
ⲧⲡⲣⲁⲓⲧⲉⲓ ⲑⲏⲣⲥ ⲛⲧⲁⲧⲉⲧⲛ|ⲃⲓⲧⲥ ⲛ︦ⲟⲩⲛ ⲙⲡⲉⲛⲏⲓ ⲉⲧⲃ[ⲉ ϫⲉ ⲁ]ⲛⲡⲱⲗⲁϭ ⲉⲃⲟⲗ ⲛⲙ|ⲙⲏⲧⲛ ⲉⲧⲃⲉ
ⲧⲉⲓⲡⲣⲁⲓⲧⲉⲓ ⲑⲏⲣⲥ; Übers. aus Till 1964, 136.

124 P.Oxy. XVI 2058 (Oxy., 6. Jh.); Zu diesem Dokument vgl. oben S. 74, bes. Anm. 304.
125 Vgl. die Untersuchung von López 2013.
126 Crum 1926, 173–176.
127 Übers. von Walter C. Till aus O.Vind.Copt., vgl. oben S. 171, bes. Anm. 14.

Die Verpflichtung ist im Namen der ganzen Dorfgemeinde ausgestellt. Zwar ist der Grund der Fürsorge auch hier unklar, doch könnte der Umstand, dass sich das ganze Dorf verpflichtet, wieder darauf hinweisen, dass die Dorfgemeinschaft der Frau die Zuteilung als eine fromme Tat gibt. Inwiefern dieses Prinzip wirklich im Denken der lokalen Elite präsent war, bedarf einer größeren Untersuchung. Es scheint aber plausibel zu sein, dass in manchen Fällen soziale Aspekte die Entscheidungen der „großen Männer" beeinflussten. Darauf könnte auch ein schon zitierter Brief eines Geistlichen an einen Laschanen hinweisen:

> ... *und hüte dich* (?), *lege nicht Hand an einen erniedrigten Menschen, noch* (an einen) *gequälten oder* (an) *einen, der auf dem Kampfplatz unter deiner Hand gefallen ist. Oder wenn du mit deinen Freunden gehst und sie nehmen einem Armen etwas weg, von dem du weißt, daß er sehr Mangel leidet, so sei gut und bitte sie, daß sie es ihm lassen. Ich für meine Person verspreche dir, daß, wenn du dich von nun an fürderhin derart in acht nimmst* (= meine Ermahnungen befolgst) *und du mir das Herz ausschüttest über alles, was durch dich früher bis jetzt geschehen ist* (= du mir alle deine bisherigen Missetaten berichtest), *so werde ich Gott für dich die Zusicherung geben, damit er sie* (= deine Missetaten) *dir verzeiht und mit dir gnädig ist, wie auch alle Heiligen.*[128]

Die Mönche der thebanischen Berge übten aber nicht nur mit ihren Werten und moralischen Vorstellungen Einfluss auf das Alltagsleben aus. Sie mischten sich oft in die Angelegenheiten der Dörfer ein – meistens auf Anfrage der Gemeinden oder Individuen. Die Netzwerke zwischen den Dörfern und den Klöstern waren sicherlich dicht, da viele der Mönche aus der Gegend stammten.[129] Die Äbte und Anachoreten von Theben-West verkörperten den spätantiken „holy man" von Peter Brown, einen guten Patron der ruralen Bevölkerung.[130] Ein typischer heiliger Mann der Gegend von Djeme war Pisentios (569–632). Er stammte aus der Gegend von Hermonthis und verbrachte schon in seiner Jugend mehrere Jahre in den Klöstern des heiligen Phoibammon bzw. Epiphanios in den thebanischen Bergen. 599 wurde er Bischof von Koptos, aber wegen der sassanidischen Invasion (619) zog er sich in die Gegend von Djeme zurück, wo er sich aktiv in das Leben der Region einmischte. Sowohl literarische Werke wie auch an ihn adressierte Briefe berichten über seine Person. Seine Ansichten und sein Engagement bezüglich des Lebens der thebanischen Frauen wurden von Terry Wilfong detailliert untersucht. Es zeigt sich, dass er sehr gut über das Dorfleben informiert war und auch versuchte, wo möglich, die Ereignisse nach seinen Vorstellungen zu beeinflussen bzw. zu kontrollieren.[131]

---

128 Vgl. S. 50, bes. Anm. 138.
129 Wilfong 2002, 146.
130 Brown 1971.
131 Wilfong 2002, 23–31, 36–45 (mit weiterführender Literatur).

5.3 Der Alltag der Dorfverwaltung in Djeme

Fragen der lokalen Verwaltung kommen oft in der Korrespondenz von Pisentios auf. Seine Dokumente sind nicht befriedigend publiziert,[132] aber man kann einen ungefähren Eindruck über die relevanten Themen gewinnen. In einem fragmentarischen Brief berichten zwei Laschanen Pisentios über die Festnahme von Mädchen und ihre Versuche, ihre Freilassung zu erreichen.[133] Ein anderes Mal informierten ihn ein Priester, ein Diakon und ein Laschane, was ihre Untersuchung bezüglich eines Ehegelöbnisses ergab, die sie gemäß der Weisung des Bischofs vollzogen hatten.[134] Aus einem weiteren, in vielerlei Hinsicht unklaren Schreiben erfahren wir, dass die Tochter einer alten Frau misshandelt und eingesperrt wurde. Die Frau hatte sich an den Laschanen gewandt, aber er konnte ihrer Tochter wohl nicht helfen, da die Absender des Briefes erneut eine Bitte der alten Dame vermitteln müssen, nämlich dass sich Pisentios in der Angelegenheit einsetze.[135] Anderswo berichten die Laschanen des Dorfes Trake dem Bischof, dass sie auf jemanden, der ihnen anvertraut wurde, gut aufpassen werden.[136] Gelegentlich erfährt Pisentios auch die neuesten Nachrichten über die wichtigen Personen der Gegend: In einem Brief wird ihm von der Festnahme eines Laschanen und ihren nicht ganz klaren, aber auf jeden Fall bizarren Gründen erzählt.[137]

Pisentios war aber nur einer der vielen heiligen Männer von Theben, die Einfluss auf das Leben der Region ausübten. Abraham, der Bischof von Hermonthis im späten 6. und frühen 7. Jh., residierte nicht in seiner Stadt, sondern im Phoibammon-Kloster in der Nähe von Djeme und mischte sich oft in Angelegenheiten der Dorfbewohner ein. Der Laschane Ioannes berichtet ihm z.B. auf seinen Wunsch hin ausführlich über einen Prozess.[138] Anderswo wird er gebeten, seine Entscheidung über den Laschanen mitzuteilen.[139] Weitere Beispiele könnten sicherlich noch gefunden werden, aber am interessantesten ist vielleicht ein Ostrakon, in dem sich Abraham augenfällig in das Dorfleben einmischt. Er schreibt dem Laschanen Pesynthios, dass ein Mann zu ihm gekommen sei, den der Laschane verhaften wollte. Deshalb verbietet Abraham dem ganzen Dorf die Ausgabe des Sakraments und die Taufe. Ferner droht er auch, dass er jemanden in die Stadt schicken wird, aber der Text ist an dieser Stelle ziemlich unklar.[140] Die spektakuläre Drohung von Abraham gehörte zu den hergebrachten Mitteln der Bischöfe, Druck auszuüben. Die Methode wurde schon von dem heiligen Ambrosius gegenüber dem Kaiser Theodosios 390 ange-

---

132 Zur Publikationslage der Texte von Pisentios vgl. Calament 2012.
133 P.Pisentius 1 (Theb.-W., erste Hälfte des 7. Jh.).
134 P.Pisentius 15 (Theb.-W., spätes 6.– frühes 7. Jh.). Zum Kontext vgl. van der Vliet 2002/B, 67–69.
135 P.Pisentius 18 (Theb.-W., spätes 6.– frühes 7. Jh.).
136 P.Pisentius 37 (Theb.-W., spätes 6.– frühes 7. Jh.).
137 P.Pisentius 50 (Theb.-W., spätes 6.– frühes 7. Jh.).
138 O.Crum 116 (Theb.-W., o.D.).
139 O.Crum 49 (Theb.-W., 6.–7. Jh.).
140 O.Crum 61 (Theb.-W., 6.–7. Jh.).

wandt, aber Abraham droht auch sonst gerne Geistlichen mit dem Ausschluss aus dem Klerus.[141]

Zwar mischten sich die heiligen Männer manchmal sogar gegenüber der Dorfgemeinde sehr drastisch in das Dorfleben ein, doch gab es auch Fälle, wo ihre Hilfe ausgesprochen erwünscht war. Ioannes, der Laschane, und „das ganze Dorf" schreiben z.B. an einen unbekannten, offenbar sehr respektierten Geistlichen, dass er gegen jemanden auftreten soll, damit dieser keine weitere Störung verursache – dieser hätte sowieso schon genug Übles getrieben.[142] In einem eloquenten Brief bittet die ganze Dorfgemeinschaft von Djeme Apa Epiphanios, dem Laschanen von Taut zu schreiben, um die Befreiung der dort und in Tabennese gefangen gehaltenen Dorfbewohner voranzubringen.[143]

Die Dorfbewohner waren aber auch bereit, Konflikte mit den heiligen Männern auf sich zu nehmen. Einmal sind z.B. die „großen Männer" mit der Einschätzung eines der Äbte des Phoibammon-Klosters über jemanden nicht einverstanden:

> † *Ich, Andreas, der Laschane von Theben [ⲭⲏⲙⲉ] und die großen Männer alle, wir schreiben (und) wir grüßen ehrerbietig den Schemel der Füße eurer väterlichen Herrschaft, die geehrt und berühmt (?) ist, mit der ganzen Fülle unserer Seele und wir grüßen nachfragend alle, die bei eurer heiligen Frömmigkeit sind. Wir wundern uns über eure Väterlichkeit, denn ihr habt gehört auf feindliche Menschen und die Schlechten, diese, die ihm Übles tun zu jeder Zeit und diese, die hassen den, der sehr gut ist. Wir ergreifen jede Schutzmaßnahme für den guten Mann!*[144]

Diese Situation ist genau das Gegenteil der erwähnten Drohung von Apa Abraham. Dort verbot der Bischof die Aushändigung des Sakraments und der Taufe zum Schutz von einem Festgenommenen, hier unterstützt die Dorfelite jemanden gegenüber dem heiligen Mann. Wie die Ereignisse hier weiter verliefen, wissen wir nicht, seine Reaktion hing wohl auch mit der Persönlichkeit des Adressierten und dem Gewicht der Angelegenheit zusammen.

Konflikte, in denen die ganze Dorfelite einheitlich auftrat, waren wohl eher selten. Viel öfter findet man Fälle, in denen versucht wird, einen heiligen Mann für eine Angelegenheit zu gewinnen. Vieles konnte erreicht werden, wenn sie ihre Autorität in die Waagschale warfen. Man versucht z.B. zu erreichen, dass ein heiliger

---

141 Krause 1972, 107/Anm. 5; zu dieser Praxis vgl. auch Brown 1971, 95.
142 O.Crum 115 (Theb.-W., o.D.).
143 P.Mon.Epiph. 163 (Theb.-W., 7. Jh.).
144 O.Brit.Mus.Copt. II 29 (Theb.-W., 8. Jh.): † ⲁⲛⲟⲕ ⲁⲛⲇⲣⲉⲁⲥ ⲡⲗⲁϣⲁ|ⲛⲉ ⲛ̄ⲭⲏⲙⲉ ⲙⲛ̄ ⲛⲛⲟϭ ⲛ̄ⲣⲱ|ⲙⲉ ⲧⲏⲣⲟⲩ ⲉⲛⲥϩⲁⲓ ⲉⲛⲡⲣⲟⲥⲕⲩ|ⲛⲉⲓ ⲙ̄ⲡϩⲩⲡⲟⲡⲟⲇⲓⲟⲛ ⲛ̄ⲟⲩⲉⲣⲏⲧⲉ ⲛ̄ⲧⲉⲧⲛ̄ⲙⲛ̄ⲧϫⲟⲉⲓⲥ ⲛⲉⲓⲱⲧ ⲉⲧⲧ(ⲁⲓⲏⲩ) ⲁⲩⲱ | ⲥⲁ ⲉⲟⲟⲩ ϩⲙ̄ ⲡϫⲱⲕ ⲧⲏⲣϥ̄ ⲛ̄ⲧⲉⲛⲯⲩ[ⲭⲏ] | ⲁⲩⲱ ⲧⲛ̄ϣⲓⲛⲉ (ⲉ)ⲛⲉⲧϣⲟⲟⲡ ⲧⲏⲣⲟⲩ ⲙ̄[ⲛ ⲧⲉ]|ⲧⲛ̄ⲙⲛ̄ⲧⲙⲁⲓⲛⲟⲩⲧⲉ ⲉⲧⲟⲩⲁⲁⲃ ⲧⲛ̄ⲣ̄ϣⲡ|ⲉⲣⲉ ⲛ̄ⲧⲉⲧⲛ̄ⲙⲛ̄ⲧⲉⲓⲱⲧ ϫⲉ ⲁⲧⲉⲧⲛ̄|ⲥⲱⲧⲙ̄ ⲛ̄ⲥⲁ ϩⲁ ⲛ̄ϫⲁⲭⲉ ⲛ̄ⲣⲱⲙⲉ ⲁⲩⲱ | ⲙ̄ⲡⲟⲛⲏⲣⲟⲥ ⲛⲁⲓ ⲉⲧⲡⲟⲛⲏⲣⲉⲩⲉ ⲉⲣⲟ[ϥ] | ⲛ̄ⲟⲩⲟⲉⲓϣ ⲛⲓⲙ ⲁⲩⲱ ⲛⲁⲓ ⲉⲧⲙⲟⲥ|ⲧⲉ ⲙ̄ⲡⲉⲧⲛⲁⲛ[ⲟⲩ]ϥ ⲙ̄ⲙⲁⲧⲉ | ⲧⲛ̄ϫⲓ ϩⲱⲃⲥ ⲉϩⲟⲩⲛ ⲉⲡⲣ|ⲱⲙⲉ ⲉⲧⲛⲁⲛⲟⲩϥ. Übers. von Anneliese Biedenkopf-Ziehner aus der ed.pr.

Mann den Laschane bittet, sich in einen Prozess einzumischen.[145] Anderswo ersucht eine Frau, die sich offenbar in einer bedrängten Lage befand, einen „heiligen Vater", dass er den Laschanen David schicken möge, damit dieser sich um die Besitztümer einer Waisen kümmert: Es wird offenbar an die Fürsorge des geistlichen Würdenträgers appelliert.[146] Ferner fordert in einem Brief der „geringste" Viktor die Laschanen auf, die Kosten eines requirierten Kamels nicht auf zwei Leute, sondern – gemäß Gottes Gerechtigkeit – auf das ganze Viertel der Bauern zu verteilen. Er schreibt auf Bitte einiger Dorfbewohner, die ihn um seine Fürsprache ersuchten.[147]

Auf diese Weise waren die heiligen Männer wichtige Personen im Alltagsleben der Dorfverwaltung. Laschanen bitten z.B. Klostervorsteher, Schutzbriefe für Flüchtlinge auszustellen.[148] Der Grund dafür, dass die Laschanen nicht selbst die Schutzbriefe ausstellen, liegt wohl darin, dass die Autorität eines heiligen Mannes höher war als die der Dorfbeamten. Ein Schutzbrief von einem Asketen oder Klostervorsteher war einerseits vielleicht überzeugender, anderseits aber wahrscheinlich auch nachdrücklicher, da man der Zusicherung einer solchen Person nur schwer zu widersprechen vermochte. Ihre Rolle in den Streitigkeiten wurde bereits angesprochen, es ist aber trotzdem bemerkenswert, dass der Abt des Phoibammon-Klosters eine Streitbeilegung voranbringen möchte, für die die Laschanen keine Zeit hatten.[149] Auf Ähnliches weist auch ein Brief des Laschanen des Dorfes Ne hin, der einem Anachoreten wegen eines Schiedsspruchs schreibt, den er noch nicht erhalten hat.[150] Der Kontakt der Dörfer mit den Klöstern war sowieso ziemlich alltäglich, ein Laschane bittet den heiligen Vater Isaak z.B., dass er den Arzt, der zu ihm kommt, auch in das Dorf weiterschicken möge.[151]

Wir sahen bereits, dass das Verhältnis der Dorfmagistrate und der Klöster nicht immer problemlos war, Konflikte entwickelten sich, die mit verschiedenen Methoden gelöst wurden. Man könnte aber den Eindruck gewinnen, dass nur die Dorfbewohner die heiligen Männer benötigten und sie in ihre Angelegenheiten eingreifen ließen. Zwar war das wahrscheinlich öfter der Fall, es konnten sich aber auch Situationen ergeben, wo selbst die Äbte die Hilfe der Laschanen für ihre eigenen Probleme benötigten. Der Bischof Abraham beruft sich in einem seiner Briefe auf jemanden, offenbar einen Mönch, der zu ihm kam und sich beklagte. Er wurde von einem gewissen Psan exkommuniziert und den Laschanen übergeben.[152] Der Text bricht hier ab, Abraham wollte wahrscheinlich für ihn Fürsprache einlegen. Ein

---

145 P.Mon.Epiph. 257 (Theb.-W., 7. Jh.).
146 O.CrumVC 92 (Theb.-W., o.D.).
147 O.Crum ad. 60 (Theb.-W., o.D.).
148 O.CrumVC 82 (Theb.-W., o.D.); P.Schutzbriefe 71 (= O.CrumST 352, Theb.-W., o.D.).
149 SB Kopt. II 906 (Theb.-W., 606–607) mit der Erklärung der ed.pr., Krause 1972.
150 P.Mon.Epiph. 151 (Theb.-W., 7. Jh.). Crum übersetzt ⲡϩⲟⲣⲟⲥ als „order", aber mit ὅρος ist hier eher ein Schiedsspruch gemeint, vgl. Förster 2002, s.v.
151 P.Mon.Epiph. 223 (Theb.-W., 7. Jh.).
152 O.Crum 80 (Theb.-W., 6.–7. Jh.).

anderes Mal bittet der „geringste" Helias den Laschanen und alle „großen Männer" des Dorfes, etwas bezüglich eines Mönches schnell zu erledigen.[153] Das Verhältnis zwischen der Dorfelite und den heiligen Männern der Umgebung war also zwar asymmetrisch, aber sicherlich nicht einseitig.

Trotz gelegentlicher Konflikte waren die Asketen und heiligen Männer der thebanischen Berge genauso wichtige und geschätzte Personen wie überall im Nahen Osten oder Byzanz.[154] Ein eindeutiges Beispiel dafür ist ein Brief von Schenute, Laschane von Djeme, an einen „wahrhaftig christusliebenden Vater". Er bedankt sich in einem gehobenem Stil, dass der heilige Mann das Dorf von irgendeinem Missstand (einer Unruhe oder Krankheit?), den der Teufel verursacht hatte, befreite. Er wird den Klerikern befehlen, ihm zu huldigen, und bittet ihn, in die Kirche von Djeme zu kommen.[155]

Es wurde versucht, das Verhältnis der komplexen Netzwerke der Dörfer und Klöster von Theben skizzenhaft darzustellen. Das Bild ist kaum vollständig, aber auch die willkürlichen Beispiele zeigen, wie die Streitigkeiten und Verwaltungsleistungen vor Ort verhandelt wurden. Das Konzept der Verhandlung wird oft im Kontext des ruralen Lebens betont.[156] Dieses Konzept ist auch auf Djeme sehr gut übertragbar. Die verschiedenen Angelegenheiten wurden von diversen Faktoren beeinflusst, und nach einem Verhandlungsprozess zur Entscheidung gebracht. Wichtige Akteure in diesem Prozess waren die heiligen Männer, die in verschiedene Angelegenheiten involviert werden konnten, und die Dorfelite, „die großen Männer". Ein oft vorkommender Faktor zur Beeinflussung der Geschehnisse war der moralische Druck. Zu einer besseren Einschätzung des Phänomens der Verhandlung in Djeme wären weitere Forschungen notwendig, besonders im prosopographischen Bereich, die die Verhältnisse und Kontakte der Dorfbewohner besser beleuchten könnten. Eine Arbeit nach den modernen Theorien und Methoden der Netzwerkforschung, wie sie von Giovanni Ruffini auf Oxyrhynchos und Aphrodites Kome angewandt wurden,[157] wäre auch für Theben-West vielversprechend.

Wie ist aber diese starke Verflechtung der heiligen Männer mit der Dorfelite zu deuten? Die traditionelle Antwort auf diese komplexe Problematik fasst Krause anhand eines Beispiels folgendermaßen zusammen: „Beim Versagen der staatlichen Behörden greift der Bischof über sein kirchliches Amt hinaus auch in das weltliche Leben seiner Gläubigen ein und versucht, eine Streitbeendigung herbeizuführen".[158] Diese Interpretation spiegelt das moderne Konzept der Trennung zwischen weltlich und kirchlich, privat und öffentlich, wider. In der heutigen Forschung tritt jedoch immer mehr die Überzeugung in den Vordergrund, dass privat und öffentlich in der

---

153 O.Crum 121 (Theb.-W., o.D.).
154 Brown 1971, 95.
155 P.Mon.Epiph. 216 (Theb.-W., 7. Jh.).
156 Vgl. unten S. 221–222.
157 Ruffini 2008.
158 Krause 1972, 107.

5.3 Der Alltag der Dorfverwaltung in Djeme

(Spät)Antike nicht klar voneinander zu unterscheiden seien. Dieses Phänomen ist aber nicht als eine Übernahme von öffentlichen Aufgaben zu betrachten. Das gilt auch für die Klostervorsteher und Bischöfe von Djeme. Sie griffen nicht unbedingt wegen des Versagens der lokalen Magistrate ein, sondern weil sie wegen ihres Status und ihrer Autorität als geeignete Patrone zur Lösung von verschiedenen Problemen betrachtet wurden.

In diesem Sinne kann man auch nicht davon sprechen, dass die kirchlichen Institutionen Verwaltungsaufgaben von Behörden übernommen hätten. Diese Annahme führt die stereotype Vorstellung von der korrupten und ineffizienten byzantinischen Bürokratie vor Augen. Die Laschanen und διοικηταί waren es, die das Dorf verwalteten. Manche Texte deuten sogar darauf hin, dass die Klöster der Umgebung dem διοικητής des Dorfes untergeordnet waren, jedenfalls um die Mitte des 8. Jh.[159] Die heiligen Männer legten in verschiedenen Angelegenheiten Fürsprache ein, aber die eigentliche Verwaltung des Dorfes blieb in den Händen der Dorfelite.

Die „großen Männer" bildeten allem Anschein nach eine klar definierte Gruppe, die das Leben in ihrer Gemeinde kontrollierte. Diese Einschätzung der Dorfelite von Djeme, die sich anhand der Untersuchung der Dorfverwaltung ergab, steht mit Chris Wickhams einschlägiger Interpretation im Einklang:

> „Jēme, for its part, seems in the eighth century to have been under the stable control of a group of families, medium landowners at most, the *noc nrōme*. ... The smaller owners of Jēme may have had to recognize that they were excluded from political dominance in the village, that is, that they had to accept a local hegemony controlled by their richer neighbours. Although the exchange network, and probably the landowning network, of Jēme extended to other villages in the territory of Ermont, and presumably vice versa, we see no external patronage networks, even from Ermont. The only alternative patrons to the hierarchy of village officials were the abbots of the local monasteries; they, at least, were very active in that role, and they did include a bishop of Ermont, Abraham."[160]

Der einzige Punkt, in dem Wickhams Einschätzung vielleicht etwas angezweifelt werden könnte, ist die angedeutete Gegenüberstellung der Dorfelite mit den unteren Schichten des Dorfes. Die Dorfelite war eine klar definierte Gruppe, deren Mitglieder sich sicherlich auch mit einem gewissen Stolz als „große Männer" definierten. Darauf weist z.B. auch eine Formel des Dorfschreibers hin, der manchmal bemerkt, dass er das Dokument „gemäß der ewigen Gewohnheit des Castrums" ausstellte.[161] Dass diese Elite das Dorf dominierte, ist wohl auch nicht zu bestreiten: Sie waren sich ihrer Interessen bewusst und vertraten sie auch gegenüber den sozial

---

159 Vgl. S. 134, bes. Anm. 73.
160 Wickham 2006, 426.
161 Vgl. S. 173, bes. Anm. 24.

schwächeren Dörflern, soweit es die Kontrolle der heiligen Männer erlaubte. Die Laschanen mussten ihre Entscheidungen, die sich auf Dorfbewohner bezogen, genauso „verhandeln" wie die Pagarchen ihre Befehle mit ihnen. Eine gewisse soziale Verantwortung trugen die „großen Männer" (auf Druck der heiligen Männer?) vielleicht auch.

Ferner muss auch betont werden, dass diese Elite zwar ihrem Status nach eine mehr oder weniger einheitliche Gruppe war, aber es sicherlich auch Rangunterschiede, rivalisierende Gruppen und Konflikte unter ihnen gab. Eine gewisse Kontrolle bot hier, dass die Laschanen nur für relativ kurze Zeit amtierten und so leicht zur Verantwortung gezogen werden konnten – wie auch Wickham betont.[162] Man sollte die Dorfelite nicht als eine gegenüber den sozial schwächeren Dorfbewohnern einheitliche Gruppe betrachten. Es gab sicherlich Situationen, in denen die Dorfelite gemeinsam versuchte, ihr Interesse den Ärmeren aufzuzwingen (z.B. in der Auswahl der Fronarbeiter), aber inwiefern sie damit erfolgreich sein konnten, ist zweifelhaft: Auch hier handelte es sich wohl um eine Verhandlungssache, am Ende erfolgte wohl in der Regel ein Kompromiss.

Die Untersuchung der Verwaltungsstruktur des Dorfes zeigte, dass Djeme mehr oder weniger zu den „typischen" Dörfern der Spätantike gehört. Parallelen lassen vermuten, dass diese Art von Dorfgemeinschaft auch für andere Regionen charakteristisch war. Insofern kann Djeme *mutatis mutandis* als Modell für die Dorfstruktur des spätantiken Ägypten dienen.[163] Djeme war ein wichtiges Zentrum in seiner Gegend, aber mit seinen 1000–2000 Einwohnern sicherlich keine kleine Stadt wie Aphrodites Kome. Die Dörfer der Gegend waren durch wirtschaftliche und persönliche Kontakte verbunden,[164] aber es scheint, dass Djeme keine administrative Hoheit über die umliegenden Siedlungen hatte, in denen oft auch Laschanen amtierten. Die Frage stellt sich, wie weit sich die anderen Dörfer davon unterschieden – vielleicht werden zukünftige Ausgrabungen Material zu dieser Fragestellung liefern.

Soweit es unsere Quellen erkennen lassen, funktionierte die Dorfelite im Großen und Ganzen wohl auch ähnlich wie in anderen Teilen Ägyptens. Es gab sicherlich Unterschiede gemäß den verschiedenen wirtschaftlichen Gegebenheiten der einzelnen Regionen, aber man kann vermuten, dass die Elite des Dorfes überall ähnlich strukturiert war. Ein Aspekt verbietet aber, Djeme als Beispiel *par excellence* für die spätantike Dorfverwaltung zu betrachten: Die Dichte der Klöster in der Gegend. Patrone waren zwar überall von großer Bedeutung in der Spätantike, aber es ist zu bezweifeln, dass jede Region in Ägypten genauso von heiligen Männern beeinflusst wurde wie Theben-West.

---

162 Wickham 2006, 423.
163 Vgl. unten S. 213–214.
164 Wilfong 2002, 145–146.

6. Zusammenfassung

6.1 Regionale und zeitliche Tendenzen und Entwicklungen in der Verwendung der Beamtentitel

In diesem Kapitel werden die anhand der Untersuchung einzelner Titel gewonnenen Ergebnisse in einer umfassenden Perspektive gedeutet. Berücksichtigt werden besonders die regionalen und diachronen Differenzen. An dieser Stelle soll noch einmal nachdrücklich darauf hingewiesen werden, dass unsere Dokumentation nicht einmal auf ägyptischer Ebene gänzlich repräsentativ ist.

Am Beginn der betrachteten Zeitspanne, also ungefähr in den letzten Jahren des späten 3. Jh. und im frühen 4. Jh., wurden die ägyptischen Dörfer von zwei liturgischen Dorfvorstehern, κωμάρχαι, geleitet. Das Amt wurde zwischen 245 und 247/248 im Zuge der Reformen von Philippus Arabs eingeführt und löste den κωμογραμματεύς ab. Zu größeren Veränderungen kam es am Ende des 3. Jh., nachdem Diokletian die Usurpatoren L. Domitius Domitianus und Achilleus besiegt hatte. 298 oder vielleicht schon 297 begann er mit der Neuorganisation der Provinz. Die für uns wichtigste seiner Neuerungen war die Institutionalisierung der kollektiv für die Steuer haftenden Dorfgemeinschaft (κοινόν/κοινότης). Die ersten Belege für die in späteren Jahrhunderten charakteristischen Beamtentitel auf Dorfebene, μείζων und πρωτοκωμήτης, stammen aus den ersten Jahren nach Diokletians Reformtätigkeit. Der Terminus πρωτοκωμήτης, den man bis dahin in Ägypten nicht verwendet hatte, wurde aus anderen Reichsteilen importiert. Ferner gehörte allem Anschein nach die Wiedereinführung der Funktion des Dorfschreibers (γραμματεύς κώμης) und wohl des βοηθός im frühen 4. Jh. auch zu der Reihe dieser Neuerungen in der Verwaltung.[1]

Das Auftreten neuer Termini auf Dorfebene war wahrscheinlich die Konsequenz von Diokletians Reformtätigkeit. In der Regel findet man jedoch immer noch zwei κωμάρχαι als Leiter der Dörfer bis mindestens zur Mitte des Jahrhunderts. Gelegent-

---

1 Zur Datierung der Reformen von Diokletian vgl. Palme 1998, 124 mit Anm. 2. Der früheste Beleg für einen μείζων ist P.Corn. 20 (Ars., 302) oder vielleicht P.Oxy. XLIV 3205 (= SB XII 10891, Mend., 297–308); für einen πρωτοκωμήτης s. SB XIV 11614 (Memph., 303), 13. Man könnte das Erscheinen dieser zwei Titel eventuell um 302 festsetzen, da in diesem Jahr andere Veränderungen auf der Gauebene ebenfalls stattgefunden haben, vgl. Maresch 2007. Die frühesten Belege für den γραμματεύς κώμης sind P.Erl.Diosp. 1 (Diospolis Parva, 313–314), 230, 246 und vielleicht P.Mert. I 29 (Ars., 3.–4. Jh.), 2–3. Bei dem βοηθός lassen sich klare Belege erst ab der Mitte des 4. Jh. nachweisen. S. auch im Detail oben S. 36, 63–66, 137–140, 157.

lich kommen die neuen Bezeichnungen, μείζων und πρωτοκωμήτης, vor, ihre genaue Bedeutung bleibt aber oft unklar. Die Termini hätten sowohl einfach einen Dorfhonoratioren als Mitglied der Dorfgemeinschaft wie auch einen Dorfvorsteher bezeichnen können.[2] Grund für diese Unklarheiten ist einerseits die geringe Zahl der Belege, andererseits der Umstand, dass in verschiedenen Gauen und Provinzen eine unterschiedliche Terminologie angewandt wurde. Ferner war das 4. Jh. eine Zeit des Experimentierens in der spätrömischen Verwaltungsgeschichte, was z.B. die zahlreichen Veränderungen in der Provinzstruktur auffällig zeigen. So ist auch anzunehmen, dass die Terminologie auf Dorfebene häufig verändert wurde, wie es für das Sicherheitswesen der ersten Hälfte des Jahrhunderts nachweisbar ist.[3] So hatte man einige Termini in gewissen Bedeutungen vielleicht nur für kürzere Perioden verwendet.

In der zweiten Hälfte des 4. Jh. nimmt jedoch die Zahl der Belege für κωμάρχαι deutlich ab, und im 5. Jh. begegnen uns μείζονες und πρωτοκωμῆται schon etwa in gleicher Häufigkeit. Ferner scheint es, dass die κωμάρχαι ab einem gewissen Zeitpunkt im 5. Jh. nur im Oxyrhynchites und Hermopolites belegt sind, als eine Art von Subalterne der tatsächlichen Dorfvorsteher (μείζονες im Oxyrhynchites bzw. πρωτοκωμῆται im Hermopolites, s. unten). Allerdings muss auch darauf hingewiesen werden, dass aus dem 5. Jh. nur sehr wenige Papyri überliefert sind, weswegen man mit κωμάρχαι als Subalternen durchaus auch in anderen Gebieten rechnen könnte. Rückschlüsse auf den Zeitpunkt dieser terminologischen Veränderung bietet für das Fayum eine kleine Gruppe von Verträgen aus dem notariellen Archiv des Dorfes Philadelphia. Insgesamt sind vier Pachtverträge, ein Kreditvertrag und eine Quittung aus den Jahren 372/373–386 überliefert. Die vier Pachtverträge zeigen, wie die Komarchen die brachliegenden Ländereien, für deren Bewirtschaftung die Dorfgemeinschaft haften muss, verpachten.[4] Nur in zwei der genannten Pachtverträge tragen die beiden Verpächter einen Titel. In einem Vertrag aus dem Jahr 374 heißen die Dorfvorsteher κωμάρχαι, aber in einem vergleichbaren Dokument aus dem Jahr 386 schon πρωτοκωμῆται.[5] Der Titel der Dorfvorsteher hat sich also in Philadelphia zwischen 374 und 386 von κωμάρχης zu πρωτοκωμήτης geändert.[6]

---

2 Vgl. die vorige Anmerkung und auch SB XVI 12692 (Karan., 339), col. IV 72.
3 Zu den Verwaltungsreformen des 4. Jh. vgl. allgemein Lallemand 1964, Migl 1994, 260–264 und Palme 1998. Zu Veränderungen in der Titulatur der dörflichen Sicherheitsbeamten vgl. Sänger 2005, 157 und auch Torallas Tovar 2000, 118.
4 Das Archiv wurde von Paul Schubert und Isabelle Jornot in P.Gen. IV, S. 242–246 besprochen. P.Gen. IV 172 (= SB XVI 12397, 4.–5. Jh.; ursprüngliche Datierung: 5.–6. Jh., s. die Einl. von Bertrand Bouvier und Claude Wehrli zu P.Gen. IV 172) könnte auch zum Archiv gehören. Zu diesen Texten vgl. auch Derda 2006, 193–194.
5 P.Gen. I² 66 (374), 3; P.Gen. I² 69 (386), 4 mit Bemerkungen.
6 Eine ähnliche Veränderung könnten auch einige Ostraka aus Kysis in der Großen Oase andeuten. Die aus dem späten 4. bzw. frühen 5. Jh. stammenden Dokumente belegen sowohl κωμάρχαι als auch πρωτοκωμῆται. Belege für κωμάρχαι sind O.Douch III 276, 2; O.Douch II 155a, 2 und O.Douch II 140. Die Texte sind jedoch von geringer Aussagekraft; kein klares termino-

Es ist sehr verlockend, diese Veränderung mit einer größeren administrativen Umstrukturierung zu verbinden. Zwischen März 380 und Juli 381 wurde Ägypten zu einer *dioecesis* mit einem *praefectus Augustalis* (anstatt des bisherigen *praefectus Aegypti*) als Teil der Präfektur *Oriens* umorganisiert. Diese Umwandlung hatte auch Auswirkungen auf die Provinzialstruktur, es wäre also nicht überraschend, wenn zu dieser Zeit auch bestimmte Neuerungen in der Dorfverwaltung eingeführt worden wären.[7] Diese Annahme muss aber bei der heutigen Quellenlage bloße Vermutung bleiben. Auf jeden Fall scheint es nicht zu gewagt zu sein, die terminologische Veränderung von κωμάρχης zu πρωτοκωμήτης im Fayum zwischen 374 und 386 anzusetzen. Diese Annahme wird besonders dadurch gestützt, dass der oben erwähnte Text aus dem Jahr 374 der letzte aus der Region ist, der einen κωμάρχης erwähnt. Natürlich muss auch die Tatsache berücksichtigt werden, dass aus dem Fayum nur sehr wenige Papyri des 5. Jh. überliefert sind – auch im Vergleich zu der sowieso spärlichen Überlieferung dieses Jahrhunderts. Es ist nicht auszuschließen, dass der Terminus im Fayum weiterlebte, aber wenn, dann nicht als Dorfvorsteher, sondern wohl eher als eine Art von Subalternen wie im Hermopolites und Oxyrhynchites (s. unten).

Wie sich die Terminologie im 5. Jh. entwickelte, ist wegen der allgemein geringen Überlieferung der Papyri aus dieser Zeit schwer zu sagen. Die Titel μείζων und πρωτοκωμήτης tauchen immer öfter auf und scheinen sich auf die Vorsteher des Dorfes zu beziehen. Komarchen sind nunmehr nur im Oxyrhynchites und Hermopolites sicher belegt und scheinen ein den leitenden Dorfvorstehern untergeordnetes Kollegium zu bilden. Außer ihnen gehören in der Regel die Dorfschreiber, verschiedene Sicherheitsbeamte und manchmal je nach Region andere Amtsträger zum Beamtenstab des Dorfes, wie z.B. in der ersten Hälfte des 4. Jh. die *tesserarii* und *quadrarii*.[8] Zu erwähnen ist noch der Vermittler der Steuerzahlungen der Dorfgemeinschaft, der βοηθὸς κώμης. Dieser Funktionär gehört nicht zur Verwaltungsstruktur der Dörfer, sondern wird von den Beamten, die für größere Bezirke verantwortlich sind, den Dörfern zugeteilt. Sie waren in der Regel Entrepreneure, die die geforderten Steuerzahlungen im Voraus bezahlten und durch deren Eintreibung (z.B. durch Geldwechsel) auf einen Gewinn spekulierten. Ihre Funktion ist oft halböffentlich, ihre Aufgaben wurden manchmal von Gutsverwaltern der verschiedenen Landherren, die für einen gewissen Steuerbezirk verantwortlich waren, übernommen.

Über die Struktur der Dorfgemeinschaft bzw. Dorfverwaltung, die sich wohl im späten 4. und frühen 5. Jh. ausprägte, liefern erst die Dokumente des 6. und 7. Jh. ein mehr oder weniger klares Bild. Die kollektiv für die Steuer haftende Dorfgemeinschaft (κοινόν/κοινότης) bestand aus den Mitgliedern der Dorfelite. An der

---

logisches Schema ist zu erkennen. Es ist auch zu bemerken, dass in der Region schon zu dieser Zeit der Titel ⲗⲁϣⲁⲛⲉ (in griechischer Transkription) verwendet wird. Zu πρωτοκωμῆται und Laschanen in Kysis vgl. auch oben S. 83, bes. Anm. 359.
7 Zur Organisation der ägyptischen *dioecesis* vgl. Palme 1998, 128–129.
8 Zu den *tesserarii* und *quadrarii* vgl. Boak 1951.

Spitze der Dorfgemeinschaft standen ein oder in der Regel zwei Dorfvorsteher (selten mehrere), die von einem Kollegium aus exekutiven Dorfbeamten unterstützt wurden. Der Dorfschreiber war in Angelegenheiten der Finanzverwaltung involviert und führte die Steuerregister des Dorfes. Diverse andere Beamte konnten noch dazu kommen, wie die Sicherheitsbeamten oder verschiedene Finanzbeamte, z.B. der κεφαλαιωτὴς τοῦ ἀναλώματος.[9] Die Steuerabgaben, die auf dem Niveau der Dorfgemeinschaft gesammelt wurden, gab dann der βοηθός oder ein anderer Verantwortlicher an eine höhere Ebene weiter. Die Tätigkeit der Dorfbeamten wurde wahrscheinlich nicht vor dem 7. Jh., vielleicht erst in der arabischen Zeit von dem διοικητής des Dorfes überwacht, der gegenüber dem Pagarchen verantwortlich war. Es ist auch hervorzuheben, dass die Kleriker als Mitglieder der Dorfgemeinschaft wegen ihres Status oft das Dorf vertraten, aber nicht die Verwaltung übernahmen.

Die Mitglieder der Dorforganisation wurden regional unterschiedlich bezeichnet. Im Folgenden wird die lokale Terminologie der Regionen zusammengefasst, zu denen wir genug Material haben, um sie zu bestimmen.[10] Wenn wir Ägypten von Süden nach Norden überblicken wollen, ist Theben die erste Region, wo wir Daten von Belang finden. Wie dargestellt, ist die Gegend um Djeme in vielerlei Hinsicht das beste Beispiel für die Struktur der Dorfverwaltung in der Spätantike. Die Dorfgemeinschaft besteht hier nach der Aussage der koptischen Papyri aus der Dorfelite im weiteren Sinne, „den großen Männern" (ⲛⲛⲟϭ ⲛⲣⲱⲙⲉ). Der/Die Vorsteher des Dorfes sind die Laschanen, die von mehreren Subalternen, die den Titel ⲁⲡⲉ tragen, unterstützt werden. Bis mindestens zum Jahr 701 war der griechische (also offizielle) Titel der Laschanen πρωτοκωμήτης. Ferner wurde ab dem Jahr 726 für den koptischen ⲁⲡⲉ auch der griechische Terminus στρατηγός verwendet. Die Tätigkeit der Funktionäre der Dorfgemeinschaft wurde (wohl ab der arabischen Zeit) von dem διοικητής überwacht. Ab 728 kommt auch der Titel μείζων oder μειζότερος vor, der mit dem διοικητής und vielleicht auch dem Laschanen zu identifizieren ist. Eine wichtige Rolle spielte hier auch der Dorfschreiber (γραμματεὺς κώμης/ⲥⲁϩ ⲛⲧⲓⲙⲉ).

Weiter nördlich ist die große Masse der Papyri aus Aphrodites Kome (bzw. ab der arabischen Zeit Aphrodito) zu erwähnen. Wie schon oft angesprochen, ist die Struktur des Dorfes Aphrodito eigentümlich. Nichtsdestoweniger ist es von Belang, welchen Titel die Dorfvorsteher hier trugen. Im 6. Jh. heißen sie πρωτοκωμῆται, und nach der langen Lücke der Überlieferung im 7. Jh. zeigen die Papyri des frühen 8. Jh. den Titel μείζων. Allerdings muss auch bemerkt werden, dass in den Papyri des 8. Jh. die μείζονες nicht die Vorsteher von Aphrodito, sondern von in der Umgebung liegenden Dörfern sind. Das koptische Pendant des μείζων ist in den Aphrodito-Papyri des 8. Jh. ⲗⲁϣⲁⲛⲉ. (Im 6. Jh. verwenden hier auch noch die koptischen

---

9 Zum κεφαλαιωτής vgl. oben S. 125–129.
10 Es soll hier darauf aufmerksam gemacht werden, dass die Evidenz, die über Dörfer zur Verfügung steht, nicht immer *aus* Dörfern stammt. Die oxyrhynchitische Zeugnisse der spätantiken Dorfverwaltung kommen z.B. fast ausschließlich aus dem Archiv der Apionen.

Papyri griechische Titel, s. unten.) Aus dieser Gegend ist auch der Titel ⲁⲡⲉ bekannt, der vielleicht mit den ⲁⲡⲏⲅⲉ aus der thebanischen Region vergleichbar ist.

Aus der Region von Hermupolis (und teils auch von Antinoopolis) kennen wir die Terminologie der Dorfverwaltung besonders gut. Zwischen dem 5.–8. Jh. tragen die Vorsteher der Dörfer den Titel πρωτοκωμήτης/ⲁⲡⲉ. Sie werden von einem Kollegium der κωμάρχαι unterstützt. Eine Besonderheit des Gaues ist, dass die Weiler (ἐποίκια) von sog. ἱερεῖς verwaltet werden, über die noch vieles unklar ist. Weitere Eigentümlichkeiten des Hermopolites sind die Bezeichnung γνωστήρ für den Dorfschreiber (obwohl auch γραμματεὺς κώμης vorkommt) und die Funktion des σιτολόγος, die ab dem 4. Jh. nur in diesem Gau belegt ist.[11]

Dorfvorsteher (πρωτοκωμήτης/ⲁⲡⲉ)

Hilfsbeamte der Dorfvorsteher (κωμάρχαι)

Dorfelite

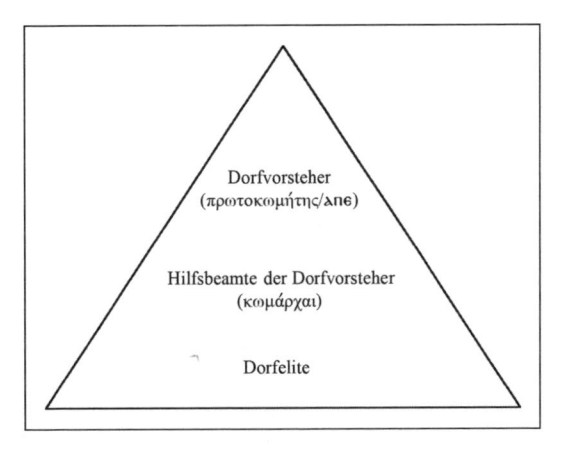

Die Struktur der Dorfgemeinschaft im Hermopolites

Wenn wir nun die Provinz Thebais verlassen und uns weiter nach Norden nach Arcadia begeben, liefert der Oxyrhynchites (teils auch der Kynopolites) eine Fülle von Daten, besonders das Apionen-Archiv. Neben Djeme bietet diese Region am augenfälligsten ein Modell für die spätantike dörfliche Verwaltung. Die Dorfge-

---

11 Sitologen kommen in der Spätantike nur selten vor, vgl. Rodney Ast in der Einl. zu P.Jena II 22, S. 99, wo die Fortsetzung des Amtes „at least into the fifth century" nachgewiesen wird. Eine Suche nach den Amtsträgern in der DDbDP nach dem Jahr 401 ergibt insgesamt sieben Belege. Abgesehen von SB I 4929, einem inhaltlich unklaren und nur sehr vage in das 4.–7. Jh. datierten Fragment, das angeblich aus dem Arsinoites stammt, kommen fünf Texte aus dem Hermopolites bzw. Antinoites: P.Flor. I 78 (Herm., zweite Hälfte 5. Jh.), 2, 31 und 48; in PSI XIII 1342 (Herm. bzw. Antin., zweite Hälfte des 5. Jh. [?]), 7 werden die Sitologen des antinoitischen Dorfes Alabastrine, das allerdings früher noch zum Hermopolites gehörte, erwähnt; P.Jena II 22 (Herm., 5.–6. Jh.), 4; CPR IX 45 (Herm., Mitte 7. Jh.), v 11 und 17. Die Herkunft zweier anderer Dokumente ist unbekannt: P.Col. VIII 243 (Hk.unbek., 5.–6. Jh.), 3, P.Gron. 8 (Hk.unbek., 6. Jh.), v 1. P.Col. VIII 243 wurde von Rodney Ast in der Einl. von P.Jena II 22, S. 99 schon wegen prosopographischer Gründe mit einem hermopolitischen Text in Zusammenhang gebracht und P.Gron. 8 könnte auch aus der Region stammen. Der letzte Text, der nicht aus dem Hermopolites stammt und einen Sitologen erwähnt, ist m.W. P.Oxy. XLVIII 3415 (Oxy., nach 376), 11–12. Erwähnenswert ist noch der ebenfalls oxyrhynchitische, in das späte 4. Jh. datierbare SB XVI 12324, 3. Im Hermopolites ist das Amt jedoch bis in die Mitte des 7. Jh. belegt, vgl. CPR IX 45, 11 und 17. Analog zu dem Amt des Gnosters kann auch wohl im Fall der Sitologen angenommen werden, dass sie in der Spätantike zu einer ortsspezifischen hermopolitischen bzw. mittelägyptischen Bezeichnung wurden.

meinschaft wird von den Dorfgranden, den πρωτοκωμῆται, gebildet. Die Vorsteher der Dörfer tragen den Titel μείζων, die – genauso wie im Hermopolites – von dem Kollegium der κωμάρχαι unterstützt werden. Die Steuerzahlungen werden oft von Gutsverwaltern übernommen, die hiesigen Verhältnisse sind klare Beispiele für die Verflechtung der öffentlichen und privaten Sphäre innerhalb der Dorfverwaltung.

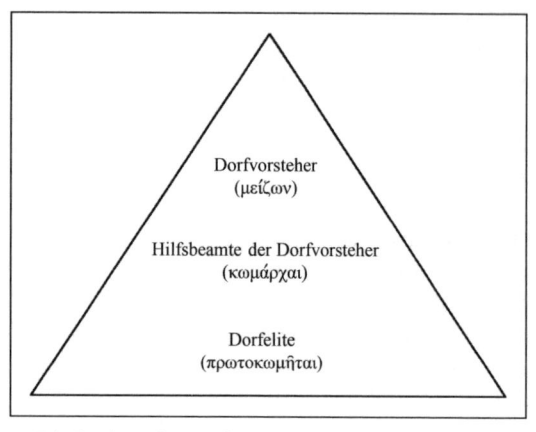

Dorfvorsteher (μείζων)

Hilfsbeamte der Dorfvorsteher (κωμάρχαι)

Dorfelite (πρωτοκωμῆται)

Die Struktur der Dorfgemeinschaft im Oxyrhynchites im Jahr 550 nach P.Oxy. I 133

Weiter nördlich, aber immer noch in der Provinz Arcadia, liegen zwei Gaue, über die wir noch weitere Rückschlüsse ziehen können: Der Herakleopolites und der Arsinoites. Die gemeinsame Behandlung der beiden Regionen scheint auch deswegen berechtigt zu sein, weil sie dieselben Tendenzen zeigen. Obwohl der Umfang des relevanten Materials aus diesen Gegenden nicht mit dem des Hermopolites oder Oxyrhynchites, geschweige denn mit dem der thebanischen Region vergleichbar ist, lassen sich einige Tendenzen aufzeigen. Für den Arsinoites wurde oben eine terminologische Wende von κωμάρχης zu πρωτοκωμήτης zwischen 374 und 386 angesetzt. Sowohl im Arsinoites wie auch im Herakleopolites sind πρωτοκωμῆται als Dorfvorsteher im 5.–6. bzw. frühen 7. Jh. belegt.[12] Der letzte klare Beleg aus diesen beiden Gauen für den Titel kommt vielleicht aus dem Jahr 616–617 bzw. 618. Im Jahr 642 bzw. vor 651 tauchen die ersten μείζονες in diesen Regionen auf, die dann auch noch im späteren 7. bzw. 8. Jh. die Dörfer leiten.[13] Vermutlich ist also die terminologische Wende im Arsinoites zwischen 616 und 642 und im Herakleopolites zwischen 618 und 651 anzusetzten. Es ist verlockend, anzunehmen, aber schwer zu beweisen, dass die Veränderungen in den zwei Gauen zur selben Zeit erfolgten.[14]

Über den exakten Zeitpunkt dieser Reformen kann man nur Vermutungen äußern. Man ist geneigt, die Änderungen entweder mit der sassanidischen Besatzung oder mit den Neuerungen der Araber zu erklären. Erstens wissen wir, dass nach dem Abzug der Perser Verwaltungsreformen in der Provinz Arcadia eingeführt wurden: Statt dem früheren zivilen *praeses*, der dem *dux et Augustalis Thebaidos* untergeord-

---

12 Für eine Ausnahme s. oben S. 67/Anm. 248.
13 Vgl. oben S. 67/Anm. 249.
14 Hier sei auch bemerkt, dass wir im Memphites μείζονες nach der Mitte des 7. Jh. finden (vgl. oben S. 75, bes. Anm. 311–312), aber die Evidenz für diese Region ist zu spärlich, um auf größere Zusammenhänge zu schließen.

net war, leitet nun der *dux et Augustalis Arcadiae* die Provinz.[15] Demgemäß hätten auch andere Reformen zu dieser Zeit stattfinden können. Andererseits könnte man Veränderungen von Seiten der arabischen Administration vermuten. Dem würde auch nicht unbedingt der Umstand widersprechen, dass wir den Titel schon aus dem Jahr 642 kennen, denn der Terminus χωρίον muss schon irgendwann vor Januar 643 von den neuen Verwaltern eingeführt worden sein.[16] Bei der jetzigen Quellenlage ist jedoch keine eindeutige Erklärung zu finden.

Aus dem Fayum kennen wir ebenfalls die koptischen Titel ⲁⲡⲉ und ⲗⲗⲱⲁⲛⲉ. Sie sind jedoch in dieser Region nur vereinzelt belegt, ihr Verhältnis zu einander ist unklar. Da beide Titel bezeugt sind, könnte dies auf eine ähnliche Terminologie wie in Djeme hinweisen, aber die Frage soll dahingestellt bleiben. Da die Publikationslage der koptischen Texte aus dem Fayum sehr schlecht ist, bleibt zu hoffen, dass zukünftige Editionen Neues zu dieser Fragestellung beitragen können.

Aus den obigen Beobachtungen lassen sich mehrere sowohl diachrone wie auch regionale Tendenzen ableiten. Diese werden für uns erst nach einer gewissen Stabilisierung der griechischen Terminologie im späten 4. und frühen 5. Jh. greifbar. Zunächst lässt sich eine deutliche Präferenz für einige Titel in verschiedenen Zeiten erkennen. Bis etwa zum Ende des 4. Jh. ist eindeutig κωμάρχης der vorherrschende Titel. Danach ist tendenziell πρωτοκωμήτης am besten bezeugt, obwohl im Oxyrhynchites nur μείζων als Terminus für den ranghöchsten Dorfvorsteher verwendet wird. Ab dem 7. Jh. wird jedoch μείζων allgemein eindeutig bevorzugt. (Das Auftreten des διοκητής im 7. Jh. ist in dieser Hinsicht irrelevant, da er nicht *stricto sensu* zur Dorfgemeinschaft gehört.) Im Arsinoites und Herakleopolites ist die Wende von πρωτοκωμήτης zu μείζων in der ersten Hälfte des 7. Jh. nachweisbar, und in Aphrodito muss die Veränderung auch irgendwann im 7. oder ganz frühen 8. Jh. stattgefunden haben. In Djeme fand vielleicht eine ähnliche terminologische Reform zwischen 701 und 728 statt. Im Hermopolites haben wir keine Belege für griechische Titel, die nachweislich später als in das 7. Jh. zu datieren sind,[17] und aus dem Oxyrhynchites sind bekanntlich nur sehr wenige Papyri der frübarabischen Zeit überliefert.

Diese Veränderungen spiegeln – soweit erkennbar – auch allgemeine Tendenzen des griechischen Ostens wider. Wie bereits dargelegt, kommt der letzte außerägyptische Beleg für einen κωμάρχης aus dem Jahr 344. Die hagiographischen und epigraphischen Quellen des 5.–7. Jh. nennen den Dorfvorsteher πρωτοκωμήτης. Der Titel μείζων hat aber bis jetzt m.W. keine eindeutige außerägyptische Parallele. Das kann natürlich reiner Zufall sein: Auch für die κωμάρχαι und πρωτοκωμῆται stehen

---

15 Palme 2007/B, 248–249.
16 Vgl. oben S. 7–8, bes. Anm. 26.
17 P.Mon.Apollo 25 (Herm., 8. Jh.) ist der späteste Text, der einen πρωτοκωμήτης im Hermopolites belegt. Das Dokument ist allerdings paläographisch datiert, und wie auch die Herausgeberin bemerkt (S. 80), kommen die Parallelen zu dieser Schrift aus dem 7.–8. Jh. Eine Datierung in die zweite Hälfte des 7. Jh. ist m.E. nicht auszuschließen.

nur vereinzelte Belege zur Verfügung. Der Titel wurde eventuell noch im frühen 8. Jh. von der arabischen Administration für den Begriff πρωτοκωμήτης in Djeme bzw. im Hermonthites eingeführt.

Regional zeigen unsere Quellen einige bemerkenswerte Tendenzen. Schon Schmelz hat eine „grobe" Unterscheidung zwischen dem Sprachgebrauch von Süden und Norden beobachtet. Er berief sich auf die πρωτοκωμῆται von Djeme und Aphrodito und die μείζονες des Oxyrhynchites und Arsinoites. Ferner machte er auf die ⲁⲡⲏⲩⲉ des Hermopolites und die Laschanen des Südens aufmerksam.[18] Obwohl seine Einschätzung *grosso modo* zutrifft, ist die Sachlage in vielerlei Hinsicht komplizierter. Natürlich muss man sich auch dessen bewusst sein, dass, solange die offizielle griechische Titulatur sicherlich mehr oder weniger zentrale Vorgaben befolgte, sich die koptischen Titel wohl eher spontan nach dem lokalen Sprachgebrauch entwickelten. Demgemäß müssen die Entsprechungen der griechischen und koptischen Titel in verschiedenen Regionen keinem einheitlichen Schema folgen.

Im Fall der koptischen Termini lässt sich für den Süden in der Tat ein Übergewicht des Titels ⲗⲁϣⲁⲛⲉ erkennen. Diese Beamten sind in der thebanischen Region, in der Großen Oase, Aphrodito und in der Nähe von Lykopolis als Dorfvorsteher bezeugt. Im Süden scheint ⲁⲡⲉ die Bezeichnung für die Subalternen der Dorfvorsteher gewesen zu sein. Es ist nicht eindeutig nachzuweisen, dass ⲁⲡⲉ vielleicht in manchen Texten aus dem Süden den Dorfvorsteher bezeichnete.[19] Im Hermopolites war ⲁⲡⲉ jedoch der eigentliche Dorfvorsteher, der Titel ⲗⲁϣⲁⲛⲉ ist im Gau unbekannt. Im Fayum sind beide Titel spärlich bezeugt, aber es lässt sich bis jetzt nicht ermitteln, was ihre genaue Bedeutung dort war. Alles in allem kann man für die koptischen Texte bei der heutigen Quellenlage nur eine Präferenz des Titels ⲗⲁϣⲁⲛⲉ für den Dorfvorsteher im Süden annehmen. Der papyrologisch bezeugte nördliche Teil Ägyptens lässt keine eindeutigen Folgerungen zu. Man könnte vermuten, dass in der koptischen Terminologie die Regionalität oder vielleicht sogar die lokalen Dialekte eine wichtige Rolle spielten.

An dieser Stelle lohnt es sich, auch den Sprachgebrauch der koptischen Dokumente zu reflektieren. Bekannterweise verwenden koptische Texte eine Fülle von griechischen Wörtern. Diese Tendenz ist besonders stark im Bereich der administrativen Ausdrücke, was kaum überraschend ist, da Griechisch für das „papyrologische Millennium" die Sprache der Verwaltung auf fast allen Ebenen war. Wir sahen jedoch, dass sich für bestimmte Dorfbeamte auch Ausdrücke ägyptischen Ursprungs ausbildeten wie ⲁⲡⲉ und ⲗⲁϣⲁⲛⲉ für Dorfvorsteher, ⲥⲁϩ ⲛⲧⲙⲉ für den Dorfschreiber oder ϩⲟⲩⲣⲓⲧ für den Wächter. All diese Wörter sind Bezeichnungen für Amtsträger der Dorfgemeinschaft. Manche Fachausdrücke wurden jedoch nie übersetzt, wie κοινόν/κοινότης für die Dorfgemeinschaft oder διοικητής. Man könnte annehmen, dass nur Wörter übersetzt wurden, die auch innerhalb der Dorfgemeinschaft verwen-

---

18 Schmelz 2002, 298.
19 Vgl. oben S. 179, bes. Anm. 64.

det werden konnten bzw. traditionell eine Bezeichnung hatten. Es ist sogar selbstverständlich zu erwarten, dass man für die Dorfältesten oder Dorfvorsteher auch koptische Ausdrücke im Gebrauch hatte. Aus Djeme kennen wir z.B. den koptischen Ausdruck „die großen Männer" (ⲛⲛⲟϭ ⲛⲣⲱⲙⲉ), für die lokal keine griechische Bezeichnung verwendet wurde.

Eine ähnliche Tendenz zeigen auch einige Ostraka aus Kysis in der Großen Oase aus dem späten 4. bzw. frühen 5. Jh., in denen wir den Laschanen, in griechische Buchstaben transkribiert, wahrscheinlich schon in der Rolle irgendeines Dorfbeamten vorfinden – obwohl parallel auch griechische Termini (κωμάρχης, πρωτοκωμήτης) vorkommen.[20] Koptische Texte des 6. Jh. verwenden tendenziell griechische Beamtentitel. Der Vater von Dioskoros von Aphrodito trägt den Titel ⲡⲡⲣⲱⲧⲟⲕ(ⲱⲙⲏⲧⲏⲥ) ⲁⲫⲣⲟⲇ(ⲓⲧⲏⲥ).[21] Ebenso wurde ein koptischer Brief des 6.–7. Jh. an den Priester, die Protokometen und Komarchen eines hermopolitischen Dorfes adressiert.[22] Zwei ebenfalls hermopolitische Papyri, wohl aus dem 6. Jh., erwähnen auch Komarchen.[23]

In der zweiten Hälfte des 6. Jh. beginnen jedoch die koptischen Texte, ihre eigenen Titel zu verwenden und geben das griechische Pendant nur in ihren griechischen Abschnitten an. So unterschreibt in einem Text aus Antinoopolis aus der Mitte bzw. zweiten Hälfte des 6. Jh. ein gewisser Phoibammon ϥⲁϩ ⲛ̄ⲧⲓⲙⲉ sein Schreiben in griechischen Buchstaben als Phoibammon, γνωστήρ.[24] In einem Text aus Djeme, wahrscheinlich von 576–578, wird dieselbe Person ⲗⲁϣⲁⲛⲉ im koptischen und πρωτοκωμήτης im griechischen Text genannt.[25]

Nach einer langen Lücke treten also ägyptische Titel in der Dorfverwaltung erst ungefähr im späten 6.–frühen 7. Jh. auf. Das ist wohl damit zu verbinden, dass man etwa zu dieser Zeit anfing, Koptisch für die Niederschrift von Rechtsgeschäften zu verwenden.[26] Bemerkenswert ist jedoch, dass sich diese Tendenz in der früharabischen Zeit nicht ausbreitete, sondern auf die Beamten der Dorfgemeinschaft beschränkt blieb. Die koptische Sprache konnte über dem Dorfniveau keine Bedeutung in der Terminologie der Verwaltung gewinnen, wo Griechisch und dann (teils parallel) Arabisch den Vorrang hatte. Wie lange die koptischen Titel in den Dörfern,

---

20 Vgl. oben S. 83, bes. Anm. 359.
21 Boud'hors 2008, bes. 69.
22 P.Stras.Copt. 13 (Herm., 6.–7. Jh.) 1–2: † ⲡⲕⲟⲙⲉⲥ ⲡⲉϥⲥϩⲁⲓ̈ ⲛ̄ⲁⲡⲁ ⲓ̈ⲁⲕⲱⲃ ⲡⲉⲡⲣⲉⲥⲃⲩⲧⲉⲣⲟⲥ ⲙⲛ̄ ⲛⲉ|ⲡⲣⲱⲧⲟⲕⲱⲙⲏⲧⲏⲥ ⲙⲛ̄ ⲛⲉⲕⲱⲙⲁⲣⲭⲏⲥ ⲛ̄ⲧⲁⲕⲉ ⲁⲩⲱ ⲫⲱⲕⲁ.
23 Die unpublizierten P.Heid.inv. K 240 und P.Stras.inv. Kopt. 114. Anne Boud'hors gebührt Dank dafür, dass sie mich auf den letzteren Papyrus aufmerksam gemacht hat. Beide Texte wurden nach dem Schriftbild datiert. Außer den oben angeführten Texten sind noch P.Lond.Copt. 470 descr. (Panopolis [?], o.D.) und BKU III 505 (Herm., o.D.) zu vermerken, die κωμάρχαι belegen. Die Texte wurden nicht datiert und mir sind keine Abbildungen bekannt. Sie sind vielleicht in das 6. Jh. zu datieren, s. oben.
24 Vgl. oben S. 140–141, bes. Anm. 111.
25 P.KRU 105 (Theb.-W., 576–578 [?], mit MacCoull 2010) 25 und 45.
26 Clackson 2010, bes. 95–99; Richter 2014, 136, vgl. auch Förster–Fournet u.a. 2012.

besonders im Verhältnis zu arabischen Bezeichnungen, erhalten blieben, ist bei der heutigen Quellen- bzw. Publikationslage schwer zu sagen (s. unten).

In der griechischen Terminologie ist mehr Klarheit zu gewinnen. Zunächst zeigt sich, dass in der Provinz Thebais bis etwa zum späten 7. Jh. einheitlich der Titel πρωτοκωμήτης für den Dorfvorsteher verwendet wurde. In Djeme ist der Titel vom 6. bis zum frühen 8. Jh. belegt, in der Oasis Magna finden wir ihn im späten 4. oder frühen 5. Jh., in Aphrodito im 6. Jh. und im Hermopolites im 5.–7. Jh. Das deutet klar darauf hin, dass πρωτοκωμήτης etwa ab dem späten 4./frühen 5. Jh. bis etwa zum späten 7. Jh. der offiziell verordnete Titel für Dorfvorsteher in der Thebais war. Nördlich, in der Provinz Arcadia, ist dagegen keine einheitliche Vorschrift nachzuweisen. Im Arsinoites und Herakleopolites löste der πρωτοκωμήτης den κωμάρχης als Titel für den Dorfvorsteher im späten 4. Jh. ab, im Oxyrhynchites jedoch wurde μείζων eingeführt. (In diesem Zusammenhang sind auch die ἱερεῖς und γνωστῆρες als eigentümliche hermopolitische Beamte erwähnenswert.)

Eine solche Regionalität der *civitates* (der alten Gaue) innerhalb einer Provinz ist nicht unerwartet. Während das Indiktionsjahr in der Thebais am 1. Mai einsetzte, fing es im Oxyrhynchites und Herakleopolites am 29./30. August und im Arsinoites am 1. Juli an – obwohl beide Gaue in Arcadia lagen. Dokumente verschiedener Regionen zeigen bekanntlich abweichende Formulare und Terminologie, die Ehrenprädikate der Konsuldatierungen zeigen im 6. Jh. z.B. eine nicht immer einheitliche regionale Variation. In Oxyrhynchos wird in der Spätantike sogar eine eigene Ära für die Datierung von Dokumenten verwendet.[27]

Wie schon angedeutet, zeigen die Quellen ab dem 7. Jh. eine Vereinheitlichung bei dem Titel des Dorfvorstehers als μείζων. Zuerst findet die Wende zwischen ca. 616 und 642 in Herakleopolis und im Fayum statt, und irgendwann im späten 7. bzw. frühen 8. Jh. auch in der Thebais. Die Reform im Fayum und im Herakleopolites könnte entweder mit den administrativen Neuerungen nach dem Abzug der Perser oder einer Vorgabe der arabischen Administration erklärt werden (s. oben). Der Befund, dass später, zu Beginn des 8. Jh., sowohl in Aphrodito wie vielleicht auch in Djeme μείζονες die πρωτοκωμῆται ablösten, könnte damit in Zusammenhang gebracht werden, dass die Provinzen Arcadia und Thebais wahrscheinlich zwischen 655–669 vereint wurden, sodass die Terminologie von Arcadia langsam im ganzen vereinten Gebiet eingeführt wurde.[28]

Zusammengefasst können also die folgenden Tendenzen in der Entwicklung der griechischen Beamtentitel für die Dorfvorsteher skizziert werden: Nach einer langen Periode des Experimentierens im 4. Jh. scheint gegen Ende des Jahrhunderts der Titel πρωτοκωμήτης den Ausdruck κωμάρχης in der Bedeutung 'Dorfvorsteher' abgelöst zu haben, vielleicht im Zusammenhang mit der Organisierung Ägyptens als *dioecesis*. Eine Ausnahme bilden in dieser Hinsicht der Oxyrhynchites und wahr-

---

27 Gonis 2005/A.
28 Palme 2007/B, 265/Anm. 100.

scheinlich auch der Kynopolites, wo man den Titel μείζων im Gebrauch hatte, und πρωτοκωμήτης einfach 'Dorfhonoratior' bedeutete. Der Titel κωμάρχης wurde im 5.–6. Jh. nachweisbar nur im Hermopolites und Oxyrhynchites für den dem Dorfvorsteher unterstellten exekutiven Dorfbeamten verwendet. Ferner ist zu bemerken, dass im Hermopolites die Vorsteher der ἐποίκια ἱερεῖς und die Dorfschreiber γνωστῆρες genannt wurden. Etwa zwischen der Zeit der persischen Besatzung und der arabischen Eroberung wird im Arsinoites und Herakleopolites μείζων an Stelle von πρωτοκωμήτης eingeführt. Dieselbe Veränderung findet im späten 7. bzw. 8. Jh. – vielleicht wegen der Vereinigung der Thebais mit Arcadia – in Aphrodito und eventuell in Djeme statt. Im 7. Jh., vielleicht erst ab Beginn der arabischen Zeit, wird die Arbeit der Dorfbeamten auch von einem διοικητής überwacht. Schließlich wird zumindest im Hermonthites um das Jahr 726 die Bezeichnung στρατηγός für die koptischen ⲁⲡⲏⲅⲉ, die Subalternen der Dorfvorsteher, eingeführt.

Nach etwa der Mitte des 8. Jh. geben unsere Quellen nur wenige Hinweise zur Titulatur der Dorfverwaltung. Im Arsinoites ist bis zum Jahr 778 der Titel μείζων bezeugt und in den wenigen Djeme-Urkunden dieser Zeit wird nur der διοικητής als eponymer Beamter angeführt.[29] Natürlich berichten uns immer noch zahlreiche Texte über Steuerzahlungen von Dörfern, aber man findet nur den Namen und nicht den Titel des Agenten, der verantwortlich ist. Ein besonders klares Beispiel dafür ist eine lange Deklaration von (offenbar) Vorstehern verschiedener Dörfer und Klöster aus der Gegend um Panopolis um das Jahr 749, in der für die Repräsentanten der Dörfer überhaupt kein Titel angegeben wird.[30]

Natürlich ist nicht anzunehmen, dass Dorfvorsteher in dieser Zeit verschwanden. Es ist vielmehr die Perspektive unserer Dokumente, die sich verändert. Für die immer mehr arabisierte Verwaltung war der Titel der lokalen Vorsteher von geringer Bedeutung. Die Kontrolle von oben wurde schon ab dem frühen 8. Jh. immer größer, auch innerhalb der Dorfgemeinschaft, und nach der Machtübernahme der Abbasiden wird das Individuum das Steuersubjekt. Die Araber waren nicht daran interessiert, dass die Dorfgemeinde als haftende Gemeinschaft ihre Steuern bezahlt (wie die Byzantiner), sondern dass man eine Person findet, die die Ablieferung der Steuern und Abgaben garantiert.[31]

Die Dorfgemeinschaften behielten ohne Zweifel weiterhin ihre internen Strukturen. Wie sie sich der Veränderung des Steuerwesens anpassten, ist eine Frage, die schon außerhalb des Rahmens dieser Arbeit liegt. Vermutlich blieben auch die Titel ⲁⲡⲉ und ⲗⲁϣⲁⲛⲉ noch für einige Zeit in den koptischen Dörfern in Gebrauch. Mit der Arabisierung des Landes erscheinen auch arabische Titel wie *māzūt*.[32] Die

---

29 In diesem Zusammenhang ist es ebenfalls erwähnenswert, dass P.KRU 83 (Theben), 35 sogar um das Jahr 770 noch einen auf Griechisch unterzeichnenden ὑποδέκτης belegt.
30 P.Cair.Arab. III 167 (Panopolis, 749 [?]; die genaue Datierung des Textes verdanke ich Jelle Bruning).
31 Vgl. unten S. 219–220.
32 Vgl. auch den *ṣāḥib Nuwayr[ah* in P.MuslimState 17 (Fayum, ca. 730–750), 10 und den *qabbāl*

Publikation arabischer Papyri aus dem 9. Jh. wird in dieser Hinsicht bestimmt wichtige neue Erkenntnisse bringen können.

Zusamenfassend kann man sagen, dass die offizielle Terminologie im spätantiken Ägypten allem Anschein nach konsequent und gemäß zentralen Vorgaben (mindestens im *territorium* einer *civitas*) angewandt wurde. Die Verwendung eines bestimmten Titels für einen Dorfvorsteher kann demgemäß ein Indiz für die Provenienz eines Dokumentes sein – allerdings mit Vorsicht, da unsere Kenntnisse noch an vielen Stellen lückenhaft sind. Wie aber auch schon Constantin Zuckerman bemerkte, ist in der Tätigkeit der verschiedene Titel tragenden Dorfvorsteher kein großer Unterschied zu finden: Es handelt sich um dieselbe universale Funktion mit lokal verschiedenen Bezeichnungen.[33]

Diese Arbeit befasste sich großteils mit der Bestimmung der einzelnen Beamtentitel, die für die Dorfverwaltung relevant sind. Ein wichtiger Aspekt, der nicht systematisch berücksichtigt werden konnte, ist der Zusammenhang der Titel mit der Toponomastik. Ein klares Beispiel für einen solchen Zusammenhang ist der Fall der hermopolitischen ἱερεῖς, die nur für Weiler (ἐποίκια) verantwortlich waren. Eine solche Untersuchung müsste auch die lokal abweichende Terminologie in Bezug auf die verschiedenen Bezeichnungen von Dörfern bzw. kleineren Siedlungen in Betracht ziehen. Es wäre auch interessant, das Verhältnis der Gutsverwaltung und Dorfverwaltung anhand des Apionen-Archivs genauer zu untersuchen. Ebenfalls vielversprechend wäre eine Studie zur Organisation der Ebene zwischen der Pagarchie und den Dörfern. Wie wurden die βοηθοί ausgewählt, welche Bezirke beaufsichtigten sie usw.: Zu einem klaren Verständnis der Terminologie der spätantiken Dorfverwaltung ist von der Forschung noch viel Arbeit zu leisten.

6.2 Dorfverwaltung und Dorfgemeinschaft

Bei der Besprechung des κοινόν wurde die Frage offen gelassen, ob es nur eine aufgezwungene Institution war, die ausschließlich steuerlichen Zwecken diente, oder sich in seinem Rahmen auch eine Dorfgemeinschaft in einem weiteren Sinn entwickelte.[34] Dieses wichtige Problem wurde in der Forschung mehrfach behandelt. Danielle Bonneau diskutierte die Frage 1983 und meinte, dass das κοινόν ausschließlich eine steuerliche, vom Staat aufgezwungene Institution war und im spätantiken Ägypten keine wahre Dorfgemeinschaft existierte.[35] Roger Bagnall schloss sich in seinem *Egypt in Late Antiquity* ihrer Meinung an. In seiner Interpretation ist

---

al-qarya in P.Cair.Arab. III 169 (Herm., 752), 6. Zum *māzūt* vgl. oben S. 62–63, bes. Anm. 221.
33 Zuckerman 2004, 239: „Tant les institutions de la vie communautaire que les moyens employés par l'État pour extraire aux villageois les dûs de leurs voisins défaillants changent plus de nom et de forme que de substance".
34 Vgl. oben S. 26–27.
35 Bonneau 1983.

6.2 Dorfverwaltung und Dorfgemeinschaft

es im 5. Jh. die Kirche, die wieder Struktur in die Dörfer bringt. Sein Bild bezüglich des 4. Jh. ist sehr düster:

> „Only by verbal sleight-of-hand, then, can fourth-century villages be considered political communities. What the residents of a village had in common was answerability for a variety of demands from the state ... They satisfied these requirements as best they could ... by cooperating with each other to the extent necessary. The lack of any other political institution was exacerbated by the disintegration in the third century of the temples as a focus of community life ... and the villages of the early fourth century give the impression of rudderless and captainless vessels."[36]

Kritik an dieser Interpretation wurde zuerst von Traianos Gagos und Peter van Minnen formuliert. Da in einem Papyrus aus Alabastrine eine σύνοδος γεωργῶν erscheint, argumentierten sie:

> „[T]he main *raison d'être* for the σύνοδος ... is professional or, in other words, economic. ... The σύνοδος of Alabastrine may well be regarded as the forerunner of the agricultural cooperatives of present-day Egypt."[37]

Wie gezeigt wurde, ist diese Interpretation in Bezug auf das κοινόν unhaltbar: Schon Bagnall bemerkte, dass Gagos und van Minnen zu viel aus ihrem Text herauslesen wollten.[38]

Auch wenn die erste Kritik nicht zu überzeugen vermochte, sprechen sich neuerdings immer mehr Forscher für eine starke Dorfgemeinschaft aus. Banaji zeichnete das Bild einer starken dörflichen Oligarchie, deren soziale und steuerliche Solidarität sich in der Institution des κοινόν ausdrückte.[39] Constantin Zuckerman sprach sich anhand seiner Analyse von Aphrodites Kome ebenfalls klar gegen das Modell von Bonneau aus.[40] Wickham behauptete sogar am Ende seines Überblicks von Aphrodites Kome und Djeme: „[T]hese densely inhabited Egyptian villages seem to me to furnish the best-documented example of active village communities in the late Roman and post-Roman world".[41]

Mit der neuen Tendenz der Forschung, eine starke Dorfgemeinschaft in den ägyptischen Dörfern zu sehen, stehen die Ergebnisse dieser Arbeit im Einklang. Das zeigt besonders gut das Beispiel von Djeme, wie auch Wickham betonte. Es ist natürlich auch zu berücksichtigen, dass das κοινόν einen klaren steuerlichen Ursprung hat. Das Ziel der Errichtung der Dorfgemeinschaft war die Institutionali-

---

36 Bagnall 1993/A, 137–138 (Zitat: 137).
37 Gagos–van Minnen 1992, 189.
38 Bagnall 2005, 556/Anm. 12. Vgl. oben S. 23–24.
39 Banaji 2001, 192–197, bes. 194, 197.
40 Zuckerman 2004, 239–240.
41 Wickham 2006, 429.

sierung der Steuerhaftung.[42] Das κοινόν wurde in erster Linie von der Dorfelite gebildet. Diese Dorfelite verstand sich als eine Gruppe, die versuchte, ihre Interessen sowohl gegenüber den ärmeren Dorfbewohnern wie auch den über ihnen stehenden lokalen Eliten zu verteidigen. Ihre Mitglieder rekrutierten sich aus wenigen wohlhabenden lokalen Familien. Auf diese Weise manifestierte die Institution der Dorfgemeinschaft, die ursprünglich rein steuerlich war, auch die Interessengemeinschaft der Dorfelite.

Diese Situation ist klar vom 6. Jh. bis zur Mitte des 8. Jh. nachweisbar. Wickham meinte, dass man dieses Modell auch für das 4.–5. Jh. anwenden könnte,[43] was mit dem entschiedenen Urteil von Bagnall, das oben zitiert wurde, kaum zu vereinen ist. Natürlich muss man berücksichtigen, dass das 4. Jh. eine Periode der Umwälzungen war und nicht in jeder Hinsicht mit den folgenden Jahrhunderten vergleichbar ist. Trotz all dieser Kautelen deutet vieles auf eine schon im 4. Jh. starke Gemeinschaft und Solidarität in den Dörfern hin. Dominic Rathbone betonte in einer Diskussion über die Patronage im Fayum des 4. Jh.: „Against aggressive and competing civilian and military hierarchies and wealthy landowners seeking to gain land and labor, the only defense of independent villagers was not patronage but solidarity."[44] Dass sich in den Dokumenten des Fayum dieser Zeit trotzdem nicht immer das Bild einer starken Dorfgemeinschaft entfaltet, hängt wahrscheinlich auch mit den spezifischen Bewässerungsproblemen der Siedlungen zusammen.[45]

Eine gutes Beispiel für eine starke, zusammen agierende Dorfgemeinschaft ist ein kurioser Brief aus der ersten Hälfte des 4. Jh.:

> *Meinem verehrtesten Herrn Vater Paulos, die Dorfgemeinde* (τὸ κοινόν) *der Einwohner des Dorfes Nesoi. Wir bitten Dich, Herr Vater, um Gottes und des ganzen Dorfes willen, beabsichtige nicht, eine Klageschrift einzureichen, damit diese Leute uns nicht alle vernichten, sondern es möge Dir belieben, zu uns zu kommen. Befiehl, was immer Du willst, und es wird geschehen. Selbst wenn Du sie töten lassen willst, werden wir es selber tun, denn diese Leute werden das ganze Dorf verwüsten. Aber wir bitten Dich, wir, die ganze Dorfgemeinde, setze nichts in Bewegung! Komm zu uns, und wir tun, was Du willst! Wir beten um Eure Gesundheit für viele Jahre.*[46]

---

42 Vgl. oben S. 16–18.
43 Wickham 2006, 427.
44 Rathbone 2008, 206.
45 „First, that the problem of flight was undoubtedly worse in the fourth century than in the preceeding three hundred years because of fiscal and other economic pressures. Second, that in response the state made an unusual, and non ineffective, effort to turn villages into closed communities, even though it could not stop the abandonment of marginal Fayyum villages with their exceptional irrigation problems." Rathbone 2008, 202.
46 P.Nepheros 19 (Herakl., 4. Jh.): τῷ κυρίῳ μου τιμιωτάτῳ πατρὶ | Παύλῳ τὸ κοινὸν τῶν ἀπὸ κώμης | Νήσων. | παρακαλοῦμέν σε, δέσποτα πάτερ, | μὴ θελήσῃς ἐντυχῖν (l. ἐντυχεῖν) διὰ τὸν | θεὸν καὶ διὰ ὅλην τὴν κώμην, | ἵνα μὴ οὗτοι ἡμᾶς πάντας ἐρη|μώσωσιν, ἀλλὰ καταξίωσον οὖν |

6.2 Dorfverwaltung und Dorfgemeinschaft

Über den Kontext dieses bizarren Schreibens kann nur spekuliert werden: Womöglich steht ein Konflikt mit einem anderen Dorf im Hintergrund. Es ist offensichtlich, dass das κοινόν in diesem Text keine bloße steuerliche Gemeinschaft ist.[47] Die Dorfbewohner wollen ein großes Unheil abwehren und sind als eine Gemeinschaft bereit, alles dafür zu tun.

Auch andere Parallelen lassen sich zwischen der Dorfelite des 4. Jh. und der späteren Jahrhunderte finden. Im 3. und 4. Jh. gibt es zahlreiche Beispiele dafür, dass die Komarchie von wenigen Familien innerhalb eines Dorfes besetzt wurde. Auffallender Weise flüchteten die Amtsträger nicht vor dem Amt. Die Position ermöglichte, das Interesse der eigenen Familie zu schützen, ggf. sogar durch Machtmissbrauch. Sowohl im Sakaon-Archiv von Theadelphia (3.–4. Jh.) wie auch in Papyri aus Philadelphia der 370-er und 380-er Jahre sehen wir, dass der Kreis der Dorfbeamten auf eine kleine Gruppe beschränkt war, aber dieser Befund ist auch in anderen Regionen nachzuweisen. In Aphrodites Kome des 6. Jh. wird das Dorf ebenfalls nur von einigen „Clans" geleitet.[48] Man muss aber nicht unbedingt von korrupten Dorfoligarchen ausgehen; die Rolle des Engagements darf nicht unterschätzt werden, da das Ansehen als verantwortliches und selbstbewusstes Mitglied der Elite auch eine Motivation gewesen sein könnte. Schon im 3. Jh. finden wir eine Berufung auf die „Ehre des Dorfes", die der Absender eines Briefes beschützen will – trotz des Fehlverhaltens der Komarchen.[49] Auf ähnliche Weise drückt sich in einem Brief aus dem 5.–6. Jh. das kollektive Interesse des Dorfes aus:

> *Es ist weder in Ihrem Interesse, noch in dem der übrigen Dorfbewohner, weitgehend Ihre Verpflichtungen zu vernachlässigen. ... Denn es ist weder für Sie noch für die Dorfbewohner günstig, so viele Schulden zu haben.*[50]

Auf jeden Fall gab es auch schon zu dieser Zeit eine Dorfelite, die die Leitung des Dorfes übernahm und den größten Teil der Ländereien besaß. Die Landverhältnisse unter den Dorfbewohnern scheinen im 4. Jh. tendenziell dieselben gewesen zu sein wie im 6. Jh. Roger Bagnalls Untersuchung zeigt, dass in Dörfern, von denen uns genug Daten zu einer statistischen Analyse zur Verfügung stehen, die reichsten 30%

ἐλθεῖν πρὸς ἡμᾶς καὶ εἴ τι θέλεις | κέλευσον καὶ γίγνεται. καὶ ἐὰν | θελήσῃς ἀποκτῖναι (l. ἀποκτεῖναι) αὐτούς, | ἡμεῖς ἀφ' ἑαυτῶν ποιοῦμεν, | ἐπεὶ ἐρημώνουσιν (l. ἐρημώνουσιν) οὗτοι | ὅλην τὴν κώμην. ἀλλὰ παρα|καλοῦμεν, ὅλον τὸ κοινὸν τῆς | κώμης, μηδὲν κινήσῃς. ἀπάν|τησον πρὸς ἡμᾶς καὶ τὸ (l. ὅ) θέλεις | ποιοῦμεν. ἐρρῶσθαι ὑμᾶς εὔχο|μαι πολλοῖς χρόνοις.

47 S. die Einl. von John C. Shelton zum Text und seine Anmerkung zu Z. 2.
48 S. zusammenfassend mit zahlreichen Belegen Delia–Haley 1983, 40–44. Vgl. auch Derda 2006, 187–191; zu Aphrodites Kome: Zuckerman 2004, 49–50, 123.
49 P.Oxy. LXI 4118 (Oxy., 3. Jh.), 3–6, 13–15: πολλοὶ λειτουργοὶ ζητού|μεν[ο]ι [κ]λέπτονται ὑφ' ὑμῶν | καὶ εἰς τειμὴν (l. τιμὴν) τῆς κώμης | ἔτι ἀνέχομαι. ... τῷ ἐπιστρατήγῳ οὐ προσ|ῆλθον εἰς τειμὴν (l. τιμὴν) τῆς κώ|μης, οὐχ ὑμῶν.
50 P.Vind.Worp 13 (Hk.unbek., 5.–6. Jh.), 4–9, 19–22: οὐ συμβάλλεται | οὔτε ὑμῖν οὔτε τοῖς | ἄλλοις τοῖς οἰκοῦσιν | τὴν κώμην τὸ | ἐπὶ πολὺ ἀγνωμο|νεῖν. ... οὔτε γὰρ ὑμῖν | οὔτε τοῖς ἀπὸ | τῆς κώμης | χρήσιμόν ἐστιν τὸ | χρεωστεῖν τοσαῦτα. Übers. von Klaas A. Worp aus der Edition.

der Dorfbewohner (und nicht der auswärtigen Besitzer) die absolute Mehrheit des Landes besaßen. In Philadelphia (216/217) besitzt diese 30% der Bewohner 68,3% des Landes, in Karanis (309) 57,5%, in Aphrodites Kome (ca. 525) 64,4% und in Temseu Skordon (6. Jh.) 79,2%.[51] Der wohlbekannte Aurelius Isidoros aus Karanis beschwert sich im Jahr 316 bei dem *praepositus pagi*, dass eine Gruppe von Dorfbewohnern in sein Haus eingebrochen sei und dort Verwüstung angerichtet habe. Ihre Handlung wird durch zwei Umstände erklärt: Sie waren betrunken und tollkühn wegen ihres Vermögens.[52] Dass so ein Argument in einer Petition angeführt wird, zeigt klar, dass eine reiche Elite, die ihren Status missbrauchen kann, in den Dörfern gang und gäbe war.

All diese Beispiele vermitteln den Eindruck, dass man der Meinung von Wickham zustimmen kann: Im spätantiken Ägypten waren wohl starke, selbstbewusste Dorfgemeinschaften charakteristisch. Diese Gemeinschaft bestand in erster Linie aus der Elite des Dorfes, die die Verwaltung vor Ort leitete. Ein gewisser Interessenkonflikt bestand sicherlich zwischen dieser Elite und den sozial schwächeren Dorfbewohnern.[53] In dieser Hinsicht hätte vielleicht die Christianisierung des Landes eine gewisse Wirkung gezeigt: Das Beispiel von Djeme führte vor Augen, welche moralische Kontrolle die „heiligen Männer" ausübten. Dorfbewohner konnten sich aber auch an weltliche Patrone wenden, die erreichen konnten, dass ein höher stehender Beamter sich für sie einsetzt, wenn sie sich von den Dorfbeamten ungerecht behandelt gefühlt haben.[54] Die Dorfelite war aber selbstverständlich auch selbst nicht immer einheitlich, zahlreiche Quellen aus dieser Periode berichten über heftige Konflikte in ägyptischen Dörfern. Das Prinzip der kollektiven Steuerhaftung ermöglichte sogar, das System für die eigenen Interessen auszunutzen – ggf. sogar gegenüber anderen Mitgliedern der Dorfelite.[55]

Natürlich stellt sich auch die Frage, wie sich die Dorfgesellschaft in dieser Hinsicht von der der ptolemäischen oder römischen Zeit unterschied. Diese Frage kann hier nur angedeutet werden. Man muss sich dabei bewusst machen, dass manche Strukturen für Dörfer generell charakteristisch sind: Siedlungen im Palästina des 16. Jh. zeigen verblüffend ähnliche Tendenzen wie die im spätantiken Ägypten.[56] Schon in der römischen Zeit scheinen die wichtigen Positionen in der Dorfverwaltung begehrt gewesen zu sein, da man durch sie profitieren konnte.[57] Allerdings

---

51 Bagnall 2008, 187–188.
52 P.Cair.Isid. 75 (316), 9–10: οἴνῳ πολλῷ βεβαρη[μένο]ι καὶ | θαρρο[ῦν]τες ᾧ περίκινται (l. περίκεινται) πλούτει.
53 Vgl. dazu auch Keenan 1985.
54 Was wohl in SB XXIV 16219 (Ars., nach 694) der Fall war, vgl. Bemerkungen zum Text und Morelli 2014/B, bes. 96–97. Vgl. auch die Beispiele in Sijpesteijn 2013, 161, bes. Anm. 238.
55 Grey 2011, 62, 216–225.
56 Vgl. unten S. 230–231.
57 Lewis 2004, 231: „[B]y the time of these documents (late second century) the aura in the liturgic system had long since become one of essaying by fair means or foul to avoid appointment to those services; why, then, had Horion exerted himself so strenuously to force his way

scheint es ein bedeutender Unterschied zu sein, dass die κωμογραμματεῖς – die wichtigsten Dorfbeamten vor den Reformen der Philippi – oft genauso aus anderen Dörfern kamen, wie die Strategen oder die königlichen Schreiber, die auch nicht in ihrem Heimatgau amtieren durften.[58] Dies scheint eine wesentliche Differenz zu der Spätantike zu sein, in der – auch auf höherer Ebene – in der Regel die lokalen Eliten die Verwaltungsposten übernahmen. Diese Frage bedarf aber weiterer Forschung: Eine detaillierte Untersuchung, die sowohl allgemeine wie auch zeitspezifische Tendenzen beobachtet, könnte in dieser Hinsicht mehr Klarheit bringen.

Zwischen dem 4.–8. Jh. war also eine starke landbesitzende Elite für die Verwaltung verantwortlich. Am Anfang des 4. Jh. werden die Dorfbeamten noch nach dem traditionellen liturgischen System nominiert. Das System verändert sich jedoch im Laufe des 4. Jh., der letzte überlieferte Liturgievorschlag für einen Komarchen stammt aus dem Jahr 350.[59] Ab dem späten 4. bzw. 5. Jh. ist ein wichtiger Wandel zu beobachten, wie schon Friedrich Oertel bemerkte:

„Auf der einen Seite vermögenslose, berufsmäßig vikarierende Arbeiter, auf der anderen eine immer mehr zusammenschmelzende Zahl von Wohlhabenden – meist Grundbesitzern –, auf denen dauernd die ganze Last der Amtsliturgien steuerartig ruht, und dazwischen nur eine dünne Mittelschicht von dörfischen κτήτορες, die im Dorfe die Verwaltungsfunktionen ausüben – das sind die Zustände, die zu der eigentlichen (vom 5. Jahrh. an gerechneten) byzantinischen Epoche hinüberleiten".[60]

Wie in den Städten wurde es allgemein zur Aufgabe der Dorfelite, sich um allerlei lokale Angelegenheiten zu kümmern und dafür gegenüber dem Staat zu haften. Auf beiden Ebenen findet man lokale Honoratioren, die nicht *stricto sensu* als Amtsträger, sondern einfach wegen ihres Status die Dörfer verwalteten, wie die „großen Männer" von Djeme. Dieselbe Tendenz in Bezug auf die Städte der Spätantike fasst Liebeschuetz folgendermaßen zusammen:

„The cities had come to be controlled by groups of notables, made up of decurions, *honorati*, and clerics, whose membership was quite informal, and

---

into the office of komogrammateus? The gravamen of Domnus's complaint, abusive treatment, suggests the answer to the questions. As custodian of all the village records and the source of all official information supplied to higher officials and to local inhabitants and property owners, a komogrammateus, were he so minded, could find all sorts of ways of "cooking" the books so as to help himseif [sic] and friends, to the detriment of others – e.g. illiterate peasants – who, unlike Domnus, might never discover that they were being victimized and would therefore never protest."

58 S. Dieter Hagedorn in P.Petaus, S. 17–21 und Derda 2006, 149–150.
59 Mißler 1970, 106–107.
60 Oertel 1917, 404. Vgl. auch Palme 1989, 137: „[S]eit dem ausgehenden 4. Jh. n.Chr. [ist] nach den allgemeinen Zeiterscheinungen damit zu rechnen …, daß die rechtlich (nach ihrem πόρος) zur Liturgie Verpflichteten den aktiven Dienst an Personen übertrugen, die gegen Entgelt bereit waren, die Amtstätigkeit berufsmäßig – also über mehrere Jahre hinweg – auszuüben."

> not defined by anybody other than themselves. In many cases it will have been obvious what made a man a 'leading citizen'; tenure of an imperial office, imperial rank whether earned by office holding or merely honorary, and of course wealth."[61]

Die Dörfer in dieser Zeit funktionierten also klar nach denselben grundlegenden Prinzipien wie die Städte. Es wäre allerdings übertrieben anzunehmen, dass die Dorfgemeinschaft die βουλή der Städte nachgeahmt hätte. Es gab zwar Dorfversammlungen (s. unten), aber es ist nicht etwa von einem sehr institutionalisierten Dorfgremium auszugehen, wie Mißler es tut.[62] Natürlich gab es offiziell nominierte Beamte, aber die Elite haftete zusammen als eine nur mehr oder weniger definierte Gruppe für das Schicksal der Gemeinde.

Zwar sind keine Liturgievorschläge überliefert, aber es wurden weiterhin jedes Jahr neue Dorfvorsteher ausgewählt. Ihre Ernennung wird immer noch von einer höheren Verwaltungsebene bewilligt, wie das u.a. Texte aus Aphrodites Kome zeigen. Wie die Vorsteher des Dorfes ausgewählt wurden, ist unbekannt.[63] Eine natürliche Voraussetzung war die Zugehörigkeit zur Elite und ein gewisses Vermögen. Es ist zu vermuten, dass die Auswahl der Dorfvorsteher wohl das Resultat von Verhandlungen der verschiedenen Interessengruppen innerhalb der Elite war. Wie gesagt, gibt es keine Indizen, dass diese Position als eine Last betrachtet wurde, ganz im Gegenteil: Man wollte wohl sicherstellen, dass diese einflussreiche Stelle von der „richtigen" Person übernommen wird. Die Iteration der Dorfämter war demgemäß häufig. Den Einfluss des Amtes demonstriert ein schon besprochenes Dokument, das sowohl die vom Haus eines Dorfvorstehers gestohlenen Güter aufzählt wie auch die Landbesitzer des Dorfes auflistet, die den Dorfvorstand entschädigen sollen.[64]

In der Regel amtieren ein oder zwei Dorfvorsteher pro Jahr, aber gelegentlich kommen auch mehrere vor. Mißler erklärte dieses Phänomen damit, dass in ärmeren Dörfern nur mehrere Dorfbewohner zusammen das Vermögen (πόρος) aufbringen konnten, das für ihre steuerliche Haftung ausreiche.[65] Diese Erklärung mag in manchen Fällen zutreffen, aber darf wohl nicht verallgemeinert werden. Die Größe des jeweiligen Dorfes und andere unbekannte Gründe könnten auch eine Rolle gespielt haben, aber wir wissen nicht genug über die Auswahl der Dorfvorsteher, um eindeutige Aussagen zu treffen. Das von Mißler erwähnte Kriterium war jedoch

---

61 Liebeschuetz 2001, 120; s. auch Grey 2011, 182. Bemerkenswert ist, dass der Titel πρωτεύων sowohl in Dörfern wie auch in Städten Zugehörige der Elite bezeichnen kann.
62 Mißler 1970, 70: „Es kann damit festgehalten werden, daß die Protokometen die Verwaltungskörperschaft des byzantinischen Dorfes waren und der βουλή der Städte entsprachen. Aus diesem Gremium wurden auch die einzelnen Beamten ernannt, der μείζων als Präsident, die Komarchen als eine Art Exekutivorgan."
63 Der arabische P.Louvre Inv. E SN 183 (Hk.unbek., 773), publiziert in David-Weill 1971, 12–15 verweist zwar auf die Wahl des Dorfvorstehers (*māzūt*), aber die Details bleiben unklar.
64 P.Oxy. XVI 2058 (Oxy., 6. Jh.).
65 Mißler 1970, 42.

6.2 Dorfverwaltung und Dorfgemeinschaft

sicherlich nicht von geringer Bedeutung, auch Dokumente aus der arabischen Zeit betonen, dass die Dörfler, die für bestimmte Aufgaben ausgewählt werden, wohlhabend (εὔπορος) sein sollen.[66] Nichtsdestoweniger bezeugen mindestens zwei Papyri Gehaltszahlungen an Dorfvorstände. Ob die Dorfvorsteher für ihre Tätigkeit entlohnt wurden oder diese Beispiele nur Ausnahmen darstellen, soll dahingestellt bleiben.[67]

Zwar herrschte auch schon in der byzantinischen Zeit die Tendenz vor, für verschiedene Leistungen Bürgen zu verlangen, doch erlangt dieser Aspekt eine immer größere Bedeutung in der arabischen Zeit. Die Araber wollten verlässliche, loyale Agenten vor Ort haben und waren nicht so sehr in die lokalen Netzwerke eingebunden. Besonders ab dem frühen 8. Jh., als die steuerliche Kontrolle immer stärker wurde, schrumpfte die Bedeutung der lokalen Elite in der Verwaltung. Ein arabischer Beamter konnte Anweisung geben, dass sein Vertrauensmann der Dorfvorsteher sein soll.[68] Die διοικηταί der Dörfer in dieser Zeit waren auch eher schon Agenten des Pagarchen vor Ort als Vertreter der Dorfgemeinschaft. Diese Einmischung in die Strukturen der lokalen Elite ist ein wichtiger Grund der geradezu serienmäßigen koptischen Aufstände im 8. Jh.[69] Die Veränderungen konnten aber nicht aufgehalten werden, die Dorfverwaltung der Abbasiden-Zeit funktionierte schon nach anderen Grundsätzen: Die lokalen Unternehmer schlossen einen Vertrag

---

66 Z.B. SB III 7241 (Aphrod., 710), 3–4: λαμβάνων ἀντιφωνητὰς αὐτῶν | εὐπόρους ὀφείλοντας ἀποδοῦναι τὴν ἀντιφώνη[σ]ι̣[ν] αὐτ(ῶν); P.Ross.Georg. III 23 (Ars., Ende 7. Jh.), 1–2: κατάλαβε τὰ πρός με ἐν τῇ πόλει, φέρε δὲ | ἐρχόμενος καὶ τοὺς εὐπόρους ἀνθρώπους; P.Ryl.Copt. 319 (Hk.unbek., 7.–8. Jh.), 8–9: ⲁⲓⲡⲁⲣⲁⲓⲧⲉⲓⲗⲉ ⲛⲁϥ ⲧⲁⲣϥⲥⲱⲧⲡ | ⲍⲛⲅⲣⲁⲙⲙ(ⲁⲧⲉⲩⲥ) ⲛⲉⲩⲡⲟⲣⲟⲥ ⲍⲛ ⲛⲉⲧⲛⲉⲧⲓⲙⲉ; P.MuslimState 23 (Fayum, ca. 730–750), 16.
67 P.Oxy. VIII 1147 (Oxy., spätes 6. Jh.), 9. Vgl. Johnson–West 1949, 311; s. auch P.Vind.Tand. 16 (Herakl., 5.–6. Jh.), 76–77 und SPP X 102 (Herm., 6. Jh.), 9, die Lesung τῶν πρῳτοκ( ) ist aber unklar. Sijpesteijn 2013, 209 spricht über „village notables" als „paid employees of the Muslim administration". Zwar weist sie auf die Praxis hin, dass Dorfbeamte einen Anteil der Steuer für ihre Kosten erhalten haben (Sijpesteijn 2013, 159), dennoch ist es zweifelhaft, ob das wirklich als Gehaltszahlung oder eher nur Kompensation zu betrachten ist.
68 P.Ryl.Copt. 324 (Hk.unbek., wohl 8. Jh., s. Bemerkungen). Vgl. auch Sijpesteijn 2013, 335.
69 Sijpesteijn 2009, 130: „Not only had the Christian Egyptian land-holding élite lost its power in the Muslim administrative system to assign taxes at the village level independently of the Muslim administration, to guarantee and function as intermediaries between the tax-payers and fiscal officials, but also their lands were now falling under the envious gaze of Muslim would-be agriculturalists. Threatened with the loss of the lands on which their status was based, as well as the economic and administrative role that was associated with it, the members of the Christian landholding élite rose in protest. From the mid-eighth century the papyri record more conflicts and complaints raised against Muslim tax officials organized by Christian villagers, included highly placed ones. While the first Coptic tax revolts are recorded for the end of the seventh and first half of the eighth century, they increased dramatically in the second half of the eighth century ... As Chris Wickham has remarked, the frequency and number of these revolts were unprecedented in Egypt and might very well have been initiated and organized by a now disenfranchised Christian élite". Zur Dorfelite und ihr Verhältnis zur muslimischen Verwaltung in der früharabischen Zeit vgl. ausführlich Sijpesteijn 2013, 155–163, 190 und 208.

mit den muslimischen Behörden über ihre Aufgaben. Zwar ist noch unklar, ob diese Aufgaben dieselben lokalen Eliten (allerdings jetzt meistens schon Muslime) übernahmen wie früher, doch unterscheidet sich das System von der kollektiven Haftung der byzantinischen Dorfgemeinde.[70]

Die wichtigste Zuständigkeit, die die Dorfhonoratioren in der früharabischen Zeit schrittweise verloren, war die Verteilung (μερισμός) der Steuer innerhalb der Dorfgemeinde. Obwohl es sicherlich schon immer zentrale Vorgaben für die Steuerraten gab, hatten nur die Dorfvorsteher einen Überblick über die lokalen Verhältnisse. Roger Bagnall erklärt die Zuständigkeit der Dorfvorsteher in der Verteilung der Steuer im 4. Jh. folgendermaßen:

> „The village officials were certainly obligated to allocate the taxes fairly according to means, but they may well have had sufficient discretion to choose a method which they thought appropriate to the tax involved, and so long as no inequity of distribution was felt by the taxpayers, no problems would have arisen".[71]

In einer Petition aus dem Jahr 314 wird geklagt, dass *die Komarchen [die Steuerlasten] nach Belieben verteilen.*[72] Aber auch in Bezug auf die Mitte des 7. Jh. berichtet Ibn ʿAbd al-Ḥakam, ein ägyptischer Geschichtsschreiber des 9. Jh., dass auf einer Dorfversammlung im Beisein der Dorfvorsteher, des Dorfschreibers und der Dorfhonoratioren die Steuerrate des Dorfes entschieden wurde. Diese wurden dann der Pagarchie geschickt, die nach einer Verhandlung mit den Vertretern der Dörfer die Steuerlasten zwischen ihnen verteilte. Die Dorfbeamten teilten dann die so erhaltene Gesamtrate unter den einzelnen Steuerzahlern vor Ort auf.[73]

Die Praxis war wohl schon im 4. Jh. im Wesentlichen dieselbe. Aus einem oxyrhynchitischen Dokument des späten 4. Jh. erfahren wir, dass *die Steuerraten einzeln in der Mitte des Dorfes Keuothis in der Gegenwart unseres Grundherren, der Vorsteher des Dorfes, der* nomicarii *und der bedeutenderen Landbesitzer festgelegt wurden.*[74] Bagnall bezweifelte, dass sich der Audruck τυπωθέντον (l. τυπωθέντα) τίτλον auf die Bestimmung der Steuerraten bezieht (wie in der *ed.pr.*), da diese wahrscheinlich von den Vertretern des *pagus* festgelegt wurden. Er nahm deswegen an, dass hier die Veröffentlichung der Steuerraten gemeint ist.[75] Die oben zitierte späte Parallele lässt jedoch vermuten, dass es sich in diesem Fall doch um die

---

70 Sijpesteijn 2001, 108–109; Sijpesteijn 2009, 130–131; Sijpesteijn 2013, 214–216.
71 Bagnall 1980, 193.
72 P.Cair.Isid. 71 (Karan., 314 [?]), 8: καθὼς βούλονται οἱ κώμαρχοι μερίζουσιν.
73 S. die Zusammenfassung von Morimoto 1981, 42–48 mit der Kritik von Gascou 1983, 103–104. Vgl. auch Sijpesteijn 2013, 90, bes. Anm. 296 und 88/Anm. 289.
74 SB XVI 12324 (Oxy., spätes 4. Jh.), 8–12: τυπωθέντον (l. τυπωθέντα) ἕνα καὶ ἕ|καστον τίτλον ἐμ (l. ἐν) | μέσῳ τῆς κώμης Κευώθεως | μεταξὺ τοῦ ἡμετέρου μου γεούχου καὶ τῶν | μιζόνων (l. μειζόνων) τῆς κώμης καὶ τῶν νομικαρίων | καὶ τῶν μιζόνων (l. μειζόνων) τῶν κτητόρων.
75 Bagnall 1991, 40–41.

Bestimmung der Steuerraten handelt. Zwar waren die Vorgaben für die auf eine Steuereinheit fälligen Lasten allgemein festgelegt, aber nur die Dorfvorsteher kannten die lokalen Verhältnisse genau und hatten – wie das auch Bagnall anderswo bemerkt (s. oben) – einen gewissen Spielraum in der genauen Bestimmung der Steuerraten.

Vor Ort wurden die meisten Steuern von verschiedenen Dorfbeamten eingesammelt. Die eingetriebenen Steuern wurden dann zusammen weitergegeben. Über den exakten Verlauf dieses Prozesses geben einige Dokumente aus Oxyrhynchos und einige Papyri aus Aphrodites Kome detaillierte Informationen.[76] Mittelsmänner übernahmen die Steuer und leiteten sie von den Dörfern weiter, wie die βοηθοί des *praepositus pagi* oder verschiedene Gutsbeamte der Großgrundbesitzer. Das Dorf Aphrodites Kome durfte seine Steuern direkt an die Provinzhauptstadt Antinoe abliefern, ohne Vermittlung der Beamten der *civitas* Antaiopolis, auf deren *territorium* es lag. Eine relevante Frage, die hier nur erwähnt wird, ist die Steuerzahlung der Weiler (ἐποίκια). Generell hatten sie keinen eigenen steuerlichen Status und bezahlten ihre Steuer durch ihren Landherren.[77] Man findet jedoch auch Dorfvorsteher von ἐποίκια und sogar einen ehemaligen μείζων des apionischen κτῆμα Palosis, der ἐναπόγραφος γεωργός (*colonus adscripticius*) war.[78] Es könnte sich natürlich auch um terminologische Differenzen handeln, ἐποίκιον hatte manchmal vielleicht einfach die Bedeutung 'Dorf'. Manche Weiler waren jedoch allem Anschein nach ähnlich organisiert wie die Dörfer.[79]

Die praktische Handhabung der Steuerverwaltung war größtenteils eine Verhandlung zwischen verschiedenen Ebenen.[80] Natürlich gab es Vorgaben, aber man sieht, dass die genauen Raten eines Dorfes innerhalb einer größeren Einheit (z.B. Pagarchie) noch in einem gewissen Rahmen verhandelt werden konnten. Dasselbe gilt umso mehr für die Dorfebene. Die Verteilung der Steuer war sicherlich immer problematisch, der Status in der Gemeinde und andere Faktoren beeinflussten gewiss die exakten Raten. Dasselbe Prinzip galt auch für jede Art von Lasten, die dem Dorf auferlegt wurden. Berichte über Amtsmissbrauch von Dorfbeamten sind häufig in den Papyri zu finden.[81] In diesem System war die Rolle der Patrone (wie überall in der spätantiken Gesellschaft) äußerst wichtig. Patrone konnte man auf jeder Ebene finden: Ein armer Dorfbewohner konnte sich an einen „heiligen Mann" oder einen Dorfhonoratioren wenden, die Dorfvorsteher an Landherren. Die reiche Elite hatte

---

76 Vgl. oben S. 68–69 und Zuckerman 2004, 115–142.
77 S. Nikolaos Gonis im Komm. zu P.Oxy. LXX 4787, 9–10.
78 BGU I 323 (Ars., vor 14. 6. 651), 6–7; P.Oxy. LXX 4794 (Oxy., 580), 7–8.
79 Vgl. oben S. 7.
80 Für Ägypten s. Papaconstantinou 2010/A, 71–72 und auch die Beobachtungen zur Verwaltung des Fayum in der ersten Hälfte des 8. Jh. in Sijpesteijn 2013, 207, 209–210. Allgemeiner s. Grey 2011, 181: „Clearly, interactions between the tax system and local social structures were dynamic, negotiated, and centered as much upon the small politics of the localities as upon the fiscal demands of the state."
81 Vgl. z.B. die Belege in Sijpesteijn 2013, 157/Anm. 217.

zwar eine dominante Rolle in den Dörfern, aber nicht ohne jegliche Kontrolle von oben. Ein klares Beispiel für diesen Prozess der Verhandlung bot Djeme.

Diese allgemeinen Beobachtungen konnten größtenteils anhand von fünf Regionen gemacht werden, von denen uns aus verschiedenen Perioden in der Spätantike in großer Zahl relevante Dokumente zur Verfügung stehen. Diese Regionen sind das Fayum, die Gegend um Hermupolis, die oxyrhynchitischen Besitzungen der Apionen, Aphrodito und Djeme. Es ist aber nicht zu verkennen, dass diese Regionen sich in vielerlei Hinsicht ganz deutlich voneinander unterscheiden. Die Untersuchung der spätantiken Pachtverträge von Andrea Jördens ergab z.B. klare regionale Differenzen in den Landbesitzverhältnissen.[82] Diese Aspekte konnten in dieser Arbeit in Bezug auf die Dorfgemeinschaft nicht berücksichtigt werden. Weitere Untersuchungen zu den regionalen Differenzen der hier nur grob skizzierten Strukturen werden zu einem besseren Verständnis der spätantiken Dörfer Ägyptens führen.

6.3 Ausblick: Dorfverwaltung im frühen byzantinischen Reich

> „The worlds these sets of papyrus illuminate are not 'typical' of the Roman world, but only because nothing ever is; they are, nonetheless, comparable to many other Roman local realities".[83]

Die Bedeutung der ägyptischen Papyrusfunde für die römische bzw. byzantinische Geschichte wird oft marginalisiert. Grund dafür ist die alte Vorstellung des „Sonderfalls Ägypten", wonach die Verhältnisse des Niltals zu spezifisch sind, um sie zu übergreifenden Fragestellungen heranziehen zu können. Es wird jedoch immer mehr erkannt, dass Ägypten gemäß der oben zitierten Aussage genauso „untypisch" ist wie alle anderen Provinzen und sein reiches Quellenmaterial *mutatis mutandis* viel zur Klärung allgemeiner Probleme beitragen kann.[84] Besonders ergiebig dokumentieren die ägyptischen Papyri die Dörfer. Es sind jedoch immer noch Arbeiten über die rurale Welt der Spätantike zu finden, die papyrologische Quellen aus Ägypten (im Gegensatz zu den Nessana-Papyri) überhaupt nicht berücksichtigen.[85] In letzter Zeit nehmen jedoch immer mehr Untersuchungen auch die ägyptischen Dokumente in ihre Diskussion auf. Besonders hervorzuheben ist die monumentale Arbeit von Chris Wickham, *Framing the Early Middle Ages, Europe and the Mediterranean 400–800*, in der der Autor für seine Darstellung das ägyptische Material oft verwendet. Seine Analyse der Dörfer und Dorfgesellschaft zeichnet ein klares und

---

82 Jördens 1999, bes. 135–141 und 146–147; für das Fayum s. auch Keenan 2003.
83 Wickham 2006, 23–24.
84 Zu dieser Frage vgl. (für die vordiokletianische Zeit) Jördens 2009, 24–58, bes. 53–58 und für die Spätantike zuletzt Papaconstantinou 2012, 195–197.
85 Z.B. Kaplan 1992; Laiou 2005.

detailliertes Bild über die Dorfgemeinschaft des spätantiken Ostens (und Westens). Obwohl diese Arbeit dieses Bild im Wesentlichen bestätigen wird, kann es in vielerlei Hinsicht präzisiert und nuanciert werden. Indessen lässt sie einige Aspekte des Dorflebens schärfer zum Vorschein kommen, die nicht ausführlich von Wickham behandelt wurden.

An dieser Stelle muss auch das Material der anderen Provinzen reflektiert werden. Oft sind nur sehr wenige Parallelen zu den ägyptischen Quellen zu finden. Dorfgeschäfte wurden nur selten in Inschriften und literarischen Quellen überliefert, da beide Gattungen in der Regel Produkte von Vertretern höherer sozialer Schichten sind, deren Blickwinkel sich nur sehr selten auf Dörfer richtete. Einblicke liefern in erster Linie hagiographische Werke, die oft in einem ruralen Milieu spielen, Inschriften und gelegentlich Papyrusfunde. Man kann natürlich skeptisch sein und behaupten, dass diese Informationskrümel nur negative Aussagen zulassen. Man muss aber auch bedenken, dass, wenn wir aus Ägypten keine Papyri hätten, nur ein einziger hagiographischer Text den Titel eines Protokometen für die byzantinische Zeit im Land bezeugen würde. Da Ägypten ab Diokletian in das Verwaltungssystem des Reiches völlig integriert wurde, scheint es keineswegs zu gewagt, die vereinzelten Daten der anderen Provinzen anhand der Quellen des Niltales zu kontextualisieren. Lokale Unterschiede muss es sicherlich gegeben haben, aber gewisse Gemeinsamkeiten lassen sich nicht leugnen.

Diverse Quellengruppen dreier größerer Regionen sollen hier als Vergleichsbeispiele aus dem griechischen Osten dienen. Diese sind die Papyri des palästinensischen Dorfes Nessana aus dem 6.–7. Jh., Inschriften aus Syrien und Palästina und schließlich die in Anatolien handelnde Vita des heiligen Theodor von Sykeon aus dem 7. Jh. Obwohl die diversen Quellen aus den drei Gebieten unterschiedliche Aspekte des Dorflebens beleuchten, werden trotz der unterschiedlichen Blickwinkel doch gemeinsame Tendenzen ersichtlich.

Aus dem palästinensischen Dorf Nessana in der Negev-Wüste sind fast 200 dokumentarische Papyri in griechischer und teils arabischer Sprache überliefert. Diese Masse bildet einen der größten Funde von Papyri außerhalb Ägyptens. Er umfasst verschiedene Dokumente und auch einige literarische Texte vom frühen 6. bis in das späte 7. Jh. Die Papyri enthalten Verträge, Briefe, Verzeichnisse, Quittungen und andere Schreiben sowohl aus dem privaten wie auch aus dem öffentlichen Bereich. Diese Dokumente geben einen für die Region außergewöhnlich reichen Eindruck des spätantiken Dorflebens.

Über die Organisation des Dorfes ermöglichen nur wenige Texte Rückschlüsse. In einer Abrechnung wird die κοινότης τοῦ χωρίου genannt.[86] Ein Vertrag nennt einen gewissen Stephanos, den πρωτεύων: Der Titel könnte hier einen Dorfhonoratioren bezeichnen – wofür sich auch ägyptische Parallelen finden

---

86 P.Ness. 89 (Nessana, spätes 6.–frühes 7. Jh.), 25, vgl. auch 33.

lassen.⁸⁷ Besonders aufschlussreich ist eine Steuerquittung aus dem späten 7. Jh. In diesem Text quittieren acht Dorfbewohner eine Zahlung von 37 Solidi für einen Landherrn. Der Vorsteher der Dorfbewohner trägt den Titel ἄρχων, und nach der namentlichen Auflistung anderer sieben Einwohner kommt der Zusatz „und die anderen Bewohner unseres Dorfes Nessana". Diese Formel drückt aus, dass diese acht Männer die ganze Dorfgemeinschaft (κοινότης) vertreten. Dieser Ausdruck erinnert an die Formulierung ähnlicher ägyptischer Texte.⁸⁸ Die Herausgeber verglichen diese Männer als kollektiv haftende Landbesitzer des Dorfes mit den Protokometen von Aphrodites Kome.⁸⁹ Der Titel ἄρχων ist in Ägypten für Dorfbeamte zwar unbekannt, aber eine Rede von Libanios erwähnt ἄρχοντες von Dörfern in der Nähe von Antiochia – obwohl nicht klar ist, ob es sich um einen allgemeinen oder technischen Titel handelt. Die Bezeichnung ist auch von einer unpublizierten Inschrift, die ebenfalls aus Syrien kommt, in einem dörflichen Kontext bekannt.⁹⁰ Auf jeden Fall ist hier der ἄρχων vermutlich ein Dorfbeamter. Wie jedoch schon erörtert,⁹¹ war der Vorsteher des Dorfes schon im 6. Jh. ein διοικητής. Der διοικητής erscheint in unseren Quellen als der ranghöchste Dorfbeamte in Nessana, der auch mit den höheren Verwaltungsebenen in Kontakt steht, aber sein genaues Verhältnis zu dem ἄρχων lässt sich nicht bestimmen.

Diese Daten deuten ein ähnliches Schema wie in Ägypten an. Die Landbesitzer des Dorfes sind in einer für die Steuer des Dorfes haftenden κοινότης organisiert. Diese Dorfgemeinschaft verfügt über Beamte (ἄρχων, der übergeordnete διοικητής), und die Zugehörigkeit zur Dorfelite bezeichnete vielleicht ein halbformeller, statusbezeichnender Titel (πρωτεύων). Die κοινότης wurde von selbstbewussten Dorfeliten gebildet, unter denen keine Familie die absolute Oberhand gewinnen konnte.⁹² Die lokalen Magnaten der verschiedenen Dörfer waren auch bereit, ihre Interessen organisiert zu vertreten, wie ein Brief aus dem späten 7. Jh. zeigt. Ein gewisser Samuel organisiert einen Protest wegen der hohen Steuerlast vor dem arabischen Statthalter in Gaza. Die Einwohner von Nessana erhalten einen Rundbrief in dieser Angelegenheit, damit sie sich auch dem Protest anschließen.⁹³

Einen ganz anderen, viel engeren Blickwinkel erlauben syrische Inschriften. Das Inschriftenmaterial des Nahen Ostens (bes. Syria, Palästina) nennt zahlreiche Beamte in einem ruralen Milieu. Das Potential dieser Quellen für die Erforschung

---

87 P.Ness. 31 (Nessana, 6. Jh.), 5–6: Στεφάνου | Συμμαχίου προτεύοντος (l. πρωτεύοντος); vgl. die Einl. von Casper J. Kraemer zum Text, S. 96: „[O]ne of the village dignitaries … the πρωτεύων, or sheikh, Stephan". Vgl. oben S. 135, bes. Anm. 74–75.
88 Καὶ εἰ λιπὶ τοῦ χορίου ὑμῶν Ν̣ε̣σ̣τ̣άνο̣ν (l. καὶ οἱ λοιποὶ τοῦ χωρίου ἡμῶν Νεστάνων); vgl. z.B. Chrest.Wilck. 8 (Ars., 639–640), 10–11: τῶν καὶ παρόντων καὶ τοὺς λό[γο]υς ποιουμένων ὑπέρ τε ἑαυτῶν | καὶ ὑπὲρ τῶν λοιπῶν τῆς αὐτῶν κώμης τῶν κ[αὶ] μὴ [πα]ρόντων.
89 P.Ness. 58 (Nessana, spätes 7. Jh.),1–5, s. auch die Einleitung und den Kommentar *ad locum*.
90 Lib. *Or.* XLVII, 7, 22; die Inschrift wird in Sartre 1993, 123 erwähnt.
91 Vgl. oben S. 132–133.
92 S. die allgemeine Auswertung der Nessana-Papyri in Wickham 2006, 453–454.
93 P.Ness. 75 (Nessana, spätes 7. Jh.). Zum Kontext vgl. auch Wickham 2006, 144.

des römischen und spätantiken Dorfes wurde schon längst erkannt: Pionierarbeit leistete 1928 George McLean Harper mit seinem langen und immer noch oft zitierten Artikel *Village Administration in the Roman Province of Syria*.[94] Die Inschriften belegen zahlreiche Titel, die fast alle in der Literatur mit der Dorfverwaltung in Verbindung gebracht wurden.[95] Diese Darstellungen berücksichtigten jedoch zwei sehr wichtige Aspekte nicht, worauf 1995 John D. Grainger aufmerksam machte: Die zeitliche und regionale Streuung der Belege.[96]

Graingers genaue Untersuchung ergab in vielerlei Hinsicht ein klares Bild, von dem an dieser Stelle die für uns relevanten Ergebnisse kurz rekapituliert werden. Es ist von einer gewissen Bedeutung, dass gemäß seiner Untersuchung eine große terminologische Wende etwa zwischen 250 und 300 stattfand, was mit der Tendenz der ägyptischen Quellen völlig in Einklang zu bringen ist. Grainger betonte mit Recht, dass diese Veränderungen nur teils durch die Christianisierung verursacht wurden, die nur ein Teilaspekt des größeren Veränderungsprozesses im Römischen Reich war.[97] Seine Analyse der (auch späteren) Beamtentitel ergab, dass man in den meisten Fällen überhaupt nicht nachweisen kann, dass es sich um Dorfbeamte handelt:

> „The theory that villages in the Roman East had an elaborate system of self-government cannot be sustained on the evidence of these inscriptions. It should be discarded. In its place we should instead take the commonsense view that villages were ruled by headmen, by informal gatherings of well-respected local men, and by the major landowners and their bailiffs. These various groups will in many cases have been identical, or at least will have overlapped. ... This was the general pattern of village rule in all Iron Age societies, from Assyria to the Industrial Revolution. There is no reason to assume that the Roman East should be in any way different."[98]

Von dieser Beobachtung ausgehend listet er eine Handvoll Inschriften auf, die auf Dorfvorsteher hinweisen könnten. Ein κωμάρχης kommt im Jahre 344 vor, ein πρωτίας ist 335 bezeugt, δεκαδάρχαι tauchen in einer Inschrift aus dem Jahr 327 und zwei undatierten Zeugnissen auf. Ebenfalls undatierte Inschriften belegen δεκάπρωτοι, πρωτοκωμῆται und einen κόμετος (sic).[99] Allerdings muss bemerkt werden, dass es nicht in jedem Fall zweifelsfrei ist, dass es sich um Dorfbeamte handelt. Wie dem auch sei, es stehen mindestens einige Belege für Dorfvorsteher zur Verfügung, zu denen der κωμάρχης und die πρωτοκωμῆται sowohl in Ägypten wie auch in anderen

---

94 Harper 1928.
95 Z.B. MacAdam 1983 und Sartre 1993.
96 Grainger 1995; Trombley 2004, 75–84 berücksichtigt jedoch nicht Graingers Ergebnisse bei der Diskussion der Dorforganisation.
97 Grainger 1995, 187–188, 191–192.
98 Grainger 1995, 192–193.
99 Grainger 1995, 193/Table 8.

Gegenden zahlreiche Parallelen aufweisen. Die Inschriften belegen jedoch auch die Institution des κοινόν und andere gleichwertige Ausdrücke, die auf die Dorfgemeinschaft hinweisen.[100] Auch die Analyse des archäologischen Materials der Gegend spricht dafür, dass die Dörfer auch in dieser Region eine starke Gemeinschaft und Identität bildeten.[101]

Kurzum, das epigraphische Material aus Syrien lässt sich ebenfalls mit den ägyptischen Quellen in Einklang bringen. Die Dörfer waren in κοινά organisiert und wurden von Dorfvorstehern verwaltet, von denen besonders die πρωτοκωμῆται bekannt vorkommen – die auch ein hagiographischer Text aus Syrien belegt.[102] Diese Vorsteher wurden offenbar aus der starken lokalen Elite gewählt, die in der Gegend allem Anschein nach zu vermuten ist. Viele Details bleiben unklar, wie z.B. die Rolle der Großgrundbesitzer in der Gegend – aber auf dem Niveau des Dorfes deuten die verstreuten Daten in die oben skizzierte Richtung.

Die Vita des Theodor von Sykeon zeigt das Dorfleben wieder aus einer anderen Perspektive als die Papyri aus Nessana oder die syrischen Inschriften. Die Vita wurde von Theodors Schüler, dem Mönch Georgios, geschrieben, der vermutlich auch selbst einem Dorf entstammte. Sein Werk berichtet über die Tätigkeit des Heiligen Theodor, der in dem galatischen Dorf Sykeon Anfang des 7. Jh. geboren wurde. Sykeon lag im *territorium* von Anastasiupolis, in der Gegend von Ankara. Die Vita spielt in einem ruralen Milieu, der Heilige verkehrt oft mit den Dorfgemeinschaften. Der Text ist eine reiche Quelle für die Dorfgesellschaft der Spätantike. Bezüglich dieses Aspekts wurde die Vita schon detailliert von Chris Wickham und Michel Kaplan untersucht.[103] Im Folgenden seien ohne auf die Details einzugehen, die wichtigsten Charakteristiken der Dorfgemeinschaften aufgezeigt.

Theodor von Sykeon ist oft in Angelegenheiten der Dörfer involviert: Dorfbewohner suchen ihn auf, bitten um seine Hilfe. Er agiert als ein wahrhaftiger *holy man*, seine Tätigkeit ist leicht mit der der Asketen und Mönche aus der Gegend um Djeme vergleichbar. Die Vita gibt viele Hinweise auf die soziale Struktur und Organisation der Dörfer. Wir erfahren, dass die Institution des Dorf-κοινόν auch hier existierte, die Gemeinde von Apokumis schlachtete z.B. einen Ochsen.[104] Die Dörfler agieren oft als starke Gemeinschaft, wenn es ihre Interessen fordern, die Vita belegt oft Prozessionen von Dorfbewohnern zu Theodor.[105] Mehrere Termini kommen für ihre Vorsteher vor, wie πρόοικος oder auch allgemeinere Bezeichnungen wie ἄνδρες ἔντιμοι und οἱ τὰ πρῶτα τελοῦντες πρεσβευταί. Erwähnenswert sind noch die

---

100 MacAdam 1983, 107; Trombley 2004, 77–78; Grey 2011, 96–97.
101 Vgl. die Analyse von Wickham 2006, 443–459 (zusammen mit Palästina), bes. 448 (der hier erwähnte syrische μείζων ist in den von Wickham zitierten Quellen nicht zu finden) und 457.
102 Vgl. oben S. 52/Anm. 146.
103 Gr.Syc. *v.Thdr.Syc.*; Kaplan 1992, 191–193, 198–201, 224–226; Wickham 2006, 406–411 (mit weiterer Literatur).
104 Gr.Syc. *v.Thdr.Syc.* 143: τὸ δὲ κοινὸν τοῦ χωρίου Ἀπουκούμεως ἔσφαξεν ἕνα βοῦν.
105 Belege in Kaplan 1992, 191–192.

εἰρηνοποιοὶ ἄνδρες, die offenbar eine Art von informellen Schiedsrichtern waren, vergleichbar mit den „großen Männern" von Djeme oder den in einem Papyrus aus dem Fayum belegten ὁρισταὶ τοῦ ἐποικίου.[106]

Die Vertreter der Dorfelite sind die „Hausbesitzer", die οἰκοδεσπόται. Dieser Ausdruck ist mit den allgemeinen ägyptischen Termini für Mitglieder der Dorfelite, mit den πρωτοκωμῆται des Oxyrhynchites und den ⲚⲞⲤ ⲚⲢⲰⲘⲈ von Djeme vergleichbar. Allgemein scheint die Strukturierung der galatischen Dörfer, die in der Vita beschrieben werden, dem Schema der ägyptischen Dorfgesellschaft sehr ähnlich zu sein. Es ist jedoch nicht völlig klar, inwiefern die Titel des Textes die öffentliche Terminologie widerspiegeln. Im Fall des κοινόν handelt es sich mit großer Wahrscheinlichkeit um dieselbe Institution wie in Ägypten, Syrien und Nessana. Die anderen oben genannten Titel hätten genauso formell wie informell sein können, das Beispiel von Ägypten zeigte klar, dass eine große lokale Diversität in der Terminologie möglich war.

Freilich ergibt sich prinzipiell dieselbe Dorfstruktur, die in Nessana, Syrien und Ägypten beobachtet werden konnte. Die Dörfer sind in einer Gemeinschaft (κοινόν) der lokalen Elite organisiert. Die Zugehörigkeit zu dieser Schicht wird auch mit einem statusbezeichnenden, halboffiziellen Titel (οἰκοδεσπότης) ausgedrückt. Die Dörfer verfügen über Vorsteher (πρόοικος), die sowohl das Dorf vertreten wie auch für die Streitbeilegung vor Ort (εἰρηνοποιοὶ ἄνδρες) sorgen. Es ist anzunehmen, dass diese Anführer auch Beamte waren, die sich um die Steuerverwaltung des Dorfes kümmern mussten – verwaltungstechnische Fragen liegen aber außerhalb des Blickwinkels der Vita.

Alles in allem liegt nach dem Vergleich der ägyptischen Evidenz mit den verschiedenen Quellen aus Palästina, Syrien und Anatolien nahe, dass die Dörfer im frühbyzantinischen Osten allgemein nach analogen Vorgaben organisiert waren.[107] Es wurde schon in der Forschung erkannt, dass die Dörfer des spätantiken Ostens (im Gegensatz zum Westen) trotz ihrer verschiedenen wirtschaftlichen Gegebenheiten allgemein durch eine starke Dorfgemeinschaft charakterisiert wurden. Basis dieser Gemeinschaft war die Elite der Dörfler, die aus den vermögendsten Landbesitzern der Siedlung bestand. Als eine menschliche Gemeinschaft war auch das

---

106 Zu Belegen für die verschiedenen Termini vgl. Kaplan 1992, 198–199. Zum πρόοικος vgl. Schuler 1998, 235–236. Die ὁρισταὶ τοῦ ἐποικίου sind in SB XIV 12194 (Ars., 7. Jh. [persische oder arabische Zeit]), 18 belegt. Festugière 1970 II, 217–218 argumentierte, dass auch die Titel πρεσβύτερος und πρωτοπρεσβύτερος manchmal als Dorfvorsteher zu verstehen sind – obwohl diese Wörter normalerweise Priester bezeichneten. Es muss aber betont werden, dass in den ägyptischen Papyri die Dorfvorsteher oft zusammen mit den lokalen Klerikern als Vertreter des Dorfes agieren. Da das Wort πρεσβύτερος auch in der Vita an manchen Stellen sicherlich Priester bezeichnet und Festugières andere Einwände auch nicht besonders überzeugend sind, ist eher davon auszugehen, dass die beiden Termini auch in diesem Text einfach Priester bezeichnen.
107 Über die Wirkung des spätrömischen Steuersystems auf „rural communities" s. zusammenfassend Grey 2011, 224–225.

κοινόν oder die κοινότης eine Institution, in der Rivalität und Zwietracht wohl möglich und vermutlich auch nicht selten waren. Nichtsdestoweniger drückte sie die kollektive Identität der Dorfbewohner aus und bildete den Rahmen für eine gemeinsame Vertretung der Interessen.[108]

Die Untersuchung der institutionellen Rahmen dieser östlichen Dorfgemeinschaften zeigte klare Parallelen. Die Zugehörigkeit zur Führungsschicht des Dorfes wurde oft durch informelle Titel ausgedrückt und Beamte, die aus dieser Elite rekrutiert wurden, vertraten die Interessen der Gemeinde. Vermutlich musste die Wahl dieser Beamten in der Regel von höheren Verwaltungsebenen bestätigt werden. Es soll betont werden, dass die Dörfer nicht über lokal ausgewählte „Dorfälteste" verfügten, sondern über Beamte, die zwar aus der Dorfelite ausgewählt wurden, aber in das Netz der Verwaltung eingebunden waren. Demgemäß ist es auch hervorzuheben, dass die Leitung der Dörfer auch in der Spätantike stark von der lokalen Elite bestimmt wurde und nicht nur die Priester bzw. „heiligen Männer" das Dorfleben bestimmten – obwohl ihrer Bedeutung in der ruralen Gesellschaft kaum zu viel Wichtigkeit beigemessen werden kann.[109]

Die Dorfgemeinschaft manifestierte sich in der Institution des κοινόν. In Ägypten wurde es infolge der diokletianischen Reformen eingeführt und bezeichnete in erster Linie ein verwaltungstechnisches Organ, das für die Bewirtschaftung der Ländereien des Dorfes zuständig war und für die Bezahlung der auf die Dörfler fallenden Steuer kollektiv haftete. Natürlich entwickelte sich diese ursprünglich steuerliche Institution auch zu einer menschlichen Gemeinschaft. Die Begriffe κοινόν und κοινότης kamen auch in unseren Quellen aus Syrien, Palästina und Anatolien vor. Zwar kommt in diesen Regionen die steuerliche Rolle der Dorfgemeinschaft nicht immer zum Vorschein, aber es spricht auch nichts Wesentliches dagegen, dass diese Begriffe überall dieselbe Institution bezeichneten. Es scheint ebenfalls wahrscheinlich zu sein, dass die Einführung der für die Steuer zusammen haftenden Dorfgemeinschaft allerorts mit den Reformen von Diokletian zu verbinden ist – wie es in Ägypten klar nachweisbar ist. Der Begriff des Dorf-κοινόν existierte vielleicht auch schon früher, aber durch die tetrarchischen Reformen erhielt er möglicherweise auch eine steuerliche Konnotation – diese Frage bedarf aber weiterer Untersuchung.

Die Terminologie der Dorfbeamten wies regional eine sehr große Diversität auf. Sowohl das ägyptische Material wie auch die obigen Beispiele zeigen klar, dass für die universale Funktion des Dorfvorstehers, der mehr oder weniger überall dieselben Aufgaben erfüllte, sehr verschiedene Titel verwendet werden konnten.[110] Wie jedoch

---

108 S. zusammenfassend Wickham 2006, 464–465 (und auch *passim*). Vgl. auch Kaplan 2006, 22.
109 Die Rolle der Kirche in der ruralen Gesellschaft wird oft betont, vgl. Brown 1971, 99–100 und Bagnalls Ansichten, vgl. oben S. 212–213.
110 S. z.B. auch den καθεδράριος/ἀμῆρας eines palästinensischen Dorfes in Nissen 1938, 362/Z. 26: τὸν καθεδράριον τοῦ χωρίου τὸν καὶ ἀμῆραν λεγόμενον.

6.3 Ausblick: Dorfverwaltung im frühen byzantinischen Reich

schon besprochen, scheinen zwei Titel besonders oft verwendet worden zu sein: Κωμάρχης und πρωτοκωμήτης.[111] Es scheint, dass ungefähr in der ersten Hälfte des 4. Jh. πρωτοκωμήτης κωμάρχης abzulösen beginnt. Es muss aber darauf aufmerksam gemacht werden, dass sowohl Protokometen schon im 3. Jh. bezeugt sind wie auch Komarchen in den späteren Jahrhunderten: Man kann nur über Tendenzen sprechen. Soweit es also unsere Quellen zeigen, war etwa bis zum 4. Jh. κωμάρχης der allgemein bevorzugte, offizielle Titel für Dorfvorsteher im römischen Osten. Ab dem 4. Jh. jedoch treffen wir sowohl in literarischen als auch dokumentarischen Quellen des Nahen Ostens eher auf den πρωτοκωμήτης, der bis zum späten 7. Jh. nachweisbar ist.

Es soll auch betont werden, dass es sich in der Terminologie der Dorfvorsteher – zumindest in den dokumentarischen Quellen – um offizielle Titel handelte, wie die Streuung der Termini nach Provinz- bzw. Gaugrenzen in Ägypten zeigt. Natürlich kam es zu Bedeutungsverschiebungen, und auch die Ausdrücke der literarischen (und gelegentlich auch dokumentarischen) Quellen können manchmal nur vage verstanden werden. Manche Ausdrücke beziehen sich einfach auf die Mitglieder der Dorfelite – aber solche halboffiziellen Termini bildeten sich auch lokal aus, wie die Bezeichnung „großer Mann" in Djeme. Sowohl im Fall der Komarchen wie auch bei den Protokometen (die sogar an der Nordküste des Schwarzen Meeres belegt sind) ist anzunehmen, dass sie die von der zentralen Verwaltung bevorzugten Titel waren, die dann natürlich auch in der Umgangssprache gängig wurden. Diese zentralen Präferenzen hinderten aber die lokalen Administratoren – gemäß dem römischen Pragmatismus – nicht daran, manchmal alte, lokale Terminologien beizubehalten.

Ein Vergleich der östlichen Terminologie mit dem lateinischen Sprachgebrauch des Westens wäre auch interessant. Die Untersuchung des μειζότερος/*maior domus* zeigte, dass ein solcher Vergleich bemerkenswerte Parallelen aufweisen kann. An dieser Stelle kann nur angedeutet werden, dass aus dem Westen auch mehrere Titel bekannt sind. Aus Afrika kennen wir *seniores* als Vorsteher von Dörfern, und in Norditalien und im westgotischen Spanien sind *priores* in derselben Position belegt.[112] In der lateinischen Fassung der *Historia monachorum* ist die Übersetzung des Wortes πρωτοκωμήτης *primarius vici*.[113] Zwar gilt allgemein in der Forschung, dass die Dörfer des östlichen Mittelmeerraums eine stärkere Gemeinschaft aufwiesen als ihre westlichen Pendants, aber eine systematische Untersuchung der westlichen Quellen und deren Vergleich mit der östlichen Terminologie bzw. Strukturen wäre eine lohnende Aufgabe.[114]

---

111 Vgl. oben S. 29 und S. 51–52.
112 Grey 2011, 93–94; Sannazaro 2003, 44; Shaw 1982.
113 *Hist.mon.lat.* S. 342, 55.
114 Wickham 2006, 436: „In institutional terms, the most organized villages were those of the eastern Mediterranean, where we find regular references to community action and to village leaders, indeed sometimes several village officials. In the West village activity was much more informal, and also varied considerably". S. auch Grey 2011, 166–167.

Noch weiter würde ein Vergleich mit der arabischen Terminologie des Mittelalters bzw. der frühen Neuzeit führen. Wie schon erwähnt, könnte für Ägypten in dieser Hinischt die Publikation der zahlreichen unveröffentlichten arabischen Papyri vieles beitragen. Aber auch späteres Material aus anderen Regionen könnte relevant sein. Die Organisation eines ägyptischen Dorfes in der Mitte des 20. Jh. ist z.B. in vielerlei Hinsicht gut mit der Spätantike vergleichbar.[115] Ebenfalls interessant ist Amy Singers Monographie, in der sie die ottomanische Dorfverwaltung um Jerusalem im 16. Jh. untersuchte. Das sich ergebende Bild zeigt starke Parallelen zum spätantiken Ägypten, sogar in der Terminologie:

„The leaders were known as *ra'īs al-fallāḥīn* ['Haupt der Bauern'] or *ra'īs ahālī qaryat* ['Haupt des Volkes des Dorfes'] ... In addition to the apellation "*ra'īs*," other important people in the village were known as *mashā'ikh*, *akābir*, or *a'yān*, "elders" or "notables". Persons with any of the four titles appeared at times labeled "*mutakallimīn*" or "spokesmen" for their communities. While the leaders were demonstrably drawn from these groups, not all the elders and notables were automatically leaders. ... Elders and notables were not always plainly separable. ... To confuse the matter just a little further, the scribe who copied the *sijill* documents did not always insert the titles of various people ... The distinction between the position of the *ra'īs* and the various titles if prominence is not artificial. Unlike the elders or notables, the leader or leaders received official compensation for the duties they performed."[116]

Ferner zeigten Singers Untersuchungen, dass diese Terminologie nicht von den Ottomanen eingeführt wurde, vielmehr handelt es sich um Titel, die schon lange in der Region verwendet wurden.[117] Auch der Alltag der Dorfverwaltung zeigt ein sehr ähnliches Bild wie im spätantiken Ägypten: Singer beschreibt ihn als einen ständigen Verhandlungsprozess der Dorfbewohner mit den Vertretern der höheren Ebenen.[118] Natürlich sollte man Kontinuitäten im Dorfleben nicht überschätzen, es

---

115 Hamed Ammar untersuchte das Dorf Silwa in der Nähe von Assuan und beobachtete folgendes Schema: Der Dorfvorsteher, der *'umda*, wurde von einer Liste der Dörfler, die eine bestimmte Landfläche besaßen, gewählt. Die Position des *'umda* zu tragen wurde als eine Ehre wahrgenommen und wurde demgemäß nicht entlohnt. Seine Hauptaufgabe bestand in der Repräsentation des Dorfes. Weitere zwei, ebenfalls unbezahlte Amtsträger mit dem Titel *šaiḫ* waren für die zwei Teile des Dorfes verantwortlich. Im Fall von Streitigkeiten entschieden die Amtsträger mit der Hilfe von anderen, manchmal auch von ihnen gewählten Schiedsrichtern. Dieses System fing aber schon zur Zeit der Studie von Ammar an, sich aufzulösen, da die staatlichen Behörden die Rolle des *'umda* immer mehr übernahmen. Ammar 1954, 61, 79–81.
116 Singer 1994, 32–33.
117 Singer 1994, 35–38.
118 Singer 1994, 120–121: „In practice, the case of Palestine at midcentury demonstrates that administrative routines were adjusted through a continual process of negotiation and

wurde schon darauf hingewiesen, dass die prämodernen Dörfer in vielerlei Hinsicht selbstverständlich viele Zufallsparallelen aufweisen. Es wäre jedoch sicherlich interessant zu untersuchen, inwiefern einige Dorfstrukturen im Nahen Osten in einer *longue durée* charakteristisch waren oder bestimmte Aspekte der ruralen Welt bestimmten.

Im Mittelpunkt dieser Arbeit standen die Dorfgemeinschaft und deren Organisation im spätantiken Ägypten. Hieraus ergab sich, dass das Dorf oft als eine Einheit, eine Gemeinschaft der lokalen Elite dargestellt wurde. Eine Dorfgemeinschaft war jedoch immer eine Sammlung von Familien und Individuen mit diversen Interessen. Dieser Aspekt des spätantiken Dorflebens wurde jüngst von Cam Grey allgemein untersucht.[119] Giovanni Ruffinis ebenfalls rezente Netzwerkanalyse von Aphrodites Kome zeigte, dass solche Probleme auch in der papyrologischen Forschung immer präsenter werden.[120] Für ein besseres Verständnis der komplexen Netzwerke innerhalb der Dorfgesellschaft stehen jedoch viele weitere papyrologische Quellen zur Verfügung – auch außerhalb von Aphrodites Kome –, die noch kaum ausgeschöpft wurden. In Fragen der Verwaltung wären Vergleiche zwischen Ägypten und anderen Teilen des frühbyzantinischen Reiches ebenfalls vielversprechend, wie ich in diesem Kapitel zu zeigen versuchte. Studien zum ägyptischen Dorfleben bilden weiterhin ein Desiderat der Forschung.

---

compromise between peasants and Ottoman officials."
119 Grey 2011.
120 Ruffini 2008, 147–241.

Appendices

I. Philadelphia und ἱερεῖς in der Spätantike: Bemerkungen zu P.Alex. 40

P.Alex. 40 wurde als „lettre privée" 1964 nach einer Transkription von Medea Norsa, zu der die Herausgeberin, Mariangela Vandoni, nur die Adresse hinzufügte, publiziert.[1] Bald folgten wichtige Korrekturen von Roger Rémondon (u.a. die Datierung in das 6. Jh.),[2] die viel zum Verständnis des Textes beitrugen.[3] Schon Rémondon bemerkte einen der interessantesten Züge des Dokumentes, seine Provenienz: „[S]'il s'agit bien de Philadelphie, comme l'index géographique, p. 93, tend à le faire penser, la mention de ce village, à une date aussi tardive, mériterait de retenir l'attention."[4] Die Provenienz des Textes wurde aus der Adresse des Briefes erschlossen, die folgendermaßen publiziert wurde: † δεσπ(ότη) τ(ῷ) ἐμῷ τ(ὰ) π(άν)τ(α) λαμπρ(οτάτῳ) παντιμ(ιωτάτῳ) ἀδ[ελ]φ(ῷ) Ἄπα Φὶβ ἐν Φιλαδφ(είᾳ) [sic] κυρ(ίῳ) Ἀπολλῶ ἐπικ(είμενος) *Spuren*. Demgemäß wäre dieses Dokument das späteste Testimonium für Philadelphia, woher sonst unsere letzten Texte aus dem späten 4. oder vielleicht frühen 5. Jh. stammen.[5]

Die Formulierung der Adresse ist schon an sich ungewöhnlich, aber zwei weitere inhaltliche Argumente machen eine arsinoitische Provenienz des Textes unwahrscheinlich. Erstens ergibt eine Suche in der DDbDP nach dem Namen Sirios nach 400 zwar Beispiele für den Namen im Oxyrhynchites, Hermopolites und Herakleopolites, aber für den Arsinoites ist P.Alex. 40 der einzige Beleg. Noch problematischer ist jedoch das Erscheinen der ἀρχιερεῖς in Z. 5. Wie die Analyse von Jean Gascou zeigt, bezieht sich der Terminus ἱερεύς bzw. ἀρχιερεύς in spätantiken Papyri auf eine Art von Dorfverwaltern, die mit den μείζονες vergleichbar sind.[6] Ferner be-

---

[1] „On publie ici le texte d'après une copie faite par M. Norsa et conservée au Musée d'Alexandrie; j'ajoute seulement une ligne du recto, l'adresse, que M. Norsa n'avait pas copiée." P.Alex. 40, S. 79.
[2] Vgl. auch BL IX 4.
[3] Rémondon 1965/A (= BL V 5).
[4] Rémondon 1965/A, 175.
[5] P.Gen. I² 12 (384); P.Gen. I² 67 (382/383); P.Gen. I² 68 (382); P.Gen. I² 69 (386). Der möglicherweise letzte Beleg für Philadelphia ist P.Gen. IV 172 (= SB XVI 12397, 4.–5. Jh.; ursprüngliche Datierung: 5.–6. Jh., s. die Einl. von Bertrand Bouvier und Claude Wehrli zu P.Gen. IV 192). Vgl. auch Davoli 1998, 139. Zu den Belegen der Dörfer des Fayum im 4. Jh. vgl. Rathbone 2008, 191–195.
[6] Vgl. oben S. 122–125. Gascou erwägt, dass der ἀρχιερεύς vielleicht Vorsteher des Kollegiums der ἱερεῖς war, s. P.Sorb. II 69, S. 70.

merkt er, dass die genannten Beamten meistens im Hermopolites belegt sind.⁷ Für Sarah J. Clackson war es nach der Analyse von Gascou klar, dass der ἱερεύς „a Hermopolite village official with responsibility for policing and taxation" bezeichnet.⁸

In der Tat ergibt eine Durchsicht der von Gascou zusammengestellten Dokumentation der ἱερεῖς und ἀρχιερεῖς in der Spätantike, dass die Mehrzahl der Belege aus dem Hermopolites oder aus dem benachbarten Antinoites kommt. Abgesehen von einigen Dokumenten mit unbekannter Provenienz passen nur zwei Papyri nicht in die Reihe der Belege aus dieser Region: SB I 4877 (Ars., 4.–7. Jh.) und P.Alex. 40. Im Fall des ersten Textes stützt sich die Provenienz auf die Annahme von Wessely, dass all die von ihm publizierten Louvre-Texte aus dem Fayum stammen – diese Annahme bestätigte aber sich nicht in jedem Fall. Daher lässt die überwiegende Anzahl der hermopolitischen Belege – neben der ungewöhnlichen Formulierung der Adresse und dem unerwarteten Namen Apa Sirios – die Provenienz von P.Alex. 40 zweifelhaft erscheinen.

Die Abbildung der Rückseite des Dokumentes, die die Adresse enthält, wurde in P.Alex. nicht publiziert.⁹ Ich konnte ein Foto im Griechisch-Ägyptischen Museum von Alexandrien kontrollieren.¹⁰ Die Überprüfung der Abbildung ergab die folgende Adresse:¹¹

† δεσπότ(η) ἐμῷ τὰ πά(ντα) λαμπρ(οτάτῳ) πάσ(ης) τιμ(ῆς) ἀξ(ίῳ) γν(ησίῳ) φίλ(ῳ) (καὶ) ἀδελφ(ῷ) κυρ(ίῳ) Ἀπολλῷ ἐπικ(ειμένῳ) † Παπ . . . [

† *Meinem Herrn, dem in jeder Hinsicht glänzenden, jeder Ehre würdigen, aufrichtigen Freund und Bruder, Herrn Apollos, dem Vorsteher † Pap-*

Der Name des Absenders ist unsicher zu lesen, man könnte aber Παπνού[θ(ιος) †] erwägen. Diese Formel entspricht der Formulierung zeitgenössischer Adressen.¹²

Nach diesen Berichtigungen hat die arsinoitische Provenienz des Dokumentes keinen Anhaltspunkt mehr. Demgemäß scheint auch, dass alle Belege (abgesehen von dem sehr zweifelhaften arsinoitischen SB I 4877) für ἱερεῖς und ἀρχιερεῖς aus

---

7 Vgl. oben S. 122.
8 Einl. zu P.Mon.Apollo, S. 77.
9 Die ed.pr. interpretiert die Adresse als Rückseite, aber es handelt sich um einen *transversa charta* geschriebenen Papyrus, demgemäß ist der Brief auf die Vorderseite und die Adresse auf die Rückseite geschrieben.
10 Für seine Vermittlung bin ich Dr. Mohamed Elmaghrabi zum Dank verpflichtet.
11 Die in Hagedorn 2008 gesammelten Beispiele waren wichtige Ausgangspunkte für die Neulesung der Rückseite. Zweifel an der Lesung der Adresse wurden schon von Johannes Diethart in P.Eirene I 27, S. 130/Anm. 1 angedeutet, er schlug δεσπό(τῃ) ἐμῷ τ(ὰ) π(άν)τ(α) λαμπρ(οτάτῳ) (καὶ) παντίμ(ῳ) κτλ. vor.
12 Vgl. z.B. P.Oxy. I 158 (Oxy., frühes 7. Jh.), 6 (mit BL VII 128): † δεσπό(τῃ) ἐμῷ τὰ πά(ντα) λαμπρο(τάτῳ) πά(σης) τιμῆ(ς) (καὶ) προσκυ(νήσεως) ἀξ(ίῳ) γνη(σίῳ) φίλ(ῳ) Κοσμᾷ κόμε(τι) μειζοτέ(ρῳ) † Βίκτωρ †.

der Spätantike aus dem Hermopolites oder aus dem Antinoites kommen:[13] Es handelte sich daher wohl um eine lokale Bezeichnung. Vergleichbar mit den ἱερεῖς und ἀρχιερεῖς sind z.B. die *gnosteres* und Sitologen, die ab dem 4. bzw. 5. Jahrhundert ebenfalls nur im Hermopolites belegt sind. So ist wohl anzunehmen, dass sowohl SB I 4877 wie auch alle anderen Papyri unbekannter Herkunft, die ἱερεῖς oder ἀρχιερεῖς erwähnen, aus dem Hermopolites oder Antinoites stammen, oder sich auf jeden Fall auf Beamte aus diesen Regionen beziehen.

Weiterhin ist die Neulesung der Rückseite auch für die Geschichte Philadelphias von Bedeutung. Wie erwähnt, war P.Alex. 40 der letzte Beleg des Dorfes aus dem 6. Jh., die sonstigen schriftlichen Quellen bezeugen es nur bis in das späte 4. und vielleicht frühe 5. Jh. Da aber der Beleg von P.Alex. 40 entfällt, kann die Geschichte von Philadelphia nur bis ca. 400 verfolgt werden, was auch mit dem archäologischen Befund im Einklang steht, da die in der Nekropole des Dorfes gefundenen Bestattungen auch nicht später als in das 4. Jh. zu datieren sind.[14]

II. Bemerkungen zu ἱερεῖς und Pagarchen im früharabischen Hermopolites

Der in das 8. Jh. datierte koptische Brief, P.Ryl.Copt. 278, erwähnt ἱερεῖς und kann somit dem Hermopolites oder eventuell Antinoites. zugeordnet werden. Die Einleitung des Dokumentes (Z. 1–3) lautet folgendermaßen:

> † Φλ(άουιος) Μερ[κοῦρε σὺ(ν) θ(εῷ)] πάγαρχ(ος) δι' ἐμοῦ Σευήρου
> ⲡⲉϥⲥϩⲁⲓ [ⲛⲛⲁⲡ]ⲏⲅⲉ ⲛⲛⲉⲧⲓⲙⲉ ⲙⲛ ⲛⲉϩⲓⲉⲣⲉⲉⲩⲥ
> ⲛⲛⲉⲡⲟⲓⲕⲉⲓⲟⲛ [ⲉⲧⲧ]ⲁⲥⲥⲉ ⲉⲡⲁⲥⲓⲕⲉⲗⲗⲓⲛ ...

> (Griechisch) † *Flavius Merkure, mit Gott Pagarch, durch mich, Severus.*
> (Koptisch) *Er schreibt an die Vorsteher* (ⲛⲁⲡⲏⲅⲉ) *der Dörfer* (ⲛⲉⲧⲓⲙⲉ) *und die* ἱερεῖς *der Weiler* (ⲛⲉⲡⲟⲓⲕⲉⲓⲟⲛ) *die in meinem Erlass* (σιγίλλιον) *aufgelistet sind* ...

Die Erwähnung der ἱερεῖς verweist auf die hermopolitische Provenienz des Textes und zugleich darauf, dass Flavius Merkurios[15] Pagarch des Hermopolites war. Die

---

13 Auf diese Weise können folgende Dokumente dem Hermopolites oder Antinoites zugewiesen werden: P.Ryl.Copt. 177 (Hk.unbek., erste Hälfte 8. Jh.); P.Ryl.Copt. 278 (Hk.unbek., 8. Jh.). Auch P.Iand. II 23 (Oxy. [?], 6.–7. Jh.) stammt wohl aus diesem Gau, da es sich in Z. 13 (τ]οῦ πιττακίου ἀνάγκην ἔχει ὁ ἱερεὺς δοῦναι ἐκ τῶν ἰδίων) vermutlich eher um einen Beamten (Morelli 1999, 199) als einen Personennamen (BL X 88) handelt, zur Lesung vgl. auch BL I 198.

14 „La necropoli di Philadelphia, che si verificò essere di grande estensione, comprendeva sepolture databili dal III a.C. al IV. d.C.". Davoli 1998, 142.

15 Die wegen Platzgründen angenommene Form, Μερ[κοῦρε ist nur eine koptische Schreibweise. W. E. Crum bemerkt in P.Ryl.Copt. 278/Anm. 7: „Probably not space for the full name."

Provenienz des Textes ist nicht überraschend, da ein bedeutender Teil der in P.Ryl.Copt. publizierten Dokumente aus dieser Region kommt. Crum schlug eine Datierung des Textes in das 8. Jh. als „approximate date" vor.[16] Die Struktur des Textes und die Erwähnung eines σιγίλλιον spechen auf jeden Fall für eine Datierung in die arabische Zeit.[17] Der Umstand, dass der Pagarch noch kein Araber ist, könnte für eine Datierung in das 7. Jh. oder die ersten Jahrzehnte des 8. Jh. sprechen, obwohl man trotz der zunehmenden Arabisierung des Verwaltungsstabes immer mit Ausnahmen rechnen kann.[18]

In P.Ryl.Copt. 158 (Herm., 7. Jh. [?]) wird eine gewisse ⲕⲩⲣⲁ ⲥⲟⲫⲓⲁ ⲧⲧⲓ]ⲙⲓⲱⲧⲁⲧⲏ ⲧϣⲉ ⲛⲡⲕⲩⲣ(ⲓⲟⲥ) ⲙⲉⲣⲕⲟⲩⲣⲓⲟⲥ ⲧⲣⲱⲙⲉ ϣⲙⲟⲩⲛ als Verpächterin verschiedener Ländereien erwähnt. Ferner[19] adressiert in P.Ryl.Copt. 188 der Diakon Ioannes an ⲡⲕⲩⲣⲓⲟⲥ ⲁⲡⲁ ⲙⲉⲣⲕⲟⲩⲣⲓⲟⲥ ⲡϣⲉ ⲛ . . ⲁ . ⲡⲣⲟ( )[20] ⲁⲡⲁ ⲁⲥⲏ . ⲩ ⲡⲣⲱⲙⲉ ϣⲙⲟⲩⲛ, der von ihm Land gekauft hatte, eine ὁμολογία. Merkurios hatte sich verpflichtet, drei Keratia für die Steuer des erworbenen Landes zu zahlen, da es keinen Weizen erbrachte. Ioannes verpflichtet sich jetzt, diese drei Keratia nicht mehr zu verlangen. Es lässt sich nicht mit Sicherheit sagen, ob sich all diese Texte auf dieselbe Person beziehen, die Vermutung scheint aber nahe zu liegen. Diese vier Papyri könnten die Gestalt eines lokalen Aristokraten aus der früharabischen Zeit skizzieren, der sein Vermögen in seinen Ländereien akkumulierte und sogar zum Pagarchen aufstieg.

Das oben besprochene Dokument führt uns zu BKU III 420, einem ebenfalls hermopolitischen Dokument, dessen erste Zeilen einen sehr ähnlichen Wortlaut aufweisen:

[†] Φλ(άουιος) Ἰωάννης σὺν θ(εῷ) πάγαρχ(ος) Ἑρμοῦ πόλ[εως[21] ⲡⲉϥⲥϩⲁⲓ]
ⲛⲁⲡⲏⲩⲉ ⲙ̄ⲡⲕⲁⲧⲁⲅⲁ ⸰ⲛ ⲛ̕ⲧⲓⲙⲉ ⲙⲛ [. .]ⲉϩⲓⲉⲣ . [
ⲛⲉⲡ̣ⲟⲓⲕⲓⲟⲛ ⲉⲣⲉⲁⲡⲁ ⲫⲟⲓⲃⲁⲙⲙⲱⲛ ⲡⲙⲁ[. .] . . ⲧⲉ[
[ca. 4]ⲧⲓ ⲡⲉⲓⲥⲓⲅⲉⲗⲗⲓⲛ ⲛⲁϥ ϫⲉ [

(Griechisch) † *Flavius Ioannes, mit Gott Pagarch von Hermupolis* (Koptisch), *[schreibt an] die Vorsteher* (ⲛⲁⲡⲏⲩⲉ) *des ... in den Dörfern und ... den Weilern* (ⲛⲉⲡⲟⲓⲕⲓⲟⲛ): *Apa Phoibammon, der ... ihm diesen Erlaß* (σιγίλλιον) ...[22]

---

16 P.Ryl.Copt., S. 242. Ich konnte keine Abbildung des Dokumentes überprüfen.
17 Zur Bedeutung des Wortes σιγίλλιον vgl. Federico Morelli im Komm. zu CPR XXII 1, 4.
18 Vgl. Sijpesteijn 2009, 126–127.
19 Der in P.Bal. 226 (Bala'izah, 7.–8. Jh.), 3 erwähnte ⲡⲥⲁϩ ⲁⲡⲁ ⲙⲉⲣⲕⲟⲩⲣⲓⲟⲥ ist wohl nicht mit dem oben genannten Pagarchen identisch.
20 Crum bemerkt in Anm. 2 *ad locum*: „Perhaps ⲡⲙⲁⲕⲁⲣ°/".
21 Zur Lesung der ersten Zeile vgl. Sijpesteijn 1981, 361. Die Übersetzung wurde nach Sijpesteijns Korrekturen berichtigt. Am Ende der Zeile ziehe ich die schon von Sijpesteijn erwogene alternative Ergänzung Ἑρμοῦ πόλ[εως gegenüber dem Ἑρμουπολ[ίτου des Herausgebers vor.
22 Übersetzung aus der ed.pr. mit geringen Veränderungen.

Die Parallele zu P.Ryl.Copt. 278 ist augenfällig: Beide σιγίλλια schreibt ein Pagarch an Dorfbeamte in seinem Bezirk. Die Formulierung von P.Ryl.Copt. 278, 2–3 ist zwar eindeutiger, aber die Struktur ist auch in BKU III 420 klar dieselbe. Demgemäß kann man am Ende von Z. 2 ⲙⲛ [ⲛ]ⲉ̣ⲍ̣ⲓⲉⲣⲉ̣[ⲩⲥ lesen.[23] Mit der Berücksichtigung der Korrekturen von Pieter Sijpesteijn zu Z. 1 kann also die Übersetzung der ersten drei Zeilen folgendermaßen korrigiert werden:

> (Griechisch) † *Flavius Ioannes, mit Gott Pagarch von Hermupolis* (Koptisch) [*schreibt*] *an die Vorsteher* (ⲛⲁⲡⲏⲩⲉ) *des* ...[24] *in den Dörfern* (ⳅⲛ ⲛ′ⲧⲓⲙⲉ) *und die* ἱερεῖς *der Weiler* (ⲛⲉⲡ̣ⲟⲓⲕⲓⲟⲛ) ...

Fraglich bleibt noch die Person von Flavius Ioannes.[25] Er ist mit dem in SB VI 9144, 1–2 erwähnten Flavius Ioannes zu identifizieren:

> † Φλ(αύιος) Ἰωάννης σὺν θ(ε)ῷ πάγαρχ(ος) δι' ἐμοῦ Ἰερεμία
> λογογρ(άφου) ὑμῖν τοῖς ἀπὸ μον(αστηρίου) Ἀββ(ᾶ) Ἀπολλῶτ(ος)

Der erste Herausgeber, Roger Rémondon, hatte es als ein Dokument von Aphrodites Kome bestimmt und auf den 4. 2. 589 datiert.[26] Jean Gascou wies dann das Dokument überzeugend der früharabischen Zeit und der Dokumentation des Klosters von Apa Apollo in Bawit zu.[27] Gascous Vorschlag wurde von Jean-Luc Fournet anhand der Autopsie des Originals bestätigt, das er aufgrund der Schrift in das 7.–8. Jh. datierte.[28] Da die Schreibweise der ersten griechischen Zeile von BKU III 420 der von SB VI 9144 sehr ähnlich ist, stammen die zwei Papyri von dem gleichen Büro, (aber wohl nicht vom gleichen Schreiber), was zeigt, dass es sich in beiden Texten um den gleichen Pagarchen handelt.[29]

Ferner ist in P.Lond. V 1753 (7. Jh.), 1 ein gewisser Φλ(αύιος) Ἰωάννης σὺν Θε(ῷ) ἄρχοντος (l. ἄρχων) καὶ πάγαρχ(ος) Ἑρμοπολ(ίτου) belegt. Er ist mit dem obigen Ioannes wahrscheinlich nicht zu identifizieren, da die Schrift von P.Lond. V 1753 deutlich früher ist als die der obigen zwei Texte und auch der Name und Titel des Pagarchen in einem ganz anderen Stil geschrieben sind.[30] BKU III 409, ein Brief aus der arabischen Zeit (vielleicht aus dem 8. Jh.) ist von einem gewissen Zacharias an den κύριος ἐνδοξότατος ἄρχων Ἰωάννης adressiert.[31] Weiterhin ist P.Ryl.Copt.

---

23 Es wurde keine Abbildung veröffentlicht, aber ich konnte das Original überprüfen.
24 ⲙⲡⲕⲁⲧⲁⲅⲅⲁ wurde in der Edition weder übersetzt, noch im Kommentar erklärt. Die Bedeutung des Wortes ist mir unklar. Eine Form von κατάγαιον scheint nicht in Frage zu kommen.
25 Die Belege für Flavius Ioannes wurden schon von Kruit 1994, 72 besprochen, allerdings – abgesehen von BKU III 420 – ohne der Berücksichtigung der relevanten koptischen Texte.
26 Rémondon 1952, 65.
27 BL VIII 340 = Gascou 1981, 220/Anm. 1.
28 BL XII 194, vgl. auch Bemerkungen.
29 Zum Papyrus wurde keine Abbildung publiziert; ich konnte das Original einsehen.
30 Ich danke Nikolaos Gonis für die Einsicht in eine Abbildung.
31 BKU III 409. In der ed.pr. wurde die Abkürzung αρ^x als „?ἀρχιπρεσβυτέρῳ" interpretiert. Die Datierung in die arabische Zeit folgt aus der für diese Zeit charakteristischen Invokation am Be-

152 eine fragmentarische ὁμολογία an einen gewissen ⲁⲡⲁ ⲓⲱϨⲁⲛⲏⲥ ⲡⲉⲛⲇⲟⲝ(ⲟ)ⲧ(ⲁⲧⲟⲥ) adressiert. SB VI 9144 datiert in die 7. Indiktion, P.Ryl.Copt 152 in die 9. und BKU III 420 in die 14. Es ist verlockend, anzunehmen, dass SB VI 9144 und BKU III 420 (und eventuell P.Ryl.Copt 152) im gleichen Indiktionzyklus geschrieben wurden und Ioannes mindestens sieben Jahre lang als Pagarch amtierte. Ferner könnte man auch überlegen, ob einer der oben genannten Pagarchen mit Flavius Ioannes, dem Pagarchen des Arsinoites zwischen etwa 660–666, identisch ist.[32] Die Häufigkeit des Namens Ioannes macht zwar solche Hypothesen zweifelhaft,[33] aber Parallelen ließen sich auch in diesem Fall finden: Rāšid b. Ḫālid war z.B. 718–723 Pagarch von Herakleopolis und 724–731 Pagarch von Hermupolis.[34]

Kürzlich wurde ein weiteres Beispiel von Rundschreiben hermopolitischer Pagarchen, P.Louvre Bawit 50 (Herm., 8. Jh.), veröffentlicht. Der Papyrus wurde in den Ausgrabungen des Apa Apollos-Klosters in Bawit gefunden. Das ursprüngliche Schreiben wurde in der Kanzlei des Klosters für Schreibübungen wiederverwendet. Das Format des Textes erinnert stark an das von P.Ryl.Copt. 278 und BKU III 420; der koptische Text wird auf Griechisch eingeleitet (Z. 1): † Φλα(ούιος) Κόλλουθ(ος) σὺν θ(εῷ) πάγαρχ(ος) δι' [ἐμοῦ. In Z. 2 kann anhand der diskutierten Parallelen ⲛⲁⲡⲏⲩⲉ ⲛⲉⲧⲓⲙⲉ ⲙⲛ̄ ⲛⲉϨ[ⲓⲉⲣⲉⲩⲥ ⲛ̄ⲛⲉⲉⲡⲟⲓⲕⲓⲟⲛ anstatt von ⲛⲁⲡⲏⲩⲉ ⲛⲉⲧⲓⲙⲉ ⲛ̄ ⲛⲉ Ϩⲓ[gelesen werden. Somit liefert dieses Fragment ein weiteres Beispiel von Rundschreiben hermopolitischer Pagarchen an ⲁⲡⲏⲩⲉ und ἱερεῖς in der frühárabischen Zeit. Dies war offensichtlich ein eigenes Genre in der Verwaltung (vgl. auch P.Ryl.Copt. 319 [Hk.unbek., 7.–8. Jh.]), was die starke Kontrolle der Pagarchen über die Dörfer zeigt.

III. Die Datierung des Patermuthios-Dossiers

Einer der στρατηγός-Texte, SB XXIV 16019, gehört zu dem Dossier des Eisenschmieds (σιδηρουργός) Patermuthios. Diese Textgruppe wurde von Todd Hickey und Klaas A. Worp zusammengestellt und untersucht. Das Dossier besteht aus 20 Steuerquittungen der frühárabischen Zeit aus Oberägypten, vielleicht sogar aus

---

ginn des Textes (Ϩⲙ ⲡⲣⲁⲛ ⲉⲡⲛⲟⲩⲧⲉ). Ich danke Nikolaos Gonis, dass er mich auf diesen Text aufmerksam gemacht hat. Ihm verdanke ich auch den Hinweis, dass der Zacharias dieses Textes mit dem vom P.Ryl.Copt. 285 identisch sein könnte. P.Ryl.Copt. 285 ist von Zacharias an einen gewissen ἐνδοξότατος Rāšid – wahrscheinlich an Rāšid b. Ḫālid, den bekannten Pagarchen des Hermopolites zwischen 724 und 731 – adressiert, s. Gonis 2004/A, 195/Anm. 39. Eine Studie über Rāšid b. Ḫālid und Zacharias wird von Nikolaos Gonis vorbereitet. Zu seinem Dossier vgl. jetzt auch Schenke 2014, 204.

32 Flavius Theodorakios amtierte z.B. mindestens elf Jahre lang als Pagarch, vgl. dazu Bernhard Palme, Exkurs VI: Die Pagarchen Flavius Theodorakios und Flavius Ioannes in CPR XXIV, S. 197–200, bes. 197.
33 S. auch Kruit 1994, 72/Anm. 33.
34 Gonis 2004/A, 195/Anm. 39.

der thebanischen Region.³⁵ SB XXIV 16019 ist auf den Hathyr der 6. Indiktion datiert, was mit dem Zeitraum 28. 10.–26. 11. 737 gleichzusetzen ist, da der Titel in Theben als Synonym für den ⲁⲛⲉ ab 726 belegt ist.³⁶ Eine Datierung auf 752 kann nicht ausgeschlossen werden, da die letzten bekannten und sicher datierten griechischen Steuerquittungen aus dem Jahr 741 (Thinnites oder Ars.) bzw. 758 oder vielleicht noch später (Bawit [Herm.]) stammen.³⁷ Allerdings würde man auf Dorfebene, besonders in Oberägypten, zu dieser Zeit eher (mindestens teils) koptische Quittungen erwarten.

Von den 20 Texten des Archivs lassen sich 17 datieren: Wir haben Texte aus der 2., 4.–11. und 13. Indiktion. Wie jedoch bereits Hickey und Worp bemerkt haben, ist die Aufstellung der Texte in eine relative Chronologie problematisch.³⁸ Wenn man von einer Datierung von SB XXIV 16019 auf das Jahr 737 ausgeht, kann angenommen werden, dass die anderen Dokumente des Dossiers entweder aus demselben oder aus dem vorigen oder folgenden Indiktionszyklus stammen. Da aber, wie gesagt, griechische Steuerquittungen in einem Dorfkontext in Oberägypten um 750–760 nicht zu erwarten sind, entfällt wohl der letzte Indiktionszyklus von den Datierungsmöglichkeiten. Die Datierung der Texte kann jedoch anhand der Signatare der Quittungen weiter eingeschränkt werden, da wohl mit Recht anzunehmen ist, dass die Steuerquittungen, die von derselben Person bzw. denselben Personen unterschrieben wurden, aus demselben Indiktionszyklus stammen.

Eine Konzentrierung der Belege in die 720-er bzw. 730-er Jahre scheint plausibel zu sein. Dies könnten auch die Texte O.Leid. 368–369 bekräftigen, zu denen Hickey und Worp beobachteten: „If ... both date from the same fourth indiction, one is forced to conclude that Patermouthios made two large (3 *solidi*, 14.75 *keratia*) *dêmosia* payments within the space of about forty days, and that he paid his (third indiction) arrears *after* his current (fourth indiction) obligation. It is more likely that these texts were written fifteen years apart."³⁹ Die möglichen Datierungen für beide Texte sind 720 und 735, was für einen allgemeinen Rahmen des Dossiers zwischen 718 und 744 spricht. Die aus den obigen Überlegungen resultierenden hypothetischen Datierungsmöglichkeiten für die Texte des Dossiers fasst die folgende Tabelle zusammen:⁴⁰

---

35 Hickey–Worp 1997 behandelt alle bis dahin bekannten Texte, seitdem ist noch P.Worp 61 dazugekommen. Zur Provenienz der Texte vgl. Hickey–Worp 1997, 82–83.
36 Vgl. oben S. 185–187.
37 P.Prag. I 27 (Thinites/Ars., 741) mit der Neuediton in Gonis 2009, 202–203. Zur (unklaren) Provenienz vgl. auch Gonis 2013, 274, bes. Anm. 12. P.Clackson 46 (Bawit, 758 [?]). Aus derselben Zeit wie das letztere Dokument stammt wohl auch eine andere Steuerquittung, P.Cair.Copt. Inv. 12837, aus Bawit, die als Nr. 2 in Delattre 2012, 105–107 publiziert wurde.
38 Hickey–Worp 1997, 83–84.
39 Hickey–Worp 1997, 83/Anm. 17.
40 Bei der Umrechnung der Datumsangaben ist zu berücksichtigen, dass in Oberägypten die steuerliche Indiktion am selben Tag begann wie die Indiktion, die für Datierungszwecke genutzt wurde, s. Gonis 2004/C, 157.

Die Chronologie des Patermuthios-Dossiers

Publikation	Signatar	Antike Datierung	Datum
1. Sicher datierbare Texte			
SB XXIV 16016	Theodosios, Klearchos	2. Ind., 23. Thoth[41]	20. 9. 733
SB XXIV 16018	Theodosios	5. Ind., 10. Pauni	4. 6. 736
O.Leid. 370	Theodosios	6. Indiktion, 29. Epeiph	23. 7. 737
SB XXIV 16019	Theodosios	6. Ind., Hathyr	28. 10.–26. 11. 737
2. Relativ datierbare Texte			
SB XXIV 16017	nicht erhalten	2. Ind.[42], 22. Epeiph	16. 7. 718/733[43]
O.Leid. 369	nicht erhalten/nicht angegeben?	4. Ind., 22. Pachon	17. 5. 720/735
O.Leid. 368	Kelestinos, Eubulos	4. Ind., 3. Epeiph	27. 6. 720/735
SB XXIV 16027	Tribunos	4. Ind., 20. Tybi	15./16. 1. 721/736
SB XXIV 16028	Tribunos	7. Ind., 3. Thoth	31. 8. 723/738
SB XXIV 16020	Apa Ioannes, Markos	8. Ind., 20. Pauni	14. 6. 724/739
SB XXIV 16021	Apa Ioannes	9. Ind., Pharmouthi	27. 3.–25. 4. 726/741
O.Leid. 372	Apa Ioannes	9. Ind., 5. Pachon	30. 4. 726/741

---

41 Mit der Korrektur von Nikolaos Gonis, s. P.Worp 61, S. 343/Anm. 1.
42 Die Datierung des Textes ist nicht erhalten, nur die Indiktion, für die die quittierten Steuern fällig sind. Da in den Texten des Dossiers die Steuern für die Indiktion der Ausstellung quittiert werden, wurde das Dokument wohl in der 2. Indiktion geschrieben. S. die Tabelle in Hickey–Worp 1997, 108–109.
43 Eine Datierung in den früheren Indiktionszyklus ist zwar eher unwahrscheinlich, aber trotzdem nicht auszuschließen.

SB XXIV 16030[44]	Apa Ioannes, Theodorakios	10. Ind., 17. Pachon	12. 5. 726/741
SB XXIV 16029[45]	Nakeneiot, Kolluthos, Dioskoros	10. Ind., Pachon	26. 4. 726/741– 25. 5. 727/742
SB XXIV 16022	Theodosios, Nakeneiot	11. Ind., 30. Pauni/ 11. Mesore[46]	24. 6./4. 8. 727/742
SB XXIV 16023	Nakeneiot, Kolluthos, Dioskoros	11. Ind., 3. Mecheir	28. 1. 728/743
P.Worp 61	Nakeneiot	13. Ind.[47]	728–729/ 743–744

3. Undatierbare Texte

SB XXIV 16024	nicht erhalten	nicht erhalten	?
SB XXIV 16025	Nakeneiot, Apa Ioannes (?)	nicht erhalten	Um 728 oder 743?
SB XXIV 16026	nicht erhalten	nicht erhalten	?

IV. Korrekturvorschläge und sonstige Bemerkungen zu Dokumenten

BGU II 367

Diese Quittung wurde u.a. von Αὐρήλ[ι]ο[ι Να]αραῦς μείζων, υἱὸς ['Α]βρααμί[ου] | καὶ Σερῆνος υἱὸς Γεωργίο(υ) καὶ Νααρα[ῦ]ς κεφαλαι(ω)τ(ὴς) | τοῦ ἀναλώματος υἱὸς Μηνᾶ τοῦ καὶ Παρεύ (Z. 5–7) ausgestellt. Die Auflösung der Abkürzung κεφαλαι( )τ( ) als Singular ist jedoch zweifelhaft. In einem ähnlichen Dokument, CPR X 121 (Herakl., 543), werden die Aussteller in der fragmentarischen Z. 3] τεει καὶ Φηοῦς 'Ιωάννου κεφαλαιωταὶ κτήματος Πασηει genannt. Dafür, dass in einer Aufzählung zwei oder mehr Beamte nur einmal mit ihrem Titel identifiziert werden, könnten leicht weitere Beispiele gefunden werden. Augfrund dessen kann man in BGU II 367 die folgenden Berichtigungen vorschlagen:

---

44 = O.Stras. 290.
45 = O.Leid. 371.
46 Zum Monat vgl. die Korrektur von Nikolaos Gonis oben S. 239/Anm. 41.
47 Nur die Indiktion, für die die Steuer fällig sind, ist überliefert. Ich habe angenommen, die Steuer wurden in derselben Indiktion bezahlt. Vgl. SB XXIV 16017.

Z. 6 und 22: κεφαλαι(ω)τ(ής) → κεφαλαι(ω)τ(αί),
Verso, Z. 2: κεφαλαι(ω)τ(οῦ) → κεφαλαι(ω)τ(ῶν).

BKU III 420

Z. 2: ⲙⲛ [. .]ⲉ̣ⲥ̣ⲓⲉⲣ̣ . [→ⲙⲛ [ⲛ]ⲉ̣ⲥⲓⲉⲣⲉ̣[ⲩⲥ, vgl. oben S. 235–236.

Chrest.Wilck. 8

Diese Quittung aus dem Jahre 639–640 wurde für die Bewohner des arsinoitischen Dorfes Kaminoi ausgestellt. In Z. 5–6 beginnt die Nennung der Vertragsparteien:

5 Φλ(αουίῳ) Θεοδωρακίῳ τῷ μεγαλοπρεπεστάτῳ παγά[ρχῳ ταύτης τῆς
    Ἀρσινοϊτῶν πό]λεω[ς οἱ ἀπὸ]
6 κώμης Καμί[νω]ν τοῦ Ἀρσινοίτου νομοῦ δι' ἡμῶν ...

In Z. 5 kommt statt οἱ ἀπό] auch die Ergänzung τὸ κοιν(όν)] in Frage, da in Z. 13 die Zahlungen, die im Dokument quittiert werden, mit dem Dorf-κοινόν in Zusammenhang gebracht werden: τῶν δοθέντων παρ' ἡμῶν αὐτῶν π[α]ρ[ὰ] τοῦ κοινοῦ τῆς εἰρημένης ἡμῶν κώμης. Vgl. auch P.Oxy. LIX 3985 (Oxy., 473), 2: τὸ [κ]οιν[ὸ]ν τῶν [ἀπ]ὸ κώμης Τακόνα τοῦ Ὀξυρυγχίτου νομοῦ δι' ἡμῶν.

CPR IV 189c

Z. 2:] . . ⲅⲉⲱⲣⲅⲉ ⲡⲙⲓⲍⲟⲧⲉⲣⲟⲥ ⲛ̄ⲡⲕⲩⲣ̣ . [→]ⲕⲩⲣ(ⲓⲟⲥ) ⲅⲉⲱⲣⲅⲉ ⲡⲙⲓⲍⲟⲧⲉⲣⲟⲥ ⲛ̄ⲡⲕⲩⲣ(ⲓⲟⲥ) [, s. ausführlich oben S. 57.

CPR V 26

Der sogenannte Skar-Kodex (2. Hälfte 5. Jh.), der verschiedene Abrechnungen aus dem hermopolitischen Dorf Skar enthält, bezeugt zweimal (Z. 84 und 845) die Abkürzung μειζ( ), die von dem Herausgeber als eine Form von μείζων, 'Dorfvorsteher', gedeutet wurde.[48] Im Kommentar zu Z. 84 liest man: „[I]n Anbetracht des Datums [4. Jh. ed.pr.] dieses Papyrus wahrscheinlicher als μειζ(ότερος)". Da im Hermopolites der Titel μείζων nicht belegt ist, sollte die Abkürzung an diesen Stellen als eine Form von μειζότερος, 'maior domus', gedeutet werden:

---

48 An einer anderen Stelle wurde das Wort auch gelesen, vgl. aber dazu die Neuedition dieses Fragments, CPR IX 43a.

Z. 84: Ἰῶνις μίζ(ων) → Ἰῶνις μιζ(ότερος),
Z 845: Πέτρου μείζ(ονος) → Πέτρου μειζ(οτέρου).

CPR X 98

Die Abkürzung μειζ( ) kann bei diesem kontextlosen Namenszettel nicht nur als μείζ(ων) 'Dorfvorsteher', sondern auch als μειζ(ότερος) 'Hausmeier' aufgelöst werden.

CPR XIV 51

In Z. 9 dieses Briefes (Hk.unbek., 6. Jh.) begegnen uns Dorfvorsteher: μίζονας (l. μείζονας) τῆς κώμης, Ἀπολλω . [. Die Editorin übersetzt: *headmen of the village, Apollo-* . Es ist plausibel, neben den μείζονας τῆς κώμης einen Dorfnamen zu erwarten. M.E. kann man am Ende der Zeile Ἀπολλων[lesen. Prinzipiell können drei Dörfer in Betracht gezogen werden: Ἀπόλλωνος und Ἀπολλωνιάδος, beide im Oxyrhynchites, und Ἀπολλωνιάδος im Arsinoites. Das arsinoitische Ἀπολλωνιάδος ist zu dieser Zeit nicht mehr belegt, was nur die anderen zwei oxyrhynchitischen Dörfer als Ergänzungsmöglichkeiten übrig lässt. Ferner ist der Name ἄπα Σίριος in Z. 1 ebenfalls ein Indiz für den Oxyrhynchites, s. den Komm. zu CPR XIV 51, 2. Das oxyrhynchitische Ἀπολλωνιάδος ist nur einmal und nicht eindeutig als κώμη belegt, für Ἀπόλλωνος jedoch sind in P.Oxy. VI 893 (Oxy., spätes 6–7. Jh.) μείζονες bezeugt. All dies spricht für die Ergänzung Ἀπόλλων[ος, obwohl Ἀπολλων[ιάδος nicht gänzlich auszuschließen ist. Alles in allem kann also in Z. 9 die Lesung bzw. Ergänzung → Ἀπόλλων[ος/Ἀπολλων[ιάδος und entsprechend eine oxyrhynchitische Provenienz vorgeschlagen werden.

O.Crum 342

Aus inhaltlichen Gründen würde sich für Z. 14–15 die Ergänzung bzw. Interpretation ⲡ/ⲛⲗⲗϣⲁⲛ]ⲉ ⲙⲛ ⲛⲁ|ⲡⲉⲩⲥ (l. ⲛⲁⲡⲏⲩⲉ) (ed. ? ⲉⲙⲛⲛⲁ|ⲡⲉⲩⲥ) empfehlen, s. ausführlich oben S. 173–174.

IV. Korrekturvorschläge und sonstige Bemerkungen zu Dokumenten

O.Heid. 448–449

Diese zwei thebanischen[49] Steuerquittungen wurden vermutlich am selben Tag ausgestellt. Der Name des στρατηγός wurde in beiden Texten als Ελε( ) gelesen. Nach den Originalen scheint der dritte Buchstabe kein ε zu sein, sondern eher ein λ. Ferner ist auf beiden Ostraka über dem letzten λ ein Fleck zu erkennen, der womöglich Reste eines Buchstaben enthält. All dies könnte dafür sprechen, dass auf beiden Ostraka der Name des στρατηγός als Ἑλλ(ῶς) oder vielleicht Ἑλλῷ(ς) zu lesen ist. Der Name und seine Varianten sind in Theben gut bezeugt, vgl. Till 1962, 95–96.

Ferner ist zu bemerken, dass die Lesung des Indiktionsjahres, für das die Steuern fällig sind, in beiden Texten ebenso ιε wie ιδ (ed.pr.) sein kann. Inhaltlich würde die 15. Indiktion sogar besser passen, denn in thebanischen Steuerquittungen werden in der Regel die Steuern der vorigen Indiktion quittiert, und unser Ostrakon datiert in die 1. Indiktion.

Schließlich kann die Datierung der Texte anhand von Überlegungen zum Amt des στρατηγός auf den 1. 8. 732 festgelegt werden.[50]

O.Minor E 6

Dieses thebanische Ostrakon wurde mit der Angabe „tax receipt, Byzantine" veröffentlicht. Klaas Worp publizierte 1992 anhand einer Zeichnung Berichtigungen zu dem Text.[51] Die seitdem online gestellte (durch das HGV erreichbare) Abbildung ermöglicht weitere Neulesungen. Da eine Neuedition des Textes von Nikolaos Gonis vorbereitet wird, beschränke ich mich an dieser Stelle nur auf die Korrekturen, die für die Datierung des Textes, der einen thebanischen στρατηγός bezeugt, relevant sind:

Z. 2: ι ἰνδ(ικτίονος) → ιε ἰνδ(ικτίωνος),
Z. 3: Π(α)ῦ(νι) η ἰνδ(ικτίονος) → Π(α)ῦ(νι) ιε ἰνδ(ικτίωνος) α.

Die Berichtigung ergibt anhand von Überlegungen zum Amt des στρατηγός eine Datierung auf den 9. 6. 733, s. ausführlich oben S. 185–188, bes. 187.

---

49 Die thebanische Provenienz des Textes wurde in der ed.pr. nur unsicher vorgeschlagen. Ein jüngst publiziertes Parallelstück beseitigt jedoch die Zweifel. O.Ifao inv. 146 (publiziert in Gascou 2010, 384–385 [Nr. 19]) wurde vom selben Schreiber, David, geschrieben wie O.Heid. 448–449. Der Name des Schreibers wurde in der ed.pr. nicht gelesen: Diese Berichtigung stammt von Nikolaos Gonis, dem ich für eine Einsicht in seine unpublizierten Korrekturen danke. Da der Steuerzahler von O.Ifao inv. 146, Petros, Sohn des Severos, in Theben-West bezeugt ist, muss die Provenienz aller drei Texte diese Region sein.
50 S. ausführlich oben S. 185–188, bes. 187.
51 Worp 1992, 53.

P.Col. VIII 238 (= P.Princ. III 136)

Anhand der online durch das HGV erreichbaren Abbildung kann die ursprüngliche Datierung des Textes (4. Jh.) einigermaßen präzisiert werden: Die Hand deutet auf das späte 4. oder frühe 5. Jh.

P.Erl. 56

Die Urkunde ist nach dem heutigen Kenntnisstand (Federico Morelli, CPR XXII, S. 77) in das 7.–8. Jh. datiert. Anhand der durch das HGV erreichbaren Abbildung ist jedoch nur eine Datierung in das 7. Jh. nachvollziehbar: Die Schrift weist keine eindeutigen Züge des 8. Jh. auf, ferner wäre das Vorkommen eines Komarchen in der arabischen Zeit befremdlich.

P.Flor. III 359

Die letzte Zeile dieser Anweisung aus dem 6. Jh. beginnt mit (ἔτους) [. Dies könnte auf eine Datierung in die oxyrhynchitische Ära hinweisen. Als Alternativen könnte man eine Kaiserdatierung oder eine Datumsangabe nach der diokletianischen Ära erwägen. Eine Kaiserdatierung ist in dieser Zeit nicht am Ende eines Dokumentes zu erwarten und die diokletianische Ära kommt in Papyri erst ab der Mitte des 7. Jh. vor. Daher ist eine oxyrhynchitische Provenienz für dieses Dokument anzunehmen.

P.Gen. I^2 69

In der vierten Zeile dieses Vertrags (Philadelphia [Ars.], 386) kommt der problematische Ausdruck ἀμφοτέρων προτ( ) κώμης Φιλαδελφίας vor. Die Auflösung προτ(οκωμητῶν) (l. πρωτ(οκωμητῶν)) wurde schon von dem ersten Herausgeber des Textes, J. Nicole, vorgeschlagen. Mißler 1970, 76–77 setzt die hier vorkommenden „Protokometen" mit den Komarchen des Dorfes gleich. Die neuen Herausgeber des Textes, Paul Schubert und Isabelle Jornot, bezweifeln im Komm. zu P.Gen. I^2 69, 4 die Auflösung der Abkürzung als προτ(οκωμητῶν), da der Titel in dieser Zeit nur spärlich belegt sei. Sie werfen die Möglichkeit der Ergänzung προτ(ευόντων) (l. πρωτ(ευόντων)) auf, sprechen sich aber nicht klar für diese Lösung aus, da auch dieser Ausdruck für die Dorfhonoratioren erst später belegt ist.

    Das Vorkommen eines Protokometen wäre im Jahre 386 nicht befremdlich: Der Titel ist im 4. Jh. mehrfach belegt, und schon im 5. Jh. stößt man gesichert auf Protokometen als Beamte, vgl. oben S. 37. Problematischer ist die Abkürzung προτ( ); προτοκ( ) wäre üblicher. Wenn man jedoch die publizierte Abbildung des Textes genauer anschaut, ist die Lesung προτ( ) nicht eindeutig. Die Buchstaben προτ sind in der Tat klar zu sehen, genauso wie ein Kürzungsstrich. Nach προτ folgt aber ein Bruch auf dem Papyrus und der Kürzungsstrich ist sehr weit von dem τ entfernt; man würde eigentlich erwarten, dass er das τ erreicht odar sogar durchstreicht. Ich lese προτο[κ](ωμητῶν), vgl. προκειμένας (Z. 14) und πρ]όκιται (Z. 16). An beiden Stellen ist das ο nur durch einen kleinen Punkt dargestellt. Die Reste dieses Punktes erkennt man noch am rechten Rand des τ, genauso wie im Wort τούς (Z. 15). Nach diesem ο passt noch ein schmales, mit einem Kürzungsstrich durchgestrichenes κ, vgl. die genannten Schreibungen des κ in προκειμένας und πρ]όκιται.

P.Hal. Inv. DMG 3[52]

Diese Quittung verdient besondere Aufmerksamkeit, da sie das einzige arabische Schriftzeugnis aus dem Dorf Djeme ist.[53] Der Herausgeber erklärt den Kontext folgendermaßen:

> „Nur auf den ersten Blick hat Šanūda hier drei Dinare für den Anteil an einem Haus an Šaǧara, die Frau Yazīds, gezahlt. Die Zahlung erfolgt vielmehr „zu den Händen von Qūmis", denn Šaǧara als Verkäuferin ist bereits verstorben und ihr Besitz (*māl*) wegen fehlender Erben vom Kalifen (*amīr al-muʾminīn*), sicher vertreten durch seine regionale Finanzverwaltung, eingezogen worden. Der Aussteller der Quittung wäre demnach nicht die im Text genannte Frau, sondern die nicht explizit genannte Finanzverwaltung, wahrscheinlich vertreten durch ihren lokalen Repräsentanten Qūmis/Komes."[54]

Die Quittung stammt von den „Leuten von Qaṣr Šīma [= Djeme]" (Z. 2).

Der Herausgeber versucht nicht, Komes zu identifizieren, obwohl er den wohlbekannten διοικητής des Dorfes, Komes, Sohn des Chael, in einem anderen Zusammenhang erwähnt.[55] Die Identifzierung des Qūmis dieses Textes mit dem διοικητής Komes, der mindestens zwischen 748 und 759 amtierte, kann nicht auf Anhieb abgelehnt werden.[56] Der διοικητής ist der wichtigste Beamte im Dorf, sein Aufgabenbereich erstreckt sich sowohl auf Finanzangelegenheiten wie auch Schlichtungen, u.a. in Erbangelegenheiten, vgl. oben S. 180–181. Es wäre zu erwarten, dass er in diesem Dokument im Interesse der arabischen Verwaltung agiert. Ferner würde seine Person auch zur paläographischen Datierung des Dokumentes passen, die „auf das späte 1.

---

52 Publiziert in Liebrenz 2010.
53 Abgesehen von arabischen Protokollen koptischer Texte.
54 Liebrenz 2010, 297.
55 *Ibidem* 306–307.
56 Für die Belege von Komes s. Till 1962, 235.

und frühe 2. Jahrhundert d.H." verweist.[57] Falls also die obigen Ausführungen zutreffen, kann P.Hal.Inv. DMG 3 um 750–760 datiert werden.

P.Iand. II 23

Das Dokument stammt aus dem Hermopolites oder Antinoopolites, vgl. oben S. 234/Anm. 13.

P.Laur. III 93

P.Laur. III 93 (Ars.) ist ein Fragment einer Zahlungsliste (?) und wurde in das 6. Jh. datiert. Das Dokument ist jedoch eher in das 7. Jh., wahrscheinlich schon in die arabische Zeit zu datieren. Dafür sprechen u.a. die nach rechts oben gerichteten Haken des τ, die Minuskel-Form des δ, der schräge Strich für ein υ in Z. 4 und das als hochgestellter Strich geschriebene α in Z. 1.

P.Leipz. I 5

Anhand der online erreichbaren Abbildung[58] dieser Abrechnung (Memph., 3. Jh.) kann in Z. 3 anstatt von τῶν γ(?) γνω(στήρων) τῆς Μέμφ[εως → τῶν γ' γυμ(νασιαρχησάντων) τῆς Μεμφ(ιτῶν) [πόλεως gelesen werden.[59] Demgemäß entfällt ein Beleg für das Amt des Gnosters in der vordiokletianischen Zeit.

P.Lond. III 1028 (S. 276)

Man liest in Z. 15 dieser Abrechnung (Herm., 7. Jh.): δ(ιὰ[?]) γνώ(σεως) Θεοδ[ώ]ρο(υ) ἀπὸ μειζό(νων) τῇ κυρ(ίᾳ) Ὑπερεχί(ᾳ) νο(μισμάτια) νβ (κεράτια) ιζ. Das Vorkommen eines Pronoeten in Z. 14 und der Umstand, dass die Zahlung für eine „Herrin" erfolgt, sprechen für einen Kontext im Bereich des Großgrundbesitzes. Aufgrund dessen scheint es viel plausibler zu sein, die Abkürzung μειζο( ) als → μειζο(τέρων) aufzulösen, da man in diesem Kontext eher die Abrechnung eines ehemaligen *maior domus* (μειζότερος) als eines ehemaligen Dorfvorstehers (μείζων) erwarten würde. Diese plausiblere Auflösung wird dadurch gesichert, dass im Hermopolites der Terminus μείζων nicht belegt ist.

---

57 Liebrenz 2010, 298.
58 Http://papyri.uni-leipzig.de/receive/UBLPapyri_schrift_00001650.
59 Ich danke Dieter Hagedorn und Graham W. Claytor für wichtige Hinweise bezüglich dieser Korrektur.

P.Lond. IV 1432

In diesem Steuerregister (Aphrod., 8. Jh.) bezahlt in Z. 37 ein Dorfvorstand unter anderen Steuerpflichtigen zehn Artaben für die *embole*: δ(ιὰ?) Φιλοθέ(ου) μεί(ζονος) ἀρ(τάβαι) ι. Die Abkürzung μει/ ist jedoch unüblich, in der Tat ist diese Abkürzung für einen μείζων außer an dieser Stelle nirgends zu finden. (Der Herausgeber war sich auch unsicher hinsichtlich der Auflösung, vgl. den Komm. *ad locum*). Demzufolge ist hier wahrscheinlich kein μείζων belegt, die Stelle sollte neu gelesen werden – ich konnte jedoch keine Abbildung überprüfen.

P.Mert. II 92 (= C.Pap.Jud. III 518d)

In Z. 19 bedeutet das Wort μιζόνων (l. μειζόνων) nicht 'Dorfvorstände', sondern 'hochrangige Beamte', vgl. oben S. 54/Anm. 155.

P.Mich. XV 742

Der Kontext gibt keine klaren Anhaltspunkte, um die Abkürzung μειζ( ) in Z. 4 zu deuten. Daher kommt nicht nur μείζ(ονι) wie in der ed.pr., sondern auch μειζ(οτέρῳ) in Frage.

P.MoscowCopt. 23

In der Adresse dieses koptischen Briefes aus dem 8. Jh. wurde versuchsweise † Σενούτις με(ιζότερος?) † empfohlen. Eine so radikale Abkürzung des Wortes ist jedoch ohne Parallele. Deshalb wird es sich hier wahrscheinlich nicht um einen μειζότερος handeln. (Zum Papyrus wurde keine Abbildung publiziert.)

P.Oxy. I 131 und XVI 1845

In Z. 13–14 der Petition P.Oxy. I 131 taucht ein Dorfvorstand auf: πρὸς Ἀβραάμιον τὸν μείζονα Κλαυδιανοῦ. Wie schon die Herausgeber glaubhaft machten, bezieht sich das Wort μείζων hier nicht auf „den älteren Sohn", sondern einen Beamten (s. Komm. zu Z. 14), wohl auf den Dorfvorstand. Dafür spricht u.a., dass eine ältere Schwester in Z. 25 mit dem Wort μειζοτέρᾳ gekennzeichnet wird. Ferner ist der μείζων hier in die Schlichtung einer Erbschaftsstreitigkeit involviert, eine Rolle der Dorfvorsteher, welche besonders aus Djeme gut bekannt ist, vgl. oben S. 176. Demgemäß ist Κλαυδιανοῦ ein Dorf, das aber bis jetzt nicht in die relevanten Kompilationen aufgenommen worden ist. Da das Dokument wegen der Erwähnung des Dorfes Patani entweder aus dem Oxyrhynchites oder aus dem Kynopolites stammt, muss die Siedlung in einem dieser beiden Gaue gelegen haben, vgl. Litinas 1994, 159.

Ebenso ist es verlockend, in P.Oxy. XVI 1845 (Oxy., 6.–7. Jh.), 2 τὸν υἱὸν τοῦ Ἀβρααμίου τοῦ [ἀ]πὸ Κλ<αυ>διαγοῦ (Κλ . . . ου ed.pr., bzw. „Κλδωρου for K<α>λ<ο>δώρου was read, but such a misspelling seems unlikely" in der Anm. zu Z. 2; Κλ(εο)δώρου BL VIII, 250) zu lesen und die Möglichkeit der Identifizierung des Abraamios mit den oben genannten zu erwägen.

P.Oxy. VI 980 descr. V

Dieser Papyrus (Oxy., 3. Jh.) könnte der erste Beleg sein, in dem wir einen μείζων als Dorfbeamten antreffen. Nach einer Liste von Hauskäufen liest man vielleicht eine Subskription in Z. 7: ω (l. ὁ?) μείζω(ν) ἐσημει(ώσατο?)). Man würde σεσημείωμαι an der Stelle von ἐσημει(ώσατο) erwarten und man kennt sonst keine μείζονες als Dorfbeamte vor dem späten 3.–frühen 4. Jh. Ich hatte die Möglichkeit, eine Abbildung des Originals zu überprüfen, und konnte die Lesung der ed.pr. nicht nachvollziehen.

P.Oxy. VIII 1137

In Z. 1 dieser Quittung (Oxy., 562–563) liest man: † ἔσχων (l. ἔσχον) καὶ ἐπληρώθη(ν) Μακαρίου (l. Μακάριος) βουκόλ[ο]υ (l. βουκόλος) κόμης (l. κώμης) Σεραπίονος Χυρήμωνος (l. Σαραπίωνος Χαιρήμωνος). Die auf den ersten Blick überzeugendere erste Lesung βοηθοῦ in Z. 1 wurde zu βουκόλ[ο]υ korrigiert (BL I 333): Amin Benaissa, der die Abbildung des Originals im Fotoarchiv der Sackler Library für mich freundlicherweise überprüfte, informiert mich:

> „[T]he letter after omicron does indeed seem to be upsilon. The next three letters are uncertain due to damage to the fibres (the first consists of a tallish upright compatible with eta), then there is the final upsilon. I wonder whether one should read βουηθου, but I can't confirm (or refute) it on the basis of the image. The scribe makes a lot of phonetic mistakes of this kind."

Das Dokument endet mit der folgenden Klausel (Z. 5): † δι' ἐμοῦ Ἱερημίας (l. Ἱερημίου) γραμ(ματέως) καὶ Φοιβάμμωνος μίζ(ονος) (l. μείζ(ονος)). στεχῖ (l. στοιχεῖ) με (l. μοι). Der Kontext des Dokumentes ist unklar, und es ist schwer zu entscheiden, aus welchem der zwei Dörfer die Beamten kommen. Überhaupt wirkt ein Hirte als Steuereintreiber merkwürdig, außerdem fehlt die Angabe, von wem die Steuern eingetrieben worden sind. Eine Lösung wäre die Annahme, dass vor dem Namen des Hirten das Wort π(αρά) ausgefallen ist, was bedeuten würde, dass er die Steuern für den μείζων bezahlte und ihm das durch eine Quittung (die vom Dorfschreiber ausgestellt wurde) bestätigt wurde. In diesem Fall wäre der Hirte als ein Übermittler der Steuer von Sarapionos Chairemonos an den Beamten von Akutu anzusehen.

P.Oxy. XII 1490

Dieser Brief wurde von den Herausgebern in das späte 3. Jh. datiert. Bagnall 1993/A, 222/Anm. 65 datierte den Text mit der folgenden Erklärung nach ca. 320: „The editors dated to the late third century, but the office of village *gnoster* does not appear until the 320s." Ein Gnoster signiert eine Steuerquittung in Magdola allerdings schon im Jahre 303: P.Lips. I 84 (Herm., 303) col. VII 7. So ist eine Datierung in das frühe 4. Jh. nicht auszuschließen.

P.Oxy. XVI 1867

Die ed.pr. interpretierte den Brief als „letter to a μείζων" aufgrund der Adresse auf dem Verso, die gelesen wurde wie folgt:] † Παμαμίῳ μείζ(ονι) Λαύρ(ας) Ἔξω † | Μέμφις. Die Lesungen nach dem Wort μείζ( ) sind überhaupt schwer nachvollziehbar, besonders das in diesem Kontext schwer verständliche Wort Μέμφις, das als Personenname oder als Ortsangabe aufgefasst wurde, vgl. Cowey–Hagedorn 1997, 237. Der Ton des Briefes spricht jedoch deutlich dagegen, dass ein μείζων, Dorfvorsteher, der Adressat wäre, vgl. z.B. die wiederholte Ansprache als δέσπο(τα) (Z. 14–15), die seinem Rang nicht angemessen ist. Ferner wäre es auch merkwürdig, wenn ein Dorfvorstand die Autorität hätte, anderen μείζονες zu schreiben, wie es im Text steht: παρακαλῶ δὲ τὸν ἐμὸν δεσπό(την) | γράψαι καὶ τοῖς μείζοσιν (Z. 9–10). Da in diesem Fall auch ein ἀντιγεοῦχος involviert ist (Z. 12–13), ist es naheliegend, dass hier wahrscheinlich Angestellte eines Großgrundbesitzers korrespondieren.

Aufgrund dessen schlage ich vor, μειζ( ) als μειζ(οτέρῳ) zu interpretieren. Das nachfolgende Λαύρ(ας) Ἔξω † | Μέμφις kann ich auf der Abbildung nicht nachvollziehen, in Z. 2 lese ich auf der durch das HGV erreichbaren Abbildung die gängige Wendung ὑμέτερ(ος) δοῦλ(ος).[60] Das impliziert, dass an der Stelle von Λαύρ(ας) Ἔξω † der Name des Absenders zu lesen ist.

P.Oxy. XVI 2018

Z. 1 μιζοτ(έρου) → μίζον(ος) (l. μείζονος), vgl. oben S. 56.

---

[60] Ferner ist noch zu bemerken, dass vor † Παμαμίῳ Tintenspuren vorhanden sind, die in der ed.pr. nicht vermerkt sind.

P.Oxy. XVI 2056

Das Dokument (Oxy., 7. Jh.) enthält eine Liste von Gefangenen aus einem Dorf. Entsprechend sind die Abkürzungen μειζο( ) in Z. 3 und 6 als μείζονες, 'Dorfvorstände', und nicht μειζότεροι, 'Hausmeier', zu deuten:

Z. 3: μειζό(τερος) → μείζο(ν) (l. μείζων),
Z. 6: μειζο(τέρων) → μειζό(νων).

P.Oxy. XIX 2243a

Der Eintrag in Z. 39 dieser Zahlungsliste (Oxy., 590) lautet folgendermaßen: π(αρὰ) Σίων[ος] Ἡλίου μειζ(οτέρου) καὶ Ἰω[άννου .] . . ἀπὸ τῆς αὐτῆς κώμ(ης). Die Abkürzung μειζ( ) wurde als μειζ(ότερου), 'maior domus', gedeutet, aber die Erwähnung eines Dorfes spricht für die Auflösung μείζ(ονος).

P.Prag. I 28 v

In Z. 7 dieser Abrechnung (Ars., 6.–7. Jh.) erfolgt eine Zahlung δ(ιὰ) Ἰωάννου μειζω(τέρου) (l. μειζοτέρου) (Εἰκοσιπενταρούρων). Da es sich hier offensichtlich um einen Dorfvorstand handelt, passt die Auflösung → μείζω(νος) (l. μείζονος) 'Dorfvorsteher' besser zum Kontext als μειζω(τέρου), 'maior domus'.

P.Princ. II 105

Die erste Zeile dieses Briefes (Oxy., 6. Jh.) wurde folgendermaßen publiziert: † τῷ τιμιωτάτ(ῳ) Φοιβάμμωνι βοηθ(ῷ) πρωτοκωμ(ητῶν) Κόβα Φλαβιανὸς σχολ(αστικός) † *An den sehr geehrten Phoibammon, den Helfer der Protokometen von Koba, Flavianos der* scholasticus. Ferner wurde die Adresse des Briefes folgendermaßen entziffert: † ἐπίδ(ος) τῷ τιμιωτ(άτῳ) Φοιβάμμωνι βοη(θῷ) πρωτοκ(ωμητῶν) Κόβ[α]. Die Überprüfung der kürzlich online gestellten Abbildung[61] ergibt, dass in Z. 1 → βοηθ(ῷ) (καὶ) πρωτοκωμ(ήταις) (βοη^θ ⸌πρωτοκωμμ pap.) gelesen werden kann, vgl. SB XXVI 16352 (Herakl., 6. Jh.), 1: † τῷ τιμ(ιωτάτῳ) Ἄπα Σίωνι βοηθ(ῷ) καὶ πρωτοκ(ωμήταις) Πεενσαμοῖ (2. H.) Ἀείων. Ebenso steht auf der Rückseite → βοηθ(ῷ) (καὶ) πρωτοκ(ωμήταις) (βοη^θ ⸌πρωτοκκ pap.), vgl. SB XXVI 16352, 4: † ἐπίδ(ος) τῷ τιμ(ιωτάτῳ) Ἄπα Σίωνι βοηθ(ῷ) πρωτοκ(ωμήταις) Πεενσαμοῖ π(αρὰ) Ἀείωνος. P.Princ. II 105 ist also an den βοηθὸς κώμης *und* die Protokometen adressiert; der Titel des βοηθὸς πρωτοκωμητῶν entfällt dementsprechend.

---

61 Http://pudl.princeton.edu/sheetreader.php?obj=bg257h653.

P.Ryl.Copt. 115

Die ungefähre Datierung des Textes (Herm., 7.–8. Jh.), kann anhand des bilingualen Protokolls am Beginn des Papyrusblattes, das in der Einleitung zum Text erwähnt wurde, weiter eingeschränkt werden. Bilinguale Protokolle wurden 693 oder 695/696 eingeführt, und das letzte stammt aus dem Jahr 720/721. Das erste einsprachige, arabische Protokoll kommt aus dem Jahr 732.[62] In Z. 2 unseres Textes wird eine erste Indiktion (]πρωτης ινδ[) erwähnt. Die Kombination dieser Kriterien ergibt das Jahr 702/703 oder 717/718 als mögliche Datierungen für das Dokument.

P.Ryl.Copt. 177

Die Provenienz des Dokumentes ist der Hermopolites oder Antinoopolites, vgl. oben S. 234/Anm. 13.

P.Ryl.Copt. 278

Die Provenienz des Dokumentes ist der Hermopolites oder Antinoopolites, vgl. oben S. 234/Anm. 13.

P.Ryl.Copt. 324

Dieser koptische Brief wurde in der ed.pr. mit dem „approximate date" 8.–9. Jh versehen. Obwohl der Brief von einem Araber stammt, wären die formellen griechischen Teile des Briefes für das 9. Jh. ungewöhnlich. Deshalb scheint eine Datierung in das 8. Jh. wahrscheinlicher zu sein.

PSI I 47

Dieser Brief wurde in der ed.pr. unsicher in das 6. Jh. datiert. Die kürzlich online gestellte Abbildung[63] ermöglicht eine Präzisierung: Allgemein weisen die Schriftzüge in das (eher frühe) 5. Jh., s. z.B. das charakteristische κ, das lang unter den nächsten Buchstaben vordringt, und das η mit einer Schlaufe oben.

In Z. 1 sollte die frühere Interpretation der Abkürzung κεφαλ( ) als κεφαλ(αιωτῇ) (nämlich εἰρηναρχῶν) beibehalten werden, vgl. oben S. 128, bes. Anm. 43.

---

62 Adolf Grohmann, CPR III, S. C–CI.
63 S. den relevanten Eintrag unter http://www.psi-online.it/.

P.Schutzbriefe 53 A-C (= O.Vind.Copt 65)

P.Schutzbriefe 53 A-C sind drei verschiedene Texte auf einem Ostrakon. A und C sind Schutzbriefe, und B enthält ein kurzes Schreiben an den Adressaten von A und C, ⲕⲟⲩⲗⲟⲩϫ. A und C wurden von gewissen ⲙⲡⲣⲟⲧⲏⲥ ausgestellt. In A, 1 sind ihre Namen nur fragmentarisch überliefert:] ̣ ⲉ ⲁⲡⲁ ϥ ̣ⲁⲛ ⲛⲡⲣⲟⲧⲏⲥ; C enthält die einfache Formulierung ⲁⲛⲟⲛ ⲙ̄ⲡⲣⲟⲧⲏⲥ. Die Bezeichnung ⲡⲣⲟⲧⲏⲥ wurde von Till als Protokomet gedeutet. Diese Interpretation scheint jedoch nicht ohne weiteres akzeptabel zu sein. ⲡⲣⲟⲧⲏⲥ für πρωτοκωμήτης wäre eine extrem kontrahierte Form, die nicht durch Parallelen unterstützt werden kann. Auch Kürzungszeichen sind auf dem Ostrakon nicht zu erkennen.[64]

Der Ausdruck ⲡⲣⲟⲧⲏⲥ begegnet uns in drei weiteren koptischen Ostraka. SB Kopt. I 30 (Elephantine, o.D.) belegt den Titel in einem militärischen Kontext. Ferner ist O.Vind.Copt. 37 (Theb.-W., 7.–8. Jh.) eine Lieferungsanweisung, die von ⲁⲡⲁ ⲇⲓⲟⲥ ⲡⲉⲡⲣⲱⲧⲟⲥ signiert wird. Schließlich kommt in P.Mon.Epiph. 490 descr. (Theb.-W., 7. Jh.) der Audruck ⲉⲛⲣⲁⲁⲛ ⲛ̄ⲙⲡⲣⲱⲧⲉ̣[̣] vor. Crum *ad locum* erklärt den Ausdruck folgendermaßen: „Possibly abbreviated from πρωτοκωμήτης … though the last visible letter does not look like ο." Ferner erwähnt er die Möglichkeit der Lesung πρῶτος als ekklesiastischer (Archimandrit) oder militärischer Titel.

Die Identifikation ⲡⲣⲟⲧⲏⲥ = πρωτοκωμήτης scheint also nicht überzeugend zu sein. Eine militärische Deutung des Wortes kann man wohl mit Crum ablehnen. Eine naheliegende Lösung bleibt also: ⲡⲣⲟⲧⲏⲥ als πρῶτος, 'Klostervorsteher', aufzufassen. In den drei koptischen Texten (P.Schutzbriefe 53 A–C; O.Vind.Copt. 37; P.Mon.Epiph. 490 descr.), die das Wort belegen, sehe ich nichts, was dagegen sprechen würde. Schutzbriefe sind auch aus Klöstern bekannt, und der Text aus dem Epiphanius-Kloster spricht an sich für ein monastisches Milieu. Ferner teilte mir Jennifer Cromwell freundlicherweise mit, dass nach ihrer Einschätzung das Schriftbild von P.Schutzbriefe 53 A–C gut zu einem monastischen Kontext (wohl im 7. Jh.) passen würde. Einige Bedenken könnte bereiten, dass πρῶτος als monastischer Titel bis jetzt in dokumentarischen Quellen nicht bekannt war. Crum (s. oben) führt jedoch einen literarischen Beleg an. Ferner ist das Wort in dieser Bedeutung in Byzanz im 9.–10. Jh. gut bezeugt. Alles in allem scheint es also ziemlich wahrscheinlich zu sein, dass sich der Titel πρωτος in den thebanischen Ostraka nicht auf πρωτοκωμῆται, sondern auf Klosterfunktionäre bezieht.

---

64 Eine Abbildung des Ostrakons kann durch den Onlinekatalog der ÖNB erreicht werden: http://aleph.onb.ac.at/F?func=file&file_name=login&local_base=ONB08.

P.Sorb. II 69

Im Steuerkodex P.Sorb. II 69 (Herm., 618–619/633–634 [?]) 67B 3, 8 findet sich die Abkürzung μειζ( ). Der Herausgeber hat sich für die Auflösung μείζ(ων) entschieden, aber bemerkt mit Recht: „Une résolution μειζ(ότερος), majordome d'un grand domaine, ne serait pas impossible." (Einl. zu P.Sorb. II 69, 61/Anm. 33) In der Tat ist μειζ(ότερος) nicht nur möglich, sondern sogar viel wahrscheinlicher als μείζ(ων), vgl. die Bemerkung zu CPR V 26.

P.Stras. VII 677

Anhand einer Abbildung dieses problematischen Vertrages, für die ich Paul Heilporn zu Dank verpflichtet bin, lassen sich folgende Bemerkungen machen:

Z. 12: [Ἑρ]μαῖος ... ρίνου → [Ἑρ]μαῖος Ταυρίνου,
Z. 16: die Lesung]λιος μίζων ἔγρ(αψα) ist nicht nachzuvollziehen, vermutlich handelt es sich um eine Notarsunterschrift.

Ferner wird die hermopolitische Provenienz auch durch das Wort ἀπροφασίστως (Z. 9) bekräftigt, das in spätantiken Texten ausschließlich in Verträgen aus diesem Gau vorkommt, wie durch eine Suche in der DDbDP bestätigt werden kann.

P.Vars. 32

Die Lesung πρωτοκομ(ήτῃ) (l. πρωτοκωμ(ήτῃ)) Φλα(ουίῳ) auf der Rückseite dieser Abrechnung (Ars. [?], 618 [?]) ist anzuzweifeln. Da das Original im Zweiten Weltkrieg zerstört wurde und nur ein Teil des Papyrus als Abbildung publiziert wurde, ist die Textstelle nicht mehr zu überprüfen.

P.Vind.Tand. 31

Z. 4: μειζ(οτέρων) → μειζ(όνων), vgl. die Bemerkung zu P.Prag. I 28 v.

SB I 4776

Dieser arsinoitische Brief ist wohl in das 7. Jh. zu datieren, vgl. oben S. 67/Anm. 249.

SB I 4880

Dieser Vertrag ist schon in arabische Zeit zu datieren (ed.pr.: 4.–7. Jh.), da in Z. 11 ein Dorfscheiber γραμματεὺς τοῦ χωρίου genannt wird und das Wort χωρίον in Ägypten erst ab der arabischen Zeit als Synonym für κώμη verwendet wurde, vgl. oben S. 7–8.

SB VI 9144

Anhand des Originals schlage ich die folgenden neuen Lesungen zu dieser Steuerquittung aus dem späten 7. oder 8. Jh. vor:

> Über dem Text ist in der Mitte des oberen Blattrandes ein Kreuz,
> Z. 3: μερ( ) → μερου( ), vielleicht μέρου(ς),
> Z. 4: δ(ιὰ) ἀποστολι( ) ἀπὸ ὅρμου Ἑλένης → διὰ ἀποστολια( ) ἀπὸ ὀργά(νου) Ἑλένη[ς], wobei die Ergänzung des Sigmas nicht zwingend ist,
> Z. 5–6: Die Angabe des Indiktionsjahres gehört zum Ende von Z. 5, vermutlich wurde der Zeilenumbruch der ed.pr.[65] missverstanden, als der Text in SB aufgenommen wurde.

SB XVI 12554

In dieser Eingabe aus dem 5.–6. Jh. ist die für die Apionen charakteristische Organisation des κοινὸν τῶν ἀμπελουργῶν belegt, vgl. Z. 15–16: τὸ κοινῶν (l. κοινόν) τῶν ἀμπελουργῶν ἀπὸ ἐποικίου Ὀπίων. Aus diesem Grund ist der Text vielleicht dem Apionen-Dossier und damit dem Oxyrhynchites zuzuordnen.

SB XX 14607

Z. 3: μειζ(οτέρων) → μειζ(όνων), vgl. die Bemerkung zu P.Prag. I 28 v.

SB XX 14236[66]

Z. 1: μειζ(οτέροις) → μείζ(οσι), vgl. die Bemerkung zu P.Prag. I 28 v.

---

65 Rémondon 1952, 65.
66 Zum Text vgl. die Neuedition: Gonis 2009, 206–207.

SB XXIV 16144

Z. 1: μείζ(ονος) → μειζ(οτέρου), vgl. die Bemerkung zu CPR V 26.

SB XXIV 16219[67]

Z. 3: μειζο(τέροις) → μείζ(οσι), vgl. die Bemerkung zu P.Prag. I 28 v.

SB XXVI 16343

Dieses Brieffragment wurde in der ed.pr. in das 7. Jh. datiert, aber das Schriftbild deutet eher auf das 6. Jh. hin.

SB XXVIII 17224

In Z. 3 dieser Steuerquittung aus der früharabischen Zeit liest man Folgendes: ὁμο(ίως) Χοιὰ(κ) ιζ τ(ο)θ(ὲν) μειζ(ο)τ(έρῳ?) νομίσματος γ΄ μη΄ μόνον. Die Lesung μειζ(ο)τ(έρῳ?) ist problematisch, der Herausgeber bemerkt im Kommentar:[68]

„The reading is uncertain; I have not found anything comparable among other receipts of this kind. Though I have expanded μειζ(ο)τ(έρῳ), I would have preferred a plural form; but the abbreviation does not suggest one."

Auf der durch das HGV erreichbaren Abbildung scheint der vierte Buchstabe des Wortes kein ζ zu sein, vgl. das ζ in derselben Zeile in der Zahl ιζ. Dieser Umstand und das Fehlen des Artikels vor dem Wort könnte eher für einen Namen sprechen, wie in Z. 2 in derselben Konstruktion mit τ(ο)θ(έν) (l. δ(ο)θ(έν)): τ(ο)θ(ὲν) Κοσμᾷ Παύλ(ο)υ. Es ergibt sich jedoch keine naheliegende Lesung.

SEG 29, 1687

Diese Inschrift (Gadara, 662) bezieht sich auf die Renovierung eines Bades. In Z. 9 kommt ein Ioannes μ( ) Γαδαρηνός vor. Für die Abkürzung wurde u.a. auch die Auflösung μ(είζων) bzw. μ(ειζότερος) vorgeschlagen, s. SEG 32, 1501; J. Bingen in Noret 1984, 369–370: „[U]ne petite magistrature locale qui a survécu en Orient à la

---

[67] Vgl. die Neuedition des Textes in Morelli 2014/B, welche die Auflösung der Abkürzung nicht diskutiert.
[68] Der Text ist in Gonis 2003/B, 152–155 publiziert, das Zitat stammt von S. 155.

conquête arabe." Diese Annahme scheint jedoch nicht besonders plausibel zu sein, um einen Dorfvorstand wird es sich wohl nicht gehandelt haben, zumal der Titel μείζων bisher nicht außerhalb Ägyptens bezeugt ist.

SPP III 261

In Z. 6 dieser Quittung (Ars., 6. Jh.) liest man die unklare Angabe δ(ιὰ) α( ) Ἰλιλει μειζ(οτέρου). Der Kontext schließt auch die Auflösung als μείζ(ονος), 'Dorfvorsteher', nicht aus. Die letztere Auflösung würde allerdings auch darauf hindeuten, dass das Dokument schon in das 7. Jh. zu datieren ist, da der Titel im Arsinoites erst in diesem Jahrhundert bezeugt ist, vgl. oben S. 67, bes. Anm. 247. (Es wurde keine Abbildung zum Papyrus veröffentlicht.)

SPP III 356

Dieses Dokument aus dem 7.–8. Jh. ist wohl eine Quittung für die zur Bezahlung der Steuer aufgenommenen Schulden. In Z. 2 liest man ὑπὲρ τῆς μη( )χ( ). Die Überprüfung des Originals ergab, dass die Lesung der Buchstaben korrekt ist, entsprechend ist die nicht aufgelöste Abkürzung wohl als μηχ(ανῆς) zu interpretieren.

SPP VIII 1215

In Z. 4 dieser Quittung (Herm., 5. Jh.) liest man: Ἀπ Spuren ζ( ) μει(ζότερος). Die Abkürzung μει( ) scheint merkwürdig zu sein und die Lesung der Buchstaben in dieser Zeile ist unsicher; es ist wahrscheinlich, dass in diesem Text kein μείζων bzw. μειζότερος auftritt, vgl. die Bemerkung zu P.Lond. IV 1432.

SPP X 127

In Z. 2 dieser Abrechnung (Ars., 8. Jh.) sind mit μειζ( ) (μειζζ^{oo} *pap.*) wohl μείζονες gemeint, da in der ersten Zeile das Dorf Eikosi (Ibion Eikosipentaruron?) vorkommt.

SPP X 128

Da dieser Brief (Ars., 7. Jh.) an den γραμματεύς eines χωρίον adressiert ist, ist das Dokument schon in arabische Zeit zu datieren, vgl. die Bemerkung zu SB I 4880.

SPP X 146

In dieser Zahlungliste (Ars., 7. Jh.) lassen sich die folgenden Berichtigungen machen:

Z. 1 Ὅρμου Φανκης → Ὅρμου Φανβης (anhand des Originals).
Z. 2 und 3: μειζ(οτέρου) → μείζ(ονος), da offensichtlich Dorfvorsteher gemeint sind, vgl. die Bemerkung zu P.Prag. I 28 v.

SPP X 220

Zu dieser Abrechnung aus dem 8. Jh. wurden schon mehrere Berichtigungen publiziert (BL X 268; XI 265; XII 273). Die Lesung der zweiten Hälfte der ersten Zeile bleibt jedoch (trotz der Berichtigung des Ortsnamens in BL XI 265 und BL XII 273) unbefriedigend:] Ἐνὼχ ἀπὸ διοικ(ήσεως) ἀπὸ χ(ωρίου) Πάπα Μ(ε)γ(άλης): *Enoch von der διοίκησις, von dem χωρίον Papa Megale*. Die Angabe der διοίκησις ohne weitere Spezifizierung ist schwer zu verstehen. Die durch das HGV erreichbare Abbildung zeigt jedoch, dass auf dem Papyrus nach den Buchstaben διοικ und einem Kürzungsstrich noch ein hochgestelltes τ folgt. Entsprechend ist an dieser Stelle Ἐνὼχ ἀπὸ διοικ(η)τ(ῶν) ἀπὸ χ(ωρίου) Πάπα Μ(ε)γ(άλης) zu lesen: *Enoch, der ehemalige διοικητής, von dem Dorf Papa Megale*. Es handelt sich offenbar um einen ehemaligen dörflichen διοικητής.

Ferner ist in Z. 4 statt μειζ(οτέρου) die Auflösung μείζ(ονος) ebenso möglich, der Kontext erlaubt keine eindeutige Entscheidung. Schließlich kann man in Z. 6 anstatt ἀπὸ τ(ο)ῦ δημο(σίου) → ἀπὸ τῶ(ν) δημο(σίων) lesen. Für τῶ(ν) s. dieselbe Abkürzung in Z. 5.

SPP X 250

Diese Zahlungsliste wurde in das 6. Jh. datiert. Die Binnenkürzung in Φ(α)ῶ(φι) spricht für eine Datierung in das 7. Jh., und die χωρία deuten schon auf die arabische Zeit hin, vgl. oben S. 7–8. Z. 17: Statt μειζο(τέρου) ist wegen der Erwähnung der χωρία die Lesung → μείζο(νος) vorzuziehen, vgl. die Bemerkung zu P.Prag. I 28 v.

SPP XX 234

Das Dokument enthält einen an einen μειζ( ) gerichteten Brief. Die Abkürzung in der Adresse wurde als μείζ(ονι) gedeutet. Obwohl die schwer beschädigte Rückseite kaum einen Anhaltspunkt bietet, um mehr über die Person zu erfahren, spricht der Inhalt eher für einen Angestellten eines Großgrundbesitzers. Bei einem Dorfvorstand gäbe es mehrere Probleme: Der Ausdruck τὴν ὑμετέραν θεοφύλακτον ἀδελφότητα scheint zu gehoben zu sein, um mit ihm einen μείζων anzusprechen. Ferner wäre es auch merkwürdig, einen μείζων zu finden, der einen Agenten in Memphis hat. Es ergibt sich also die Auflösung → μειζ(οτέρῳ).

SPP XX 237

Statt μειζ(οτέρων) ist wohl μειζ(ον-) in Z. 7 aufzulösen, da die Liste wahrscheinlich Zahlungen von Dorfbewohnern enthält, vgl. Z. 9 und die Bemerkung zu P.Prag. I 28 v. Der Kontext ist nicht klar genug für eine Kasusbestimmung. Das χωρίον in Z. 9 spricht für die arabische Zeit (7. Jh. ed.pr.), vgl. oben S. 7–8.

Literaturverzeichnis[*]

Wörterbücher, Lexika, Datenbanken

Brussels Coptic Database
  Brussels Coptic Database (http://dev.ulb.ac.be/philo/bad/copte/baseuk.php?page=accueiluk.php).
Crum, Dict.
  Walter E. Crum, *A Coptic Dictionary*, Oxford 1929.
DBMNT
  Database of Medieval Nubian Texts (www.dbmnt.uw.edu.pl).
DDbDP
  Duke Databank of Documentary Papyri (papyri.info).
DOHD
  Dumbarton Oaks Hagiography Database (http://www.doaks.org/document/hagiointro.pdf).
Du Cange lat.
  Charles du Fresne Du Cange, *Glossarium mediae et infimae Latinitatis. Editio nova. Aucta pluribus verbis aliorum scriptorum a Léopold Favre.* I–VIII. Niort 1883–1887 (Repr. Graz 1954).
Förster 2002
  Hans Förster, *Wörterbuch der griechischen Wörter in den koptischen dokumentarischen Texten* (Texte und Untersuchungen zur Geschichte der altchristlichen Literatur 148), Berlin u.a. 2002.
HGV
  Heidelberger Gesamtverzeichnis der griechischen Papyrusurkunden Ägyptens einschließlich der Ostraka usw., der lateinischen Texte, sowie der entsprechenden Urkunden aus benachbarten Regionen (http://aquila.zaw.uni-heidelberg.de/start).
Lampe
  Geoffrey William Hugo Lampe, *A Patristic Greek Lexicon*, Oxford u.a. 1978^5.
LBG
  Erich Trapp (Hrsg.), *Lexikon zur byzantinischen Gräzität. Besonders des 9–12. Jahrhunderts* (Österreichische Akademie der Wissenschaften, Philosophisch-Historische Klasse Denkschriften; Veröffentlichungen der Kommission für Byzantinistik), I–VII, Wien 2001–.

---

[*] Die Zeitschriften werden nach dem System der *L'Année philologique* (http://www.annee-philologique.com/files/sigles_fr.pdf) bzw. der *Checklist of Editions of Greek, Latin, Demotic and Coptic Papyri, Ostraca and Tablets* (http://papyri.info/docs/checklist) abgekürzt. Die Vornamen der Autoren wurden – insofern das möglich war – ermittelt und angeführt.

LMA
Lexikon des Mittelalters. I–X, Stuttgart [1977]–1999 (http://apps.brepolis.net/lexiema/test/Default2.aspx).

LSJ
Henry George Liddell – Robert Scott u.a., *A Greek-English Lexicon.* With a revised supplement, Oxford 1996[9].

Preisigke, Wörterbuch
Friedrich Preisigke, *Wörterbuch der griechischen Papyrusurkunden mit Einschluß der griechischen Inschriften, Aufschriften, Ostraka, Mumienschilder usw. aus Ägypten*, I–II, Berlin 1925–1927.

Searchable Greek Inscriptions
Searchable Greek Inscriptions (http://epigraphy.packhum.org/inscriptions/).

Sophocles, Lexikon
Evangelinus A. Sophocles, *Greek Lexicon of Roman and Byzantine Periods*, Cambridge 1914 (Repr. 1983).

TLG
Thesaurus Linguae Graecae. A Digital Library of Greek Literature (http://www.tlg.uci.edu/).

Wörterlisten
Dieter Hagedorn, *Wörterlisten aus den Registern von Publikationen griechischer und lateinischer dokumentarischer Papyri und Ostraka* (19. Fassung, 16. Oktober 2015) (http://www.zaw.uni-heidelberg.de/hps/pap/WL/WL.pdf).

Nichtpapyrologische Texteditionen, Übersetzungen

A.Ivr. I
Jacques Lefort – Nicolas Oikonomidès u.a. (Hrsg.), *Actes d'Iviron. I. Des origines au milieu du XIe siècle. Édition diplomatique* (Archives de L'Athos 14), Paris 1985.

A.Ivr. II
Jacques Lefort – Nicolas Oikonomidès u.a. (Hrsg.), *Actes d'Iviron. II. Du milieu du XIe siècle à 1204. Édition diplomatique* (Archives de L'Athos 16), Paris 1990.

A.Lavr. I
Paul Lemerle – André Guillou u.a. (Hrsg.), *Actes de Lavra. I. Des origines à 1204. Édition diplomatique* (Archives de l'Athos 5), Paris 1970.

Besa
K. H. Kuhn (Hrsg.), *Letters and Sermons of Besa* (Corpus Scriptorum Christianorum Orientalium 157, Scriptores Coptici 21), Louvain 1956.

Bryer–Winfield 1985
Anthony Bryer – David Winfield (Hrsg.), *The Byzantine Monuments and Topography of the Pontos.* I (Dumbarton Oaks Studies 20), Washington, D.C. 1985.

Bull.ép.
Bulletin épigraphique, *REG* 1888–.

C.Th.
Paul Krüger – Theodor Mommsen (Hrsg.), *Codex Theodosianus. I. Theodosiani Libri XVI cum constitutionibus Sirmondinis*, Berlin 1905 (Repr. Hildesheim 1990).

Cyr.S. *v.Euth.*
Leben des Euthymios, In: Schwartz 1905, 3–85.
Cyr.S. *v.Jo.Hes.*
Leben des Iohannes Hesychastes, In: Schwartz 1905, 201–222.
Cyr.S. *v.Kyr.*
Leben des Kyriakos, In: Schwartz 1905, 222–235.
Delehaye 1923
Hyppolyte Delehaye (Hrsg.), *Les saints stylites* (Subsidia Hagiographica 14), Paris 1923 (Repr. Bruxelles 1989).
Ebersolt 1914
Jean Ebersolt, Sceaux byzantins du musée de Constantinople, *RN* 18 (1914), 377–409.
Grégoire, Rec.
Henri Grégoire, *Recueil des inscriptions grecques-chrétiennes d'Asie Mineure*. I. Paris 1922 (Repr. Amsterdam 1968).
Gr.Syc. *v.Thdr.Syc.*
André-Jean Festugière (Hrsg.), *Vie de Théodore de Sykéôn*. I–II (Subsidia Hagiographica 48), Bruxelles 1970.
Hist.mon.
André-Jean Festugière (Hrsg.), *Historia monachorum in Aegypto. Édition critique du texte grec et traduction annotée* (Subsidia Hagiographica 53), Bruxelles 1971.
Hist.mon.lat.
Eva Schulz-Flügel (Hrsg.), Tyrannius Rufinus, *Historia monachorum sive de vita sanctorum patrum* (Patristische Texte und Studien 34), Berlin u.a. 1990.
Hist.mon.tr.
Suso Frank (übers.), *Mönche im frühchristlichen Ägypten* (*Historia monachorum in Aegypto*) (Alte Quellen Neuer Kraft), Düsseldorf 1967.
I.Adramyt.
Josef Stauber (Hrsg.), *Die Bucht von Adramytteion*. II. *Inschriften-literarische Testimonia-Münzen* (Inschriften griechischer Städte aus Kleinasien 51), Bonn 1996.
I.Anazarb. I
Mustafa Hamdi Sayar (Hrsg.), *Die Inschriften von Anazarbos und Umgebung*. I. *Inschriften aus dem Stadgebiet und der nächsten Umgebung der Stadt* (Inschriften griechischer Städte aus Kleinasien 56), Bonn 2000.
I.Cor. VIII/3
John Harvey Kent (Hrsg.), *Corinth. The Inscriptions 1926–1950* (Results of Excavations Conducted by the American School of Classical Studies at Athens VIII/3), Princeton u.a. 1966.
IGLS IV
Louis Jalabert – René Mouterde (Hrsg.), *Inscriptions grecques et latines de la Syrie IV. Laodicée. Apamène* u.a. 1955.
I.Khartoum Greek
Adam Łajtar (Hrsg.), *Catalogue of the Greek Inscriptions in the Sudan National Museum at Khartoum (I.Khartoum Greek)* (Orientalia Lovaniensia Analecta 122), Leuven u.a. 2003.
I.Kyzik.
Elmar Schwertheim (Hrsg.), *Die Inschriften von Kyzikos und Umgebung*. I. Grabtexte (Inschriften griechischer Städte aus Kleinasien 18), Bonn 1980.

I.Lips.Kopt.
Tonio Sebastian Richter, Koptische und griechische Grabstelen aus Ägypten und Nubien, In: Suzana Hodak – Tonio Sebastian Richter u.a., *Coptica. Koptische Ostraka und Papyri, koptische und griechische Grabstelen aus Ägypten und Nubien, spätantike Bauplastik, Textilien und Keramik* (Katalog ägyptischer Sammlungen in Leipzig 3), Leipzig 2013, 123–162.

I.Side
Johannes Nollé (Hrsg.), *Side im Altertum. Geschichte und Zeugnisse. II. Griechische und lateinische Inschriften (5–16). Papyri. Inschriften in sidetischer Schrift und Sprache. Ergänzungen und Berichtigungen. Konkordanzen. Epigraphische Indices* (Inschriften griechischer Städte aus Kleinasien 44), Bonn 2001.

Laurent 1952
V. Laurent (Hrsg.), *La collection C. Orghidan. Documents de sigillographie byzantine* (Bibliothèque Byzantine/Documents 1), Paris 1952.

Lefebvre *Rec.*
Gustave Lefebvre (Hrsg.), *Recueil des inscriptions grecques-chrétiennes d'Égypte*, Le Caire 1907.

Leon.Neap. *v.Sim.Sal.*
Vie de Syméon le Fou, In: André J. Festugière – Lennart Rydén (Hrsg.), *Léontios de Néapolis, Vie de Syméon le Fou et Vie de Jean de Chypre* (Institut Français d'Archéologie de Beyrouth: Bibliothèque Archéologique et Historique 95), Paris 1974, 1–222.

Lib. *Or.* XLVII
Richard Foerster (Hrsg.), *Libanii Opera III. Orationes XXVI–L*, Leipzig 1906, 401–422.

Mal.
Johannes Thurn (Hrsg.), *Ioannis Malalae Chronographia* (Corpus Fontium Historiae Byzantinae XXXV, Series Berolinensis), Berlin-New York 2000.

Malalas 2009
Johannes Malalas, *Weltchronik* (Bibliothek der griechischen Literatur 69), übers. von Johannes Thurn – Mischa Meier, Stuttgart 2009.

MAMA
Monumenta Asiae Minoris Antiqua, Manchester 1928–.

Manganaro 1995
Giacomo Manganaro, Documenti di devozione della Sicilia bizantina, *Cassiodorus* 1 (1995) 51–61.

Mich.Glyk. *Keph.*
Sophronios Eustratiades (Hrsg.), Μιχαὴλ τοῦ Γλυκᾶ. Εἰς τὰς ἀπορίας τῆς Θείας Γραφῆς. I–II. Athen 1906/Alexandria 1912.

Mir.Artem.
Virgil S. Crisafulli (Hrsg.), *The Miracles of St. Artemios: A Collection of Miracle Stories by an Anonymous Author of Seventh-Century Byzantium* (The Medieval Mediterranean: Peoples, Economies, and Cultures, 400–1453, 13), Leiden u.a. 1997.

Nissen 1938
Theodor Nissen, Unbekannte Erzählungen aus dem Pratum Spirituale, *BZ* 38 (1938) 351–376.

Ὀρλάνδος–Βρανούσης 1973
Α. Κ. Ὀρλάνδος – Λ. Βρανούσης, Τὰ χαράγματα τοῦ Παρθενῶνος, ἤτοι ἐπιγραφαὶ

χαραχθεῖσαι ἐπὶ τῶν κιόνων τοῦ Παρθενῶνος κατὰ τοὺς Παλαιοχριστιανικοὺς καὶ Βυζαντινοὺς χρόνους, Athen 1973.

Πάλλας – Ντάντης 1979
Δ. Ἰ. Πάλλας – Στ. Π. Ντάντης, Ἐπιγραφὲς ἀπὸ τὴν Κόρινθο, *ArchEph* 1979, 61–85.

Philoth. *Klet.*
Nicolas Oikonomidès (Hrsg.), Le traité de Philothée, In: Nicolas Oikonomidès (Hrsg.), *Les listes de préséance byzantines des IXe et Xe siècles. Introduction, texte, traduction et commentaire*, Paris 1972, 80–235.

P.QI III
Gerald M. Browne (Hrsg.), *Old Nubian Texts from Qaṣr Ibrīm. III* (Texts From Excavations 12), London 1991.

P.QI IV
Giovanni R. Ruffini (Hrsg.), *The Bishop, the Eparch, and the King. Old Nubian Texts from Qasr Ibrim (P.QI IV)* (The Journal of Juristic Papyrology Supplements 22), Warsaw 2014.

Ps.-Gregent. *Disp.*
Albrecht Berger (Hrsg.), *Life and Works of Saint Gregentios, Archbishop of Taphar. Introduction, Critical Edition and Translation* (Millenium Studies 7), Berlin-New York 2006, 450–803.

Schlumberger 1884
Gustave Schlumberger, *Sigillographie de l'empire Byzantin*, Paris 1884.

Schlumberger 1900
Gustave Schlumberger, Sceaux byzantins inédits (quatrième série), *REG* 13 (1900) 467–492.

Schlumberger 1905
Gustave Schlumberger, Sceaux byzantins inédits (cinquième série), *RN* 9 (1905) 321–354.

Schol. *Bas.*
Herman Jan Scheltema – Douwe Holwerda (Hrsg.), *Basilicorum Libri LX. Ser. B. Vol. IV. Scholia in Libr. XXI–XXIII*. Groningen 1959.

Schwartz 1905
Eduard Schwartz (Hrsg.), *Kyrillos von Skythopolis* (Texte und Untersuchungen zur Geschichte der altchristlichen Literatur 49/2), Leipzig 1939.

SEG
Supplementum epigraphicum graecum, 1923–.

Soz. *h.e.*
Joseph Bidez (Hrsg.), *Sozomenus. Kirchengeschichte* (Die griechischen christlichen Schriftsteller der ersten Jahrhunderte 50), Berlin 1960.

Suid.
Ada Adler (Hrsg.), *Suidae Lexicon* (Lexicographi Graeci 1), I–V. Stuttgart 1928–1938.

Svoronos 1959
Nicolas Svoronos, Recherches sur le cadastre byzantin et la fiscalité aux XIe et XIIe siècles: le cadastre de Thèbes, *BCH* 83 (1959) 1–145.

Syntagma II
Γ. Α. Ῥάλλης – Μ. Ποτλής (Hrsg.), *Σύνταγμα τῶν θείων καὶ ἱερῶν Κανόνων τῶν τε πανευφήμων Ἀποστόλων καὶ τῶν ἱερῶν οἰκουμενικῶν καὶ τοπικῶν συνόδων, καὶ τῶν κατὰ μέρος ἁγίων πατέρων, ἐκδοθὲν, σὺν πλείσταις ἄλλαις τὴν ἐκκλησιαστικὴν*

κατάστασιν διεπούσαις διατάξεσι, μετὰ τῶν ἀρχαίων ἐξηγήτων, καὶ διαφόρων ἀναγνωσμάτων. II. Athen 1852.

TAM V, 1
Petrus Herrmann (Hrsg.), *Tituli Asiae Minoris collecti et editi auspiciis Academiae Litterarum Austriacae. V. Tituli Lydiae linguis Graeca et Latina conscripti. Fasc. I. Regio septentrionalis ad orientem vergens*, Wien 1981.

Thdr.Stud. ep.
Georgios Fatouros (Hrsg.), *Theodori Studitae Epistulae*. II (Corpus Fontium Historiae Byzantinae XXXI/2, Series Berolinensis), Berlin u.a. 1992.

Typ.Mon.ChPa.
Paul Gautier, Le typikon du Christ Sauveur Pantocrator, *REByz* 32 (1974) 1–145.

V.Anast.
Bernard Flusin (Hrsg.), *Saint Anastase le Perse et l'histoire de la Palestine au début du VIIe siècle*. I–II. Paris 1992.

V.Dan.Sty.
Sancti Danielis Stylitae Vita antiquior, In: Delehaye 1923, 1–94.

V.Dan.Sty.metaphr.
Sancti Danielis Stylitae Vita tertia, In: Delehaye 1923, 104–147.

V.Eustr.
Βίος καὶ θαύματα τοῦ ὁσίου πατρὸς ἡμῶν Εὐστρατίου, ἡγουμένου τῆς μονῆς τῶν Αὐγάρου. In: A. Παπαδόπουλος-Κεραμεύς (Hrsg.), *Ἀνάλεκτα Ἱεροσολυμιτικῆς σταχυολογίας. IV. Συλλογή ἀνεκδότων καὶ σπανίων ἑλληνικῶν συγγραφῶν περὶ τῶν κατὰ τὴν Ἑῴαν ὀρθοδόξων ἐκκλησιῶν καὶ μάλιστα τῆς τῶν Παλαιστινῶν*, [Sankt Petersburg] 1897 (repr. Bruxelles 1963), 367–400.

V.Matr.
Acta Sanctorum. XI. November/III (1910), 790–813 (= http://acta.chadwyck.co.uk/all/fulltext?ALL=Y&ACTION=byid&warn=N&div=4&id=Z400001112&FILE=../session/1322060370_15550&SOURCE=config.cfg&CURDB=acta).

V.Matr.Tr.
Khalifa Ben Nasser (übers.), *Vita Prima of St. Matrona: Selected Chapters* (http://www.fordham.edu/halsall/basis/matrona.asp).

V.Pelag.Ant.
Bernard Flusin, Les textes Grecs, In: *Pélagie la pénitente. Métamorphoses d'une légende. I. Les textes et leur histoire. Grec, latin, syriaque, arabe, arménien, géorgien, slavon*, Paris 1981, 39–131.

Wilson–Darrouzès 1968
Nigel Wilson – Jean Darrouzès, Restes du cartulaire de Hiéra-Xérochoraphion, *REByz* 26 (1968) 5–47.

Zacos–Veglery 1972
George Zacos – A. Veglery, *Byzantine Lead Seals*. I/2. Basel 1972.

Monographien, Artikel

Ἄμαντος 1930
: Κωνσταντίνος Ἄμαντος, Μειζότερος, Ἑλληνικά 3 (1930) 340.

Ameling, Komarches
: Walter Ameling, Komarches, In: *Brill's New Pauly* (http://referenceworks.brillonline.com/entries/brill-s-new-pauly/komarches-e618880).

Ameling, Komogrammateus
: Walter Ameling, Komogrammateus, In: *Brill's New Pauly* (http://referenceworks.brillonline.com/entries/brill-s-new-pauly/komogrammateus-e619440).

Ammar 1954
: Hamed Ammar, *Growing up in an Egyptian Village. Silwa, Province of Aswan* (International Library of Sociology and Social Reconstruction), London 1954.

Azzarello 2013
: Giuseppina Azzarello, „Distretti" nell'Oxyrhynchites del VII sec.? P.Mert. II 98 revisitato, *APF* 59 (2013) 401–405.

Bæk Simonsen 1988
: Jørgen Bæk Simonsen, *Studies in the Genesis and Early Development of the Caliphal Taxation System: with special references to circumstances in the Arab Peninsula, Egypt and Palestine*, København 1988.

Bagnall 1978
: Roger S. Bagnall, P.NYU 15 and the *Kephalaiotai* of Karanis, *StudPap* 17 (1978) 49–54.

Bagnall 1980
: Roger S. Bagnall, P.Oxy. XVI 1905, SB V 7756 and Fourth-Century Taxation, *ZPE* 37 (1980) 185–196 (= Bagnall 2003, XVIII).

Bagnall 1991
: Roger S. Bagnall, The Taxes of Toka, *Tyche* 6 (1991) 37–43 (= Bagnall 2003, XX).

Bagnall 1993/A
: Roger S. Bagnall, *Egypt in Late Antiquity*, Princeton 1993.

Bagnall 1993/B
: Roger S. Bagnall, Slavery and Society in Late Roman Egypt, In: Baruch Halpern – Deborah W. Hobson (Hrsg.), *Law, Politics and Society in the Ancient Mediterranean World*, Sheffield 1993, 220–240 (= Bagnall 2003, I).

Bagnall 1999
: Roger S. Bagnall, The Date of P. Kell. I G. 62 and the Meaning of χωρίον, *CdÉ* 74 (1999) 329–333.

Bagnall 2003
: Roger S. Bagnall, *Later Roman Egypt: Society, Religion, Economy and Administration* (Variorum Collected Studies 758), Aldershot u.a. 2003.

Bagnall 2005
: Roger S. Bagnall, Village and City: Geographies of Power in Byzantine Egypt, In: Jacques Lefort – Cécile Morrisson u.a. (Hrsg.), *Les villages dans l'Empire byzantin (IVe–XVe siècle)* (Réalités Byzantines 11), Paris 2005, 553–565.

Bagnall 2008
: Roger S. Bagnall, Village Landholding at Aphrodito in Comparative Perspective, In: Fournet 2008/B, 181–190.

Banaji 2001
Jairus Banaji, *Agrarian Change in Late Antiquity. Gold, Labour and Aristocratic Dominance*, Oxford u.a. 2001.

Banaji 2010
Jairus Banaji, Late Antique Legacies and Muslim Economic Expansion, In: John Haldon (Hrsg.), *Money, Power and Politics in Early Islamic Syria. A Review of Current Debates*, Farnham 2010, 165–179.

Beaucamp 1990–1992
Joëlle Beaucamp, *Le statut de la femme à Byzance (4e–7e siècle)*. I–II (Travaux et Mémoires du Centre de Recherche d'Histoire et Civilisation de Byzance. Monographies 5–6), Paris 1990–1992.

Becker 1911
Carl Heinrich Becker, Historische Studien über das Londoner Aphroditowerk, *Islam* 2 (1911) 359–371.

Bell 1908
H. Idris Bell, The Aphrodito Papyri, *JHS* 28 (1908) 97–120.

Bell 1933
Norman H. Baynes – H. Idris Bell u.a., Bibliography: Graeco-Roman Egypt A. Papyri (1931–1932), *JEA* 19 (1933) 67–93.

Benaissa 2007
Amin Benaissa, An Estate Overseer's Work Contract and the Meaning of *Exotikoi Topoi*, *BASP* 44 (2007) 75–86.

Benaissa 2008
Amin Benaissa, Two Bishops Named Senuthes: Prosopography and New Texts, *ZPE* 166 (2008) 179–194.

Benaissa 2012
Amin Benaissa, *Rural Settlements of the Oxyrhynchite Nome. A Papyrological Survey* (Trismegistos Online Publications 4). Version 2.0. May 2012 (http://www.trismegistos.org/top.php).

Berger 2006
→ Ps.-Gregent. *Disp.*

Berkes 2011
Lajos Berkes, Korr.Tyche 690.–700., *Tyche* 26 (2011) 289–291.

Boak 1951
Arthur Edward Romily Boak, *Tesserarii* and *Quadrarii* as Village Officials in Egypt of the Fourth Century, In: Paul R. Coleman-Norton (Hrsg.), *Studies in Roman Economic and Social History in Honor of Allan Chester Johnson*, Princeton 1951, 322–335.

BOEP 3.1
Rodney Ast – James M. S. Cowey (Hrsg.), *Bulletin of Online Emendations to Papyri*. Version 3.1. (December 19, 2013) (http://www.uni-heidelberg.de/md/zaw/papy/forschung/bullemendpap_3.1.pdf).

Bogaert 1997
Raymond Bogaert, La banque en Égypte byzantine, *ZPE* 116 (1997) 85–140.

Bonneau 1983
Danielle Bonneau, Communauté rurale en Égypte byzantine? In: *Les communautés rurales. II. Antiquité* (Recueils de la Société Jean Bodin pour l'histoire comparative des institutions 41), Paris 1983, 505–523.

Bonneau 1993
Danielle Bonneau, Une survivance indigène: les "Anciens du village" et l'irrigation en Égypte, In: Marie-Madeleine Mactoux – Evelyne Geny (Hrsg.), *Mélanges Pierre Lévêque 7. Anthropologie et société* (Centre de Recherches d'Histoire Ancienne 121), Paris 1993, 21–31.

Borkowski–Hagedorn 1978
Zbigniew Borkowski – Dieter Hagedorn, ΑΜΦΟΔΟΚΩΜΟΓΡΑΜΜΑΤΕΥΣ. Zur Verwaltung der Dörfer Ägyptens im 3. Jh. n.Chr., In: Jean Bingen – Guy Cambier u.a. (Hrsg.), *Le monde grec. Pensée, littérature, histoire, documents. Hommages à Claire Préaux* (Université Libre [Bruxelles]: Faculté de Philosophie et Lettres 62), Bruxelles 1978, 775–783.

Boud'hors 2008
Anne Boud'hors, Du copte dans les archives d'Apollôs, In: Fournet 2008/B, 67–76.

Bowman 2011
Alan Bowman, Ptolemaic and Roman Egypt. Population and Settlement, In: Alan Bowman – Andrew Wilson (Hrsg.), *Settlement, Urbanization, and Population* (Oxford Studies on the Roman Economy), Oxford 2011.

Brown 1971
Peter Brown, The Rise and Function of the Holy Man in Late Antiquity, *JRS* 61 (1971) 80–101.

Brunner 1988
Hellmut Brunner, Eine altägyptische Idealbiographie in christlichem Gewande, In: Hellmut Brunner, *Das hörende Herz. Kleine Schriften zur Religions- und Geistesgeschichte Ägyptens* (Orbis Biblicus et Orientalis 80), hrsg. von Wolfgang Rölling, Freiburg, Schweiz u.a. 1988, 421–427 (= ZÄS 99 [1973] 88–94).

Bury 1911
John Bagnell Bury, *The Imperial Administrative System in the Ninth Century. With a Revised Text of the Kletorologion of Philotheos* (The British Academy Supplemental Papers I), London 1911 (Repr. New York 1958).

Calament 2012
Florence Calament, Le programme d'édition des archives de Pesynthios: focus sur les papyrus coptes du Musée du Louvre, In: Schubert 2012, 107–118.

Carrié 2012
Jean-Michel Carrié, Nommer les structures rurales entre fin de l'Antiquité et Haut Moyen Âge: le répertoire lexical gréco-latin et ses avatars modernes. 1re partie, *AntTard* 20 (2012) 25–46.

Casson 1939
Lionel Casson, Wine Measures and Prices in Byzantine Egypt, *TAPhA* 70 (1939) 1–16.

Chalon 1964
Gérard Chalon, *L'Édit de Tiberius Julius Alexander. Étude historique et exégétique* (Bib. Helv. Rom. 5), Olten-Lausanne 1964.

Chang 2004
Ruey-Lin Chang, Un certificat d'enregistrement de blé annonaire: *P.Berol.* inv. 16056 (*BGU* XVII 2679) + *P.Strasb.* inv. gr. 468, *CdÉ* 79 (2004) 209–214.

Chaufray 2011/I–II
Marie-Pierre Chaufray, *La fonction du lésônis dans les temples égyptiens de l'époque saïte à l'époque romaine*. Diss. I–II. Paris 2011.

Clackson 2010
Sarah J. Clackson, Coptic or Greek? Bilingualism in the Papyri, In: Papaconstantinou 2010/B, 73–104.

Claytor 2014
W. Graham Claytor, Heron, Son of Satyros: A Scribe in the Grapheion of Karanis, *ZPE* 190 (2014) 199–202.

Cowey–Hagedorn 1997
James M. S. Cowey – Dieter Hagedorn, VBP IV 71, *ZPE* 118 (1997) 237–238.

Crisafulli 1997
→ *Mir.Artem.*

Cromwell 2010
Jennifer Cromwell, Aristophanes Son of Johannes: An Eight-Century Bilingual Scribe? A Study on Graphic Bilingualism, In: Papaconstantinou 2010/B, 221–232.

Crum 1926
Walter E. Crum, The Literary Material, In: *The Monastery of Epiphanius at Thebes*. I (Publications of the Metropolitan Museum of Art Egyptian Expedition), New York 1926, 98–260.

Dagron 1979
Gilbert Dagron, Entre village et cité: la bourgade rurale des IVe–VIIe siècles en Orient, *Koinonia* 3 (1979) 29–52 (repr. *La romanité en Orient*, London 1984, VII).

Daris 1976
Sergio Daris, Ricerche di papirologia documentaria, *Aegyptus* 56 (1976) 47–95.

David-Weill 1971
Jean David-Weill, Papyrus arabes du Louvre II, *JESHO* 14 (1971) 1–24.

Davoli 1998
Paola Davoli, *L'archeologia urbana nel Fayyum di età ellenistica e romana* (Missione Congiunta delle Università di Bologna e di Lecce in Egitto Monografie 1), Napoli 1998.

Delattre 2002/A
Alain Delattre, Le reçu de taxe O.Brux. Inv. E. 375, *CdÉ* 77 (2002) 361–368.

Delattre 2002/B
Alain Delattre, Reçus de taxe et marine arabe, *APF* 48 (2002) 156–158.

Delattre 2005/A
Alain Delattre, La formule épistolaire copte «c'est votre serviteur qui ose écrire à son Seigneur», *APF* 51 (2005) 105–111.

Delattre 2005/B
Alain Delattre, Les mots grecs dans les documents coptes, *CdÉ* 80 (2005) 389–392.

Delattre 2007
Alain Delattre, Les «lettres de protection» coptes, In: Palme 2007/A, 173–178.

Delattre 2012
Alain Delattre, Trois papyrus du monastère de Baouît, *BIFAO* 112 (2012) 101–110.

Delattre–Fournet 2013
Alain Delattre – Jean-Luc Fournet, Fiscalité et comptabilité dans l'Égypte byzantine et arabe. À propos d'une publication récente d'ostraca du Petrie Museum, *APF* 59 (2013) 161–175.

Delia–Haley 1983
Diana Delia – Evan Haley, Agreement Concerning Succession to a Komarchy, *BASP* 20 (1983) 39–47.

Demandt 1989
Alexander Demandt, *Die Spätantike. Römische Geschichte von Diocletian bis Justinian. 284–565 n.Chr.* (Handbuch der Altertumswissenschaft Abt. 3, Teil 6), München 1989.

Derda 2006
Tomasz Derda, *ΑΡΣΙΝΟΙΤΗΣ ΝΟΜΟΣ. Administration of the Fayum under Roman Rule* (The Journal of Juristic Papyrology Supplements 7), Warsaw 2006.

Diethart 1981
Johannes M. Diethart, Fünf Quittungen aus der Wiener Papyrussammlung, *JÖB* 30 (1981) 51–55.

Drecoll 1997
Carsten Drecoll, *Die Liturgien im römischen Kaiserreich des 3. und 4. Jh. n.Chr. Untersuchung über Zugang, Inhalt und wirtschaftliche Bedeutung der öffentlichen Zwangsdienste in Ägypten und anderen Provinzen* (Historia Einzelschriften 116), Stuttgart 1997.

Drew-Bear 1979
Marie Drew-Bear, *Le nome Hermopolite. Toponymes et sites* (American Studies in Papyrology 21), Missoula 1979.

Falivene 1998
Maria Rosaria Falivene, *The Herakleopolite Nome. A Catalogue of the Toponyms with Introduction and Commentary* (American Studies in Papyrology 37), Atlanta 1998.

Feissel 1980
Denis Feissel, Notes d'épigraphie chrétienne (IV), *BCH* 104 (1980) 459–475.

Feissel 1986
Denis Feissel, Le préfet de Constantinople, les poids-étalons et l'estampillage de l'argenterie au VIe et au VIIe siècle, *RN* 28 (1986) 119–142.

Festugière 1970 I/II
→ Gr.Syc. *v.Thdr.Syc.*

Fikhman 1970
Itzhak F. Fikhman, On the Structure of the Egyptian Large Estate in the Sixth Century, In: Samuel 1970, 127–132 (= Fikhman 2006/A, 42–47).

Fikhman 1974
Itzhak F. Fikhman, Slaves in Byzantine Oxyrhynchus, In: Emil Kießling – Hans-Albert Rupprecht (Hrsg.), *Akten des XIII. Internationalen Papyrologenkongresses. Marburg/Lahn, 2.–6. August 1971* (Münchener Beiträge zur Papyrusforschung und antike Rechtsgeschichte 66), München 1974, 117–124 (= Fikhman 2006/A, 110–117).

Fikhman 1994
Itzhak F. Fikhman, Sur quelques aspects socio-économiques de l'activité des corporations professionnelles de l'Égypte byzantine, *ZPE* 103 (1994) 19–40 (= Fikhman 2006/A, 302–323).

Fikhman 1996
Itzhak F. Fikhman, Les Juifs d'Égypte à l'époque byzantine d'après les papyrus publiés depuis la parution du »Corpus Papyrorum Judaicarum« III, *SCI* 15 (1996) 223–229 (= Fikhman 2006/A, 349–355).

Fikhman 2006/A
Wirtschaft und Gesellschaft im spätantiken Ägypten. Kleine Schriften Itzhak F. Fikhman (Historia Einzelschriften 192), hrsg. von Andrea Jördens, Stuttgart 2006.

Fikhman 2006/B
: Itzhak F. Fikhman, Zur Frage der korporativen Gemeinschaftshilfe im byzantinischen Ägypten, In: Fikhman 2006/A, 1–6 [Übersetzung des russischen Originals in *JJP* 15 (1965) 91–97].

Fleckenstein, Hausmeier
: Josef Fleckenstein, Hausmeier, *LMA* IV, 1974–1975.

Flusin 1992 I/II
: → *V.Anast.*

Fournet 2008/A
: Jean-Luc Fournet, Annexe 2. Liste de papyrus édités de l'Aphrodité byzantine, In: Fournet 2008/B, 307–343.

Fournet 2008/B
: Jean-Luc Fournet (Hrsg.), *Les archives de Dioscore d'Aphrodité cent ans après leur découverte. Histoire et culture dans l'Égypte byzantine. Actes du colloque de Strasbourg (8-10 décembre 2005)* (Collections de l'Université Marc Bloch – Strasbourg. Études d'archéologie et d'histoire ancienne), Paris 2008.

Fournet–Gascou 2004
: Jean-Luc Fournet – Jean Gascou, Liste des pétitions sur papyrus des Ve-VIIe siècles, In: Denis Feissel – Jean Gascou (Hrsg.), *La pétition à Byzance* (Centre de Recherche d'Histoire et Civilisation de Byzance Monographies 14), Paris 2004, 141–196.

Förster 2000
: Hans Förster, Corrigenda zu P.KRU, *GM* 179 (2000) 107–112.

Förster 2009
: Hans Förster, Philotheos, der Verwalter Schenute und die Schiffe. Ein Wiener Text aus dem Schenute-Archiv. Edition von P.Vindob. K 4718, *Tyche* 24 (2009) 35–48.

Förster–Fournet u.a. 2012
: Hans Förster – Jean-Luc Fournet u.a., Une *misthôsis* copte d'Aphrodité (P.Lond. inv. 2849): le plus ancien acte notarié en copte?, *APF* 58 (2012) 344–359.

Frantz-Murphy 1999
: Gladys Frantz-Murphy, Land-Tenure in Egypt in the First Five Centuries of Islamic Rule (Seventh–Twelfth Centuries AD), In: Alan K. Bowman – Eugene Rogan (Hrsg.), *Agriculture in Egypt from Pharaonic to Modern Times* (Proceedings of The British Academy 96), Oxford 1999, 237–266.

Gagos–van Minnen 1992
: Traianos Gagos – Peter van Minnen, Documenting the Rural Economy of Byzantine Egypt. Three Papyri from Alabastrine, *JRA* 5 (1992) 188–202.

Garel (im Druck)
: Esther Garel, *Le gnôstêr et le comarque dans les papyrus coptes: nouveau témoignage de P.Sorb.inv. 2488* (im Druck).

Gascou 1976
: Jean Gascou, L'institution des bucellaires, *BIFAO* 76 (1976) 143–156 (= Gascou 2008, 73–83).

Gascou 1977
: Jean Gascou, [Rezension von] P.Mich XIII, *CdÉ* 52 (1977) 360–368.

Gascou 1981
: Jean Gascou, Documents grecs relatifs au monastère d'Abba Apollôs de Titkôis, *Anagennesis* 1 (1981) 219–230 (= Gascou 2008, 93–97).

Gascou 1983
Jean Gascou, De Byzance à l'Islam: les impôts en Égypte après la conquête arabe, à propos de K. Morimoto, The fiscal administration of Egypt in the Early Islamic period, *JESHO* 26 (1983) 97–109 (= Gascou 2008, 99–116).

Gascou 1985
Jean Gascou, *Les grands domaines, la cité et l'état en Égypte byzantine. Recherches d'histoire agraire, fiscale et administrative* (Travaux et Mémoires 9), Paris 1985 (= Gascou 2008, 125–213).

Gascou 1994
Jean Gascou, [Rezension von] P.Sta.Xyla, *CdÉ* 69 (1994) 177–182.

Gascou 1996
Jean Gascou, Recension de Roger S. Bagnall, Egypt in Late Antiquity, *Topoi* 6 (1996) 333–349 (= Gascou 2008, 401–415).

Gascou 2004
Jean Gascou, Les pétitions privées, In: Denis Feissel – Jean Gascou (Hrsg.), *La pétition à Byzance* (Centre de Recherche d'Histoire et Civilisation de Byzance Monographies 14), Paris 2004, 93–103.

Gascou 2008
Jean Gascou, *Fiscalité et société en Égypte byzantine* (Bilans de Recherche 4), Paris 2008.

Gascou 2010
Jean Gascou, Ostraca byzantins d'Edfou et d'autres provenances, In: Jean-Claude Cheynet (Hrsg.), *Mélanges Cécile Morisson* (Travaux et mémoires 16), Paris 2010, 359–385.

Gascou 2011
Jean Gascou, Notes critiques: *P.Prag.* I 87, *P.Mon. Apollo* 27, *P.Stras.* VII 660, *ZPE* 177 (2011) 243–253.

Gascou 2013
Jean Gascou, Arabic Taxation in the Mid-Seventh-Century Greek Papyri, In: Constantin Zuckerman (Hrsg.), *Constructing the Seventh Century* (*T&MByz* 17), Paris 2013, 671–677.

Gascou–MacCoull 1987
Jean Gascou – Leslie MacCoull, Le cadastre d'Aphroditô, *T&MByz* 10 (1987) 103–158 (= Gascou 2008, 247–305).

Gascou–Worp 1990
Jean Gascou – Klaas A. Worp, Un dossier d'ostraca du VIe siècle: les archives des huiliers d'Aphroditô, In: Mario Capasso – Gabriella Messeri Savorelli u.a. (Hrsg.), *Miscellanea Papyrologica in occasione del bicentenario dell'edizione della Charta Borgiana* (Papyrologica Florentina XIX), Firenze 1990, 217–244 (= Gascou 2008, 377–400).

Gautier 1974
→ *Typ.Mon.ChPa.*

Gelzer 1909
Matthias Gelzer, *Studien zur byzantinischen Verwaltung Ägyptens*, Leipzig 1909 (Repr. Aalen 1974).

Gelzer 1913/A
Matthias Gelzer, Altes und Neues aus der byzantinisch-ägyptischen Verwaltungsmisere, vornehmlich im Zeitalter Justinians, *APF* 5 (1913) 346–377.

Gelzer 1913/B
    Matthias Gelzer, Zum αὐτόπρακτον σχῆμα der P. Aphrodito Cairo, *APF* 5 (1913) 188–189.
Gerstinger 1957
    Hans Gerstinger, Sieben neue gräko-ägyptische Papyrusbriefe byzantinischer Zeit (VI.–VII. Jh. n.Chr.) aus der Sammlung „Papyri Erzherzog Rainer", *WS* 70 (1957) 100–116.
Gignac 1976
    Francis Thomas Gignac, *A Grammar of the Greek Papyri of the Roman and Byzantine Periods. I. Phonology* (Testi e documenti per lo studio dell'Antichità 55), Milano 1976.
Giliberti 1992
    Giuseppe Giliberti, Consortium vicanorum, *Ostraka* 1 (1992) 177–214.
Gilmore–Ray 2006
    Gerry Gilmore – John Ray, A Fixed Point in Coptic Chronology: The Solar Eclipse of 10 March, 601, *ZPE* 158 (2006) 190–192.
Gizewski 1996
    Christian Gizewski, Adiutor, In: Hubert Cancik – Helmuth Schneider (Hrsg.), *Der Neue Pauly. Enzyklopädie der Antike. Altertum.* Band I, A–Ari. Stuttgart–Weimar 1996, 114.
Gonis 2002
    Nikolaos Gonis, P.Oxy. XVI 1979 desc. Deed of Surety, *JJP* 32 (2002) 29–34.
Gonis 2003/A
    Nikolaos Gonis, Hermopolite Localities and Splinter Nomes, *ZPE* 142 (2003) 176–184.
Gonis 2003/B
    Nikolaos Gonis, Five Tax Receipts from Early Islamic Egypt, *ZPE* 143 (2003) 149–157.
Gonis 2004/A
    Nikolaos Gonis, Another Look at Some Officials in Early Abbâsid Egypt, *ZPE* 149 (2004) 189–195.
Gonis 2004/B
    Nikolaos Gonis, Notes on Oxyrhynchus Papyri III, *ZPE* 150 (2004) 197–202.
Gonis 2004/C
    Nikolaos Gonis, Tax Receipts on Coptic and Greek Ostraca Re-Read, *ZPE* 147 (2004) 157–163.
Gonis 2005/A
    Nikolaos Gonis, Consular Epithets and Regionalism in Sixth-Century Egypt, *ZPE* 152 (2005) 183–186.
Gonis 2005/B
    Nikolaos Gonis, Seventh-Century Oxyrhynchite Documents in the Beinecke Library, *ZPE* 153 (2005) 169–171.
Gonis 2008
    Nikolaos Gonis, Notes on the Aristocracy of Byzantine Fayum, *ZPE* 166 (2008) 203–210.
Gonis 2009
    Nikolaos Gonis, Reconsidering Some Fiscal Documents from Early Islamic Egypt III, *ZPE* 169 (2009) 197–208.
Gonis 2013
    Nikolaos Gonis, Reconsidering Some Fiscal Documents from Early Islamic Egypt IV, *ZPE* 186 (2013) 270–274.

Gonis 2015
    Nikolaos Gonis, Korr.Tyche 788.–808. Textual Notes on Oxyrhynchite Documents, *Tyche* 30 (2015) 223–230.
Gonis–Schenke 2011
    Nikolaos Gonis – Gesa Schenke, BKU III 340: An Unusual entagion, *CdÉ* 86 (2011) 383–385.
Górecki 1986
    Danuta Maria Górecki, The State and the Rural Community from Ptolemaic Egypt to Medieval Byzantium: a Historical Study in Light of the Papyri, *Byzantiaka* 6 (1986) 95–120.
Grainger 1995
    John D. Grainger, 'Village Goverment' in Roman Syria and Arabia, *Levant* 27 (1995) 179–195.
Grey 2011
    Cam Grey, *Constructing Communities in the Late Roman Countryside*, Cambridge u.a. 2011.
Griffith 1928
    Francis Ll. Griffith, *Christian Documents from Nubia* (Proceedings of the British Academy XIV), London 1928.
Haar 1968
    Karl-Heinz Haar, *Studien zur Entstehungs- und Entwicklungsgeschichte des fränkischen Maior Domus-Amts. Zur Kontinuität einer spätrömischen Institution und ihrer Stellung bei den Franken vornehmlich bis zum Ausgang des 6. Jahrhunderts*. Diss. Heidelberg 1968.
Habermann 1998
    Wolfgang Habermann, Zur chronologischen Verteilung der papyrologischen Zeugnisse, *ZPE* 122 (1998) 144–160.
Hagedorn 1986
    Dieter Hagedorn, Flurbereinigung in Theadelphia?, *ZPE* 65 (1986) 93–100.
Hagedorn 2006
    Dieter Hagedorn, Bemerkungen zu Urkunden, *ZPE* 156 (2006) 165–168.
Hagedorn 2008
    Dieter Hagedorn, Zu den Adressen einiger spätantiker Briefe, *ZPE* 165 (2008) 129–132.
Hägg 1981
    Tomas Hägg, Two Christian Epitaphs in Greek of the 'Euchologion Mega' Type, In: Torgny Säve-Söderbergh – Gertie Englund u.a. (Hrsg.), *Late Nubian cemeteries* (The Scandinavian Joint Expedition to Sudanese Nubia 6), Solna 1981, 55–62.
Hägg 1990
    Tomas Hägg, Titles and Honorific Epithets in Nubian Greek Texts, *SO* 65 (1990) 147–177.
Hanton 1929
    E. Hanton, Lexique explicatif du Recueil des inscriptions grecques chrétiennes d'Asie Mineure, *Byzantion* 4 (1929) 53–136.
Harper 1928
    George McLean Harper, Village Administration in the Roman Province of Syria, *YClS* 1 (1928) 105–168.

Harrauer 2001
    Hermann Harrauer, Neue Protokometen-Papyri. Mit einer Dokumentation der Protokometen, *Aegyptus* 81 (2001) 47–159.
Harrauer 2010
    Hermann Harrauer, *Handbuch der griechischen Paläographie. Textband* (Bibliothek des Buchwesens 20), Stuttgart 2010.
Harrauer–Pintaudi 2009–2010
    Hermann Harrauer – Rosario Pintaudi, Neue Protokometen, *AnalPap* 21–22 (2009–2010) 83–94.
Harrauer–Sijpesteijn 1986
    Hermann Harrauer – Pieter J. Sijpesteijn, P. Princ. II 96 und Schreibübungen, *ZPE* 64 (1986) 115–116.
Hickey 2001
    Todd M. Hickey, *A Public "House" but Closed: "Fiscal Participation" and Economic Decision Making on the Oxyrhynchite Estate of the Flavii Apiones*. Diss. Chicago 2001.
Hickey 2012
    Todd M. Hickey, *Wine, Wealth, and the State in Late Antique Egypt. The House of Apion at Oxyrhynchus*, Ann Arbor 2012.
Hickey–Worp 1997
    Todd M. Hickey – Klaas A. Worp, The Dossier of Patermuthios *Sidêrourgos*. New Texts from Chicago, *BASP* 34 (1997) 79–109.
Hirschfeld 1997
    Yizhar Hirschfeld, Farms and Villages in Byzantine Palestine, *DOP* 51 (1997) 33–71.
Hodeček–Mitthof 2005
    Sandra Hodeček – Fritz Mitthof, Ein Weinlieferungskauf aus dem Herakleopolites, *APF* 51 (2005) 76–86.
Hornickel 1930
    Otto Hornickel, *Ehren- und Rangprädikate in den Papyrusurkunden. Ein Beitrag zum römischen und byzantinischen Titelwesen*. Diss. Gießen 1930.
Horsley 1987
    G. H. R. Horsley, *New Documents Illustrating Early Christianity. A Review of the Greek Inscriptions and Papyri Published in 1971*, s.l. 1987.
Huß 2011
    Werner Huß, *Die Verwaltung des ptolemaiischen Reiches* (Münchener Beiträge zur Papyrusforschung und antiken Rechtsgeschichte 104), München 2011.
Johnson–West 1949
    Allan Chester Johnson – Louis C. West, *Byzantine Egypt: Economic Studies* (Princeton University Studies in Papyrology 6), Princeton 1949.
Jones, LRE I–II
    Arnold H. M. Jones, *The Later Roman Empire 284-602. A Social Economic and Administrative Survey*. I–II. Oxford 1964 (Repr. 1973).
Jördens 1986
    Andrea Jördens, Die ägyptischen Symmachoi, *ZPE* 66 (1986) 105–118.
Jördens 1992
    Andrea Jördens, Fünf neue Symmachos-Papyri, *ZPE* 92 (1992) 219–231.

Jördens 1999
Andrea Jördens, Die Agrarverhältnisse im spätantiken Ägypten, *Laverna* 10 (1999) 114–152.

Jördens 2006
Andrea Jördens, Zum Regierungsstil des römischen Statthalters – das Beispiel des praefectus Aegypti, In: Hans-Ulrich Wiemer (Hrsg.), *Staatlichkeit und politisches Handeln in der römischen Kaiserzeit* (Millenium-Studien 10), Berlin 2006, 87–106.

Jördens 2009
Andrea Jördens, *Statthalterliche Verwaltung in der römischen Kaiserzeit. Studien zum praefectus Aegypti* (Historia Einzelschriften 175), Stuttgart 2009.

Jouguet 1911
Pierre Jouguet, *La vie municipale dans l'Égypte romaine*. Diss. Paris 1911.

Kahle 1974
Paul E. Kahle, Zu den koptischen Steuerquittungen, In: *Festschrift zum 150jährigen Bestehen des Berliner Ägyptischen Museums* (Mitteilungen aus der Ägyptischen Sammlung 8), Berlin 1974, 283–285.

Kaplan 1992
Michel Kaplan, *Les hommes et la terre à Byzance du VIe au XIe siècle. Propriété et exploitation du sol* (Publications de la Sorbonne, Série Byzantina Sorbonensia 10), Paris 1992.

Kaplan 2006
Michel Kaplan, Les villageois aux premiers siècles byzantins (VIe-Xe siècles): une société homogène?, In: Michel Kaplan, *Byzance, villes et campagnes* (Les médiévistes français 7), Paris 2006, 14–30 (= *Byzantinoslavica* 43 [1982] 202–217).

Karayannopulos 1956
Johannes Karayannopulos, Die kollektive Steuerverantwortung in der frühbyzantinischen Zeit, *Vierteljahrschrift für Sozial- und Wirtschaftsgeschichte* 43 (1956) 289–322.

Kaser 1975
Max Kaser, *Das römische Privatrecht. Zweiter Abschnitt. Die nachklassischen Entwicklungen* (Handbuch der Altertumswissenschaft Abt. 10, Teil 3, Bd. 3, Abschn. 2), München 1975^2.

Keenan 1973–1974
James G. Keenan, The Names Flavius and Aurelius as Status Designations in Later Roman Egypt, *ZPE* 11 (1973) 33–63 und *ZPE* 13 (1974) 283–304.

Keenan 1985
James G. Keenan, Village Shepherds and Social Tension in Byzantine Egypt, *YCIS* 28 (1985) 245–259.

Keenan 2003
James G. Keenan, Deserted Villages: From the Ancient to the Medieval Fayyūm, *BASP* 40 (2003) 119–139.

Khrapunov 2011
Nikita Khrapunov, Администрация Боспора в V в. н. э. (The Administration of Bosporus in the 5th Century AD), *Drevnosti Bospora* 15 (2011) 352–369.

Krall 1900
Jakob Krall, Ein neuer nubischer König, *WZKM* 14 (1900) 233–242.

Krause 1972
Martin Krause, Ein Fall friedensrichterlicher Tätigkeit im ersten Jahrzehnt des 7. Jahrhunderts in Oberägypten, *REgypt* 24 (1972) 101–107.

Kruit 1994
Nico Kruit, Three Byzantine Sales for Future Delivery. SB XVI 12401+12402, SB VI 9051, P.Lond. III 997, *Tyche* 9 (1994) 67–88.

Láda 2005
Csaba A. Láda, Die wirtschaftliche Stellung der Frau im hellenistischen, römischen und byzantinischen Ägypten (323 v.Chr.–642 n.Chr.), In: Harald Froschauer – Hermann Harrauer (Hrsg.), *Emanzipation am Nil. Frauenleben und Frauenrecht in den Papyri* (Nilus. Studien zur Kultur Ägyptens und des Vorderen Orients 11), Wien 2005, 35–49.

Laiou 2005
Angeliki E. Laiou, The Byzantine Village (5th–14th Century), In: Jacques Lefort – Cécile Morrisson u.a. (Hrsg.), *Les villages dans l'Empire byzantin (IVe–XVe siècle)* (Réalités Byzantines 11), Paris 2005, 31–54.

Lallemand 1964
Jacqueline Lallemand, *L'administration civile de l'Égypte de l'avènement de Dioclétien à la création du diocèse (284-382). Contribution à l'étude des rapports entre l'Égypte et l'Empire à la fin du IIIe et au IVe siècle*, Bruxelles 1964.

Larson 1954
Margaret Elizabeth Larson, *The Officials of Karanis (27 B. C.-337 A. D.): A Contribution to the Study of Local Government in Egypt under Roman Rule*. Diss. Ann Arbor, Michigan 1954.

Lefort u.a. I
→ A.Ivr. I

Lemerle 1958
Paul Lemerle, Esquisse pour une histoire agraire de Byzance: les sources et les problèmes, *RH* 219 (1958) 32–74.

Lewis 1997
Naphtali Lewis, Kleros, Komarch and Komogrammateus in the Fourth Century, *CdÉ* 72 (1997) 345–347.

Lewis 2004
Naphtali Lewis, New Light on Liturgies, *CdÉ* 79 (2004) 228–232.

Lewuillon-Blume 1979
Marianne Lewuillon-Blume, Problèmes de la terre au IVe siècle après J.-C., In: Jean Bingen – Georges Nachtergael (Hrsg.), *Actes du XVe congrès international de papyrologie. Quatrième partie. Papyrologie documentaire* (Papyrologica Bruxellensia 19), Bruxelles 1979, 177–185.

Liebeschuetz 2001
John H. W. G. Liebeschuetz, *Decline and Fall of the Roman City*, Oxford u.a. 2001.

Liebrenz 2010
Boris Liebrenz, Eine frühe arabische Quittung aus Oberägypten, *APF* 56 (2010) 294–314.

Litinas 1994
Nikos Litinas, Villages and Place-names of the Cynopolite Nome, *APF* 40 (1994) 157–164.

López 2013
Ariel G. López, *Shenoute of Atripe and the Uses of Poverty. Rural Patronage, Religious Conflict, and Monasticism in Late Antique Egypt* (Transformation of the Classical Heritage 50), Berkeley, Calif. u.a. 2013.

Łajtar 2006
Adam Łajtar, Christian Saï in Written Records (Inscriptions and Manuscripts), *JJP* 36 (2006) 91–104.

Łajtar 2015
Adam Łajtar, The Mystery of Timikleos Solved!, In: Adam Łajtar – Grzegorz Ochała u.a. (Hrsg.), *Nubian Voices II. New Texts and Studies on Christian Nubian Culture* (The Journal of Juristic Papyrology Supplements 27), Warsaw 2015, 231–243.

Łajtar–van der Vliet 1998
Adam Łajtar – Jacques van der Vliet, Rich Ladies of Meinarti and their Churches. With an Appended List of Sources from Christian Nubia Containing the Expression "Having the Church of so–and–so", *JJP* 28 (1998) 35–53.

MacAdam 1983
Henry Innes MacAdam, Epigraphy and Village Life in Southern Syria During the Roman and Early Byzantine Periods, *Berytus* 31 (1983) 103–115.

MacCoull 1986
Leslie S. B. MacCoull, O.Wilck. 1224: Two Additions to the Jeme Lashane-List, *ZPE* 62 (1986) 55–56.

MacCoull 1993
Leslie S. B. MacCoull, Hermopolite Taxation in BM 1076, *JJP* 23 (1993) 119–124.

MacCoull 1994
Leslie S. B. MacCoull, BM 1079, CPR IX 44, and the Chrysargyron, *ZPE* 100 (1994) 139–143.

MacCoull 1997
Leslie S. B. MacCoull, MS. B. L. Or. 6205: P. Lond. IV 1494 Revisited, *Aegyptus* 77 (1997) 125–135.

MacCoull 2010
Leslie S. B. MacCoull, A Date for P.KRU 105?, In: Traianos Gagos (Hrsg.), *Proceedings of the 25th International Congress of Papyrology. Ann Arbor July 29–August 4, 2007*, Ann Arbor 2010, 449–454.

Maier 2005
Gideon Maier, *Amtsträger und Herrscher in der Romania Gothica. Vergleichende Untersuchungen zu den Institutionen der ostgermanischen Völkerwanderungsreiche* (Historia Einzelschriften 181), Stuttgart 2005.

Maresch 2007
Klaus Maresch, Vom Gau zur Civitas: Verwaltungsreformen in Ägypten zur Zeit der Ersten Tetrarchie im Spiegel der Papyri, In: Rudolf Haensch – Johannes Heinrichs (Hrsg.), *Herrschen und Verwalten: Der Alltag der römischen Administration in der Hohen Kaiserzeit*, Köln u.a. 2007, 427–437.

Marthot 2012
Isabelle Marthot, Homonyms Causing Confusion in Toponymy: Examples from Aphrodito and the Antaiopolite Nome, In: Schubert 2012, 487–490.

Mayerson 1990
Philip Mayerson, The Words τονάχιον and γονάχιον in the Egyptian Papyri, *ZPE* 83 (1990) 241–242.

Mayerson 2003
Philip Mayerson, ἀμπελουργός: More Than a "Vine Dresser", *BASP* 40 (2003) 187–190.

Mazza 2001
Roberta Mazza, *L'archivio degli Apioni. Terra, lavoro e proprietà senatoria nell'Egitto tardoantico*, Bari 2001.

Merkelbach 1997
Reinhold Merkelbach, Altägyptische Vorstellungen in christlichen Texten aus Ägypten, In: Reinhold Merkelbach, *Philologica. Ausgewählte kleine Schriften*, hrsg. von Wolfgang Blümel – Helmut Engelmann u.a., Stuttgart u.a. 1997, 254–259 (= Nicole Fick – Jean-Claude Carrière [Hrsg.], *Mélanges Étienne Bernand* [Institut Félix Gaffiot 8; Annales Littéraires de l'Université de Besançon 444], Paris 1991, 337–342).

Metzger 1961
Hubert Metzger, Spätantik-byzantinische Papyri aus der Sammlung Erzherzog Rainer in Wien, *MH* 18 (1961) 23–34.

Migl 1994
Joachim Migl, *Prätorianerpräfektur und Vikariat in der Regionalverwaltung des Römischen Reiches von Konstantin bis zur Valentinianischen Dynastie* (Europäische Hochschulschriften: Reihe 3, Geschichte und ihre Hilfswissenschaften 623), Frankfurt am Main u.a. 1994.

Mirković 2008
Miroslava Mirković, Les *ktêtores*, les *syntelestai* et l'impôt, In: Fournet 2008/B, 191–202.

Mißler 1970
Herbert Ernst Ludwig Mißler, *Der Komarch. Ein Beitrag zur Dorfverwaltung im ptolemäischen, römischen und byzantinischen Ägypten*. Diss. Marburg-Lahn 1970.

Mitthof 2001 I–II
Fritz Mitthof, *Annona militaris. Die Heeresversorgung im spätantiken Ägypten. Ein Beitrag zur Verwaltungs- und Heeresgeschichte des Römischen Reiches im 3. bis 6. Jh. n.Chr.* (Papyrologica Florentina XXXII). I–II. Firenze 2001.

Mitthof 2005
Fritz Mitthof, Zwei Mietverträge aus Herakleopolis, *Tyche* 20 (2005) 101–114.

Mitthof 2006
Fritz Mitthof, Urkundenreferat 2005 (1. Teil), *APF* 52 (2006) 261–305.

Mitthof–Harrauer 2002–2003
Fritz Mitthof – Hermann Harrauer, Bemerkungen zu *P.Vindob.* G 1625, *AnalPap* 14–15 (2002–2003) 183–185.

Mitthof–Papathomas 1994
Fritz Mitthof – Amphilochios Papathomas, Das Archiv des ἐλαιουργός Sambas. Unterhaltszahlungen in Öl an die Bediensteten eines Gutes (Arsinoites; 6. Jh. n.Chr.), *ZPE* 103 (1994) 53–84.

Monson 2012
Andrew Monson, *From the Ptolemies to the Romans. Political and Economic Change in Egypt*, Cambridge 2012.

Montserrat–Fantoni u.a. 1994
   Dominic Montserrat – Georgina Fantoni u.a., Varia Descripta Oxyrhynchitica, *BASP* 31 (1994) 11–80.
Moravcsik 1923
   Gyula Moravcsik, *Szent László leánya és a bizánci Pantokrator-monostor* (A Konstantinápolyi Magyar Tudományos Intézet Közleményei 7–8)/*Die Tochter Ladislaus des Heiligen und das Pantokrator-Kloster in Konstantinopel. Auszug aus der ungarischen Abhandlung* (Mitteilungen des Ungarischen Wissenschaftlichen Institutes in Konstantinopel 7–8), Budapest u.a. 1923.
Morelli 1996
   Federico Morelli, *Olio e retribuzioni nell'Egitto tardo (V-VIII d. C.)*, Firenze 1996.
Morelli 1998
   Federico Morelli, P. Vindob. G 42920 e la φιλοτιμία di ʿUmar b. Marwân, *ZPE* 121 (1998) 219–221.
Morelli 1999
   Federico Morelli, 'Nuovi' Documenti per la storia dell'irrigazione nell'Egitto Bizantino, *ZPE* 126 (1999) 195–201.
Morelli 2000
   Federico Morelli, Agri deserti (mawât), fuggitivi, fisco: una κλήρωσις in più in SPP VIII 1183, *ZPE* 129 (2000) 167–178.
Morelli 2002
   Federico Morelli, Gonachia e Kaunakai nei papiri con due documenti inediti (P. Vindob. G 1620 e P. Vindob. G 18884) e uno riedito (P. Brook. 25), *JJP* 32 (2002) 55–81.
Morelli 2008
   Federico Morelli, SB XXIV 16222: due patrizi e un Liciniano, *Tyche* 23 (2008) 139–157.
Morelli 2010
   Federico Morelli, ʿAmr e Martina: la reggenza di un'imperatrice o l'amministrazione araba d'Egitto, *ZPE* 173 (2010) 136–157.
Morelli 2014/A
   Federico Morelli, Il vino del padrone. P.Eirene III 21, P.Wash.Univ. II 105 e P.Laur. IV 185, *Tyche* 29 (2014) 89–93.
Morelli 2014/B
   Federico Morelli, SB XXIV 16219. Una lettera di Atias in difesa di una donna, *Tyche* 29 (2014) 95–98.
Morimoto 1981
   Kosei Morimoto, *The Fiscal Administration of Egypt in the Early Islamic Period* (Asian Historical Monographs 1), Kyoto 1981.
Noret 1984
   Jacques Noret, La Société belge d'Études byzantines, *Byzantion* 54 (1984) 367–370.
O'Callaghan 1963
   José O'Callaghan, *Cartas cristianas griegas del siglo V* (Biblioteca Histórica de la Biblioteca Balmes Serie II/25), Barcelona 1963.
O'Callaghan 1995
   José O'Callaghan, Lettre concernant un prêt d'argent, *CdÉ* 70 (1995) 189–192.
Ochała (in Vorbereitung)
   Grzegorz Ochała, „When King Georgios was the King of Dotawo": Christian Nubian Rulers in Internal Written Sources. Part II: Annotated King's List (in Vorbereitung).

Oertel 1917
Friedrich Oertel, *Die Liturgie. Studien zur ptolemäischen und kaiserlichen Verwaltung Ägyptens*, Leipzig 1917.
Oikonomidès 1972
→ Philoth. *Klet.*
Palme 1989
Bernhard Palme, *Das Amt des* ἀπαιτητής *in Ägypten* (MPER XX), Wien 1989.
Palme 1993
Bernhard Palme, BGU XII 2168: Ein Zeuge zu wenig, *Tyche* 8 (1993) 99–100.
Palme 1997
Bernhard Palme, Die *domus gloriosa* des Flavius Strategius Paneuphemos, *Chiron* 27 (1997) 95–125.
Palme 1998
Bernhard Palme, *Praesides* und *correctores* der *Augustamnica*, *AntTard* 6 (1998) 123–135.
Palme 2003
Bernhard Palme, Pflichten und Risiken des Bürgen in byzantinischen Gestellungsbürgschaften, In: Gerhard Thür – Francisco Javier Fernández Nieto (Hrsg.), *Symposion 1999. Vorträge zur griechischen und hellenistischen Rechtsgeschichte*, Köln u.a. 2003, 531–555.
Palme 2007/A
Bernhard Palme (Hrsg.), *Akten des 23. Internationalen Papyrologenkongresses Wien, 22.-28. Juli 2001*, Wien 2007.
Palme 2007/B
Bernhard Palme, The Imperial Presence: Government and Army, In: Roger S. Bagnall (Hrsg.), *Egypt in the Byzantine World, 300–700*, Cambridge u.a. 2007, 244–270.
Palme 2008
Bernhard Palme, Law and Courts in Late Antique Egypt, In: Boudewijn Sirks (Hrsg.), *Aspects of Law in Late Antiquity. Dedicated to A. M. Honoré on the occasion of the sixtieth year of his teaching in Oxford*, Oxford 2008, 55–76.
Papaconstantinou 2002
Arietta Papaconstantinou, Notes sur les actes de donation d'enfant au monastère thébain de Saint-Phoibammon, *JJP* 32 (2002), 83–105.
Papaconstantinou 2009
Arietta Papaconstantinou, 'What Remains Behind': Hellenism and Romanitas in Christian Egypt after the Arab Conquest, In: Hannah M. Cotton – Robert G. Hoyland u.a. (Hrsg.), *From Hellenism to Islam. Cultural and Linguistic Change in the Roman Near East*, Cambridge 2009, 447–466.
Papaconstantinou 2010/A
Arietta Papaconstantinou, Administering the Early Islamic Empire: Insights from the Papyri, In: John Haldon (Hrsg.), *Money, Power and Politics in Early Islamic Syria. A Review of Current Debates*, Farnham 2010, 57–74.
Papaconstantinou 2010/B
Arietta Papaconstantinou (Hrsg.), *The Multilingual Experience in Egypt, from the Ptolemies to the Abbasids*, Farnham u.a. 2010.

Papaconstantinou 2012
Arietta Papaconstantinou, Egypt, In: Scott Fitzgerald Johnson (Hrsg.), *The Oxford Handbook of Late Antiquity*, Oxford u.a. 2012, 195–223.

Papathomas 1994
Amphilochios Papathomas, Bemerkungen zu griechischen dokumentarischen Texten, *ZPE* 104 (1994) 292–296.

Papathomas 1995
Amphilochios Papathomas, Lexikographische Delenda im Geschäftsbrief SB VI 9608 und Erstedition der Versoseite, *Tyche* 10 (1995) 155–159.

Papathomas 2007
Amphilochios Papathomas, Höflichkeit und Servilität in den griechischen Papyrusbriefen der ausgehenden Antike, In: Palme 2007/A, 497–512.

Papathomas 2009
Amphilochios Papathomas, Korrekturvorschläge zu zwanzig Wiener Papyrusbriefen aus Sammelbuch VI, *CdÉ* 84 (2009) 247–270.

Parsons 1967
Peter J. Parsons, Philippus Arabs and Egypt, *JRS* 57 (1967) 134–141.

Pieler, Basilica
Peter Pieler, Basiliken, Basilikenscholien, *LMA* I, 1528–1529.

Pintaudi–Sijpesteijn 1989
Rosario Pintaudi – Pieter J. Sijpesteijn, Papiri tardo-bizantini conservati alla British Library, *ZPE* 78 (1989) 103–115.

Poethke 1984
Günter Poethke, Metrocomiae und Autopragie in Ägypten, In: Peter Nagel (Hrsg.), *Graeco-Coptica. Griechen und Kopten im byzantinischen Ägypten* (Martin-Luther-Universität Halle-Wittenberg Wissenschaftliche Beiträge 1984/48), Halle (Saale) 1984, 37–44.

Pringsheim 1956
Fritz Pringsheim, *Zum Plan einer neuen Ausgabe der Basiliken. Begründung ihrer Notwendigkeit und Gesichtspunkte für ihre Herstellung* (Berliner Byzantinistische Arbeiten 7), Berlin 1956.

Pruneti 2001
Paola Pruneti, Spania: un villaggio che sta per tornare alla luce, In: Mario Capasso – Sergio Pernigotti (Hrsg.), *Studium atque urbanitas. Miscellanea in onore Sergio Daris* (Papyrologica Lupiensia 9 [2000]), Galatina 2001, 349–356.

Rathbone 1991
Dominic Rathbone, *Economic Rationalism and Rural Society in Third-Century A.D. Egypt. The Heroninos Archive and the Appianus Estate*, Cambridge u.a. 1991.

Rathbone 2008
Dominic Rathbone, Villages and Patronage in Fourth-Century Egypt: The Case of P.Ross.Georg. 3.8, *BASP* 45 (2008) 189–207.

Rea 1994
John R. Rea, P.Col. VIII 242: Caranis in the Fifth Century, In: Adam Bülow-Jacobsen (Hrsg.), *Proceedings of the 20th International Congress of Papyrologists Copenhagen, 23–29 August, 1992*, Copenhagen 1994, 266–272.

Reil 1913
Theodor Reil, *Beiträge zur Kenntnis des Gewerbes im hellenistischen Ägypten*. Diss. Borna-Leipzig 1913 (repr. [Ancient Economic History] New York 1979).

Rémondon 1952
Roger Rémondon, Reçu de versement pour l'« embolè », *BIFAO* 50 (1952) 65–68.

Rémondon 1965/A
Roger Rémondon, Papyrologica: P. Alex. 7; 16; 17; 32; 33; 35; 38; 40. P. Apoll. Anô. 61 P. Vindob. Sijpesteijn 28. SB. 9152, *CdÉ* 40 (1965) 171–179.

Rémondon 1965/B
Roger Rémondon, P. Hamb. 56 et P.Lond. 1419 (notes sur les finances d'Aphrodito du VIe siècle au VIIIe), *CdÉ* 40 (1965) 401–430.

Rémondon 1966
Roger Rémondon, L'Égypte au 5e siècle de notre ère: les sources papyrologiques et leurs problèmes, In: *Atti dell'XI Congresso Internazionale di Papirologia. Milano 2-8 Settembre 1965*, Milano 1966, 135–148.

Rémondon 1974
Roger Rémondon, Les contradictions de la société égyptienne à l'époque byzantine, *JJP* 18 (1974) 17–32.

Richter 2010
Tonio Sebastian Richter, Language Choice in the Qurra Dossier, In: Papaconstantinou 2010/B, 189–220.

Richter 2013
Tonio Sebastian Richter, «An unseren Herrn, den allberühmten Korra, den herrlichsten Gouverneur, durch Dich, glorreichster Herr Basilios, Pagarch von Djkow mit seinen Gehöften». Verwaltung und Verwaltungssprachen Ägyptens im 8. Jh. nach den Qurra-Papyri, In: Frank Feder – Angelika Lohwasser (Hrsg.), *Ägypten und sein Umfeld in der Spätantike. Vom Regierungsantritt Diokletians 284/285 bis zur arabischen Eroberung des Vorderen Orients um 635–646* (Philippika Altertumswissenschaftliche Abhandlungen 61), Wiesbaden 2013, 121–138.

Richter 2014
Tonio Sebastian Richter, Greek and Coptic in the Byzantine Era, In: James G. Keenan – Joe G. Manning u.a. (Hrsg.), *Law and Legal Practice in Egypt from Alexander to the Arab Conquest. A Selection of Papyrological Sources in Translation, with Introduction and Commentary*, Cambridge 2014.

Rom–Harrauer 1983
Brigitte Rom – Hermann Harrauer, Ὁ ΚΥΡΙΟΣ-Listen auf Papyrus, *Aegyptus* 63 (1983) 111–115.

Rösener, Meier
Werner Rösener, Meier, [Meier]recht, *LMA* VI 470–471.

Rouillard 1928
Germaine Rouillard, *L'administration civile de l'Égypte byzantine*, Paris 1928².

Rowlandson 2006
Jane Rowlandson, The Organisation of Public Land in Roman Egypt, In: Juan Carlos Moreno García (Hrsg.), *L'agriculture institutionnelle en Égypte ancienne: état de la question et perspectives interdisciplinaires* (CRIPEL 25 [2005]), Lille 2006, 173–196.

Rowlandson 2007
    Jane Rowlandson, Oxyrhynchus and its Hinterland, In: Alan K. Bowman – Revel A. Coles u.a. (Hrsg.), *Oxyrhynchus. A City and its Texts* (Graeco-Roman Memoirs 93), London 2007, 205–217.
Ruffini 2008
    Giovanni Roberto Ruffini, *Social Networks in Byzantine Egypt*, Cambridge 2008.
Ruffini 2011
    Giovanni Roberto Ruffini, *A Prosopography of Byzantine Aphrodito* (American Studies in Papyrology 50), Durham NC 2011.
Ruffini 2012
    Giovanni Roberto Ruffini, *Medieval Nubia. A Social and Economic History*, New York u.a. 2012.
Samuel 1970
    Deborah H. Samuel (Hrsg.), *Proceedings of the Twelfth International Congress of Papyrology* (American Studies in Papyrology 7), Toronto 1970.
Sänger 2005
    Patrick Sänger, Die Eirenarchen im römischen und byzantinischen Ägypten, *Tyche* 20 (2005) 143–204.
Sänger 2006
    Patrick Sänger, P.Berol. 21684: Lohnquittung für Eirenarchen, *Tyche* 21 (2006) 173–176.
Sänger 2009
    Patrick Sänger, Die Nomenklatur der legio II Traiana Fortis im 3. Jh. n.Chr., *ZPE* 169 (2009) 277–286.
Sannazaro 2003
    Marco Sannazaro, Chiese e communità cristiane rurali nelle fonti epigrafiche dell'Italia settentrionale, In: Gian Pietro Broglio (Hrsg.), *Chiese e insediamenti nelle campagne tra V e VI secolo. 9. Seminario sul Tardo Antico e l'Alto Medioevo, Garlate, 26 - 28 settembre 2002* (Documenti di Archeologia 30), Mantova 2003, 39–55.
San Nicolò 1972 I–II
    Mariano San Nicolò, *Ägyptisches Vereinswesen zur Zeit der Ptolemäer und Römer*. I–II (Münchener Beiträge zur Papyrusforschung und antiken Rechtsgeschichte 2, I–II), München 1972.
Sarris 2006
    Peter Sarris, *Economy and Society in the Age of Justinian*, Cambridge u.a. 2006.
Sartre 1993
    Maurice Sartre, Communautés villageoises et structures sociales d'après l'épigraphie de la Syrie du Sud, In: Alda Calbi – Angela Donati u.a. (Hrsg.), *L'epigrafia del villaggio* (Epigrafia e antichità 12), Faenza 1993, 117–135.
Schenke 2014
    Gesa Schenke, Rashid ibn Chaled and the Return of Overpayments, *CdÉ* 89 (2014) 202–209.
Schmelz 2002
    Georg Schmelz, *Kirchliche Amtsträger im spätantiken Ägypten nach den Aussagen der griechischen und koptischen Papyri und Ostraka* (Archiv für Papyrusforschung Beiheft 13), Leipzig 2002.

Schmelz 2007
    Georg Schmelz, Ein Brief der Bischofskirche von Hermupolis Magna an die Dorfvorsteher von Alabastrine. P. Heid. Inv. Kopt. 198, In: Palme 2007/A, 645–656.
Schmitt 1994
    Oliver Schmitt, Die Buccellarii. Eine Studie zum militärischen Gefolgschaftswesen in der Spätantike, *Tyche* 9 (1994) 147–174.
Schubert 2012
    Paul Schubert (Hrsg.), *Actes du 26ᵉ Congrès international de papyrologie. Genève, 16-21 août 2010* (Recherches et Rencontres 30), Genève 2012.
Schuler 1998
    Christof Schuler, *Ländliche Siedlungen und Gemeinden im hellenistischen und römischen Kleinasien* (Vestigia. Beiträge zur Alten Geschichte 50), München 1998.
Shaw 1982
    Brent D. Shaw, The Elders of Christian Africa, In: *Mélanges offerts en hommage au révérend père Étienne Gareau* (Cahiers des études anciennes 14), Ottawa 1982, 207–226.
Sijpesteijn 1981
    Pieter J. Sijpesteijn, Some Corrections to Greek Elements from BKU III, *CdÉ* 56 (1981) 360–361.
Sijpesteijn 2001
    Petra M. Sijpesteijn, Profit Following Responsibility. A Leaf from the Records of a Third/Ninth Century Tax-Collecting Agent with an Appended Checklist of Editions of Arabic Papyri, *JJP* 31 (2001) 91–132.
Sijpesteijn 2009
    Petra M. Sijpesteijn, Landholding Patterns in Early Islamic Egypt, *Journal of Agrarian Change* 9 (2009) 120–133.
Sijpesteijn 2010
    Petra M. Sijpesteijn, Multilingual Archives and Documents in Post-Conquest Egypt, In: Papaconstantinou 2010/B, 105–124.
Sijpesteijn 2013
    Petra M. Sijpesteijn, *Shaping a Muslim State. The World of a Mid-Eighth-Century Egyptian Official* (Oxford Studies in Byzantium), Oxford 2013.
Singer 1994
    Amy Singer, *Palestinian Peasants and Ottoman Officials. Rural Administration around Sixteenth-Century Jerusalem* (Cambridge Studies in Islamic Civilization), Cambridge 1994.
Sirks 2008
    A. J. Boudewijn Sirks, The Colonate in Justinian's Reign, *JRS* 98 (2008) 120–143.
Steinwenter 1920
    Artur Steinwenter, *Studien zu den koptischen Rechtsurkunden aus Oberägypten* (Studien zur Palaeographie und Papyruskunde XIX), Leipzig 1920 (Repr. Amsterdam 1967).
Steinwenter 1955
    Artur Steinwenter, *Das Recht der koptischen Urkunden* (Handbuch der Altertumswissenschaft, 10. Abt., 4. Teil, Bd. 2), München 1955.
Syrkou 2003
    Angeliki Syrkou, Two receipts and a loan of money, *APF* 49 (2003) 43–56.

Świderek 1971
Anna Świderek, The Land-Register of the ΦΕΡΝΟΥΦΙΤΟΥ Toparchy in the Mendesian Nome, *JJP* 16–17 (1971) 31–44.

Taubenschlag 1955
Raphael Taubenschlag, *The Law of Greco-Roman Egypt in the Light of the Papyri. 332 B.C.–640 A.D.*, Warszawa 1955².

Thomas 1975
J. David Thomas, The Introduction of Dekaprotoi and Comarchs into Egypt in the Third Century A. D., *ZPE* 19 (1975) 111–119.

Thomas 1995
J. David Thomas, *Strategos* and *exactor* in the Fourth Century: One Office or Two?, *CdÉ* 70 (1995) 230–239.

Till 1954
Walter C. Till, *Erbrechtliche Untersuchungen auf Grund der koptischen Urkunden* (Sitzungsberichte [Österreichische Akademie der Wissenschaften. Philosophisch-Historische Klasse] Bd. 229/Abh. 2), Wien 1954.

Till 1962
Walter C. Till, *Datierung und Prosopographie der koptischen Urkunden aus Theben* (Sitzungsberichte [Österreichische Akademie der Wissenschaften. Philosophisch-Historische Klasse] Bd. 240/Abh. 1), Wien 1962.

Till 1964
Walter C. Till, *Die koptischen Rechtsurkunden aus Theben* (Sitzungsberichte [Österreichische Akademie der Wissenschaften. Philosophisch-Historische Klasse] Bd. 244/Abh. 3), Wien 1964.

Tomsin 1952
Alfred Tomsin, Étude sur les πρεσβύτεροι des villages de la χώρα égyptienne I–II, *BAB*⁵ 38 (1952) 95–130, 467–532.

Tomsin 1969
Alfred Tomsin, Βασιλικὴ et δημοσία γῆ dans l'Égypte romaine, In: *Mélanges de linguistique, de philologie et de méthodologie de l'enseignement des langues anciennes offerts à M. René Fohalle*, Gembloux 1969, 271–280.

Torallas Tovar 2000
Sofia Torallas Tovar, The Police in Byzantine Egypt. The Hierarchy in the Papyri from the Fourth to the Seventh Centuries, In: Angela McDonald – Christina Riggs (Hrsg.), *Current Research in Egyptology 2000* (BAR International Series 909), Oxford 2000, 115–123.

Török 1978
László Török, Money, Economy and Administration in Christian Nubia, In: *Études nubiennes. Colloque de Chantilly, 2 - 6 Juillet 1975*, Paris 1978, 287–311.

Tost 2012
Sven Tost, Die Unterscheidung zwischen öffentlicher und privatgeschäftlicher Sphäre am Beispiel des Amts der Riparii, In: Schubert 2012, 773–780.

Trombley 2004
Frank R. Trombley, Epigraphic Data on Village Culture and Social Institutions: An Interregional Comparison (Syria, Phoenice Libanensis and Arabia), In: William Bowden – Luke Lavan u.a. (Hrsg.), *Recent Research on the Late Antique Countryside* (Late Antique Archaeology 2), Leiden u.a. 2004, 73–101.

van der Vliet 2002/A
   Jacques van der Vliet, Gleanings from Christian Northern Nubia, *JJP* 32 (2002) 175–194.
van der Vliet 2002/B
   Jacques van der Vliet, Pisenthios de Coptos (569–632): moine, évêque et saint. Autour d'une nouvelle édition de ses archives, In: *Autour de Coptos. Actes du colloque organisé au Musée des Beaux-Arts de Lyon (17-18 mars 2000)* (Topoi Supplément 3), Paris 2002, 61–72.
van Minnen 2002
   Peter van Minnen, Hermopolis in the Crisis of the Roman Empire, In: Willem Jongman – Marc Kleijwegt (Hrsg.), *After the Past. Essays in Ancient History in Honour of H. W. Pleket* (Mnemosyne Supplements 233), Leiden-Boston-Köln 2002, 285–304.
Wenger 1906
   Leopold Wenger, *Die Stellvertretung im Rechte der Papyri*, Leipzig 1906 (Repr. Aalen 1966).
Wickham 2006
   Chris Wickham, *Framing the Early Middle Ages. Europe and the Mediterranean 400–800*, Oxford 2006.
Wilcken 1912
   Ulrich Wilcken, *Grundzüge und Chrestomathie der Papyruskunde. Erster Band: Historischer Teil. Erste Hälfte: Grundzüge*, Leipzig-Berlin 1912.
Wilfong 1989
   Terry G. Wilfong, Western Thebes in the Seventh and Eighth Centuries: A Bibliographic Survey of Jême and Its Surroundings, *BASP* 26 (1989) 89–145.
Wilfong 2002
   Terry G. Wilfong, *Women of Jeme. Lives in a Coptic Town in Late Antique Egypt* (New Texts from Ancient Cultures), Ann Arbor 2002.
Wilfong 2004
   Terry G. Wilfong, New Texts in Familiar Hands: Unpublished Michigan Coptic Ostraca by Known Scribes, In: Mat Immerzeel – Jacques van der Vliet u.a. (Hrsg.), *Coptic Studies on the Threshold of a New Millennium. Proceedings of the Seventh International Congress of Coptic Studies Leiden, 27 August – 2 September 2000 I* (Orientalia Lovaniensia Analecta 133), Leuven u.a. 2004, 545–551.
Wipszycka 1970
   Ewa Wipszycka, Les confréries dans la vie religieuse de l'Égypte chrétienne, In: Samuel 1970, 511–525.
Wipszycka 1971
   Ewa Wipszycka, Les reçus d'impôts et le bureau des comptes des pagarchies aux VIe–VIIe siècles, *JJP* 16–17 (1971) 105–116.
Wipszycka 1972
   Ewa Wipszycka, *Les ressources et les activités économiques des églises en Égypte du IVe au VIIIe siècle* (Papyrologica Bruxellensia 10), Bruxelles 1972.
Worp 1986
   Klaas A. Worp, More Ostraka from the Heerlen Collection, *ZPE* 66 (1986) 131–147.
Worp 1992
   Klaas A. Worp, Tables of Tax Receipts on Greek Ostraka from Late Byzantine and Early Arab Thebes, *AnalPap* 4 (1992) 49–55.

Worp 1999
  Klaas A. Worp, Coptic Tax Receipts: an Inventory, *Tyche* 14 (1999) 309–324.
Zuckerman 1998
  Constantin Zuckerman, Two Reforms of the 370s: Recruiting Soldiers and Senators in the Divided Empire, *REByz* 56 (1998) 79–139.
Zuckerman 2004
  Constantin Zuckerman, *Du village à l'empire. Autour du registre fiscal d'Aphroditô (525/526)* (Centre de Recherche d'Histoire et Civilisation de Byzance, Monographies 16), Paris 2004.

Indices

Quellenindices

Im Folgenden werden nicht die genauen *loci* der zitierten Quellen angegeben. Da in den einzelnen Fußnoten oft zahlreiche Verweise zu finden sind, wird meistens die relevante Fußnote und nicht bloß die Seitenzahl angeführt. Wegen der Fülle der Daten werden Bindestriche nicht auf übliche Weise verwendet, d.h. dass die indizierten Quellen auf diesen Seiten nicht immer durchgehend erwähnt bzw. besprochen werden. Kursivierte Angaben deuten darauf hin, dass in der aufgenommenen Stelle die jeweiligen Interpretation oder Lesungen besprochen werden. Quellen, die in Zitaten erwähnt werden, wurden nicht systematisch berücksichtigt. Texte aus Nubien werden abgesehen von den Inschriften unter papyrologischen Texten angeführt; DBMNT Nummern werden nur dann angegeben, wenn die Texte, auf die sie sich beziehen, nicht unter sonstigen gängigen Abkürzungen bekannt sind. Die auf S. 117 erwähnten unpublizierten nubischen Inschriften bzw. das dort diskutierte Dokument wurden in die Indices nicht aufgenommen, da mir keine Transkription bzw. kein Foto dieser Texte vorlag. Aus den gleichen Gründen wurde die auf S. 224, bes. Anm. 90, von Sartre 1993, 123 erwähnte unpublizierte Inschrift ausgelassen. Ebenso wurde die auf S. 220 erwähnte Stelle von Ibn ʿAbd al-Ḥakam nicht indiziert, da ich den Text nicht direkt, sondern nur anhand seiner Besprechungen verwendet habe. Das Edikt von Tiberius Iulius Alexander (Chalon 1964) wird unter „literarischen und juristischen Texten" angeführt.

1. Papyrologische Texte

BGU I 29 | 143^{123}
BGU I 103 → Chrest.Wilck. 134
BGU I 320 | 76^{316}
BGU I 323 | $10^{41}, 67^{249}, 76^{314}, 221^{78}$
BGU I 351 | 135^{76}
BGU II 367 | $76^{318}, 128^{41}, 240–241$
BGU II 368 | $89^{7}, 91^{24}, 92^{41}, 93^{46}, 101$
BGU II 403 | 76^{317}
BGU VII 1648 | 24^{124}
BGU XII 2147 | 15^{70}
BGU XII 2150 | 15^{70}
BGU XII 2152 | 15^{70}
BGU XII 2153 | 15^{70}

BGU XII 2168 | *13–16*
BGU XII 2196 | 164^{281}
BGU XIX 2779 | $31^{17}, 154^{210}$
BGU XIX 2782 | $31^{18}, 32^{23}$
BGU XIX 2783 | 32^{23}
BGU XIX 2785 | $143^{123}, 143^{126}, 155^{226}$
BKU III 340 | 162^{259}
BKU III 349 | $83^{356}, 85^{371}$
BKU III 350 | 128^{42}
BKU III 409 | 236
BKU III 420 | $86^{380}, 122^{2}, 235–237, 241$
BKU III 505 | $86^{373}, 209^{23}$

BL Or. 6085 | 122^4
BL Or. 6201 A2 | 26^{137}, 86^{376}
BM Or. inv. 6201 B&C | 123^6
Ch.L.A. III 201 → P.Vet.Aelii 10
Ch.L.A. III 209 | 15^{66}, 15^{70}
Ch.L.A. XXV 777 → W.Chr. 228
Ch.L.A. XLI 1194 | 45^{111}
Ch.L.A. XLII 1226 | 54^{155}
Chrest.Mitt. 363 | 31^{16}
Chrest.Wilck. 8 | 19^{92}, 26^{136}, 224^{88}, *241*
Chrest.Wilck. 134 | 73^{297}, 104^{115}
Chrest.Wilck. 177 → P.Lond. II 214
Chrest.Wilck. 228 | 15^{66}, 15^{70}
Chrest.Wilck. 240 → CPR XVII A 22
Chrest.Wilck. 404 → P.Lips. I 65
Chrest.Wilck. 406 → P.Amh. II 139
Chrest.Wilck. 437 → P.Oxy. VI 900
Chrest.Wilck. 474 → P.Oxy. I 43 v
Chrest.Wilck. 497 | 24^{124}
C.Pap.Jud. III 506 → SPP VIII 1299
C.Pap.Jud. III 518d → P.Mert. II 92
CPR II 5 → CPR IV 48
CPR III I/2 132 | 77^{326}
CPR IV 8 | 19^{93}, 26^{135}, 86^{374}, 86^{376}, 159^{242}
CPR IV 9 | 138^{96}, 142^{122}, 149^{168}
CPR IV 15 | 95^{65}
CPR IV 30 | 86^{383}
CPR IV 36 | 84^{363}
CPR IV 48 | 138^{96}, 142^{116}
CPR IV 61 | 161^{257}
CPR IV 63 | 86^{381}
CPR IV 77 | 86^{381}
CPR IV 87 | 86^{383}
CPR IV 104 | 86^{378}
CPR IV 127 | 19^{86}, 85^{370}
CPR IV 167 | 136^{81}
CPR IV 169 | 19^{95}

CPR IV 170 | 19^{95}, 24^{125}, 27^{140}
CPR IV 189c | *57, 88^1, 241*
CPR IV 205 | 85^{370}
CPR IV 208 | 86^{383}
CPR V 26 | 31^{18}, 32^{23}, 67^{246}, 88^5, 154^{210}, 154^{214}, *241–242*
CPR VI 29 | 157^{233}
CPR VII 18 | 138^{98}, 155^{226}
CPR VIII 73 | 77^{320}
CPR IX 43a | 241^{48}
CPR IX 45 | 205^{11}
CPR X 1 | 59^{194}, 59^{197}
CPR X 44 | 42^{91}
CPR X 60 | 136^{80}
CPR X 98 | 67^{247}, *242*
CPR X 121 | 127^{38}, 240
CPR XIV 1 | 76^{315}
CPR XIV 40 | 162^{265}
CPR XIV 41 | 59^{194}, 59^{198}, 61^{216}
CPR XIV 51 | 67^{244}, *242*
CPR XIV 54 | 122^2, 125^{21}
CPR XVII A 10 | 15^{70}
CPR XVII A 17a (17bdupl) | 15^{70}
CPR XVII A 22 | 153^{208}
CPR XVII A Anhang B | 153^{206}
CPR XXII 52 | 131^{53}
CPR XXII 60 | 144^{131}
CPR XXIV 25 | 89^6
CPR XXIV 31 | 8^{27}, 136^{78}
CPR XXX 2 | 131^{52}
DBMNT Nr. 634 | 115^{184}, 116^{190}, 116^{192}, 119
DBMNT Nr. 635 | 115^{184}, 116^{190}, 116^{192}, 119
O.Ashm.Copt 13 | 186^{102}
O.BM EA 44848 | 183^{85}
O.Brit.Mus.Copt. I, Add. 25 → P.Schutzbriefe 64
O.Brit.Mus.Copt. II 29 | 174^{29}, 196^{144}

O.Camb. 114 | 187^{106}
O.Crum 36 | 138^{96}
O.Crum 49 | 195^{139}
O.Crum 61 | 195^{140}
O.Crum 80 | 197^{152}
O.Crum 107 | 177^{47}
O.Crum 108 | 177^{47}
O.Crum 111 | 177^{47}
O.Crum 114 | 178^{57}
O.Crum 115 | 196^{142}
O.Crum 116 | 195^{138}
O.Crum 120 | 178^{57}
O.Crum 121 | 174^{30}, 198^{153}
O.Crum 122 | 178^{55}
O.Crum 128 | 192^{121}
O.Crum 131 | 46^{120}, 49^{133}, 182^{78}
O.Crum 268 | 191^{118}
O.Crum 342 | 174^{31}, *242*
O.Crum 407 | 19^{93}, 21^{105}
O.Crum 408 | 19^{93}, 21^{105}
O.Crum 482 | 177^{51}
O.Crum Ad. 25 | 174^{32}, 179^{64}
O.Crum Ad. 60 | 175^{38}, 178^{56}, 197^{147}
O.CrumST 65 → O.Vind.Copt. 96
O.CrumST 68 → O.Vind.Copt. 92
O.CrumST 90 | 176^{44}
O.CrumST 98 → O.Vind.Copt. 62
O.CrumST 99 → O.Vind.Copt. 61
O.CrumST 115 | 21^{105}
O.CrumST 300 → O.Vind.Copt. 258
O.CrumST 343 | 138^{96}
O.CrumST 352 → P.Schutzbriefe 71
O.CrumST 369 → O.Vind.Copt. 180
O.CrumST 415 descr. | 186^{103}
O.CrumST 432 → SB Kopt. III 1368
O.CrumVC 8 | 19^{93}, 26^{135}, 27^{140}, 171^{14}, 176^{44}, 177^{49}
O.CrumVC 9 | 177^{49}
O.CrumVC 82 | 197^{148}
O.CrumVC 92 | 197^{146}

O.Douch II 140 | 202^{6}
O.Douch II 155a | 202^{6}
O.Douch III 276 | 31^{17}, 202^{6}
O.Douch IV 493 | 83^{359}
O.Douch V 601 | 83^{359}
O.Douch inv. 1715-2 | 83^{359}
O.Heid. 448 | 187^{106}, *243*
O.Heid. 449 | 187^{106}, *243*
O.Ifao inv. 146 | *243^{49}*
O.Kellis 138 | 31^{16}
O.Leid. 368 | *238–239*
O.Leid. 369 | *238–239*
O.Leid. 370 | *239*
O.Leid. 371 → SB XXIV 16029
O.Leid. 372 | *239*
O.Medin.HabuCopt. 136 | 177^{50}
O.Medin.HabuCopt. 150 | 182^{81}
O.Medin.HabuCopt. 181 | 174^{28}
O.Medin.HabuCopt. 231 | 186^{97}
O.Mich. 407 | 150^{179}
O.Minor E 6 | 187^{105}, *243*
O.Oslo 27 | 154^{213}
O.Petr. 418 → O.Petr.Mus. 554
O.Petr. 447 → O.Petr.Mus. 595
O.Petr.Mus. 554 | 187^{104}
O.Petr.Mus. 595 | 186^{100}
O.Sarga 114 | 83^{356}
O.Stras. 290 → SB XXIV 16030
O.Theb. 37 | 179^{60}
O.Vind.Copt. 37 | 182^{74}, *252*
O.Vind.Copt. 49 | 20^{97}, 26^{135}, 171^{14}, 179^{62}, 179^{64}, 193^{127}
O.Vind.Copt. 61 | 19^{93}, 171^{14}
O.Vind.Copt. 62 | 173^{21}, 175^{35}, 177^{48}
O.Vind.Copt 65 → P.Schutzbriefe 53 A–C
O.Vind.Copt. 92 | 178^{58}
O.Vind.Copt. 96 | 125^{25}
O.Vind.Copt. 120 | 85^{370}

O.Vind.Copt. 180 | 179^{60}
O.Vind.Copt. 258 | 191^{120}
O.Vind.Copt. 324 → O.CrumST 343
O.Waqfa 5 | 83^{359}
O.Waqfa 6 | 83^{359}
O.Waqfa 7 | 83^{359}
P.Aberd. 34 | 147^{150}, 147^{152}, 148^{164}
P.Abinn. 66 | 19^{92}
P.Abinn. 67r | 19^{92}
P.Akoris 36 | 86^{377}
P.Alex. 40 | *232–234*
P.Alex.Giss. 3 | 24^{124}
P.Amh. II 139 | 153^{203}
P.Amh. II 140 | 153^{203}, 153^{209}
P.Amst. I 45 | 15^{70}
P.Amst. I 56 | 148^{159}
P.Amst. I 86 | 59^{194}, 59^{197}
P.Ant. II 94 | 130^{51}, 165^{283}
P.Ant. II 96 | 127^{37}
P.Ant. III 196 | 90^{16}, 94^{56}
P.Apollos 1 → P.Cair.Copt. Inv. 4057
P.Ath.Xyla 5 | 32^{21}
P.Ath.Xyla 17 | 32^{21}, 153^{205}
P.Bal. 132 | 160^{250}
P.Bal. 135 | 160^{250}
P.Bal. 136 | 160^{250}
P.Bal. 145 | 160^{250}
P.Bal. 147 | 160^{250}
P.Bal. 149 | 160^{250}
P.Bal. 154 | 160^{250}
P.Bal. 156 | 24^{125}
P.Bal. 226 | 235^{19}
P.Bal. 304 | 160^{250}
P.Bal. 312 | 160^{250}
P.Bawit Clackson 7 | 84^{363}, 86^{380}
P.Bawit Clackson 8 | 86^{380}
P.BeckerNPAF 3 | 62^{221}
P.BeckerPAF 1 | 131^{53}
P.BeckerPAF 9 | $62^{221-222}$

P.Berl.Möller 13 | 140^{110}
P.Berol. 21684 | 146^{144}
P.Cair.Arab. III 167 | 211^{30}
P.Cair.Arab. III 169 | 212^{32}
P.Cair.Copt. Inv. 4057 | 45^{116}
P.Cair.Copt. Inv. 12837 | 238^{37}
P.Cair.Isid. 62 | 54^{155}
P.Cair.Isid. 68 | 138^{93}, 141^{113}
P.Cair.Isid. 71 | 220^{72}
P.Cair.Isid. 73 | 54^{155}
P.Cair.Isid. 75 | 216^{52}
P.Cair.Isid. 78 | 54^{155}
P.Cair.Masp I 67001 | 16^{72}, 20^{96}, 25^{129}, 45^{116}
P.Cair.Masp. I 67002 | 89^{13}, 166^{294}
P.Cair.Masp. I 67005 | 166^{294}
P.Cair.Masp. I 67006 | 18^{82}, 135^{74}
P.Cair.Masp. I 67009 | 15^{68}
P.Cair.Masp. I 67019 | 12^{53}
P.Cair.Masp. I 67024 | 12^{53}
P.Cair.Masp. I 67049 | 89^{14}, 94^{61}, 164^{277}, 164^{281}, 166^{291}
P.Cair.Masp. I 67060 | 45^{115}
P.Cair.Masp. I 67061 | 45^{115}
P.Cair.Masp. I 67063 | 45^{116}
P.Cair.Masp. I 67067 | 45^{116}
P.Cair.Masp. I 67068 | 43^{99}
P.Cair.Masp. I 67070 | 161^{255}, 164^{282}
P.Cair.Masp. I 67088 | 130^{51}, 166^{292}
P.Cair.Masp. I 67090 | 26^{135}, 159^{243}
P.Cair.Masp. I 67094 | 45^{117}
P.Cair.Masp. I 67101 | 45^{117}
P.Cair.Masp. I 67106 | 160^{247}, 166^{291}
P.Cair.Masp. I 67117 | 45^{112}, 160^{247}
P.Cair.Masp. I 67118 | 160^{247}, 162^{258}
P.Cair.Masp. I 67119 | 45^{112}
P.Cair.Masp. I 67124 | 45^{113}, 162^{263}
P.Cair.Masp. II 67137 | 145^{142}
P.Cair.Masp. II 67170 | 21^{105}
P.Cair.Masp. II 67171 | 21^{105}

P.Cair.Masp. II 67235 | 45^{114}
P.Cair.Masp. III 67281 | 25^{131}
P.Cair.Masp. III 67283 | 45^{118}, 161^{253}, 166^{293}
P.Cair.Masp. III 67286 | 142^{122}
P.Cair.Masp. III 67287 | 143^{127}
P.Cair.Masp. III 67290 | 45^{116}
P.Cair.Masp. III 67300 | 160^{248}
P.Cair.Masp. III 67325 | 143^{123}
P.Cair.Masp. III 67329 → Ch.L.A. XLI 1194
P.Cair.Masp. III 67330 | 161^{257}
P.Cair.Masp. III 67347 | 142^{122}, 143^{123}
P.Cair.Preis.8 → CPR XVII A 22
P.Cair.Preis.20 | 154^{216}
P.Charite 15 | 153^{206}
P.Charite 26 | 154^{215}
P.Clackson 45 | 162^{259}
P.Clackson 46 | 238^{37}
P.CLT 1 | 176^{43}
P.CLT 3 | 180^{68}
P.CLT 6 | 172^{15}
P.Col. VIII 209 | 142^{119}
P.Col. VIII 238 | 22^{112}, *244*
P.Col. VIII 242 | 127^{34}
P.Col. VIII 243 | 205^{11}
P.Coll.Youtie II 89 | 15^{70}
P.Coll.Youtie II 90 | 15^{64}, 15^{70}
P.Corn. 20 | 36^{46}, *63–64*, 201^{1}
P.Diog. 2 | 149^{177}
P.Diog. 3 | 149^{177}
P.Diog. 4 | 149^{177}
P.Dubl. 23 | 67^{244}
P.Eirene I 27 | 43^{99}
P.Eirene II 29 | 90^{17}, 101
P.Eirene III 21 | 93^{52}
P.Erl. 54 | 157^{233}
P.Erl. 56 | 30^{9}, 32^{20}, 150^{180}, 154^{210}, *244*

P.Erl.Diosp. 1 | 139^{106}, 141^{113}, 201^{1}
P.Flor. I 11 | 148^{160}
P.Flor. I 32b → Chr.Wilck. 228
P.Flor. I 78 | 31^{18}, 32^{23}, 205^{11}
P.Flor. III 280 | 145^{142}
P.Flor. III 296 | 37^{54}, 166^{294}
P.Flor. III 298 | 164^{282}
P.Flor. III 325 | 10^{37}, 74^{300}
P.Flor. III 334 | 31^{18}
P.Flor. III 344 | 31^{18}, 32^{23}, 154^{211}
P.Flor. III 346 | 31^{18}, 32^{23}, 154^{211}, 154^{218}
P.Flor. III 347 | 31^{18}, 32^{23}, 159^{246}
P.Flor. III 359 | 33^{31}, *244*
P.Fuad I Univ. App. II 43 | 141^{113}
P.Gen. I^{2} 12 | 232^{5}
P.Gen. I^{2} 66 | 31^{16}, 37^{52}, 202^{5}
P.Gen. I^{2} 67 | 232^{5}
P.Gen. I^{2} 68 | 232^{5}
P.Gen. I^{2} 69 | 36^{48}, 37^{52}, 42^{88}, 202^{5}, 232^{5}, *244–245*
P.Gen. I^{2} 70 | 19^{86}
P.Gen. IV 172 | 147^{58}, 202^{4}, 232^{5}
P.Gen. IV 190 | 153^{202}
P.Gen. IV 193 | 143^{124}
P.Gen. IV 204 | 19^{92}
P.Genova II 71 | 151^{187}
P.Got. 13 | 54^{155}
P.Grenf. II 81 | 126^{28}
P.Gron. 8 | 205^{11}
P.Hal. Inv. DMG 3 | 168^{2}, 180^{70}, *245–246*
P.Hamb. I 56 | 152^{198}
P.Harr. I 148 | 88^{4}
P.Harrauer 45 | 153^{203}
P.Haun. III 58 | 142^{116}
P.Heid. V 350 | 146^{148}
P.Heid.inv. A 431 | 62^{221}
P.Heid.inv. A 856 v | *77^{326}*
P.Heid.inv. G 35 | *125^{22}*

P.Heid.inv. G 150 | *126^{30}*
P.Heid.inv. G 292 | *32^{24}*, 154^{220}
P.Heid.inv. K 198 | 86^{382}
P.Heid.inv. K 240 | *209^{23}*
P.Herm. 66 | 15^{70}
P.Herm. 83 | 164^{281}
P.Herm. 84 | 59^{196}, 59^{198}
P.Herm.Landl. 2 | 149^{176}
P.Herm.Landl. 4 → SPP V 120
P.HermitageCopt. 7 →
    P.Mon.Apollo 24
P.Iand. II 23 | 234^{13}, *246*
P.Iand. II 25 | 74^{299}, 147^{155}
P.Iand. III 38 | 68^{253}
P.Iand. III 42 | 142^{116}
P.Ifao II 12 | 31^{19}, 34^{35}
P.Jena II 22 | 205^{11}
P.Jena II 27 | 59^{194}, 59^{197}
P.Kell. I 3 | 139^{102}, 141^{113}
P.Kell. I 14 | 138^{98}, 139^{102}, 142^{116}
P.Kell. I 45 | 139^{102}, 142^{116}
P.Köln V 240 | 130^{48}
P.Köln VI 281 | 34^{38}
P.Köln X 426 | 138^{96}, 147^{157}
P.KRU 7 | 181^{71}
P.KRU 10 | 184^{89}
P.KRU 12 | 184^{88}
P.KRU 13 | 181^{71}
P.KRU 35 | 179^{59}
P.KRU 36 | 173^{24}
P.KRU 37 | 175^{38}, 183^{82}
P.KRU 42 | 84^{365}, 177^{51}
P.KRU 52 | 172^{17}, 173^{22}, 181^{71},
    192^{123}
P.KRU 57 | 177^{51}
P.KRU 65 | 142^{117}, 173^{24}
P.KRU 69 | 184^{92}
P.KRU 74 | 181^{71}
P.KRU 77 | 46^{121}, 182^{77}
P.KRU 83 | 211^{29}

P.KRU 86 | 134^{73}
P.KRU 102 | 183^{84}
P.KRU 105 | 26^{135}, 26^{137}, 42^{87}, 44^{105},
    171^{11}, 182^{76}, 209^{25}
P.KRU 108 | 19^{86}, 171^{12}, 181^{71}
P.KRU 115 | 177^{51}, 178^{54}
P.KRU 117 | 177^{51}
P.Laur. III 93 | 77^{324}, 148^{163}, *246*
P.Laur. III 125 → SB Kopt. II 914
P.Laur. IV 155 | 20^{101}
P.Laur. IV 185a | 98^{88}
P.Laur. V 198 | 56^{165}, 86^{374}, 86^{382},
    92^{34}, 102
P.Leid.Inst. 65 | 161^{252}
P.Leid.Inst. 75 | 163^{266}
P.Leid.Inst. 77 | 19^{94}
P.Leipz. I 5 | 150^{178}, *246*
P.Lips. I 65 | 151^{190}, 151^{192}
P.Lips. I 66 | 151^{190}, 151^{192}
P.Lips. I 84 | 150^{179}, 153^{206}, 249
P.Lips. I 85 | 31^{16}
P.Lips. I 86 | 31^{16}
P.Lond. II 214 | 54^{155}
P.Lond. II 384 → P.Vet.Aelii 10
P.Lond. III 781 descr. → SB XXII
    15368
P.Lond. III 1028 | 98^{87}, *246*
P.Lond. III 1063 | 153^{206}
P.Lond. III 1073 | 41^{83}
P.Lond. III 1152 | 153^{206}
P.Lond. III 1246 | 138, 142^{116},
    149^{169}, 155^{226}
P.Lond. III 1248 | 153^{203}
P.Lond. III 1249 | 154^{217}, 155^{223}
P.Lond. IV 1343 | 80^{341}, 131^{54}
P.Lond. IV 1356 | 78^{333}, 135^{74}
P.Lond. IV 1359 | 131^{53}
P.Lond. IV 1367 | 78^{334}
P.Lond. IV 1384 | 80^{342}, 132^{55}
P.Lond. IV 1400+1364 | 78^{334}

P.Lond. IV 1408 | 62^{222}
P.Lond. IV 1419 | 132^{57}, 162^{259}
P.Lond. IV 1424 | 19^{92}
P.Lond. IV 1432 | *247*
P.Lond. IV 1440 | 78^{332}
P.Lond. IV 1452 | 10^{41}, 81^{347}
P.Lond. IV 1494 | 78^{330}, 80^{346}, 81^{351}
P.Lond. IV 1499 | 78^{330}, 79^{338}, 80^{346}, 81^{351}
P.Lond. IV 1508 | 81^{348}, 81^{351}, 131^{53}
P.Lond. IV 1509 | 78^{331}
P.Lond. IV 1511 | 81^{347}
P.Lond. IV 1521 | 80^{344}
P.Lond. IV 1523 | 78^{331}
P.Lond. IV 1524 | 78^{331}
P.Lond. IV 1528 | 80^{345}
P.Lond. IV 1540 | 19^{90}, 27^{140}
P.Lond. IV 1549 | 81^{347}, 81^{351}
P.Lond. IV 1551 descr. | 81^{347}
P.Lond. IV 1565 | 78^{330}, 79^{335}, 81^{351}
P.Lond. IV 1570 | 79^{335}, 79^{337}
P.Lond. IV 1572 | 79^{336}
P.Lond. IV 1573 | 85^{369}
P.Lond. IV 1601 | 78^{331}
P.Lond. IV 1619 | 85^{369}
P.Lond. IV 1626 | 81^{350}
P.Lond. V 1647 → Ch.L.A. III 209
P.Lond. V 1648 | 139^{102}, 148^{165}, 155^{226}
P.Lond. V 1661 | 45^{117}
P.Lond. V 1665 | 164^{282}
P.Lond. V 1666 | 164^{282}
P.Lond. V 1673 | 32^{21}, 32^{23}, 151^{187}
P.Lond. V 1677 | 48^{129}, 166^{294}
P.Lond. V 1679 | 45^{116}
P.Lond. V 1681 | 40^{74}, 45^{116}
P.Lond. V 1682 | 45^{116}
P.Lond. V 1690 | 21^{105}
P.Lond. V 1708 | 53^{150}
P.Lond. V 1753 | 164^{281}, *236*

P.Lond. V 1764 | 21^{108}
P.Lond. V 1791 | 41^{78}
P.Lond. V 1793 | 160^{248}
P.Lond. V 1893b | 37^{53}
P.Lond.Copt. 423 → P.KRU 37
P.Lond.Copt. 426 → P.KRU 52
P.Lond.Copt. 438 → P.KRU 115
P.Lond.Copt. 449 | 116^{194}, 119
P.Lond.Copt. 450 | 116^{194}, 119
P.Lond.Copt. 461 | 138^{96}, 142^{116}
P.Lond.Copt. 470 descr. | 209^{23}
P.Lond.Copt. 1031r | 123^{8}
P.Lond.Copt. 1051 | 92^{36}, 95^{62}
P.Lond.Copt. 1076 | 32^{23}, 42^{89}, 154^{214}, 165$^{285-286}$
P.Lond.Copt. 1077 | 161^{254}
P.Lond.Copt. 1079 | 43^{98}, 44^{106}, 86^{379}, 138^{96}, 143^{129}
P.Lond.Copt. 1134 | 86^{380}
P.Lond.Copt. 1160 | 56^{166}, 83^{356}, 92^{35}, 102, 163^{272}
P.Lond.Copt. 1180 | 125^{23}, 132^{60}
P.Lond.Herm. | 3^{7}, 19^{92}, 24^{125}, 42^{89}, 154^{214}, 161^{257}
P.Louvre Bawit 50 | 122^{2}, 237
P.Louvre Inv. E SN 183 | 62^{221}, 218^{63}
P.Mert. I 8 | 142^{119}
P.Mert. I 29 | 139^{105}, 141^{113}, 201^{1}
P.Mert. I 41 | 22^{112}
P.Mert. II 92 | 54^{155}, *247*
P.Mich. X 591 | 41^{81}
P.Mich. XIII 659 | 166^{292}
P.Mich. XIII 660 | 89^{12}, 95^{63}, 126^{27}
P.Mich. XV 742 | 67^{244}, *247*
P.Mich.Kopt. 1 | 84^{365}
P.Michael. 35 | 76^{319}
P.Michael. 40 | 166$^{291-292}$
P.Mon.Apollo 24 | 19^{86}, 24^{125}, 125^{20}

P.Mon.Apollo 25 | 41^{85}, 44^{106}, 86^{382}, *207^{17}*
P.Mon.Epiph. 151 | 175^{35}, *197^{150}*
P.Mon.Epiph. 160 descr. | 174^{27}
P.Mon.Epiph. 163 | 20^{98}, 26^{135}, 171^{13}, 173^{24}, 175^{35}, 178^{53}, 196^{143}
P.Mon.Epiph. 181 | 192^{122}
P.Mon.Epiph. 183 descr. | 174^{27}
P.Mon.Epiph. 216 | 198^{155}
P.Mon.Epiph. 223 | 197^{151}
P.Mon.Epiph. 257 | 197^{145}
P.Mon.Epiph. 490 descr. | 182^{74}, 252
P.MoscowCopt. 3 | 100^{100}
P.MoscowCopt. 14 | 88^{1}
P.MoscowCopt. 23 | *247*
P.Münch. I 2 | 135^{75}
P.Münch. III 139 | 31^{16}
P.MuslimState 17 | 211^{32}
P.MuslimState 23 | 138^{97}, 219^{66}
P.MuslimState 31 | 62^{221}
P.Nepheros 19 | 20^{98}, 214^{46}
P.Ness. 31 | 135^{74}, 224^{87}
P.Ness. 54 | 132^{62}
P.Ness. 58 | 224^{88-89}
P.Ness. 68 | 133^{63}
P.Ness. 70 | 133^{63}
P.Ness. 71 | 133^{63}
P.Ness. 74 | 133^{63}
P.Ness. 75 | 224^{93}
P.Ness. 89 | 18^{84}, 223^{86}
P.Oslo III 88 | 31^{16}
P.Oxy. I 43 v | 150^{178}, 150^{182}, 151^{186}
P.Oxy. I 86 | 54^{155}
P.Oxy. I 125 | 161^{256}
P.Oxy. I 131 | 48^{132}, 53^{150}, 67^{245}, 73^{294}, *247–248*
P.Oxy. I 132 | 74^{303}

P.Oxy. I 133 | 19^{88}, 25^{132}, 33^{27}, 38^{58}, *39–40*, 69^{262}, 70^{272}, 142^{116}, 174^{33}, 206
P.Oxy. I 150 | 98^{90}
P.Oxy. I 156 | 90^{18}, 101–102
P.Oxy. I 158 | 56^{163}, $70^{269-270}$, 95^{68}, 95^{70}, 98^{85}, 101, 233^{12}
P.Oxy. I 207 descr. → SB XXII 15368
P.Oxy. VI 893 | 48^{132}, 73^{292}, 242
P.Oxy. VI 900 | 54^{155}
P.Oxy. VI 922 | 88^{1}
P.Oxy. VI 943 | 96^{74}
P.Oxy. VI 980 descr. v | 63^{224}, *248*
P.Oxy. VII 1033 | 54^{155}
P.Oxy. VIII 1106 | 135^{74}
P.Oxy. VIII 1121 | 54^{155}
P.Oxy. VIII 1137 | 10^{40}, 68^{252}, 79^{339}, 142^{122}, 164^{282}, *248–249*
P.Oxy. VIII 1147 | 57^{171}, 70^{271}, 163^{268}, 219^{67}
P.Oxy. IX 1196 | 150^{78}
P.Oxy. IX 1204 | 54^{155}
P.Oxy. X 1342 | 164^{281}
P.Oxy. XII 1490 | 150^{182}, 154^{212}, *249*
P.Oxy. XII 1556 | 54^{155}
P.Oxy. XIV 1626 | 56^{167}, 65^{232}
P.Oxy. XVI 1831 | 57^{171}, 70^{272}, 71^{283}, *72^{285}*, 165^{288}
P.Oxy. XVI 1832 | 69^{266}
P.Oxy. XVI 1835 | 33^{26}, *38–39*, $69^{264-265}$, 139^{103}, 149^{175}
P.Oxy. XVI 1845 | 73^{295}, *247–248*
P.Oxy. XVI 1849 | 95^{67}, 96^{76}, 97^{82}, 101
P.Oxy. XVI 1850 | 95^{67}, 96^{72}, 101–102
P.Oxy. XVI 1851 | 58^{187}, 95^{67}, 96^{75}, 97^{82}

P.Oxy. XVI 1852 | 95^{67}, 96^{73}, 101–102
P.Oxy. XVI 1853 | 56^{164}, 58^{188}, 72^{286}, 74^{304}, 95^{71}, 163^{275}, 165^{288}
P.Oxy. XVI 1854 | 59^{189}, 99^{96}
P.Oxy. XVI 1855 | $68^{255-256}$, 69^{259}
P.Oxy. XVI 1857 | 95^{67}, 97^{79}, 98^{86}, 101–102
P.Oxy. XVI 1858 | 99^{93}
P.Oxy. XVI 1861 | 90^{19}, 97^{80}
P.Oxy. XVI 1866 | $72^{287-288}$
P.Oxy. XVI 1867 | 72^{290}, *249*
P.Oxy. XVI 1896 | 21^{108}
P.Oxy. XVI 1908 | 143^{127}
P.Oxy. XVI 1917 | 40^{71-73}, 42^{89}, 42^{93}, 67^{249}, 148^{160}
P.Oxy. XVI 1930 | 33^{32}
P.Oxy. XVI 1934 | 143^{130}, 145^{140}
P.Oxy. XVI 1937 | 73^{291}
P.Oxy. XVI 1948 | 148^{160}, 148^{167}
P.Oxy. XVI 1979 | 21^{108}, 22^{111}
P.Oxy. XVI 1981 | $21^{108-109}$
P.Oxy. XVI 1997 | 9^{34}, 142^{122}
P.Oxy. XVI 1998 | 148^{161}
P.Oxy. XVI 2000 | 71^{279}
P.Oxy. XVI 2005 | 71^{278}, 163^{274}
P.Oxy. XVI 2009 | 157^{231}
P.Oxy. XVI 2018 | *56*, 68^{254}, 68^{257}, *249*
P.Oxy. XVI 2021 | *56*, 92^{37}, 93^{50}, 143^{124}
P.Oxy. XVI 2032 | 148^{160}, 163^{275}
P.Oxy. XVI 2033 | 71^{281}
P.Oxy. XVI 2036 descr. | $67^{244-245}$
P.Oxy. XVI 2049 | 93^{49-50}
P.Oxy. XVI 2056 | 67^{245}, *250*
P.Oxy. XVI 2058 | $74^{304-305}$, 149^{170}, 193^{124}, 218^{64}
P.Oxy. XVIII 2197 | 71^{275}
P.Oxy. XVIII 2206 | 33^{28}, 71^{277}

P.Oxy. XIX 2229 | 128^{43}
P.Oxy. XIX 2235 | 138, 141^{113}
P.Oxy. XIX 2243a | 19^{92}, 22^{115}, 26^{134}, 33^{29}, 71^{280}, *250*
P.Oxy. XIX 2244 | 70^{274}, 163^{268}
P.Oxy. XIX 2244 frag. I | 59^{194}, 59^{198}, 61^{215}, 99^{91}
P.Oxy. XX 2283 | 139^{101}, 139^{104}, 142^{120}
P.Oxy. XXVII 2480 | $58^{182-183}$, 92^{44}
P.Oxy. XXXIII 2667 | 54^{155}
P.Oxy. XXXIV 2714 | 21^{104}
P.Oxy. XXXVI 2767 | 54^{155}
P.Oxy. XL 2892 | 150^{178}
P.Oxy. XL 2894 | 150^{178}
P.Oxy. XL 2895 | 150^{178}
P.Oxy. XL 2927 | 150^{177}
P.Oxy. XLI 2969 | 54^{155}
P.Oxy. XLIV 3205 | 16^{73}, 19^{85}, *64–65*, 201^{1}
P.Oxy. XLVIII 3393 | 158^{237}
P.Oxy. XLVIII 3397 | 31^{15}
P.Oxy. XLVIII 3400 | 139^{107}, 143^{125}
P.Oxy. XLVIII 3408 | 31^{15}
P.Oxy. XLVIII 3409 | 31^{15}, 38^{61}
P.Oxy. XLVIII 3415 | 31^{15}, 160^{251}, 205^{11}
P.Oxy. XLVIII 3417 | 65^{238}
P.Oxy. XLVIII 3422 | 65^{237}, 66^{243}
P.Oxy. XLVIII 3423 | 31^{15}
P.Oxy. L 3584 | 31^{19}, 33^{33}
P.Oxy. LIV 3774 | 65^{236}, 66^{243}
P.Oxy. LV 3804 | 22^{113}
P.Oxy. LV 3805 | 57^{171}, 67^{248}, 70^{273}, 71^{282}, 163^{275}
P.Oxy. LVI 3871 | 90^{21}, 95^{67}, 97^{78}, 98^{85}, 101–102
P.Oxy. LVIII 3954 | 67^{245}, 69^{263}
P.Oxy. LVIII 3960 | 94^{59}
P.Oxy. LIX 3985 | 19^{94}, 20^{104}, 241

P.Oxy. LIX 4006 | 90^{20}, 95^{67}, 97^{77}, 101–102
P.Oxy. LXI 4118 | 215^{49}
P.Oxy. LXI 4129 | 31^{14-15}
P.Oxy. LXI 4130 | 31^{14-15}
P.Oxy. LXII 4350 | 142^{116}
P.Oxy. LXII 4351 | 21^{108}
P.Oxy. LXIII 4379 | 15^{68}
P.Oxy. LXIII 4384 | 19^{86}
P.Oxy. LXVI 4536 | 21^{108}
P.Oxy. LXVIII 4683 | 60^{200}
P.Oxy. LIX 4757 | 34^{35}
P.Oxy. LXX 4787 | 10^{38}, 56^{167}, 70^{268}
P.Oxy. LXX 4794 | 10^{39}, 70^{268}, 221^{78}
P.Oxy. LXX 4802 | 21^{108}
P.Oxy. LXXII 4930 | 99^{95}
P.Oxy. LXXV 5062 | 54^{155}
P.Oxy. inv. 63 6B.63/C(3-4) | 74^{301}, 142^{118}, 148^{167}
P.PalauRib. 18 | 33^{30}
P.PalauRib. 42 | 90^{17}
P.Panop.Beatty 2 | 14^{60}
P.Paramone 19 | 86^{380}
P.Pisentius 1 | 195^{133}
P.Pisentius 15 | 195^{134}
P.Pisentius 18 | 195^{135}
P.Pisentius 37 | 176^{45}, 178^{52}, 195^{136}
P.Pisentius 50 | 195^{137}
P.Pisentius 58 | 182^{81}
P.Pisentius 65 → P.KRU 115
P.Poethke 36 | 151^{190}, $152^{194-195}$
P.Prag. I 15 | 31^{14}
P.Prag. I 16 | 31^{14}
P.Prag. I 27 | 238^{37}
P.Prag. I 28 v | 67^{247}, *250*
P.Prag. II 158 | 153^{204}
P.Princ. II 96 | 59^{194}, 59^{198}, *60–61*, 94^{57}, 99^{91-92}

P.Princ. II 105 | 40^{70}, 41^{79}, $159^{241-242}$, 165^{287}, 166^{291}, *250*
P.Princ. III 120 | 127^{38}, 127^{40}
P.Princ. III 136 → P.Col. VIII 238
P.QI IV 89 | 118^{202}, 119
P.QI IV 95 | 118^{203}, 119
P.Qurra 5 | 62^{221}
P.Rain.Cent. 82 | 16^{73}, 24^{123}
P.Rain.Cent. 103 | 15^{70}
P.Rain.Cent. 123 | 43^{101}
P.Rain.Cent. 137 | 147^{158}
P.Rain.Cent. 138 | 127^{37}
P.Rain.Cent. 159 | 91^{26}
P.Ross.Georg. III 10 | 36^{48}
P.Ross.Georg. III 17 | 67^{247}
P.Ross.Georg. III 23 | 219^{66}
P.Ross.Georg. III 38 | 126^{30}
P.Ross.Georg. III 43 | 21^{106}
P.Ross.Georg. III 52 | 77^{322}
P.Ross.Georg. III 53 | 8^{27}
P.Ross.Georg. III 57 | 27^{140}
P.Ross.Georg. IV 16 | 79–80, 132^{56}
P.Ross.Georg. V 10 | 148^{163}
P.Ross.Georg. V 61 | 36^{48}
P.Ross.Georg. V 67 | 43^{102}
P.Ross.Georg. V 69 | 77^{327}
P.Ryl. II 379 | 17^{77}
P.Ryl. IV 658 | 154^{212}
P.Ryl. IV 708 | 42^{94}
P.Ryl.Copt. 115 | 19^{93}, 132^{59}, *251*
P.Ryl.Copt. 127 | 86^{374}, 86^{382}
P.Ryl.Copt. 152 | 236–237
P.Ryl.Copt. 158 | 235
P.Ryl.Copt. 165 | 83^{356}
P.Ryl.Copt. 177 | 234^{13}, *251*
P.Ryl.Copt. 178 | 88^{1}
P.Ryl.Copt. 188 | 235
P.Ryl.Copt. 219+466 | 26^{135}, 86^{375}
P.Ryl.Copt. 278 | 86^{380}, 124^{17}, *234–237*, *251*

P.Ryl.Copt. 281 | 86^{380}
P.Ryl.Copt. 285 | *237^{31}*
P.Ryl.Copt. 303 | 163^{276}
P.Ryl.Copt. 305 | 88^{1}, 138^{96}, 141^{113}
P.Ryl.Copt. 319 | 86^{380}, 219^{66}, 237
P.Ryl.Copt. 324 | 86^{380}, 219^{68}, *251*
P.Ryl.Copt. 327 | 138^{96}, 147^{154}
P.Ryl.Copt. 329 | 138^{96}, 147^{154}
P.Ryl.Copt. 342 | 86^{380}
P.Ryl.Copt. 354 | 132^{60}
P.Sakaon 44 | 19^{89}
P.Scholl 8 | 15^{70}
P.Schutzbriefe 19 | 179^{61}
P.Schutzbriefe 22 | 183^{86}
P.Schutzbriefe 27 → SB Kopt. III 1368
P.Schutzbriefe 28 | 183^{85}
P.Schutzbriefe 32 → O.Crum 111
P.Schutzbriefe 37 → O.Vind.Copt. 61
P.Schutzbriefe 39 → O.Vind.Copt. 62
P.Schutzbriefe 40 → O.Crum 108
P.Schutzbriefe 43 | 180^{67}, 184^{93}
P.Schutzbriefe 44 | 179^{61}
P.Schutzbriefe 50 → O.Crum 107
P.Schutzbriefe 53 A–C | 182^{74}, *252*
P.Schutzbriefe 60 | 177^{47}
P.Schutzbriefe 63 | 84^{363}, 179^{61}
P.Schutzbriefe 64 | 179^{61}
P.Schutzbriefe 71 | 175^{36}, 197^{148}
P.Schutzbriefe 98 | 50^{138}, 194^{128}
P.Select. 20 | 21^{108}
PSI I 34 | 15^{70}
PSI I 43 | 20^{104}, 31^{18}, 32^{23}
PSI I 47 | 128^{43}, *251*
PSI I 52 | 21^{108}
PSI I 80 | 68^{251}
PSI I 96 | 38^{57}, 41^{80}
PSI III 191 | 94^{58}

PSI III 238 | 59^{191}, 91^{31}, 92^{42}, 101
PSI III 279 | 42^{88}
PSI V 474 | 142^{121}, 149^{174}
PSI VIII 953 | 99^{91-92}
PSI VIII 954 | 22^{113}
PSI VIII 956 | 99^{92}
PSI VIII 957 | 43^{102}, 93^{51}
PSI XIII 1309 → Ch.L.A. XLII 1226
PSI XIII 1342 | 159^{243}, 159^{245}, 205^{11}
PSI Congr. XVII 18 | 36^{48}, 38^{56}
PSI Congr. XVII 28 | 34^{37}
P.Sorb. II 69 | 42^{89}, 67^{246}, 154^{210}, 161^{254}, 164^{281}, *253*
P.Sorbonne inv. 2277 | 122^{4}
P.Sorbonne inv. 2488 | 141^{111}, 153^{201}, 209^{24}
P.Stras. III 152 | 15^{65}
P.Stras. IV 247 | 90^{17}, 99^{94}
P.Stras. IV 255 | 31^{16}, 153^{207}
P.Stras. V 468 | 137^{91}
P.Stras. VII 640 | 124^{16}, 124^{18}
P.Stras. VII 677 | 67^{246}, *253*
P.Stras. VIII 712 | 15^{70}
P.Stras. VIII 735 | 154^{211}
P.Stras. IX 875 r | 149^{176}
P.Stras.Copt. 13 | 33^{25}, 44^{108}, 209^{22}
P.Stras.inv. Kopt. 114 | *209^{23}*
P.Turner 44 → P.Sakaon 44
P.Vars. 32 | 41^{78}, 67^{249}, *253*
P.Vet.Aelii 10 | 54^{155}
P.Vindob. G 1392 | 36^{48}
P.Vindob. G 5168 | 41^{82}, 159^{244}, 165^{288}
P.Vindob. G 15162+20732 | 43^{101}
P.Vindob. G 16212 | 36^{48}
P.Vindob. G 20810 | 42^{90}
P.Vindob. G 40865 | *61–62*
P.Vindob. G 48051 | 136^{78}
P.Vindob. G 57141 | 36^{48}
P.Vindob. K 4718 | 86^{380}

P.Vind.Sijp. 11 | 15^{70}
P.Vind.Tand. 16 | 40^{75}, 42^{89}, 219^{67}
P.Vind.Tand. 18 | 166^{289}
P.Vind.Tand. 31 | $75^{311-312}$, *253*
P.Vind.Tand. 34 | 31^{17}
P.Vind.Worp 13 | 215^{50}
P.Wash.Univ. II 87 | 67^{244}
P.Wash.Univ. II 89 | 150^{182}, 154^{210}
P.Wash.Univ. II 101 | 74^{302}
P.Wisc. II 67 | 165^{288}, 166^{291}
P.Worp 61 | 238^{35}, *240*
P.Worp 62 | 187^{109}
P.Würzb. 19 | 19^{87}
SB I 4776 | 67^{247}, 67^{249}, *253*
SB I 4829 | 88^1
SB I 4877 | *233–234*
SB I 4880 | 141^{113}, *254*
SB I 4895 | 141^{113}
SB I 4929 | 205^{11}
SB I 5326 | 146^{146}
SB I 5640 → P.Lond. IV 1408
SB III 6704 | 16^{72}
SB III 7036 | 92^{39}, 93^{45}, *101–102*
SB III 7241 | 219^{66}
SB V 7758 | 31^{18}, 32^{23}
SB V 8942 → P.Stras. III 152
SB VI 9144 | *236–237*, *254*
SB VI 9167 → P.Cair.Isid. 62
SB VI 9399 | 127^{36}
SB VI 9400 | 127^{35}, $144^{132-133}$
SB VI 9578 | 67^{249}, $75^{309-310}$
SB VI 9595 | 154^{221}
SB VI 9608 | *143^{130}*
SB VI 9616 | 89^{11}
SB VIII 9750 | 43^{97}, 67^{249}, 76^{313}, 162^{261}
SB VIII 9753 | 130^{48}
SB VIII 9758 | 143^{126}
SB X 10257 | 20^{101}
SB XII 10810 | 162^{260}

SB XII 10891 → P.Oxy. XLIV 3205
SB XII 10926 | 67^{244}
SB XII 10937 → P.PalauRib. 18
SB XIV 11377 → BGU XIX 2783
SB XIV 11614 | 36^{45}, 201^1
SB XIV 12051 | 15^{69-70}
SB XIV 12194 | 3^7, 227^{106}
SB XVI 12264 | 161^{254}
SB XVI 12266 | 153^{206}
SB XVI 12267 | 42^{86}
SB XVI 12324 | 66, 205^{11}, *220–221*
SB XVI 12370 | 164^{282}
SB XVI 12397 → P.Gen. IV 172
SB XVI 12480 | 67^{247}
SB XVI 12485 | 166^{290}
SB XVI 12542 | 89^{12}, 95^{63-64}
SB XVI 12554 | $22^{112-113}$, 22^{116}, *254*
SB XVI 12629 | 65^{234}
SB XVI 12692 | 65^{234}, 202^2
SB XVI 13037 → P.Gen. IV 190
SB XVI 13081 | 32^{21}, 150^{181}, 155^{222}
SB XVIII 13148 | 19^{92}
SB XVIII 13778 | 142^{118}, 149^{173}, 173^{23}
SB XVIII 13898 | 148^{158}
SB XVIII 13928 | 31^{19}, 33^{34}
SB XX 14076 | 98^{89}
SB XX 14119 | 45^{115}
SB XX 14236 | 78^{328}, *254*
SB XX 14443 | 8^{26}
SB XX 14469 | 154^{212}
SB XX 14586 | 153^{207}
SB XX 14607 | $75^{311-312}$, *254*
SB XX 14702 | 155^{224}
SB XX 14703 | 67^{244}
SB XX 14705 | 92^{38}
SB XX 14964 | 20^{104}
SB XX 14972 | 143^{124}, 155^{226}
SB XX 15013 | 164^{282}
SB XX 15015 | 164^{282}

SB XX 15016 | 164^{282}
SB XX 15018 | 47^{124}
SB XX 15019 | 90^{17}, 92^{43}
SB XX 15095 | 127^{37}
SB XX 15186 | 77^{325}
SB XXII 15318 | 15^{63}
SB XXII 15368 | 94^{53}, 101
SB XXII 15471 | 71^{282}
SB XXII 15477 | 45^{116}
SB XXII 15492 | 43^{96}, 161^{257}
SB XXII 15493 | 15^{70}
SB XXII 15495 | 161^{254}
SB XXII 15598 | 151^{187}
SB XXII 15618 | 15^{70}, *23–24*
SB XXII 15620 | 150^{181}, 153^{202}
SB XXII 15711 → P.Lond.Copt. 1079
SB XXIV 16016 | *239*
SB XXIV 16017 | *239*, 240^{47}
SB XXIV 16018 | *239*
SB XXIV 16019 | 186^{99}, 187^{107}, 188^{112}, 237–238, *239*
SB XXIV 16020 | *239*
SB XXIV 16021 | *239*
SB XXIV 16022 | *240*
SB XXIV 16023 | *240*
SB XXIV 16024 | *240*
SB XXIV 16025 | *240*
SB XXIV 16026 | *240*
SB XXIV 16027 | *239*
SB XXIV 16028 | *239*
SB XXIV 16029 | *240*
SB XXIV 16030 | *240*
SB XXIV 16144 | 67^{246}, *255*
SB XXIV 16211 | 100^{98}
SB XXIV 16219 | 77^{321}, 77^{326}, 216^{54}, *255*
SB XXIV 16222 | 89^{10}
SB XXIV 16312 | 89^{15}
SB XXVI 16342 | 42^{89}

SB XXVI 16343 | 41^{78}, *255*
SB XXVI 16344 | 42^{90}
SB XXVI 16345 | 43^{97}
SB XXVI 16346 | 41^{78}
SB XXVI 16348 | 41^{78}, 67^{249}
SB XXVI 16350 | 43^{103}
SB XXVI 16351 | 36^{48}
SB XXVI 16352 | 42^{95}, 159^{242}, 165^{283}, 250
SB XXVI 16353 | 43^{97}
SB XXVI 16354 | 42^{92}, 68^{258}
SB XXVI 16355 | 41^{78}
SB XXVI 16356 | 37^{54}
SB XXVI 16357 | 42^{89}, 127^{37}
SB XXVI 16358 | 41^{77}, 46^{122}, 145^{141}, 150^{183}, 154^{219}
SB XXVI 16359 | 159^{242}
SB XXVI 16518 | 165^{283}
SB XXVI 16523 | 142^{122}
SB XXVI 16584 | 27^{139}, 42^{88}, 44^{105}, 46^{121}, 171^{10}, 176^{46}, 182^{76}
SB XXVI 16702 | 41^{84}
SB XXVIII 17224 | *255*
SB Kopt. I 30 | 252
SB Kopt. I 242 | 84^{365}
SB Kopt. II 857 | 88^{1}
SB Kopt. II 906 | 197^{149}
SB Kopt. II 914 | 84^{365}
SB Kopt. II 936 → O.Vind.Copt. 49
SB Kopt. II 946 → P.KRU 10
SB Kopt. II 954 → P.KRU 74
SB Kopt. II 1238 | 175^{40}
SB Kopt. III 1262 | 83^{356}
SB Kopt. III 1309 | 125^{24}
SB Kopt. III 1325 → P.Köln. X 426
SB Kopt. III 1368 | 183^{85}
Sel.Pap. II 294 → P.Oxy. IX 1204
SPP III^2 1 | 144^{134}, 148^{166}
SPP III^2 2 | 144^{134}, 148^{166}
SPP III^2 3 | 144^{134}

SPP III² 4 | 144¹³⁴
SPP III² 5 | 144¹³⁴, 148¹⁶⁶
SPP III² 6+74 | 144¹³⁴, 148¹⁶⁶
SPP III² 7 | 146¹⁴³, 146¹⁴⁹
SPP III² 8 | 144¹³⁴, 146¹⁴⁷
SPP III² 9 | 144¹³⁴, 148¹⁶⁶
SPP III² 12+13 | 144¹³⁴
SPP III² 14 | 144¹³⁴
SPP III² 15+20+76 | 161²⁵⁴
SPP III² 16 | 144¹³⁴
SPP III² 17 | 142¹²², 143¹²³, 148¹⁶⁴
SPP III² 22+84 | 144¹³⁴, 148¹⁶⁶
SPP III² 29+75 | 146¹⁴⁶
SPP III² 34 | 146¹⁴⁶
SPP III² 36 | 144¹³⁴
SPP III² 37 | 146¹⁴⁶
SPP III² 40 | 138⁹⁵, 146¹⁴⁵
SPP III² 66 | 148¹⁶²
SPP III² 70 | 144¹³⁴
SPP III² 71 | 144¹³⁴, 148¹⁶⁶
SPP III² 72 | 144¹³⁴, 148¹⁶⁶
SPP III² 78 | 161²⁵⁴
SPP III² 82 | 144¹³⁵, 147¹⁵³, 148¹⁶⁶
SPP III² 82bis | 144¹³⁴, 148¹⁶⁶
SPP III² 89 | 90¹⁷, 92⁴³
SPP III² 90 | 144¹³⁴, 148¹⁶⁶
SPP III² 91 | 144¹³⁴, 148¹⁶⁶
SPP III² 92 | 144¹³⁴, 148¹⁶⁶
SPP III² 95 | 31¹⁸, 32²³, 153²⁰³
SPP III² 185 | 128⁴¹
SPP III² 201 | 151¹⁸⁶, 151¹⁸⁸
SPP III 261 | 67²⁴⁷, *256*
SPP III 300 | 164²⁸¹
SPP III 310 | 41⁷⁸
SPP III 354 | 162²⁶⁴
SPP III 356 | 77³²³, *256*
SPP III 371 | 163²⁷⁶
SPP III 399 | 161²⁵⁵, 162²⁶²

SPP III² 578 | 127³⁷⁻³⁸
SPP III 617 | 161²⁵⁴
SPP III 634 | 143¹²³
SPP V 101 | 150¹⁷⁸
SPP V 120 | 15⁶⁷, 15–16⁷⁰
SPP VIII 741 | 126³⁰
SPP VIII 835 | 143¹²⁶
SPP VIII 846 | 143¹²⁸
SPP VIII 866 | 143¹²⁶, 149¹⁷¹
SPP VIII 989 | 166²⁸⁹
SPP VIII 1050 | 166²⁸⁹
SPP VIII 1052 | 94⁵⁵
SPP VIII 1215 | 88¹, *256*
SPP VIII 1299 | 126³⁰
SPP X 5 | 162²⁶⁵
SPP X 61 | 143¹²⁴
SPP X 102 | 40⁷⁵, 219⁶⁷
SPP X 127 | 78³²⁷, *256*
SPP X 128 | 147¹⁵⁶, *256*
SPP X 138 | 9³⁴, 89⁸, 101, 130⁴⁹, 163²⁶⁷
SPP X 146 | 77³²⁴, *257*
SPP X 162 | 143¹²⁶
SPP X 220 | 77³²⁷, 132⁶¹, *257*
SPP X 250 | 77³²⁴, *257*
SPP XX 96 | 154²¹¹
SPP XX 106 | 59¹⁹⁵, 59¹⁹⁷
SPP XX 110 | 16⁷¹
SPP XX 146 | 43¹⁰⁰
SPP XX 212 | 69²⁶⁰
SPP XX 234 | 91²⁵, 102, *257–258*
SPP XX 237 | 77³²⁴, *258*
SPP XX 254 | 128⁴⁴, 163²⁷¹
SPP XX 255 | 99⁹⁷
SPP XX 268 | 143¹²⁴
VBP IV 95 | 124¹⁸
WO 1224 | 27¹³⁹, 42⁸⁸, 171¹⁰, 182⁷⁸

2. Inschriften und Siegel

DBMNT Nr. 515 | *117–119*
Ebersolt 1914, Nr. 435 | 104[118]
Ebersolt 1914, Nr. 436 | 104[118]
I.Adramyt. 32 | 104[115]
I.Anazarb. I 649 | 103[111]
I.Cor. VIII/3 604 | 103[112]
IGLS IV 1908 | 29[3]
I.Khartoum Greek 21 | 117[195], 119
I.Kyzik. 201 | 51[141]
I.Lips.Kopt. 58 | 115[183], 119
I.Side 163 | 105[121]
Laurent 1952, Nr. 320 | 108[143]
Lefebvre *Rec.* 62 | 100[99]
MAMA I 11 → SEG 34, 1375
MAMA III 447 | 104[113]
MAMA VIII 318 | 51[142]
Ὀρλάνδος–Βρανούσης 1973, Nr. 8 108[141]
Πάλλας–Ντάντης 1979, Nr. 72 105[122]
SB Kopt. III 1602 → I.Lips.Kopt. 58
SB Kopt. III 1645 | 115[183], 119

Schlumberger 1884, S. 543–544 108[144]
Schlumberger 1900, Nr. 184 | 104[119]
Schlumberger 1905, Nr. 267 | 104[116]
SEG 18, 624 | 90[15], 103[105]
SEG 27, 570 | 105[120]
SEG 29, 250 | 103[110]
SEG 29, 1530 → SEG 37, 1348
SEG 29, 1687 | *255–256*
SEG 33, 1299 | 103[106]
SEG 34, 1375 | 51[142]
SEG 36, 1172 | 103[107]
SEG 37, 1348 | 104[114]
SEG 39, 704 | 51[143]
SEG 45, 1373 | 104[117]
SEG 48, 1025 | 51[143]
SEG 52, 747 | 51[143]
SEG 53, 2132/40 | 104[116]
TAM V 1, 822 | 51[140]
Zacos–Veglery 1972, Nr. 1415 104[116]

3. Byzantinische Urkunden des Mittelalters

A.Ivr. I 10 | 110[156–158]
A.Ivr. I 30 | 111[166]
A.Ivr. II 52 | 111[167]
A.Ivr. II 53 | 111[168]
A.Lavr. I 6 | 108[142]
A.Lavr. I 14 | 108[142], 111[161]

A.Lavr. I 37 | 111[162]
Svoronos 1959 | 111[164]
Typ.Mon.ChPa. | 112[171–174]
Wilson–Darrouzès 1968, Nr. 4 111[160]

4. Literarische und juristische Texte

Besa, frag. 41 | 127[39]
Chalon 1964 | 54
C.Th. | 13[56], 18[81], 126[32]
Cyr.S. *v.Euth.* | 52[147]
Cyr.S. *v.Jo.Hes.* | 105[127]

Cyr.S. *v.Kyr* | 52[147]
Gr.Syc. *v.Thdr.Syc.* | 105[124], 107[137], *226–227*
Hist.mon. | *47–51*
Hist.mon.lat. | 49[136], 229[113]

Leon.Neap. *v.Sim.Sal.* | 52[146], 226[102]
Lib. *Or.* XLVII | 224[90]
Mal. | 105[123]
Mich.Glyk. *Keph.* LXI | 52[148]
Mir.Artem. | 105[125]
Nissen 1938 | 228[110]
Philoth. *Klet.* | 109[152], 110[154]
Ps.-Gregent. *Disp.* | 109[149–151]
Schol. Bas. | 106[129]
Soz. *h.e.* | 55, 115[185]

Suid. | 29[5]
Syntagma II | 107[139], 108[140]
Thdr.Stud. *ep.* | 108[146]
V.Anast. | 105[126]
V.Dan.Sty. | 106[130]
V.Dan.Sty.metaphr. | 106[131]
V.Eustr. | 109[147]
V.Matr. | 107[133]
V.Pelag.Ant. | 106[128]

Sachindices

Bei den geographischen Indices, Beamten, Berufen, Ehrenepitheta und diversen Personenbezeichnungen wurde – von wenigen Ausnahmen abgesehen – Vollständigkeit angstrebt; bei den Personennamen und sonstigen Stichwörtern wurde eine engere Auswahl getroffen. Wegen der Fülle der Angaben werden Bindestriche nicht auf übliche Weise verwendet, d.h., dass die indizierten Stichwörter auf diesen Seiten nicht immer durchgehend erwähnt bzw. besprochen werden. Weder antike, noch moderne Zitate wurden systematisch berücksichtigt. Zu den einzelen Stichwörtern wurden auch einschlägige Adjektive wie z.B. „hermopolitisch" oder „ptolemäisch" aufgenommen, die Provenienzangaben der einzelnen Papyri und Inschriften jedoch nur in besonderen Fällen. Bei Wörtern, die sowohl auf Griechisch/Koptisch als auch in Umschrift vorkommen, wurden beide Formen unter einem Eintrag berücksichtigt. Falls ein Wort auf einer Seite zugleich in den Fußnoten und im Haupttext erwähnt wird, sind die letzteren Belege nur dann angeführt, wenn sie eine besondere Relevanz haben. Die Alphabetisierung der Stichwörter erfolgt nach dem Deutschen Alphabet, d.h. z.B. χ = ch.

1. Geographischer Index (Ägypten)

Akutu | 68, 249
Alabastrine | 23–24, 205[11], 213
Alexandria | 100[101]
Ammonos | 15[70]
Anatolien | 223, 227–228
Antaiopolis, Antaiopolites | 45, 164[282], 221
Antinoopolis, Antinoites, Antinoopolites | 32, 45, 85, 87, 122, 124–125, 145, 149[177], 150, 154, 162, 205, 209, 233–234, 246, 251
Apa Pinution, Weiler | 79
Aphrodites Kome, Aphrodito | 1, 3–6, 8, 10–13, 16, 19, 25, 27, 35–37, 41, 43–46, 62–63, 75, 77–78, 81–87, 89, 94, 130[51], 131–133, 135, 145, 149–150, 152, 159–166, 182, 188–189, 198, 200, 204, 207–211, 213, 215–216, 218, 221–222, 224, 231, 236

Apollonos | 242
Apolloniados | 242
Apsempsis | 69
Arcadia, Provinz | 27[142], 170, 205–207, 210, 211
Arsinoites, Arsinoiton Polis, vgl. auch Fayum | 4, 26, 36, 63, 67–68, 75–77, 82, 90–91, 129, 137, 139, 144–147, 154, 156, 205[11], 206–208, 210–211, 232–233, 237, 241–242, 253, 256
Assuan | 230[115]
Babylon | 65, 100, 147
Bala'izah | 158, 160[250]
Bawit | 41, 125, 162[259], 236–238
Bunoi Kleopatras | 16[70]
Bunon | 79[338]
Busiris | 161
Castrum Memnonion → Djeme
Diospolis, Diospolites | 139

Djeme | 3^7, 4–6, 11, 27, 42, 44, 46, 48, 50, 62–63, 73, 75, 82–85, 87, 129–136, 142, 149, 168–200, 204–205, 207–211, 213, 216–217, 222, 226–227, 229, 245, 247
Eikosi | 256
Fayum, vgl. auch Arsinoites | 2^3, 6, 11, 17, 27^{142}, 37, 42, 66, 67^{249}, 76, 77^{326}, 83–87, 129, 135, 147, 156, 202–203, 207–208, 210, 214, 221^{80}, 222, 227, 232^5, 233
Fustat → Babylon
Gadara | 255
Große Oase | 83, 202^6, 208–210
Hephaistias | 139
Herakleopolis, Herakleopolites | 4, 36, 62^{219}, 67–68, 75, 82, 85, 90, 97, 128–129, 132, 136, 206–207, 210–211, 232, 237
Hermonthis, Hermonthites | 134, 170, 180–181, 188, 194–195, 208, 211
Hermupolis, Hermopolites | 4, 6^{20}, 7, 13, 15–16, 24–25, 31–36, 43–44, 46, 62^{219}, 67, 83, 85–87, 92, 99–100, 122, 124–125, 132, 138–140, 148, 150–152, 155–156, 159, 165, 174, 202–203, 205–212, 222, 232–237, 241, 246, 251, 253
Hermupolis Parva | 100
Hibis, Hibites | 139
Hypsele | 81
Ibion | 42, 256
Kaminoi | 26, 241
Karanis | 2^3, 3, 6, 54^{155}, 65, 126–127, 129, 138, 216
Kellis | 138–140
Keramion | 81
Klaudianu | 73, 247
Koba | 41, 165, 250

Koptos | 194
Kosmu | 72
Kussites | 32, 150
Kynopolis, Kynopolites | 67, 69, 90, 97, 205, 211, 248
Kysis | 202^6, 209
Leukiu | 65
Leuku Pyrgu | 15^{70}
Longine | 175, 177
Luxor | 168
Lykopolis, Lykopolites | 24^{125}, 46^{122}, 83, 145, 150, 154, 208
Magdola | 249
Memphis, Memphites | 36, 75, 82, 91, 99, 206^{14}, 258
Mendes, Mendesios | 64, 66
Monoi | 15^{70}
Nagogis | 16^{70}
Ne | 175, 197
Nestu | 146
Nildelta | 4, 64, 100
Oasis Magna → Große Oase
Oxyrhynchos, Oxyrhynchites | 3–4, 6–8, 10–11, 13, 21–24, 26, 31–36, 38–40, 46, 48, 54^{155}, 56, 62^{219}, 65–67, 69, 74, 82, 84^{365}, 90, 97, 99, 139–140, 150, 152, 161, 174, 182, 193, 198, 202–208, 210–211, 221–222, 227, 232, 242, 244, 248, 254
Pakauneos | 81
Pakerke | 74, 127
Palosis | 221
Paneuei | 56, 65
Panopolis | 211
Pantiku | 67^{247}
Paplou | 165
Paseei | 240
Patani | 73, 248
Peensamoi | 42

Pege Philosarapidos | 83[359]
Pesla | 157[233]
Philadelphia | 6, 37–38, 202, 215–216, 232–234, 244
Phthla | 166
Pinyris | 68, 95
Pochis | 75
Poraheu | 125
Psychis | 15[70]
Ptemenkyrkis Poimenon | 14–15, 15[70]
Ptythis | 139
Sarapionos Chairemonos | 68, 249
Senesla | 41
Sepho | 65
Sesphtha | 71[278], 161, 163
Silwa | 230[115]
Sinalabe | 16[70]
Skar | 16[70], 88, 241
Skordon | 15[70]
Sobthis | 75
Spania | 12[50], 70, 72, 193
Taamoru | 42
Taekpita | 125
Takona | 19, 33, 39, 56, 69–72, 92, 174
Tamauis | 144, 147
Tampemu | 33
Tampeti | 70, 95

Taut | 175, 178[53], 196
Tche | 174
Techthy | 139
Temseu Skordon | 15[70], 216
Tertempsymbe | 43
Tertenbythis | 15[70]
Terton Psake | 15[70]
Thathis | 16[70]
Theadelphia | 6, 215
Thebais | 27[142], 80, 170, 205, 210–211
Theben | 1, 20–21, 42, 46, 85–86, 111, 133–134, 168, 175, 177, 178[59], 186–187, 193–196, 198, 204–206, 208, 238, 243, 252
Theben-West | 44, 168–170, 174, 179, 182–183, 187, 191, 194, 198, 200, 243[49]
Theodosiopolis, Theodosiopolites | 18[82], 46[122], 145, 150, 154
Thmoinausiris | 41, 159
Thmoinepsi | 41
Thmoinepsobthis | 95
Tholthis | 71–72, 74, 128, 148
Thynis | 15[70]
Timonthis | 16[70]
Trakata | 175
Trake | 177, 195
Wadi Sarga | 83

2. Geographischer Index (außerhalb Ägyptens)

Anastasiupolis | 226
Anazarbos | 103
Ankara | 226
Apokumis | 226
Athos | 110–111
Attika | 103, 105
Bithynien | 107
Chalkis | 105

Chaprea | 132
Cherson | 103
Dongola | 117, 119
Elusa | 133[63]
Emesa | 52
Euboia | 105
Hambukol | 117, 119
Heliupolis | 107

Iopolis → Heliupolis
Iustinianopolis → Anazarbos
Jemen | 109
Jerusalem | 105, 230
Kaisareia | 105
Kalabscha | 115, 119
Kamarina | 104
Kilikien | 103
Kleinasien | 36, 51–52, 104–105, 110, 188[111]
Konstantinopel | 43, 105, 121
Korinthos | 103, 105
Korykos | 103
Kyzikos | 51
Libanon-Gebirge | 52
Lydien | 51
Lykaonien | 51
Mykale | 110
Negev-Wüste | 223
Nessana | 130, 132–133, 135, 222–224, 226–227
Nobatia | 115–117, 119
Oriens, Präfektur | 203
Paiania | 103
Palästina | 7[22], 52, 103, 105, 114, 130–132, 135, 216, 223–224, 226[101], 227–228
Pamphylien | 105
Parthenon | 108
Phanagoria | 51
Prusa | 108
Qasr Ibrîm | 117–119
Side | 105
Sinope | 103
Sizilien | 104–105, 108, 111, 116[191]
Syrien | 29, 51–52, 175[39], 188[111], 223–228
Tarsos | 104
Tiberias | 103, 105
Vatonia | 110

3. Ausgewählte Personen

Abraham, Bischof von Hermonthis 195–197, 199
Andreas, Dorfschreiber von Tamauis 144–149, 156
Apionen | 3, 7–8, 10, 18–19, 21–25, 33, 39–40, 42, 58, 60, 67–71, 74–75, 82, 90–96, 99, 107, 120, 163, 174, 204[10], 205, 212, 222, 254
Flavius Strategios II | 74
Flavius Strategios Paneuphemos 89–90, 92–93
Apollos, Vater des Dioskoros von Aphrodito | 44, 209
Aristophanes, Sohn des Ioannes, Schreiber | 172[15], 173[25], 186, 188[113], 190
Aurelius Isidoros | 54[155], 65, 216
Basileios, διοικητής von Aphrodito 11, 62, 78–82, 131, 133, 135
Titulatur des ~ | 62, 131, 135
Chael, Sohn des Psmo, Laschane und διοικητής in Djeme | 133–134, 135[73], 181, 184
Diokletian | 2, 4, 15–18, 24[124], 32, 37, 52, 64, 66, 82, 201, 222[84], 223, 228, 244, 246
Dioskoros von Aphrodito | 3, 11, 43–44, 89, 166, 209
Dorotheos → Papnuthis und Dorotheos
Elisaios, Laschane | 181[71]

Flavius Atias, Pagarch, dux | 27¹⁴², 77
Flavius Ioannes, Pagarch des Arsinoites | 237
Flavius Ioannes, Pagarch des Hermopolites | 235–236
Flavius Merkurios, Pagarch des Hermopolites | 234–235
Flavius Strategios II → Apionen
Flavius Strategios Paneuphemos → Apionen
Flavius Theodorakios, Pagarch des Arsinoites | 237³²
Ḫālid b. Yazīd | 77³²⁶
Komes, Sohn des Chael, διοικητής von Djeme | 133, 181⁷¹, 245

Kyriakos, Schreiber | 185–186
Neilos, Gnoster | 151
Papnuthis, Archiv des ~ und Dorotheos | 31, 65, 157–160, 162–167
Patermuthios, σιδηρουργός bzw. Archiv des ~ | 237–240
Pisentios, Bischof | 177, 194–195
Qurra b. Šarīk | 78–81, 131–132
Rāšid b. Ḫālid | 237
Senuthios, bzw. ~ -Archiv | 43, 154
Theodor von Sykeon | 105, 107, 223, 226
Viktor, Verwalter der Apionen, ~ -Dossier | 55, 68, 72–73, 91, 95–98, 99⁹³, 101–102

4. Beamte, Berufe, Ehrenepitheta, diverse Personenbezeichnungen

adiutor | 157
ἀγροφύλαξ → Wächter, bzw. Feldwächter
ἀμῆρας | 228¹¹⁰
ἀμφοδοκωμογραμματεύς → Dorfschreiber
ἀναγνώστης | 138⁹⁶
ἄνδρες ἔντιμοι | 226
ἀντιγεοῦχος | 58, 72, 89–91, 95–97, 249
ἀπαιτητής | 2⁷, 75
ⲁⲡⲉ | 20, 43–44, 56, 84–87, 92, 124, 128–129, 133, 143, 159²⁴², 171, 173–175, 178–179, 181, 184–188, 190, 193, 204–205, 207–208, 211, 234–238, 242
~ ⲛⲍⲟⲩⲣⲓⲧ | 84, 177⁵¹
Arbeiter | 19, 22, 73, 81, 109, 133, 178, 191, 200, 217
ἀρχιερεύς | 83³⁵⁸, 122–124, 232–234
ἀρχιυπηρέται | 144

Archimandrit | 73–74, 182⁷⁴, 252
ἀρχιμειζότερος → μειζότερος
ἀρχιπρεσβύτερος → πρεσβύτερος
ἀρχισύμμαχος → σύμμαχος
ἀρχιτρικλίνιος | 118
ἄρχων | 29, 189¹¹⁵, 224, 236
~ in der Nähe von Antiochia 224
~ in Djeme 189¹¹⁵
~ in Nessana 224
Bischof | 52, 103, 109, 116, 118, 138⁹⁶, 177, 194–199
βοηθός | 40–43, 45, 65, 68, 70–72, 76, 89, 93–95, 128, 130, 155, 157–167, 201, 203–204, 212, 221, 248, 250
~ κώμης | 157–167, 203, 250
~ κωμοκατοίκων | 161
~ λογιστηρίου | 157
~ λόγου χρυσαργύρου | 161
~ τῶν δημοσίων κώμης Ἀφροδίτης | 161, 166

~ von Klöstern 160, 162²⁵⁹
bucellarii | 53, 57–59, 63, 92–93, 96, 98
capitularius → κεφαλαιωτής
χαρτουλάριος | 59, 68–69, 72, 89, 91, 93–96, 117
χρυσουποδέκτης | 3⁷
χρυσώνης | 86
clarissimus → λαμπρότατος
colonus adscripticius → ἐναπόγραφος γεωργός
comes → κόμες
curator | 89, 96, 109–110
curialis | 13⁵⁶, 26, 99, 158
ⲇⲁⲩⲕⲁⲧⲧ- | 118
δεκαδάρχαι | 225
δεκάπρωτοι | 225
devotissimus → καθωσιωμένος
Diakon | 40, 74, 77, 100, 118, 119²⁰⁵, 125, 149¹⁶⁸, 154, 195, 235
~ in | 105
διαστολεύς | 154
διοικητής | 38, 39⁶³, 62–63, 68–69, 71–72, 79–89, 91, 93, 95, 99, 125, 129–135, 163, 171, 173, 180–185, 188–192, 199, 204, 208, 211, 219, 224, 245, 257
Dorfschreiber | 43, 68, 136–157, 165, 173, 199, 201, 203–205, 208, 211, 220, 249
ἀμφοδοκωμογραμματεύς | 137
γραμματεύς κώμης | 136, 138–144, 147–148, 153, 155–156, 173, 201, 204–205
kātib alqarya | 138
κωμογραμματεύς | 29, 33, 38, 136–142, 148, 155–156, 217
ὁ τῆς κώμης πραγματικός | 137, 140

ⲥⲁⲍ ⲛ̄ϯⲙⲉ | 136, 138, 156, 173, 204, 208
dux | 18⁸², 27, 76–77, 89, 170, 191
~ et Augustalis Arcadiae | 207
~ et Augustalis Thebaidos | 206
eikshil | 118
Eirenarchen | 41, 74, 126, 128, 146–147, 251
εἰρηνοποιοὶ ἄνδρες | 227
ἐλάχιστος | 138⁹⁶
ἐναπόγραφος γεωργός, s. auch μείζων 3, 9–10, 23, 70, 221
ἐνδοξότατος | 77, 122⁴, 134, 236–237
Eparch → praefectus urbi
eparchos, in Nubien | 116–117, 119
ἐπικείμενος | 136
ἐπιμελητής | 88
~ τῶν ζῴων | 65
εὐδοκιμώτατος | 43, 134
εὐκλεέστατος | 184⁸⁸, 192
ἔξαρχος | 117
γεωμέτρης | 36, 64, 93, 153
δημόσιος ~ | 153
γεωργοί, s. auch ἐναπόγραφος γεωργός | 22–24, 213
βασιλικοὶ ~ | 17
δημόσιοι ~ | 17–18, 23–24
gloriosissimus → μεγαλοπρεπέστατος
γνωστήρ | 32²⁴, 140–141, 145, 149–156, 165, 205, 209–211, 234, 246, 249
~ als Identitätszeuge | 140, 149, 150¹⁷⁸, 155
~ ἀμφόδου | 150¹⁷⁸, 150¹⁸², 151–152
~ πόλεως | 151
συντεχνία der ~ες | 150, 152

γραμματεύς, vgl. auch Dorfschreiber 93, 130, 141, 146[144], 156
γραμματεύς κώμης → Dorfschreiber
ἡγούμενος τῆς κώμης | 136
ἱερεύς | 32, 83[258], 122–125, 132, 174, 205, 210–212, 232–237
ἀρχ~ | 83[358], 122–124, 232–234
Hirte | 16[72], 19, 25, 45[116], 68, 71, 88, 92, 159, 163, 248–249
ὁ ἐπὶ τοῦ εἰδικοῦ λόγου | 109
οἱ τὰ πρῶτα τελοῦντες πρεσβευταί 226
ὁριοδείκτης | 36, 63–65
ὁρισταὶ τοῦ ἐποικίου | 3[7], 227
ὁ τῆς κώμης πραγματικός →
  Dorfschreiber, κωμογραμματεύς
ὑποδέκτης | 75, 79, 146–147, 211[29]
ⲅⲟⲩⲣⲓⲧ → Wächter
illustris | 68, 89
καθεδράριος | 228[110]
καθωσιωμένος | 59, 91, 101
kātib alqarya → Dorfschreiber
κελλάριος | 112
κεφαλαιωτής | 20, 57–58, 76, 84, 125–129, 144, 179[63], 204, 240
  ~ Ἰουδαίων | 126
  ~ τοῦ ἀναλώματος | 76, 127–129, 204, 240
Kleriker → Priester
Klostervorsteher | 84, 122[4], 136, 172, 197, 199, 252
Komarch | 20[104], 22, 26, 29–40, 44, 46, 63–66, 69, 71, 85–86, 136–137, 139, 149, 153–154, 159, 165, 174, 201–203, 205–207, 209–211, 215, 217, 218[62], 220, 225, 229, 244
κόμες | 68, 89, 90[17], 91, 101, 104–105, 225
κωμογραμματεύς → Dorfschreiber

κωμοκάτοικοι, s. auch βοηθός | 25, 161
κτήτωρ | 25, 45[116], 66, 74, 149, 220[74]
Lagerverwalter, s. auch κελλάριος 146
λαμπρότατος | 43[99], 91, 96, 101, 134, 181[71], 184
Landbesitzer, s. auch κτήτωρ | 8, 10, 19, 20[100], 25, 66[241], 74, 78, 92–93, 101, 124, 149, 193, 218, 220, 224, 227
λασᾶνι → ⲗⲁϣⲁⲛⲉ
ⲗⲁϣⲁⲛⲉ | 44, 46, 50, 56, 78, 80–85, 87, 124, 129, 133–134, 171, 173–185, 187–192, 194–200, 203[6], 204, 207–209, 211
λασᾶνι | 124
λέσωνις | 83–84, 124
  Paare von ~ | 171, 173, 175–176, 178, 179[59], 184, 195
λέσωνις → ⲗⲁϣⲁⲛⲉ
maior domus, s. auch μειζότερος 55, 62–63, 105[123], 113–116, 118, 120, 182–183, 229, 241, 246, 250
maiorissa | 113[175]
μανδατάριοι | 144
Matrose | 80–81
māzūt | 62–63, 182, 185, 211, 218[63]
μεγαλομειζότερος → μειζότερος
μεγαλοπρεπέστατος | 91, 94, 96, 101, 241
μέγας → μειζότερος
meizodomestikos | 117
μείζων | 10, 26, 30–36, 38–39, 46, 48, 53–57, 62–84, 95, 104[115], 115, 117, 120, 125, 128, 131–132, 147, 149, 163, 172, 174, 182–183, 185, 187–189, 193, 201–204, 206–208,

210–211, 221, 226¹⁰¹, 232, 240–242, 246–250, 256, 258
~ als ἐναπόγραφος γεωργός | 10, 70
προ~ | 115, 116¹⁹¹
μειζ(ο)ναύαρχος | 117
μειζοτέρα | 53¹⁵⁰, 90¹⁵, 103, 106–107, 113–114
μειζότερος, s. auch *maior domus, maiorissa*, μειζοτέρα | 5, 53–63, 70, 72, 77³²⁷, 78³³⁰, 88–121, 163, 182–185, 187–189, 204, 229, 241, 246–247, 250, 256
ἀρχι~ | 117–119
δεύτερος ~ | 91
ehemaliger ~ | 59–61, 94, 98–99, 105, 246
μεγαλο~ | 108, 116¹⁹¹
μέγας | 59–61
~ als Familienname | 108, 111, 113, 121
~ τῶν Ἐλευθερίου | 110
~ τῶν ἐργοδοσίων | 109
προ~ | 116–117
πρωτο~ | 116–117, 119
Mönch | 42⁸⁶, 47, 52, 111, 160, 168, 191–194, 197–198, 226
mr šn | 83, 124
ναύαρχος | 117, 119
νεώτερος → *bucellarius*
nomicarius | 66²⁴¹, 220
ⲛⲟϭ ⲛⲣⲱⲙⲉ/ⲛϣⲏⲣⲉ | 135, 172–174, 179, 182, 192, 204, 209, 227
νοσοκόμος | 112
Notar | 60, 76, 146, 153, 156–157, 173
νοτάριος | 117
Nyktostratege | 151–152
οἰκέτης | 89–90, 106, 109¹⁵⁰
οἰκοδεσπότης | 227

οἰκονόμος | 107, 143, 183
Pagarch | 8–9, 12–13, 26–27, 45, 62–63, 72, 75–79, 81, 85³⁶⁹, 90¹⁷, 99⁹³, 100, 124, 130–131, 133–136, 158²³⁶, 160–162, 164, 170, 180–181, 184⁸⁸, 185, 188, 190–191, 200, 204, 219, 234–237
παιδάριον | 54, 57, 59–61, 63, 88, 91, 93, 99
patricius | 89, 90¹⁷
φροντιστής | 94⁶⁰, 110, 128, 163, 189¹¹⁵
φύλαξ → Wächter
praefectus Aegypti | 203
praefectus Augustalis | 203
praefectus urbi | 105
praepositus pagi | 158, 160–161, 164, 216, 221
praeses | 89–90, 94, 206
~ *Thebaidos* | 89
praetor | 111
πραγματευταί | 3⁷
πράκτωρ | 15, 111, 150¹⁷⁸
πρεσβύτερος | 17, 26, 41–42, 114, 132, 136, 159, 183, 227¹⁰⁶
ἀρχι~ | 183, 236³¹
~ als Dorfvorsteher | 63²²⁴
πρωτο~ | 227¹⁰⁶
Priester, Kleriker, vgl. auch πρεσβύτερος, | 3, 26, 33, 40, 42, 44, 74, 83, 107, 110, 122, 124–125, 132, 138⁹⁶, 143, 149, 171, 174, 183, 190–193, 195, 198, 204, 209, 227¹⁰⁶, 228
primarius vici | 229
primikerios | 116
prior | 134, 229
προμείζοτερος → μειζότερος
προνοήτης | 68, 71–72, 92, 95, 110, 127³⁹, 189¹¹⁵, 246

πρόοικος | 226–227
πρωτεύων | 78, 135, 218[61], 223–224
protodomestikos | 116–117
πρωτοκωμήτης | 25, 29–53, 63–64, 67, 69, 83–86, 125, 143, 145, 149, 154, 159–160, 162, 165, 171, 173–174, 180–182, 185, 188, 201–211, 218[62], 223–227, 229, 244, 250, 252
συν~ | 37
πρωτομειζότερος → μειζότερος
πρωτοπρεσβύτερος → πρεσβύτερος
πρῶτος, Titel für Klostervorsteher 182[74], 252
quadrarii | 203
qubbāl | 162[259]
riparius | 9[33], 12, 58, 151, 158
ⲥⲁϩⲟ | 138[96]
ṣāḥib al-Išqauha | 131
ⲥⲁϩ ⲛ̄ⲧⲙⲉ → Dorfschreiber
šaiḫ | 230[115]
scholasticus | 250
Schreibgehilfe, Schreibhelfer | 65, 149[168], 153, 171
scriniarius | 74
senior, Dorfvorsteher | 229
σιδηρουργός | 237
σιτολόγος | 66, 153–154, 159, 205, 234

Staatsbauer → γεωργοί
στρατηγός, Dorfbeamter | 171, 173, 178, 180–181, 185–188, 204, 211, 237, 243
σύμμαχος | 69, 72, 85[370], 128, 144, 146
ἀρχι~ | 72, 85[370]
συνπρωτοκωμήτης → πρωτοκωμήτης
συντελεστής | 25, 45[116]
συστάτης φυλῆς | 152
τελωνάρχης | 144
tesserarius | 65, 203
θαυμασιώτατος | 43, 145, 149, 166
τιμιώτατος | 43, 134, 166, 171, 175, 181[71], 184, 214[46], 250
Tribun | 58–59, 72, 95
'umda | 230[115]
Wächter | 69, 80, 84, 131, 144, 177, 208
Feld~ | 16[72], 19, 25, 33, 38, 71
ϩⲟⲩⲣⲓⲧ | 177[51], 208
ⲁⲡⲉ ⲛ~ → ⲁⲡⲉ
Tor ~ | 93, 144
~ in Aphrodites Kome bzw. Aphrodito | 16[72], 19–20, 25, 80
ζυγοστάτης | 162

5. Sonstiges

Abbasiden | 4, 28, 134, 167, 190, 211, 219
Araber | *passim*, bes. 27, 63, 81, 101, 131, 167, 188, 206, 211, 219, 235, 251
Sarazene | 81
arabische Eroberung | 4, 7, 32, 35, 63[223], 67, 126[30], 130, 135, 211

Veränderungen der griechischen Terminologie nach der ~ | 7–8, 61–63, 130–131, 182–190, 206–207
Aufteilung der Steuerraten | 66, 153, 172–173, 220–221
μερισμός | 17, 165, 220
~ ἀνακεχωρηκότων | 17

autopractorium | 13
Autopragie | 8–9, 12–14, 16, 37
Berufsamt | 40, 46, 149, 155–156
Berufskorporationen | 16[72], 20, 24, 84, 126, 129, 152
χωρίον | 7–8, 22, 76, 78[327], 92, 131[52], 138, 156, 207, 223, 254, 256–258
consortium | 16, 18[81], 129
~ *vicanorum* → κοινόν
Dorfbeamte *passim*
    Amtsdauer von ~ | 75, 133–134, 136, 148, 155–156, 218
    Beförderung der ~n | 181[71]
    ~ als Priester | 74, 77, 132, 149
    ehemalige ~ | 10, 70, 73–74, 125, 132, 155, 166, 176, 190, 221, 246, 257
    Hierarchie der ~n | 32–33, 65–66, 82, 85–86, 91, 93–94, 120, 136[83], 149, 154, 156, 158–159, 173–175
    Zahl der ~ | *passim*, bes. 29–30, 33–35, 65–66, 68, 70, 75, 82, 86, 134, 148, 175, 184–186, 218
Dorfelite | 17, 25–27, 37–41, 43, 46–48, 50, 52, 61, 66–67, 69, 73–74, 77, 80–81, 100, 120, 135–136, 149, 165–166, 172, 174, 176, 179, 181–182, 190, 193–194, 196, 198–200, 202–204, 211, 214–221, 223–224, 226–229, 231, 244
    Vernetztheit der ~ | 74, 215
Dorfgemeinschaft | *passim*, bes. 16–28, 171–190, 212–222
    ~ in Byzanz | 222–228
    juristische Person der ~ | 19
Dorfversammlung | 218, 220

Ehrentitel | 5, 43, 47, 59, 91, 98, 100–102, 105, 117–118, 134, 145, 149, 166, 175, 184, 210
Epiphanios-Kloster | 168, 174
ἐποίκιον | 7–10, 13, 15–16, 21–25, 73, 76, 79, 122[4], 124–125, 127, 131, 138, 147–148, 156, 174, 205, 211–212, 221, 227, 234–236
    Bedeutung von ~ im Hermopolites | 7, 24–25
    ~ bei den Apionen | 7, 21–23
Eponyme Beamte bzw. Datierung 46, 116, 134, 175, 177[51], 179–180, 182–185, 211
Erbschaft | 13, 73–74, 176, 180, 245, 247
    Erbstreit | 73, 176, 247
    Erbteilung | 74, 176, 180
Flucht, Flüchtlinge, Flüchtige | 9[32], 17, 19, 76[314], 80, 95, 131, 176–177, 197
Fränkisch | 116
Fronarbeit | 86, 133, 147, 178, 191, 200
Gehalt(szahlung) | 94, 97, 112, 144–146
    ~ an Dorfbeamte | 40, 70, 75, 161, 166, 219
Großgrundbesitz(er) | 7–10, 13, 23, 43, 53, 54[154], 57–58, 62, 66, 68–72, 75–77, 82, 86, 88–91, 98–100, 103, 115, 127[39], 128, 130, 141, 148, 151–152, 160, 163, 220–221, 226, 235, 246, 249, 257
Heilige Männer | 191, 195–200, 216, 228
individuelle Steuerhaftung | 27–28, 68, 162, 172, 190, 211
Juden | 73, 109, 126

kollektive Steuerhaftung der ~ 126
κοινόν, κοινότης | *passim*, bes. 16–28
~ bei den Apionen | 21–23
~ τῶν ἀμπελουργῶν | 22, 254
~ τῶν γεωργῶν | 22, 24
~ τῶν γεωργῶν καὶ ἀμπελουργῶν 22
~ τῶν κωμαρχῶν | 22
~ τῶν ὀνομάτων | 21–22
~ τῶν πρωτοκωμητῶν | 25, 39–40, 45[116], 69, 174
~ von Aphrodito | 25
~ von Djeme | 170–200, bes. 171–172; 189, 204
~ von Klerikern | 21
~ von Klöstern | 21
~ von Takona | 19, 39–40, 69, 174, 206
Unterschied zwischen κοινόν und κοινότης | 16[72]
kollektive Steuerhaftung | 2, 7–8, 10, 18, 20, 23–28, 126, 129, 171–172, 201, 203, 211, 216, 220, 224, 228
~ der Juden → Juden
κωμογραμματεία | 137, 140
Konflikte zwischen Dörfern | 71–72, 75, 215
Koptische Termini | *passim*, bes. 82–87
Entsprechungen der ~ auf Griechisch | *passim*, bes. 83–85, 138, 140–141, 181–189, 203–205
Entwicklung der ~ | 208–211
Korruption | 49, 73, 199, 215
κτῆμα | 7, 10, 21–22, 68, 74, 124, 221

Liturgie, Liturgen | 18–19, 21[104], 30, 32, 34–35, 40, 44, 46, 65, 70, 126, 136, 148–152, 154, 156, 201, 216[57], 217–218
~vorschlag | 21[104], 65, 148–149, 151, 156, 217–218
μερισμός → Aufteilung der Steuerraten
μητροκωμία | 13–16
munus | 8–9, 14
Nubien | 5, 108[145], 115–119, 121
οἶκοι | 8, 14, 21, 90, 104, 106
Omayyaden | 28, 132, 135
Ottomanen | 230
Patrone | 50–51, 53, 72, 77, 194, 199–200, 214, 216, 221
πεδιάς | 14–15
Perser, Persische Besatzung | 3[7], 8[26], 27, 105, 206, 210–211, 227[106]
Phoibammon-Kloster | 42, 134, 168–169, 171, 174, 183, 195–197
Phyle | 151–152, 155
Polizeibeamte → Sicherheitsbeamte
πόρος | 34, 217[60], 218
εὔπορος | 219
πρακτορία κώμης | 14–16
Ptolemäer | 4, 17, 23, 29–30, 129, 136, 149, 155, 187, 216
Reformen | 8[26], 15–16, 18, 27–29, 31, 37, 46, 64, 66, 68[250], 82, 130, 137–138, 140, 150, 156–157, 187, 189, 201–202, 206–207, 210, 217, 228
~ im späten 3.–frühen 4. Jh. | 31, 35, 46, 140, 149–150, 156–157, 201
~ des späten 7. Jh.–frühen 8. Jh. 27–28, 189, 207, 211
~ von Diokletian | 2, 15–16, 18, 37, 52, 64, 66, 82, 201, 223, 228

~ von Philippus Arabs | 29, 201
Regionalität | 1–4, 7, 46, 52[149], 67–68, 83–87, 122, 124, 129, 147, 150, 163–164, 182, 188–189, 200–212, 222, 225, 228
Sarazene → Araber
Schreibkundigkeit | 64[227], 81–82, 111, 141–142, 148, 149[168], 153, 173
Sicherheitsbeamte, Sicherheitswesen, s. auch unter Wächter S. 313
2–3, 45–46, 74, 145–146, 162–163, 177, 202–204
Siegel | 68, 104, 108

Sklave | 59–61, 89[15], 106, 114, 118, 152
Steuereintreibung | 1, 3[7], 8–10, 14, 20[100], 25, 27, 44, 46, 56, 68, 76, 78–79, 85–86, 112, 120, 127–128, 133, 135, 150[178], 154, 156, 158, 160–161, 163, 165, 167, 170, 188, 203, 221, 248
Streitbeilegung | 14, 45–46, 48–50, 71–73, 96, 165, 172, 176, 191–192, 197, 227, 245, 247
σύνοδος γεωργῶν | 23–24, 213
Verhandlung in der Verwaltung 198, 200, 218, 220–222, 230
Weiler → ἐποίκιον